언해본 『삼강행실도』로 익히는

중세국어 ^{v1.0}

저자 소개

김유범 고려대학교 국어교육과 교수

이규범 충북대학교 국어교육과 강사

김부연 동덕여자대학교 국어국문학과 교수

김미미 국립한글박물관 학예연구사

오민석 고려대학교 대학원 국어국문학과 박사 수료생

이유원 국립국어원 학예연구사

이철기 현대고등학교 교사

고경재 고려대학교 국어교육과 강사

성우철 한국기술교육대학교 교양학부 강사

최혜빈 고려대학교 대학원 국어교육학과 박사 수료생

정은진 고려대학교 대학원 국어교육학과 박사 수료생

김진우 고려대학교 대학원 국어교육학과 박사 과정생

최하늘 상일여자고등학교 교사

서영채 고려대학교 대학원 국어교육학과 석사 과정생

언해본 『삼강행실도』로 익히는

중세국어 v1.0

초판 1쇄 인쇄 2022년 9월 1일
초판 1쇄 발행 2022년 9월 9일

저 자 김유범 외
펴낸이 이대현
편 집 이태곤 권분옥 임애정 강윤경
디자인 안혜진 최선주 이경진
마케팅 박태훈 안현진

펴낸곳 도서출판 역락
주 소 서울시 서초구 동광로 46길 6-6(반포4동 문창빌딩 2F)
전 화 02-3409-2060(편집부), 2058(영업부)
팩 스 02-3409-2059
등 록 1999년 4월 19일 제303-2002-000014호
이메일 youkrack@hanmail.net
역락홈페이지 http://www.youkrackbooks.com

ISBN 979-11-6742-389-4 94710
       979-11-6742-387-0 세트

언해본 『삼강행실도』로 익히는

중세국어 v1.0

김유범 외

역락

이 책은 언해본 『삼강행실도』를 역주하며 공통적으로 반복되는 주석 내용들을 따로 모아 엮어 만든 새로운 중세국어 개론서이다. 본래는 역주서에 공통 주석 형식으로 넣으려 했었으나 역주서의 분량이 너무 방대해지는 문제로 별도의 책으로 출판하게 되었다. 오랜 시간 동안 쌓여 온 주석 내용들이 한 권의 책이 되었다는 사실에 조금은 놀랐다.

기존의 중세국어 문법서들은 국어학적 시각에서만 중세국어를 바라보았다. 더욱이 '중세국어 문법'이라는 명칭에서 볼 수 있듯이 형태론과 통사론을 중심으로 중세국어를 다룬 것도 사실이다. 중세국어가 거의 외국어처럼 느껴지는 현대국어 사용자들에게 교육적 입장에서 중세국어를 바라보고 중세국어의 문법만이 아닌, 중세국어 전체를 설명해야 하는 이유가 바로 여기에 있다.

이 책에서는 중세국어의 표기, 음운, 문법, 어휘 관련 내용들을 모두 다루고 있다. 하나의 유기체와 같은 중세국어를 제대로 이해하기 위해서는 중세국어의 표기를 출발로 다양한 언어적 특징들을 함께 공부하는 것이 중요하다. 표기로부터 음운의 특징을 파악하고 음운의 특징을 바탕으로 문법적 특징과 어휘적 특징이 유기적으로 설명되어야 중세국어를 제대로 이해하게 되었다고 말할 수 있기 때문이다.

기본적으로 이 책이 언해본 『삼강행실도』를 중심으로 중세국어의 특징들을 설명하다 보니 중세국어의 모든 특징들이 빠짐없이 다루어졌다고 말할 수는 없다. 그러나 중세국어 개론서라는 책의 성격을 염두에 두고 책의 전체적인 구성과 항목들을 마련했다. 특히 제2부와 제4부에서 중세국어의 음운과 어휘를 별도로 다룬 것은 기존의 중세국어 문법서들과 차별화되는 부분이다.

중세국어의 표기, 음운, 문법, 어휘와 관련해 각각 개별 항목들을 마련해 중세국어의 특징들을 설명한 것이 이 책의 가장 큰 특징이다. 이처럼 내용을 항목화함으로써 학습자들은 중세국어의 특징들을 보다 쉽게 찾아 공부할 수 있다. 현재로서는 설명의 수준 및 깊이와 관련해 항목들 간에 차이가 존재하는데, 이에 대한 조정과 균질화 작업은 앞으로 꾸준히 진행될 예정이다.

이 책의 버전은 1.0이다. 언해본『삼강행실도』를 역주하며 여럿이 중세국어의 특징과 관련된 항목들을 나누어 각각 내용을 집필했다. 되도록 자신의 전공 및 관심 분야와 관련된 항목들을 대상으로 그동안의 연구 성과들을 정리하고 원고를 집필하는 과정 자체가 유익한 공부였다. 앞으로 새로운 항목들을 만들고 기존 내용을 다듬어 다음 버전의 책을 만들어 갈 일이 기대된다.

늘 그러하듯 원고를 정리해 한 권의 책으로 엮는 과정은 쉽지 않았다. 체재를 갖추어 목차를 구성하고 그에 따라 원고들을 수정하고 보완하는 데 많은 시간을 할애했다. 체재상 새롭게 집필이 필요한 부분들을 일정한 색깔을 유지하며 내용을 만드는 일 또한 나름의 공력을 필요로 했다. 덕분에 중세국어의 표기부터 어휘까지 전반적인 내용을 두루 갖춘 새로운 중세국어 개론서가 만들어졌다.

각 항목을 맡아 원고를 작성한 집필자 모두에게 감사한다. 특히 많은 문법 항목들을 열정을 가지고 집필한 오민석 선생, 원고를 다듬어 마무리하는 마지막 과정에서 자신의 능력을 발휘해 준 성우철 선생에게 고마움을 표한다. 누구보다도 이 책의 준비부터 마지막 교정 작업까지 한 몸처럼 움직이며 마음을 다해 준 정은진, 김진우 두 사람에게 더할 수 없이 깊은 신뢰와 감사의 인사를 전한다.

합창의 아름다움은 하모니에 있다. 이 책이 중세국어를 위한 저자들의 아름다운 하모니로 점점 더 울림이 있는 합창이 되어 가길 기대한다. 중세국어에 관심을 가지고 공부하고자 하는 모든 사람들에게 이 책이 새로운 안내자의 역할을 할 수 있길 바란다. 끝으로 까다로움으로 점철된, 언해본『삼강행실도』관련 두 권의 책을 너무도 멋지게 만들어 주신 도서출판 역락의 편집팀에 무한히 감사드린다.

세계를 놀라게 한 2002년 여름의 뜨거웠던 월드컵 열기를 떠올리며
김 유 범

중세국어의 의의와 중세국어 교육

오늘날 우리가 사용하고 있는 현대국어는 오랜 시간 이 땅에서 살아온 사람들에 의해 사용되고 변화되어 온 말이다. 말이 변화한다는 것을 사람들은 잘 느끼지 못하지만 지금 이 시간에도 우리가 사용하는 말은 계속해서 변화하고 있다. 말이 변화한다는 사실을 깨닫는 것은 현대국어 이전의 국어에 관심을 갖게 되는 중요한 계기이다.

현대국어 이전 우리말의 역사를 고대국어, 중세국어, 근대국어로 나눌 때, '중세국어'라고 일컬어지는 옛말은 훈민정음 창제라는 우리 문자생활의 혁신에 힘입어 특별한 의의를 지닌다. 뜻글자인 한자가 아닌, 소리글자인 훈민정음(한글)으로써 우리말을 적게 된 가장 이른 시기가 바로 이 시기이기 때문이다. 특히 세종대왕이 훈민정음을 창제(1443년)한 15세기 중엽의 국어는 명백히 기록으로 확인할 수 있는 우리말의 가장 오랜 모습을 보여 준다.

이처럼 훈민정음으로 기록된 가장 오랜 모습을 지닌 중세국어는 그 이전과 이후의 우리말을 살피는 탐험에서 베이스캠프의 역할을 한다. 우리말의 변화 역사를 17세기 이후 자료를 통해서 살펴볼 때도, 15세기 이전 한자 차자표기 자료를 통해 추정해 볼 때도 그 출발은 항상 15세기를 중심으로 하는 중세국어에서부터이다. 이것이 우리말의 역사에서 중세국어가 중요하게 생각되는 이유이자 다른 시기의 국어와 구별되는 중세국어의 의의라고 할 수 있다.

따라서 우리말의 변화와 관련해 중세국어가 지닌 특징을 살피고 학습하는 일은 가장 기본이 된다. 중세국어를 배우고 가르치는 일은 현대국어 자체만으로는 이해되지 않는 우리말의 다양한 특성을 알아 가는 유익한 방법이다. 더불어 중세국어 교육은 우리의 고전문학 작품들을 제대로 감상하는 준비이기도 하다. 한글로 기록된 고전문학 작품들은 대부분 근대국어로 기록되었는데, 이에 대한 이해 역시 중세국어가 그 바탕이 된다는 사실을 알아 둘 필요가 있다.

한 편의 사람 사는 이야기를 담은 언해본 『삼강행실도』

우리가 소설에 흥미를 느끼는 이유는 소설이 이 세상에 존재할 법한, 사람 사는 이야기를 다채롭게 담아내고 있기 때문이다. 한 사람의 삶에 대한 이야기는 마치 창을 사이에 두고 창 너머에서 진행되고 있는 누군가의 삶에 공감하게도, 때론 경험하지 못했던 세상과 삶을 체험하게도 해 준다. 이것이 이야기의 힘이다.

언해본 『삼강행실도』에는 다양한 시대와 지역을 배경으로 자신의 삶을 살았던 사람들의 이야기가 담겨 있다. 한 사람의 삶의 배경이 무엇인지, 그가 어떠한 상황에 놓였고 직면한 현실에서 어떻게 행동했는지 등 각 이야기의 인물들이 보여 주는 삶의 이야기는 흥미진진하다. 국가와 부모를 위해 자신의 목숨이나 삶을 희생한 사람들, 자신의 신념을 위해 끝까지 외압에 굴하지 않았던 사람들의 이야기를 우리는 언해본 『삼강행실도』를 통해 만날 수 있다.

누군가 겪었던 실제의 사람 사는 이야기라는 점에서, 한 편의 이야기가 지닌 전체 내용을 파악할 수 있다는 점에서, 그리고 이야기의 앞뒤 맥락에 대한 별도의 정보를 꼭 필요로 하지 않는다는 점에서 언해본 『삼강행실도』는 독자 친화적인 텍스트라고 할 수 있다. 한 편의 이야기를 얼마만큼 자세히 그리고 어느 정도의 길이로 풀어낼지는 다양할 수 있는데, 언해본 『삼강행실도』는 한 편의 사람 사는 이야기를 완결성을 갖춰 함축성 있게 담아내고 있다.

언해본 『삼강행실도』는 초보 학습자들에게 적합한 중세국어 자료

15세기 중세국어로 쓰인 자료로 『용비어천가』, 『월인천강지곡』을 비롯해 『훈민정음』 언해본 및 여러 언해 자료들이 있는데, 이들 자료는 내용뿐 아니라 언어적 측면에서도 중세국어의 다양한 모습을 보여 준다. 특히 불교 관련 언해 자료들은 어휘 및 구문과 관련해 중세국어의 보고寶庫라고 말할 수 있을 정도이다.

석가의 일대기와 관련된 『석보상절』, 『월인천강지곡』, 그리고 이 두 자료가 합쳐진 『월인석보』 및 『능엄경언해』를 비롯한 간경도감에서 간행된 여러 불경 언해 자료들은 어휘적 풍성함과 더불어 구문적 다양성을 갖추고 있어 중세국어의 깊이 있는 이해를 위한 중요한 자료가 된다. 그러나 이들 불교 관련 자료들은 난해한 불교 철학 용어와 배경을 전제하고 있어 중세국어를 처음 접하는 학습자에게 지식적으로뿐만 아니라 심리적으로도 부담이 되는 것이 사실이다.

이에 비해 언해본 『삼강행실도』는 다음과 같은 점에서 중세국어를 처음 접하는 초보 학습자들에게 보다 적합한 자료가 된다. 언해본 『삼강행실도』는 먼저 사람 사는 이야기를 바탕으로 상대적으로 짧은 길이의 완결된 내용을 지녔다. 또한 난해하고 추상적인 개념어들이 아닌 일상적이고 구체적인 어휘와 더불어 비교적 복잡하지 않은 구문 특성을 지닌 문장들로 이루어졌다. 이로 인해 언해본 『삼강행실도』는 초보 학습자들에게 적합한 중세국어 자료가 된다.

언해본 『삼강행실도』로부터 종합하는 중세국어의 특징

언해본 『삼강행실도』가 내용적으로뿐만 아니라 언어적으로도 초보 학습자들에게 적합한 자료라는 사실은 이 자료를 통해 중세국어의 특징들을 체계적으로 파악해 보는 일이 가능함을 이야기한다. 중세국어의 특징에 대한 이해는 중세국어 문법서보다는 중세국어를 담고 있는 쉽고 흥미로운 자료로부터 시작하는 것이 효과적이다.

중세국어의 특징은 표기, 음운, 문법, 어휘로 범주화해 살펴볼 수 있다. 중세국어가 기록된 문헌 자료에 사용된 문자와 이를 사용한 표기 특징을 바탕으로 중세국어에서 뜻의 차이를 가져오는 음운들의 목록과 그들 사이에서 관찰되는 음운 현상을 파악해 볼 수 있다. 또한 중세국어의 문장들은 당시에 쓰였던 다양한 어휘 및 형태소들의 모습을 담고 있어 이를 분석해 봄으로써 중세국어가 지닌 어휘 및 문법의 다양한 특징들을 만날 수 있다.

중세국어 자료인 언해본 『삼강행실도』에 나타난 중세국어의 특징들을 하나씩 찾아내는 일은 재미있다. 각 이야기에서 관찰되는 표기의 특징으로부터 시작해 음운, 문법, 어휘 차원의 특징들을 개별적으로 모은 후, 이를 토대로 중세국어가 지닌 특징들을 체계적으로 정리하고 종합해 보는 작업. 이러한 작업은 텍스트를 언어학적으로 분석하는 즐거움은 물론, 중세국어의 퍼즐 조각들을 끼워 맞춰 중세국어라는 전체 그림을 완성해 보는 흥미로운 게임이다.

차례

제3부 중세국어의 문법

제4부 중세국어의 어휘

제1부

———

중세국어의 표기

1 중세국어와 문자 훈민정음 _김유범

우리말의 역사에서 중세국어라고 하면 보통 15~16세기에 사용된 국어를 일컫는다. 중세국어를 전기 중세국어(10~14세기)와 후기 중세국어(15~16세기)로 나누기도 하는데, 일반적으로 '중세국어'라는 이름으로 불리는 대상은 후자이다. 우리가 우리말의 역사, 즉 '국어사'라고 하면 대개 중세국어를 떠올리는 것은 이 시기에 우리의 문자 훈민정음이 만들어져 비로소 우리말의 본격적인 모습을 남길 수 있게 되었기 때문이다.

언어는 음성과 의미로 이루어진 기호의 하나이다. 따라서 언어를 생성하고 이해하는 일은 기본적으로 청각적인 것과 관련이 있다. 청각적인 음성을 통해 의사소통을 하는 것은 매우 편리하고 효율적인 방법이다. 그러나 한번 발화된 음성은 곧 사라져 버리는 한계가 있다. 다시 말해 시간과 공간의 제약을 지닌다는 것이다. 이러한 제약을 극복하기 위해 만들어진 것이 문자이다. 문자는 청각적인 언어를 시각적인 것으로 바꾸어 준다. 이렇듯 문자가 언어의 그림과 같은 역할을 함으로써 우리는 시간과 공간의 제약을 벗어나 언어의 모습을 영구적으로 남길 수 있게 되었다.

(가) [중세국어 음성] puɾhujgipʰinnamgʌn pʌɾʌmaj animujls*ʌj
(나) [중세국어 표기] 불휘기픈남ᄀᆞᆫ ᄇᆞᄅᆞ매아니뮐씨
(다) [현대국어 표기] 뿌리 깊은 나무는 바람에 아니 흔들리므로

(가)는 국제음성기호International Phonetic Alphabet를 사용해 15세기 당시 중세국어의 음성

형을 제시해 본 것이고, (나)는 이를 당시에 만들어진 문자 훈민정음으로 시각화한 것이다. (가)의 정확성 여부에는 논란이 있을 수 있지만 분명한 사실은 (가)는 실체이고 (나)는 이것을 시각화한 그림이라는 것이다. 아무리 정교한 그림이라도 궁극적으로 실체와 동일할 수는 없다. 따라서 우리가 도달해야 할 중세국어라는 목적지는 (나)가 아니라 실체인 (가)라는 사실을 상기할 필요가 있다.

1443년 세종은 기존의 문자인 한자와는 전혀 다른 새로운 문자 훈민정음을 만들었다. 이 문자는 항상 (가)의 모습으로 사용되며 이어져 온 우리말을 (나)의 모습으로 시각화할 수 있게 한 일대 변혁이었다. 항상 귀로만 듣고 입으로만 말하던 우리말이 이제 눈으로 볼 수 있는 대상이 된 것이다. 새 문자 훈민정음은 사람들이 하고 싶은 말을 글로 적을 수 있고, 먼 곳에 있는 사람에게, 그리고 앞으로 이 땅에 살게 될 다음 세대들에게 자신의 메시지를 남길 수 있도록 해 주었다.

비록 (나)가 중세국어의 실체는 아니지만 중세국어에 접근할 수 있는 유일무이한 길임은 누구도 부정할 수 없다. 우리는 (나)를 통해 중세국어가 어떠한 언어였는지를 탐구해 궁극적으로는 (가)에 도달해야 한다. 그 과정은 쉽지 않지만 (나)는 그 길에서 만나게 될 막막함과 어둠을 밝혀 주는 한 줄기 빛이다. 새 문자 훈민정음으로 표기된 (나)를 통해 우리는 중세국어의 음운적, 문법적, 어휘적 특징들에 하나씩 접근해 갈 수 있다.

새 문자에 대한 소개와 더불어 그 창제 배경과 운용 방안이 『훈민정음』 해례본(1446)에 실려 있다. 이처럼 새로운 문자가 만들어지고 그에 대한 수준 높은 해설서까지 마련된 경우는 세계 문자사에서 그 유래를 찾아볼 수 없다.[1] 먼저 새 문자의 모습은 다음과 같다.

초성자: ㄱ ㅋ ㆁ ㄷ ㅌ ㄴ ㅂ ㅍ ㅁ ㅈ ㅊ ㅅ ㆆ ㅎ ㅇ ㄹ ㅿ (17자)
중성자: · ㅡ ㅣ ㅗ ㅏ ㅜ ㅓ ㅛ ㅑ ㅠ ㅕ (11자)
종성자: 초성자 사용
방　점: 0점(평성), 1점(거성), 2점(상성)

1　『훈민정음』 해례본(1446)의 내용과 이에 대한 설명은 김유범 외(2020ㄱ)을 참조할 수 있다.

새 문자는 제자 및 운용 원리가 창의적이고 자형이 간결하면서도 개별 글자들을 조합해 또 다른 글자를 만들 수 있는 확장성을 지녔다. 초성자의 경우 발음기관을 본떠 만든 'ㄱ ㄴ ㅁ ㅅ ㅇ' 5자를 기본으로, 중성자의 경우 천지인 삼재를 본떠 만든 '· ─ ㅣ' 3자를 기본으로 나머지 글자들을 만들었다. 종성자는 초성자를 다시 사용하였고 음절의 높낮이를 나타내는 초분절음인 성조는 음절의 왼쪽에 점을 찍어 표시했다. 모두 28자 중 초성자 'ㆁ ㆆ ㅿ' 3자, 중성자 '·' 1자는 오늘날 한글에서는 쓰이지 않게 되었다.

중세국어를 표기한 문자 훈민정음을 대하며 한 가지 주의해야 할 점이 있다. 그것은 글자의 모습이 같다고 해서 그 글자가 나타내는 소리가 언제나 동일하다고 여겨서는 안 된다는 사실이다. 초성자 'ㅈ', 'ㅊ'과 ㅣ 상합 중성자 'ㅐ', 'ㅔ', 'ㅙ', 'ㅞ', 'ㅚ', 'ㅟ' 등은 오늘날의 한글 표기에서도 여전히 사용되고 있다. 그러나 이들 글자의 음가는 현대국어와 중세국어에서 전혀 다르다. 현대국어에서는 그 음가가 각각 [tɕ], [tɕʰ]와 [ɛ], [e], [wɛ], [we], [ø]/[we], [y]/[wi]이지만, 중세국어에서는 각각 [ts], [tsʰ]와 [aj], [əj], [waj], [wəj], [oj], [uj]와 같은 음가를 지녔었다. 우리는 문자로 그려진 언어의 모습이 시간에 따라 달라질 수 있다는 사실을 염두에 두어야 한다.

2 중세국어 표기법의 원칙 _ 김유범

15세기를 중심으로 한 중세국어의 표기법을 이해하는 일은 중세국어로 향하는 첫걸음이다. 중세국어의 표기법은 '닭볶음탕', '싫증' 등과 같이 단어 본래의 형태를 밝혀 적는 것은 물론이고 체언과 조사(예) 집이, 가을에), 용언 어간과 어미(예) 접어, 매달아)를 각각 분리해 적는 오늘날의 표기법과는 기본적으로 그 성격이 다르다.

중세국어 문헌자료들에서 보이는 표기법은 대체로 규칙적이고 질서정연하다. 그것은 새로운 문자 훈민정음을 만들고 이 문자로 일련의 언해서들을 중앙에서 편찬해 체계적으로 간행했기 때문이다. 새 문자에 대한 표기법의 대강은 새 문자의 해설서 『훈민정음』 해례본(1446)에 담겨 있다. 새 문자의 표기법을 두고 세종과 집현전 학자들 사이에 다소 의견차가 존재했던 것으로 생각되는데, 이때 적용된 표기법의 원칙은 다음과 같이 정리해 볼 수 있다.

첫째, 음소적 표기를 기본으로 했다.

대부분의 중세국어 문헌들은 오늘날과 같이 단어를 본래의 형태대로 표기하는 이른바 '형태(음소)적 표기'가 아닌, 소리 나는 대로 표기하는 '음소적 표기'를 표기법의 원칙으로 하고 있다. 오늘날 '잎'의 중세국어 형태는 '닢'이었다. 그러나 대부분의 중세국어 문헌들에서는 이를 '닙'으로 적고 있다. [참고] 畢鉢羅樹는 으쓰미 누르고 히오 가지와 닙괘 퍼러코 거스레도 닙 아니 디ㄴ니 〈석보상절(1447) 3:41b〉. 즘겟 줄기와 가지와 닙과 곳과 果實와 낫나치 보아 〈월인석보(1459) 8:12b-13a〉. 우웡 삐와 줄기와 닙과를 ㄱ라 목 우희 ㅂㄹ며 〈구급간이방(1489) 2:72b〉.

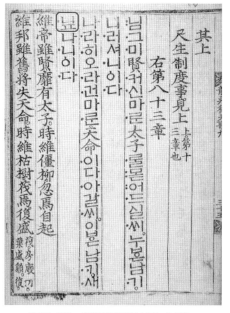

[그림 01] <용비어천가(1447) 9:35b>

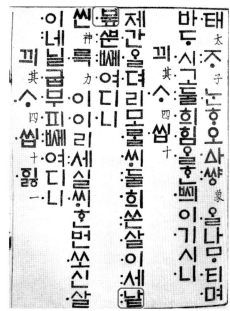

<월인천강지곡(1447) 상:15a>

　　[그림 01]은 세종이 직접 관여했던 『용비어천가』와 『월인천강지곡』에서 '닢', '뷫', '낱'과 같이 종성이 'ㅍ', 'ㅌ'으로 끝나는 단어들의 표기 모습을 보여 준다.[2] 이와 같은 표기는 오늘날과 같이 단어의 본래 형태를 밝혀 적은 것으로 중세국어 문헌에서 일반적인 표기라고는 할 수 없다. '형태(음소)적 표기'라고 부르는 이와 같은 표기는 세종이 생각했던 표기 방식으로 생각되는데, 15세기 당시 잠깐 선을 보였다가 오랜 시간이 흐른 후 한글맞춤법 통일안(1933)에서 비로소 현대적 표기법의 기본 원칙으로 자리 잡았다.

　　'닢'을 '닙'으로 표기한 것은 종성 /ㅍ/가 /ㅂ/로 중화中和 neutralization되는 음소 변동 현상이 표기에 반영된 결과이다. 이것은 단어 본래의 형태를 밝히기보다는 단어가 실제로 어떻게 소리 나는지에 주목한 표기이다. 형태를 밝혀 적는 표기가 글 읽는 사람을 위한 표기라면,

---

2　　『월인천강지곡』은 현재 진기홍 씨 소장본으로 총 3권 중 상권만이 전한다. 책이 간행된 후(인출 후 장전 이전) 교정이 이루어진 것으로 보이는데, 그 교정은 단순한 오자를 바로잡은 것이 아니라 15세기 국어의 표기법과 관련된 교정이라는 점이 특징이다. 주로 종성 ㅅ, ㄷ, ㅂ으로 인쇄된 글자들을 각각 ㅈ/ㅊ/ㅿ, ㅌ, ㅍ으로 교정했다. 『월인천강지곡』의 교정에 대한 자세한 내용은 안병희(1992:57-65)를 참조할 수 있다.

소리 나는 대로 적는 표기는 글 쓰는 사람이 중심이 된 표기라고 할 수 있다. 이렇듯 새 문자에 대한 표기는 글 쓰는 사람 위주의 표기로부터 출발했다. 음소적 표기에 의해 중세국어의 종성 표기는 기본적으로 다음과 같이 8개로 제한되었다.

	종성자	
1	ㄱ	/ㅋ/가 /ㄱ/로 중화된 경우 포함
2	ㄴ	
3	ㄷ	/ㅌ/가 /ㄷ/로 중화된 경우 포함
4	ㄹ	
5	ㅁ	
6	ㅂ	/ㅍ/가 /ㅂ/로 중화된 경우 포함
7	ㅅ	/ㅈ/, /ㅊ/가 /ㅅ/로 중화된 경우 포함[3]
8	ㆁ	

둘째, 음절적 표기를 채택했다.

초성자, 중성자, 종성자로 구분되는 글자들을 'ㅎㅗㅏㄹ'처럼 풀어 쓰지 않고 '활'처럼 하나의 음절로 모아 쓴 것은 글자의 운용과 관련해 매우 독특한 방식이라고 할 수 있다. 그것은 이른바 음소 문자를 음절 문자처럼 운용함으로써 글 읽는 사람이 보다 쉽게 언어의 형태를 인식하고 그 의미를 정확히 파악할 수 있도록 해 주기 때문이다. 세종은 문자 훈민정음을 만들며 처음부터 글자들을 하나의 음절로 모아 쓸 것을 염두에 두고 있었다. 우리는 『훈민정음』 해례본(1446)의 기술들에서 그러한 정황을 확인해 볼 수 있다.

- 무릇 글자는 반드시 초성, 중성, 종성을 합쳐 음절을 이루어 써야 한다.(凡字必合而成音)
  〈훈민정음 해례본(1446) 정음:4a〉
- 초성자, 중성자, 종성자 셋을 모아서 하나의 음절을 표시하는 글자를 구성한다. 초성자는 중성자의 위에 놓인 경우도 있고, 중성자의 왼쪽에 놓인 경우도 있다. … 중성자 가운데

---

3   /ㅈ/, /ㅊ/가 /ㅅ/로 중화되었다고 보아야 하는지와 관련해서는 이론의 여지가 있다. 이에 대한 자세한 논의는 제1부 3장 '01_8종성 표기'를 참조할 수 있다.

·, ㅡ, ㅗ, ㅛ, ㅜ, ㅠ와 같이 점의 모양을 한 것과 가로로 긴 획을 가진 것은 초성자의 아래에 놓인다. 중성자 가운데 ㅣ, ㅏ, ㅑ, ㅓ, ㅕ와 같이 세로로 긴 획을 가진 것은 초성자의 오른쪽에 놓인다. … 종성자는 초성자와 중성자의 아래에 놓인다.〈初中終三聲 合而成字 初聲 或在中聲之上 或在中聲之左 … 中聲則圓者橫者在初聲之下 ·ㅡㅗㅛㅜㅠ是也 縱者在初聲之 右 ㅣㅏㅑㅓㅕ是也 … 終聲在初中之下〉〈훈민정음 해례본(1446) 정음해례:20b-21a〉

[그림 02] 『훈민정음』 해례본(1446) <합자해> 중

[그림 02]에서 볼 수 있듯이 초성자, 중성자, 종성자를 하나의 음절로 모아씀으로써 새 문자는 기존의 문자인 한자와도 자연스럽게 어울릴 수 있었다. 한자가 형태상 음절 문자의 특성을 지니고 있기 때문에 음소 문자로 만들어진 새 문자 훈민정음을 음절 단위로 모아쓰면 한자와의 병기도 수월해진다. 우리는 오늘날의 한글 모아쓰기가 너무나 당연하게 주어진 일상이 아닌, 고도의 문자적 전략과 디자인적 혜안이 빚어낸 차원 높은 문화적 혜택임을 깨달을 필요가 있다.

셋째, 연속적 표기를 지향했다.

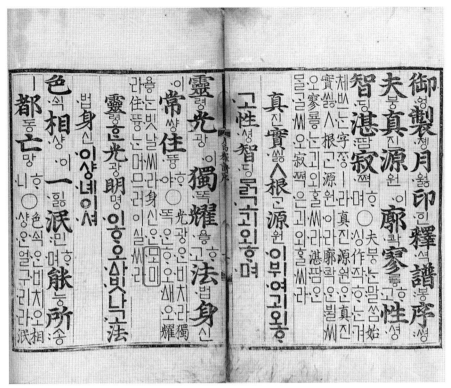

[그림 03] <월인석보(1459) 序:1ab>

연속적 표기는 연철 표기와 붙여쓰기를 그 내용으로 한다. 먼저 연철 표기와 관련된 내용을 살펴보도록 하자. 체언 '몸'과 조사 '이'가 결합된 말을 오늘날과 같이 '몸이'로 적을 수 있지만, '모미'와 같이 적을 수도 있다. 전자가 구성 요소들을 나누어 적는 이른바 분철分綴 표기라면, 후자는 소리 나는 대로 선행 음절의 종성을 후행 음절의 초성으로 올려 적는 이른바 연철連綴 표기이다. 훈민정음을 사용한 국어 표기법의 역사에서 가장 큰 변화는 연철 표기로부터 분철 표기로 표기법의 기본 원칙이 달라져 왔다는 점이다. 15세기 중세국어의 표기법은 바로 그 출발로서 연철 표기가 기본 원칙이었다. 실제 표기에서는 형태론적인 고려에 의한 특수한 분철 표기도 체계적으로 나타나지만 연철 표기가 표기법의 기본이었음은 의심할 수 없다.

다음으로 붙여쓰기와 관련된 내용을 살펴보기로 하자. [그림 01], [그림 03]에서 볼 수 있듯이 훈민정음으로 표기된 중세국어 문장들은 단어와 단어뿐 아니라 문장과 문장까지도 모두 붙여쓰기가 되어 있다. 띄어쓰기를 하는 오늘날의 관점에서 보면 답답하기 그지없는 표기라고 생각될 수 있다. 1877년 영국인 선교사 존 로스John Ross가 펴낸 『Corean Primer(조선어 첫걸음)』에서 처음 띄어쓰기가 나타나고, 이후 「독립신문」에서 본격적으로 띄어쓰기가 사용되기 전까지 붙여쓰기는 일반적이고 전통적인 텍스트 표기 방식이었다. [그림 02]와 같이 한자를 사용한 전통적인 텍스트 구성은 기본적으로 모든 요소들을 붙여 쓰는 것이었는데, 새 문자 훈민정음이 만들어졌지만 이러한 붙여쓰기의 전통은 그대로 계승되었다.

언어 요소를 문장, 단어, 형태소 등과 같이 분절적인 것으로 나누고 그것을 각각의 언어 단위로 인식하는 것은 동양의 전통과는 거리가 있는, 서양적이고 현대적인 입장이다. 분석적이고 분절적인 입장보다는 종합적이고 연속적인 입장을 갖는 것이 동양의 전통적인 방식이라고 할 수 있다. 연철과 붙여쓰기는 바로 이러한 동양적 전통이 표기법에 드러난 것이라고 이해해 볼 수 있다.

연철 표기와 붙여쓰기는 오늘날과는 매우 다른 표기 방식이므로 중세국어 문헌들을 살펴볼 때 반드시 익숙해져야 하는 표기법의 원칙이다. 주어진 중세국어의 문장을 어떤 단위로 끊어서 봐야 하는지, 또한 연철 표기된 요소의 내적인 구성이 무엇인지를 따져 보는 것이 중세국어에 접근하는 중요한 관문이 된다. 중세국어의 표기 방식에 익숙해지기만 하면 현대국어와 기본적인 틀을 같이하고 있는 중세국어를 하나씩 알아가는 일은 새로운 재미를 느껴 볼 수 있는 숨겨진 또 하나의 세계라는 점을 이야기하고 싶다.

3 중세국어 표기법의 실제

01 _ 8종성 표기

이철기

　8종성 표기는 15세기 중엽 음절 말 위치에서 중화中和 neutralization의 결과로 발음될 수 있었던 8개의 자음들을 각각 'ㄱ', 'ㄴ', 'ㄷ', 'ㄹ', 'ㅁ', 'ㅂ', 'ㅅ', 'ㆁ'의 자음자에 대응시켜 적은 결과를 말한다. 이는 '팔종성법八終聲法'으로도 불리며 15세기 한글 문헌에서의 일반적인 받침 표기 방식으로 여겨진다.[4] 15세기 문헌인 『삼강행실도』 ≪효자도≫에서도 이 방식에 따라 종성을 표기한 용례들을 쉽게 확인할 수 있다.

4　그러나 15세기에 간행된 모든 한글 문헌에서 팔종성법에 따라 받침이 표기된 것은 아니다. 세종이 몸소 관여한 문헌으로 알려진 『용비어천가』와 『월인천강지곡』에서는 이른바 '형태음소적 표기법'에 따라 8개 이외의 자음자도 아래와 같이 받침 표기에 사용되었다.

ㄱ. 곶 됴코, 좇거늘, 빛나시니이다, 깊고, 새 닢 〈용비어천가〉
ㄴ. 다슷 곶, 맞나ᅀᆞᄫᅡ며, 딮동울, 깊거다 〈월인천강지곡〉

위의 ㄱ과 ㄴ에서 강조점으로 표시한 용례를 보면 8개 이외의 자음자가 받침 표기에 사용되었다. 이는 표기자가 자음이나 휴지 앞에서 기저형의 말음을 의식하여 이에 대응하는 자음자로 받침을 표기한 결과로 보인다. 이러한 기저형의 말음은 '[고지], [고즌], [고즐], …'이나 '[조츠니], [조츤], [조츨]…'과 같이 모음으로 시작하는 어미나 조사와 결합할 때, 다음 음절의 초성에 연음되는 자음을 통해 확인된다.

『삼강행실도』 ≪효자도≫에 나타나는 8종성 표기 용례 및 분석

정 보		용 례	출 전
딥고샤	딥-(←딮-)[杖] + -고(연결어미) + 샤(보조사)	① 어미 죽거늘 슬허 막대 딥고샤 니더니	17왕상부빙
		② 두 어버시 죽거늘 슬허 여위여 막대 딥고샤 니더니	18허자매수
붓고	붓-(←붖-)[扇] + -고(연결어미)	③ 녀르미면 벼개 돗골 붓고	19왕연약어

①, ②의 '딥고샤'는 어간 형태소 {딮-}[杖]의 말음 /ㅍ/가 후행하는 자음 /ㄱ/ 앞에서 불파음화 현상을 겪어 [p˺]으로 중화된 소리를 8개의 자음자 가운데 하나인 'ㅂ'을 이용해 '딥-'으로 표기하였다. ③의 '붓고'는 어간 형태소 {붖-}[扇]의 말음 /ㅊ/가 8개의 자음자 가운데 하나인 'ㅅ'으로 표기되었다. 당시에 /ㅊ/가 음절 말 위치에서 [s]로 중화되어 발음 났는지, 현대국어에서와 마찬가지로 [t˺]으로 발음 났는지에 대해서는 이견이 있다.

8종성 표기의 문헌적 근거: 『훈민정음』 해례본에서

8종성 표기는 『훈민정음訓民正音』 해례본(1446)에서 그 문헌적 근거를 찾을 수 있다.

(1) 가. 然ㄱㆁㄷㄴㅂㅁㅅㄹ八字可足用也。〈훈민정음 해례본(1446) 정음해례:22a〉
　　 나. 終聲復゜用初聲。〈훈민정음 해례본(1446) 정음:3b〉

(1가)는 『훈민정음』 해례본의 「정음해례편」 〈종성해終聲解〉에 기술된 내용으로 종성 자음을 표기하는 데 있어 'ㄱㆁㄷㄴㅂㅁㅅㄹ'의 여덟 글자만으로도 적는 데 충분하다는 내용이다. 이에 따라 당시에 음절 말에서 중화를 겪은 종성 자음을 이 여덟 글자로 표기한 것으로 볼 수 있다.

그런데 (1나)는 『훈민정음』 해례본의 「정음편」에 기술된 내용으로 (1가)와 언뜻 상충하는 듯 보인다. (1나)를 종성 표기에 관한 규정으로 이해한다면, (1가)에서 언급한 여덟 글자 이외의 글자로도 종성을 표기할 수 있기 때문이다. 그러나 (1나)를 단순히

종성 표기 규정으로만 해석하면 〈어제 예의〉에서 종성자만 그 자형과 음가에 관한 기본 정보를 제공하는 규정이 없다는 점, 초성자-종성자 규정에 바로 이어 종성 표기에 관한 규정이 제시되는 것은 단락 구조상 비순차적이며 비체계적이라는 점 등에서 문제가 제기된다. 그래서 학계에서는 (1나)를 종성자 제자에 관한 규정으로 해석(이기문 1963, 이기문 1970)하거나 두 가지 역할을 겸하고 있는 중의적 규정으로 해석(강신항 2010, 정우영 2014)하기도 한다.5

8종성 표기의 주요 쟁점: /ㄷ/와 /ㅅ/의 음절 말 중화 여부

8종성 표기와 관련하여 15세기 중엽에 음절 말 위치에서 중화의 결과로 실현될 수 있는 자음이 과연 8개였는지에 대해서는 다음과 같은 이견이 있다. 첫째, /ㄷ/와 /ㅅ/는 음절 말에서 중화되지 않고 제 음가대로 발음되어 표기상으로도 'ㄷ'과 'ㅅ'으로 구별되었다. 이를 '대립설'이라 부르기로 한다. 둘째, 음절 말에서 /ㅅ/는 /ㅈ/, /ㅊ/와 함께 'ㄷ[t̚]'으로 중화되었으며 'ㅅ'은 단지 표기상 나타났다. 이를 '중화설'이라고 부르기로 한다. 정리하자면, 대립설과 중화설의 쟁점은 15세기 중엽 음절 말 위치에서 /ㄷ/와 /ㅅ/의 중화 여부이다.

대립설은 15세기 중엽에 /ㅅ/, /ㅈ/, /ㅊ/가 음절 말에서 'ㅅ[s]'로 중화되었으며6, 이는 'ㄷ[t̚]'과 발음상 대립하므로, 이 둘을 표기적 차원에서도 'ㅅ'과 'ㄷ'으로 구별하여 적었다는 견해이다. 이 견해를 뒷받침하는 주요한 근거를 보이면 아래와 같다.

5　이 두 가지 해석을 간략히 소개하면 다음과 같다. 먼저 이기문(1963, 1970)에서는 (1나)에 대해 "(그 규정의 본지는 어디까지나) 종성자를 별도로 만들지 않고 초성자로서 통용하게 한다는 것이다."라고 하여 표기법상의 규정으로만 이해해온 종래의 견해를 비판하였다. 한편, 정우영(2014)에서는 현재의 〈예의편〉이 공시문(公示文)으로 제시되는 과정에서 고도의 기법으로 규정의 위치나 단락 제시 방법이 조정되었을 것이라는 추정을 토대로, (1나)가 초·중·종성자의 자형과 음가를 제시하는 '자모 규정(字母 規定)' 단락과 '문자 운용 규정(文字 運用 規定)' 단락이 교차하는 지점에 배치되어 있다는 점에 주목하였다. 이러한 배치는 (1나)가 비록 하나의 문장이지만, 자모 규정으로서의 '종성 제자에 관한 규정'과 운용 규정으로서의 '종성 표기에 관한 규정'으로서의 역할을 겸할 수 있도록 의도된 것으로 보았다. 여기서 (1나)를 문자 운용의 차원에서 이해하면 종성을 표기하는 데 있어 초성자를 사용(공유)할 수 있다는 의미로 해석되므로 (1가)와 상충한다고 보기 어렵다.

6　이기문(1972/1977:80)에서는 이 중화의 기제를 '내파화'로 설명하였다. 그러나 치찰음 /ㅈ, ㅊ/가 내파화(불파음화)를 거치면 마찰음이 될 수 있는지 의심스럽다.

(2) 대립설의 근거

가. 발음대로 적을 것을 규정한 『훈민정음』해례본 〈종성해終聲解〉에서 종성을 여덟으로 정하고 있을 뿐만 아니라 15세기 한글 문헌에서 'ㅅ'과 'ㄷ'이 혼기된 일이 거의 없다(허웅 1965ㄱ, 이기문 1972/1977).

나. 15세기 한글 문헌에서 'ㄷ'가 뒤의 'ㄴ'에 동화되어 'ㄴ'가 된 것은 표기에 반영되어 나타나는 일이 있으나 'ㅅ'의 경우에는 그러한 동화가 전혀 나타나지 않는다(이기문 1972/1977).[7]

다. 15세기 초쯤 편찬된 『조선관역어朝鮮館譯語』에서 어말의 'ㄷ'와 달리 'ㅅ'는 사음자寫音字 '思'로 표기되었다(이기문 1961, 이기문 1972/1977, 권인한 1995).[8]

라. 15세기 한글 문헌에서 말음이 /ㅅ/인 명사는 곡용형이나 휴지 앞에서, 말음이 /ㅼ/인 용언 어간은 활용형에서 받침이 'ㅅ'으로 엄격하게 표기되었다.[9] 또한 굴절하지 않아 어형변화가 없는 부사와 관형사에서 받침 'ㄷ'과 'ㅅ'은 아무런 혼란 없이 구별되고 있었다(안병희 2003).[10]

한편, 중화설에서는 팔종성법이 표기상의 규정일 뿐 15세기 중엽에 /ㅅ/는 이미 음절 말에서 현대국어와 다름없이 'ㄷ[t˺]'으로 중화되었다고 여긴다.[11] 이 견해에서는 (1가)의 "八字可足用也(=여덟 자로 충분히 쓸 수 있다.)"라는 구절을 엄소리牙音, 혓소리舌音, 입술소리脣音, 잇소리齒音 계열의 대표격인 전청자全淸字 'ㄱ', 'ㄷ', 'ㅂ', 'ㅅ'과

---

7 15세기에 '걷너-'[度], '돋니-'[行]의 첫음절 종성이 다음 음절 초성에 동화되어 '건너-', '돈니-'로 표기된 예가 있지만 '잇ᄂᆞ니'[有], '낫나치'[箇箇] 등에서는 그러한 동화가 드러나는 표기가 없다(이기문 1972/1977:79).

8 花 果思(곳), 城 雜思(잣), 松子 雜思(잣), 面 棉思(ᄎ), 衣服 臥思(옷), 夾衣 結臥思(겹옷) 등 vs. 田 把(받), 陽 別(볃) 등

9 • 밧[外]: 밧기, 밧곤(모음 조사 앞), 밧(휴지 앞)
   • 숫[炭]: 숫기, 숫곤(모음 조사 앞), 숫(휴지 앞)
   • 맜-[任]: 맛고, 맛디, 맛다, 맛ᄃᆞ니(자음 어미 앞)
   위 예의 종성에서 /ㅅ/와 /ㄷ/가 중화되었다면, 이들의 발음에 따른 표기는 '받기, 받곤, 받'처럼 첫음절의 종성이 'ㄷ'으로 표기되어야 하지만 그렇지 않았다. 이에 대해서는 안병희(2003:9-10)를 참조.

10 • 'ㄷ' 받침의 부사관형사: 곧, 굳, 굳가, 닫, 몯, 부룯
   • 'ㅅ' 받침의 부사관형사: 굿, 굿드리, 깃, 난겻, 다뭇, 믈읫, 밋, 못, 진딧, 첫, 훈갓
   예외적으로 부사 중 유일하게 혼기(混記)된 예인 '졌갓', '졋곧'에 대해서 안병희(2003:12)에서는 당시에 /ㅅ/가 음절 말에서 [ㄷ]로 중화되었기 때문이 아니라 '곧, 굿'의 어원 차이에서 비롯된 결과로 보았다.

11 중화설을 지지하는 연구로는 이인자(1984), 지춘수(1964), 지춘수(1986), 이은정(1986), 이익섭(1992), 김동소(2003ㄴ), 김유범(2007ㄴ), 김유범(2009), 이병운(2011), 이동석(2017) 등이 있다.

불청불탁자不清不濁字인 ‘ㆁ’, ‘ㄴ’, ‘ㅁ’, ‘ㄹ’의 여덟 초성자로 각 계열의 소리를 대표해 쓸 수 있다는 표기상의 규정으로 이해한다(김동소 2003ㄴ). 예컨대, {맞-}[迎]이 ‘맛-’으로 표기된 이유는 표기자가 기본형의 말음 /ㅈ/가 잇소리 계열임을 의식하고 그것의 대표격인 ‘ㅅ’으로 받침을 표기한 것이지 실제 발음은 ‘ㄷ[t˺]’으로 중화된 소리였다는 것이다.12 이처럼 중화설에서는 동일한 음성적 실현이 ‘ㄷ’과 ‘ㅅ’으로 다르게 표기된 현상을 어원의식(문법의식)과 초성자 체계상의 대립에 대한 의식이 표기에 반영된 결과로 이해한다. 이러한 중화설을 뒷받침하는 주요한 근거를 보이면 아래와 같다.

(3) 중화설의 근거

가. 『훈민정음』 해례본 〈종성해〉 전체 텍스트를 종합적으로 검토해보면, 종성의 대표자인 8종성은 오음五音과 완급緩急의 대립에 관한 이론적 체계를 고려하여 선정된 것이므로 8종성의 내용을 당시의 실제 음운학적 사실로 그대로 받아들이기는 어렵다(지춘수 1964, 김유범 2009).13

나. 어간 말음 /ㅎ/가 ‘ㄷ’이나 ‘ㅅ’으로 혼기된다는 것은 음절 말에서 [ㄷ]와 [ㅅ]의 음성적 차이가 없었음을 짐작하게 한다(이익섭 1992).14

다. 치음 /ㅈ, ㅊ/가 음절 말에서 [ㅅ]로 중화되는 현상은 음성학적으로 그 기제를 설명할 수 없다. 또한, 15세기 한글 문헌에서 ‘ㅈ, ㅊ, ㅅ’으로 표기되어야 할 종성이 ‘ㄷ’으로 표기되거나 이들의 불파음화로 인해 후행 자음이 된소리화된 것으로 보이는 예들이 있다(김유범 2007ㄴ).15

---

12 이에 대한 재반박은 안병희(2003)에서 이루어졌는데, 그 내용을 정리해 보이면 아래와 같다.
“/ㅅ/와 /ㄷ/가 음절 말에서 [t˺]로 중화되었는데도 /ㅅ/가 치음(齒音)임을 파악해 ‘ㅅ’으로 받침을 적었다면, 같은 원리로 /ㅎ/도 후음(喉音)임을 고려해 ‘ㆆ’으로 받침을 적었을 것이다. 그런데도 8종성자에서 ‘ㆆ’를 배제한 이유는 당시에 음절 말에서 8개의 종성이 변별되어서 각각을 8개의 자로 표기했기 때문이다.”

13 오음(아음, 설음, 순음, 치음, 후음)이 종성으로 실현되면 각 음 안에서 완급(緩急)의 대립을 이룬다. 즉, ㆁ對ㄱ, ㄴ/ㄹ對ㄷ, ㅁ對ㅂ, ㅿ對ㅅ, ㅇ對ㆆ이 그것이다. 이 완급의 대립쌍들을 모두 종성의 대표자로 세우는 것이 가장 이상적인 상황이지만, 후음의 경우(ㅇ對ㆆ) 종성에서 사실상 음가가 없어 제외하고 치음의 경우(ㅿ對ㅅ) 다른 경우들처럼 공명음과 장애음의 대립을 보여 주지 못하며 ‘ㅿ’은 종성에서 ‘ㅅ’으로 통용될 수 있으므로 ‘ㅿ’을 제외한 것이 현실적 처리 방안이다. 이처럼 종성의 대표자를 세우는 데 있어 오음과 완급의 대립 체계에 대한 인식이 관여하고 있으므로 실제 종성 발음에서의 변별을 반영하고 있다고 보기 어렵다.

14 어간 말음 /ㅎ/의 이음(異音)이 ‘ㅅ’과 ‘ㄷ’으로 혼기된 단어들을 보이면 아래와 같다(이익섭 1992:315-316).
- 젓ᄉᆞ오며 vs. 졀노라/졀ᄂᆞ다
- 빗ᄉᆞ오ᄆᆞᆫ, 빗ᄉᆞ오니 vs. 빋ᄂᆞ니

15 김유범(2007ㄴ:184)에서 제시하고 있는 예들을 보이면 아래와 같다.
- 눉ᄌᆞᅀᆞ[睛] vs. 눈ᄌᆞᅀᆞ/눈ᄍᆞᅀᆞ

라. /ㅈ, ㅊ/로 끝나는 용언 어간이 /ㄷ/로 끝나는 용언 어간과 마찬가지로 객체 높임 선어말어미 '-숳-'이 아닌 '-줳-'과 통합하는 것으로 볼 때 /ㅈ, ㅊ/는 /ㄷ/와 같이 음절 말에서 불파음 [t˥]으로 실현되었다(이병운 2011).[16]

음절 말 /ㅅ/가 'ㄷ[t˥]'으로 중화되기 위해서는 불파화^{unreleasing}가 전제되어야 한다. 따라서 중화설과 대립설은 훈민정음 창제 당시 우리말에서 음절 말 /ㅅ/의 불파화가 보편적으로 일어났는지 그렇지 않은지에 따라 나뉜다고 할 수 있다. 그 구체적 시기가 훈민정음 창제 전후로 언제인지 분명하지는 않지만, 학계에서는 15세기에 /ㅅ/가 음절 말 일부 환경에서부터 불파되기 시작했던 것으로 추정하고 있다.[17]

02_ 겹받침 표기

김미미

겹받침 표기는 둘 이상의 자음이 연속적으로 받침에 표기된 것을 뜻한다. 앞서 살펴본 중세국어 받침 표기의 '8종성 표기' 원칙에서 벗어난 것이다. 중세국어에서 어두 위치에 오는 자음군이 크게 각자병서 표기와 'ㅂ계', 'ㅄ계', 'ㅅ계' 합용병서 표기로

- 곧거늘[如] vs. 굿거늘
- 둣디[置] vs. 둗디
- 좇ᄂ니[隨] vs. 좃ᄂ니/졷ᄂ니
- 구짖-[罵] vs. 구짓-/구짇-
- 젛-[畏] vs. 젓숳-/젇논
- 좇숳-[稽] vs. 조쑿-
- 받줳-[奉] vs. 바쫗-
- 맞줳-[迎] vs. 맏줳-/맏쫗-/마쫗-

16 말음이 /ㅈ, ㅊ/인 용언 어간이 /ㄷ/와 마찬가지로 '-줳-'과 결합하고 양상을 보이면 아래와 같다(이병운 2011:299).
   - 듣ᄌ바도, 얻ᄌ방, 묻ᄌ바나
   - 맛ᄌ방(←맞-), 좃ᄌ방(←좇-), 연쫗ᄒ며(←엱-), 안쫗ᄫ시니(←앉-)

17 이 현상이 어떠한 환경에서부터 시작되었는지의 문제는 가와사키 케이고(2015ㄴ)와 김한별(2019)에서의 논의를 참조할 수 있다. 김한별(2019)에서는 15세기 문헌에서 어중 'ㅅ'이 받침형과 병서형으로 모두 나타나는 어사들의 개별 실현율을 출현 빈도의 측면에서 체계적으로 조사한 결과와 더불어 속격조사 {ㅅ}의 이표기('ㄱ, ㄷ, ㅂ, ㆆ, ㅸ, ㅈ')가 나타나는 환경을 분석한 가와사키 케이고(2015ㄴ)에서의 연구 결과까지 고려하여, 음절 말 /ㅅ/의 불파화가 당시 외파음이었던 비음과 유음 뒤에서 순차적으로 발생하였을 것으로 추정하였다.

구분되었던 것과 달리, 받침 위치의 자음 연쇄는 'ㄺ', 'ㄻ', 'ㄿ', 'ㅀ', 'ㄽ' 등 'ㄹ'로 시작하는 경우가 많고 'ㄳ(ㅆ)', 'ㄵ', 'ㅅ' 등의 연쇄도 나타난다. 『삼강행실도』에는 다음과 같은 겹받침 표기들이 보인다.

정 보		용 례	출 전
ㄳ	낛	① 낛슬 三世롤 더니라	20반종구부
ㄺ	넑다	② 毛詩 넑다가	15왕부폐시
	홁	③ 손소 홁 지며 솔 시므고	24불해봉시
ㄻ	옮기다	④ 法다히 居喪ᄒ며 아비롤 옮겨다가	33자강복총
ㄿ	여듧	⑤ 싀어미롤 스므여듧 히롤 孝道ᄒ다가	05진씨양고
ㅀ	홇	⑥ 皐魚ㅣ라 홇 소니 사오나ᄫᆞᆫ 옷 닙고	04고어도곡
	-ㅀ가	⑦ ᄀᆞ올히 모돔 저긔 어미 잇ᄂᆞᆫ가 ᄒᆞ야	06강혁거효
	-ㅀ다	⑧ 머즌 그르슬 므스게 ᄡᅮᇙ다 ᄒᆞᆫ대	13원각경부
ㄵ	앉다	⑨ 죽두록 西ㅅ녁 向ᄒᆞ야 앉디 아니ᄒᆞ니라	15왕부폐시

『삼강행실도』≪효자도≫의 겹받침 표기 역시 'ㄺ', 'ㄻ', 'ㄿ', 'ㅀ' 등의 'ㄹ'로 시작하는 연쇄의 용례가 많은 편이며, 'ㄵ'의 용례도 확인된다. 이 가운데 다음으로 ①의 '낛슬'은 '낛[租稅]'과 목적격조사 '을'의 결합으로 분석하거나 어간 자체를 '낛ㅅ'으로 분석할 수 있는 가능성이 있다. 전자의 경우 겹받침의 'ㄳ' 중 후행 자음 'ㅅ'이 중철된 이유, 동일한 환경에서 후행 자음의 중철이 나타나지 않은 '셗슬(셗+을)'과의 비교가 필요할 것으로 보인다. 반면 후자의 경우 중철에 대한 설명 부담이 없어질 수 있지만 (1)과 같은 15세기의 다른 용례를 함께 살펴보면 어간의 형태는 '낛'으로 추정된다.

　(1) 그제ᅀᅡ 낛 바도몰 ᄒᆞ니 〈월인석보(1459) 1:46a〉

이와 관련하여 志部昭平(1990:80)은 "어간은 '낛'이다. 따라서 그 대격은 '낙슬'이 되어야 한다. 하지만 모든 판이 〈성암본〉을 따랐고 〈김영중 소장본〉도 마찬가지다. 원본 자체의 착오일 가능성이 높다. 선조판에서는 '낙슬'로 교정되었다."라고 주석을 달고 해당 용례를 '낙·슬'로 교정한 바 있다.

이 밖에 표기상으로는 겹받침으로 나타나지 않았지만 기저형에서 말음에 자음군을 가지고 있는 다음과 같은 예들도 있다.

정 보		용 례	출 전
ᆲ	돓	⑩ 三年을 피 나긔 우러 거싀 죽게 두외얫더니 돌씨어든 그 두롤 내내 우더라	19왕연약어
ᆺ	섰다	⑪ 純孝논 섯근 것 업슨 孝道ㅣ라	20반종구부
		⑫ 불휫 피 내야 藥에 섯거 머기니	31유씨효고

이 가운데 ⑩의 '돌씨어든'은 의미상 '돓[周年]'과 연결어미 '-이어든'의 결합으로 이해되지만 두 번째 음절의 초성 표기가 'ㅆ'으로 나타난 것을 설명하기 어렵다.

(2) 가. 또 <u>돌새</u> 大祥ᄒ고 醋와 醬과롤 머그며 〈내훈(1475) 1:65a〉
    나. 첫 <u>돌시어든</u> 또 이바디 홀 제 〈번역박통사(16C초) 상:57a〉

(2가)와 (2나)의 용례처럼 '돓'에 모음어미가 후행할 경우에는, 후행하는 자음 'ㅅ'이 연철되어 '돌새', '돌시어든'과 같이 나타나는 것이 자연스럽기 때문이다. 앞서 살펴본 '낯술'과 같이 중철 표기로 해석한다고 하더라도 '돓시어든'이 아닌 '돌씨어든'으로 표기된 이유에 대한 설명도 필요해진다.

이에 대해 志部昭平(1990:77)은 '·돓(一周)+시(時)+·일[指]+·거·든'으로 분석한 바 있으나 몇 가지 의문점이 남는다. 우선 당시 '시(時)'가 '(~할) 때'의 의미로 다른 단어 (특히 고유어)와 결합되는 것이 일반적인가 하는 것이다. 행실도에서는 '시(時)'가 '(~할) 때'의 의미를 가진 명사 또는 의존명사로 사용된 다른 예가 확인되지 않는다. 또 '時'에 해당하는 말이 필요했다면 '시' 대신 고유어 '제', '적', '때' 등이 쓰일 가능성은 없는가 하는 것이다. 행실도의 '제', '적'은 관형어에 후행하여 '겨믄 제브터 ᄒ던 거시라 〈효자:7b〉', '나히 열다ᄉ신 저긔〈효자:32a〉', '남진 갏 저긔〈효자:5a〉 등과 같이 나타난다.

03 _ 일반 분철 표기

분철分綴은 여러 형태소가 결합할 때, 음절화에[18] 따른 음절 단위로 표기하는 것이 아니라 형태소 경계를 중시하여 형태소 단위로 표기하는 방식을 일컫는다. 현행 한글 맞춤법에서 자음으로 끝나는 체언이나 용언의 어간에 모음으로 시작하는 조사나 어미가 결합할 때, 음절화 과정에서 나타나는 연음을[19] 표기에 반영하지 않고 형태소 단위로 그 정체성을 시각적으로 밝히어 적는 예들(예 떡이, 떡을, 떡에 / 먹어, 먹으니)을 생각해 보면 쉽게 이해된다. 본서에서 '일반 분철 표기'는 중세국어 표기법에서 '특수 분철 표기' 이외의 경우에서 보이는 분철 표기를 일컫는다.

『삼강행실도』≪효자도≫에 나타나는 일반 분철 표기 용례 및 분석

정 보		용 례	출 전
힝뎍으로	힝뎍[行績] + 으로(부사격조사)	① 謚는 <u>힝뎍으로</u> 일훔 고텨 지홀씨라	28서적독행
남진이	남진[男人] + 이(주격조사)	② <u>남진이</u> 죽거늘	31유씨효고

①, ②의 밑줄 친 용례는 모두 자음으로 끝나는 체언 뒤에 모음으로 시작하는 조사가 올 때 일어나는 연음을 표기에 반영하지 않고 형태소 단위로 그 정체성을 밝히어 적고 있다. ①의 '힝뎍'은 한자어 '行績'의 한글(훈민정음) 표기인데, 15세기 한글 문헌에서 분철 표기로 자주 관찰되는 단어이다(1가). 여기에 부사격조사가 결합하여 분철 표기된 '힝뎍으로'는 이 문헌에서만 확인되는 유일한 용례이다. ②의 '남진'은 한자어 '男人'에서 온 단어로, 15세기 한글 문헌에서 분철 표기로 자주 관찰된다(1나).

---

18   음절화(音節化)란 음소의 연쇄를 음절 단위로 묶는 과정이다. 한국어에서 음절화는 '중성→초성→종성'의 단계를 밟아 이루어진다.

19   연음(連音)이란 자음으로 끝나는 형태소 뒤에 모음으로 시작하는 형태소가 결합할 때 앞 형태소의 종성 자음이 그대로 뒤 형태소의 음절 초성으로 이동하는 현상을 가리킨다.

(1) 가. 婆羅門은 조호 힝뎍의 通호 일ᄏᆞ로미라 〈능엄경언해(1461) 6:94a〉

　　　　믈읫 힝뎍을 모로매 도타오며 조심ᄒᆞ야 〈내훈(1481) 1:26b〉

　　나. 남진은 겨지븨 오ᄉᆞᆯ ᄡᅳ고 〈구급방언해(1466) 상:16a〉

　　　　겨지븐 남진의 지블 제 집 사몰ᄉᆡ 〈내훈(1481) 2상:3b〉

①, ②의 밑줄 친 용례는 세종 당대의 일반적인 표기 방식으로 생각되는 연철을 따랐다면 '힝뎌ᄀᆡ로', '남지니'와 같이 표기되었을 것이다. 그러나 분철로 표기된 것은 세종 이후의 분철 표기 양상을 반영한 결과라고 볼 수 있다. 이러한 분철 표기 양상은 언해본 『삼강행실도』 초간본의 언해문에 세종 당대는 물론 그 이후의 언어 및 표기 특성이 혼재되어 있을 가능성을 시사한다.

분철 표기의 확산과 의미

15세기 한글 문헌에서 보이는 표기 예들을 귀납해 보면, (2가)와 같은 연철連綴이 일반적인 표기법으로 생각되지만 『월인천강지곡』(1447) 등 일부 문헌에 한정해서 (2나)와 같은 분철 표기도 없지 않다.[20]

(2) 가. 소ᄂᆞ로(←손 + ᄋᆞ로), 므른(←믈 + 은), 기픈(←깊- + -은), 노ᄑᆞ시니(←높- + -ᄋᆞ시니)

　　나. 놉이, 스승을, 눈에, 안아, 담아 〈월인천강지곡(1447)〉[21]

이러한 일반 분철 표기는 15세기 말기에 하나의 형세를 이루어 16세기 초기에는 한층 활발히 나타나다가 16세기 말기에 와서 더욱 확대되어 정착하게 된 것으로 보인다. 한 가지 흥미로운 사실은 세종이 몸소 관여한 문헌인 『월인천강지곡』(1447)과 『용비어

20　예를 들어, 『월인석보』(1459), 『능엄경언해』(1462)와 같은 경우에는 우발적인 분철의 예들이 보이고, 『법화경언해』(1463), 『남명천계송언해』(1482), 『금강경삼가해』(1482), 『육조법보단경언해』(1496), 『관음경언해』(1485)와 같은 경우에는 보다 적극적으로 분철 표기의 경향이 나타난다(김유범 2007ㄷ:79).

21　『월인천강지곡』(1447)의 경우, 명사나 동사 어간의 말음이 /ㄴ, ㄹ, ㅁ/ 등의 유성자음일 때에는 모음으로 시작하는 조사나 어미와 분리하여 표기하는 경향이 보인다(이익섭 1992:205).

천가』(1447)에서 분철 표기가 폭넓게 나타난다는 점이다. 근대국어 시기에는 연철과 분철 그리고 혼철混綴이나 과도 분철과 같은 과도기적 표기도 공존했다. 그러다 현대 한글 맞춤법에서는 분철이 일반적인 표기 방식으로 자리 잡았는데, 이는 분철이 연철보다 독자뿐만 아니라 필자에게도 더 유용한 표기 방식이라는 표기 의식의 각성과 관련이 있다.

자소론적 관점에서 훈민정음은 문자 체계의 기본 단위인 자소가 언어 단위 중에 음소와 대체로 대응하는 음소 문자체계이다. 분철은 각 형태소에 대응하는 자소 집합을 고정하여 서면에 일관성 있게 표시하는 방식이다. 이러한 방식은 능숙한 독자가 글을 읽는 과정에서 형태소가 갖는 의미에 더욱 빨리 접근할 수 있다는 장점이 있다. 그래서 분철은 읽는 자를 위한 표기 방식이고 연철은 쓰는 자를 위한 표기 방식이라는 견해가 일반적이다. 하지만 국외 자소론 연구에서는 분철에 반영된 형태론적 원칙이[22] 필자의 부담을 덜어준다는 견해도 있다. 예컨대, Nerius(2007:149)에서는 능숙한 필자가 글을 쓸 때 이미 머릿속에 저장된 형태소의 자소적 표상을 이용하는데, 이 자소적 표상이 고정되어 있으면 필자도 특정한 의미에 대응하는 자소적 표상을 쉽게 떠올려 쓸 수 있다고 주장한다. 필자의 입장에서 분철이 갖는 장점을 생각해 볼 수 있는 대목이다.

04_ 특수 분철 표기 이철기

특수 분철 표기는 형태소의 형태론적 속성이나 형태소들의 결합에서 나타나는 형태음운론적 현상을 표기적 측면에서 분철로 드러낸 것이다. 이는 특별한 언어학적 사실이 표기적 차원에서 분철 형식으로 고려되었다는 점에서 일반 분철 표기와 구별된다. 15세기 문헌자료에서 나타나는 특수 분철 표기는 아래의 (1)과 같이 유형화해 볼 수 있다.

---

22   형태론적 원칙(Das morphologisches Prinzip)이란, 독일의 자소론 연구에서 독자가 형태소의 의미를 더욱 빠르게 인지할 수 있도록 형태소를 자소적으로 고정하여 서면에 일관되게 표시하는 원칙이다.

(1) 특수 분철 표기의 유형(김유범 2007ㄷ)

　　가. 곡용과 활용 시의 'ㄱ'탈락에 의한 분철 표기

　　나. 특수 곡용 체언의 분철 표기

　　다. 제2음절에 '른/르'나 'ᅀᆞ/스'를 가진 용언의 분철 표기

　　라. 피·사동 접미사의 분철 표기

『삼강행실도』 ≪효자도≫에 나타나는 특수 분철 표기 용례 및 분석

정　보		분　석	출　전
'ㄱ'탈락에 의한 분철 표기	① 필오	필-[布] + -오(←-고, 연결어미)	02자로부미
특수 곡용 체언의 분철 표기	② 앗이	앗(←아ᅀᆞ)[弟] + 이(주격조사)	07설포쇄소
	③ 앗올	앗(←아ᅀᆞ)[弟] + 올(목적격조사)	27노조순모
어간 제2음절에 '른/르'나 'ᅀᆞ/스'를 가진 용언의 분철 표기	④ 올아가니라	올아가-[올-(←오른-)[騰]] + -아(연결어미) + 가-[去]] + -니-(선어말어미) + -라(종결어미)	11동영대전
	⑤ 닐오디	닐-(←니르-)[云] + -오디(연결어미)	14맹희득금
	⑥ 길어	길-(←기르-)[養] + -어(연결어미)	
	⑦ 굿어	굿-(←그스-)[引] + -어(연결어미)	28서적독행
피·사동 접미사에 의한 분철 표기	⑧ 얼유려	얼이-[嫁] + -우려(연결어미)	05진씨양고
	⑨ 들이더니	들이-[被聽, 聞] + -더-(선어말어미) + -니(연결어미)	09황향선침
	⑩ 믈여늘	믈이-[被咬] + -어늘(연결어미)	32누백포호

　　①은 형태소 결합 환경에서 선행 형태소의 말음이 /ㄹ/고 후행 형태소의 초성이 /ㄱ/인 경우에 15세기 공시적인 형태음운 현상에 의해 /ㄱ/가 탈락된 흔적을 분철이라는 표기 방식으로 드러낸 용례로 (1가)의 유형에 해당한다. 이때의 'ㅇ'을 무음가로 파악한다면, 앞 음절의 말음 /ㄹ/는 뒤 음절의 초성에 연음되어 '실로'와 같이 연철로 표기되는 것이 일반적이다.[23] 그러나 ①에서는 형태음운 현상으로 /ㄱ/가 탈락한 흔적을 의도적으로 표기에 반영하기 위해 'ㅇ'을 이용해 분철의 형식을 취한 것으로 이해된다.

　　②, ③에서의 '아ᅀᆞ'는 이른바 특수 곡용을 하는 체언으로 단독형이나 자음으로

23　물론, 선행 형태소의 말음 /ㄹ/이나 /j/ 혹은 계사 뒤에 이어지는 형태소의 초성 'ㅇ'을 무음가(無音價)가 아닌 /ㄱ/의 약화로 인해 생겨난 후두 유성 마찰음 [ɦ], 즉 유음가(有音價)로 파악하는 입장에서는 ①과 같은 예를 분철 표기로 인정하지 않을 것이다. 그러나 이 'ㅇ'의 유음가설에 대한 부정적인 근거와 반론 또한 그동안 상당히 제기되어 왔다. 이에 대해서는 [음운] 04_/ㄱ/ 탈락 참조.

시작하는 조사 앞에서는 '아ᇫ' 형태로 나타나지만, 모음으로 시작하는 조사 앞에서는 '앗'의 형태로 변화하고 조사와는 분철 표기되는 용례로 (1나)의 유형에 해당한다. '앗이, 앗울'에서 강조점을 표시한 'ㅇ'은 본래부터 /ㄱ/와는 전혀 관련이 없는 요소이기에 음가를 지닌 것으로 파악하기 어렵다. 그런데도 '아ᇫ'가 분철 표기된 이유는 체언 '굿[邊]'의 곡용형이 'ᄀᆞᇫ', 'ᄀᆞ술'처럼 연철 표기되어 나타나는 것과 비교해 볼 때, 본 형태가 '앗'이 아닌 '아ᇫ'라는 의식이 분철이라는 표기 형식으로 드러난 것으로 이해할 수 있다.

④~⑦의 용언 어간은 공통으로 2음절에 'ᄅᆞ/르'나 '스'를 지니고 있다. 이들 어간은 모음으로 시작되는 어미와 결합할 때 2음절 'ᄅᆞ/르', '스'의 마지막 모음이 탈락하여 'ㄹ'이나 'ㅿ'이 1음절의 종성 자리로 옮겨져 어간의 형태가 '(C)Vㄹ'이나 '(C)Vㅿ'로 변화하고 어미와는 분철 표기되는 특징을 보인다.[24] 이러한 유형의 분철 표기는 ④~⑦의 어간 형태가 각각 본래 '올-, 닐-, 길-, 긎-'이 아닌 '오ᄅᆞ-, 니르-, 기르-, 그스-'임을 밝히기 위한 의도에서 비롯된 표기 형식으로 해석할 수 있다. ④~⑦의 어간들이 만약 15세기 일반적인 표기 원리에 의해 각각 '오라, 니러, 기러, 그ᅀᅥ'와 같이 연철되었다면, 다른 용언 어간의 활용형 표기인 '오라(←오-[來]+-라), 니러(←닐-[起]+-어), 기러(←긴-[汲]+-어), 그ᅀᅥ(←긎-[劃]+-어)'와 발음뿐만 아니라 표기적(시각적)으로도 구별되지 않았을 것이다.

⑧~⑩은 주동사 어간 또는 능동사 어간에 각각 사동 접미사, 피동 접미사가 결합되어 분철 표기된 경우이다. ⑧ '얼유려'의 '얼이-'는 '얻-~얼-'[婚]로 활용하는 'ㄷ' 불규칙 용언 어간 '얻-'에 사동 접미사 '-이-'가 결합한 사동사이다.[25] ⑨ '들이더니'의 '들이-'는 '듣-~들-'[聽]로 활용하는 'ㄷ' 불규칙 용언 어간에 피동 접미사 '-이-'가 결합한 피동사이다. ⑩ '믈여늘'의 '믈이-'는 능동사 어간 '믈-'에 피동 접미사 '-이-'가 결합한 피동사

---

24 특수 분철 표기를 인정하는 견해에서 ④~⑦의 형태소를 분석할 때 어간의 형태를 '올ㅇ-', '닐ㅇ-', '길ㅇ-', '긎ㅇ-'이 아닌 '올-', '닐-', '길-', '긎-'으로 설정하는 것이 가장 적절하다고 판단된다. 전자는 자칫 'ㅇ'에 대응하는 음성이 있는 것으로 오인(誤認)될 수 있기 때문이다.

25 여기서는 'ㄷ' 불규칙 용언 어간 '얻-'을 기본형으로 상정하고 논의하였으나 어간을 '어르-'나 'ㄹ'규칙활용 용언 어간 '얼-'로 상정하는 견해도 있다. 이에 대해서는 [어휘] 30_{얻다!}의 내용을 참조.

이다. '얻-', '듣-'과 같은 'ㄷ' 불규칙 용언이 피·사동 접미사 '-이-'와 결합할 때 '얼-', '들-'과 같이 나타난다는 사실은 '-이-'가 자음을 가지지 않은 순수한 모음임을 추정할 수 있다.[26] 따라서 ⑧~⑩은 형태소 결합 과정에서 선행 요소의 종성이 후행 요소의 초성에 연음되어 표기적으로 각각 '어리', '드리-', '므리-'와 같이 나타날 수 있으나 여기서는 모두 분철되었다. 피·사동 접미사 '-이-'의 기원적 형태가 '-기-'와 같이 /ㄱ/를 초성으로 갖는 형태로 보는 기존 연구의 견해를 참조한다면, ⑧~⑩의 분철 표기는 통시적인 음운 현상으로 탈락한 /ㄱ/의 흔적에 대한 형태음운론적 고려가 반영된 것으로 해석할 수 있다.

형태론적 장치로서 특수 분철 표기의 의의

문자 체계 훈민정음은 기본적으로 음소 단위에 대응하는 글자letter를 음절 단위로 모아쓴다는 특징이 있다. 이는 대부분의 음소 문자 체계에서 글자가 발화되는 언어 요소의 선조성線條性을 반영하기 위해 선적線的 linearity으로 배열되는 점과 큰 차이가 있다.[27] 이러한 모아쓰기 방식은 네모꼴 하나하나가 음절 단위와 대응한다는 점을 시각적으로 한눈에 보일 수 있다. 하지만 (C)VC.V(C)와 같은 음절 연쇄의 구성에서 앞 음절의 종성이 다음 음절의 초성으로 (C)V.CV(C)처럼 연음되어 발음될 때 이에 대응하는 글자를 앞 음절자音節字의 네모꼴 안에 묶어 쓸 것인지 다음 음절자의 네모꼴에 넘겨 쓸 것인지를 결정해야 하는 문제가 생긴다.[28] 단어나 형태소의 본래 형태를 의식하며 천천히 발화하면 전자의 방식이 적절해 보이지만, 자연스러운 발화의 연쇄를 고려하면 후자의 방식이 더 적절해 보이기 때문이다. 우리는 전자의 방식을 분철分綴로, 후자의 방식을 연철連綴로

---

26 이와 같은 추정에는 피·사동 접미사 결합과 관련해 관찰되는 성조 양상도 하나의 근거가 된다. 형용사 '되다[甚]'의 어간은 결합하는 후행 형태소의 유형(자음형 vs. 모음형)에 따라 그 성조가 상성(자음 앞에서)과 평성(모음 앞에서)으로 다르게 실현되는 '평/상 교체 어간'이다. 이 어간에 사동 접미사 '-오-'가 결합해 사동사 '되오다'가 될 때 어간 성조가 평거[LH]라는 사실은 사동 접미사 '-오-'가 모음만으로 구성된 형태소라는 사실을 보여준다(김유범 2007ㄷ:83).

27 문자체계 요소의 결합이 갖는 선적인 특성에 대해서는 Coulmas(2003:151-152)의 견해를 참조.

28 여기서 음절자는 음절에 대응하는 글자 조합이 표기적 차원에서 실현된 단위를 일컫는다.

일컬어왔다. 또한, 연철은 기본적으로 실제 발화의 연쇄를 더 고려한 표기 방식이라는 점에서 '음소적 표기'로, 분철은 형태소의 본래 형태를 더 고려한 표기 방식이라는 점에서 '형태음소적 표기'로 분류해 왔다.

특수 분철 표기는 일반적인 분철 표기보다 더 많은 형태론적인 고려가 표기에 반영된 방식이다. 예컨대, 아래의 (2가, 라)는 공시적 또는 통시적인 형태음운 현상으로서 /ㄱ/ 탈락의 흔적을 문자적으로 드러내려는 의도에서, (2나, 다)는 곡용이나 활용 시 체언이나 용언이 지닌 본 형태 정보의 왜곡을 방지하려는 의도에서 분철 표기가 이루어지고 있다.

(2) 가. 곡용과 활용 시의 /ㄱ/ 탈락에 의한 분철 표기
　　ㄱ. 플와, 얼굴오, 블옷, 울어늘, 어딜에, 밍글오, 쓸오져, …
　　ㄴ. 사ᄅᆞ미오, 내어든, 업데어늘, 두외아지라, 비취어니, …
나. 특수 곡용 체언의 분철 표기
　　ㄱ. 노로/노ᄅᆞ[獐](놀이, 놀올, …), ᄀᆞᄅᆞ[紛](글이, 글올, 글ᄋᆞ로, …)
　　ㄴ. 여ᅀᅮ[狐](영이, 영을, 영의, 영은, …), 아ᅀᅮ[弟](앗이, 앗올, 앗이, 앗은, …)
다. 제2음절에 '로/르'나 'ᅀᆞ/스'를 가진 용언의 분철 표기
　　ㄱ. 고로다[均](골아, 골오몰, …), 오ᄅᆞ다[昇](올아, 올오매, …), …
　　ㄴ. 부ᅀᅮ다[碎](벗아, 벗오듸, …), 그스다[牽](긋어, 긋우믈, …), …
라. 피·사동 접미사의 분철 표기
　　ㄱ. 열이다[被開], 들이다[被聽], 앗이다[被奪], 븟이다[被注], …
　　ㄴ. 올오다[使全], 얼우다[使凍], 들이다[使聽], 웃이다[使笑], …

15세기 당시의 보편적인 표기 형식인 연철은 소리 나는 대로 표기하는 음소적 표기의 원리가 구현된 표기 방식이었다면, 특수 분철 표기는 단어나 형태소의 본래 형태의 왜곡을 최소화하고 공·통시적인 형태음운적인 변화까지 문자적으로 드러내려는 의도로 고안된 표기 방식이라고 할 수 있다. 이는 문자 운용의 측면에서 독창성이 돋보이는 대목이다.

'ㅸ'은 『훈민정음』〈어제 예의〉의 17초성체계나 동국정운東國正韻을 위한 23자모체계에는 들어있지 않은 글자이다. 그러나 『훈민정음』〈어제 예의〉의 마지막 단락[29]과 ≪해례≫의 〈제자해〉의 기술을 참조할 때 연서連書의 방법으로 순음자 'ㅂ' 아래 'ㅇ'을 결합하여 만들어진 글자임을 알 수 있다. 이러한 방법으로 만들어진 글자로 'ㅱ, ㅃ, ㆅ'이 더 있는데, 'ㅸ'만이 〈용자례〉에서 확인되며[30] 순수한 국어 단어의 표기에 사용되었다. 학계에서는 'ㅸ'에 부여된 음성을 양순유성마찰음 [β]로 보고 이 음성이 15세기 국어에서 음소로 기능했다는 견해가 지배적이다. 하지만 최근에는 'ㅸ'을 형태소 경계에서나 방언의 어형에서 /ㅂ/가 다양하게 실현되는 양상을 표기적으로 반영하기 위해 사용된 글자로 보는 견해도 주목받고 있다.

『삼강행실도』 ≪효자도≫에 나타나는 'ㅸ'의 용례와 분석

정 보		용 례	출 전
놀라ᄫᅵ	놀랍-[驚] + -이(접미사)	① 집사루미 다 <u>놀라ᄫᅵ</u> 너겨 ᄒᆞ더니	21검루상분
누ᄫᅦᆺ거늘	눕-[臥] + -어(연결어미) # 잇-[有] + -거늘(연결어미)	② 버미 ᄒᆞ마 비브르 먹고 <u>누ᄫᅦᆺ거늘</u>	32누백포호

①의 '놀라ᄫᅵ'는 동사 '놀라다'의 어근 '놀라-'에 형용사 파생 접미사 '-ㅸ-'이 결합하여 형용사 '놀랍-'이 파생되고, 여기에 다시 부사 파생 접미사 '-이'가 결합하여 파생된 부사이다. ①에서 '놀랍-'의 말음은 모음으로 시작하는 접미사와 결합하여 'ㅸ'으로 표기되었다. ②에서 '눕-'의 말음도 모음으로 시작하는 어미와 결합하여 'ㅸ'으로 표기되었다. 그런데 이 '놀랍-', '눕-'의 말음은 자음으로 시작하는 어미와 결합하는 경우, 즉 유성음 환경이 아닌 음절 말에서는 'ㅂ'으로 표기된다(1가, 나).

---

29 ㅇ連書脣音之下則爲脣輕音。(ㅇ를 순음 글자 아래에 이어 쓰면 순경음 글자가 된다.) 〈훈민정음 해례본 (1446) 정음:2a〉

30 ㅸ。如사ᄫᅵ爲蝦ㄷ·ᄫᅵ爲瓠。(초성자 ㅸ의 예는 사ᄫᅵ, ᄃ·ᄫᅵ) 〈훈민정음 해례본(1446) 정음해례:25a〉

(1) 가. 하 죽ᄌᆞᄆᆞ니 보디 <u>놀랍고</u> 〈순천김씨묘출토언간(1593) 69〉

나. 우 ᄀᆞ티 다시 아ᅀᅡ 울워러 <u>눕고</u> 〈구급방언해(1466) 하:38b〉

한편, 중세국어에서 '잡-[執]', '굽-[曲]'과 같은 어간의 말음 /ㅂ/는 유성음 환경에서도 그대로 유지되어 'ㅂ'으로 표기된다(2가, 나).

(2) 가. 王이 손목 <u>자바</u> 울며 니ᄅᆞ샤ᄃᆡ 〈석보상절(1447) 3:21a〉

나. 나못 가지 <u>구버</u> 와 힛 光ᄋᆞᆯ ᄀᆞ리더라 〈석보상절(1447) 3:15b〉

따라서 '잡-', '굽-'처럼 /ㅂ/가 유지되는 어간과 기저 차원에서 구별하여 (1가, 나)는 '놀랍-', '눕-'으로 기본형을 설정할 수 있다. 이렇게 기본형을 설정하면, 말음 /ㅸ/을 지닌 어간은 자음 어미와의 결합에서 음절 구조 제약에 따라 말음이 [ㅂ]로 바뀌고 모음 어미와의 결합에서는 말음이 그대로 실현되는 규칙활용으로 설명할 수 있다.

'ㅸ'의 음가 및 음소 인정 여부

새로운 문자 훈민정음에서 'ㅸ'의 음가가 무엇인지, 그리고 'ㅸ'이 15세기 당시 음소였는지에 대해서는 이견이 있다. 일반적으로 'ㅸ'의 음가는 유성양순마찰음 [β]이었으며, 이는 15세기 중엽 우리말에서 음소 /β/로 존재했거나 이 시기에 소실 과정에 있었다고 본다.

'ㅸ'의 음가를 [β]로 파악하는 근거는 『훈민정음』 해례본의 〈제자해〉에 기술된 순경음에 관한 설명이다(3가). 이에 더해 『계림유사』, 『조선관역어』와 같은 외국인에 의한 우리말 전사표기轉寫表記 자료로부터 음가를 재구하여 주장의 근거로 삼기도 한다(3나, 다).

(3) 가. ㅇ連書脣音之下ㅇ則爲脣輕音者ㅇ以輕音脣乍合而喉聲多也。(ㅇ을 순음 글자 아래에 이어 쓰면 순경음을 나타내는 글자가 된다. ㅇ을 이어 쓴 것은 순경음이 입술을 살짝

다물어 목구멍 소리가 많이 나기 때문이다.) 〈훈민정음 해례본(1446) 정음해례:4b〉

나. 二曰途孛(*두블), 酒曰酥孛(*수블), 袴曰珂背(*ㄱ빅]) 〈계림유사(1103)〉

다. 二 覩卜二(*두블), 酒 數本(*수블), 瘦 耶必大(*야빅다) 〈조선관역어(1408)〉

(3가)는 '병'의 음가를 [β]로 추정하는 데 있어 중요한 근거로 여겨진다. '以輕音脣乍合而喉聲多也'은 조음음성학적 관점에서 유성양순마찰음voiced bilabial fricative의 특성을 언급한 것으로 해석되기 때문이다. 여기서 '喉聲多也'의 음성학적 내용을 어떻게 해석할 것인지가 중요한데, 김유범(2009:112)에서는 이를 성문음glottal 자체나 그 특성과 관련이 있다기보다 두 입술 사이의 마찰성으로 이해하였다. 이는 『사성통해』(1517) 권말에 실린 「번역노걸대박통사범례」의 순경음에 관한 기술과도 일치하는 면이 있다.31

그런데 장향실(2003)에서는 훈민정음 창제가 고유어 표기만을 위한 것이 아니라 한자음 표기를 위한 목적도 가지고 있었음을 고려할 때, (3가)는 고유어 표기에 쓰인 '병'의 음가만을 설명하고 있는 것으로 보기 어려우며 한자음 표기에도 쓰이는 '병', '뼝', '뮝'의 음가, 즉 중국어의 순경음 전체에 관해 설명하고 있는 것으로 보아야 한다고 주장하였다.32 이 견해를 받아들인다면 (3가)의 설명만을 근거로 고유어 표기에 쓰인 '병'의 음가를 [β]로 단정하는 일은 매우 조심스럽다.

한편, '병'의 음가를 [β]로 보는 견해에서는 이 음성이 15세기 중엽 우리말에서 음소 /β/로 존재했거나 이 시기에 이미 음소로서 소실 과정에 있었다 하더라도 이전 시기에는 음소 /β/로 존재하였다고 본다. 이 견해에서는 훈민정음 창제 이전 외국인에 의한 한국어 전사 자료 중에 (3나, 다)와 같은 용례에 주목한다. (3나)에서 '孛'과 '背' 그리고 (3다)에서 '卜, 本, 必' 등은 우리말을 표사表寫한 자들인데, 이 순중음자들이

31　合脣作聲 爲ㅂ而曰脣重音 爲ㅂ之時 將合勿合 吹氣出聲 爲ㅸ而曰脣輕音 制字加空圈於ㅂ下者 卽虛脣出聲之義也 뼝ᄝ二母亦同(입술을 합하여 소리를 내면 'ㅂ'이 되니 순중음이요, 'ㅂ'을 하려고 입술을 합치려다가 합하지 않고 공기를 불어서 소리를 내면 'ㅸ'이 되니 순경음이다. 글자를 제정함에 있어서 동그라미를 'ㅂ' 아래에 더한 것은 곧 입술을 비워 소리를 낸다는 의미이다. '뼝, ᄝ' 두 자모도 역시 이와 같다.) 〈사성통해(1517)_번역노걸대박통사범례(飜譯老乞大朴通事凡例)〉

32　이에 관한 추가 근거로 장향실(2003)에서는 중국어에 대해 설명하고 있는 〈번역노걸대박통사범례(飜譯老乞大朴通事凡例)〉에서 순경음에 관한 설명이 『훈민정음』 해례본의 순경음 설명(1가)와 거의 비슷함을 지적하고 있다.

우리말의 /β/를 표사한 것으로 해석하는 것이다.[33]

    그러나 (3나, 다)의 문헌에서 우리말 /β/를 전사하기 위해 사용된 한자들은 모두 당시의 중국어에서 /p/와 관련이 있는 순중음자이다. 특히, (3나)의 『계림유사』는 12세기 송대宋代 음을 반영한 것으로 여겨지는데, 이때의 중국어 성모는 무성음 대 유성음의 대립이 있어 /p/:/b/의 대립이 있었다. 중국어에 /b/가 존재했으므로 만약 이 시기의 한국어에 음소 /β/가 있었다면 그것은 /p/가 아닌 /b/에 대응하는 한자로 전사되었을 것이다. 또한, (3다)의 『조선관역어』에서는 초기 훈민정음 문헌에서 'ㅸ'으로 나타나는 어휘를 마찰음인 /f/에 대응시키지 않고 /p/이나 예외적으로 /pʰ/에도 대응시켰으며,[34] 'ㅂ'으로 나타나는 어휘들에 대해서도 똑같이 한어의 성모 /p/와 /pʰ/에 대응시키고 있다. 따라서 (3나, 다)와 같은 훈민정음 창제 이전 시기의 전사표기 자료만으로 15세기 중엽 우리말에서 [β]의 음소적 지위를 확증하기는 쉽지 않다.

    아울러 이기문(1972/1977)에서는 14세기 무렵에 /b/ > /β/의 변화가 있었고 이 변화의 결과로 볼 수 없는 오래된 연대의 /β/도 존재했으며 이러한 음소 /β/의 최후의 순간에 훈민정음이 창제되어 그것이 문헌에 부분적으로 포착되었다고 주장하였다. 그런데 장향실(2003)에서는 이러한 주장이 음소 체계의 보편성 측면에서 어긋난다고 지적한다. 국어사 어느 단계에서 /β/의 존재를 설정하기 위해서는 /p/에 대립하는 유성음 /b/을 상정해야 하고, 이것이 다시 /β/ > /w/의 변화를 입은 것으로 가정해야 하는데, 음소 체계면에서 한 계열을 이루고 있는 /p/, /t/, /k/ 중에 /p/만 유성마찰음이라는 대립짝을 가진다는 것은 체계의 보편성 측면에서 어긋난다는 것이다.[35] 그리고 설사

---

33   이러한 견해는 이기문(1972/1977)에서 아래와 같이 확인할 수 있다.
    "여기서 우리는 국어의 'ㅸ'은 양순음이어서 중국인들은 이것을 순경음(중국음으로 순치음 f)보다는 순중음(중국음으로 양순음 p)에 더 가깝다고 느껴서 위와 같은 표사를 하게 되었을 가능성이 매우 큼에 상도(想到)한다. 그렇다면, 이 논리는 『계림유사』에도 적용될 수 있는 것이다."(이기문, 1972/1977:42)

34   『조선관역어』에서 국어의 초성 /ㅸ/은 한어의 성모 /p/와 /pʰ/에 대응되고 있는데, /ㅸ/:/p/의 대응을 보이는 예들이 우위를 보이고 /ㅸ/:/pʰ/의 대응을 보이고 예는 한 항목에 불과하다(권인한 1998:222-223).

35   이와 관련하여 이기문(1972/1977)에서는 'ㅸ', 'ㅿ', 'ㅇ'의 대응 음소를 각각 양순유성마찰음 /β/, 치경유성마찰음 /z/, 후두유성마찰음 /ɦ/으로 보고, 이 세 음소가 15세기 국어의 음운 체계에서 유성마찰 계열을 확립하여 구조적 관점에서 온당하다고 보고 있다. 장향실(2003)에서 지적한 체계의 보편성 측면에서의 문제가 타당성을 얻기 위해서는 범언어적 측면에서 검증이 더 요구된다. 이러한 접근은 장석(2016ㄱ)에서 이루어졌는데, UPSID(UCLA Phonological Segment Inventory Database)에 있는 317개의 언어를 조사한 결과 /β/, /z/,

국어사 어느 단계에서 /*b/ > /β/의 변화가 있었다고 추정하더라도 고대국어에서 유성 파열음 계열이 존재했다는 증거를 찾기 어렵다고 지적하였다.

요컨대, 15세기 국어에서 [β]의 음소적 지위를 인정하지 않는 견해에서는 15세기 이전 국어사 자료에서 음소 /β/의 적극적 증거를 찾기 어렵고, 음소 체계의 보편성 측면에서도 국어사 어느 단계에서 /β/를 설정하기에는 난점이 있다고 주장하는 것이다.

표기적 차원에서 해석한 'ㅸ'

위와 같은 합리적 의심은 'ㅸ'을 특정 음소에 대응하는 글자로 설명하지 않고 표기적 차원에서 그 기능을 설명하려는 다양한 시도로 이어진다. 이러한 견해 몇 가지를 정리해 보이면 다음과 같다.

첫째, 'ㅸ'은 음소 /p/의 변이음 표기일 뿐이며 그 음가는 유성음 사이라는 환경에서 [β]라는 견해이다. 이에 대해 [β]가 음소 /p/에 속한 변이음이었다면 이를 청각적으로 인식하여 별도의 글자 'ㅸ'으로 정밀표기하는 일은 쉽지 않았을 것이라는 지적이 있다.[36] 변이음 [β]를 표기하는 글자는 존재하는데 또 다른 변이음 [b]를 표기하는 글자가 존재하지 않는다는 점 또한 쉽게 이해되지 않는다는 것이다. 무엇보다 'ㅂ'과 'ㅸ'이 '구버[曲]:구ㅸㅓ[煮]'의 대립에서처럼 어중의 유성음 사이에서 동일한 분포를 보이며 나타나기 때문에 'ㅸ'을 음소 /p/의 변이음 표기로만 보기는 더욱 어렵다고 지적한다.

둘째, 'ㅸ'은 이상적·절충적 표기를 위해 사용된 글자로 음가를 특정할 수 없다는 견해이다. 이 견해에서는 'ㅸ'을 /p/의 변이음 [b]나 방언음에서의 [p] 유지형 또는 [w] 어형을 절충적으로 표기하기 위해 사용된 상징적 표기로 본다. 예컨대, '열ㅸㅡㄴ'은 남부 방언에서의 '열븐'과 중부 방언에서의 '열운'에 대한 이상적·절충적 표기(세종/세조

/ɦ/를 모두 가진 언어는 없었으며 /b/는 없고 /β/만 있는 언어는 14개로 6.5%만 차지했다고 한다.

36   그러나 변이음을 표기할 수 있는 글자가 훈민정음 체계에 없었던 것은 아니다. 반설경음 글자 'ㄹ'은 당시 우리말에서의 음운 /l/의 변이음인 탄설음 [ɾ]를 표기할 수 있는 글자로 이해된다.

대 표준문어형)라는 것이다(김동소 2003ㄱ:77). 이러한 상징 표기설은 'ㅸ'의 사용 시기가 10여 년 정도로 매우 짧고 동일 문헌에서도 'ㅸ' 표기가 일관성 없이 사용된다는 점을 주된 근거로 들고 있다.

셋째, /p/가 유성음 사이에서 [w]로 약화 또는 탈락되는 현상을 나타내기 위해 'ㅸ'을 사용했다고 보는 견해이다. [w]로 바뀐 /p/를 '오/우'로 표기하지 않고 굳이 'ㅸ'으로 표기한 것은, 유성음 환경에서 [b]로 소리 나는 음 그리고 본래부터 '오/우' 음이었던 것과 인위적으로 변별하기 위해서라는 것이다. 실제로 'ㅸ'은 /p/ > /w/, /p/ > ∅와 같은 음운 현상이 일어나는 형태소 결합 환경에서 주로 나타나는데, 이는 'ㅸ'에 대응하는 음소가 기저 차원에서는 '잡-[執]', '굽-[曲]'의 말음 /p/와는 달랐을 것으로 추정된다.

두 번째와 세 번째 견해에서 'ㅸ' 표기는 새로운 문자가 창제된 직후에 우리말 표기에 적용된 인위적 표기 원칙의 결과로 이해된다. 이러한 견해를 따르면 'ㅸ'으로 표기되었던 우리말 단어들이 1460년대 문헌에서부터 보이지 않게 된 이유에 대해, 이 시기부터 형태소 경계에서 '/p/ > /w/'와 같은 음운 현상을 음소적 표기 원리에 따라 '오/우'나 'ㅂ' 등으로 대체하여 표기했기 때문이라고 설명할 수 있다.[37]

한편 'ㅸ' 표기가 세종대 간행된 문헌에서의 표기적 특징이라는 점을 고려한다면, 성종대(1490년)에 간행된 『삼강행실도』에서 'ㅸ' 표기가 나타난다는 사실은 그 언해가 세종 때부터 시작된 것이라는 추정을 뒷받침하는 근거로 작용한다.

---

37 한편, 'ㅸ'의 일반적인 변화 양상으로 설명되지 않는 몇몇 경우들이 있다. 15세기의 '돌ᄫᅩ다', '엿ᄫᅩ다'와 같은 예들은 각각 '돌오다', '엿오다/엿우다'와 더불어 '돌보다', '엿보다'의 형태가 공존했는데, 이것은 'ㅸ>w'의 일반적인 변화와 더불어 'ㅸ>ㅂ'과 같은 변화 양상도 존재했음을 보여 준다. 또한 '수ᄫᅵ'의 어형이 '수이'로 변화한 경우에는 'ㅸ>∅'와 같은 변화 양상도 보게 된다. 이에 대해서는 중세국어에서 /wi/와 같은 이중모음이 존재하지 않았다고 봄으로써 이를 설명하려 하거나(이동석 2010), 부사 파생 접미사 '이'가 /ji/와 같은 구성을 지녔다고 봄으로써 활음 'j' 앞에서 'ㅸ'이 탈락한 것으로 설명하려는 입장(김완진 1972)이 있다.

06_ 'ㅿ' 표기

    'ㅿ'은 『훈민정음』 해례본에서 초성 17자 체계에 포함되는 불청불탁不清不濁의 반치음半齒音 글자이며 그 음가는 '穰'의 규범적 한자음 초성과 같다고 설명하고 있다.[38] 이러한 기술과 중국 성운학에서 반치음에 해당하는 자모字母인 일모日母의 음가를 종합적으로 고려하면, 'ㅿ'의 음가는 치경유성마찰음 [z]로 추정할 수 있다.

    일찍이 국어음운사 연구에서 'ㅿ'의 음가는 'ㅅ[s]'가 약화된 치경유성마찰음 [z]로 추정되었으며 이는 적어도 전기 중세국어 시기에 음소로 기능하여 이어져 오다가 15세기 후반부터 16세기 전반에 걸쳐 소실되었다는 주장이 있었다(이기문 1972/1977, 이승녕 1990 등). 그러나 15세기 동시대의 한글 문헌에서 'ㅿ'으로 표기된 용례들이 'ㅅ', 'ㅈ', 'ㅇ' 등의 표기와 혼용되고 있어서 'ㅿ'에 대응하는 [z]의 음소적 지위에 관한 의문이 꾸준히 제기되어 왔다.

『삼강행실도』≪효자도≫에 나타나는 'ㅿ'의 용례와 분석

정 보		용 례	출 전
겨슬	겨슬[冬] + 이-(계사) + -면(연결어미)	① <u>겨스리면</u> 제 모무로 니브를 두시 ᄒᆞ더니	09황향선침
	겨슬[冬] + 이(주격조사)	① 어미 늙고 病ᄒᆞ야 이셔 <u>겨스리</u> 다ᄃᆞ라 오거늘	16맹종읍죽
	겨슬[冬] + -에(부사격조사)	① 어미 <u>겨스레</u> 王延이 ᄒᆞ야 산 고기 자바오라 ᄒᆞ니	19왕연약어
		① <u>겨스레</u> 가 새 삿기 쳐 질드렛더니	25왕숭지박
		① <u>겨스레</u> 居喪옷 ᄲᅮᆫ 닙고	26효숙도상
		① <u>겨스레</u> 외ᄅᆞᆯ 머거지라 ᄒᆞ거늘	30왕천익수
뫼ᅀᆞᆸ다	뫼ᅀᆞᆸ-[侍] + -아(연결어미)	② 侍墓ᄂᆞᆫ 墓애 가 <u>뫼ᅀᆞᄫᅡ</u> 이실씨라	15왕부폐시
이ᅀᅳᆨ고	이ᅀᅳᆨ-[頃](←이ᅀᅳᆨᄒᆞ-) +	③ <u>이ᅀᅳᆨ고</u> 竹筍 두서 줄기 나거늘	16맹종읍죽

---

38   ㅿ。半齒音。如穰字初發聲(ㅿ은 반치음(반잇소리) 글자이니, 그 소리는 한자 穰의 초성 발음과 같다.)
                                         〈훈민정음 해례본(1446) 정음:3b〉
    ㆁㄴㅁㅇㄹㅿ爲不清不濁。(ㆁ, ㄴ, ㅁ, ㅇ, ㄹ, ㅿ이 나타내는 소리는 불청불탁이다.)
                                       〈훈민정음 해례본(1446) 정음해례:7b〉

정 보		용 례	출 전
	-고(연결어미)	③ <u>이슥고</u> 두 어버싀 죽거늘	18허자매수
		③ <u>이슥고</u> 거믄 구루미 니르봐다 天動ᄒ거늘	29오이면화
		③ <u>이슥고</u> 구루미 걷거늘	29오이면화
거싀	거싀[庶]	④ 三年을 피 나고 우러 <u>거싀</u> 죽게 두외얏더니	19왕연약어
마술	ᄆᆞ술[里] + ㅅ(관형격조사)	⑤ 그 <u>ᄆᆞ슰</u> 일후믈 純孝ㅣ라 ᄒ고	20반종구부
ᄆᆞᅀᆞᆷ	ᄆᆞᅀᆞᆷ[心] + 이(주격조사)	⑥ 믄득 <u>ᄆᆞᅀᆞ미</u> 놀라아	21검루상분
아ᅀᆞ	아ᅀᆞ[弟]	⑦ 겨믄 다ᄉᆞᆺ <u>아ᅀᆞ</u> 이바도믈 낟본 일 업더니	24불해봉시
		⑦ <u>아ᅀᆞ</u> 不俊이 ᄯᅩ 至極 孝道ᄒ더니	24불해봉시
	앗(←아ᅀᆞ)[弟] + 이(주격조사)	⑦ 세 <u>앗이</u> 누믜그에 가아 酒情ᄒ야ᄂᆞᆯ	27노조순모
	앗(←아ᅀᆞ)[弟] + 올(목적격조사)	⑦ 다ᄉᆞᆷ어미 죽거늘 세 <u>앗올</u> ᄀᆞᄅᆞ쳐	27노조순모
아ᅀᆞᆷ	아ᅀᆞᆷ[黨] + 이(주격조사).	⑧ 겨지븨 녁 <u>아ᅀᆞ미</u> 慮ᄅᆞᆯ 블브티고	33자강복총
	아ᅀᆞᆷ[黨] + 둘ᄒ(접미사) + -이(주격조사)	⑧ <u>아ᅀᆞᆷ둘히</u> 孝道ᄅᆞᆯ 感動ᄒ야	33자강복총
두어	두어[數]	⑨ <u>두어</u> 히룰 시름ᄒ야 ᄃᆞ니거든	26효숙도상
여ᇫ	여ᇫ[狐]	⑩ 나죄마다 <u>여ᇫ</u> 슬기 겨틔 느러니 버릇다가	27노조순모
ᄀᆞᆺ다	그ᅀᅳ-[挽] + -더-(선어말어미) + -니(연결어미)	⑪ 제 술위ᄅᆞᆯ <u>그ᅀᅳ더니</u>	06강혁거효
	ᄀᇫ-(←그ᅀᅳ-)[引] + -어(연결어미).	⑪ 제 술위 <u>ᄀᇫ어</u> 가아 及第ᄒ야ᄂᆞᆯ	28서적독행
	ᄀᇫ-(←그ᅀᅳ-)[引] + -어(연결어미) + 오-[來] + -거늘(연결어미)	⑪ 구틔여 <u>ᄀᇫ어오거늘</u>	33자강복총
처ᅀᅥᆷ	처ᅀᅥᆷ[初]	⑫ 三 年을 <u>처ᅀᅥᆷ</u> ᄀᆞ티 사니라	33자강복총
마ᅀᆞᆫ	마ᅀᆞᆫ[卌]	⑬ <u>마ᅀᆞᆫ</u> 나ᄆᆞᆫ 히룰 侍墓 사라	26효숙도상
어버ᅀᅵ	어벗(← 어버ᅀᅵ)[儭] + 의긔에(부사격조사)	⑭ 즉자히 도라 가아 <u>어버싀그에</u> 갑 사ᄅᆞ미 열 세히러·라	04고어도곡
		⑭ 둘히 제여곰 <u>어버싀그에</u> 侍墓 살아지라 請ᄒ야ᄂᆞᆯ	35은보감오
	어버ᅀᅵ + ᄅᆞᆯ(목적격조사)	⑭ 丁蘭이 져머셔 <u>어버싀ᄅᆞᆯ</u> 일코	10정난각목
		⑭ 王延이 <u>어버싀ᄅᆞᆯ</u> 셤교ᄃᆡ	19왕연약어
	어벗(← 어버ᅀᅵ) + 의(관형격조사)	⑭ 한아비와 <u>어버싀</u> 墓ᄅᆞᆯ 다 ᄒᆞᆰ 지여 밍ᄀᆞᆯ오	26효숙도상
	어버ᅀᅵ + 와(부사격조사)	⑭ 님금과 <u>어버싀와</u> 스승과ᄂᆞᆫ 혼가지로 셤굠 디라 ᄒ고	35은보감오
	어버ᅀᅵ	⑭ 두 <u>어버싀</u> 죽거늘	18허자매수

정 보		용 례	출 전
		⑭ 산 어버싀 ᄀᆞ티 셤기더니	18허자매수
	어버싀 + 눈(보조사)	⑭ 어버싀눈 滋味룰 ᄀᆞ장ᄒᆞ더라	19왕연약어
ᅀᅡ	업-(←없-)[歿] + -거늘(연결어미) + ᅀᅡ(보조사)	⑮ 어버싀 업거늘ᅀᅡ 노피 두외야	02자로부미
	ᄧᆞ-[織] + -아(어말어미) + ᅀᅡ(보조사)	⑮ 돈 님자히 닐오ᄃᆡ 깁 三百 匹올 ᄣᆞᅀᅡ 노호리라	11동영대전
	딥-(←딮-)[杖] + -고(연결어미) + ᅀᅡ(보조사)	⑮ 어미 죽거늘 슬허 막대 딥고ᅀᅡ ᄃᆞ니더니	17왕상부빙
		⑮ 슬허 여위여 막대 딥고ᅀᅡ ᄃᆞ니더니	18허자매수
		⑮ 슬허 머리 다 ᄲᅥ러디고 막대 딥고ᅀᅡ ᄃᆞ니더니	25왕숭지박
	그적[於是] + 의(부사격조사) + ᅀᅡ(보조사)	⑮ 그저긔ᅀᅡ 제 아ᄃᆞᆯ ᄀᆞ티 ᄒᆞ더라	19왕연약어
	내 + ᅀᅡ(보조사)	⑮ 내ᅀᅡ 주거도 므던커니와 이 아ᄃᆞ롤 사ᄅᆞ고라	20반종구부
	닐웨짜히[七日] + ᅀᅡ(보조사)	⑮ 닐웨짜히ᅀᅡ 어믜 주거믈 어드니라	24불해봉시
	닑-[讀] + -고(연결어미) + ᅀᅡ(보조사)	⑮ 孝經 ᄒᆞᆫ 볼 닑고ᅀᅡ 公事ᄒᆞ더니	27노조순모
	남-[越] + -아(연결어미) + ᅀᅡ(보조사).	⑮ ᄒᆞᆫ 돌 나마ᅀᅡ 죽거늘	31유씨효고
	子路 + ㅣ -(계사) + -ᅀᅡ(연결어미)	⑯ 子路ㅣᅀᅡ 사랫거든	02자로부미
	ᄒᆞ올[獨] + -ᅀᅡ(접미사)	⑰ ᄒᆞ오ᅀᅡ 아비롤 孝道ᄒᆞ야 녀르미면 벼개와 돗과롤 부체 붓고	09황향선침
ᄀᆞ(←ᄀᆞᆺ)	믌ᄀᆞᆺ[涯] + 올(목적격조사)	⑱ 아비 므레 죽거늘 믌ᄀᆞᆺ올 조차	08효아포시
	깄ᄀᆞᆺ[街] + 애(주사격조사)	⑱ 吉扮이 열다ᄉᆞᆺ러니 깄ᄀᆞ쇄 울며	23길분대부
좋-	좋-[頼] + -아(연결어미)	⑲ 도즈기그에 마조 가 머리 조ᅀᅡ 닐오ᄃᆡ	20반종구부
		⑲ 나죄마다 北辰씌 머리 조ᅀᅡ	21검루상분
		⑲ 바믜 뜰 가온ᄃᆡ 머리 조ᅀᅡ 비더니	22숙겸방약
짛-	짛-[炊] + 으라(연결어미)	⑳ 盧操롤 ᄒᆞ야 밥 지ᅀᅳ라 ᄒᆞ야둔	27노조순모
	짛-[結] + -어(연결어미)	⑳ 盧 도로 지ᅀᅥ 주어늘	33자강복총
-ᅀᆞᆸ-	비-(←빌-)[願] + -ᅀᆞᆸ-(선어말어미) + -오ᄃᆡ(연결어미)	㉑ 王薦이 바믜 하ᄂᆞᆯᆨ 비ᅀᆞᆸ오ᄃᆡ	30왕천익수
손소	손[手] + -소(부사 파생 접미사)	㉒ 손소 훍 지여 ᄂᆞ믜 도보물 받디 아니ᄒᆞ고	18허자매수
		㉒ 손소 블 디더 祭 밍ᄀᆞ더라	35은보감오
		㉒ 어미 居喪이 오나눌 손소 훍 지며	24불해봉시
		㉒ 늘 손소 자리 고티ᆞ며	26효숙도상

①~⑭는 고유어 용례들로 15세기 공시적으로 형태소 내부에서 'ㅿ'이 쓰인 경우이다. 이들 용례 모두 둘째 음절 이하 유성음 사이 환경에서 나는 소리가 'ㅿ'으로 표기되었다. 단, 어원적으로 ⑦의 '아ᅀᆞ'는 '앗(←앗)[弟]+-ᄋᆞ(접사)'로, ⑭의 '어버ᅀᅵ'는 '업[父]+엇(←엇)[親]+-이(접사)'로 분석될 수 있어 형태소 경계에서 'ㅿ'이 쓰였다고 볼 수 있다.

⑮~㉒도 고유어 용례들로 형태소 경계에서 'ㅿ'이 쓰인 경우이다. ①~⑭와 마찬가지로 유성음 사이 환경에서 분포하는 소리가 'ㅿ'으로 표기되었음을 알 수 있다.

'ㅿ'의 음가 및 음소 인정 여부

'ㅿ'의 음가를 추정하기 위해 『훈민정음』 해례본에서의 관련 기술을 보이면 아래와 같다.

> (1) 가. ㅿ。半齒音。如穰字初發聲(ㅿ은 반치음(반잇소리) 글자이니, 그 소리는 한자 穰의 초성 발음과 같다.) 〈훈민정음 해례본(1446) 정음:3b〉
>
> 나. 半舌音ㄹ。半齒音ㅿ。亦象舌齒之形而異其體。無加畫之義焉(반설음 글자 ㄹ과 반치음 글자 ㅿ 또한 각각 혀가 윗잇몸에 닿는 모양과 이의 모양을 본떴지만 그 체(體)를 달리한 것으로 획을 더한 뜻은 없다.) 〈훈민정음 해례본(1446) 정음해례:7a〉
>
> 다. ㆁㄴㅁㅇㄹㅿ。爲不淸不濁。(ㆁ, ㄴ, ㅁ, ㅇ, ㄹ, ㅿ이 나타내는 소리는 불청불탁이다.)
> 〈훈민정음 해례본(1446) 정음해례:7b〉

(1가)를 통해서 'ㅿ'에 대응하는 말소리가 '穰'의 규범적 한자음 초성과 유사함을 알 수 있다. 훈민정음의 초성자는 그것에 대응하는 소리가 나는 발음기관을 본떠 만들어졌다는 점을 고려할 때, (1나)를 통해서 'ㅿ'에 대응하는 소리는 이[齒] 부근에서 실현되었음을 짐작할 수 있다. 여기서 이 부근이란 조음음성학적 관점에서 치경alveolar으로 이해된다.[39] 아울러 (1나)에서는 'ㅿ'이 소리가 세어지는 특성에 따라 획을 더하는 일반적인

39　이는 'ㅿ'과 함께 치음으로 분류되는 'ㅅ, (ㅆ), ㅈ, ㅊ, (ㅉ)'에 대응하는 음성들도 마찬가지이다.

원리를 따르지 않았다고 설명하고 있다. 즉, 'ㅿ'은 'ㅅ'에 비해 획이 더 많지만 대응하는 소리가 더 세지 않다는 의미이다. (1다)의 불청불탁은 음성학적 관점에서 일반적으로 자음의 공명음sonorant으로 이해되므로 'ㅿ'에 대응하는 음성도 공명음으로 해석할 수 있다.

위와 같은 훈민정음에서의 기술과 중국 성운학에서 반치음에 해당하는 자모字母인 일모日母의 음가를 종합적으로 고려하면, 'ㅿ'에 대응하는 음성은 치경유성마찰음 [z]로 추정된다.[40]

15세기 중엽 국어에서 [z]가 음소적 지위를 가졌는지에 대해서는 학계에서 이견이 있다. 일찍이 [z]의 음소적 지위를 인정하는 견해에서는 중세국어의 고유어에서 /z/를 크게 두 종류로 구별하였다. 하나는 『계림유사』의 시대 이전으로부터 내려오는 것이고, 다른 하나는 14세기에 [s] > [z]의 유성음화를 겪어 음운화된 /z/이다(이기문 1972/ 1977, 이기문 1998). 이러한 주장의 문헌적 근거는 아래의 외국인에 의한 우리말 전사표기 자료와 우리말[鄕名] 한자 차자借字표기 자료이다.

(2) 가. 四十曰 麻刃(*마순), 弟曰 丫兒(*아ᅀᆞ) 〈계림유사(1103)〉
　　나. 蚯蚓 居兒乎(*것휘), 漆姑 漆矣於耳(*옷이어ᅀᅵ) 〈향약구급방(13C)〉
　　다. 兎絲子 鳥伊麻(*새삼), 苦蔘 板麻(*널삼), 黃耆 數板麻(*돈널삼) 〈향약구급방(13C)〉

(2가, 나)에 쓰인 '刃, 兒, 耳'는 모두 일모자日母字로 중국어에서 대응하는 음성이 [z]로 추정되며,[41] 이들 일모자로 표기된 단어들이 15세기 한글 문헌에서 형태소 내부에 'ㅿ'을 가진 단어들로 나타난다는 점을 고려할 때, 고려시대에 (2가, 나)의 어휘들은

40　"성운학에서 일모(日母)는 반치음의 불청불탁음으로 분류된다. 원래 일모의 옛날 음가는 공명음으로서 비음이 었기 때문에 불청불탁으로 분류되었으며, 이후에도 계속 불청불탁으로 분류된 것은 이러한 역사적 근거에 의한 것이다. 일모는 특히 북방의 관화에서는 근대음 이후 치경 유성 마찰음으로 변화하였으며, 훈민정음의 반치음 글자 'ㅿ'이 나타내는 소리는 이와 같이 변화된 일모의 음가와 일치한다."(김유범 외 2020ㄱ:89)

41　또한 이들 한자는 아래와 같이 우리의 전통 한자음에서도 초성이 'ㅿ'으로 나타난다.
　　刃 ·놀 :ᅀᅵᆫ 〈훈몽자회_초간 하:7b〉
　　兒 아히 ᅀᆞ 〈훈몽자회_초간 상:16b〉
　　耳 ·귀 :ᅀᅵ 〈훈몽자회_초간 상:13b〉

당시에 /z/을 지니고 있었을 가능성이 높아 보인다는 것이다.

한편, (2다)에 쓰인 '麻'은 '*삼'을 표기한 것인데 이들 단어는 15세기 한글 문헌에서 '새삼, 너삼, 도너삼'처럼 'ㅿ'을 가진 단어들에 대응한다. 따라서 '*새삼 > 새삼, *널삼 > *널삼 > 너삼' 등의 변화를 가정케 한다. 이를 이기문(1972/1977:33-34)에서는 대체로 14세기경 y_v, r_v, n_v라는 특수한 환경에서 /s/ > /z/의 변화와 함께 치경음 앞 /ㄹ/ 탈락 현상이 일어난 결과로 보았다. 이러한 변화가 형태소가 결합하는 과정에서 일어났다는 것이다.

그런데 위와 같은 논리로 15세기 국어에서 [z]의 음소적 지위를 인정하는 견해에 대한 반론이 근래에 제기되고 있어 살펴볼 만하다.

(3) 'ㅿ'과 'ㅅ'의 혼용
　　가. 브섬~브섭, 므슥~므슷, 이슥~이슥, ᄆᆞ숨~ᄆᆞ솜, 그슴~그슴
　　나. 한숨~한숨, 두서~두서, 프서리~프서리, 것ᄫᆞᅀᅵ~겄ᄫᅪᅀᅵ,
　　　　웃봗-~웃봗-, 웃이-~웃이-, 일삼-~일삼-

15세기 한글 문헌에서 'ㅿ'은 형태소 내부(3가)나 형태소 경계(3나)에서 'ㅅ'과 혼용되고 있다. 이 현상을 어떻게 합리적으로 설명할 수 있을지가 관건인데, 이기문 (1972/1977:34)에서는 이에 대해 당시에 남부 방언형인 'ㅅ'형이 중앙 방언에 침투하여 중앙 방언형인 'ㅿ'형과 경쟁 과정에 있어서 비롯된 현상으로 설명하였다.[42] 이에 대해 장석(2016ㄴ)에서는 이러한 방언형 침투설은 어떻게 침투하였는지에 관한 설명이 없는 추론에 불과하며, 형태소 경계에서의 'ㅿ'은 'ㅅ[s]→ㅿ[z]'의 수의적인 음변화의 결과라고 주장하였다.[43] 아울러 그는 'ᄀᆞ술', '겨슬', '아ᅀᆞ', '나ᅀᅵ', '여ᅀᆞ', 'ᄆᆞ술ㅎ'처럼 형태소

42　이기문(1972/1977:34)에서는 /ㄹ/ 탈락 현상만 일어난 'ㅅ'형을 남부 방언형으로 보고 이것이 중앙 방언에 침투하여 문헌에 병존하게 된 것으로 추정하였다.

43　이러한 주장에 대해 장석(2016ㄴ)에서 제시한 근거는 아래와 같다.
　　(가) 합성어 'ᄆᆞ쇼[←ᄆᆞᆯ(馬)+쇼(牛)], 바ᄂᆞᆯ실[←바ᄂᆞᆯ(針)+실(線)], 활살[←활(弓)+살(箭)]'은 'ㅿ'형이 기대되는 결합 환경이지만 'ㅅ'형만 확인된다.
　　(나) 'ᄀᆞᆺ(邊)'의 곡용 형태는 후기 중세국어에서 'ᄀᆞ새vsᄀᆞ새'처럼 ㅅ형태와 ㅿ형태 모두 확인된다.
　　(다) '닛-'[繼], '짓-'[作], '깃깃-'[栖]의 활용 형태는 각각 '니ᅀᅳᆷvs니서', '지ᅀᅥvs지손', '깃기ᅀᅥvs깃기섯ᄂᆞ'처럼

내부에 있는 'ㅿ'도 'ㅅ[s]→ㅿ[z]'의 수의적인 음변화의 결과로 보았다.[44] 요컨대, 장석(2016ㄴ)은 15세기 국어에서 [z]가 형태소 경계에서든 형태소 내부에서든 /s/의 수의적 유성음화의 결과이며 /s/에 소급하므로 변별적 음소의 자격을 얻지 못한다고 주장하는 것이다.

이러한 장석(2016ㄴ)의 견해는 ㅅ/s/가 현대국어와 마찬가지로 중세국어에서도 유성적 환경에서 유성화되지 않았다고 보는 기존의 견해와 상충하고 있다.[45] 이와 관련하여 소신애(2012)는 중세국어 시기에 유성적 환경에서 ㅅ/s/의 유성음화를 지지하고 있다. 즉, 15세기 당시의 자음체계와 현대의 그것이 동일하지 않을뿐더러 동일하다고 하더라도 각 음운의 음가는 상이할 수 있다는 것이다. 아울러 이기문(1977)에서 이전 시기에 형태소 내부에서 [s] > [z]의 변화를 인정한 만큼 15세기에도 그러한 변화를 인정하지 못할 이유는 없다고 지적하였다. 이러한 관점에서 15세기 공시적으로 /s/의 수의적 유성음화를 인정하면, 당시 문헌에서 형태소 경계뿐만 아니라 형태소 내부에서 'ㅅ'형태와 'ㅿ'형태가 모두 나타나는 이유를 합리적으로 설명할 수 있다. 또한, 통시적으로 중세 'ㅅ'어사가 방언형에서 'ㅿ'어사, '∅'어사뿐만 아니라 'ㅈ'어사까지 나타나는 현상에 대해 'ㅅ > ㅿ > ∅' 또는 'ㅅ > ㅿ > ㅈ'의 점진적 변화를 촉발한 음성적 기제로 유성음화를 제시할 수 있다는 장점이 있다.

ㅅ형태와 ㅿ형태 모두 확인된다.
　(라) '깃-'[茂], '웃-'[笑], '앗-'[奪]은 15세기 문헌에서 ㅿ형태로 활용하는 불규칙용언인데, 현대국어에서 ㅅ규칙 용언이 된 원인을 방언형 침투로 온전히 설명하지 못한다.

44　이러한 주장에 대해 장석(2016ㄴ)에서 제시한 근거는 아래와 같다.
　(가) 현존 고대 한국어 자료에서 ㅿ[z]의 흔적을 발견하지 못하므로 형태소 내부에 ㅿ이 원래부터 존재하였다는 주장은 성립되기 어렵다.
　(나) 중세 한국어의 ㅅ은 현대 한국어의 ㅅ과 음성·음운론적 성격이 달라 유성음화가 용이했다.
　(다) 15세기 문헌에서 '브섬:브섭', '므슷:므슷', '이슥:이슥', 'ᄆᆞᅀᆞᆷ:ᄆᆞᄉᆞᆷ', '그슴:그슴'처럼 두 형태가 공존한다.
　(라) 후기 중세 한국어에서 형태소 내부에 ㅿ을 가진 단어는 현대 한국어 방언에서 ㅅ형태와 ∅형태를 확인할 수 있는데, ㅅ형태는 'ㅿ > ㅅ'의 변화로 보기 어렵고 ∅형태는 ㅿ의 탈락형으로 보아야 타당하다.

45　"국어의 'ㅅ'은 유성적 환경에서도 유성화되지 않는 것이다. 이 이유는 구조적 관점에서 쉽게 설명된다. 가령 'ㅂ'이 모음간에서 유성화하는 것은 그것에 대응하는 유기음 'ㅍ'의 유기성이 이 환경에서 약화되어 그것과 충분한 거리를 가지기 위한 것인데, 'ㅅ'은 그것에 대응하는 유기음이 없어 유성화될 필요가 없는 것이다."(이기문 1972/1977:35)

표기적 차원에서 해석한 'ᅀ'

마지막으로 15세기 국어에서 [z]의 음소적 지위를 인정하지 않으면서 'ᅀ'을 표기적 차원에서 설명하려는 견해를 살펴보도록 하자. 이는 'ᅀ'이 음소에 대응하는 글자가 아니며 단순히 인위적이고 절충적인 표기로 해석하는 김동소(2003ㄱ)의 견해이다. 그는 'ᅀ'이 특정한 음소에 대응하는 글자가 아니며 방언에서 'ㅅ' 유지형과 'ㅅ' 탈락형의 절충형을 표기하기 위해 세종대에 만들어진 표준형 글자라고 주장한다. 즉, 15세기에 'ᄆᆞᅀᆞᆯ[里]'이라는 단어는 지방과 개인에 따라 [mo-ul, ma-ul, maːl, mɔːl, moːl, mo-sul, ma-ɕl, mɵ-sil] 등으로 다양하게 발음되었을 것인데, 이들을 표준형으로 표기하기 위해 [s, ∅]의 절충식 통일 표기로써 'ᅀ'을 사용했다는 것이다. 그래서 (3)과 같은 용례에서 'ᅀ'이 혼용되고 있는 것은 'ᅀ'에 대응하는 음소가 명확히 존재하지 않았기 때문이라고 주장한다.

그러나 15세기 중앙어에서 'ᅀ'을 지닌 모든 단어가 표준형 설정이 필요할 만큼 방언형이 다양했을지는 당시의 문헌 자료로 파악하기에는 한계가 있다.[46] 아울러 형태소의 경계에 놓인 'ᅀ'까지 모두 인위적이고 절충적인 표기의 결과로 볼 수 있을지도 의문이다.

07 _ 'X아'형 용언 어간의 표기

김미미

중세국어의 '가-', '자-' 등과 같은 'X아'형 용언 어간은 연결어미 '-아'가 결합하는 활용에서 두 개의 모음 'ㅏ' 중 하나만이 표기되는 것이 일반적이다. 하지만 『삼강행실도』 ≪효자도≫에서는 'X아'형 용언 어간에 연결어미 '-아'가 결합할 때, 두 개의 모음 'ㅏ'가 모두 표기되는 경우도 나타난다.

---

46   예컨대, 김동소(2003ㄱ)의 견해에서 단일어 '숨', '서리'나 합성어 '한숨, 프서리'는 15세기 국어에서 개인이나 지역에 따라 다양한 어형으로 실현된 것에 대한 표준형 표기일 것이다. 그러나 이들의 방언형은 '숨', '서리', '한숨', '프서리' 정도의 어형만이 15세기 문헌에서 확인될 뿐이다.

『삼강행실도』≪효자도≫에 나타난 'X아'형 용언 어간의 표기 양상

정 보		용 례	출 전
가다	가아	① 百里 밧긔 <u>가아</u>	02자로부미
		② 아비 조차 <u>가아</u>	03양향액호
		③ 즉자히 도라 <u>가아</u>	04고어도곡
		④ 어미 죽거늘 무더메 <u>가아</u>	06강혁거효
		⑤ 그 겨지비 <u>가아</u>	10정란각목
		⑥ 아두리 西ㅅ 녀긔 <u>가아</u>	15왕부폐시
		⑦ 아춤 나조히 墓애 <u>가아</u>	
		⑧ 그무메 <u>가아</u> 죽거늘	21검루상분
		⑨ 세 아시 누미그에 <u>가아</u>	27노조순모
		⑩ 제 술위 긋어 <u>가아</u>	28서적독행
		⑪ 드르헤 <u>가아</u> 기드리더니	29오이면화
		⑫ 혼 나모 미틔 <u>가아</u>	30왕천익수
		⑬ 싀아비 무더메 <u>가아</u>	31유씨효고
		⑭ 범 믈여늘 <u>가아</u> 자보려 ᄒᆞ니	32누백포호
		⑮ 바ᄅᆞ 드러 <u>가아</u>	
		⑯ 도라 <u>가아</u> 사ᄋᆞ롤 업데옛거놀	33자강복총
	가	⑰ 侍墓는 墓애 <u>가</u> 뫼ᅀᆞ바 이실씨라	15왕부폐시
		⑱ 墓애 <u>가</u> 내 예 잇노이다 ᄒᆞ더라	
		⑲ 孟宗이 대수페 <u>가</u> 운대	16맹종읍죽
		⑳ 潘綜이 도ᄌᆞᆨ기그에 마조 <u>가</u> 머리 조ᅀᅡ	20반종구부
		㉑ 그무메 <u>가</u> 주그리라 ᄒᆞ니	21검루상분
		㉒ 두루 <u>가</u> 얻니더니	22숙겸방약
		㉓ 겨ᅀᆞ레 <u>가</u> 새 삿기 쳐 질드렛더니	25왕숭지박
나다	나아	㉔ 싀어미 길헤 <u>나아</u> 病ᄒᆞ야놀	31유씨효고
	나	㉕ 네 <u>나</u> 살아라	20반종구부
맛나다	맛나아	㉖ ᄌᆞ조 도ᄌᆞᆨ 맛<u>나아</u>	06강혁거효
놀라다	놀라아	㉗ 믄득 ᄆᆞᅀᆞ미 <u>놀라아</u>	21검루상분
ᄌᆞ라다	ᄌᆞ라아	㉘ 져머셔 아비 죽거늘 <u>ᄌᆞ라아</u>	26효숙도상

『삼강행실도』≪효자도≫에서 'X아'형 용언 어간에 연결어미 '-아'가 후행하는 용례는 모두 28개인데, 이 가운데 20개의 용례가 ①~⑯, ㉔, ㉖, ㉗, ㉘과 같이 어간과 어미의 형태가 모두 유지된 채로 표기되었다. 한편, 동일한 이야기 안에서 어간 모음

'-아'가 유지되는 것과 탈락되는 것이 동시에 나타나는 경우도 있다. [15왕부폐시]에서 ⑥, ⑦과 같은 표기와 ⑰, ⑱과 같은 표기가 함께 나타나는 것이다. [21검루상분] 역시 두 가지 유형의 표기가 동시에 나타난다. 특히 [15왕부폐시]의 예시 ⑦과 ⑱, [21검루상분]의 예시 ⑧과 ㉑의 경우를 보면, 거의 동일한 환경에서 '가아'와 '가'가 함께 나타나고 있어 두 표기 사이의 유의미한 변별성을 찾기 어렵다.

한편, [32누백포호]에는 "비ᄲᅡ아[HH] 아비 슬콰 ᄶᅥ와 내야"와 같은 용례가 관찰되는데, 이때 'ᄲᅡ아'의 어간은 본래 모음이 /ㆍ/인 'ᄲᆞ-'와 같은 형태이므로 다른 예들과는 차이가 있다(자세한 내용은 [문법] 24_연결형 '-아아/어아'의 분석 참고).

중세국어 'X아'형 용언 어간의 표기 양상

중세국어 'X아'형 용언 어간의 모음은 동일한 형태의 모음을 가진 연결어미 '-아'와 결합할 때, 현대국어와 마찬가지로 탈락하는 것이 일반적이었다. 이때 결합된 음절의 성조는 대체로 거성으로 나타나는데 이는 연결어미의 성조(거성)가 남은 결과로 보인다.

(1) 가. 舍城의 가[H] 阿 世王이 셰욘 塔앳 舍利를 다 내숩고 〈석보상절(1447) 24:23b〉
   나. 斯多含올 혼 번 가며[LH] 오다 일홈호ᄆᆞᆫ 가[H] 天上올 조차 도로 人間애 와 나고[LH] 人間을 브터 주거 도로 天上애 나[H] ᄆᆞ차 生死애 나[H] 三界業이 다올씨 〈금강경언해 (1464) 상:51b〉
   다. ᄒᆞ다가 不善혼 ᄆᆞ슴을 가지면 念佛ᄒᆞ야도 가[H] 나미 어려우니라 〈육조단경언해(1496) 상:93b〉
   cf. 自然히 ᄆᆞᅀᆞ몰 놀라아[RHL] 〈석보상절(1447) 23:39b〉

이처럼 'X아'형 말음 용언 어간과 연결어미 '-아'가 결합할 경우에 『삼강행실도』의 표기 양상은 다른 중세국어 문헌의 일반적인 표기 양상과 차이를 보인다. 서로 다른 두 가지 표기 양상이 실제 발화에서도 달랐을 것인지, 단지 어간과 어미의 본래 형태를 밝혀 적고자 한 표기 의식에 의한 것인지는 단정하기 어렵다.

08 _ 한자음 표기

고경재

대부분의 중세국어 언해 자료들에는 개별 한자마다 한자음이 표기되어 있는 것이 특징이다. 이때 한자음을 표기하는 방식에는 크게 두 가지가 있었다. 하나는 세종대에 편찬된 운서인 『동국정운東國正韻』에 근거하여 한자음을 표기하는 방식이고, 다른 하나는 우리나라의 전통적인 한자음인 동음東音, 즉 현실 한자음을 표기하는 방식이다.

언해본 『삼강행실도』에는 개별 한자마다 한자음이 표기되어 있는데, 기본적으로 『동국정운』에 근거하여 한자음을 표기하는 것을 원칙으로 하였다. 그러나 언해본 『삼강행실도』의 한자음 표기 양상을 관찰해 보면 『동국정운』에서 규정한 한자음에서 벗어난 표기들도 찾아볼 수 있다. 여기에서는 먼저 『동국정운』의 한자음 표기에 대해 약술하고, 다음으로 언해본 『삼강행실도』의 한자음 표기 양상을 살펴보기로 한다.

『동국정운』의 한자음 표기

15세기를 전후한 시기의 한국 한자음은 한어의 자음 체계와는 여러 가지 측면에서 차이를 보이고 있었다. 당시 학자들은 이 같은 현실을 문제적으로 인식하여 한어 자음 체계를 바탕으로 한국 한자음을 바로잡아 표준적인 한자음을 마련하고자 한바, 이로부터 『동국정운』이 편찬되었다. 『동국정운』의 편찬 원리에 따라 실제 문헌에 주음注音된 한자음을 '동국정운식 한자음'이라고 한다.

『동국정운』에서 표준적인 한자음을 마련할 때 한어 자음 체계를 바탕으로 하였으나, 한국 한자음을 전적으로 한어 자음 체계와 일치시키려 한 것은 아니었다. 예컨대, 한어에 존재하였던 설두음舌頭音과 설상음舌上音, 중순음重脣音과 경순음輕脣音, 치두음齒頭音과 정치음正齒音의 구별은 수용하지 않았는데, 이는 한어음을 무조건 반영하지 않았음을 보여 주는 예이다. 그러나 한어 청탁淸濁의 구별, 합구合口, 개음介音, 효섭效攝·류섭流攝의 운미 등은 한어음에 근거하여 교정되었다.

(1) 성모聲母 교정의 예

　　가. 看: 칸 (← 간)

　　나. 榼: 캅 (← 합)

　　다. 禪: 쎤 (← 선)

　　라. 言: 언 (← 언)

　　마. 晏: 한 (← 안)

　　바. 員: 원 (← 원)

　(1)은 성모 교정의 몇 예를 보인 것이다. (1가, 나)의 '看, 榼'은 한국 한자음이 '간, 합'이지만 한어에서 성모가 계모溪母이므로 한어를 고려하여 '칸, 캅'으로 교정한 것이다. (1다)의 '禪'은 한국 한자음이 '선'이지만 한어에서 성모가 전탁의 상모常母이므로 '쎤'으로 교정한 것이다.47 (1라, 마)의 '言'과 '晏'은 중고한어에서 성모가 각각 의모疑母와 영모影母였지만, 이들 성모는 이미 이 시기에 모두 영성모零聲母로 바뀐 상황이었다. 그럼에도 불구하고 『동국정운』에서는 전통적인 성모를 고려하여 이들 각각을 '언, 한'으로 교정하였다. (1바)에서 볼 수 있는 '員'의 한어 성모는 유모喩母 삼등三等의 운모韻母로, 유모 3등은 이미 『몽고자운』에서 영성모인 상황이었지만, 『동국정운』에서는 『고금운회거요』의 반절反切을 참고하여 유모 3등 글자들의 초성을 'ㆆ'으로 교정하였다. 이상의 예들은 모두 한어의 성모에 근거하여 한국 한자음의 초성을 교정한 예이다.

　(2) 운모 교정의 예

　　가. 暖: 놘 (← 난)

　　나. 絹: 권 (← 견)

　　다. 高: 곻 (← 고)

　　라. 葛: 갏 (← 갈)

　　마. 歌: 강 (← 가)

　(2)는 운모를 교정한 몇 예를 보인 것이다. (2가, 나)의 '暖', '絹'은 당시 한어에서

47　　전탁(全濁)과 관련한 문제는 김유범·고경재(2019)를 참고할 수 있다.

합구 개음을 가졌던 한자들이었다. 한국 한자음 '난, 견'에는 합구 개음이 반영되어 있지 않은바, 『동국정운』에서는 합구 개음을 반영하여 '놘, 권'과 같이 한자음을 교정하였다. (2다)의 '高'는 한국 한자음이 '고'이지만, 한어에서는 '-u' 운미를 가진 효섭자^{效攝字}였다. 『동국정운』에서는 효섭의 운미를 '몽'으로 복원하였다. (2라)의 '葛'은 한국 한자음이 '갈'이지만, 한어에서는 입성 운미 '-t'를 가지고 있었던 것이다. (2라)에서 보인 예를 비롯하여 본래 한어에서 '-t' 입성 운미를 가진 한자들은 국어에서 '-ㄹ'로 반영되는데, 『동국정운』에서는 국어에서 '-ㄹ' 종성을 가진 한자들이 漢語에서 '-t' 입성 운미를 가졌던 것들이었음을 표시하기 위해 '-ㅭ'과 같은 표기를 사용하여 교정하였다. 이와 같은 표기를 영모^{影母}로써 래모^{來母}를 보충한 것이라고 하여 '이영보래^{以影補來}'라 부른다. 마지막으로 (2마)의 '歌'는 한국 한자음이 '가'이고 한어에서도 가과운^{歌戈韻}에 속한 것으로서 운미가 없지만, 『동국정운』에서는 운미가 없는 경우에 종성에 'ㅇ' 자를 넣어 표기를 교정하였다.[48]

언해본 『삼강행실도』의 한자음 표기

언해본 『삼강행실도』에도 한자음이 표기되어 있다. 언해본의 한자음은 앞서 보았던 『동국정운』의 한자음에 따라 표기되는 것이 원칙이다. 그러나 표기된 한자음을 살펴보면 『동국정운』의 한자음과는 다른 것들도 찾아볼 수 있다.

(3) 『동국정운』 한자음과 동일한 경우
  가. 閔민損손 〈효자:1a〉
  나. 一잃百빅 〈효자:2a〉
  다. 孝횽道똥 〈효자:2b〉

『동국정운』에서 (3가) '閔損'의 한자음은 '민손', (3나) '一百'의 한자음은 '잃빅',

---

48 이상 몇 가지 예를 통해 『동국정운』에서 한자음을 교정한 양상을 살펴보았다. 이 예들은 한자음을 교정한 것과 관련해 극히 일부 예에 지니지 않는다. 『동국정운』의 한자음 표기에 대한 다양한 양상을 살피고자 한다면 兪昌均(1966), 조운성(2011), 차익종(2014) 등을 참고할 수 있다.

(3다) '孝道'의 한자음은 '흉똘'로서 모두 언해본『삼강행실도』의 한자음 표기와 동일함을 볼 수 있다. 우리는『동국정운』한자음과 동일한 표기를 보이는 예들을 언해본『삼강행실도』곳곳에서 만날 수 있다.

> (4)『동국정운』한자음과 다른 경우
> 　가. 崔최婁룽伯빅 〈효자:32a〉
> 　나. 誰쒸謂위孝흉無무始시終즁 〈효자:32b〉

(4가)는 '崔婁伯'에 대한 한자음 표기를 보인 것이다. '崔婁伯'의『동국정운』한자음은 '죙룽빅'으로, '婁' 자와 '伯' 자는『동국정운』한자음에 따라 표기되었지만 '崔' 자는『동국정운』한자음과 다르게 표기되었다. 언해본『삼강행실도』에서는『동국정운』과는 달리 종성에 운미가 없는 경우 'ㅇ'을 표기하지 않았다는 점이 특징인데, '崔'의 한자음이 '죙'가 아닌 '최'로 표기된 것은 이 같은 표기 방식에 근거한 것이다.

(4나)는 '誰謂孝無始終'에 대한 한자음 표기를 보인 것이다. '誰謂孝無始終'의『동국정운』한자음은 '쒕윙흉뭉싱즁'으로, 언해본『삼강행실도』에서 종성 'ㅇ'은 표기되지 않았으므로 (4나)와 같이 종성에 'ㅇ'이 없이 표기된 것이다. 다만, '謂' 자의 경우『동국정운』한자음은 '윙'이나 현실 한자음에 이끌려 의모疑母가 반영되지 않고 '위'로 표기되었음을 볼 수 있다.

> (5)『동국정운』에 수록되지 않은 한자의 한자음 표기
> 　徐쎠騭짏 〈효자:35a〉

'徐'의 경우 종성에 'ㅇ'을 표기하지 않은 것을 제외하면『동국정운』한자음 '쎵'과 동일하게 표기된 것을 볼 수 있다. 그러나 '騭'은『동국정운』에는 수록되지 않은 한자인데, 이 경우에는 당시의 한어음을 바탕으로 한자음을 복원하여 표기하였다. '騭'은 진운眞韻 A류 질운자質韻字로『동국정운』의 입성 운미 복원 방식에 따라 '짏'로 표기한 것이다.[49]

49　진운(眞韻) A류의 일반적인 반영 양상에 대해서는 고경재(2022ㄱ:224-225)를 참고할 수 있다.

제2부

———

중세국어의 음운

1 중세국어의 음운 체계[*] _ 김유범

　'물 : 불 : 풀 : 뿔'에서 초성의 /ㅁ/, /ㅂ/, /ㅍ/, /ㅃ/와 같이 뜻을 구별해 주는 가장 작은 언어 단위를 음운_{音韻, phoneme}이라고 한다. 따라서 한 언어에서 어떤 음운들이 사용되는지를 아는 것은 중요한 일이다. 언어마다 사용하는 음운들에는 차이가 있으며 한 언어 안에서도 시대에 따라 음운들이 달라진다. 음운 체계는 한 언어가 사용하는 음운들의 총체인데, 중세국어는 오늘날과는 다른 음운 체계를 지니고 있었다. 중세국어의 음운 체계를 자음 체계, 모음 체계, 성조 체계로 나누어 살펴보면 다음과 같다.

자음 체계

　중세국어의 자음 체계는 『훈민정음』 해례본에 기술된 내용과 문헌들에 나타나는 표기법을 통해 수립해 볼 수 있다. 대표적으로 이기문(1972/1977)에서 제시된 15세기 중엽의 자음 체계를 보이고 이에 대해 논의해 보기로 한다.

　(1) 중세국어의 자음 체계

$$\begin{array}{lllll} \text{ㅂ p} & \text{ㄷ t} & \text{ㅅ s} & \text{ㅈ ts} & \text{ㄱ k} \\ \text{ㅍ p}^h & \text{ㅌ t}^h & & \text{ㅊ ts}^h & \text{ㅋ k}^h & \text{ㅎ h} \end{array}$$

---

* 　중세국어의 음운 체계에 대한 내용은 김유범(2007ㄴ:180-187)의 내용을 수정 및 보완한 것임을 밝혀 둔다.

ㅄp*	ㅶt*	ㅆs*	(ㅾts*)	ㅺk*	!ㆅh*
!ㅸ β		!ㅿz			!ㅇɦ
ㅁm	ㄴn			ㆁ ŋ	
	ㄹl[50]				

(*: 경음 표시, !: 불확실성 표시)

이러한 자음 체계의 바탕 위에서 중세국어 자음들이 보여 주는 특징들을 정리해 보면 다음과 같다.

(2) 중세국어 자음의 특징

가. 치음齒音 /ㅈ/, /ㅉ/, /ㅊ/의 음가가 현대국어와는 달리 치경음alveolar이었다.[51]

나. 경음硬音은 주로 'ㅅ'계 합용병서(ㅺ, ㅼ, ㅽ) 의해 표기되었으나 각자병서(ㄲ, ㄸ, ㅃ, ㅆ, ㅉ)에 의해 표기되기도 했다. cf. 빟홀 싸름

다. 유성마찰음 /ㅿ/, /ㅸ/이 한 계열을 이루고 있었다.

라. 'ㅂ'계, 'ㅄ'계 합용병서로 표기된 어두 자음군이 존재했다.

마. 음절 말에서 /ㄱ/, /ㄴ/, /ㄷ/, /ㄹ/, /ㅁ/, /ㅂ/, (/ㅅ/), /ㆁ/이 서로 대립을 이루고 있었다.

먼저 (2가)는 현대국어에서 경구개음(정확히는 치경경구개음alveolo-palatal)의 음가를 지닌 'ㅈ, ㅉ, ㅊ'이 중세국어에서는 이와는 다른 조음위치를 지니고 있었음을 언급하고 있다. 13세기 중세몽골어 차용어에 대한 한글 표기, 훈민정음에서 파찰음이 'ㅅ'과 함께 치음齒音으로 규정된 사실, 그리고 『사성통고四聲通攷』 범례에 보이는 국어 마찰음과 파찰음에 관한 기록(我國齒聲ㅅㅈㅊ在齒頭整齒之間) 등을 고려할 때 당시 'ㅈ, ㅉ,

---

50 중세국어의 유음 음소와 변이음의 관계는 다음과 같이 요약될 수 있다.

[ɾ](초성 위치) → 'ᄛ'(반설경음자)로 표기

/ㄹ/ 〈

[l](종성 위치) → 'ㄹ'(반설중음자)로 표기

그러나 실제 문헌에서는 반설경음 'ᄛ'의 표기가 발견되지 않고, 초성과 종성에서 모두 'ㄹ'로만 표기되었다.

51 'ㅈ, ㅉ, ㅊ'의 중세국어 당시 음가에 대해서 그동안 ⅰ)치경음(alveolar)설[허웅(1964), 이기문(1964), 강신항(1983)], ⅱ)경구개치경음(palato-alveolar)설[최세화(1979), 김무식(1993)], ⅲ)치음(dental)설[박창원(1995), 권인한(1995), 신승용(1996)] 등 다양한 견해들이 제시되었다.

ㅊ'의 음가는 치경음^{alveolar}이었던 것으로 추정된다.

(2나)와 관련해 'ㅅ'계 합용병서와 각자병서의 차이는 음소^{音素} 표기와 이음^{異音} 표기의 차이로 파악해 볼 수 있다.[52] 'ㅅ'계 합용병서 중 'ㅆ'의 표기가 나타나지 않지만 각자병서 'ㅉ'으로 표기된 경음이 존재했었음을 알 수 있다. 각자병서 'ㆅ'은 'ㅎ'의 경음이었다고 보기는 어려운데, ⅰ)'ㅎ'은 차청자로서 격음^{激音}에 해당하며, ⅱ)범어적으로도 [h]의 된소리 [h*]가 발견되지 않기 때문이다. 특히 관형사형어미 '-ㄹ' 뒤에서 출현이 기대되는 이음적 성격을 지닌 각자병서 'ㆅ'이 나타나지 않는다는 사실은 'ㆅ'이 'ㅎ'의 경음이 아니었음을 말해 주는 중요한 근거라고 할 수 있다.[53]

(2다)는 일련의 유성마찰음들에 대한 내용으로 'ㅿ'과 'ㅸ'의 음가가 각각 [z]와 [β]라고 하는 데는 이견이 없어 보이나 이들의 음소 여부에 대해서는 합의된 견해를 도출하지 못한 상태이다. 'ㅿ'과 'ㅸ'을 각각 'ㅅ'과 'ㅂ'의 변이음으로 보거나 상징적·비현실적인 표기로 간주하는 견해들도 나름대로의 논리와 타당성을 지니고 있어 현재로서는 명확한 결론을 내리기가 어렵다.[54] 또한 'ㅇ'의 음가를 후두 유성 마찰음 [ɦ]로 보고 이를 자음체계에 포함시키기도 하나 이에 대해서는 당시의 표기적 차원에서 이해되는 것이 바람직하다.[55]

(2라)에서 'ㅳ, ㅄ, ㅶ, ㅵ'의 'ㅂ'계 합용병서와 'ㅴ, ㅲ'의 'ㅄ'계 합용병서에 대해서는

---

52 'ㅅ'계 합용병서와 각자병서에 대한 이러한 시각은 우민섭(1981), 오정란(1988), 김유범(1999) 등에서 찾아볼 수 있다.

53 이러한 견해가 피력된 차재은(2003)에서는 'ㆅ'의 출현 환경이 어두 초성이며 /j/ 앞이라는 점에서 그 음가를 경구개 마찰음 [ç]로 추정하고, 'ㅎ'과 교체 표기가 가능하며 후음의 병서자 'ㆀ'에 이끌린 표기라고 설명하였다.

54 'ㅸ'을 'ㅂ'의 변이음(박병채 1971)이나 이상적·상징적·비현실적인 표기(남광우 1959, 유창돈 1962, 서정범 1982, 김동소 1998 등)로 간주하는 견해, 'ㅿ'을 'ㅅ'이 유성음 사이에 위치하게 될 때 나타나는 변이음(남광우 1959, 박병채 1968, 서정범 1982 등)이나 비현실적인 표기(김동소 1998)로 보려는 견해들에 대해 개방적이고 합리적인 태도로 진지하게 논의할 필요가 있다.

55 'ㅇ'을 'ㄱ'에서 약화된 후두 유성 마찰음[ɦ]으로 보려는 견해에 대한 부정적 근거들은 다음과 같다.
    ① 후음 'ㅇ'에 무음가(無音價)와 유음가(有音價)라는 이중의 음가를 부여하게 된다.
    ② 'ㄹ-ㅇ'의 표기가 'ㄹ-ㄱ'에만 소급되는 것이 아니라 'ㄹ-ㅂ'에도 소급된다.
    ③ 'ㄹ-ㄱ'에서 그 기원을 찾을 수 없는 '르/ㄹ' 변칙의 'ㄹ-ㅇ'을 [ɦ]로 볼 근거는 없다.
    ④ '아ᅀᆞ'(弟)의 곡용형 '앗이, 앗올, 앗온'은 음가 [ɦ]를 상정할 어떤 방언형이나 한자 차자표기 용례를 찾아볼 수 없다.
    ⑤ '오ᄅᆞ-'(登), '부ᅀᅮ-'(碎), '그ᅀᅳ-'(曳), '비ᅀᅳ-'(扮)의 활용형 '올아, 붓아, 긋어, 빗어' 등에서 'ㅇ'을 '*ㄱ'로 재구할 수 있는 예를 찾아볼 수 없다.

크게 된소리와 자음군으로 그 음가에 대한 견해가 갈려 있는 상황인데, 제시된 근거의 양과 질 모두에서 이들의 음가를 자음군으로 파악하는 것이 현재로서는 우세한 견해라고 생각된다.[56] 'ㅳ'계 합용병서의 경우에는 'ㅂ+된소리'를 음가의 내용으로 한다는 점에서 'ㅂ'계 합용병서와 'ㅅ'계 합용병서의 복합적인 성격을 지닌 것으로 이해된다.[57]

(2마)에서는 종성 'ㅅ'과 'ㄷ'의 변별 문제가 주요 쟁점이 된다. 그동안 이에 대해 여러 견해들이 제시되었는데, 크게는 ⅰ)종성에서 'ㅅ'이 'ㄷ'으로 중화되지 않고 제 음가대로 발음되었다고 보는 견해와[58] ⅱ)종성의 'ㅅ'은 단지 표기상 나타난 것일 뿐 실제로는 'ㄷ'으로 중화되어 발음되었다고 보는 견해로[59] 구분해 볼 수 있다.[60] 『훈민정음』 해례본 〈종성해〉의 이른바 'ㄱㆁㄷㄴㅂㅁㅅㄹ八字可足用也'(ㄱ, ㆁ, ㄷ, ㄴ, ㅂ, ㅁ, ㅅ, ㄹ의 여덟 글자만으로도 종성을 적는 데 충분하다)을 가감 없이 음운론적 사실로 수용한 ⅰ)의 견해는 치음 'ㅈ, ㅊ'이 'ㅅ'으로 중화되었음을 주장하는데, 이는 음성학적으로 그 기제를 설명할 수 없다는 문제점이 있다. 또한 실제 문헌자료들에서 'ㅅ'이 'ㄷ'으로 적히거나 후행 자음을 된소리화시킨 예들의 존재는 오히려 ⅱ)의 견해가 당시의 음운론적 상황을 보다 잘 설명한 것이라는 판단을 내리도록 한다.[61]

---

56 'ㅂ'계 합용병서의 경우 이기문(1972/1977)에서는 ⅰ)'입쌀, 좁쌀'과 '쌀'[米], '입짝, 접짝'과 '짝'[向], '웝씨, 볍씨'와 '삐'[種]에서 나타나는 화석화된 'ㅂ'의 존재, ⅱ)『계림유사』의 '菩薩'과 '쌀'의 대응, ⅲ)된소리로 볼 수 없는 'ㅳ'의 존재, ⅳ)'힘쁘-'와 '힘스-', 'ᄆᆞᆺ복'[心臟]과 'ᄆᆞᆺ족'의 대응, ⅴ)'거슬쁘'[逆]와 '거슳즈-'의 공존이 그 음가가 자음군이었음을 말하는 근거로 제시되었다.

57 'ㅳ'계 합용병서의 경우 이기문(1972/1977)에서는 ⅰ)'입때, 접때'와 '때'[時]에서 나타나는 화석화된 'ㅂ'의 존재, ⅱ)'ᄒᆞᆲᄞᅴ〉홈쁴〉함께'에서 알 수 있는 'ㅂ'의 발음 사실과 'ㅺ'의 된소리 음가, ⅲ)'넘삐-'[溢]와 '넘씨-, 넚디-', '주숨삐'와 '주숨쁴'의 공존, ⅳ)『훈몽자회』의 '들빼'와 '듧빼'의 혼기가 그 음가를 'ㅂ'과 된소리의 'ㅺ', 'ㅳ'으로 된 자음군으로 파악해야 하는 근거로 제시되었다.

58 대표적으로 이기문(1972/1977), 허웅(1985), 안병희(1959/1978, 2003), 우민섭(1983), 김성규(1996), 권인한(1995) 등의 논의를 들 수 있다.

59 대표적으로 허웅(1958), 유창돈(1962), 지춘수(1986), 이익섭(1992), 이근수(1986, 1993), 김정우(1990), 강길운(1993), 육효창(1996), 백응진(1999), 김동소(2003ㄱ), 박태권(2002), 김무림(2004), 이동석(2006ㄴ) 등의 논의를 들 수 있다.

60 이 밖에 김차균(1982), 김주필(1988), 박창원(1996), 김상돈(1998), 이병운(2000) 등은 종성 'ㅅ'을 그 형태음소가 'ㅈ, ㅊ'인 경우와 'ㅅ'인 경우로 나누어 전자는 'ㄷ'과 중화를 이룬 반면, 후자는 'ㄷ'과 중화를 이루지 않고 변별되었다고 주장했다.

61 사이시옷의 음가는 다른 형태의 사잇소리로 쓰인 'ㄱ, ㄷ, ㅂ, ㆆ'의 음가를 고려할 때 불파음 [t̚]였음을 짐작해 볼 수 있다. 한편, '옛의갗~엿의갓, 것위~겄위, ᄀᆞᆽ~ᄀᆞᆺ, 봇아~붓아, 앗이~앗이' 등의 예들은 15세기에

모음 체계

중세국어의 모음 체계는 단모음^{單母音} 체계와 중모음^{重母音} 체계로 나누어 살펴볼 수 있다.

[1] 단모음 체계

15세기 국어의 단모음 체계는 서로 다른 두 방법, 즉 외국어 역음^{譯音} 자료를 이용하는 방법(이기문 1969)과 『훈민정음』 해례본 〈제자해〉의 기술을 체계화하는 방법(허웅 1965ㄱ, 김완진 1978)을 통해 수립해 볼 수 있는데, 각각의 결과는 다음과 같다.

(3) 중세국어의 단모음 체계
가. i(이) ɨ(으) u(우)   나. 이   으(우)
   ə(어) o(오)   어   ᄋᆞ(오)
   a(아) ʌ(ᄋᆞ)   아

이처럼 중세국어의 단모음 체계는 서로 다른 방법론을 통해 대동소이한 결과를 얻을 수 있는데, 대체로 전설 고모음 '이[i]'를 필두로 양성모음(ᄋᆞ[ʌ], 오[o], 아[a])과 음성모음(으[ɨ], 우[u], 어[ə])이 조화를 이룬 7모음 체계로 구성되어 있었다.

[2] 중모음 체계

① 상향이중모음

상향이중모음은 반모음(=반자음=활음) 뒤에 단모음이 결합된 이중모음으로, 중세

'ㅿ'과 'ㅅ'의 변별 여부에 의문을 제기하는데, 음절 말에서 'ㄷ'과 'ㅅ'의 변별을 주장하는 입장에서는 이 둘 역시 변별된 것으로 보아 실제로 15세기에는 음절 말에서 9개의 자음이 제 음가대로 발음되었다고 보아야 하는 상황이 된다. 또한 15세기의 음절 말 'ㅅ'이 제 음가대로 발음되었다는 입장에서 유력한 근거로 제시된 『조선관역어』의 사음자(寫音字) '思'에 대해서는 이것이 명사의 주격형을 적은 것이거나 14세기 말 이전 'ㅅ'을 유지했던 고대 한국어형을 채록한 것으로 보는 견해(김동소 1998)와 더불어 당시 한어에는 /t/ 입성 운미가 없었으며 『조선관역어』에 'ㄷ' 종성 체언의 예가 극히 드물다는 점, 그리고 첨기자 '思'의 쓰임이 정교하지 못하다는 점 등을 들어 '思'가 외파음 [s]일 가능성을 확신할 수 없다는 견해(이동석 2006ㄴ)가 제기되었다.

국어의 상향이중모음은 반모음의 종류에 따라 j계 상향이중모음과 w계 상향이중모음으로 구분된다.

(4) 가. j계 상향이중모음: ㅑ[ja] ㅛ[jo] ㅕ[jə] ㅠ[ju]
　　　　cf. ㅣ[jʌ], ㅢ[ji], (ㅣ[ji])62
　　나. w계 상향이중모음: ㅘ[wa] ㅝ[wə]63

② 하향이중모음

하향이중모음은 단모음 뒤에 반모음이 결합된 이중모음으로, 중세국어의 하향이중모음은 모두 j계 하향이중모음이다.64

(5) 하향이중모음: ㅢ[ʌj] ㅐ[aj] ㅚ[oj] ㅔ[əj] ㅟ[uj] ㅢ[ij] ㅣ[ij]65

③ 삼중모음

삼중모음은 단모음의 앞뒤에 반모음들이 결합한 중모음으로, 중세국어의 삼중모음

62　ㅣ[jʌ], ㅢ[ji]는 『훈민정음』 해례본 〈합자해〉의 기술에서 그 존재를 확인할 수 있다. ㅣ[ji]는 '고ㅸㅣ〉고이'와 같은 변화에서 'ㅸ' 탈락의 원인이 모음 ㅣ에 있다고 보는 설명(김완진 1972)에서 그 존재가 제안되었다.

63　이 밖에 이기문(1972/1977)에서는 w계 상향이중모음으로 'ㅟ[wi]'의 존재 가능성을 언급한 바 있는데, 그 근거로서 '치ㅸㅣ 〉 치위, 더ㅸㅣ 〉 더위, -ㄷㅸㅣ 〉 -ㄷ위/-ㄷ외/-ㄷ웨'와 같은 'βi〉wi' 변화의 예를 들었다. 하지만 이 중 '치ㅸㅣ, 더ㅸㅣ'는 사실상 그 정확한 어형이 '치ㅟ, 더ㅟ'〈석보상절(1447) 9:9b, 월인석보(1459) 9:26a〉로서 'βi 〉 wi' 변화의 용례가 되지 못함을 알 수 있다.

64　15세기 국어의 '애, 에, 외, 위'을 하향이중모음으로 파악할 수 있는 근거는 다음과 같다.
　　① 주격조사 'ㅣ'는 '이' 음을 제외한 단모음에만 붙는데, 중세국어의 '애, 에, 외, 위, 이, 의'에는 주격조사 'ㅣ'가 붙을 수 없다는 사실
　　　　예 妖怪로ㅸㅣㄴ 새 오거나, 그르메 瑠璃 곧더시니, 가마괴 디고, 불휘 기픈 남군, ㅣ 업거늘
　　② 처격조사 '예'의 사용('ㅣ'모음순행동화)
　　　　예 대예셔, 內예, 비[復]예, 엇게예, 一切예, 界예, 귀예
　　③ 반모음 'ㅣ'의 생략 표기
　　　　예 ㄱ리ㅎ야 → ㄱ라ㅎ야, 개여 → 가여, 혜여 → 혀여, 새야도 → 사야도, 홰예 → 화예
　　④ '애, 에, 외, 위, 이, 의' 뒤에서의 'ㄱ'탈락 현상 예 내오, 메오, 두외오
　　⑤ '위, 와'와 '애, 에, 외, (이)'를 동일한 차원(1자 중성자와 'ㅣ'와의 상합자)으로 다룬 『훈민정음』의 기술

65　자동사의 활용형 '디고'를 통해 자동사 '디-[落]'의 어간은 단모음으로 이루어진 [ti-]임을 알 수 있다. 반면 사동사의 활용형 '디오'는 'ㄱ' 탈락을 보임으로써 사동사 ':디-[使落]'의 어간이 하향이중모음으로 이루어진 [tij-]라는 사실을 말해 준다.

은 단모음의 앞뒤에 반모음이 j가 결합된 [j_j]계와 반모음 w와 j가 결합된 [w_j]계로
구분된다.

    (6) 가. [j_j]계 삼중모음: ㅚ[joj] ㅟ[juj] ㅒ[jaj] ㅖ[jəj]
       나. [w_j]계 삼중모음: ㅙ[waj] ㅞ[wəj]

성조 체계

    15세기에는 각 음절마다 소리의 높낮이가 변별적 기능을 하는 성조^{聲調 tone}가 초분절
음운^{超分節音韻 suprasegmental phoneme}으로서 기능하고 있었다. 중세국어의 성조 체계는 평판조
^{平板調}의 단순 성조인 평성^{平聲}[L]과 거성^{去聲}[H], 그리고 이 둘의 복합 성조인 상성^{上聲}[R]
으로 이루어져 있다. 따라서 상성[R]의 실제 내용은 평성과 상성의 복합[L+H]임을
알 수 있다.

    (7) 복합 성조
       평성[L] + 거성[H] → 상성[R]
       (단, 평성을 가진 음절의 모음이 축약된 음절에서도 핵음이 될 경우)
       예 부텨^[佛][LL] + ㅣ(주격조사)[H] → 부톄[LR]
          두리^[橋][LL] + ㅣ(주격조사)[H] → 두리[LR]
       cf. 이시-^[有][LL] + -움(명사형어미)[H] → 이숌[LH]
          ᄒᆞ-^[爲][L] + -오-(선어말어미)[H] → 호-[H]

    이와는 달리 '내ㅎ, 돌ㅎ, 말^[言], 일, 둏-, 곱-, 없-, 혜-' 등과 같이 평성과 거성의
복합으로 파악하기 어려운 고정적 상성의 경우도 존재했다. 이들 단어는 해당 음절이
상성을 지니고 있어 평성과 거성이 복합된 것으로 보이지만, 실제로는 형태론적으로
두 요소의 결합으로 분석될 수 없다는 점에서 평성과 거성의 복합 성조로 볼 수 없다.
    한편, 중세국어의 상성은 현대국어에서는 대부분 장음^{長音}으로 나타나는데, 당시
상성을 지닌 음절은 동시에 음장^{音長}을 수반했었다고 보는 것이 통설이다. 즉 상성은
소리의 높낮이와 더불어 장음의 특성을 함께 지니고 있었다고 볼 수 있다.

2 중세국어의 음운 현상

01 _ 경음화

이철기

경음화는 평음의 장애음 /ㅂ, ㄷ, ㄱ, ㅅ, ㅈ/가 일정한 환경에서 경음 [ㅃ, ㄸ, ㄲ, ㅆ, ㅉ]로 바뀌는 음운 현상이다. 현대국어에서 평파열음 /ㅂ, ㄷ, ㄱ/ 뒤의 경음화 현상은 필수적이다. 15세기 국어에서도 평파열음 뒤에서의 경음화는 일어났을 것으로 생각되지만, 표기상으로 대체로 드러나지 않고 있다. 하지만 관형격조사 {ㅅ} 뒤의 경음화나 관형사형어미 {-ㄹ} 뒤의 경음화 현상은 일부 용례들에서 표기를 통해 추정할 수 있다.

『삼강행실도』≪효자도≫에 나타나는 관형격조사 {ㅅ} 뒤의 경음화

정 보		용 례	출 전
솑가락	손[手] + ㅅ(관형격조사) # 가락[指]	① 劉氏ㅅ 솑가락 너흐러 乃終말ᄒ거늘	31유씨효고
		① 즉자히 솑가락 버혀 머기니	34석진단지
깄ᄀ새	길[路] + ㅅ(관형격조사) # ᄀ[邊] + 애(부사격조사)	② 還刀 가지고 깄ᄀ새 셔어셔 울어늘	04고어도곡
		② 吉翂이 열다ᄉ시러니 깄ᄀ새 울며	23길분대부
믈ᄀ술	믈ᄀ[涯] + 울(목적격조사)	③ 믈ᄀ술 조차 밤낫 열닐웨ᄅ울 소리ᄅ로 그치디 아니ᄒᆞ야 우다가	08효아포시
셠거적	셤[苫] + ㅅ(관형격조사) # 거적[苫]	④ ᄒᆞ마 죽게 두외야 셠거적 ᄭᆯ오 이셔	14맹희득금

정 보		용 례	출 전
다릿 고기롤	다리[股] + ㅅ(관형격조사) # 고기[肉] + 롤(목적격조사)	⑤ <u>다릿 고기롤</u> 부려 粥에 섯거 머그니	31유씨효고
우룸쏘리롤	우룸 + ㅅ # 소리 + 롤(목적격조사)	⑥ 孔子ㅣ 나둔니시다가 슬픈 <u>우룸쏘리롤</u> 드르시고 가시니	04고어도곡
힚 ᄀ장	힘[力] + ㅅ(관형격조사) # ᄀ장(의존명사)	⑦ <u>힚 ᄀ장</u> 孝道ᄒ고 죽거든	02자로부미
돐 자히	돌[月] + ㆆ(←ㅅ, 관형격조사) # 자히(의존명사)	⑧ 서너 <u>돐 자히</u> 가마괴 그 香合올 므러다가 무덤 알ᄑ| 노ᄒ니라	35은보감오
어비ᄆᆮ씌	어비ᄆᆮ[高官] + 씌(부사격조사)	⑨ 吉玢이 열다ᄉ시러니 깄ᄀ새 울며 <u>어비ᄆᆮ씌</u> 발괄ᄒ거든	23길분대부
하ᄂᆵᄀ	하ᄂᆯ[天] + 씌(부사격조사)	⑩ 王薦이 바ᄆᆡ <u>하ᄂᆵᄀ</u> 비ᅀᆞᆸ보ᄃᆡ	30왕천익수
하ᄂᆯ씌		⑪ 어미 病을 ᄉ랑ᄒ야 <u>하ᄂᆯ씌</u> 울워러 우더니	

위에서 '① 숟가락, ② 깄ᄀ새, ③ 뭀ᄀ술, ④ 셨거적, ⑤ 다릿 고기, ⑥ 우룸쏘리'는 ⑤를 제외하고는 현대국어에서 합성어로 처리한다. 현대국어에서 이들 합성어는 사잇소리의 영향으로 후행 체언의 첫소리가 '손가락[손까락], 길가[길까], 물가[물까], 섬거적[섬꺼적], 울음소리[울음쏘리]'와 같이 경음화를 겪는다. 현대국어에서는 이렇게 사잇소리가 나는 종속합성어 중에서 합성어 내부에 고유어를 포함하고 선행 체언의 말음이 모음으로 끝난다면 그 사잇소리를 'Aㅅ+B'와 같이 'ㅅ'(사이시옷)으로 표기에 반영한다.

한편, 중세국어에서는 두 단어 또는 형태소의 결합에서 선행 요소의 말음이 유성음인 경우 그 내부에서 나타나는 사잇소리를 'ㅅ'으로 표기하였다. 이러한 환경에 있는 ①~⑥에서 체언 사이의 'ㅅ'은 사잇소리 표기(사이시옷)로 볼 수 있다. 이 경우 ①~⑥은 현대국어에서와 마찬가지로 '[손까락], [길ᄭ새], [믈ᄭ술], [섬꺼적], [다리꼬기], [우룸쏘리]'와 같이 후행 요소의 첫소리가 사잇소리로 인해 경음으로 발음되었을 것으로 추정된다.

그런데 중세국어에서 {ㅅ}는 관형격조사로서 문법적인 기능을 유지하고 있었기 때문에 ①~⑥에서 체언 사이의 'ㅅ'을 이 관형격조사에 대응하는 표기로도 이해해 볼 수 있다.[66] 이 경우에 {ㅅ}는 '손의 가락', '길의 가(장자리)', '물의 가(장자리)', '섬의(섬으로

---

66   중세국어에서 관형격조사 {ㅅ}는 존칭의 유정 체언과 무정 체언에 결합하여 쓰였는데, ①~⑥에서의 선행

만든) 거적', '다리의 고기', '울음의 소리'와 같이 선행어의 통사적 기능을 관형어로 이끌어 명사구 구성을 이루게 한다.

정리하자면, ①~⑥과 같은 '명사+ㅅ+명사' 구성에서 선행 요소가 유성음으로 끝난 무정 체언일 경우, 그 사이에 쓰인 'ㅅ'이 사잇소리 표기인지 혹은 관형격조사 표기인지를 판단하기는 쉽지 않다. 중세국어 공시태에서 두 'ㅅ'에 대응하는 음절 말 음가가 달랐고 이 차이가 표기로 드러났다면 명확히 판단할 수 있겠지만 그렇지 않아 판단하기 어렵다. 이는 곧 '명사+ㅅ+명사' 구성의 ①~⑥을 명사구 구성으로 볼 것인지, 아니면 이보다 더 긴밀한 합성어로 볼 것인지의 문제와 맞닿아 있다. 이 문제와 관련하여 'Aㅅ+B → A+ㅅB'와 같은 표기 방식의 변화에 주목하거나[67] 성조의 변화에 주목하여 선·후행 요소 간의 긴밀성을 파악하려는 시도가 있었지만 두 접근법 모두 한계가 있다([문법] 14_관형격조사_{ㅅ}을 내포한 합성어와 명사구의 구분 참고).

본서에서는 '명사+ㅅ+명사'의 명사구 구성 또는 합성어 구성의 'ㅅ'을 모두 관형격조사 기원으로 보고, 사잇소리는 이 관형격조사의 음운론적 측면을 반영한 것으로 보고자 한다. 관형격조사 {ㅅ}는 기원적으로 음절 말에서 외파되어 [s](혹은 이와 비슷한 어떤 음)으로 발음되었을 것이나 15세기에 이미 음절 말에서 불파음화가 진행되어 [t̚]으로 발음되었을 것으로 생각된다.[68] 이로 인해 관형격조사 {ㅅ}는 명사와 명사 사이에서 독자적인 음성형을 갖지 못하게 되어 그 문법적 기능을 잃고 사잇소리로만 흔적이 남게 되었다고 할 수 있다. 이때 관형격조사 {ㅅ}는 후행 명사의 어두 평장애음을 경음화시켰을 것으로 추정할 수 있다.[69]

체언은 모두 무정물 지칭의 체언으로 {ㅅ}가 결합할 수 있다.

67 유소연(2017:282)에서는 '⑥ 우룸쏘리'처럼 'A+ㅅB'의 표기를 보이는 것이 선행 요소와 후행 요소의 연결에서 그 경계에 대한 인식과 관련이 있다고 보았다. A와 B가 하나의 단어로 인식되기에 'ㅅ'이 선행 요소인 A에 결합하지 않고 B에 결합한 형태로 표기된다는 것이다. 남미정(2012:92)에서도 명사구 구성에서 속격조사 {ㅅ}가 표기법상 후행하는 두음에 결합하여 병서형 표기를 보이는 경우는 구의 경계가 소멸되고 속격조사의 기능이 약화되어 결과적으로 합성명사로 인식되는 단계로 보았다.

68 16세기 초기 문헌에서 '인ᄂᆞ니라'〈창진방촬요(1517) 42b〉, '이튼날'〈변역소학(1518) 10:6b〉 등과 같이 음절 말 /ㅅ/의 표기들을 고려할 때 15세기에 이미 음절 말에서 /ㅅ/의 불파음화가 진행되고 있었다고 추정할 수 있다.

69 사잇소리는 한국어 음절 말 자음의 불파화를 전제로 하는 것이고 불파화 때문에 발생하는 것이다. 불파화라는

(1) 가. <u>손싸락</u> ᄉᆡ예셔 굴근 보ᄇᆡᆺ 곳비 오더니 〈월인석보(1459) 7:38b〉

　　 나. 두 아기 슬터시니 <u>우룷</u> 소리예 싸히 震動ᄒᆞ니 〈월인석보(1459) 20:49a〉

　　 다. 아비 어미 싀아비 싀어미 병 하얏셔늘 네 번 <u>다리쏘기</u> 버혀 〈삼강행실도 동경대본(1579) 열녀:24a〉

　　 다'. 류시 신령을 블러 울며 <u>다릿 고기</u>를 베혀 〈삼강행실도 동경대본(1579) 효자:31a〉

　　 라. 옥이 흙에 뭇쳐 <u>길싸</u>에 불피이니 오ᄂᆞ니 가ᄂᆞ니 〈악합습령(1713) 34b〉

　　 마. 고기잡을 사ᄅᆞᆷ 이 <u>믈싸</u>애 두 주검이 혼ᄃᆡ 잇거ᄂᆞᆯ 〈속삼강행실도 중간본(1581) 8b-8a〉

'① 숟가락'과 '⑥ 우룸쏘리'가 동시대의 문헌 (1가, 나)에서 '손싸락', '우룷 소리'로도 나타나고, '⑤ 다릿 고기'가 후대 동일 문헌 (1다, 다')에서 '다리쏘기', '다릿 고기'로 모두 나타나는 것을 볼 때, 그것의 표기 방식이 'Aㅅ+B', 'A+ㅅB'이든 관형격조사 {ㅅ}의 불파음화로 인해 후행 체언의 첫소리는 경음으로 발음되었을 것으로 생각된다. '② 깊ㄱ새, ③ 믌ㄱ술'은 각각 18세기(1라), 16세기 말(1마)에서부터 'A+ㅅB'형 표기가 보이고, '④ 셧거적'은 후대 문헌에서 '셤쩌적'으로 문증되지 않아 15세기에는 'Aㅅ+B'형 표기로만 나타난다. 이러한 표기는 'A+ㅅB'형에 비해 통사적인 구성을 더 의식한 표기로 생각된다.

　다음으로 '⑦힘ㄱ장'와 '⑧ 돐 자히'도 '명사+ㅅ+(의존)명사' 구성으로 기원적으로 관형격조사 {ㅅ}에 의해 통합하는 구 구성이다. ⑦의 'A+ㅅB'형 표기인 '힘ㅅㄱ장'이 15세기 문헌에서도 나타나므로 후행 요소의 어두음은 이 시기에 이미 경음으로 발음되었을 것으로 추정된다.[70] ⑦은 {ㅅ}를 선행 명사의 종성 자리에 표기함으로써 {ㅅ}와 {ㄱ장}을 구분하려는 문법적 의식이 더 반영된 표기로 볼 수 있다. ⑧의 'ㅎ'은 관형격조사 {ㅅ}에 대응하는 자소 〈ㅅ〉의 변이자allograph이다.[71] 15세기 문헌에서 이미 후행 요소의

　　현상은 선행하는 음절의 말음을 파열하지 않고 폐쇄하는 상태에서 끝나는 것인데, 폐쇄한 상태에서 조음된 불파음은 그것으로 음운적인 기능을 종료하는 것이 아니라, 후행하는 음절 초성의 조음에까지 관여하게 된다(박창원 1997:166-167).

70　네 보미 根源을 ㄱ장ᄒᆞ라 ᄒᆞ샤ᄆᆞᆫ <u>힘ㅅㄱ장</u> 子細히 보게 ᄒᆞ시니라 〈능엄경언해(1461) 2:34b〉

71　가와사키 케이고(2015ㄴ)에서는 15세기 훈민정음 창제 후 초기 문헌들에서 속격 {-ㅅ}이 'ㅅ'이 아닌 'ㄱ, ㄷ, ㅂ, ㆆ, ㅸ, ㅈ' 등으로 바뀌어 표기되는 경우에 그 음운론적 환경 및 문헌적 분포를 검토하였다. 검토 결과 /ㄹ/ 뒤 그리고 /ㅅ, ㅈ, ㅊ/ 앞에서 glottalize된 속격 {ㅅ은 'ㆆ'으로 표기됨을 확인하였다. ᄭᆖᆯ字ㅣ 〈두시언해_초간(1481) 19:42a〉, 부텭 조비 〈석보상절(1447) 11:26a〉, 숈지니 〈월인석보(1459) 8:10b〉 등. 이 연구에

어두 경음을 각자병서자로 드러내고 있는 '짜히'가 공존한다는 점에서 ⑧의 음성적 실체도 이와 다르지 않았을 것으로 보인다.[72]

'⑨ 어비ᄆᆞᆫᄭᅴ, ⑩ 하ᄂᆞᆳ긔, ⑪ 하ᄂᆞᆯᄭᅴ'에 쓰인 'ㅅ긔/ᄭᅴ'는 기원적으로 높임의 유정 명사 뒤에 결합하는 관형격조사 {ㅅ}와 '그어긔'가 줄어든 {긔}의 결합으로 이루어졌다.[73] 이 결합은 15세기에 존칭 여격의 기능을 갖는 조사 {ᄭᅴ}로 문법화되는 과정에 있었다. ⑩에서 {ㅅ}와 {긔}를 분리하여 표기한 'ㅅ긔'는 기원적 통사 구성을 더 의식한 표기이나 경음화는 실현되었을 것으로 보인다. ⑨와 ⑪에서 'ᄭᅴ'는 {ㅅ} 뒤의 경음화를 'ㅅ'계 합용병서자로 드러낸 것으로서 'ㅅ긔'보다 실제 발음에 더 충실한 표기로 이해된다.

『삼강행실도』 ≪효자도≫에 나타나는 관형사형어미 {-ㄹ} 뒤의 경음화

정 보		용 례	출 전
-ㅭ#ㄱ	수므ᇙ 길흘	① 도ᄌᆞ기 感動ᄒᆞ야 수므ᇙ 길흘 ᄀᆞᄅᆞ치리도 잇더라	06강혁거효
	무드ᇙ 거시	① 董永이 아비 죽거늘 무드ᇙ 거시 업서	11동영대전
	모로ᇙ 것	① 주구미 저픈 고ᄃᆞᆯ 모로ᇙ 것 아니어니와	23길분대부
-ㅭ#ㄷ	주그ᇙ ᄃᆞ시	② 어미 일코 슬허 주그ᇙ ᄃᆞ시 ᄃᆞ외어늘	09황향선침
	셤고ᇙ 디라	② 님금과 어버ᅀᅵ와 스승과ᄂᆞᆫ ᄒᆞᆫ가지로 셤고ᇙ 디라	35은보감오
-ㄹ#ㅼ	홀 ᄯᆞ리	②' 曺娥ㅣ라 홀 ᄯᆞ리 나히 스믈네히러니	08효아포시
-ㅭ#ㅳ	호ᇙ ᄠᅳ디	③ 乃終내 다른 남진 호ᇙ ᄠᅳ디 업더니	05진씨양고
-ㅭ#ㅅ	가ᇙ 사ᄅᆞ미	④ 즉자히 도라가아 어버ᅀᅴ그에 가ᇙ 사ᄅᆞ미 열세히러라	04고어도곡
	호ᇙ 소니	④ 皐魚ㅣ라 호ᇙ 소니	04고어도곡
	길 녀ᇙ 사ᄅᆞ미	④ 길 녀ᇙ 사ᄅᆞ미 눉믈 흘리더니	24불해봉시
-ㅭ#ㅈ	가ᇙ 저긔	⑤ 그 남지니 防禦 가ᇙ 저긔 닐오ᄃᆡ	05진씨양고
		⑤ 그위예셔 자바 가ᇙ 저긔 丁蘭이 하딕ᄒᆞ거늘	10정란각목
		⑤ 及第ᄒᆞ라 가ᇙ 저긔 어미ᄅᆞᆯ ᄇᆞ리·디 몯ᄒᆞ야	28서적독행

서는 'ㆆ'을 'ㅅ'의 이표기로 설명하고 있지만, 본서에서는 'ㆆ'을 자소 〈ㅅ〉의 변이자로 일컫고자 한다. 변이자(allograph)는 한 자소가 문자 체계의 질서나 표기법에 따라 서면에서 물리적으로 다른 특징으로 실현될 때의 자를 일컫는 용어이다.

72 다시 火災 여듧 번ᄶᅡ히사 또 水災ᄒᆞ리니 〈월인석보(1459) 1:49b〉

73 여기서는 '그어긔'의 변화 과정을 아래와 같이 상정한다(조규태 2008:142 참조).
그어긔 > 그에 > 게
그어긔 > 거긔 > 긔

정 보	용 례	출 전
모딣 저긔	⑤ ᄀᆞ올히 모딣 저긔 어미 잇븞가 ᄒᆞ야	06강혁거효
옮 저긔	⑤ 元覺이 마디몯ᄒᆞ야 더디고 옮 저긔	13원각경부
홇 저기면	⑤ 울에 홇 저기면 墓애 가 내 예 잇노이다 ᄒᆞ더라	15왕부폐시
아니홇 저기	⑤ 다시곰 우디 아니홇 저기 업더니	15왕부폐시
틇 저기면	⑤ ᄇᆞ롬비 틇 저기면 남ᄀᆞᆯ 안고 우더라	17왕상부빙
주긇 罪囚로	⑤ 주긇 罪囚로 엇뎨 벗기시ᄂᆞ니잇고	23길분대부
옮 저기면	⑤ 옮 저기면 곧 氣韻이 업거든	24불해봉시
주긇 저긔	⑤ 어미 주긇 저긔 네 히롤 길 마갯거든	24불해봉시
나갏 저긔	⑤ 궤와 돗과 노코 父母롤 이바드며 나갏 저긔	27노조순모
디낧 저긔	⑤ 뜰헤 디낧 저긔 모믈 구피더라	
侍墓삻 제	⑤ 侍墓 삻 제 三 年을 신 아니 신더니	33자강복총
잇븞가	⑤ 어미 잇븞가 ᄒᆞ야 제 술위룰 그스더니	06강혁거효
놀랋가	⑤ 둇二 어미 놀랋가 너겨	29오이면화
-ㅭ다	⑥ 兄弟 업고 늘근 어미룰 네 孝道홇다	05진씨양고
	⑥ 머즌 그르슬 므스게 ᄡᅮᆶ다 ᄒᆞᆫ대	13원각경부
	⑥ ᄒᆞᆫ 한아비 나모 버히거늘 므스게 ᄡᅮᆶ다 무른대	22숙겸방약
	⑥ 아비 갑새 주기라 ᄒᆞ시니 正정히 주긇다	23길분대부
-ㄹ#씨라	⑦ 侍墓ᄂᆞᆫ 墓애 가 뫼슈봐 이실 씨라	15왕부폐시
	⑦ 守墓ᄂᆞᆫ 墓롤 디킐 씨라	18허자매수
	⑦ 謚ᄂᆞᆫ 힝뎍으로 일훔 고텨 지홀 씨라	28서적독행
	⑦ 合葬ᄋᆞᆫ ᄒᆞᆫᄃᆡ 무들 씨라	33자강복총
-ㄹ#씨오	⑧ 順ᄋᆞᆫ 거슬뜬 일 업슬 씨오	18허자매수
-ㄹ씨	⑨ 그딧 孝道ㅣ 至極홀씨	11동영대전
	⑨ 네 孝道ㅣ 至極홀씨	29오이면화
	⑨ 皇帝 두외야 이실씨	15왕부폐시
	⑨ 네 하 情誠일씨	21검루상분
	⑨ 皇帝 과ᄒᆞ야 ᄒᆞ샤디 져믈씨	23길분대부
	⑨ 네 아드리 孝道홀씨	30왕천익수

15세기 국어에서도 현대국어에서와 마찬가지로 관형사형어미 {-ㄹ} 뒤에서의 경음화가 일어난 것으로 보인다.[74] 이러한 경음화는 표기(법)상으로 ①'-ㄹ+전청자全淸字'형,

---

74 현대국어에서 관형사형어미 {-ㄹ} 뒤의 경음화는 수의적 현상이다. 이는 '먹을 것[머글껃]', '갈 데가[갈떼가]',

[2] '-ㅭ+전청자'형, [3] '-ㄹ+전탁자全濁字[또는 각자병서자各字竝書字]'형의 세 유형으로 드러난다.[75] 위 표에서 ②'과 ③을 제외한 ①~⑥은 [2]유형에, ⑦~⑨는 [3]유형에 해당한다.

[2]유형의 '-ㅭ'은 t-입성 한자음을 표기하도록 규정한 『동국정운』의 '以影補來'에서 그 기원을 찾을 수 있는 것으로 'ㄹ' 뒤에 후두폐쇄음 [ʔ]에 대응하는 'ㆆ'을 덧붙여 관형사형어미 {-ㄹ}가 후행 요소와 결합 시 갖게 되는 음절 말음 /ㄹ/의 촉급하고 완전한 폐쇄를 표기에 반영한 것으로 생각된다. 이 완전한 폐쇄는 후두의 긴장을 동반하게 되므로 그 뒤에 평음 장애음이 올 경우 이 긴장성은 자연히 평음을 경음으로 바꾸어 놓는데, 이러한 음성적 상황을 표기상 'ㅭ'으로 드러낸 것이라고 할 수 있다.

한편, ②'의 '홀 ᄯᆞ리'에서 관형사형어미를 'ㅭ'으로 표기하지 않은 이유는 'ᄯᆞᆯ'의 어두 경음이 {-ㄹ} 뒤 경음화의 결과가 아니라 본유적인 경음이기 때문으로 보인다. ③의 '홇 ᄠᅳ디'에서 관형사형어미가 'ㄹ'이 아닌, 'ㅭ'으로 표기된 것을 통해 합용병서자 'ㅳ'에 대응하는 음성적 실체는 분명하지는 않지만, 경음화를 적용받았던 것으로 생각된다.

[3]유형에서 사용되는 각자병서자는 15세기 국어에서 경음에 대응하는 표기로 보는 것이 일반적이다. 그렇다면 'ㅅ'계 합용병서자와 각자병서자의 차이에 대해 의문이 드는데, 이에 대해 송철의(1987)에서는 'ㅅ'계 합용병서자를 기원적인 경음에, 각자병서자를 경음화의 결과로 나타나는 경음에 대응하는 표기로 구별하였다. 이와 유사한 관점에서 김유범(1999)에서 'ㅅ'계 합용병서는 음소적音素的 경음 표기로, 각자병서는 이음적

'만날 사람[만날싸람]' 등과 '묶을 갈대(蘆)', '산을 물들일 단풍', '모아둘 솔방울' 등의 발음을 비교해 보면 알 수 있다. 신지영(2016:331)에서는 이 현상의 적용 여부가 {-ㄹ}와 후행하는 어절이 하나의 음운구로 묶이는가 아닌가에 따라서 결정된다고 설명한다. 한편, 김유범(1999:20)에서는 {-ㄹ}로 결합하는 선·후행 요소가 강한 결속력을 획득하면 음운론적 단어(Phonological Word)를 형성하고 이 둘 사이의 강한 통사적 결속력을 음운부에서 포착해 준 결과로써 {-ㄹ} 뒤에서 경음화가 일어나는 것으로 이 현상의 기제를 설명하고 있다.

75 이러한 유형 구분과 그 세부 내용은 김유범(1999)의 논의를 참조하였음을 밝힌다. 실제 15세기 한글 문헌에는 이 세 가지 유형 이외에 '-ㅭ+전탁자(각자병서자)'형으로 표기된 용례도 있다. 하지만 이것은 매우 특이한 경우로 일반성을 부여하기 어렵다.
[예] 密機예 수모ᄆᆞᆫ 곧 혜ᄆᆞᆯ 그치며 ᄆᆞᅀᆞᄆᆞᆯ 얼**읧씨**라 〈능엄경언해(1461) 5:31a〉

異音的 경음 표기로 파악하였다. 이러한 견해를 받아들이면, [3]유형은 관형사형어미 {-ㄹ} 뒤에서 평음의 장애음이 경음화를 겪은 표면음을 각자병서자로 드러낸 것으로서 [2]유형보다 더 실제 발음에 충실한 현실적 표기로 이해할 수 있다.

⑦의 '-ㄹ 씨라', ⑧의 '-ㄹ 씨오'는 각각 '-ㄹ(관형사형어미) # ᄉᆞ(의존명사) + 이-(계사) + -라(←-다, 종결어미) / -오(←-고, 연결어미)'가 결합한 경우이다. ⑨의 '-ㄹ ᄊᆡ'는 '-ㄹ(관형사형어미) # ᄉᆞ(의존명사) + ᄋᆡ(부사격조사)'가 결합하여 연결어미로 문법화를 겪은 형태이다.[76] 이들은 모두 관형사형어미 {-ㄹ} 뒤의 평장애음 /ㅅ/가 경음화를 겪은 결과가 각자병서자 'ㅆ'으로 표기되고 있다.

『원각경언해』(1465)로부터 각자병서와 'ㆆ'의 표기가 사라지게 되면서 [2]유형과 [3]유형은 소멸하고 16세기에는 [1]유형만 남게 되었다. [1]유형은 음성적 차원에서의 {-ㄹ} 뒤 경음화를 표기적 차원에서 드러내지 않는 방식이지만, [2]유형과 [3]유형보다 형태에 충실한 원칙적 표기 방식으로 평가할 수 있다.

02 _ 원순모음화

고경재·김진우

원순모음화는 원순모음이 아니었던 모음이 주위 환경에 따라 원순모음으로 바뀌는 음운 현상이다. 국어사에서 잘 알려진 대표적인 원순모음화는 근대국어 시기에 '믈 > 물'과 같이 양순 자음에 후행하는 모음이 원순모음으로 바뀐 현상이다. 이 밖에 『삼강행실도』를 비롯한 중세국어 문헌에서는 이른바 감동법 선어말어미 {-돗-}의 원순성에 영향을 받은 후행 음절의 원순모음화가 흔히 나타난다.

76 비교적 최근 논의인 최성규(2021)에서는 'ᄉᆞ'를 별도의 의존명사가 아니라 동명사어미 'ㄽ'의 일부분으로 보고 있다. 이 견해를 받아들인다면, 이제까지 의존명사 'ᄉᆞ'를 포함하여 'ㄹ+ᄉᆞ+X'로 분석되었던 구성은 '-ㄽ+X'로 바꾸어 분석할 수 있다.

정 보		용 례	출 전
대 상	분 석		
가리로소니	가[去] + -리-+ -롯-(← -돗-) + -오니(←-ᄋᆞ니)	내 늘거 쎨리 몯 <u>가리로소니</u>	20반종구부

『삼강행실도』≪효자도≫에 나타나는 원순모음화의 양상

『삼강행실도』≪효자도≫의 '가리로소니'는 '가-[去]+-리-+-롯-(← -돗-)+-오니(←-ᄋᆞ니)'로 분석되는데, 연결어미 '-ᄋᆞ니'에 있는 매개모음 'ᄋᆞ'가 '오'로 바뀌는 것에서 원순모음화가 발견된다. 이때 매개모음 'ᄋᆞ'는 선행하는 선어말어미 '-돗-'의 'ㅗ'에 영향을 받아 원순모음화되어 '오'로 실현된 것으로 파악된다.

중세국어의 원순모음화

고영근(1995)에 따르면 중세국어에서는 감동법 선어말어미 뒤에서 매개모음이 원순모음화되는 현상이 흔히 발견된다. 그 예는 다음과 같다.

(1) 가. <u>부톄</u> 實로 大乘으로 <u>教化ᄒᆞ시노소이다</u> 〈법화경언해(1463) 2:232a〉
　　나. 世界 다 受苦ᄅᆞ빙야 <u>즐거른 거시</u> <u>업도소니</u> 〈석보상절(1447) 11:37a〉
　　다. <u>네</u> 날 爲ᄒᆞ야 뇟人올 <u>주기리로소녀</u> 〈월인석보(1459) 25:76a〉

(1가-다)의 주어는 각각 '부톄', '즐거른 거시', '네'로, 1인칭이 아니다. 따라서 (1가-다)에서는 인칭법 선어말어미 {-오-}를 분석해 낼 수 없다. 이에 (1가)의 '教化ᄒᆞ시노소이다'는 '教化ᄒᆞ-+-시-+-ᄂᆞ-+-옷-(←-돗-)+-오이-(←-ᄋᆞ이-)+-다'로, (1나)의 '업도소니'는 '없-+-돗-+-오니(←-ᄋᆞ니)'로, (1다)의 '주기리로소녀'는 '주기-+-리-+-롯-(←-돗-)+-오녀(←-ᄋᆞ녀)'로 분석된다. (1가)의 '-ᄋᆞ이-', (1나)의 '-ᄋᆞ니', (1다)의 '-ᄋᆞ녀'의 'ᄋᆞ'는 모두 매개모음인데, 이들은 선행하는 감동법 선어말어미 {-돗-}의 모음 'ㅗ'에 의해 원순모음화되어 '오'로 실현되었다.[77]

중세국어에서는 양성모음陽性母音은 양성모음끼리, 음성모음陰性母音은 음성모음끼리 어울리는 현상이 있었는데, 이를 '모음조화'라고 한다. '양성모음'과 '음성모음'이라는 용어는 『훈민정음』 해례본의 다음과 같은 기술에서 기원한 것이다.[78]

(1) ㅗㅏㅛㅑ之圓居上與外者。以其出於天而爲陽也。(ㅗ, ㅏ, ㅛ, ㅑ에서 ·가 위나 바깥쪽에 놓인 것은 ㅗ, ㅏ, ㅛ, ㅑ가 하늘에서 나와 양의 특성을 지니기 때문이다.)

ㅜㅓㅠㅕ之圓居下與內者。以其出於地而爲陰也。(ㅜ, ㅓ, ㅠ, ㅕ에서 ·가 아래나 안쪽에 놓인 것은 ㅜ, ㅓ, ㅠ, ㅕ가 땅에서 나와 음의 특성을 지니기 때문이다.)〈훈민정음 해례본(1446) 정음해례:6a〉

위의 기술에 근거하여 '·, ㅗ, ㅏ, ㅛ, ㅑ'는 양성모음으로, 'ㅡ, ㅜ, ㅓ, ㅠ, ㅕ'는 음성모음으로 분류하고 있다. 참고로 'ㅣ'는 어느 부류와도 잘 어울리므로 중립모음으로 간주된다. 이렇게 모음이 어울리는 현상은 형태소 내부와 형태소 경계에서 모두 나타난다.

『삼강행실도』 ≪효자도≫에 나타나는 형태소 내부의 모음조화

중세국어에서는 형태소 내부에서 모음조화가 비교적 잘 지켜졌다. 다음은 ≪효자도≫에서의 예시이다.

---

77 이 밖에도 중세국어에서 원순모음화가 일어난 것으로 생각해 볼 수 있는 것에는 '두위혀(< 드위혀)〈법화경언해(1463) 2:160b〉', '노외야(< ᄂ외야)〈두시언해_초간(1481) 25:53a〉', '수우워리(< 수스워리)〈두시언해_초간(1481) 9:9b-10a〉', '요조숨(< 요조ᅀᆞᆷ)〈두시언해_초간(1481) 11:2b〉' 등이 있다.

78 원문의 해석은 김유범 외(2020ㄱ)를 참고하였다.

정 보		용 례	출 전
양 상	대 상		
양성모음 +양성모음	아돌	① 제 아돌란 소옴 두어 주고	01민손단의
	무숨	② 무수미 至極 孝道롭더니	16맹종읍죽
	나모	③ 그 나모 미틔 더뎌늘	18허자매수
	밍골다	④ 羹 밍ᄀ라 이바두니	16맹종읍죽
음성모음 +음성모음	스승	⑤ 혼 스스의그에 글 뵈호더니	35은보감오
	드르ㅎ	⑥ 드르헤 가	29오이면화
	붓그리다	⑦ 붓그려 도라오라 ᄒ니라	07설포쇄소
	거슬다	⑧ ᄠᅳ데 거슬뜬 일 업더니	33자강북총
양성모음 +중립모음	아비	⑨ 아비 조차 가아	03양향액호
	ᄒ야ᄇ리다	⑩ 아니 ᄒ야ᄇ리니라	25왕숭지박
음성모음 +중립모음	어미	⑪ 어미 이시면	01민손단의
	너기다	⑫ 어엿비 너기더라	01민손단의

①, ②, ③, ④의 경우 하나의 형태소 내부에서 양성모음과 양성모음이 어울리는 예이다. 한편 ⑤, ⑥, ⑦, ⑧은 하나의 형태소 내부에서 음성모음과 음성모음이 어울리는 예이다. 위에 제시한 것 외에도 하나의 형태소 내부에서 양성모음과 양성모음, 음성모음과 음성모음이 어울린 예를 쉽게 관찰할 수 있다.

참고로 중립모음은 양성모음, 음성모음 어느 것과도 어울릴 수 있다. ⑨, ⑩은 중립모음이 양성모음과 어울린 예이고, ⑪, ⑫는 중립모음이 음성모음과 어울린 예이다.

『삼강행실도』 ≪효자도≫에 나타나는 형태소 경계의 모음조화

중세국어에서는 곡용이나 활용 과정에서, 어간 말 모음이 양성모음인 경우에는 양성모음으로 시작하는 조사나 어미가 결합하였고, 어간 말 모음이 음성모음인 경우에는 음성모음으로 시작하는 조사나 어미가 결합하였다. 다음은 ≪효자도≫에서의 용례이다.

정보		용례	출전
대 상	분 석		
崔婁伯은	崔婁伯+은	① 崔婁伯은	32누백포호
저긔	적+의	② 나히 열다ᄉᆞᆫ 저긔	32누백포호
노하	놓-+-아	③ 믈셕슬 노하 ᄇᆞ린대	01민손단의
머구리라	먹-+-우-+-리-+-라	④ 너를 머구리라	32누백포호

① '崔婁伯은'에서는 양성모음 'ㆍ'로 끝나는 체언 뒤에 양성모음으로 시작하는 조사 '은'이 결합하고 있다. ②의 '저긔'에서는 음성모음 'ㅓ'로 끝나는 체언 뒤에 음성모음으로 시작하는 조사 '의'가 결합하고 있다.

한편, ③ '노하'는 양성모음 'ㅗ'로 끝나는 용언 어간 뒤에 양성모음 어미 '-아'가 결합한 용례이고, ④ '머구리라'는 음성모음 'ㅓ'로 끝나는 용언 어간 뒤에 음성모음 어미 '-우-'가 결합한 용례이다.

모음조화를 전면적으로 연구한 李根圭(1986:228-230)에 따르면, 형태소 경계에서의 모음조화는 접사의 종류별로 모음조화의 적용 여부에 차이가 있었다고 한다. 예를 들면, '-아/어X' 유형의 접사들은 모음조화를 비교적 온전히 잘 지키는 모습을 보여 준다. 그리하여 이른바 설축舌縮 모음(ㆍ, ㅗ, ㅏ) 뒤에서는 '-아X' 접사들이, 이른바 설소축舌小縮 모음(ㅡ, ㅜ, ㅓ) 뒤에서는 '-어X' 접사들이 연결된다.

그러나 '-ᄋᆞ/으X' 유형의 접사들은 모음조화 양상이 복잡하다. 설축舌縮 모음 뒤에서는 '-ᄋᆞX' 접사들이 연결되나 설소축舌小縮 모음 뒤에서는 '-ᄋᆞ/으X' 접사들이 임의로 연결되는 모습을 보인다. '-오/우X' 유형의 접사들 역시 설축舌縮 모음 뒤에서는 '-오X' 접사들이 연결되나 설소축舌小縮 모음 뒤에서도 '-오X' 접사들이 연결된 예들이 있어 예외를 보여 주기도 한다.

그러므로 중세국어에서 모음조화는 '-아/어X' 유형의 접사들에서 잘 지켜졌다고 할 수 있으며, 어간 모음은 설축舌縮인 경우 모음조화가 잘 지켜졌다고 할 수 있다.

모음조화의 붕괴

15세기 국어에서는 모음조화가 비교적 엄격하게 지켜졌다. ≪효자도≫에서도 모음조화는 비교적 잘 지켜지는 모습을 보인다. 그러나 이미 15세기에 모음조화 규칙이 쇠퇴하기 시작하는바, ≪효자도≫에서도 모음조화가 지켜지지 않는 예들이 확인된다.

정 보		용 례	출 전
대 상	분 석		
어라	얼-[娶]+-아	① 아비 後ㅅ 겨집 어라	32누백포호
밧긔	밧[外]+의	② 百里 밧긔 가아	02자로부미
즉자히	즉자히	③ 즉자히 도라가아	04고어도곡

위에서 모음조화가 지켜지지 않은 어형들을 볼 수 있다. ①은 음성모음을 가진 용언 어간에 양성모음 어미 '-아'가 결합한 예이고, ②는 양성모음을 가진 체언에 음성모음을 가진 조사가 결합한 예이다. ③은 하나의 단어 내부에서 음성모음과 양성모음이 나타난 예이다.

≪효자도≫에는 모음조화가 지켜지지 않은 예시들이 많이 나오지는 않는다. 그러나 15세기부터 모음조화가 붕괴되기 시작하여, 시간이 지날수록 모음조화가 지켜지지 않은 예시들이 더 많이 나타나게 된다.

중세국어 이후 모음조화 현상이 쇠퇴하는 원인으로 /ㆍ/의 소멸, 어미 '-오/우-'의 소멸, 2음절에서의 /ㅗ/ > /ㅜ/의 변화[79] 등을 언급해 볼 수 있다. 또한 문법 형태소 중에는 모음 교체형을 가지고 있지 않은 경우가 많으며, 한자어는 모음조화와 무관하다는 점도 모음조화의 쇠퇴에 영향을 미쳤다고 볼 수 있다.

참고로 모음조화를 음운현상으로 인정하지 않는 논의도 있다. 대표적으로 김동소(2003ㄴ:119-120)이 그러하다. 김동소(2003ㄴ)에서는 /ㆍ/와 /ㅡ/가 음운론적으로 차이가 없었다는 점을 근거로 모음조화를 하나의 '기교'이자 인위적인 표기법의 하나로

---

[79] '두토- > 다투-', '비호- > 배우-', 'ㄱ초- > 갖추-' 등을 예로 들 수 있다.

보고 있다.

그러나 / · /와 /ㅡ/는 최소대립쌍을 분화시키고 있었으므로 음운론적으로 대립하였던 모음으로 보아야 한다. 이들의 음운론적 대립은 15세기 이전 국어에서도 존재하였던 바, / · /와 /ㅡ/는 한어漢語 대역 자료에서 서로 다른 음에 대응하고 있으며(姜信沆 1980, 권인한 1998, 고경재 2022ㄱ), 몽골어 차용어 및 동원어에서도 / · /와 /ㅡ/는 서로 다른 음에 대응하고 있다(이기문 1998, 金芳漢 1983, 고경재 2018).[80] 한국어 표기나 외국어 대역 자료 등을 근거로 / · /와 /ㅡ/를 음소로 인정하는 것이 국어학계의 정설이며, 이에 대한 효과적인 반론이 없는 상황이므로, 여기서도 / · /와 /ㅡ/를 음소로 인정하고, 모음조화를 기교적인 표기로 보지 않는다.

04_ /ㄱ/ 탈락

고경재

/ㄱ/ 탈락이란?

중세국어 공시적으로, 형태소 경계에서 /ㄹ/나 /j/ 혹은 계사 뒤에 놓인 /ㄱ/는 탈락하였는데, 이를 '/ㄱ/ 탈락'이라고 한다. 이 환경에 놓인 /ㄱ/가 탈락한 용례는 『삼강행실도』≪효자도≫에서도 관찰할 수 있는데, 이를 보이면 다음과 같다.

『삼강행실도』≪효자도≫에 나타나는 /ㄱ/ 탈락의 양상

환 경	정 보		용 례	출 전
	대 상	분 석		
/ㄹ/ 뒤	딸오	딸-[布] + -오(←-고, 연결어미)	① 쇼홀 포 딸오 안ᄌ며	02자로부미
			② 셤거적 딸오 이셔	14맹희득금
	알오	알-[知] + -오(←-고, 연결어미)	③ 겨집두려 무러 알오	10정난각목

---

80 대응에 대한 설명 방식은 다소 차이가 있다.

환경	정보		용례	출전
	대상	분석		
	가ᅀᆞ멸의	가ᅀᆞ멸-[富] + -의(←-긔, 부사형어미)	④ ᄀᆞ장 가ᅀᆞ멸의 ᄃᆞ외니라	14맹희득금
	돌오	돌-[眺] + -오(← -고, 연결어미)	⑤ 머거 보니 漸漸 돌오 믯믯ᄒᆞ야	21검루상분
	살오	살- + -오(← -고, 연결어미)	⑥ 病이 믄득 됴하 열두 히롤 살오 주그니라	30왕천익수
계사 뒤	서리어든	설[歲] + 이-(계사) + -어든 (←-거든, 연결어미)	⑦ 後에 本鄉애 도라 와 서리어든 ᄀᆞ올히 모ᄃᆞᆶ 저긔	06강혁거효
j 뒤	ᄃᆞ외어늘	ᄃᆞ외-[化] + -어늘(←-거늘, 연결어미)	⑧ 슬허 주글 ᄃᆞ시 ᄃᆞ외어늘	09황향선침
	업데어늘	업데-[←엎데-, 腹] + -어늘(←-거늘, 연결어미)	⑨ 潘綜이 아비롤 안고 업데어늘	20반종구부
	치ᄫᅳ려니와	칠-[寒] + -(으)리-(선어말어미) + -어니와(←-거니와, 연결어미)	⑩ 어미 이시면 ᄒᆞᆫ 아ᄃᆞ리 치ᄫᅳ려니와 업스면 세 아ᄃᆞ리 치ᄫᅳ리이다	01민손단의
	말이돌	말이-[止] + -돌(연결어미)	⑪ 앗이 生計 ᄂᆞ호아 달 사로려 커늘 말이돌 몯ᄒᆞ야	07설포쇄소

위에서 /ㄱ/가 탈락하는 용례를 보였다. ①~⑥은 /ㄹ/ 뒤에서 /ㄱ/가 탈락하는 용례이며, ⑦은 계사 '이-' 뒤에서, ⑧·⑨는 활음 'j' 뒤에서, ⑩은 선어말어미 '-(으)리-' 뒤에서 /ㄱ/가 탈락하는 용례이다. 이들 중에서 ⑩ 선어말어미 '-(으)리-' 뒤에서 /ㄱ/가 탈락하는 현상은, 선어말어미 '-(으)리-'의 기저에 /ij/를 상정해 본다면 ⑧·⑨와 본질적으로 같은 현상으로 설명해 볼 수 있다. 또한, ⑦ 계사 '이-' 뒤에서 /ㄱ/가 탈락하는 현상 또한 계사 '이-'의 기저를 /ij/로 상정하여 ⑧·⑨와 동일한 현상으로 처리해 볼 수 있다.

한편, ⑪에서의 /ㄱ/ 탈락은 15세기 공시적으로 일어난 것이 아니라, 통시적으로 일어난 /ㄱ/ 탈락이 표기에 반영된 것이다. 즉, 사동 접미사 '*-기-'의 /ㄱ/가 /ㄹ/ 혹은 /ㅿ/ 뒤에서 탈락했던 현상이 표기에 반영된 것이다. 이와 비슷한 예로 '웃이다'[使笑], '들이다'[使入] 등이 있다.

/ㄱ/ 탈락과 관련된 쟁점

/ㄱ/ 탈락과 관련해 이를 /ㄱ/ 약화로 설명하는 입장도 있다. 이 문제에 대해 아래에서 간단하게 논의해 보기로 한다.

[1] 설명 방식: /ㄱ/ 탈락과 /ㄱ/ 약화

/ㄱ/ 탈락을 주장하는 입장에서는 형태소 경계에서 /ㄹ/나 /j/ 혹은 계사 뒤에 놓인 /ㄱ/가 탈락하며, 탈락한 결과가 'ㅇ'으로 표기되었다고 본다. 여기서 'ㅇ'은 /ㄱ/가 탈락한 것을 표기한 것일 뿐, 아무런 음가가 없다고 보는 입장이다.

반면, /ㄱ/ 약화를 주장하는 입장에서는 위의 환경에서 [g > ɣ > ɦ]와 같은 약화가 일어난다고 보며, 약화된 [ɦ]가 'ㅇ'으로 표기되었다고 주장한다. 특히 이 입장에서는 위 예시들이 15세기 국어의 가장 기본적인 표기 원리인 음소적 표기 원리(이기문 1998)를 지키지 않은 것을 근거로 들어 'ㅇ'에 음가가 있었다고 주장한다.

/ㄱ/가 탈락되었다고 보는 입장이나 /ㄱ/가 약화되었다고 보는 입장은 제각기 나름의 근거를 가지고 있지만, 두 입장의 주요한 차이는 'ㅇ'의 음가 설정에 있다고 생각한다. /ㄱ/ 탈락을 주장하는 입장은 'ㅇ'에 음가가 없다고 보며, /ㄱ/ 약화를 주장하는 입장은 'ㅇ'에 음가([ɦ])가 있다고 본다. 여기서 각 입장의 모든 근거를 세밀하게 검토하기는 어려우므로, 아래에서는 'ㅇ'의 음가에 주목하여 /ㄱ/가 탈락한 것으로 볼지 약화된 것으로 볼지 논의해 보기로 한다.

[2] 15세기 'ㅇ'의 음가: 『훈민정음』 해례본에서의 'ㅇ'

해례본에서 'ㅇ'에 대한 규정은 다음과 같다.[81]

(1) 가. ㅇ 喉音 如欲字初發聲 〈훈민정음 해례본(1446) 정음:1b〉
　　　('ㅇ'은 후음(목구멍소리) 글자이니, 그 소리는 한자 욕欲의 초성 발음과 같다.)

81　규정에 대한 해설은 김유범 외(2020ㄱ) 참고.

나.　ㅇ聲淡而虛 不必用於終 而中聲可得成音也 〈훈민정음 해례본(1446) 정음해례:18a〉
('ㅇ'은 소리가 맑고 비어서 반드시 종성에 사용하지 않더라도 중성이 음을 이룰 수 있다.)

(1가)에서는 'ㅇ'이 '欲' 자^字의 초성 발음과 같다고 하였다. '欲' 자는 유모^{喩母} 사등자^{四等字}로 중고한어^{中古漢語}에서 이미 영성모^{零聲母}였으므로, 위의 규정을 충실하게 해석하면 'ㅇ'에 음가가 없다고 해석하게 된다. (1나)는 'ㅇ'의 음성적 특성을 기술한 부분으로, 이를 통해서도 'ㅇ'의 음가 없음을 알 수 있다. 'ㅇ'에 음가가 없었기 때문에 종성 위치에 사용하지 않더라도 중성만으로 음을 이룰 수 있었던 것이다. 이처럼 해례본의 기술을 바탕으로 할 때 훈민정음의 'ㅇ'에는 음가가 없었다고 보게 된다.

'ᄫ'과 'ㅿ'의 소멸 과정에서의 'ㅇ'

'ᄫ'과 'ㅿ'이 소멸한다는 것은 주지의 사실이다. 'ᄫ'과 'ㅿ'이 소멸하게 되면 이것이 'ㅇ'으로 표기되는데, /ㄱ/ 약화를 주장하는 입장에서는 여기서의 'ㅇ'에 [ɦ]의 음가를 부여하는 경우가 있다. 대표적으로 김경아(1991), 김주필(2001)을 들 수 있다.

우선 'ᄫ'이 소멸하여 나타나는 'ㅇ'의 예시를 보자.

(2) 가. 글발 > 글왈
　　나. 두뵈다 > 두외다
　　다. 치위, 더위
　　　　cf. 더뷔 치뷔로 셜버ᄒ다가 〈석보상절(1447) 9:9b〉, 〈월인석보(1459) 9:26a〉
　　라. 수뵈 > 수이
　　마. 더러뷔다 > 더러이다
　　　　cf. 더레요몰 〈능엄경언해(1461) 1:37a〉

위의 예시들은 일반적으로 'ᄫ'이 [w]로 변화한 것으로 설명되고 있다. 그런데 김경아(1991)에서는 '글왈'의 /ㄹ/가 후행 음절 초성으로 연철 표기되지 않는 것에 주목하여, 'ᄫ' 변화 이후에 표기된 'ㅇ'에 어떠한 음가가 존재하는 것으로 보고 있다. 김경아(1991)

에서는 '병'이 [β > ɦw > w]와 같이 변화하였다고 보며, '글왈'의 'ㅇ'은 [ɦw]와 같은 음가를 가지고 있었다고 본다.

그러나 15세기 국어에서 하나의 분절음이 두 개의 분절음으로 바뀌는 현상은 관찰되지 않으며, 범언어적으로도 [β]의 음가를 가진 소리가 [ɦw]와 같이 두 개의 분절음으로 바뀌는 현상을 설명하기 어렵다는 점에서, [β > ɦw > w]와 같은 변화 과정을 상정한 것을 받아들이기 어렵다. 한편, 위의 '더러비-'에서 변화된 '더러이-'가 동시대에 '더레-'와 같이 나타나는 것 또한 '병'에서 변화된 'ㅇ'에 음가가 없음을 보여 주는 것으로 보인다.

김주필(2011)에서도 김경아(1991)과 마찬가지로 'ㅇ'에 모종의 음가를 상정하고 있지만, 설명의 방식은 다소 다르다. 김주필(2011)에서는 '병'의 변화를 자질을 활용하여 설명하고 있다. 해당 논저에서는 '병'이 가진 [원순성] 자질이 후행 모음에 영향을 미친 이후에, '병'의 [유성성]과 [지속성] 자질이 'ㅇ[ɦ]'으로 바뀌었다고 보고 있다.

그러나 '병'의 변화 과정에서 반드시 [유성성]·[지속성] 자질이 남겨져야 하는지에 대해 의문을 품을 수 있다. 아래에서 볼 수 있듯이 '병'과 동일하게 [유성성]·[지속성] 자질을 갖는 'ㅿ'은 [유성성]·[지속성] 자질을 남기지 않고 그대로 탈락·소멸하는 것으로 설명되기 때문이다.[82]

(3) 가. 수ㅿㅣ 〈석보상절(1447) 6:41b〉, 수이 〈두시언해_초간(1481) 10:5a〉
　　나. 어버ㅿㅣ 〈석보상절(1447) 6:3b〉, 어버이 〈속삼강행실도(1514) 6a〉

위에서 볼 수 있듯이 'ㅿ'도 이미 15세기에 모음 사이에서 'ㅇ'으로 표기된 예가 관찰되는데, 이에 대해서는 'ㅿ'이 [ɦ]로 바뀐 것이라고 설명되지 않는다. 그렇다면 'ㅿ'과 동일한 유성 마찰음 계열인 '병'도 [ɦ]로 바뀌어야 할 필연성은 없는 셈이다. 동일한 유성 마찰음 계열로 설명되는 '병'과 'ㅿ' 중 '병'만이 [유성성]·[지속성] 자질을 남겨야 하는 뚜렷한 근거가 없는 한, '병'이 갖는 여러 자질들을 분리하여, 그 중 일부

82　'ㅿ'과 관련한 최근 논저인 고경재(2022ㄴ)에서는 'ㅿ'의 소멸이 [z] > ø와 같은 단순한 과정에 의해 이루어졌다고 본 바 있다.

자질들이 합해져 또 다른 소리로 바뀐다고 설명하는 방식은 다소 추상적이라고 생각하게 된다.

그런 점에서 'ᄫ'이 'ㅇ'[ɦw] 혹은 'ㅇ'[ɦ]으로 변화하였다고 보는 주장은 재고의 여지가 있다고 생각된다. 기존의 'ᄫ > w'의 변화를 통해 설명하되, '글왈'과 같은 표기는 '콸'과 같은 음절 표기의 회피, 혹은 음소적 표기 원리의 예외(예컨대 사잇소리 표기 등과 마찬가지로)로 다루어 보는 것도 가능한 설명 방식이라고 본다.

지금까지는 'ㅇ'의 음가를 통해 /ㄱ/ 탈락으로 설명하는 방식을 지지하였거니와, 참고로 일부 용언의 활용 과정을 관찰해 보아도 /ㄱ/ 약화보다는 /ㄱ/ 탈락으로 설명하는 것이 더 설명적 타당성이 있음을 지적해 둔다. 예를 들어, '니ᄅᆞ-+-오ᄃᆡ → 닐오ᄃᆡ'를 보자. /ㄱ/ 약화를 주장하는 입장에서는 '닐오ᄃᆡ'의 '오'의 'ㅇ'에 어떤 음가가 있음을 가정한다. 그런데 이렇게 볼 경우 설명상 문제가 발생한다.

우선 /ㄱ/가 어간에 있었다고 가정해 보자. 그러면 **'니룩-'과 같은 어형이 도출될 것이다. 이 어형이 문증되지 않았다는 문제는 차치하고, **'니룩-'에 있는 /ㄱ/는 형태소 경계를 요구하는 약화 환경에 놓여 있지 않기 때문에, **'니룩-'을 통해 /ㄱ/의 약화를 주장하기 어렵다. 한편, /ㄱ/가 어미에 있었다고 가정해 보자. 그러면 '-오ᄃᆡ'가 본래 **'-고ᄃᆡ'였다고 보아야 하는데, '-오ᄃᆡ'가 **'-고ᄃᆡ'였다는 근거 역시 발견하기 어렵다.

요컨대, /ㄱ/ 탈락은 형태소 경계에서 /ㄹ/나 /j/ 혹은 계사 뒤의 /ㄱ/가 탈락하는 15세기 중세국어의 형태음운 현상이다. /ㄱ/가 탈락된 후 표기된 'ㅇ'은 음가가 없으며 이는 /ㄱ/ 탈락의 흔적을 표기에 반영한 특수 분철 표기로 이해된다.[83]

---

83   본서에서는 'ㅇ'의 음가를 바탕으로 /ㄱ/ 약화·탈락 문제를 논의하였지만, 'ㅇ'의 음가 및 /ㄱ/ 약화·탈락 현상은 여러 복잡한 문제와 관련이 있다. 앞으로 보다 깊이 있는 연구가 필요한 주제이다.

/ㄱ/ 탈락 현상의 소멸

『삼강행실도』《효자도》를 통해 중세국어에 /ㄱ/ 탈락 현상이 존재하였음을 확인할 수 있다. 그러나 /ㄱ/ 탈락 현상은 17세기로 오면서 점차 소멸하게 된다.

김유범(2008ㄱ)에서는 16~17세기의 다양한 자료를 검토하여 /ㄱ/ 탈락이 일어나는 환경별로 /ㄱ/ 탈락 현상이 언제 소멸하였는지를 논의하였다. 이에 따르면 /ㄹ/ 뒤와 /j/ 뒤에서는 17세기경에 /ㄱ/ 탈락 현상이 소멸하였으나, 계사 뒤에서는 이보다 훨씬 늦은 시기인 18세기 중엽에서야 /ㄱ/ 탈락 현상이 소멸하였다고 한다.

한편, 김한별(2016)에서는 16세기 문헌을 검토하여 문법 형태소별로 /ㄱ/ 탈락 현상의 소멸 양상을 살펴본 바 있다.[84] 이에 따르면 조사 '과'의 경우 유음 뒤에서 /ㄱ/ 탈락 현상이 먼저 소멸함에 비해, 어미 '-고, -게'의 경우 /j/ 뒤에서 /ㄱ/ 탈락 현상이 먼저 소멸한다고 한다. 이렇게 문법 형태소별로 /ㄱ/ 탈락 현상의 소멸이 다른 이유를 조사 '과'의 이형태 교체 조건의 변화를 통해 설명하였다. 어떻든 김한별(2016)의 논의를 통해서도 16세기에 /ㄱ/ 탈락 현상의 소멸이 상당 부분 진행되었음을 알 수 있다.

이처럼 문법 형태소별로 /ㄱ/ 탈락 현상의 소멸 시기나 양상이 다르기는 하지만, 17세기 이후에는 /ㄱ/ 탈락 현상이 상당 부분 소멸한 것으로 보면 무방할 것이다.

05_/ㄹ/ 탈락

고경재

/ㄹ/ 탈락이란?

중세국어에서 체언이나 용언 어간 말 /ㄹ/는 /ㄹ/와 동일하게 그 조음 위치가 치경음

84 　김한별(2016)에서는 본서에서의 '/ㄱ/ 탈락'을 '/ㄱ/ 약화'로 보고 '/ㄱ/ 탈락 현상의 소멸'을 '/ㄱ/ 복귀'로 지칭하였다.

이었던 /ㄴ, ㄷ, ㅅ, ㅿ, ㅈ, ㅌ/ 앞에서 탈락하였는데, 이를 '/ㄹ/ 탈락'이라고 한다. 이 환경에 놓인 /ㄹ/가 탈락한 용례는 『삼강행실도』≪효자도≫에서도 관찰할 수 있는데, 이를 보이면 다음과 같다.

『삼강행실도』≪효자도≫에 나타나는 /ㄹ/ 탈락

≪효자도≫에 나타나는 /ㄹ/ 탈락의 양상을 아래에 보인다. ≪효자도≫에서는 /ㄴ, ㄷ, ㅿ/ 앞에서의 /ㄹ/ 탈락을 관찰할 수 있다.

환경	정보		용례	출전
	대상	분석		
/ㄴ/ 앞	나날	나(←날)[日] + 날([日])	① 흙 지여 <u>나날</u> 무덤 우희 올이누니	32누백포호
	우녀	우니-[行哭] + -어(연결어미)	② 눈 우희 <u>우녀</u>	24불해봉시
/ㄷ/ 앞	우다가	우-(←울-)[哭] + 다가(연결어미)	③ 밤낫 열닐웨를 소리를 그치디 아니ᄒᆞ야 <u>우다가</u>	08효아포시
	사더니	사-(←살-)[住] + -더- + -니	④ 아비 묻고 侍墓 <u>사더니</u>	32누백포호
	밍ᄀᆞ더라	밍ᄀᆞ-(←밍글-)[作] + -더- + -라	⑤ 손소 블 디더 祭 <u>밍ᄀᆞ더라</u>	35은보감오
	니더니	니-(←닐-)[起] + -더- + -니	⑥ 막대 딥고ᅀᅡ <u>니더니</u>	18허자매수
	마디몯ᄒᆞ야	마-(←말-)[止/勿] + -디(연결어미) + 몯[不能] + ᄒᆞ-[爲] + -야(연결어미)	⑦ 원각이 <u>마디몯ᄒᆞ야</u> 더디고 올 저 기	13원각경부
/ㅿ/ 앞	비ᅀᅮᆸ더	비-(←빌-)[呪] + -ᅀᅮᆸ- + -오디	⑧ 王薦이 바믹 하ᄂᆞᆶ긔 <u>비ᅀᅮᆸ더</u>	30왕천익수

위에서 /ㄹ/가 탈락하는 용례를 보였다. ①, ②는 /ㄴ/ 앞에서 /ㄹ/가 탈락한 용례이고, ③~⑦은 /ㄷ/ 앞에서, ⑧은 /ㅿ/ 앞에서 /ㄹ/가 탈락한 용례이다. 이러한 현상은 ①에서 보듯이 체언 어근이 서로 결합하여 합성어를 이룰 때에도 나타나며, ②~⑧에서 보듯이 용언의 활용 과정에서도 나타난다.

/ㅅ, ㅈ, ㅌ/ 앞에서의 /ㄹ/ 탈락

앞서 『삼강행실도』 ≪효자도≫에서 /ㄴ, ㄷ, ㅿ/ 앞에서 /ㄹ/가 탈락하는 예시를 보았다. 그러나 /ㄹ/는 /ㅅ/나 /ㅈ/ 앞에서도 탈락하였다. 중세국어 문헌에서 /ㅅ/, /ㅈ/ 앞에서 /ㄹ/가 탈락한 용례를 보이면 다음과 같다.

(1) 가. 사룸도 便安ᄒᆞ며 <u>모쇼도</u> 便安ᄒᆞ야 녀는 길헤 거틸 꺼시 업고라 〈월인석보(1459) 4:59b〉
나. 茯뽁笭은 <u>소진이</u> 싸해 드러 千쳔年년이면 化황ᄒᆞ야 茯뽁笭 두외ᄂᆞ니라 〈남명집언해 (1482) 상:67a〉
다. <u>사져</u> 죽겨 ᄒᆞ야 사괴요몰 議論ᄒᆞᄂᆞᆫ 싸해 〈두시언해_초간(1481) 23:49b〉

(1가)는 '물'과 '쇼'의 결합에서 /ㄹ/가 탈락한 용례이고, (1나)는 '솔'과 '진'의 결합에서 /ㄹ/가 탈락한 용례이다. (1다)에서는 어간 '살-'과 어미 '-져'의 결합에서 /ㄹ/가 탈락하였다. 이처럼 체언 어근이 서로 결합하여 합성어를 이루는 경우와, 용언의 활용 과정에서 /ㄹ/가 탈락하고 있음을 볼 수 있다.

한편, 다음과 같은 용례를 보면 /ㄹ/는 /ㅌ/ 앞에서도 수의적으로 탈락하였음을 확인할 수 있다.

(2) 가. 눈과 玉 ᄀᆞᆮᄒᆞᆫ <u>바토비</u> 샹녜ᄅᆞ윈 材質이 아니로다 〈두시언해_초간(1481) 17:12b〉
cf. 손톱 발톱 〈구급간이방(1489) 7:49b〉
나. 鱧 <u>가모티</u> 례 〈훈몽자회(1527) 상:20b〉
cf. 가몰티: 蠡魚 〈동의보감 탕액편(1610) 2:2a〉
다. 속 서근 플 각 두 냥 네 돈과 <u>하ᄂᆞ타리</u> 불휘과 돌앗 각 두 냥과 〈우마양저염역병치료방(1541) 13a〉
cf. 하눌타리 〈동의보감 탕액편(1610) 3:2a〉

이처럼 중세국어에서 /ㄹ/는 동일하게 조음위치를 치경음으로 가졌던 /ㄴ, ㄷ, ㅅ, ㅿ, ㅈ, ㅌ/ 앞에서 탈락하였음을 볼 수 있다.

/ㄹ/ 탈락의 수의성

위에서 체언 어근이 결합된 합성어와 용언의 활용 과정에서 /ㄹ/ 탈락을 관찰할 수 있다고 하였다. 그러나 /ㄹ/는 용언 활용 과정에서는 필수적으로 탈락하였지만, 체언 어근이 존재하는 복합어에서는 수의적으로 탈락하였다. 아래에는 체언 어근이 존재하는 복합어의 용례이다.

(3) 가. 두 <u>아ᄃᆞ</u>님 神變은 곧 十八 變 現ᄒᆞ샨 이리오 〈법화경언해(1463) 7:145b〉

　　　 사ᄅᆞᆷ도 便安ᄒᆞ며 <u>ᄆᆞ쇼</u>도 便安ᄒᆞ야 〈월인석보(1459) 4:59b〉

　　　 돈너삼불휘 〈구급간이방(1489) 3:35b〉

　　나. <u>아ᄃᆞᆯ</u>님 誕生ᄒᆞ시고 〈월인석보(1459) 상:12a〉

　　　 <u>ᄆᆞᆯ쇼</u> 주겨 軍士ᄅᆞᆯ 이바ᄃᆞ며 〈충신:28a〉

　　　 돈널삼 〈향약구급방 中:14〉

동일한 어휘에 대해 (3가)에서는 /ㄹ/가 탈락한 어형으로 나타나지만, (3나)에서는 /ㄹ/가 탈락하지 않은 어형으로 나타남을 확인할 수 있다. 이는 용언 어간과는 달리 체언의 경우 자립적인 특성이 강해 /ㄹ/ 탈락 현상이 있었음에도 자신의 형태를 유지하려는 경향을 보인 것이라고 그 배경을 설명해 볼 수 있겠다.

06 _ /ㅎ/ 탈락

이철기

/ㅎ/ 탈락은 공명음 사이에 놓인 /ㅎ/가 탈락하는 현상이다. /ㅎ/의 음성학적 특성은 두 성대 사이의 공간을 좁혀 마찰을 일으켜 내는 성문마찰음glottal fricative [h]이다. 어두에서는 그 음가대로 실현되나 공명음 사이에서는 성문유성마찰음 [ɦ]로 약화되어 탈락하는 경향이 있다. 현대국어에서 /ㅎ/ 탈락은 실현될 수도 있고 그렇지 않을 수도 있는 수의적인 음운 현상 중의 하나이다. 이러한 /ㅎ/ 탈락은 15세기 국어에서도 일어났던 현상으로 보이는데, 이는 『삼강행실도』 ≪효자도≫에서의 몇 가지 용례를 통해 추정해

볼 수 있다.

/ㅎ/ 유지형과 /ㅎ/ 탈락형 어휘

15세기 국어에서 일부 형태소 내부의 /ㅎ/는 모음과 모음 사이에서 탈락하는 과정에 놓여 있었다. 이를 ≪효자도≫에 나타나는 /ㅎ/ 유지형 어휘인 '즉자히[頓]'와 /ㅎ/ 탈락형 어휘인 '막대[杖]'를 통해 살펴보자.

정 보		용 례	출 전
즉자히	'ㅎ' 유지형	① 孔子ㅅ 弟子ㅣ 뎌 보고 <u>즉자히</u> 도라가아 ② 모매 ᄯᆞ미 <u>흐르거늘</u> <u>즉자히</u> 그위ᄅᆞᆯ 더디고 도라온대 ③ 어믜 病이 <u>즉자히</u> 됴ᄒᆞ니·라 ④ 病이 <u>즉자히</u> 됴ᄒᆞ니라 ⑤ <u>즉자히</u> 돗귀 메오 자괴바다 가니 ⑥ <u>즉자히</u> 숤가락 버혀 머기니 病이 <u>즉자히</u> 됴ᄒᆞ니라	04고어도곡 21검루상분 22숙겸방약 30왕천익수 32누백포호 34석진단지
막대	'ㅎ' 탈락형	⑦ 어미 죽거늘 슬허 <u>막대</u> 딥고ᅀᅡ 니더니 ⑧ 두 어버ᅀᅵ 죽거늘 슬허 여위여 <u>막대</u> 딥고ᅀᅡ 니더니 ⑨ 슬허 머리 다 ᄢᅥ러디고 <u>막대</u> 딥고ᅀᅡ 니더니	17왕상부빙 18허자매수 25왕숭지박

부사어 '즉자히'는 ≪효자도≫에서 총 6회 출현한다(①~⑥). 15세기 다른 한글 문헌에서는 /ㅎ/ 탈락형인 '즉재' 또는 '즉제'가 나타나지만, ≪충신도≫와 ≪열녀도≫를 포함한 『삼강행실도』 전체에서는 /ㅎ/ 유지형인 '즉자히'만 총 10회 출현하는 특징을 보인다. /ㅎ/ 유지형 '즉자히'는 『석보상절』(1447)에서부터 17세기 초까지, 탈락형 '즉재'는 『월인석보』(1449)에서부터 18세기 중반까지의 문헌에서 용례가 관찰된다. 이를 통해 15세기 중반에 형태소 내부에서 /ㅎ/ 탈락이 이미 일어나고 있었으며 17세기부터는 /ㅎ/ 탈락형인 '즉재'가 더 폭넓게 쓰였던 것으로 추정할 수 있다.

'막대'는 '막다히'에서 /ㅎ/가 탈락한 어형으로 ≪효자도≫에서는 '막대'만으로 총 3회 나타난다(⑦~⑨). /ㅎ/ 유지형인 '막다히'는 『석보상절』(1447)에서부터 그 용례가 확인되고(1가), /ㅎ/ 탈락형인 '막대'는 이보다 약 20년 정도 늦은 『선종영가집언해』(1464)에서부터 용례가 관찰된다(1나). 15세기 후반 문헌인 『두시언해』(1481)에서

/ㅎ/ 유지형과 탈락형이 공존하고 있음을 보더라도(2가, 나), '막다히'는 15세기 중반에 이미 형태소 내부에서 /ㅎ/가 탈락하는 과정에 있었음을 추정할 수 있다.

(1) 가. <u>막다히</u> 딥고 가거늘 〈석보상절(1447) 3:16b〉
    나. 病ᄒ니 <u>막대ᄅᆞᆯ</u> 因ᄒ야 둔뇨디 둔뇨므로 〈선종영가집언해(1464) 상:98b〉

(2) 가. 도로 도투랏 <u>막다히ᄅᆞᆯ</u> 디퍼 이시리로다 〈두시언해_초간(1481) 3:45b〉
    나. 占卜홀 ᄠᅳ들 펴디 몯ᄒ야 <u>막대</u> 디퍼 도라오니 〈두시언해_초간(1481) 9:14a〉

/ㅎ/ 탈락의 동인과 현상의 확대

15세기 국어에서의 /ㅎ/가 현대국어에서의 /ㅎ/와 다르지 않다고 가정한다면, /ㅎ/ 탈락의 근본적인 동인을 조음음성학적 측면에서 설명해 볼 수 있다.

/ㅎ/는 두 성대 사이의 공간을 좁혀 마찰을 일으켜 내는 성문마찰음glottal fricative [h]로 실현된다. 이는 어두에서 그 음가대로 실현되나 어중 유성음 사이에서는 성문유성마찰음 [ɦ]로 약화되어 탈락하는 경향이 있다. [ɦ]는 음운론적 변별성을 지니는 분절음으로 볼 수 없으며 유성 장애음 [b, d, ɟ, g] 등에 비해 인지적으로 덜 두드러진다. 따라서 유성 장애음 [b, d, ɟ, g] 등은 어중 유성음 사이에서 탈락하지 않으나 이들보다 인지적으로 약한 성문유성마찰음 [ɦ]은 쉽게 탈락한다고 볼 수 있다.

/ㅎ/ 탈락의 원인을 동시조음coarticulation 현상으로 설명하는 견해도 있다(김옥영 2005:640-641). 동시조음에는 앞소리를 조음할 때 뒷소리의 조음을 위한 조음 기관의 이동이 시작되어 뒷소리의 조음 동작이 앞소리의 조음 동작과 겹치는 현상도 포함된다. 분절음 /ㅎ/의 경우도 후행하는 모음의 조음 동작과 겹쳐지는 동시조음으로 인하여 그 음가가 일정하게 실현되지 않는다. 이러한 음가 실현의 불안정성이 /ㅎ/ 탈락의 한 요인으로 작용한다고 보는 것이다.

한편, 중세국어에서 /ㅎ/가 현대국어에서의 /ㅎ/에 비해 상대적으로 강한 유기성을 지닌 유기음有氣音으로 실현되었다고 보는 견해도 있다(소신애 2017). 일반적으로 유기음은 유성음 사이에서도 유성음화되지 않는 특징이 있다.[85] 이는 중세국어에서의 /ㅎ/

가 현대국어보다 유성음 사이에서 유성음으로 약화·탈락하지 않고 제 음가대로 실현
되었음을 의미한다. 15세기 한글 문헌에서 관찰되는 아래의 용례는 이러한 견해를
뒷받침한다.

(3) 형태소 내부의 유성음 사이에서 /ㅎ/가 실현된 예(소신애 2017:16)
   가. 용언 어간 내에서: 싸호물[戰], 뫼화[會], 비호아[學], 버혀든[割], 글히샤[擇], 달호거
      늘[治]
   나. 체언 내에서: 바회[巖], 막다히[杖], 굴헝[壑], 불휘[根], 빈혀[簪], 동히[盆], 방하[舂],
      눈홀씨라[分]
   다. 부사 내에서: 뵈야호로[方], 즉자히[卽], 출하리[寧]

그러나 근대국어 시기로 접어들면서 유성음 사이 /ㅎ/ 탈락 현상이 점차 확대됨을
문헌을 통해 확인할 수 있다. 이는 시간의 흐름에 따라 /ㅎ/가 지닌 유기성의 정도가
점진적으로 약화되면서 유성음 사이에서 유성음으로 약화·탈락하는 현상이 확대되었
기 때문으로 보인다.

07_/ · / 탈락

고경재

중세국어에서는 / · /가 다른 모음과 만날 때 탈락하는 현상이 있었는데, 이를 / · /
탈락이라 한다. / · / 탈락의 용례는 『삼강행실도』≪효자도≫에서도 관찰할 수 있는데,
이를 보이면 다음과 같다.

---

85 이처럼 유기성(有氣性)이 유성성(有聲性)과 양립하기 어려운 이유는, 성문 열림도가 커야 유기성이 생기는데,
    성문이 넓게 열려 있는 상태에서는 성대 진동이 일어날 수 없기 때문이다(양순임 2001:106-107).

『삼강행실도』 ≪효자도≫에 나타나는 / · / 탈락의 양상

정 보		용 례	출 전
대상	분 석		
닐오디	닐(←니ᄅ·)[云]-+-오디	① 그 아비 샹녜 닐오디	14맹희득금
므던커니와	므던ᄒ·-[無妨]+-거니와	② 내사 주거도 므던커니와	20반종구부

위에서 / · / 탈락의 용례를 보였다. ①은 '-ᄅ·'로 끝나는 용언이 모음 어미와 결합할 때 / · /가 탈락한 용례이다. 이렇게 / · /와 /ㅗ/가 연결될 때 / · /는 /ㅗ/보다 약한 모음이기 때문에 탈락한다. 이때 'ᄅ·'에서 / · /가 탈락되고 남은 /ㄹ/는 어간의 형태가 '닐-'이 아닌 '니ᄅ·-'였음을 보이기 위해 앞 음절 종성으로 특수하게 분철 표기하였다([표기] 04_특수 분철 표기 참고).

한편, ②의 경우는 접미사 '-ᄒ·-'에서 / · /가 탈락하고 /ㅎ/가 후행하는 평음과 축약된 예이다. 접미사 '-ᄒ·-'에 선행하는 어근이 공명음으로 끝나면 / · /가 탈락하며, 장애음으로 끝나면 'ᄒ·' 전체가 탈락한다. ②의 경우 전자前者에 해당하므로 / · /가 탈락한 것이다([음운] 08_'ᄒ·-' 탈락 참고).

/ · / 탈락에 대한 보충 설명

'-ᄒ·-'에서 / · /가 탈락하는 현상을 제외하면([음운] 08_'ᄒ·-' 탈락 참고), 보통 / · /는 다른 모음과 결합될 때 탈락한다. 용례를 좀 더 보이기로 한다.

 (1) 가. 홀골 ᄑ· 가져 〈월인석보(1459) 1:7b〉
　　나. 栴檀香ㄱ ᄀ·ᄅ·로 ᄇ·ᄅ·고 〈석보상절(1447) 6:38a〉
　　다. ᄒ·ᄫᅡ > ᄒ·오ᅀᅡ > 호ᅀᅡ

(1가)는 용언 어간 'ᄑ·-'가 모음 어미 '-아'와 결합할 때 / · /가 탈락한 용례이다. 위의 ① '닐오디'의 용례와 함께 보면, / · /로 끝나는 용언 어간이 /ㅏ/나 /ㅗ/로 시작하

는 어미와 결합할 때 탈락함을 알 수 있다. 한편, (1나)는 체언의 곡용 과정에서 /·/가 탈락한 예이다. 'ᄀᆞᄅᆞ[粉]'가 'ᄋᆞ로'와 결합할 때 동일한 /·/가 만나 어간의 /·/가 탈락하고 어간의 /ㄹ/는 앞 음절의 종성으로 이동한다. (1다)는 한 단어 내부에서 /·/가 탈락한 예로, 'ᄒᆞ오ᅀᅡ'에서 'ᄒᆞ'의 /·/가 후행하는 모음 /ㅗ/와 만나 탈락한 예이다.

이처럼 /·/는 활용이나 곡용의 과정에서 탈락하기도 하고, 개별 어휘 내부에서 탈락하기도 한다. /·/가 /·/와 만나 탈락하는 경우를 제외하면, 대체로 /·/는 /ㅗ/나 /ㅏ/ 앞에서 탈락함을 알 수 있다. 이때 /·/가 탈락하는 이유는 /·/가 /ㅗ/, /ㅏ/에 비해 약한 모음이기 때문이다. 이는 『훈민정음』 해례본 〈제자해〉의 'ㅗ與·同而口蹙', 'ㅏ與·同而口張'이라는 설명에서 확인할 수 있다. 즉, /ㅗ/와 /ㅏ/는 /·/에 비해 각각 구축口蹙과 구장口張의 특성을 더 가지고 있으므로, /ㅗ/나 /ㅏ/가 /·/와 만날 때 /·/가 탈락하는 것이다.

08_'ᄒᆞ-' 탈락

김미미

중세국어에서 접사로 쓰인 'ᄒᆞ-'는 활용시 환경에 따라 음절 전체 또는 일부가 탈락하는 경우가 있다. 일반적으로 선행하는 어근의 말음이 장애음이면서 후행하는 어미의 초성이 /ㄱ/, /ㄷ/ 등의 자음일 경우 'ᄒᆞ'가 완전히 탈락하는 현상이 관찰된다. 『삼강행실도』≪효자도≫의 'ᄒᆞ-' 탈락 양상은 다음과 같다.

『삼강행실도』≪효자도≫의 'ᄒᆞ-' 탈락 양상

정 보		용 례	출 전
'ᄒᆞ' 탈락	남죽고	① 혼히 남죽고 父母ㅣ 업거늘	07설포쇄소
탈락 없음	ᄒᆞ덕ᄒᆞ노이다	② 내 이어거셔 ᄒᆞ덕ᄒᆞ노이다	04고어도곡
	아니ᄒᆞ고	③ 돗과 궤와 걷디 아니ᄒᆞ고	28서적독행
	조심ᄒᆞ더니	④ 싀어미 이바도믈 더욱 조심ᄒᆞ더니	31유씨효고
	이바디ᄒᆞ더니	⑤ 名日이면 모로매 이바디ᄒᆞ더니	35은보감오

『삼강행실도』≪효자도≫에서 접사로 사용된 'ㅎ-'는 음운론적 환경에 따라 음절 전체가 탈락하거나, 그대로 유지되는 용례가 모두 관찰된다. ①의 '남죽고'는 어간 '남죽ㅎ-'에 연결어미 '-고'가 결합한 형태인데, 'ㅎ-'의 선행 요소가 /ㄱ/로 끝나고 후행 어미의 초성이 /ㄱ/인 환경에서 'ㅎ'가 완전히 탈락하였다. 'ㅎ-'의 선행 요소가 /ㄱ/로 끝나더라도 후행 어미의 초성이 /ㄴ/인 ②'ㅎ딕ㅎ노이다'에서는 'ㅎ'가 탈락하지 않음을 볼 수 있다. 이 밖에도 접사로 쓰인 'ㅎ-'의 일부 요소가 수의적으로 축약되는 다음과 같은 예도 확인된다.

(1) 돌 그르슬 쁘디 아니ㅎ며 돌홀 봃디 <u>아니터라</u> 〈효자:28a〉

(1)의 '아니터라'는 어간 '아니ㅎ-'에 선어말어미 '-더-'가 결합한 것인데, 'ㅎ-'의 선행 요소는 모음으로 끝나고 후행 어미의 초성이 /ㄷ/인 환경에서 /ㆍ/만 탈락하고 두 자음은 축약되었다. 하지만 음운론적 환경이 동일한 ⑦'이바디ㅎ더니'의 경우에는 /ㆍ/가 탈락되지 않는 모습을 보여 이 탈락 현상이 음운론적 조건만으로 설명되지 않음을 알 수 있다.

중세국어의 'ㅎ-' 탈락 양상

중세국어 자료에 나타나는 'ㅎ-' 탈락 역시 일반적으로 어근의 말음이 장애음이면서 후행 어미 초성이 /ㄱ/, /ㄷ/일 경우 관찰되는 것으로 알려져 있으나, 동일한 음운론적 조건에서도 탈락이 일어나지 않는 예들이 있다. 우선 접사로 쓰인 'ㅎ-'가 후행하는 어미의 음운론적 조건에 따라 활용하는 양상은 다음과 같다.

(2) 중세국어에서 접사로 쓰인 'ㅎ-'의 활용 양상(정경재 2015:173)

구분		자음 어미	매개모음 어미	모음 어미	
가.	親ㅎ다	親ㅎ더니 〈金三5:5a〉	親ㅎ리라 〈金三4:60b〉	親ㅎ야 〈法華2:28b〉	親ㅎ요미 〈內訓1:75b〉
		親티 〈金三5:27b〉			親호미 〈金三2:61a〉

구분		자음 어미	매개모음 어미	모음 어미	
나.	몯ᄒᆞ다	몯ᄒᆞ고 〈楞嚴1:69b〉	몯ᄒᆞ리라 〈月釋1:10a〉	몯ᄒᆞ야 〈月釋1:47a〉	몯ᄒᆞ요ᄆᆞᆫ 〈楞嚴1:103b〉
		몯고 〈月釋10:24b〉			몯호ᄆᆞᆯ 〈蒙山45a〉

위의 표에서 볼 수 있듯이 중세국어에서 접사로 쓰인 'ᄒᆞ-'는 매개모음 및 모음 어미와 결합할 때에는 일반 동사 'ᄒᆞ다'의 어간과 같은 활용 양상을 보이지만, 자음 어미와 결합할 때에는 (2가)와 같이 /ㆍ/ 탈락 후 자음이 축약되거나 (2나)와 같이 'ㅎ' 전체가 탈락하는 현상을 수의적으로 보인다.[86] 표에 반영할 만큼의 경향성은 아니지만 소수의 용례에서 접사 'ᄒᆞ-'가 매개모음 어미와의 결합형에서 완전히 탈락하는 경우도 있다(이현희 1986:368).[87]

이 밖에도 '누러ᄒᆞ다', '퍼러ᄒᆞ다', '그러ᄒᆞ다', '이러ᄒᆞ다' 등과 같이 'ᄒᆞ-'에 의해 파생된 일부 형용사의 경우 매개모음 어미와 결합할 때 수의적으로 'ㅎ' 전체가 탈락하는 양상이 관찰된다.

(3) '누러ᄒᆞ다', '그러ᄒᆞ다'류 형용사의 활용 양상(정경재 2015:176)
　　가. 누러ᄒᆞ리로다 〈두시언해_초간(1481) 18:23a〉, 곳 벌거ᄒᆞᆫ 〈남명집언해(1482) 상:7b〉, 파라ᄒᆞ며 〈금강경삼가해(1482) 3:30b〉
　　가'. 누런 안개 〈내훈(1475) 2:49b〉, 벌건 화로 〈남명집언해(1482) 하:69a〉, 파란 옷 〈월인석보(1459) 2:43b〉

86　물론 동일한 환경에서 'ㅎ'가 탈락하는 경향이 우세하지만 개별 어휘나 어미의 특성에 따라 탈락 현상의 실현 정도가 달랐을 것으로 추정된다. 이와 관련하여 김지숙(2004)는 'ㅎ' 탈락 현상의 실현 정도가 개별 어휘에 따라 다를 수 있음을 가정하고 '곧ᄒᆞ다'와 다른 '-ᄒᆞ다' 류 어간들의 'ㅎ' 탈락 빈도를 비교하기도 하였다. 결과적으로 '곧ᄒᆞ다'는 '몯ᄒᆞ다', '번득ᄒᆞ다' 등 기타 어근에 비하여 'ㄱ', 'ㄷ'계 어미 앞에서 고루 높은 빈도로 탈락하였고 이로 인해 후대에 '같다'와 같은 형태로 어간이 재구조화되었을 것임을 추정한 바 있으나 어떤 이유에서 '곧ᄒᆞ다'가 다른 어간에 비해 'ㅎ-' 탈락을 더 빈번하게 보였는지에 대해서는 밝히지 않았다.

87　가. 네의 本來 덛더든 거슬 일흔 견칠씨(失汝의 元常홀시) 〈능엄경언해(1462) 1:85b〉
　　가'. 덛덛ᄒᆞᆫ 期限이 이시니 (有常期) 〈두시언해_초간(1481) 25:39a〉
　　나. 그듸는 두ᅀᅳᆫ 딜 졷ᄂᆞᆫ 그려기ᄅᆞᆯ 보라 (君看隨陽雁) 〈두시언해_초간(1481) 9:33ab〉
　　나'. ᄃᆞᆺᄒᆞᆫ 수레 프러 머그라 (溫酒調服之) 〈구급방언해(1466) 하:84b〉
　　다. 옷고소 벼논 (香稻) 〈두시언해_초간(1481) 6:10b〉
　　다'. 香온 ᄒᆞᆫ갓 옷곳ᄒᆞᆫ 것ᄲᅮᆫ 아니라 〈석보상절(1446) 13:39a〉

나. 그러ᄒᆞ니라 〈금강경삼가해(1482) 5:16b〉, 엇더ᄒᆞ뇨 〈두시언해_초간(1481) 21:44a〉, 이러ᄒᆞ며 〈석보상절(1446) 13:18b〉

나'. 그러나 〈능엄경언해(1462) 9:51b〉, 엇더료 〈남명집언해(1482) 상:63a〉, 이러면 〈법화경언해(1463) 3:169b〉

위와 같은 예시들은 현대국어에서 소위 'ㅎ' 불규칙 활용 양상을 보이는 '파랗다', '누렇다', '그렇다', '이렇다' 형용사류와 직접적인 관련을 갖는다. 현대국어의 '파랗다'는 자음어미와 결합할 때와 달리, 매개모음으로 시작하는 어미와 결합할 때 '파라니', '파란' 등처럼 /ㅎ/가 탈락하는 양상을 보인다. (3)의 예들은 현대국어의 'ㅎ' 불규칙 활용의 연원이 중세국어 시기까지 이어져 있음을 보여 준다.

09 _ 활음 첨가

김미미

활음은 자음처럼 장애를 동반하지는 않지만 모음처럼 홀로 발음될 수는 없는 /j/, /w/와 같은 것을 가리킨다. 활음 /j/, /w/는 각각 /ㅣ/ 또는 활음 /j/, /ㅗ/ 또는 /ㅜ/로 끝나는 어간이나 어기가 특정한 환경에서 활용 또는 곡용할 때 첨가되는 양상을 보이는데, 『삼강행실도』 ≪효자도≫의 활음 첨가 양상은 다음과 같다.

『삼강행실도』 ≪효자도≫의 활음 첨가 양상

정보		용 례	출 전
대상	환경		
/j/	활용 /ㅣ/	① 百里 밧긔 가아 뿔 <u>지여</u> 오더라	02자로부미
	활용 /j/	② 느미그에 도ᄂᆞᆯ 쪄어 묻고 죵 <u>두외요리라</u>	11동영대전
		③ 怒ᄒᆞ야 자바 <u>내야</u> 베티니라	15왕부폐시
	곡용 /ㅣ/	④ 주검 <u>서리예</u> 어미 언녀 모미 다 어러	24불해봉시
		⑤ 산 사ᄅᆞ미 쪄를 <u>피예</u> 섯거 머기면	34석진단지
	곡용 /j/	⑥ <u>그위예셔</u> 묻고 紅門 셰오	31유씨효고

『삼강행실도』≪효자도≫의 활음 첨가 양상을 살펴보면, ①, ④와 같이 전설모음 /ㅣ/나 활음 /j/로 끝나는 어간과 체언에 후행하는 어미와 부사격조사 '에'에는 활음 /j/가 추가됨을 볼 수 있다. 반면 후설원순모음 /ㅗ/, /ㅜ/로 끝나는 어간과 모음 어미가 결합할 때에는 보통 '소옴 두어 주고⟨01민손단의⟩', '오새 두어 주거든⟨19왕연약어⟩' 등과 같이 활음 첨가 없이 어간과 어미의 모음 형태가 유지되는 양상을 보인다.

중세국어의 활음 첨가 양상

중세국어에서는 전설모음 /ㅣ/나 활음 /j/로 끝나는 어간과 모음 어미 또는 전설모음 /ㅣ/나 활음 /j/로 끝나는 체언과 부사격조사 '에'가 결합할 때, 그 사이에 활음 /j/가 첨가되는 활음 첨가 현상이 관찰된다(1가, 나). 현대국어의 경우 전설모음 /ㅣ/로 끝나는 어간과 모음 어미가 결합할 때, 표기에는 반영되지 않지만 모음 어미에 활음 /j/가 첨가되며 어간 어미가 /j/로 활음화되는 것이 보통이다. 전설모음 /ㅚ/, /ㅟ/의 뒤에서도 활음 /j/가 표기에는 반영되지 않지만 수의적으로 첨가되는 경우가 있어 활음 첨가의 환경이 중세국어보다 넓다.

(1) 가. 고준 일 픠욤애 도로 몬져 이울고 ⟨소학언해(1587) 5:26a⟩
　　나. 아래 五百 世예도 ⟨월인석보(1459) 2:12a⟩, 손까락 쇠예셔 ⟨월인석보(1459) 7:38b⟩
　　　　cf. 피어서[피여서] → 펴셔, 그리어[그리여] → 그려
　　　　사귀다[사귀어~사귀여], 쉬다[쉬어~쉬여], 되어[되어~뒈여]

한편, 중세국어에서 후설원순모음 /ㅗ/, /ㅜ/로 끝나는 어간과 모음 어미가 결합할 때, (2)와 같이 그 사이에 활음 /w/가 첨가되는 활음 첨가 현상도 관찰된다. 현대국어의 경우 후설원순모음 /ㅗ/, /ㅜ/로 끝나는 어간과 모음 어미가 결합할 때는 어간 부분이 /w/로 활음화되는 것이 일반적이다. 다만 현대국어에서도 같은 환경에서 모음 어미에 활음 /w/가 수의적으로 첨가되는 경우가 있는 듯하다. 하지만 표기상에는 반영되지 않으며 표준 발음으로도 인정되지 않는다.

(2) 眞實 正호 <u>보와</u> 아로몰 發호야 〈목우자수심결언해(1467) 21a〉

곧 나으며 믈로미 <u>보왐직</u> 호며 〈금강경삼가해(1482) 2:17b〉

앏픠 <u>보와든</u> 아론 양 호고 〈번역박통사(16C초) 상:25a〉

cf. 보아서[보아서~*보와서] → 봐서, *오아서[*오아서~*오와서] → 와서

3 중세국어의 성조

10_ 성조 변동

김미미·김진우

성조는 단어의 의미를 변별해 주는 소리의 높낮이이며 중세국어에는 평성, 거성, 상성, 입성의 4개 성조가 있었던 것으로 알려져 있다. 다만 입성은 『훈민정음』 해례본에 기술된 '입성은 점을 찍는 방식은 (다른 성조들과) 마찬가지이지만 그 소리가 촉급하다入聲加點同而促急'와 같이 소리의 높낮이보다는 길이 또는 빠르기와 관련된 것으로 다른 성조들과 차이가 있다. 성조는 글자의 왼쪽에 찍히는 점으로 표현되었는데 점이 하나면 거성, 둘이면 상성이고 평성과 입성은 별도로 표시되지 않았다.

중세국어의 각 단어들은 저마다 고유한 성조를 갖고 있었는데, 특정한 문법 형태소와 결합하여 그 성조가 교체되거나 특정한 성조 연쇄를 저지하는 제약에 의해 성조가 변동되는 현상 등이 나타났다. 이 같은 중세국어의 성조 변동 현상은 개별 형태소 단위에서 성조가 달라지는 형태음소 규칙에 의한 성조 변동과 하나의 기식군 단위로 성조가 달라지는 표면 성조형 규칙에 의한 성조 변동으로 크게 구분된다(유필재 2012:95). 후자는 흔히 율동 규칙律動 規則이라고 부른다. 『삼강행실도』 ≪효자도≫에 나타나는 성조 변동 관련 예시로는 아래와 같은 것들이 있다.

형태음소 규칙에 의한 성조 변동

먼저 체언 어근이나 용언 어간의 특정한 문법 형태소와 결합하여 그 성조가 변동되는 형태음소 규칙에 의한 변동의 예이다.

구 분		정 보		용 례	출전
		대상	분 석		
(가)	유동적 상성 어간의 성조 변동	담다	담-[納] + -고	① 아비 솔콰 쪄와 내야 그르세 담고[RH]	32누백포호
			담-[納] + -아	② 버믜 고기란 도기 다마[LH] 내해 묻고	32누백포호
		살다	살-[住] + -며	③ 侍墓 살며[RH] 아춤 나조히 墓애 가아	15왕부폐시
			살-[住] + -아	④ 버믜 모골 즈르든대 아비 사라[LH] 나니라	03양향액호
		알다	알-[知] + -라- + -니	⑤ 내 죽사리롤 몯내 알리니[RLH]	05진씨양고
			알-[知] + -오디	⑥ 서근 사모로 오새 두어 주거든 아로디[LHH] 아니 니르더라	19왕연약어
		울다	우-(←울-)[哭] + -더- + -라(←-다)	⑦ 남골 안고 우더라[RLH]	17왕상부빙
			울-[哭] + -어	⑧ 하 우러[LH] 호마 죽게 두외야	14맹희득금
(나)	일부 단음절 어간의 성조 변동	가다	가-[行] + -고	⑨ 가고[LH] 오디 아니ᄒᆞ러느 나히며	04고어도곡
			가-[行] + -ᄂᆞᆫ	⑩ 가ᄂᆞᆫ[HH] 길헤 ᄒᆞᆫ 겨지비 갓 두외아지라커늘	11동영대전
		나다	나-[出] + -니	⑪ 金 ᄒᆞᆫ 가매 나니[LH]	12곽거매자
			나-[出] + -거늘	⑫ 두 鯉魚ㅣ 소사 나거늘[HLH]	17왕상부빙
		오다	오-[來] + -니라	⑬ 제 아비롤 도로 더브러 오니라[LHH]	13원각경부
			오-[來] + -거늘	⑭ 元覺이 그 담사놀 가져 오거늘[HLH]	13원각경부
(다)	피·사동 접사에 의한 성조 변동	말이다	말이-[使勿] + -더- + -니	⑮ 가아 자보려 ᄒᆞ니 어미 말이더니[LHLH]	32누백포호
		닐기다	닐기-[使讀] + -라	⑯ 제 아ᄃᆞᆯ 글 닐기라[LHH] 보내오	27노조순모
		츠이다	츠이-[使除] + -거늘	⑰ 每常 쇠똥 츠이거늘[LHLH]	17왕상부빙
(라)	음절 축약에 의한 성조 변동	내다	내-[使出] + -오- + -라(←-다)	⑱ 내 비록 艱難코도 ᄒᆞᆫ 曾參을 길어 내요라[RLH]	14맹희득금
		셰다	셰-[使位] + -니라	⑲ 그 집 門에 紅門 셰니라[RLH]	03양향액호
		히다	히-[使爲] + -시- + -니라	⑳ 安帝 侍中ㅅ 벼슬 히시니라[RHLH]	07설포쇄소
(마)	일부 단음절 체언의 성조 변동	짜해	짜ᄒᆞ[地] + 애	㉑ 처섬 마조 본 짜해[LH]와 닐오디	11동영대전
				㉒ 짜해[LH] 앉거늘	20반종구부
		길헤	길[道] + 에	㉓ 가는 길헤[LH]ᄒᆞᆫ 겨지비	11동영대전
				㉔ 劉氏의 싀어미 길헤[LH] 나아 病ᄒᆞ야놀	31유씨효고

형태소가 결합될 때 보이는 첫 번째 유형의 성조 변동은 유동적 상성 어간의 성조 변동이다. 위의 (가)가 이에 해당하는데, 유동적 상성을 지닌 어간은 모음으로 시작하는 고정적 거성 어미가 결합될 때 평성으로 나타난다. 문법 형태소는 대개 고정적으로 거성을 갖는데 대표적으로 모음 어미 '-아', '-오-'와 '-ᄋᆞ니/으니', '-ᄋᆞ며/으며', '-ᄋᆞᆯ/을', '-ᄋᆞ리/으리', '-ᄋᆞᆫ/은' 등에 포함된 매개모음 'ᄋᆞ/으'가 이에 해당한다.[88] (가)의 용언 어간 '담-[納]', '살-[住]', '알-[知]', '울-[哭]'은 모두 유동적 상성 어간에 해당한다. 이에 자음으로 시작하는 어미가 결합될 때에는 ①, ③, ⑤, ⑦과 같이 어간이 상성으로 나타난다. 반면 고정적 거성을 보이는 모음 어미와 결합될 때에는 ②, ④, ⑥, ⑧과 같이 어간이 평성으로 나타난다. 이러한 용언 어간에 해당하는 예로는 위의 예 말고도 '걷-[步]', '뷔-[空]', '빌-[祝]', '삼-[爲]', '싣-[得]', '열-[開]', '일-[成]', '짓-[造]' 등이 있다(차재은 1999).

　　한편, 김성규(2009)에 따르면 이러한 유동적 상성의 특징은 선어말어미 '-ᅀᆞᇦ-'에도 남아있다. 예컨대 '쑤미ᅀᆞᇦ바도[HHLHH]〈석보상절(1447) 13:52a〉', '그리ᅀᆞᇦ보ᄃᆡ[HHLHH]〈석보상절(1447) 13:52a〉', '뫼시ᅀᆞᇦ보니[RHLHH]〈월인천강지곡 상:9a〉' 등에는 '-ᅀᆞᇦ-'이 모음 어미 앞에서 평성으로 실현되었고, '브티ᅀᆞᆸ다가[LHRLH]〈석보상절(1447) 23:38b〉', '셤기ᅀᆞᆸᄂᆞ니[LHRLH]〈석보상절(1447) 24:30b〉'에서는 자음 어미 앞에서 상성으로 실현되었다. 이러한 변화는 '-ᅀᆞᇦ-'의 어원으로 여겨지는 유동적 상성 어간인 'ᅀᆞᇥ-'의 성조와 일치한다. 그러나 '-ᅀᆞᇦ-'이 문법화를 겪는 과정에서 환경과 상관없이 여타 문법 형태소와 마찬가지로 거성으로 실현되는 경우도 있다. 예컨대 '보ᅀᆞᆸ고져[HHLH]〈월인천강지곡 상:64b〉', '브티ᅀᆞᆸ다가[LHHLH]〈석보상절(1447) 23:45a〉'의 '-ᅀᆞᇦ-'은 거성으로 나타난다.

　　성조 변동이 나타나는 두 번째 유형은 몇몇 단음절 용언 어간에서 발견된다. 위의 (나)가 이에 해당하는데, 이들은 결합되는 개별 어미에 따라서, 즉 형태론적 조건에 의해 성조 변화를 보인다. 일반적으로 이러한 기능에 따라 어미를 '강어미(1음절 모음

88　　이러한 점에서 주체 높임 선어말어미 '-ᄋᆞ시-'의 'ᄋᆞ'는 일반적인 매개 모음과 다르다는 사실을 알 수 있다. '-ᄋᆞ시-'의 'ᄋᆞ'는 다른 매개모음과 달리 유동적 상성을 평성으로 만들지 않기 때문이다. 예컨대 '아르시고〈석보상절(1447) 6:20b〉'는 첫 번째 음절이 평성이 아닌 상성으로 실현되어 [RHLH]로 나타난다.

어간을 거성으로 실현시키는 어미)'와 '약어미(1음절 모음 어간을 평성으로 실현시키는 어미)'로 나눈다(김성규 2011). 대표적인 강어미로는 '-거-'계, '-ᄂᆞ-', '-ᄋᆞ시-', 일부 '-ᅀᆞᆸ-', '-더-', '-돗-' 등이 있고, 약어미로는 '-다', '-져', '-게/긔', '-고', '-고져', '-니', '-리-', '-오/우-' 및 매개모음 등이 있다. ⑨, ⑪, ⑬에는 단음절 용언 어간에 약어미 '-고', '-니', '-니라'가 결합되어 어간이 평성으로 실현되었고, ⑩, ⑫, ⑭에는 강어미 '-ᄂᆞ-', '-거늘'이 결합되어 어간이 거성으로 실현되었다. 이러한 모습을 보이는 단음절 용언 어간으로는 '보-[見]', 'ᄒᆞ-[爲]', '하-[多]' 등이 더 있다.[89]

성조 변동의 세 번째 유형은 피동사 및 사동사에서 발견된다. 위에서 살펴본 두 번째 유형의 성조 변동이 특정 어간에서만 일어나는 것과 달리, 피·사동 접미사가 거성 어간과 상성 어간(유동적 상성 포함)에 결합할 때 항상 일어난다. 위의 (다)가 이에 해당한다. ⑮ '말-[勿]'과 ⑯ '닑-[讀]'은 유동적 상성 어간에 해당하고, ⑰ '즈-[除]'는 거성 어간인데, 이들에 각각 사동 접미사 '-이-'가 결합되었을 때 첫 번째 음절이 모두 평성으로 실현된 것을 볼 수 있다.

성조 변동이 나타나는 네 번째 유형으로는 음절 축약을 들 수 있다. 이는 음절의 축약이 일어날 때 평성과 거성이 만나 상성을 이루는 경우로 위의 (라)가 이에 해당한다. ⑱의 어간 '내-'는 '나-'와 사동 접미사 '-이-'의 결합으로 형성된 것인데, 어간의 성조가 [R]로 나타난다. 주동사 '나-'는 거성 어간으로, 세 번째 유형의 성조 변동에서 살펴본 것처럼 사동 접미사와 결합되면 평성으로 실현된다. 즉 '나-[H]+-이-[H] → 나-[L]+-이-[H]'의 변화를 겪는다. 그리고 나아가 '나-+-이-'가 한 음절로 축약되면 [LH]가 [R]로 실현될 수 있다. 즉 [HH → LH → R]의 과정을 겪은 것이다. 이는 ⑲와 ⑳의 '셰-[셔-[H]+-이-[H]]', '히-[ᄒᆞ-[H]+-이-[H]]'에서도 마찬가지로 적용된다. 단 음절의 축약이 일어나 상성을 이루려면 평성을 가졌던 음절의 모음이 축약된 음절에서도 핵모음으로 남아 있어야 한다. 예를 들어 '부텨[LL]'와 조사 'ㅣ[H]'가 결합하여 '부톄'가 되면 [LR]로 실현된다. '부텨'의 핵모음 'ㅓ'가 '부톄'에서도 유지되기

---

89   모든 단음절 어간이 이렇게 거성과 평성의 교체를 보이는 것은 아니다. '투-[承]', '티-[打]', 'ᄎᆞ-[滿]', '크-[大]', '프-[開花]', '쓰-[書]' 등은 고정적 거성으로 나타난다(차재은 1999:93).

때문이다. 반면 '이시-[LL]'와 어미 '-움[H]'가 결합하여 '이슘'이 되면 성조는 [LR]이 아니라 [LH]가 되는데 이는 '시'의 핵모음 'ㅣ'가 '이슘'에서 유지되지 않기 때문이다. 즉 '슘'의 핵모음 'ㅜ'를 지닌 '움'의 성조인 거성이 나타나는 것이다.

그리고 마지막으로 (마)와 같이 일부 체언에 처격조사가 결합될 때 거성이 평성으로 바뀌는 경우가 있다. '싸ㅎ[地]'와 '길ㅎ[道]'은 본래 거성을 가진 체언이지만 처격조사가 이어질 때 싸해[LH], 길헤[LH]와 같이 평성으로 실현된다. 김완진(1973:73)에서는 단음절 거성을 가진 체언 중 일부가 이러한 현상을 겪는다고 하였으며 '귀, 눈, 고ㅎ, 몸, 뜯, 밭, 입' 등 역시 이러한 모습을 보여 준다고 언급하였다.

규칙에 의한 표면 성조형의 성조 변동

중세국어에는 이처럼 형태음소 규칙에 의해 나타나는 성조 변동 외에, 하나의 기식군 안에서 특정한 성조 연쇄를 저지하는 제약에 의해 성조가 변동되는 예들이 나타난다. 이를 소위 율동 규칙이라고 한다. 율동 규칙은 발화 시 한 기식군 내에서 같은 성조가 연속되는 것을 막기 위한 변동 규칙으로 주로 거성의 연속을 피하기 위해 발생한다(김완진 1973:78, 김성규 1994, 유필재 2012:95). 거성과 거성 사이에 놓이는 거성을 평성으로 바꾸거나, 거성 뒤의 어말 거성을 평성으로 바꾸는 것 등이 이에 해당한다. 이 같은 규칙은 중세국어에서 거성으로 시작되는 결합 요소들의 기저 성조와 관계없이, 3음절 어절은 'HLH', 4음절 어절은 'HHLH'의 성조 패턴으로 실현되는 것이 일반적이라는 사실로부터 도출된 것이다. 김완진(1973)에서 제시한 율동 규칙은 다음과 같다.

   (1) 가. H'→L/TH_HH# (T는 임의의 성조, H'는 '-거/어-', '-ㄴ-', '-슣-', '-시-')
      나. H→L/H_HL
        H→L/H_H#
      다. H→L/H_#

(1가)는 뒤에서 세 번째 음절에 있는 거성이 평성으로 바뀌는 것이며, (1나)는 뒤에서부터 짝수 번째의 거성이 평성으로 바뀌는 것이고, (1다)는 어말의 거성이 평성으로

바뀌는 것이다. 이러한 율동 규칙의 동인은 거성의 3연속을 막기 위함인데, 다만 복합어에는 적용되지 않는다. ≪효자도≫에서 발견되는 율동 규칙은 다음과 같다.

정 보		용 례	출 전
대상	분 석		
부르미시니라	부룸+이-+-시-+-니라	① 아르시ᄂᆞ닌 볼ᄀᆞ 돌와 물ᄀᆞ 부르미시니라[LLHLHH]	32누백포호
ᄒᆞ리로다	ᄒᆞ-[爲]+-리-+-로-(←-돗-)+-다	② ᄲᅡᆯ 쥬려 ᄒᆞ야도 몯 ᄒᆞ리로다[LHLH]	02자로부미
업거늘ᄉᆞ	업-[無](←없-)+-거늘+-ᄉᆞ	③ 어버ᅀᅵ 업거늘ᄉᆞ[RHLH] 노피 ᄃᆞ외야	02자로부미
그리ᄂᆞ다	그리-[戀]+-ᄂᆞ-+-다	④ 죽거든 몯내 그리ᄂᆞ다[HHLH]	02자로부미
가시니	가-[行]+-시-+-니	⑤ 슬픈 우룸 쏘리롤 드르시고 가시니[HLH]	04고어도곡
울어늘	울-[哭]+-어늘(←-거늘)	⑥ 깊ᄀᆞ새 셔어셔 울어늘[RLH]	04고어도곡
배야든	배-[破]+-야든(←-어든)	⑦ ᅀᅡᆸ이 조조 生計 배야든[LHH] 곧 주더니	07설포쇄소
수ᇚ	숨-[隱]+-ᇚ	⑧ 수ᇚ[HL] 길홀 ᄀᆞ루치리도 잇더라	06강혁거효
사ᄂᆞᆫ	사-[住](←-살-)+-ᄂᆞ-+-ㄴ	⑨ 욇 사ᄅᆞ미 사ᄂᆞᆫ[RL] ᄯᅡ홀 孝順里라 ᄒᆞ더라	18허자매수

①의 '부르미시니라[LLHLHH]'는 (1가)의 예에 해당한다. 계사 '이-'를 비롯하여 어미 '-시-'와 '-니라'는 모두 거성을 지닌다. 따라서 '부르미시니라'는 [LLHHHH]로 나타나야 할 것으로 보이나, 이는 [LLHLHH]로 교체된다. 즉 뒤의 네 개의 음절 [HHHH]이 (1가)의 조건을 만족하여 '-시-'가 평성으로 나타난 것이다. 김완진(1973)에서는 '-거/어-', '-시-' 등의 특수성으로 이들이 [L]로 실현된 것으로 해석하려 하였다. 그러나 김성규(1994:95)에서는 이러한 변화가 주로 '-니라', '-리라' 등 앞에서 일어난다는 점에 주목해 동명사형어미 '-ㄴ', '-ㄹ'을 원인으로 지목하였다. 즉 동명사형 어미에서 어말 평성화가 일어났다고 보는 것인데, 예컨대 '가시ᄂᆞ니라[HHLHH]'는 '가시ᄂᆞᆫ#이라'로 분석하여 [HHH#HH → HHL(어말 거평 교체)#HH → HHLHH]로 설명한다.

다음으로는 중세국어에서 가장 빈번하게 발견되는 율동 규칙으로, (1나)에 해당하는 ②~⑥이 이를 보여 준다. 'ᄒᆞ리로다'의 'ᄒᆞ-'는 평성과 거성의 교체를 보여 주는 단음절 어간인데, 뒤의 '-리-'가 약어미이므로 평성으로 실현된다. 그리고 '-리-', '-돗-',

'-다'는 모두 거성 어미이므로 '흐리로다'는 [LHHH]로 실현되어야 할 것으로 보인다. 그러나 이는 거성이 3개 연속된 것이므로 뒤에서 두 번째 음절인 '로'가 평성으로 바뀌어 [LHLH]로 실현된다. 같은 규칙에 의해 ③의 '업거늘ᄉᆞ'는 [RHHH → RHLH]로, ④의 '그리ᄂᆞ다'는 [HHHH → HHLH]로, ⑤의 '가시니'는 [HHH → HLH]로, ⑥의 '울어늘'은 [RHH → RLH]로 실현된다.

한편, ⑦과 같이 본래 상성인 용언 어간의 성조가 모음으로 시작되는 연결 어미 '-어든'과 결합하면서 평성화되는 예도 보인다. 이는 소위 '평성/상성 교체 어간'에 해당한다. '배다[破]'의 어간은 본래 상성인데 연결 어미 '-어든'이 후행하면서 어간의 성조가 평성으로 변하였음을 볼 수 있다. 이는 상성을 가진 용언 어간이 거성의 연쇄로 이루어진 어미와 결합함으로써, [RHH(LHHH)]와 같이 거성이 세 번 이상 연쇄되는 표면형이 도출되는 것을 피하기 위한 성조 변동 현상과도 관련된다. 김한별 (2013:448-456, 461-465)에 따르면 '배다'와 같이 'ㅣ(y)'로 끝나는 1음절 용언 어간 중 기저 성조가 상성인 것들을 살펴보았을 때, 대체로 파생 어간의 경우 활용시에도 고정적 상성으로 나타나고 단일 어간의 경우에는 상성 또는 평성으로 변동되는 경향이 있다. 아울러 16세기를 전후로 파생 어간의 단일어화 과정과 유추적 확장에 따라 고정적 상성을 보이던 어간들도 점차 평성/상성 교체 어간으로 변화해 가는 모습도 관찰된다.

그리고 마지막으로 (1다)는 '어말 평성화' 혹은 '어말 거평 교체'로 부르는 것인데, ⑧~⑨가 그 모습을 보여 준다. 어말 평성화는 어말에 위치한 거성의 연속에서 마지막 음절의 거성을 평성으로 바꾸는 규칙이다(김완진 1973:87). 15세기의 어말 평성화는 16세기에 비해 생산적인 현상이 아니었다. 이렇게 간혹 나타나는 15세기의 어말 평성화는 관형사형어미나 내포문의 종결형에서 발견된다. ⑧의 '수믏'은 [HH]로 나타날 수도 있지만 관형사형어미에서 어말 평성화가 일어나 [HL]로 실현되었으며, ⑨의 '사눈'은 [RH]로 나타날 수도 있지만 어말 평성화로 인해 [RL]로 실현되었다. 실제로 '사눈'은 〈석보상절(1447) 6:24b〉, 〈석보상절(1447) 6:32b〉, 〈석보상절(1447) 9:11a〉 등에서는 [RH]로 나타난다.

그런데 ≪효자도≫에서 빈번하게 발견되는 '됴ᄒᆞ니라'의 성조형이 『석보상절』이나 『월인석보』의 모습과 다른 점이 주목된다. 『석보상절』과 『월인석보』에서는 '됴ᄒᆞ니라'

가 [RHLH]로 실현되는데, ≪효자도≫에서는 [RHLH]도 발견되긴 하지만 [RLHH]가 더 많은 빈도로 관찰되기 때문이다. 이는 다음과 같다.

정 보		용 례	출 전
대 상	분 석		
됴ᄒᆞ니라	동-[愈]+-ᄋᆞ니라	① 그 後에 남기 더 됴ᄒᆞ니라[RLHH]	18허자매수
		② 어믜 病이 즉자히 됴ᄒᆞ니라[RLHH]	22숙겸방약
		③ 病이 즉자히 됴ᄒᆞ니라[RLHH]	30왕천익수
		④ 病이 됴ᄒᆞ니라[RHLH]	31유씨효고
		⑤ 病이 즉자히 됴ᄒᆞ니라[RLHH]	34석진단지

'동-'은 상성 어간이며, 매개모음은 전의적 성조[90]이며, '-니라'는 거성 어미이므로 '됴ᄒᆞ니라'는 [RHHH → RHLH]로 실현되어야 한다. 또한 같은 기식군 내에서 첫 번째 거성의 위치가 결정되면 나머지 부분의 높낮이는 자동으로 결정된다는 음고 악센트론에 따르면, 4음절짜리 어절에서 첫 음절이 상성일 경우 일반적인 표면 성조는 [RHLH]이다(김성규 2009:7-8). 하지만 행실도의 경우 [RHHH]보다 [RLHH]의 용례가 더 우세한 것이다. ≪효자도≫에서 [RHLH]는 ④의 한 예밖에 없으며 나머지는 모두 [RLHH]로 실현되었다. 김유범 외(2020ㄴ)에서는 이러한 현상을 김성규(2007)의 '다중 기저형'에 따라 '됴ᄒᆞ-[RL]'를 설정함으로써 해결하였다. 즉 『석보상절』, 『월인석보』의 [RHLH]가 ≪효자도≫[RLHH]로 나타난 것은 『삼강행실도』에는 세종 당시 성조 유형과 그 이후 변화된 성조 유형이 함께 공존하는 것으로 해석할 수 있다.[91]

---

90 전의적 성조란 앞선 형태소의 성조를 그대로 따르는 것으로, '동-'이 상성이므로 뒤의 매개 모음은 거성을 이어받는다.

91 다만 이에 대해서는 오히려 [RLHH]가 고형에 가깝다는 견해도 존재한다. 이는 '동-'이 '됴ᄒᆞ-'에서 비롯된 것을 생각해보면 'ᄒᆞ'가 평성으로 실현된 것이 오히려 고형을 유지하고 있다고 볼 수 있기 때문이다.

11_ 성조에 의한 의미 변별

성조는 단어의 의미를 변별해 주는 소리의 높낮이를 말한다. 중세국어에는 소리가 낮은 평성, 소리가 높은 거성, 소리가 낮았다가 높아지는 상성, 소리가 촉급한 입성이 있었던 것으로 알려져 있다. 『삼강행실도』≪효자도≫에서는 성조에 의해 단어 의미가 구분되는 다음과 같은 예시들이 나타난다.

『삼강행실도』≪효자도≫의 성조에 의한 의미 변별 양상

정 보		용 례	출 전
내	내[H](주격)	① 내[H] 져믄 쁴 글 비호물 즐겨	04고어도곡
	내[L](관형격)	② 내[L] 죽사리롤 몯내 알리니	05진씨양고
네	네[R](주격)	③ 늘근 어미롤 네[R] 孝道홇다	05진씨양고
	네[L](관형격)	④ 네[L] 아비 목수미 다아 잇더니	21검루상분
뉘	뉘[H](주격)	⑤ 뉘[H] 닐오디 孝道ㅣ 乃終 업다 ᄒ더뇨	32누백포호
	뉘[R](관형격)	⑥ 司馬昭ㅣ 싸홈 계우고 뉘[R] 닷고 ᄒ대	15왕부폐시
제	제[R](주격)	⑦ 제[R] 술위롤 그스더니	06강혁거효
	제[L](관형격)	⑧ 제[L] 아들란 소옴 두어 주고	01민손단의
아래	아래[前][RH/RL]	⑨ 아래[RH]브터 쓰던 거시라 내게 便安ᄒ얘라	07설포쇄소
	아래[下][LH]		
브리다	브리다[下][LH-]	⑩ 술위 브리샤[LHH] 무르신대	04고어도곡
	브리다[使][HH-/HL-]		
되다	되다[甚][R-]	⑪ 王薦의 아비 病이 되어늘[RLH]	30왕천익수
	되다[化][L-]		
긋	긋[力][H] *부사	⑫ 하ᄂᆞᆯ홀 브르며 짜 굴러 긋[H] 뛸텨 도라 가아	33자강복총
	긋[劃][L] *명사		

①~⑧은 대명사 '나, 너, 누, 저'에 조사가 결합된 형태가 같은 것들이다. 이들은 주격조사가 결합했을 때와 관형격조사가 결합했을 때의 형태가 같아 성조로 의미가 변별된다. '나, 너, 누, 저'에 주격조사 'ㅣ'가 결합되면 각각 '내[H], 네[R], 뉘[H],

제2부 중세국어의 음운　109

제[R]'로 나타난다. 반면 이들 대명사에 관형격조사 '이/의'가 결합되어 'ᄋᆞ/으'가 탈락하면 형태는 갖지만 성조는 다른 '내[L], 네[L], 뉘[R], 제[L]'로 나타난다.

다음으로 ⑨~⑫는 분절음의 형태는 같지만, 성조가 달라 의미가 변별되는 것들이다. ⑨의 '아래[RH]'는 시간적 개념어로 "예전"을 뜻하며, (1가)의 공간을 의미하는 '아래[LH]'와는 구분된다. 또한 ⑩의 '브리샤[LHH]'는 "~에서 내리다"를 뜻하며, (1나)의 "~를 시키다"를 의미하는 '브리-[HH-/HL-]'과 구분된다. ⑪의 '되어늘[RLH]'는 "심하다"를 뜻하며 (1다)의 "바뀌거나 변하다"를 의미하는 '되-[L-]'와 구분된다.[92] 마지막으로 ⑫의 '굿[H]'은 "힘써서", "구태여" 등의 의미를 갖는 부사로, (1다)의 '획劃'을 뜻하는 명사 "굿[L]"과 구분되어 성조를 통해 단어의 의미뿐 아니라 품사도 변별됨을 볼 수 있다.

(1) 가. 하ᄂᆞᆯ 우 하ᄂᆞᆯ <u>아래[LH]</u> 나 ᄡᅢᆫ 尊호라 〈석보상절(1447) 6:17a〉
    나. ᄒᆞ롯 나래 두 번 죵 <u>브리고[HLH]</u> 〈두시언해_초간(1481) 22:53b〉
    다. 지븨 드나드ᄂᆞᆫ 손이 <u>되여[LH]</u> ᄀᆞ장 친히 ᄒᆞ더니 〈번역소학(1518) 10:17a〉
    다. 伏羲 <u>굿[L]</u> 그서 사ᄅᆞᆷ 뵈며 〈법화경언해(1463) 3:156b〉

이 밖에도 중세국어에서는 성조에 따라 단어의 의미가 구분되는 예가 흔히 나타난다. (2가)에 제시된 '손[客][L]'과 '손[手][H]', '밤[夜][L]'과 '밤[栗][R]', '눈[眼][H]'과 '눈[雪][R]' 등과 같이 분절음의 형태는 같지만 초분절음인 성조에 따라 단어의 의미가 달라지는 경우가 있다. 현대국어에서는 일부 동남 방언에 남아 있는 흔적을 제외하고는 성조가 사라졌지만, (2나)의 '밤[夜][밤]'과 '밤[栗][밤 :]', '눈[眼][눈]'과 '눈[雪][눈 :]'처럼 성조 요소(상성) 대신 장음 요소가 남아 단어 의미를 변별하는 경우도 있다.

(2) 가. 손[客][L]-손[手][H], 밤[夜][L]-밤[栗][R], 눈[眼][H]-눈[雪][R],
        발[足][H]-발[簾][R], 말[斗][H]-말[語][R], 가지[種][LH]-가지[枝][HL]
    나. 밤[夜][밤]-밤[栗][밤 :], 눈[眼][눈]-눈[雪][눈 :], 발[足][발]-발[簾][발 :]

---

92   "바뀌거나 변하다"의 의미를 갖는 '되-'는 15세기 문헌에서는 '두뵈-[LL-]' 혹은 '두외-[LL-]'로 나타났기 때문에 "심하다"를 의미하는 '되-[R-]'와 형태적으로 구별되었다. 그러나 16세기에 어간의 두 음절이 축약된 '되-[L]'의 형태가 출현하면서 '되-[R-]'와 성조 측면에서만 차이를 보이게 되었다.

제3부

———

중세국어의 문법

1 중세국어 문법 개관 _ 김유범·김진우

중세국어와 현대국어의 문법적 동질성

중세국어는 기본적으로 현대국어와 크게 다르지 않다. 우리가 매일 사용하고 있는 현대국어가 우리의 생각과 감정을 자유롭게 표현할 수 있는 유용한 수단이듯, 중세국어 역시 당시 사람들이 자유롭게 의사소통할 수 있었던 일상생활의 수단이었다. 따라서 현대국어와 중세국어가 별개의 언어가 아니라는 점을 생각하면 중세국어에 대해 막연한 두려움이나 거부감을 가질 이유는 없다.

현대국어의 '코끼리', '발바닥', '글짓기'와 같은 단어는 중세국어에서 각각 '고키리', '밠바당', '글지시'로 나타난다. 중세국어 '고키리'(고ㅎ+길-+-이)의 경우는 현대국어 '코끼리'가 어떻게 만들어진 단어인지를 알 수 있게 해 준다. '밠바당'(발+ㅅ+바당), '글지시'(글+짓-+-이)의 경우도 결합 요소들의 형태 차이는 있지만 그 구성은 기본적으로 '발바닥', '글짓기'와 같다. 이처럼 중세국어 단어들은 현대국어 단어들과 어떤 식으로든 연관되어 있다.

현대국어가 단어들을 연결해 우리가 표현하고자 하는 바를 문장으로 만드는 것처럼, 중세국어에서도 동일한 방식으로 단어들을 연결해 문장을 만든다. 이때 단어가 어떤 성격을 갖는지에 따라 조사가 필요하기도 하고 어미가 필요하기도 하다. 이른바 체언(명사, 대명사, 수사) 뒤에는 조사가, 용언(동사, 형용사) 어간 뒤에는 어미가 결합하는 국어의 가장 기본적인 질서는 어느 시대의 국어에서나 마찬가지이다.

현대국어와 중세국어에서 조사, 어미의 형태와 기능에는 차이가 있지만 '체언+조사', '어간+어미'라는 두 결합쌍의 활약에는 조금도 차이가 없다. 체언과 어간이 어휘적 의미를 지니고 조사와 어미가 문법적 의미를 지니므로 두 유형의 결합쌍은 국어의 문장을 이루는 가장 중요한 요소가 된다. 국어의 모든 문장들은 이러한 결합쌍들의 활약으로 만들어지며, 중세국어에서도 이 두 결합쌍의 활약은 동일하게 활발하다.

현대국어에서처럼 중세국어에서도 '체언+조사', '어간+어미'라는 두 결합쌍은 다양한 문장 성분을 만들어낸다. 명사 '집'에 조사가 결합된 '지비'(집+이), '지블'(집+을), '지브로'(집 +으로)는 각각 주어, 목적어, 부사어를 형성한다. 동사 '돋니다/돈니다'의 어간에 어미가 결합된 '돋니다가'(돋니-+-다가)와 '돈닗'(돈니-+-ㅭ)은 각각 서술어와 관형어를 형성한다. 이러한 중세국어의 문장성분들이 모여 하나의 문장을 이루는 것 역시 현대국어와 동일하다.

중세국어의 문법 체계

중세국어의 품사 분류는 현대국어의 품사 분류와 다르지 않다. 형태를 기준으로는 불변어·가변어, 기능을 기준으로 체언·용언·수식언·독립언·관계언으로, 의미를 기준으로 명사·대명사·수사·동사·형용사·관형사·부사·감탄사·조사로 나눌 수 있다.

그러나 중세국어의 일부 명사에서 결합되는 조사에 따라 형태가 변하는 것이 발견된다는 점은 현대국어와 차이가 있다. '나모[木], 노ㄹ[獐], 무ㄹ[棟], 아ᅀᆞ[弟]' 등을 대표적인 예로 들 수 있다. 이들에 모음으로 시작하는 조사가 결합하면 각각은 '남ㄱ, 놀, 몰ㄹ, 앗'으로 형태가 변하는데, 예를 들어 주격조사가 결합하는 경우 '남기, 놀이, 몰리, 앗이'로 나타난다. 이처럼 체언이 비자동적 교체를[93] 보이는 점은 현대국어에서는 찾아

---

93 형태소가 놓이는 환경에 따라 다양한 이형태(allomorph)로 실현되는 현상을 '이형태 교체(allomorphy alternation)' 또는 줄여서 '교체'라고 한다. 교체의 유형 중에는 자동적 교체와 비자동적 교체가 있다. '값이'[갑 씨], '값도'[갑또], '값만'[감만]에서 볼 수 있듯이 형태소 {값}은 결합 환경에 따라 그 형태가 /값~갑~감/으로

볼 수 없는 중세국어의 특징이다.

용언의 경우 활용 양상에 따라 규칙 활용 용언과 불규칙 활용 용언으로 나눌 수 있다. 대표적인 불규칙 활용 용언으로는 '시므다'(시므니~심거), '묻다[問]'(무르니~무러), '흐르다'(흐르니~흘러) 등이 있다. '시므다'의 어간은 자음이나 매개모음 어미가 결합할 때에는 '시므-'로 나타나지만, 모음 어미가 결합하면 '심ㄱ-'로 나타나는 양상을 보여 준다. '묻다', '흐르다'의 어간은 자음 어미가 결합할 때에는 '묻-', '흐르-'로 나타나지만 매개모음 어미나 모음 어미가 결합하면 '물-', '흘ㄹ-'로 나타난다.

한편, '눕다'(누보니~누버)나 '짓다'(지스니~지서)와 같은 경우에는 어간의 기본형 설정에 대해 두 가지 입장이 있다. 첫째로 '눕-'을 기본형으로 설정하는 입장이 있다. 이때에는 모음이나 매개모음 어미가 결합할 때 '누버, 누보니'와 같이 'ㅂ〉ㅸ'의 불규칙 활용을 한다고 처리할 수 있다. 둘째로 '눟-'을 기본형으로 설정하는 입장이 있다. 이 경우 자음 어미와의 결합에서 'ㅸ'이 예외 없이 'ㅂ'으로 바뀐다고 기술할 수 있으므로 규칙 활용 용언으로 처리하게 된다. '짓다'의 경우도 마찬가지로 '짓-'을 기본형으로 설정하여 불규칙 활용 용언으로 보거나 '짛-'을 기본형으로 설정하여 규칙 활용 용언으로 볼 수 있다. 그러나 규칙 활용 및 불규칙 활용의 설정 기준을 패러다임 내 다른 활용형의 형태를 예측할 수 있는 단일한 기본형의 설정 가능성으로 삼는다면, '눟-', '짛-'을 기본형으로 설정하고 규칙 용언으로 보는 것이 타당하다. 그렇다면 모음·매개모음·자음 어미 앞에서의 활용형의 형태를 빠짐없이 예측할 수 있기 때문이다.[94]

또한 현대국어보다 중세국어에서는 동사와 형용사의 구별이 뚜렷하지 않았다. 예컨대 '둏다/됴ᄒᆞ다'는 현대국어의 형용사 '좋다'로 이어지는데, 중세국어에서는 "좋다" 의미의 형용사 외에 "좋아지다" 의미의 동사로도 사용되었다.

다양하게 교체된다. 이것은 국어의 음운 패턴을 준수하기 위한 것인데, 이를 자동적 교체라 부른다. 이와는 달리 '남기', '나모도'에서 볼 수 있는 /ᄀᆞ~나모/의 형태 교체는 음운 패턴의 준수와는 무관하므로(음운론적으로 '남도', '나뫼'가 가능할 수 있으므로) 이 경우는 비자동적 교체라 부른다.

94 '눟-', '짛-'을 기본형으로 설정하고 이들을 규칙 용언으로 보는 입장에서는 중세국어의 자음 체계에 /ㅸ/과 /ㅿ/을 개별 음운으로 설정하는 입장을 취해야 한다.

조사와 어미는 한국어의 교착적인 특성을 잘 보여 주는 요소로, 문법 체계를 이루는 중요한 부분이다. 우선 조사는 흔히 체언 뒤에 결합되어 격을 표시해 주거나 특수한 뜻을 더해 주는 기능을 한다. 중세국어의 조사는 현대국어와 마찬가지로 크게 격조사·접속조사·보조사로 나눌 수 있으며, 주요 조사는 다음과 같다.

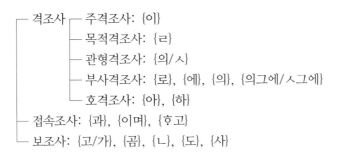

주격조사 {이}는 체언의 끝소리에 따라 '이/ㅣ/∅'의 형태로 실현되었다. 자음 뒤에서는 '이'로, 'ㅣ'나 반모음 'ㅣ' 뒤에서는 '∅'로, 그 외의 모음 뒤에서는 반모음 'ㅣ'로 나타났다(예 아ᄃᆞ리, 불휘, 부톄). 주격조사 '가'가 존재하지 않았다는 점은 현대국어와의 차이점이다.

목적격조사 {ㄹ}은 '올/을/롤/를'의 형태로 나타났는데, 체언의 끝소리와 모음조화에 따라 형태가 달리 실현되었다. 양성모음을 지니고 자음으로 끝난 체언에는 '올'이, 음성모음을 지니고 자음으로 끝난 체언에는 '을'이, 양성모음을 지니고 모음으로 끝난 체언에는 '롤'이, 음성모음을 지니고 모음으로 끝난 체언에는 '를'이 결합되었다(예 아ᄃᆞ롤, 구루믈, 쇼롤, 부텨를).

관형격조사의 이형태로는 '의/ᄋᆡ/ㅅ'이 있었는데, 평칭의 유정 체언에는 모음조화에 따라 '의'나 'ᄋᆡ'가 결합되었고, 무정 체언이나 존칭의 유정 체언에는 'ㅅ'이 결합되었다(예 거부븨, 아ᄃᆞ리, 부텻). 그러나 '나, 너, 누, 저'와 같은 대명사에 '의/ᄋᆡ'가 결합할 때에는 'ㅡ/ㆍ'가 탈락하여 '내, 네, 뉘, 제'로 나타나는 것이 일반적이다.

중세국어에도 현대국어와 마찬가지로 다양한 부사격 조사가 존재하였다. 다만 관형격조사와 형태가 같은 {의}가 부사격조사로도 존재했다는 점을 중세국어의 특징으로 들 수 있다. {의}는 특정한 체언 뒤에 결합하여 부사격조사로 기능하였다(예 지븨, 알ᄑᆡ).

호격조사로는 {하}와 {아}가 대표적인데, {하}는 상대방을 존대할 경우(예 大王하), {아}는 상대방을 존대하지 않을 경우 사용되었다(예 阿難아).

중세국어 접속조사로는 현대국어의 '과', '이며', '하고'에 대응되는 {과}, {이며}, {ᄒᆞ고}가 존재하였다. 현대국어에서는 여러 체언이 {과}로 연결될 때, {과}가 마지막 체언에는 결합되지 않는다. 그러나 중세국어에서는 {과}가 마지막 체언에 결합되기도 하는 것이 특징이다(예 입시울와 혀와 엄니와 니왜).

끝으로 보조사에는 현대국어와 같은 {ㄴ}, {도}도 존재했지만, 현대국어에는 존재하지 않는 의문 보조사 {고/가}, 여운을 나타내는 {곰}, 한정·계기·결과 등을 나타내는 {사} 등이 있었다.

어미는 용언의 어간에 결합해 용언이 다양한 기능을 할 수 있게 만드는 문법 요소이다. 중세국어의 어미 역시 현대국어와 마찬가지로 크게 어말어미와 선어말어미로 나눌 수 있으며, 어말어미는 다시 종결어미, 연결어미, 전성어미로 나뉜다. 중세국어의 대표적인 어미는 다음과 같다.

```
┌─ 어말어미 ┬─ 종결어미: {-다}, {-ㄴ다}, {-ㄹ다}, {-뇨/-녀}, {-료/-려}, {-잇고/-잇가},
│          │            {-ㄴ가/-ㄴ고}, {-ㄹ가/-ㄹ고}, {-라}, {-으쇼셔}, {-져}, {-ㄹ
│          │            쎠}, {-에라}
│          ├─ 연결어미: {-거늘}, {-거든}, {-고}, {-니}, {-오ᄃᆡ}, {-오려}, {-ㄹ씨}
│          └─ 전성어미: {-기}, {-옴}, {-ㄴ}, {-ㄹ}, {-이}
└─ 선어말어미: {-으시-}, {-ᅀᆞᆸ-}, {-이-}, {-더-}, {-ᄂᆞ-}, {-리-}, {-거-}, {-돗-}, {-오-}
```

중세국어의 평서형 종결어미로는 {-다}가 대표적이다. {-다}는 선어말어미 {-더-}, {-리-}, {-니-}, {-오-} 뒤에서는 '-라'로 실현되어 이들과 결합되면 '더라', '리라', '니라', '오라'로 나타난다.

의문형 종결어미는 높임의 정도와 주어의 인칭에 따라 달리 사용되었다. ᄒᆞ라체에서는 주어가 2인칭일 경우 {-ㄴ다}, {-ㄹ다}가 사용되었고, 1·3인칭에서는 {-뇨/-녀}, {-료/-려}가 사용되었다. 그리고 ᄒᆞ쇼셔체에서는 주어의 인칭과 관계없이 {-잇고/-잇가}가 사용되었다. 현대국어와 달리 중세국어의 의문형 어미는 설명의문문인지 선택의문문인지에 따라 구별되어 쓰였는데, 설명의문문에서는 '-뇨', '-료', '-ㄴ고', '-ㄹ고', '-잇고' 등의 '고' 계열 어미가, 선택의문문에서는 '-녀', '-려', '-ㄴ가', '-ㄹ가', '-잇가'가 사용되었다. 한편, 간접의문문에서는 {-ㄴ가}, {-ㄹ가}가 사용되는 것이 일반적이었다.

명령형 종결어미로는 {-라}와 {-으쇼셔}가 있었다. 이들도 의문형 종결어미와 마찬가지로 높임의 정도에 따라 달리 사용되었는데, ᄒᆞ라체에서는 {-라}가, ᄒᆞ쇼셔체에서는 {-으쇼셔}가 사용되었다. 이 외에 청유형 종결어미로 대표적인 것은 {-져}이며, 감탄형 종결어미로는 {-ㄹ쎠}나 {-에라}가 있었다.

연결어미는 문장을 종결하는 것이 아니라 다음 말에 문장을 이어주는 역할을 한다. {-거늘}, {-거든}, {-고}, {-니}와 같이 현대국어와 동일한 형태의 어미가 존재하였다. 그러나 그 쓰임이 완전히 같지는 않았는데, {-거늘}, {-거든}과 같이 선어말어미 {-거-}가 포함된 어미는 선어말어미 {-으시-}가 결합되면 '거시늘', '거시든'과 같이 불연속적인 모습의 형태로 나타났다. 또한 중세국어에서는 선어말어미 '-오-'가 포함된 어미 {-오ᄃᆡ}, {-오려} 등이 존재하였다. 이들은 현대국어의 '-되', '-(으)려'로 이어지지만 중세국어에서는 '-ᄃᆡ', '-려' 등이 단독으로 쓰인 경우가 보이지 않는다. 따라서 중세국어의 공시적 기준에 따라 {-오ᄃᆡ}, {-오려}는 각각 하나의 어미로 처리된다. 현대국어에서 볼 수 없는 연결어미도 존재하였다. 예를 들어 {-ㄹ쎠}는 중세국어에서 자주 쓰였던 연결어미 중 하나이며, 현대국어의 '-므로'와 같이 원인의 의미를 나타낸다.

전성어미는 용언이 다른 품사의 기능을 수행하도록 만들어 주는 어미이다. {-기}와 {-옴}은 중세국어에서 발견되는 명사형 전성어미이다. {-옴}은 연결어미 {-오ᄃᆡ}, {-오려}와 같이 '-오-'가 포함되어 있으나 하나의 어미로 처리한다. 관형사형 전성어미로는 현대국어와 마찬가지로 {-ㄴ}, {-ㄹ}이 존재하였다. 다만 중세국어의 관형사형 전성어미는 명사적 용법을 보이기도 했다는 점을 중세국어의 특징으로 들 수 있다(예 그딋 **혼** 조초 ᄒᆞ야). 부사형 전성어미는 현대국어와 마찬가지로 {-이}를 설정할 수 있다.

다음으로 선어말어미는 높임, 시상時相, 양태 등을 표시하는 기능을 하였다. {-으시-}, {-ᄉᆞᆸ-}, {-이-}는 높임을 나타내는 선어말어미이다. 현대국어와 달리 중세국어에서는 주체 높임뿐만 아니라 객체 높임과 상대 높임도 선어말어미를 통해 실현되었다. {-으시-}는 현대국어의 '-(으)시-'와 마찬가지로 주어를 높이는 기능을 하였다. {-숩-}은 목적어나 부사어를 높이는 객체 높임 선어말어미이다. 현대국어의 상대 높임법 '-습니다'에 그 흔적을 남기고 있으나 {-숩-}은 중세국어에서 객체 높임의 기능을 하였다. {-숩-}은 어간의 끝소리와 어미의 첫소리에 따라 '-숩', '-숳-', '-줍-', '-줗-', '-숩-', '-숳-' 등의 다양한 이형태로 나타났다. {-이-}는 청자를 높이는 상대 높임 선어말어미이다. 상대 높임법이 종결어미로만 실현되는 현대국어와 달리 중세국어에서는 {-이-}와 같이 선어말어미에 의해서도 실현되었다. {-이-}는 평서형 종결어미 '-다' 앞에 놓여 '이다'와 같이 사용되었다.

다음으로 {-더-}, {-ᄂᆞ-}, {-리-}는 중세국어에서 시상을 나타내는 선어말어미이다. 시상은 시제와 상을 아울러 이르는 말이다. 시제는 사태가 발생한 시간적 위치를 나타내는 문법 범주이며, 상은 사태의 시간적 구조나 전개 양상을 바라보는 관점과 관련된 문법 범주이다. {-더-}는 동사나 형용사 어간에 결합되어 과거 시제를 표현한다. 특히 동사에 결합될 때에는 과거 시제와 동시에 비완망상非完望相을 나타냈다. 비완망상이란 멀리서 사태의 전모를 완전히 보는 완망상完望相과 달리, 사태 가까이서 내적 전개 양상을 바라보는 것이다. 또한 중세국어에서 과거 시제는 동사 어간에 아무런 선어말어미가 결합되지 않은 것(이른바 '부정법不定法')으로도 표현이 가능하였는데, 이때에는 완망상을 나타냈다. {-ᄂᆞ-}는 중세국어의 현재 시제 선어말어미로, 현대국어와 마찬가지로 동사 어간에만 결합될 수 있었다. 다음으로 {-리-}는 미래 시제를 나타내는 선어말어미이다. {-리-}는 미래 시제와 함께 추측이나 의도의 양태적 의미를 담고 있다.

또한 선어말어미는 양태를 표현할 수 있었다. 양태란 어떤 사태에 대한 화자의 주관적 태도나 판단을 나타내는 의미 범주를 말하며, 이를 문법적 장치를 통해 나타내는 것을 서법敍法이라고 한다. {-거-}, {-돗-}은 중세국어에서 양태를 표시하는 기능을 한 선어말어미이다. 이른바 확인법 선어말어미라고 불리는 {-거-}는 화자가 어떤 사태에 대해 확정적으로 진술할 때에 쓰인다. {-거-}는 결합되는 어간의 성격에 따라 이형태가 달리 나타났다. 어간이 타동사일 경우 '-어-'로, 비타동사일 경우 '-거-'로 실현되었다. 그런데 자동사와 타동사의 구분은 동사 자체의 특성에 의한 것이 아니라, 문장 안에서 목적어를 필요로 하는지 여부에 의해 이루어진다. 따라서 {-거-}의 이형태가 결정되는 조건은 형태론적인 것이 아니라 통사론적인 것임을 알 수 있다.

{-돗-}은 흔히 감동법 선어말어미라고 불리는 것으로, 화자의 감탄이나 감동의 태도를 드러냈다. {-돗-}의 이형태로는 '-옷-', '-도-' 등이 있으며, 이들은 뒤에 매개모음이 결합할 경우 원순모음화를 일으키는 특징을 지니고 있다. 예컨대 '-도ᄼ이다'(-돗-+-ᄋ이-+-다)는 항상 원순모음화된 '-도소이다'로 나타난다.

중세국어에서는 {-오-}와 같이 다양한 기능을 지니는 선어말어미도 나타난다. {-오-}의 첫 번째 기능은 이른바 인칭법 선어말어미로, 주어가 1인칭인 경우(주어와 화자가 일치하는 경우) 서술어의 어간에 {-오-}가 결합되어 나타난다. 예컨대 '내 尊호라'는 '나+ㅣ#尊ᄒ-+-오-+-라'로 분석되는데, 이때 {-오-}는 1인칭 주어 '나'로 인해 나타난 것이다. {-오-}의 두 번째 기능은 이른바 대상법 선어말어미로, 관형사절의 서술어에서 발견된다. 주로 후행하는 피수식 명사가 관형사절의 생략된 목적어 혹은 부사어일 경우에 나타난다. 예를 들어 '父母 나혼 모매'의 관형사절에는 목적어 '몸'이 생략되어 있다. 이에 따라 관형사절의 서술어 '나혼'(낳-+-오-+-ㄴ)에 {-오-}가 결합되었다.[95]

그러나 높임, 시상, 양태가 선어말어미로만 표현되는 것은 아니다. 예컨대 부사격조사 'ᄉ그에/ᄭ의/ᄉ긔'는 {-ᅀᆞᆸ-}과 함께 부사어를 높이는 역할을 하였다(예 王ᄭ 받ᄌᆞᄫᆞ대). 또한 '좌시다', '겨시다'는 각각 '먹다', '잇다'에 대응하는 주체 높임의 특수 어휘이며, '숣다', '뫼시다'는 '말ᄒ다', '드리다'에 대응하는 객체 높임의 특수 어휘이다.

또한 연속상과 결과상은 보조 용언 구성으로 표현될 수 있었다. 연속상이란 사태가 지속되고 있음을 나타내는 것인데, 중세국어에서 '-어 잇-'으로 표현되었다(예 누늘 長常 ᄢᆞ라 잇더라). 이는 현대국어에서 연속상이 '-고 있-'으로 표현되는 것과 차이를 보여 준다(예 눈을 항상 보고 있더라). 결과상이란 과거 사태의 결과가 현재까지 지속되고 있음을 나타내는 것인데, 중세국어에서 '-어 잇-' 혹은 '-고 잇-'으로 표현되었다(예 네 아비 목수미 다아 잇더니, 됴ᄒ 좀 뮈우고 잇거니). 현대국어에서도 결과상은 '-어 있-' 혹은 '-고 있-'으로 표현된다(예 그는 의자에 앉아 있다, 그는 파란 옷을 입고

---

95 다만 관형사절의 서술어에 쓰인 {-오-}가 모두 대상법 선어말어미로 설명되지는 못한다. 피수식 명사가 관형사절의 생략된 목적어나 부사어가 아닌 경우에도 {-오-}가 나타나는 경우가 있다.
  예 절ᄒ고 울며 얻니논 ᄠ들 니론대 〈효자:22a〉

있다[옷을 입은 상태]).

양태는 다양한 문법 요소에 덧붙는 경우도 많다. 예를 들어 {-리-}나 {-ᄂ-}와 같이 시제를 나타내는 어미는 양태적 의미를 함께 지닐 수 있었다. {-리-}는 추측 혹은 의도의 태도를, {-ᄂ-}는 다소 확정적인 화자의 태도를 나타낼 수 있다. 의문형 종결어미 {-ㄴ가/-ㄴ고}, {-ㄹ가/-ㄹ고}는 추측의 의미를 포함하는 경우가 있다.

중세국어의 문법적 특징

[1] 특수한 곡용을 보이는 체언

체언에 조사가 결합하여 격을 변화시키는 것을 곡용이라 한다. 중세국어 대부분의 체언은 현대국어에서와 마찬가지로 형태 변화 없이 조사가 결합되는 일반적인 곡용 양상을 보인다. 그러나 일부 체언은 특수한 곡용을 보이기도 하였다.

> ① 'ㅎ' 보유 명사: 갈ㅎ, 돌ㅎ, 하ᄂᆞᆯㅎ, … cf. 하ᄂᆞᆯ콰 vs. 하ᄂᆞᆯ와
> ② 'ㄱ' 곡용 명사: 나모~낡, 구무~굶, 녀느~년, 불무~붊, …
> ③ 'ᄅᆞ' 종결 명사: 노ᄅᆞ~놀, ᄒᆞᄅᆞ~홀ㄹ, ᄆᆞᄅᆞ~몰ㄹ, ᄀᆞᄅᆞ~골/글ㄹ, …
> ④ 'ᅀᆞ' 종결 명사: 아ᅀᆞ~앗, 여ᅀᆞ~엿, …
> ⑤ '이' 종결 명사: 아비~압(아븨, 아바), 아기~악(아긔, 아가), …

①은 조사와 결합될 때 'ㅎ'이 나타나며, ②, ③, ④는 결합하는 조사가 자음으로 시작되는지 모음으로 시작되는지에 따라 곡용의 양상이 달라진다. ⑤는 관형격조사나 호격조사와의 결합에서 체언의 형태가 1음절로 나타난다는 점에서 특수하다.

[2] 특수한 활용을 보이는 용언

중세국어 용언 중에는 현대국어에서 찾아볼 수 없는 활용 양상을 보이는 것들이 있다. ①, ②와 같이 어간 말음이 /ㅸ/, /ᅀ/인 경우에는 자음으로 시작하는 어미 앞에서 'ㅂ', 'ㅅ'로 교체되어 나타난다. 또한 ③, ④, ⑤와 같이 불규칙 활용을 하는 경우도

있다. 이들 어간은 자음 어미나 매개모음 어미 앞에서는 'Xㅁ/므-', 'Xㅅ/스-', 'Xㄹ/르-'로 나타나다가, 모음으로 시작하는 어미 앞에서는 형태가 교체된다. 특히 ⑤의 '르/르'로 끝나는 어간은 개별 어휘에 따라 'ㄹㅇ형'(달아, 닐어 등) 또는 'ㄹㄹ형'(몰라, 흘러 등)으로 나타난다.

　　① 'ㅸ' 규칙 활용: 치뷔~칩고, 도뵴~돕고, …
　　② 'ㅿ' 규칙 활용: 조사~좃고, 지서~짓고, …
　　③ 'ㅁ/므' 불규칙 활용: 두ᄆᆞ다[浸]~둠가, 시므다[植]~심거, …
　　④ 'ㅅ/스' 불규칙 활용: 부ᅀᅮ다[碎]~봇아, 그스다~긋어, …
　　⑤ '르/르' 불규칙 활용
　　　　① ㄹㅇ형: '르/르'로 끝나는 어간이 모음 어미와 결합할 때 'ㄹㅇ' 형태로 활용
　　　　　　例 가ᄅᆞ다[分], 니르다/니르다[謂], 다ᄅᆞ다[異], 오ᄅᆞ다[上] 등
　　　　② ㄹㄹ형: '르/르'로 끝나는 어간이 모음 어미와 결합할 때 'ㄹㄹ' 형태로 활용
　　　　　　例 모ᄅᆞ다[不知], 무르다[乾], 브르다[呼], ᄲᆞ르다[速], 흐르다[流] 등

[3] 모음조화에 따른 형태 결합

중세국어에서는 현대국어에 비해 모음조화가 비교적 잘 지켜졌다. 양성모음 /ㅏ/, /ㅗ/, /ㆍ/ 등으로 끝나는 체언 및 어간 뒤에는 양성모음을 지닌 조사 및 어미가 결합되었으며, 음성모음 /ㅓ/, /ㅜ/, /ㅡ/ 등으로 끝나는 체언 및 어간 뒤에는 음성모음을 지닌 조사 및 어미가 결합되었다. 한편, '골거믜', '들뺴', '춤기름' 등에서 볼 수 있듯 파생어에서 접두사는 모음조화를 준수하지 않는 모습을 보여 준다.

• 격조사: 'ᄋᆞᆯ/을/룰/를', '애/에', 'ᄋᆡ/의', ……
• 보조사: 'ᄋᆞᆫ/은/ᄂᆞᆫ/는', ……
• 선어말어미: '-오-/-우-', ……
• 어말어미: '-아/-어', ……
• 접미사: '-ᄋᆡ/-의', '-옴/-움', '-오/-우', '-ᄋᆞ/-으', ……
　　cf. 골가마괴 vs. 골거믜, 들뺴 vs. 들기름, 춤ᄡᆡ vs. 춤기름

[4] '오/우'를 선접한 어미

중세국어에서 선어말어미 {-오-}를 선접한 어미로는 {-오딕}, {-오려}, {-옴} 등이 있다. 이들 어미는 {-오-} 없이 '-딕', '-려', '-ㅁ'으로 나타나지 않기 때문에 {-오-}를 따로 분석하지 않는다.

- 연결어미 '-오딕/-우딕'
  - 예 훈 臣下 ㅣ 王끽 <u>솔보딕</u> 太子 ㅣ 져머 겨시니 뉘 기르ᅀᆞᄫᆞ려뇨 〈석보상절(1447) 3:3a〉
- 연결어미 '-오려/-우려'
  - 예 다 金翅鳥 ᄃᆞ외야 龍ᄋᆞᆯ <u>자바머구려</u> 홀씨 〈월인석보(1459) 7:38b·39a〉
- 전성어미 '-옴/-움'
  - 예 뫼해 <u>듀ᇝ과</u> 므레 <u>싸듀ᇝ과</u> 브레 <u>술욤과</u> ᄇᆞ로매 <u>불욤과</u> 〈선종영가집언해(1464) 하:140a〉

[5] 체언의 어휘적 성격에 따른 형태 결합

중세국어의 관형격조사는 체언의 어휘적 성격에 따라 형태가 달리 나타난다. 존칭의 유정 체언 또는 무정 체언 뒤에서는 관형격조사가 'ㅅ'으로 나타나고, 평칭의 유정 체언 뒤에서는 '이/의'로 나타난다. 예컨대 아래의 '大梵天王', '父母'는 존칭의 유정 체언이고, '히'는 무정 체언이기 때문에 'ㅅ'이 결합되었다. 그리고 '力士', '즁'은 평칭의 유정 체언이므로 모음조화에 따라 각각 '이', '의'가 결합되었다.

- 존칭의 유정 체언 또는 무정 체언
  - 예 尸棄ᄂᆞᆫ <u>大梵天王ㅅ</u> 일후미니 〈석보상절(1447) 13:6b〉
  - 예 그 저긔 두 아ᄃᆞ리 <u>父母끽</u> 솔보딕 〈석보상절(1447) 21:39a·b〉
  - 예 正統ᄋᆞᆫ 이젯 皇帝 셔신 後로 샹녜 쓰ᄂᆞᆫ <u>힛</u> 일후미라 〈월인석보(1459) 서:6b〉
- 평칭의 유정 체언
  - 예 那羅延ᄋᆞᆫ 하ᄂᆞᆳ <u>力士이</u> 일후미니 〈월인석보(1459) 18:78a〉
  - 예 우리 <u>즁의</u> 머리예 이시며 나히 다 늘그며 〈법화경언해(1463) 2:177b〉

[6] 용언의 타동성에 따른 형태 결합

중세국어의 어미 중에는 어간이 목적어를 필요로 하는 타동사인지 그렇지 않은 비타동사인지에 따라 형태가 달라지는 것들이 있다. 예컨대 선어말어미 {-거-}, 어말어미 {-거늘}, {-거든}은 타동사 뒤에서 '-어-', '-어늘', '-어든'으로 나타나고, 자동사 뒤에서 '-거-', '-거늘', '-거든'으로 나타난다.

- 타동사의 경우
    - 예 셜볼 뻐 衆生이 正혼 길흘 <u>일허다</u> 〈석보상절(1447) 23:19b〉
    - 예 王이 쏘 功德을 <u>무러늘</u> 對答호디 〈석보상절(1447) 24:38a〉
    - 예 닐구븐 法律에 그른 이롤 <u>지서든</u> 〈월인석보(1459) 10:21a〉
- 비타동사의 경우
    - 예 아비를 보라 가니 어미도 몯 보아 시르미 더욱 <u>깁거다</u> 〈월인석보(1459) 8:101b〉
    - 예 孔雀이 목빗 ᄀᆞ툰 프를 븨여 <u>가거늘</u> 〈석보상절(1447) 3:42b〉
    - 예 蓮花ㅅ 가온디 열두 大劫이 ᄎᆞ거ᅀᅡ 蓮花ㅣ <u>프거든</u> 〈월인석보(1459) 8:75b〉

[7] 불연속 형태의 존재

중세국어의 어말어미 {-거든}, {-거늘}, {-거지라} 등은 선어말어미 {-으시-}나 {-이-}가 결합되면 불연속 형태로 나타났다. {-거든}, {-거늘}에 {-으시-}가 결합되면 '거'와 후속 요소 사이에 {-으시-}가 위치하여 '거시든', '거시늘'로 실현되고, {-거지라}에 {-이-}가 결합되면 '거지이다'로 실현된다.

- -거든 vs. -거시든
    - 예 涅槃올 得고져 <u>호거든</u> 〈월인석보(1459) 4:37a〉
    - 예 王이 보비롤 얻고져 <u>호거시든</u> 〈월인석보(1459) 1:27a〉
    - cf. 諸菩薩돌콰로 소놀 심겨 <u>迎接호시거든</u> 〈월인석보(1459) 8:48b〉
- -거늘 vs. -거시늘
    - 예 衆生과 부텨왜 ᄒᆞᆫ가지로 두어 本來 <u>淸淨호거늘</u> 〈월인석보(1459) 11:112a〉
    - 예 普廣菩薩이 佛如來 地藏菩薩올 稱揚讚歎<u>호거시늘</u> 〈월인석보(1459) 21:100a·b〉
    - cf. 그 金像이 世尊 보ᅀᆞ봉시고 合掌ᄒᆞ야 <u>禮數호시거늘</u> 〈월인석보(1459) 21:204a〉
- -거지라 vs. -거지이다
    - 예 그 아기 닐굽 설 머거 아비 보라 <u>니거지라</u> 혼대 〈월인석보(1459) 8:101b〉
    - 예 韋提希 請ᄒᆞᅀᆞ바 淨土애 <u>니거지이다</u> 〈월인석보(1459) 8:1a〉

[8] 선어말어미의 화합

형태소의 화합이란 두 형태소가 결합하여 음운론적으로 분석 불가능한 하나의 형태소로 바뀌는 현상을 말한다. 중세국어에서는 선어말어미 {-더-}가 {-오-}나 {-옷-}과 결합하면 각각 '-다-', '-닷-'으로 나타나며, 선어말어미 {-거-}가 {-오-}와 결합하면 '-가-'나 '-과-'로 나타난다. 예컨대 아래의 '자다라'는 '자-+-더-+-오-+-라'로, '아니ᄒᆞ시닷다'는 '아니ᄒᆞ-+-시-+-더-+-옷-+-다'로, '行ᄒᆞ가니'는 '行ᄒᆞ-+-거-+-오-+-니'로, '얻과라'는 '얻-+-거-+-오-+-다'로 분석된다.

- -더- + -오-/우- → '다'
  - 예 나논 渡頭ㅅ ᄆᆞᆯ애예 <u>자다라</u> 〈금강경삼가해(1482) 4:5a〉
- -더- + -옷- → '닷'
  - 예 父母ㅣ 子息 ᄉᆞ랑툿 ᄒᆞ샤 허믈 <u>아니ᄒᆞ시닷다</u> 〈월인석보(1459) 4:30b·31a〉
- -거- + -오-/우- → '가'
  - 예 내 仁義禮智信을 아라 <u>行ᄒᆞ가니</u> 〈금강경언해(1464) 21b〉
- -거- + -오-/우- → '과'
  - 예 내 오ᄂᆞᆯ 큰 利ᄅᆞᆯ <u>얻과라</u> 〈법화경언해(1463)4:84a〉

[9] 비통사적 합성어

비통사적 합성어란 단어들이 모여 문장을 구성하는 방식, 즉 통사적 방식과는 다른 방식으로 형성된 합성어를 말한다. 이는 중세국어와 현대국어에서 모두 발견되는 단어 형성법이다. 아래에 제시된 합성 동사 및 합성 형용사는 용언 어간에 연결어미가 결합하지 않고 바로 또 다른 용언 어간이 결합되어 형성된 비통사적 합성어이다. 또한 합성 명사의 경우는 관형사형어미 없이 용언 어간(뾪-, 븕-)에 명사(돌, 쥐)가 바로 결합되어 형성된 비통사적 합성어이다.

- 합성 동사: 듣보다, 오ᄅᆞᄂᆞ리다, 죽살다, 빌먹다, …
- 합성 형용사: 됴쿶다, 검븕다, 감ᄑᆞᄅᆞ다, 횩뎍다, …
- 합성 명사: 뾫돌, 븕쥐, …

[10] 어간형 부사

중세국어에서는 용언 어간 자체가 부사로 기능하기도 하였다. 이러한 부사는 용언의 어간에 영형태의 부사 파생 접미사가 결합한 것으로 설명할 수 있다. 예컨대 아래의 부사 '비릇'은 동사 '비릇다'에서, '바루'는 형용사 '바루다'에서 형성된 어간형 부사이다.

- 동사 어간에서 온 부사: 비릇[始], ᄉᆞᄆᆞᆺ[通], ᄂᆞ외[更], 도로혀[反], …
- 형용사 어간에서 온 부사: 바루[直], 비브르[飽], 굗[如], 하[多/大], …

【어간형 부사 목록】

가루, 갓초, 거스리/거ᄉᆞ리, 거싀, 거의, 건내, 계오/계우, 고로, 고초, 곳초, 굿, 그르/그ᄅᆞ, 그우리, 굿치, 기르, 기오리, 기우, ᄀᆞ독, ᄀᆞᄅᆞ, ᄀᆞ족, ᄀᆞ초, 굗, 굗초, 굶, 굣, 굣비, 굣초, 나ᅀᅩ, 너므, 누르, 니기, 니르, 니ᄅᆞ, 닛우, 닚우, 누리, ᄂᆞ외, 놀내, 더듸/더디, 덜, 도로, 도로혀/도ᄅᆞ혀/도ᄅᆞ혀, 되오, 두로/두루/둘우, 마초, 모도, 몯, 믈리, 밋, 믈기, 못, 바로/바르/바루, 반기, 반독, 부치, 비릇, 빗, 빗기, 빗내, 볼기, 비브르/비브르, 삼가, 새, ᄉᆞ못, ᄉᆞᄆᆞ치, ᄉᆞᄆᆞᆺ, 아니, 아독, 어리, 오리, 욕도이, 우이, 이로, 이어이, 익이, 일, 졈, 조리, 줏그리, 차, 칙, 하, 횟도로/횟두루, 흘리

[11] 자·타동 양용동사(=능격동사)

중세국어의 동사는 자동사의 쓰임과 타동사의 쓰임을 모두 가지고 있는 경우가 많다. 예컨대 아래의 중세국어 '흗다'는 자동사 "(~이) 흩어지다"와 타동사 "(~을) 흗다"의 쓰임을 모두 보인다. 자동사로 쓰인 '흗다'와 달리 타동사로 쓰인 '흗다'는 목적어 '고졸'을 취하고 있는 것을 볼 수 있다.

흗다[散]
[자동사] (~이) 흩어지다
예 天上애 구룸 <u>흐터ᅀᅡ</u> 둘 나둧 ᄒᆞ며 〈원각경언해(1465) 상1-1:56b〉
[타동사] (~을) 흗다
예 만혼 일훔난 <u>고졸 흐터</u> 種種奇妙로 莊嚴ᄒᆞ며 〈법화경언해(1463)3:62b〉

한편, 동사가 목적어를 갖는지 그렇지 않는지는 본질적으로 동사의 형태론적 속성에

의한 것이 아니다. 그것은 동사가 문장 안에서 실제로 어떻게 쓰였는지를 통해서만 알 수 있다는 점에서 통사론적 속성에 의한 것이다.

> 예 비취다
> 光明이 <u>비취어든</u> 돋니시며 〈월인석보(1459) 2:59b〉
> 明月珠ㅣ 그 고돌 <u>비취여든</u> 〈능엄경언해(1461) 9:106a〉
> 예 열다
> 東門이 <u>열어든</u> 보고 東門으로 허위여 두르면 〈월인석보(1459) 23:80b〉
> 東觀올 <u>여러든</u> 님그미 長卿을 무르시놋다 〈두시언해_초간(1481) 21:14a〉

위의 '비취다'와 '열다'는 자·타동 양용동사로, 밑줄 친 부분은 각각 '비취어든(비취-+-거든)', '비취여든(비취-+-어든)', '열어든(열-+-거든)', '여러든(열-+-어든)'으로 분석된다. {-거든}은 타동사 어간 뒤에서 '어'형으로, 비타동사 어간 뒤에서 '거'형으로 나타나므로 이를 통해 '비취다'와 '열다'가 자동사로 쓰였는지 타동사로 쓰였는지가 구분된다. 이때 '거'형이 쓰인 '비취어든'과 '열어든'에서는 각각 반모음과 /ㄹ/ 뒤의 /ㄱ/ 탈락 현상을 관찰할 수 있다.

자동사와 타동사의 구분은 동사 자체의 특성에 의해 구분되는 것이 아니다. 그것은 동사가 문장 안에서 목적어를 필요로 하는지 그렇지 않은지에 의해 구분된다. 따라서 자동사와 타동사의 구분은 기본적으로 통사론적인 것이다. 위에서 살펴본 자·타동 양용 동사의 쓰임은 이러한 사실을 분명하게 보여 준다.

[12] 동사적 특성을 지닌 형용사

중세국어의 형용사는 동사적 특성을 함께 지니고 있는 경우가 많다. 아래의 '됴ᄒ다/둏다'를 대표적인 예로 들 수 있다. 현대국어의 형용사 '좋다'로 이어지는 '됴ᄒ다/둏다'는 중세국어에서 형용사와 동사의 쓰임을 모두 보여 준다. '됴ᄒ다/둏다'가 형용사로 쓰일 때에는 현대국어와 마찬가지로 "좋다"의 의미를 나타내고, 동사로 쓰일 때에는 "좋아지다"의 의미를 나타낸다.

• 됴ᄒ다/둏다

　　[형용사] 좋다

　　예 <u>됴커나</u> 굿거나 아룸답거나 아룸답디 아니커나 〈석보상절(1447) 19:20a〉

　　[동사] 좋아지다

　　예 王이 좌시고 病이 <u>됴ᄒ샤</u> 이 말 드르시고 놀라 〈석보상절(1447) 11:21a〉

　　그 밖에 다양한 형용사가 자동사적 용법을 보여 준다. 아래와 같이 동사와 함께 쓰일 만한 어미 및 보조 용언 구성이 형용사 어간에 결합하거나, 변화의 의미를 내포하는 부사가 형용사를 수식하기도 하였다. 이는 중세국어에서 형용사가 자동사처럼 사용될 수 있었음을 보여 준다.

　　① 선어말어미 '-ᄂᆞ-'와 결합

　　　　예 손밧 히미 올ᄆ며 四肢 <u>ᄎᆞᄂᆞ니</u> 〈구급방언해(1466) 상:31a〉

　　② 주어의 의지/의도와 관련된 연결어미 '-고져', '-과뎌'와의 결합

　　　　예 고지 <u>븕고져</u> ᄒᆞᄂᆞᆺ다 〈두시언해_초간(1481) 10:18b〉

　　③ 변화를 전제로 하는 보조 용언 구성 '-어 가다'와 결합

　　　　예 殘花ᄂᆞᆫ ᄒᆞ마 <u>업서 가ᄂᆞᆫ</u> 고지라 〈남명집언해(1482) 상:5a〉

　　④ 변화의 의미를 내포하는 부사의 수식을 받음

　　　　예 그 므리 <u>漸漸 젹거늘</u> 〈월인석보(1459) 10:24a〉

[13] 관형사형어미의 명사적 용법

　　중세국어의 관형사형어미 '-ㄴ', '-ㄹ'은 주어나 목적어와 같은 문장성분을 이룸으로써 명사적 용법을 보여 준다. 이러한 용법은 이들 어미가 본래 명사형어미로 쓰였던 과거의 흔적이 일부 남은 것으로 이해된다. 예를 들어 아래의 '그뒷 혼 조초 ᄒᆞ야'는 "그대가 한 것 좇아 하여", '다ᇙ 업시'는[96] "다함 없이"로, '슬픐 업시'는 "슬픔 없이"로 해석되어, 관형사형어미가 명사적 용법을 보여 주고 있다.

96　'다ᇙ 업시'의 관형사형어미는 '-ᄚ'의 표기로 나타나고 있는데, 이는 관형사형어미 '-ㄹ'의 이표기이다. 중세국어 문헌에서 관형사형어미 '-ㄹ'은 '-ᇙ', '-ᄚ'로도 나타난다.

예 그딋 혼 조초 ᄒᆞ야 뉘읏븐 ᄆᆞᅀᆞ믈 아니호리라 ᄒᆞ더니 〈석보상절(1447) 6:8b〉

예 내 願호ᄃᆡ 일로 流布호ᄃᆡ <u>다ᅌᆞ</u> 업시 호리라 ᄒᆞ니 〈능엄경언해(1461) 1:4b〉

예 놀애ᄅᆞᆯ 노외야 <u>슬픐</u> 업시 브르ᄂᆞ니 〈두시언해_초간(1481) 25:53a〉

[14] 인용 조사의 결여

중세국어의 인용문에서는 현대국어의 인용 조사 '라고'(직접 인용), '고'(간접 인용)에 해당하는 조사가 쓰이지 않는다. 아래 예를 보면 인용문 '엇뎨 우는다', '江南이라' 뒤에 인용 조사가 결여된 것을 확인할 수 있다.

예 王이 두리샤 <u>엇뎨 우는다</u> ᄒᆞ신대 〈석보상절(1447) 3:1b〉
　(왕이 두려워하시어 <u>"어찌 우느냐?"라고</u> 하시니)

예 우리나랏 常談애 <u>江南이라</u> ᄒᆞᄂᆞ니라 〈훈민정음 언해본(1447) 정음:1a·b〉
　(우리나라의 상담(늘 쓰는 말)에 <u>강남이라고</u> 하니라)

[15] 한 번 더 출현하는 접속조사 '와/과'

현대국어에서는 여러 체언들이 하나의 문장성분으로 쓰일 때 이들 체언을 하나의 집단으로 묶어 조사를 결합하는 이른바 '집단 곡용' 현상이 나타난다. 예를 들어 '밥과 반찬을 먹는다.'에서 '밥'과 '반찬'은 하나의 집단으로 묶인 후에 조사 '을'이 결합되었다.

중세국어에서도 현대국어와 마찬가지로 집단 곡용 현상이 나타났다. 그러나 접속조사 '와/과'로 체언들을 접속시키는 점은 현대국어와 같지만, 마지막 체언에도 접속조사가 한 번 더 결합할 수 있었던 점은 현대국어와는 다른 중세국어의 특징이라고 할 수 있다. 아래의 예에서 '부텨와 즁과ᄅᆞᆯ'은 현대국어라면 '부처와 중을'로, '기름과 믈왜'는 '기름과 물이'로 나타났을 것이다.

이처럼 중세국어에서 접속조사 '와/과'가 마지막 체언에도 결합되는 것이 일반적이다. 그러나 아래 예의 '걸와 므리(결과 물이)'처럼 마지막 체언에 접속조사가 붙지 않는 경우들도 나타나는데, 이러한 모습은 현대국어와 동일한 것이라고 할 수 있다.

예 <u>부텨와 즁과ᄅᆞᆯ</u> 請ᄒᆞᅀᆞᆸ보려 ᄒᆞ닝다 〈석보상절(1447) 6:16b〉

예 기름과 믈왜 堅實호미 업숨 곧ᄒᆞ야 〈원각경언해(1465) 상2-2:27a〉

cf. 결와 므리 서르 브터 ᄒᆞᆫ가짓 緣 니루미라 〈선종영가집언해(1464) 하:99b〉

[16] 의문사 유무에 따른 문법 요소의 형태 교체

의문문은 의문사가 있는 경우(설명의문문)와 없는 경우(선택의문문)로 나뉜다. 중세국어에서 전자는 '오/우'형의, 후자는 '아'형의 의문 보조사나 종결어미를 취하는 특징이 있다.

아래 예들에서 의문사 '므슴, 누, 엇던, 어느, 어드메, 어듸'가 있는 설명의문문에서는 체언 뒤에 의문 보조사 '고, 구, 오'가, 용언의 어간 뒤에 종결어미 '-ㄴ고, -니오, -잇고'가 결합되었다. 반면 의문사가 없는 선택의문문에서는 체언 뒤에 의문 보조사 '가, 아'가, 용언의 어간이나 선어말어미 뒤에 종결어미 '-ㄴ가, -니아'가 결합되었다.

- 설명의문의 경우
    예 ᄯᅩ 무로ᄃᆡ 이 고즌 므슴 곳고 〈석보상절(1447) 23:40b〉
    예 오히려 누믜 죵이라 ᄒᆞ니 누ᄆᆞᆫ 누구 〈몽산화상법어약록언해(1467) 20b〉
    예 엇던 젼ᄎᆞ오 〈금강경삼가해(1482) 3:52a〉
    예 어느 法으로 得ᄒᆞ논고 〈월인석보(1459) 13:55b〉
    예 齊州ᄂᆞᆫ 어드메 잇ᄂᆞ니오 〈두시언해_초간(1481) 8:37b〉
    예 아바니미 어듸 가시니잇고 〈월인석보(1459) 8:97b〉
- 선택의문의 경우
    예 이ᄂᆞᆫ 賞가 罰아(是ᄂᆞᆫ 賞耶아 罰耶아) 〈몽산화상법어약록언해(1467) 53b〉
    예 安否ᄂᆞᆫ 便安ᄒᆞ신가 아니ᄒᆞ신가 ᄒᆞ논 마리라 〈석보상절(1447) 11:4a〉
    예 시러곰 아니 玄圃山이 믜여뎌 왓ᄂᆞ니아 〈두시언해_초간(1481) 16:29b〉

[17] 명사절이나 관형절의 관형격 주어

중세국어에서는 주어가 주격조사 대신 관형격조사를 취하는 일이 있는데, 이것은 통사적인 이유로 명사절이나 관형절에서 의미상의 주어가 관형격으로 실현되었기 때문이다. 예를 들어 아래 예에서 명사절 '너의 깃구믈'은 "네가 기뻐함을"로 해석되지만, 의미상의 주어 부분이 체언 '너'에 관형격조사 '의'가 결합되어 실현되었다. 또한 관형사절 '須達이 지순'은 "수달이 지은"으로 해석되지만, 의미상의 주어 부분이 '須達'에 관형격조사 '이'가 결합되어 실현되었다. 물론 '相이 지순'처럼 현대국어와 같이 주어가 주격조사를 취한 경우도 함께 나타난다.

예 내 너의 깃구믈 돕노니 〈석보상절(1447) 11:9b〉
예 舍衛國에 오실 쩌긔 須達이 지순 亭舍마다 드르시며 〈석보상절(1447) 6:38b〉
cf. 生死 輪廻와 身心 둟 相이 지순 젼ᄎ로 〈원각경언해(1465) 하2-1:58b〉

[18] 인칭에 따른 어미의 사용

중세국어에서는 주어의 인칭에 따라 서술어에 특정한 어미가 사용된다. 1인칭 주어와 호응하는 선어말어미 '-오/우-'와 2인칭 주어와 호응하는 의문형 종결어미 '-ㄴ다, -ㄹ다/-ㅭ다'가 대표적인 경우이다. 아래의 예에서 '다오니(다ᄋ-+-오-+-니)', '주규리이다(주기-+-우-+-리-+-이-+-다)', '호니(ᄒ-+-오-+-니)'에는 '-오/우-'가 결합되어 있는데, 이는 주어가 '내'나 '우리'로 1인칭이기 때문이다. 또한 '사ᄅ민다(사롬+이-+-ㄴ다)', '어든다(얻-+-은다)', '풀다(풀-+-ㄹ다)', '몯홀다(몯ᄒ-+-ㄹ다)', '훓다(ᄒ-+-ㅭ다)'에는 의문형 종결어미 '-ㄴ다', '-ㄹ다/ㅭ다'가 사용되었는데, 주어가 '그듸, 너희, 네'로 2인칭이기 때문이다.

- 1인칭: 선어말어미 '-오-/-우-'의 사용
  예 내 히미 다오니 … 도ᄌ골 주규리이다 〈삼강행실도(1490) 충신:14b〉
  예 우리 아바님 爲ᄒ야 ᄒ마 佛事를 호니 〈월인석보(1459) 19:79b〉
- 2인칭: 의문형 종결어미 '-ㄴ다', '-ㄹ다/-ㅭ다'의 사용
  예 그듸 엇던 사ᄅ민다 사ᄅ민다 〈월인석보(1459) 10:29b〉
  예 너희 어듸 가 이런 藥올 어든다 〈월인석보(1459) 21:218a〉
  예 네 能히 내게 풀다 몯홀다 〈원각경언해(1465) 하3-1:88a〉
  예 네 엇던 혜므로 나롤 免케 훓다 〈월인석보(1459) 21:56a·b〉

[19] 대용언 '흐다'의 사용

중세국어의 '흐다'는 앞에 쓰인 동사나 형용사를 대신하는 대(代)용언, 즉 대(代)동사와 대(代)형용사의 용법을 지니고 있다. 아래의 예 중 '흐느니'는 앞의 동사 '짓다'를 대신하고 있다. 또한 '흐녀'는 앞의 형용사 '하다[多/大]'를 대신하고 있다. 물론 용언이 반복될 때 항상 대용언만이 사용되는 것은 아니다. '하녀 몯 하녀'와 같이 원래의 용언이 반복될 수도 있다.

- 동사를 대신하는 경우
  - 예 소놀 두위혀 구루믈 <u>짓고</u> 소놀 업더리혀 비롤 <u>흐느니</u> 〈두시언해_초간(1481) 25:55b〉
- 형용사를 대신하는 경우
  - 예 이 善男子 善女人의 功德이 <u>하녀</u> 몯 <u>흐녀</u> 〈법화경언해(1463)7:68b〉
  - cf. 이 大施主의 得혼 功德이 <u>하녀</u> 몯 <u>하녀</u> 〈월인석보(1459) 17:48b〉

[20] 통사 구조에 의한 높임 표현 선어말어미들의 분포

중세국어에서 높임 표현의 선어말어미들은 일정한 분포 특성을 갖는데, 이것은 높임의 대상과 관련된 대칭적인 통사 구조가 반영된 결과이다. 목적어나 부사어를 높이는 객체 높임 선어말어미 {-숩-}, 주어를 높이는 주체 높임 선어말어미 {-으시-}, 청자를 높이는 상대 높임 선어말어미 {-이-}가 어간 뒤에 차례로 나타난다.

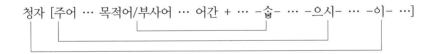

아래의 예에서 '기르숩시니이다'는 '기르-+-숩-+-ᄋ시-+-니-+-이-+-다'로 분석되는데, 화자 '阿難'이 목적어 '부텨'를 높이기 위해 '-숩-'을, 주어 '大愛道'를 높이기 위해 '-ᄋ시-'를, 청자 '부텨'를 높이기 위해 '-이-'를 사용했다.

예 阿難이 다시 (부텨끠) 솔ᄫ오디 大愛道ㅣ 善혼 ᄠ디 하시며 부톄 처섬 나거시놀 손소 (부텨를) <u>기르숩시니이다</u> 〈월인석보(1459) 10:19a〉

[21] 선어말어미들의 통합 순서

중세국어의 선어말어미들은 일정한 통합 순서를 지니고 있다. 통사 구조를 반영한 높임 표현의 선어말어미들을 중심으로 시상時相 tense & aspect 및 서법敍法 mood과 관련된 선어말어미들이 나름대로의 범주를 이루어 통합되는 모습을 보인다.

한편, {-거-}와 {-더-}는 주체 높임 선어말어미 {-으시-} 앞에 나타나는 경우와 {-리-}와 결합되어 '리어', '리러'로 나타나는 경우로 두 가지 분포를 보인다. 이때 전자는 시상적 특성을, 후자는 서법적 특성을 가지는 것으로 이해된다.

- [숩] - 거$_1$ ‖ 더$_1$(시상)
    - 예 父母님 兩分을 하눐ㄱ티 <u>셤기숩더시니</u> 〈월인석보(1459) 20:39a〉
    - 예 엇던 因緣으로 諸聲聞이 이런 決을 <u>得ㅎ숩거뇨</u> 〈월인석보(1459) 15:32b-33a〉
- 거$_1$ ‖ 더$_1$(시상) - [으시] - 이
    - 예 無量 劫으로셔 ㅎ샨 修行이 이제 와 <u>닉거시이다</u> 〈석보상절(1447) 3:25a〉
- [으시] - ᄂ - 니 - [이]
    - 예 尊者ㅣ 一萬八千 比丘 ᄃ리시고 <u>오시ᄂ니이다</u> 〈월인석보(1459) 25:95a〉
- ᄂ - 오 - [이]
    - 예 淨土애 가아 나고져 <u>ㅎ노이다</u> 〈월인석보(1459) 8:5a〉
- 오 - 리
    - 예 내 漸漸 度脫ㅎ야 큰 利롤 얻긔 <u>ㅎ오리니</u> 〈석보상절(1447) 11:9a·b〉
- [으시] - 리 - 거$_2$ ‖ 더$_2$(서법) - 니
    - 예 빅도 골ᄑ시고 바볼 뉘 받ᄌ봉려뇨 어드러로 <u>가시리어뇨</u> 〈월인석보(1459) 22:11b〉
    - 예 당다이 간 짜홀 <u>아ᄅ시리러니라</u> ㅎ고 〈월인석보(1459) 21:21a〉
- [으시] - 리 - 돗 - [이]
    - 예 지븨 겨시면 輪王이 <u>ᄃ외시리로소이다</u> 〈석보상절(1447) 3:1a〉
- 리 - 돗 - 니
    - 예 어마니믈 <u>아라보리로소니잇가</u> 〈월인석보(1459) 23:86b〉

이상을 통해 중세국어에서 보이는 선어말어미들의 일반적인 통합 순서는 다음과 같음을 알 수 있다.

어간 + [숩] - 거$_1$ ‖ 더$_1$(시상) - [으시] - ᄂ - 오 - 리 - 거$_2$ ‖ 더$_2$(서법)
- 돗 - 니 - [이] + 어말어미

2 중세국어의 단어와 단어 형성

01_체언의 특수한 형태 교체

정은진·성우철

현대국어에서는 체언에 조사가 결합할 때 체언의 형태가 달라지지 않는 것이 일반적이다. '나', '너'와 같은 일부 대명사의 주격형이 '내', '네' 등으로 실현되는 현상이 관찰될 뿐이다. 그러나 중세국어에서는 체언이 후행하는 조사에 따라 서로 다른 형태로 나타나는 경우가 더러 있었다. 이는 용언의 형태 교체와 아울러 살펴볼 만하다([문법] 03_용언의 특수한 형태 교체 참고).

중세국어에서 후행하는 조사에 따라 특수한 형태 교체를 보이는 체언은 크게 'ㄴㄱ' 형, 'ㅁㄱ'형, 'ㅿㅇ'형, 'ㄹㅇ'형, 'ㄹㄹ'형의 다섯 가지 유형으로 나누어 볼 수 있다. 이들 유형의 대표적인 예를 제시해 보면 다음과 같다.[97]

유형	자음 조사	매개모음 조사	모음 조사
'ㄴㄱ'형	녀느도	년글	년기
'ㅁㄱ'형	구무도	굼글	굼기
'ㅿㅇ'형	여ᅀᅮ도	영ᄋᆞᆫ	영이
'ㄹㅇ'형	노ᄅᆞ도	놀ᄋᆞᆫ	놀이
'ㄹㄹ'형	ᄒᆞᄅᆞ도	ᄒᆞᆯᄅᆞᆫ	ᄒᆞᆯ리

---

[97] 한 가지 흥미로운 것은 조사 '와'의 경우 이들 체언의 형태 교체에 있어서 자음 조사와 같은 역할을 하였다는 점이다. 예컨대 '나모[木]', '아ᅀᆞ[弟]', '시르[甑]', 'ᄆᆞ르[棟]'는 조사 '와'와 결합할 때 '나모와〈석보상절(1447) 3:33b〉', '아ᅀᆞ와〈월인석보(1459) 10:1a〉', '시르와〈구급간이방(1489) 1:68b〉', 'ᄆᆞ르와〈법화경언해(1463) 2:124b〉'와 같이 실현되었다.

'ㄴㄱ'형에 속한 체언으로는 '녀느[他]'를 들 수 있다. 이는 휴지나 자음 조사 앞에서는 '녀느'로, 매개모음 조사나 모음 조사 앞에서는 '녌'으로 실현되었다.

'ㅁㄱ'형에 속한 체언으로는 '구무[穴]', '나모[木]', '불무[冶]' 등을 들 수 있다. 이들은 휴지나 자음 조사 앞에서는 '구무', '나모', '불무' 등으로, 매개모음 조사나 모음 조사 앞에서는 '굼', '낢', '붊' 등으로 실현되었다.

'ㅿㅇ'형에 속한 체언으로는 '아ᅀᆞ[弟]', '여ᅀᆞ[狐]' 등을 들 수 있다.[98] 예컨대 '여ᅀᆞ'는 휴지나 자음 조사와 결합할 때는 '여ᅀᆞ'로 실현되었으나, 매개모음 조사나 모음 조사와 결합할 때는 '엿ᅀᆞ'이나 '엿이' 등에서와 같이 어간이 '엿'으로 실현되었다.

'ㄹㅇ'형에 속한 체언으로는 '노ᄅᆞ[獐]', 'ᄂᆞᄅᆞ[津]', '시르[甑]', '쟈ᄅᆞ[袋]', 'ᄌᆞᄅᆞ[柄]' 등을 들 수 있다. '노ᄅᆞ'의 경우를 예로 들면 휴지나 자음 조사와 결합할 때는 '노ᄅᆞ'로 실현되었으나, 매개모음 조사나 모음 조사와 결합할 때는 '놀ᄋᆞ', '놀이' 등에서와 같이 어간이 '놀'로 실현되었다.

'ㄹㄹ'형에 속한 체언으로는 'ᄆᆞᄅᆞ[棟]', 'ᄒᆞᄅᆞ[日]' 등을 들 수 있다. 이들은 휴지나 자음 조사 앞에서는 'ᄆᆞᄅᆞ', 'ᄒᆞᄅᆞ' 등으로, 매개모음 조사나 모음 조사 앞에서는 'ᄆᆞᆯᆯ', 'ᄒᆞᆯ리' 등에서와 같이 'ᄆᆞᆯᆯ', 'ᄒᆞᆯ' 등으로 실현되었다.

중세국어 체언의 특수한 형태 교체 양상은 같은 시기 용언의 특수한 형태 교체 양상과 평행하게 살펴볼 수 있다. 용언 가운데서도 체언과 마찬가지로 'ㅁㄱ'형, 'ㅿㅇ'형, 'ㄹㅇ'형, 'ㄹㄹ'형이라는 네 가지 유형의 특수한 형태 교체를 확인할 수 있다. 그러나 체언의 특수한 형태 교체와 용언의 특수한 형태 교체는 중요한 차이점도 지니는데, 체언의 경우 매개모음 조사가 모음 조사와 같은 조건 환경으로 작용하지만, 용언의 경우 매개모음 어미가 자음 어미와 같은 조건 환경으로 작용한다.

『삼강행실도』≪효자도≫에서도 체언의 특수한 형태 교체를 보여 주는 예를 일부 확인할 수 있는데, 그 구체적인 예는 다음과 같다.

---

98 이기문(1998)에서는 『금강경삼가해언해』의 'ᄆᆞᆺ이라〈3:51b〉'를 근거로 'ᄆᆞᅀᆞ'도 이 부류에 속한 체언으로 추정한 바 있다.

(1) 가. 버미 그 사슴몰 므르다가 그 <u>나모</u> 미틔 더뎌늘(明日鹿爲猛獸所殺 致於所犯松下) 〈효자:18b〉

　　나. 브룸비 틶 저기면 <u>남골</u> 안고 우더라(每風雨 輒抱樹而泣) 〈효자:17a〉

　　다. 무덦 겨틔 무드니 그 後에 <u>남기</u> 더 됴ᄒ니라(孜埋隧側 自後樹木滋茂) 〈효자:18b〉

(2) 가. 늘근 어미 셤기며 져믄 다ᄉ <u>아ᄉ</u> 이바도몰 낟분 일 업더니(有弟五人皆幼 不害事老母 養小弟 勤劇無所不至) 〈효자:24a〉

　　나. 다솜어미 죽거늘 세 <u>아ᅀ</u>ᄋᆯ ᄀᆞ르쳐 어엿비 너교몰 샹녜예셔 더ᄒ며(繼母亡 操訓養三弟 恩愛過於平日) 〈효자:27a〉

　　다. 父母 ㅣ 업거늘 <u>아ᅀ이</u> 生計 ᄂᆞ호아 달 사로려커늘(父母亡 弟求分財異居) 〈효자:07a〉

한편, 지금까지 언급한 'ㅁㄱ'형, 'ㅿㅇ'형, 'ㄹㅇ'형, 'ㄹㄹ'형의 형태 교체와는 별개로 중세국어에서는 /ㅣ/로 끝나는 유정 체언 가운데 일부가 관형격조사 {의}, 부사격조사 {의그에}, 호격조사 {아}와 결합할 때 말음 /ㅣ/가 탈락하는 현상이 존재하였다.

(3) 가. <u>어버ᅀᅵ</u> 爲ᄒ야 百里 밧긔 가아 ᄡᆞᆯ 지여 오더라(爲親負 米於百里之外) 〈효자:2a〉

　　나. 丁蘭이 져머셔 어버ᅀᅵ룰 일코 남ᄀᆞ로 <u>어버ᅀᅴ</u> 樣子룰 밍ᄀᆞ라 사니(少喪考妣 不及供養 乃刻木爲親形像事之如生) 〈효자:10a〉

　　다. 孔子ㅅ 弟子 ㅣ 뎌 보고 즉자히 도라가아 <u>어버ᅀᅴ그에</u> 갊 사ᄅᆞ미 열세히러라(於是孔子 之門人 歸養親者 一十三人) 〈효자:4b〉

(4) 가. <u>아비</u> 올히 너겨 아니 내틴대 <u>어미</u>도 도ᄅᆞ혀 뉘으처 어엿비 너기더라(父善其言而止 母亦感悔 遂成慈母) 〈효자:2a〉

　　나. <u>아비</u> 솔콰 ᄡᅧ와 내야 그르세 담고(取父骸肉 安於器) 〈효자:32a〉

　　다. 가져다가 羹 밍ᄀᆞ라 이바두니 <u>어믜</u> 病이 됴커늘(持歸作羹供母 食畢病愈) 〈효자:16a〉

　　라. 다솜어미 朱氏 <u>아븨그에</u> 하라 每常 쇠똥 츠이거늘(繼母朱氏不慈 數譖之 由是失愛於父 每使掃除牛下) 〈효자:17a〉

(3가)에서는 '어버ᅀᅵ'가 단독으로 쓰였으나, (3나)와 (3다)에서는 각각 관형격조사 {의}와 여격조사 {의그에} 앞에서 체언의 말음 /ㅣ/가 탈락하여 '어버ᅀᅵ', '어버ᅀᅴ그에'의 형태로 실현되었다. (4)에서도 '아비'와 '어미'에 동일한 현상이 나타나고 있다.

이러한 현상은 '어버싀', '아비', '어미' 외에도 '아기', '가히', '늘그니' 등에서 찾아볼 수 있다.

> (5) 가. 그쁴 諸子ㅣ <u>아비의</u> 便安히 안준 둘 알오(爾時諸子ㅣ 知<u>父</u>의 安坐ᄒ고)〈법화경언해 (1462) 2:138b〉
> 나. 六識의 妄量으로 着ᄒ미 한 <u>가히의</u> 주검 ᄃ토아 자보매 다ᄅ디 아니ᄒ니라(而六識의 妄著이 無異群<u>狗</u>의 競搏死屍也ᄒ니라)〈법화경언해(1463) 2:113b〉

그러나 15세기 한글 문헌을 살펴보면 (5)처럼 '아비', '가히' 등의 체언 뒤에 관형격조사 {의}가 결합할 때 말음 /ㅣ/가 탈락하지 않는 예도 보인다. 게다가 '아비', '가히'는 양성모음을 포함하므로 관형격조사가 '이'로 실현될 만한 환경인데 '의'로 실현되어 모음조화를 지키지 않는다는 점도 눈에 띈다. 이러한 예외적인 양상은 대개 관형격조사가 이른바 주어적 속격으로 쓰였을 때 나타난다. 그러나 이러한 예는 15세기 한글 문헌에서 상대적으로 드물게만 관찰되며 『삼강행실도』 ≪효자도≫에서는 발견되지 않는다.

02 _ 의존명사

정은진·오민석

명사를 자립성의 유무에 따라 분류할 때, 자립적으로 쓰이지 못하고 관형어의 선행을 필수적으로 요구하는 명사를 의존명사라 한다. 중세국어에도 다양한 의존명사가 있었으며, 일부는 현대국어에도 남아 있지만 대체로는 소멸하거나 접미사 혹은 조사로 문법화를 겪었다.

중세국어 의존명사의 유형

의존명사는 문장 내에서 주로 쓰이는 성분에 따라 보편성 의존명사, 주어성 의존명사, 목적어성 의존명사, 부사성 의존명사, 서술성 의존명사 등으로 나눌 수 있다. 또한 단위를 나타내는 단위성 의존명사를 따로 분류할 수 있다. 이 중 보편성 의존명사, 부사성 의존명사, 단위성 의존명사를 중심으로 중세국어의 의존명사 목록을 보이면 다음과 같다.

> (1) 가. 보편성 의존명사: 것, 녁, 두, 딘, 바, 분, 쑨, 亽, 앛, 이, 적, 줄, 히 …
> 나. 부사성 의존명사: ㄱ장, 거긔, 게, 그에, 긔, 다빙, 동, 만, 손딘, 양, 자히 …
> 다. 단위성 의존명사: 치, 리, 셜, 번, 낱/낯, 량, 셤, 말, 되, 홉, 자ㅎ, 히, 돌, 날, 돈, 사룸, 즈루 …

보편성 의존명사는 문장 내에서 '사람, 물건, 일, 장소' 등을 대용하면서 여러가지 문장성분으로 쓰이는데, 중세국어에서는 현대국어에 비해 보편성 의존명사의 종류가 많고 쓰임이 더 다양하다. 체언 등에서 기원한 다양한 부사성 의존명사가 존재한다는 점도 중세국어의 특징이며, 선행하는 명사의 수량을 단위의 이름으로 지시하는 단위성 의존명사가 현대국어와 마찬가지로 다양하였다. 아래에서 유형에 따라 주요 의존명사의 특징을 살펴보기로 한다.

[1] 보편성 의존명사

15세기의 보편성 의존명사 '두'와 '亽'는 단독으로 쓰이기보다 조사와 결합하여 융합된 형태로 쓰이는 것이 일반적이다. 먼저 '두'의 경우를 살펴보면 다음과 같다.

> (2) 가. 그ᄢᅵ 人間애 이셔 부텨 몯 보ᅀᆞᄫᆞᆫ <u>디</u> 오라더니 〈석보상절(1447) 11:10a〉
> 나. 이 體는 本來 數 업슨 <u>둘</u> 아롧디니라 〈석보상절(1447) 19:10b〉
> 다. ᄌᆞ녹ᄌᆞ노기 거러 모든 <u>디</u> 니거늘 〈석보상절(1447) 6:30a〉
> 라. 이런 <u>두로</u> 方便으로 너를 혀 佛慧예 가게 ᄒᆞ노라 〈법화경언해(1463) 3:192a〉
> 마. 供給엣 虛費를 믈리와도미 어려우니 請ᄒᆞᆫ <u>도</u> 앗논 私情을 슬피 너기라 〈두시언해_초간(1481) 22:23a〉
> 바. 이 經은 權을 뫼화 實에 간 <u>디라</u> 〈법화경언해(1463) 1:21b〉

의존명사 '드'는 격조사와 결합하여 '디(←드+이)', '들(←드+ㄹ)', '듸(←드+의)', '드로(←드+로)' 등의 형태로 쓰이거나, 보조사와 결합하여 '든(←드+ㄴ)'의 형태로 쓰이며, 계사 및 종결어미와 결합하여 '-ㄴ디라(←-ㄴ#드+이-+-다)'의 종결어미 구조체를 구성하기도 한다.[99]

(2가)에서 주격형 '디'는 "어떤 일이 있었던 때로부터 지금까지의 동안"의 의미를 가져 '오라다' 등의 시간 관련 형용사와 함께 쓰이는 것이 일반적이며, 현대국어 '지'의 직접적 소급형이다. (2나)의 '들'은 "것을"의 의미로 파악할 수 있으며 의존명사 '줄'과 유사성이 있다. (2다)의 부사형 '듸'는 장소를 나타내는 의존명사로서 현대국어의 '데'로 이어지며, (2마)의 '드로'는 "까닭으로"의 의미를 가진다. (2마)의 '든'은 "것은"의 의미를 가진 것으로 볼 수 있으며 선행하는 '훈'과 결합한 '-훈든'이 "-하건대, -컨대"의 의미를 갖는 접미사로 굳어졌다고 보는 관점도 있다. (2바)의 '-디라'는 선행 어미와 통합하여 '-ㄴ디라', '-ㄹ디라'의 형태가 ≪당위≫의 의미기능을 나타내는 종결어미로 기능한다고 볼 수도 있다.

이처럼 의존명사 '드'를 포함한 '디', '들', '듸', '드로' 등의 요소는 15세기에 이미 새로운 의존명사로의 용법이 정형화되었거나 '-ㄴ디라', '-훈든'과 같이 어미 혹은 접미사로 굳어진 경우가 많다. 이로써 '드'가 15세기 공시적으로 활발한 쓰임을 보이는 의존명사라기보다는 이미 여러 요소와 융합되어 문법화를 겪는 단계에 놓였음을 짐작할 수 있다.

의존명사 'ᄉ'의 상황 또한 '드'의 경우와 유사한데, 15세기의 예를 살펴보면 다음과 같다.

(3) 가. 懺은 ᄎ물ᄊᆞ니 내 罪ᄅᆞᆯ ᄎᆞ마 ᄇᆞ리쇼셔 ᄒᆞ논 ᄠᅳ디오 〈석보상절(1447) 6:9a〉
　　나. 正遍知ᄂᆞᆫ 正히 ᄀᆞ초 아ᄅᆞ실ᄊᆞ라 〈석보상절(1447) 9:3a〉
　　다. 말ᄊᆞᄆᆞ로 브틸 ᄊᆞ 囑이오 法으로 니슬 ᄊᆞ 累라 〈석보상절(1447) 20:5a〉

99 　이 밖에도 '-ㄹ딘댄, -ㄴ(ㄹ)디면, -ㄹ디어니, -ㄹ디언뎡' 등 '디'를 포함하는 연결어미 역시 기원적으로 의존명사 '드'와 관련되는 것으로 볼 수 있으며, 연결어미 '-다마다'에 포함된 시간성 의존명사 '다'에도 의존명사 '드'가 포함되어 있는 것으로 파악할 수 있다.([문법] 25_연결어미 {-ㄴ다마다}의 의미와 기원 참고)

라. 업슨 게 믄득 이실 쑬 닐오디 生이오 〈능엄경언해(1461) 7:75a〉

의존명사 'ᄉ' 역시 15세기 문헌에서 단독으로 쓰이는 경우는 발견하기 어렵고, 관형사형어미 및 서술격조사와 결합하여 '-ㄹ씨니(←-ㄹ#ᄉ+이-+-니)', '-ㄹ씨라(←-ㄹ#ᄉ+이-+-다)'의 어미 구조체를 구성하는 경우가 대부분이다. 이때 '-ㄹ씨-'는 협주에서 "~라는 뜻이니" 정도의 의미를 나타내어, 단어의 의미를 설명하는 데 쓰이는 경우가 많다. 드물지만 (3다)와 같이 주격조사와 결합하여 주어로 쓰이거나 (3라)와 같이 목적격조사와 결합하여 목적어로 쓰이는 경우도 보인다. 이때 '씨(←ᄉ+이)', '쑬(←ᄉ+ㄹ)'은 각각 "것이", "것을"의 의미로 파악된다.

(4) 가. 東 南門 노니샤매 늘그니 病ᄒᆞ니롤 보시고 무슴 올 내시니 〈월인천강지곡(1447) 상:16b〉
　　나. 眞珠 瓔珞이 갑시 百千 쓰니롤 글어 부텻 우희 비흐니 〈월인석보(1459) 19:83b〉
　　다. 일홈 업스닌 ᄀᆞ룺 우횟 프리오 제 ᄠᅳ들 좃ᄂᆞ닌 묏 그텟 구루미로다 〈두시언해_초간(1481) 13:49a〉

의존명사 '이'는 현대국어에도 쓰이는 의존명사이지만 중세국어에서 쓰임이 더 넓다는 점에서 특징적이다. 이때의 '이'는 현대국어의 의존명사 '것'과 마찬가지로, 특정한 의미를 가진다기보다 명사 자리를 형식적으로 채워 절을 명사구로 만드는 요소로 파악할 수 있다. 이때 의존명사 '이'는 (4가)에서처럼 사람을 가리키는 의존명사로 쓰이기도 하고, (4나, 다)에서처럼 물건·사실·현상·성질 등을 두루 나타내는 포괄적 의미의 의존명사로 쓰이기도 한다. (4)에서 밑줄 친 부분은 각각 "늙은 사람/병든 사람", "(값이 백천에) 해당하는 것", "없는 것은/좇는 것은"의 의미로 파악된다.

[2] 부사성 의존명사

중세국어의 주요 부사성 의존명사로는 {ᄭᆞ장}, {짜히}, {ᄲᅮᆫ}, {만} 등이 있다. 'ᄭᆞ장, 짜히, ᄲᅮᆫ'은 각각 현대국어 '까지, 째, 뿐'의 중세국어 어형으로, 'ᄉ(관형격조사) + 의존명사' 구성에서 기원하였다는 공통점이 있다. 현대국어에 이르러 '까지'는 보조사, '째'는 접사, '뿐'은 의존명사와 보조사로 기능하게 되었다.

'ᄭᆞ장, 짜히, 뿐'을 보조사에 포함하는 입장도 있지만, 중세국어 시기로서는 이들 요소의 문법화가 완전히 이루어졌다고 보기 어렵다고 판단하여 의존명사로 파악하는 견해가 더 일반적이다.

우선 {ᄭᆞ장}의 예를 살펴보면 다음과 같다.

(5) 가. ᄆᆞᅀᆞᆷ ᄀᆞ장 모다 ᄉᆞ랑ᄒᆞ야도 부텻 智慧를 몯내 알리며 〈석보상절(1447) 13:41b〉
　　나. 이제 져믄 저그란 안족 ᄆᆞᅀᆞᆷ ᄭᆞ장 노다가 〈석보상절(1447) 6:11a〉
　　다. 半 돈올 소오매 ᄢᅦ려 머구머 노겨 춤 ᄉᆞᆷᄭᅩ디 됴ᄒᆞᆯ ᄭᆞ장 ᄒᆞ라 〈구급방언해(1466) 상:46a〉

(5)에서 'ᄀᆞ장/ᄭᆞ장'은 모두 후행 동사를 수식하는 부사적 용법을 보이고 있다는 점에서 부사성 의존명사로 기능하고 있음을 확인할 수 있다. {ᄭᆞ장}에 포함된 'ᄀᆞ장(> 가장)'은 "~만큼 다", "끝까지", "가장", "매우" 등의 의미를 가진 의존명사 혹은 부사이다. 15세기 문헌에서는 (5가)와 같은 'ㅅ#ᄀᆞ장'의 표기와 (5나)와 같은 'ᄭᆞ장'의 표기가 모두 나타나는데, (5가)와 같은 사례로부터 'ㅅ'과 'ᄀᆞ장'을 구분하려는 표기 인식을 엿볼 수 있다. 또한 (5다)와 같이 형태적으로 융합된 {ᄭᆞ장}이 관형사형어미 뒤에 출현한다는 점에서 'ㅅ#ᄀᆞ장→ᄭᆞ장'으로의 융합 형태가 의존명사로 기능하였음을 알 수 있다.[100]

(6) 가. 닐웻 자히 王이 사ᄅᆞᆷ 브려 무로디(至七日到王遣使問云何) 〈석보상절(1447) 24:28a〉
　　나. 다시 火災 여듧 번 짜히ᅀᅡ ᄯᅩ 水災ᄒᆞ리니 〈월인석보(1459) 1:49b〉

(6)은 15세기의 의존명사 〖자히〗/〖짜히〗의 예로, 밑줄 친 부분은 각각 "7일 만에(야)", "여덟 번째" 정도로 해석된다. 〖자히〗/〖짜히〗는 수량 명사나 수사에 결합하여 '첫째, 둘째, 셋째 …'와 같이 "차례"의 의미를 나타내거나 '사흘째, 며칠째' 등에서와 같이 "동안"의 의미를 나타내는 접미사 '째'로 발달하였다.

100　{ᄭᆞ장}은 16세기 이후 {ᄭᅳᆫ지}로 대체된다. 이때 {ᄭᅳᆫ지}는 관형사형어미 뒤 혹은 관형격조사 뒤에서 출현하는 명사로 파악될 만한 경우는 찾아보기 어렵고 오직 보조사로만 나타난다. {ᄭᆞ장}이 보조사로 발달하는 시기는 {ᄭᅳᆫ지}로의 형태 변화 이후로 볼 수 있다.
　　예 사ᄅᆞᆷ 더브러 ᄆᆞᄋᆞᆷᄭᅳᆫ지 홈올 비록 되게 가도 可히 브리디 아닐디니라 〈소학언해(1588) 3:4b〉

연구에 따라서는 15세기의 {자히} 역시 보조사로 처리하는 견해도 있으나, '서너 돏 자히〈효자:35b〉'에서처럼 관형격조사 {ㅅ}의 이형태인 『ㆆ』의 표기를 보이거나 경음화가 일어나 '짜히'의 표기를 보이는 등 표기의 혼란이 보이고, {자히}가 부사나 어미, 절 뒤에서 쓰이지 않고 체언 내지 관형격조사 뒤에서만 한정적으로 출현한다는 점에서 보조사의 주요 특성과 일치하지 않는다. 이러한 상황을 종합해 보았을 때, 15세기의 {자히}는 {ㅅ장}과 마찬가지로 의존명사로 파악해 볼 수 있다.

(7) 가. 둘 차히 種性을 볼겨 알에 ㅎ샤문 〈원각경언해(1465) 하1-1:40b〉

　가'. 내 일후미 아모 甲이라 호문 열여슷 차히ᄂᆞ 나 釋迦ㅣ로라 ㅎ샤미라 〈월인석보(1459) 13:31a〉

　나. 天中天은 하ᄂᆞᆯ햇 하ᄂᆞᆯ히니 부텻 둘 찻 일후미시니라 〈석보상절(1447) 3:4b〉

　나'. 穆王 여슷 찻 히 乙酉ㅣ라 〈석보상절(1447) 6:1a〉

한편, 15세기 한글 문헌에 {짜히}의 이형태로 (7가, 가')와 같은 『차히』, (7나, 나')와 같은 『차』도 나타난다. 『차히』/『차』의 경우 『자히』/『짜히』의 방언적인 이형태로 보는 관점도 있고, 『자히』를 접미사로 보아 '둘차히'를 '둟ㅎ+자히'로 분석하고 (7가)와 같이 선행어가 'ㅎ' 보유 체언이 아닌 경우는 '둘차히'에 이끌린 유추적 평준화가[101] 일어났다고 처리하는 견해도 있다.

다음으로 중세국어 의존명사 {ᄲᅮᆫ}은 다양한 환경에서 출현하는데, 출현 환경에 따라 용례를 살펴보면 다음과 같다.

(8) 가. 小乘엣 사ᄅᆞ미 제 몸 닷골 ᄲᅮᆫ ᄒᆞ고 ᄂᆞᆷ 濟渡 몯홀씨 小乘올 利養ᄒᆞᄂᆞ다 ᄒᆞᄂᆞ니라 〈석보상절(1447) 13:36a〉

　나. 이 비록 等ᄒᆞ샤도 잘 드르싫 부니오 妙애 다둗디 몯ᄒᆞ시니〈월인석보(1459) 2:62a〉

　다. 어듸썬 藥師瑠璃光如來 ᄒᆞᆫ 부텻 일훔 念홀 ᄲᅮᆫ녜 이런 功德 됴ᄒᆞᆫ 利ᄅᆞᆯ 어드리오 〈석보상절(1447) 9:27a-b〉

101　일부의 언어 형식이 대부분의 언어 형식이 갖는 특성에서 벗어나 불규칙한 특성을 가질 때, 기존의 형식을 다수 언어 형식의 특성에 맞도록 바꾸거나 새로운 언어 형식을 생성해내어 규칙적으로 만드는 과정을 유추라 한다. 유추에 의하여 문법형이 통일되는 현상을 유추적 평준화라 일컫는다.

(8)는 관형사형어미 뒤에 나타나는 {ᄲᅮᆫ}의 예로, 명사(구) 뒤에 출현하는 {ᄲᅮᆫ}과 함께 중세국어에서 높은 빈도로 나타난다. (8가, 다)와 같이 'ᄲᅮᆫ'의 표기가 일반적이지만 (8나)와 같이 'ㅅ'이 분리되어 출현한 예도 드물게 확인된다. (8다)와 같이 부사격조사가 후행하기도 하여 {ᄲᅮᆫ}이 현대국어보다 더 넓은 분포를 보인다.

(9) 가. 그러나 諸法이 다 그런디라 오직 天과 獄과 ᄲᅮᆫ 아니언마ᄅᆞᆫ 〈원각경언해(1465) 하1-2:43b〉
나. ᄀᆞ룸 우흰 오직 ᄒᆞᆫ갓 울엣 ᄲᅮ니로다 〈두시언해_초간(1481) 10:23a〉
다. 徵君이 ᄒᆞ마 나니거ᄂᆞᆯ ᄒᆞ올로 솔와 菊花ㅅ 분 잇도소니 〈두시언해_초간(1481) 9:10ab〉

(9)는 명사(구) 뒤에 출현한 {ᄲᅮᆫ}의 예이다. (9가)에서 {ᄲᅮᆫ}은 명사구가 나열된 뒤 접속조사 뒤에 등장하였고, (9나)에서는 {ᄲᅮᆫ}의 앞에 관형격조사 'ㅅ'이 출현하여 {ᄲᅮᆫ}이 의존명사임을 보여 준다. (9다)에서는 'ㅅ'과 '분'이 분리되어 'ㅅ'이 관형격조사처럼 보이는 예로 'ㅅ자히~짜히', 'ㅅᄀᆞ장~ᄭᆞ장'과 유사한 이형태 교체가 나타난다. 이 예들은 명사(구) 뒤의 {ᄲᅮᆫ}이 의존명사로서 기능하고 있음을 보여 주는 예들이다.

한편, (10)의 예는 명사(구) 뒤의 'ᄲᅮᆫ'이 의존명사로서 그 기능을 조금씩 상실해 가고 있었음을 보여 주기도 한다.

(10) 가. 엇디 오직 사호매ᄲᅮᆫ 주거 울리오 〈두시언해_중간(1632) 25:3a〉
나. 설와 동지예ᄲᅮᆫ 명함 ᄀᆞ초와 〈여씨향약언해_존경각본(1518) 19b〉
다. 비 처듐ᄲᅮᆫ 아니라 萬物이 다 그러ᄒᆞ니 (非唯雨滴이라 萬物이 皆然ᄒᆞ니) 〈원각경언해(1465) 하3-2:54b〉
라. 처엄 地예 네 보라ᄲᅮᆫ 니ᄅᆞ시고 〈능엄경언해(1461) 3:96b〉

(10가, 나)는 부사격조사가 {ᄲᅮᆫ}의 앞에 출현한 예이고, (10다, 라)는 절 뒤에 출현한 {ᄲᅮᆫ}의 예이다. (10가, 나)와 같이 부사격조사가 {ᄲᅮᆫ} 앞에 위치한다는 점과 부사, 어미, 절 등에 자유롭게 결합한다는 점에서 여기서의 {ᄲᅮᆫ}은 보조사의 면모를 보여준다고 할 수 있다.

관점에 따라서는 (10)과 같은 환경에서 {ᄲᅮᆫ}이 출현함을 근거로 명사(구) 뒤의 {ᄲᅮᆫ}을 보조사로 파악하기도 한다. 의미적으로는 (8)와 같이 관형사형어미 뒤에 출현하는 {ᄲᅮᆫ}

과 (9)와 같이 명사(구) 뒤에 출현하는 {씬}이 큰 차이를 보이지 않으므로, 관형사형어미 뒤의 {씬}이나 명사(구) 뒤의 {씬}은 모두 의존명사로 파악하고, (10)과 같이 의존명사로 파악하기 어려운 통사적 환경의 {씬}에 한하여 보조사로 처리하는 입장을 취할 수도 있을 것이다.

다음으로 {만}의 예를 살펴 보기로 한다. 중세국어의 의존명사 {만}은 ≪기간≫이나 ≪정도≫의 의미 혹은 ≪한정≫의 의미로 사용된다.

(11) 가. 셟고 애받븐 쁘디여 누를 가줄빌가 <u>사룸이라도 즁싱 만 몯호이다</u> 〈월인천강지곡(1447) 상:52a〉

　　나. 燈마다 <u>술윗쁴 만 크긔 호야</u> 〈석보상절(1447) 9:32b〉

　　다. 여르미 열며 무틔 <u>술윗바회 맛</u> 靑蓮花 〈월인석보(1459) 2:31a〉

　　라. 이눈 오직 純히 善호 젼츠로 <u>하눌해 날 만 커니와</u> 〈능엄경언해(1461) 8:73a〉

(11)은 ≪정도≫의 의미로 파악되는 {만}의 예이다. (11가)는 현대국어와 같이 '만 호-/만 몯호-'와 같은 맥락에서 쓰인 예이다. "사람이라도 중생(만큼)만 못하다" 정도로 해석된다. 한편, (11나)와 같이 {만}이 '호다/몯호다' 이외의 서술어와도 함께 사용된 용례가 확인된다는 점에서 현대국어와 차이가 있다. "수레띠만큼 크게 하여" 정도로 해석된다. 또한 예가 드물긴 하지만 (11다)와 같이 "수레바퀴 만한"의 의미로 {만} 뒤에 관형격조사가 출현하기도 하고 (11라)와 같이 "하늘에서 날 만 한데"의 의미로 관형사형어미 뒤에 {만}이 출현하기도 한다.

(12) 가. 다믄 <u>쓸 만 호야도</u> 이 사루미 命終호야 당다이 忉利天 上애 나리니 〈석보상절(1447) 21:57b〉

　　나. 이 施主ㅣ 오직 衆生의게 一切 <u>즐거븐 것 만 주어도</u> 功德이 그지 업스리어늘 〈월인석보(1459) 17:48a〉

　　나'. 이 施主ㅣ 衆生이그에 一切 즐거븐 것 <u>布施홀 만 호야도</u> 功德이 그지업스니 〈석보상절(1447) 19:4〉

반면 (12)는 ≪한정≫의 의미로 파악되는 {만}의 예이다. 15세기 한글 문헌에서는 서술어와 관련된 ≪사건 한정≫의 의미로만 {만}이 출현하고 ≪개체 한정≫ 의미의 {만}은 확인되지 않는다.[102] 이때 대부분의 경우 (12가)와 같이 {만}이 관형사형어미 뒤에 쓰여 의존명사로 기능한다. 현대국어에서 ≪가능≫의 의미를 나타내는 보조형용사인 '(-할) 만하-'와 생김새가 같으나 그 의미는 "-하기만 하-"로 해석되는 ≪사건 한정≫의 의미를 갖는다. (12나)는 드물게 의존명사 '것' 뒤에 '만'이 출현한 예이다. 동일한 한문 원문을 언해한 (12나')를 통해 (12나)가 "모든 즐거운 것만을 주어도"가 아니라 "모든 즐거운 것을 주기만 하여도"와 같이 서술어를 포함한 사건의 한정으로 해석됨을 알 수 있다.[103]

『삼강행실도』 ≪효자도≫의 의존명사

[1] 『삼강행실도』 ≪효자도≫의 보편성 의존명사

정 보		용 례	출 전
보편성 의존명사	곧	주구미 저픈 고둔 모룷 것 아니어니와	23길분대부
	것	져믄 제브터 ᄒᆞ던 거시라 됴히 너기노라	07설포쇄소, 11동영대전, 20황향선침, 23길분대부

---

[102] 16세기 이후에는 보조사로 파악할 만한 예들이 조금씩 출현하여 통사적 기능이 변화하고 있음을 확인할 수 있다. 아래에서 {만}은 명사(구) 뒤에서 ≪개체 한정≫의 의미를 지닌다. (가)는 단일 명사인 '믈'을, (나)는 명사구인 '사오나온 밥과 믈'을 한정한다. (다), (라)와 같이 부사격조사가 {만}의 앞에 출현하기도 한다는 점에서 ≪개체 한정≫의 {만}은 의존명사가 아니라 보조사로 보는 것이 자연스럽다.

가. 훈 둘나마 밥 아니 먹고 믈만 마시거늘 〈삼강행실도_동경대본(1579) 녈녀:35a〉
나. 사오나온 밥과 믈만 먹고 ᄂᆞᄆᆞᆯ와 과실을 먹디 아니ᄒᆞ며 〈번역소학(1518) 7:11a〉
다. 오직 이베만 취ᄒᆞ여 〈초발심자경문(1577) 16a〉
라. 高麗ㅅ ᄯᅡ해만 〈번역노걸대(16C초) 상:5a-b〉

한편, 아래의 경우는 ≪정도≫의 의미를 가진 {만}의 용례로 볼 수 있다. 절 뒤에서 {만}이 출현하였다는 점에서 15세기에 명사(구) 뒤로 제한되었던 출현 환경이 확장되었음을 알 수 있으며, 이 역시 보조사로의 문법화를 보여 주는 특징으로 지적할 수 있다.

孝子의 지극ᄒᆞ욤은 親을 尊ᄒᆞ욤만 크니 업고〈맹자언해(1590) 9:17a〉

[103] 관점에 따라서는 한국어는 '의존명사+의존명사'의 결합이 불가능한 것을 들어서 (12나)의 {만}을 의존명사가 아닌 보조사로 처리하기도 한다. 그러나 '즐거븐 것 만'의 구조는 '[[즐거븐] [것#만]]'이 아니라 '[[즐거븐#것][만]]'이기 때문에 {만}은 의존명사가 아니라 명사구 뒤에 온 것으로 처리하는 것이 온당하다.

정 보		용 례	출 전
보편성 의존명사	녁	겨지븨 녁 아수미 廬롤 블브티고	33자강복총
	두	일후얀 디 오라니 너희 몯 브리리라	07설포쇄소, 14맹희득금, 15왕부폐시, 35은보감오
	만	두 힛 마내 식어미 病ᄒ얫거늘	31유씨효고
	이	器具란 ᄒ야ᄃ니ᄂ롤 가지며	02자로부미, 04고어도곡, 06강혁거효, 07설포쇄소, 10정난각목, 26효숙도상, 32누백포호
	적	나ᄀᆞᆳ 저긔 ᄡᅳᆷ호고 도라 와 욋노이다 ᄒ며	03양향액호, 05유씨효고, 06강혁거효, 09황향선침, 10정란각목, 13원각경부, 15왕부폐시, 17왕상부빙, 19왕연약어, 24불해봉시, 27노조순모, 28서적독행, 32누백포호, 33자강복총
	ᄉ	合葬ᄋᆞᆫ 호ᄃᆡ 무들ᄊᆞ라	15왕부폐시, 18허자매수, 28서적독행, 33자강복총

보편성 의존명사의 예 중 일부를 살펴보면 다음과 같다.『삼강행실도』≪효자도≫에
서 의존명사 '두'가 쓰인 다양한 용례를 살펴보면 다음과 같다.

(13) 가. 일후얀 디 오라니 너희 몯 브리리라 〈효자:7b〉
　　 나. 몰본 父母ㅣ 나룰 잇비 나ᄒ시니라 혼 ᄃᆡ 다ᄃᆞᄅᆞ면 다시곰 우디 아니ᄒᆞᇙ 저기 업더니
　　　 〈효자:15b〉
　　 다. 서르 닐오ᄃᆡ 님금과 어버ᅀᅵ와 스승과ᄂᆞᆫ ᄒᆞᆫ가지로 셤굟 디라 ᄒ고 〈효자:35a〉

(13가)에서는 관형사형 뒤에서 주격조사와 결합한 '디'가 서술어 '오라다'와 어울려
쓰이고 있으며, (13나)에서는 부사격조사와 결합한 'ᄃᆡ'가 시간을 나타내는 의존명사로
기능하고 있다. (13다)에서는 의존명사 '두'가 계사와 결합하여 당위를 나타내는 의미적
기능을 수행하고 있다.

(14) 가. 侍墓ᄂᆞᆫ 墓애 가 뫼ᅀᆞ바 이실 ᄊᆞ라 〈효자:15b〉
　　 나. 順ᄋᆞᆫ 거슬쁜 일 업슬 ᄊᆞ오 〈효자:18b〉
　　 다. 謚ᄂᆞᆫ 힝뎍으로 일훔 고텨 지홀 ᄊᆞ라 〈효자:28b〉
　　 라. 合葬ᄋᆞᆫ ᄒᆞᆫᄃᆡ 무들 ᄊᆞ라 〈효자:33a〉

(14)는 의존명사 'ᄉᆞ'의 용례이다. 『삼강행실도』 ≪효자도≫에서는 의존명사 'ᄉᆞ'가 관형어 뒤에 놓이고 계사와 결합하여 서술어로 기능하는 용례만 발견된다. 15세기에 의존명사 'ᄉᆞ'가 '-ㄹ씨니', '-ㄹ씨라'의 어미 구조체를 구성하는 경우가 대부분임을 고려하면, 『삼강행실도』 ≪효자도≫가 15세기의 일반적 경향과 부합함을 알 수 있다.

(15) 가. 사랫거든 힚 ᄀᆞ장 孝道ᄒᆞ고 죽거든 몯내 그리ᄂᆞ다 ᄒᆞ리로다 〈효자:02b〉
나. 가고 도라오디 아니ᄒᆞ리ᄂᆞᆫ 나히며 니거든 몯 미처 가리ᄂᆞᆫ 어버ᅀᅵ니 〈효자:04a〉
다. 도ᄌᆞ기 感動ᄒᆞ야 수믌 길흘 ᄀᆞᄅᆞ치리도 잇더라 〈효자:06a〉
라. ᄆᆞᄅᆞᄆᆞ란 사오나ᄫᆞ니ᄅᆞᆯ 가지며 (…) 器具란 ᄒᆞ야디니ᄅᆞᆯ 가지며 닐오ᄃᆡ 아래브터 ᄡᅳ던 거시라 〈효자:07b〉
마. 樣子ᄅᆞᆯ ᄆᆡᆼᄀᆞ라 사니 ᄒᆞᆫ가지로 아ᄎᆞᆷ나죄 뵈더니 〈효자:10a〉
바. 두ᅀᅥ ᄒᆡᄅᆞᆯ 시름ᄒᆞ야 ᄃᆞᆫ니거든 아니 슬피 너기리 업더니 〈효자:26a〉
사. 아ᄅᆞ시ᄂᆞ닌 ᄇᆞᆯᄀᆞᆫ 돌와 ᄆᆞᆯᄀᆞᆫ ᄇᆞᄅᆞ미시니라 〈효자:32b〉

(15)는 의존명사 '이'의 용례이다. 각 예에서 의존명사 '이'의 의미를 살펴보면 (15가, 다, 마, 바)는 사람을 의미하는 예로서 각각 '할 사람이로다', '가르키는 사람도', '산 사람(과)', '여길 사람이' 등으로 해석된다. 반면 (15나, 라)는 사람 이외에 물건이나 일을 나타내는'것'의 예로서 '아니할 것은/갈 것은', '사나운 것을/해어진 것을' 정도의 의미로 해석될 수 있다. (15사)는 한자어 '知音'을 축자적으로 번역한 결과로, "아시는 이는/알아봐주시는 벗은" 정도의 의미로 파악된다.

이 밖에 『삼강행실도』 ≪효자도≫에 나오는 여러 보편성 의존명사의 예를 모아 보이면 아래와 같다.

(16) 가. 현마 어린ᄃᆞᆯ 주구ᄆᆡ 저픈 고ᄃᆞᆯ 모ᄅᆞᇙ 것 아니어니와 〈효자:23b〉
나. 져믄 제브터 ᄒᆞ던 거시라 됴히 너기노라 〈효자:7b〉
다. 나갏 저긔 告ᄒᆞ고 도라 와 왯노이다 ᄒᆞ며 〈효자:27b〉
다'. 侍墓ᄉᆞᇙ 제 三年을 신 아니 신더니 〈효자:33a〉

(16가)의 '곧'은 장소를 나타내는 의존명사로 쓰이기도 하나 여기서는 현대국어의

'것'과 같이 명사 자리를 형식적으로 채우는 기능을 하고 있다. (16나)의 '것' 역시 '이'와 마찬가지로 명사의 자리를 형식적으로 채우고 있다. 시간을 대용하는 (15다)의 '적'은 시간을 나타내는 의존명사로서 쓰임과 분포가 현대국어의 '적'과 거의 다르지 않다. 의존명사 '적'에 특이처격조사 '의'가 결합한 '저긔'의 형태는 (1다)와 같이 '제'로 나타나기도 한다.

[2] 『삼강행실도』 ≪효자도≫의 부사성 의존명사

정 보		용 례	출 전
부사성 의존명사	ᄀ장/ㅅᄀ장	사랫거든 힚 ᄀ장 孝道ᄒ고	02자로부미
	자히/짜히	닐웨 짜히ᅀᅡ 어믜 주거믈 어드니라	24불해봉시, 35은보감오
	ᄲᆞᆫ	子路ㅣ 艱難ᄒ야 도토ᇌ랏과 픗닙과 ᄲᆞᆫ ᄒ야 밥 먹더니	02자로부미, 24불해봉시, 26효숙도상, 27노조순모
	만	두 ᄒᆡᆺ 만내 싀어미 病ᄒ얫거늘	31유씨효고

다음으로 『삼강행실도』 ≪효자도≫에 나타나는 부사성 의존명사의 예를 살펴 보기로 한다.

(17) 가. 子路ㅣ ᅀᅡ 사랫거든 힚 ᄀ장 孝道ᄒ고 죽거든 몯내 그리ᄂᆞ다 〈효자:02b〉
　　나. 서너 둘 자히 가마괴 그 香솝올 므러다가 〈효자:35b〉
　　다. 닐웨 짜히ᅀᅡ 어믜 주거믈 어드니라 〈효자:24a〉
　　라. 소ᄒ고 뵈옷 닙고 여위여 ᄲᅧ ᄲᆞᆫ 잇더라 〈효자:24a〉
　　마. 슬히 ᄲᅧ ᄲᆞᆫ 잇더니 〈효자:27b〉
　　바. 어미 죽거늘 菜蔬와 믈와 ᄲᆞᆫ 먹고 겨스레 居喪옷 ᄲᆞᆫ 닙고 ᄲᅧ ᄲᆞᆫ 잇더니 〈효자:26a〉
　　사. 子路ㅣ 艱難ᄒ야 도토ᇌ랏과 픗닙과 ᄲᆞᆫ ᄒ야 밥 먹더니 〈효자:02a〉
　　아. 두 ᄒᆡᆺ 만내 싀어미 病ᄒ얫거늘 밤낫 겨틔 이셔 모기 놀이며 〈효자:31a〉

(17가)는 의존명사 {ᄉᄀ장}의 예이다. "힘의 끝까지" 내지 "힘을 다해" 정도로 풀이되며, "힘까지"와 같이 ≪범위≫ 의미의 보조사로는 해석되지 않는다. (17나-다)는 {자히}의 예이다. (17나)에서는 관형격조사 {ㅅ}의 이형태인 〖ㅎ〗이 분리된 표기를 보이고, (17다)에서는 경음화가 일어나 융합된 표기를 보여서 『삼강행실도』 ≪효자도≫ 내에서

도 표기 혼란을 보이고 있음을 확인할 수 있다.

(17라-사)는 의존명사 {뿐}의 예인데, (17라-마)는 {뿐}이 단일 명사 뒤에 위치한 반면 (17바-사)에서는 나열의 접속 명사구 뒤에 위치하였다. 밑줄 친 부분은 각각 "뼈만", "채소와 물만", "명아주와 팥잎만" 등으로 해석되어, 현대국어에서 ≪한정≫의 의미를 지닌 보조사 {만}이 쓰일 자리에 {뿐}이 쓰이고 있음을 알 수 있다. (17아)는 의존명사 {만}의 용례이다. 이때의 {만}은 시간, 거리, 횟수와 관련된 단위성 의존명사 뒤에 출현하고 관형격조사 'ㅅ'의 뒤에 출현한다는 점에서 의존명사로 기능한다고 볼 수 있다.

[3] 『삼강행실도』 ≪효자도≫의 단위성 의존명사

정 보		용 례	출 전
단위성 의존명사	곡(斛)	皇帝 뿔 千 斛올 주시고	06강혁거효
	날[日]	여러 날 몯 다 머거	19왕연약어
	년(年)	三 年을 피 나긔 우러	06강혁거효, 14맹희득금, 18허자매수, 19왕연약어, 26효숙도상, 33강복총
	돌[月]	흔 돐 內예 다 뿌고 노혀	11동영대전, 19왕연약어, 31유씨효고, 35은보감오
	량(兩)	金 數千 兩올 어더	14맹희득금
	리(里)	솔와 잣과롤 五六 里롤 심겟더니	02자강복총, 18허자매수
	말	斛온 열 말 드는 그르시라	06강혁거효
	불	아춤마다 孝經 흔 불 넑고사 公事ᄒᆞ더니	27노조순모, 31유씨효고
	번	도ᄌᆞ기 머리롤 네 버늘 티니	15왕부폐시, 20반종구부
	보(步)	三百 步ㅣ 흔 里니	02자로부미
	설[歲]	바ᄇᆞᆯ 더러 세 설 머근 孫子롤 머기더니	12곽거매자, 27노조순모, 28서적독행
	월(月)	八 月마다 員이 安否 묻고	06강혁거효
	자ᄒᆞ	싸ᄒᆞᆯ 석 자홀 푸니 金 흔 가매 나니	12곽거매자, 19왕연약어
	장(張)	닷 張이 흔 錠이라	31유씨효고
	정(錠)	鈔 스믈 錠과	31유씨효고
	편(篇)	弟子돌히 그 篇을 다 아니 닑더라	15왕부폐시
	필(匹)	깁 三百 匹올 ᄧᆞ사 노호리라	11동영대전
	희[年]	두서 회롤 시름ᄒᆞ야 ᄃᆞ니거든	05유씨효고, 07설포쇄소, 24불해봉시, 26효숙도상, 30왕천익수, 31유씨효고

다음으로『삼강행실도』≪효자도≫에 나타나는 단위성 의존명사의 주요 용례를 살펴보면 아래와 같다.

(18) 가. 아춤마다 孝經 ᄒᆞᆫ 볼 닑고ᅀᅡ 公事ᄒᆞ더니 〈효자:27b〉

　　　나. 옷 ᄒᆞᆫ 볼와 鈔 스믈 錠과 [닷 張이 ᄒᆞᆫ 錠이라] 주시고 〈효자:31b〉

　　　다. 싸홀 석 자ᄒᆞᆯ ᄑᆞ니 金 ᄒᆞᆫ 가매 나니 〈효자:12a〉

　　　라. 郭巨의 어미 샹녜 바ᄇᆞᆯ 더러 세 설 머근 孫子ᄅᆞᆯ 머기더니 〈효자:12a〉

　　　마. 두서 ᄒᆡ롤 시름ᄒᆞ야 ᄃᆞ니거든 〈효자:26a〉

단위성 의존명사는 선행하는 관형어로 수량 표현을 요구하며, 명사의 수량을 단위의 이름으로 지시한다. 현대국어와 마찬가지로 '날, 둘, 볼, 자ᄒᆞ, 설, ᄒᆡ' 등의 고유어 의존명사도 있고, '斛곡, 年년, 兩량, 里리, 步보, 張장, 錠정, 篇편, 匹필' 등과 같이 한자어 의존명사도 더러 쓰였다.

의존명사 '둘ㅎ'

중세국어의 '둘ㅎ'은 현대국어와 마찬가지로 의존명사, 접미사, 보조사의 기능을 보이는 용례들이 모두 확인된다. 보조사로의 문법화는 16세기 이후 진행되며,[104] 15세기 한글 문헌에서는 의존명사의 '둘ㅎ'과 접미사의 '둘ㅎ'의 쓰임을 자주 찾아볼 수 있다. 먼저 의존명사의 예를 살펴보면 다음과 같다.

(19) 가. 惑운 곧 煩惱ㅣ니 닐오디 貪과 瞋과 癡 둘히라(惑卽煩惱 謂貪瞋癡等) 〈원각경언해(1465)

104　초기의 논의에서는 중세국어에 보조사 {둘ㅎ}을 인정하지 않는 경우가 많았으나 최근에는 정밀한 분석을 바탕으로 소수의 보조사 용례를 인정하게 되었다. 보조사 {둘ㅎ}은 의존명사나 접미사보다 분포가 더 자유롭다. 아래 (가)는 {둘ㅎ}이 부사 뒤에 결합한 예이고 (나)는 용언 활용형 뒤에 결합한 예이다. 보조사 {둘ㅎ}은 사건 속 주어의 복수성을 드러내기 때문에 선행 명사의 복수성을 드러내는 접미사와 의미적 차이를 보인다. (가)와 (나)에서 {둘ㅎ}은 주어인 청자가 복수임을 드러낸다.

　　(가) 안부 몰라 ᄒᆞ노라 엇디들 인는다 〈선조 대왕 언간(1597)〉
　　(나) 간곡ᄒᆞ고 아니 완슬ᄒᆞ고 게으르기둘 말라 〈번역노걸대(16C초) 하:42a〉

하3-1:61b〉

나. 明帝 <u>中郞 蔡暗과 博士 秦景 둘</u> 열여듧 사르몰 西域에 브리샤(帝遂遣中郞蔡愔博士秦景
等一十八人 使于西域) 〈월인석보(1459) 2:65b〉

의존명사 '둘ㅎ'은 'ㅎ' 보유 체언으로서 모음 조사 앞에서는 (19가)에서와 같이
보유하는 'ㅎ'을 드러내지만 자음 조사 앞에서나 단독으로 쓰일 때에는 (19나)에서와
같이 'ㅎ'이 드러나지 않는다. (19)에서 '둘ㅎ'은 둘 이상의 대상이 열거될 때 그 대상을
아우르는데, 포괄하는 대상에 따라 ①선행 명사구 전체를 아우르는 의미를 지니기도
하고, ②선행 명사구 이외의 나머지 대상을 아우르는 의미를 지니기도 한다. (19가)에서
'둘ㅎ'은 전자의 의미를 지녀 '貪, 瞋, 癡'를 아우르며, (19나)에서 '둘ㅎ'은 후자의 의미를
지녀 18명의 사람 중 선행 명사구(中郞 蔡暗, 博士 秦景)를 제외한 나머지 사람을
아우른다.

의존명사 '둘ㅎ'은 명사구인 선행 성분에 통합되는 것이 일반적이지만 다음과 같이
단일 명사 뒤에서 의존명사로 파악되는 '둘ㅎ'의 예가 있다.

(20) 가. 그 臣下둘히 <u>憍陳如 둘</u> 다숫 사르몰 두어 〈석보상절(1447) 3:35a〉

　　　가'. 다숫 사르믄 憍陳如와 馬勝과 摩訶男과 十力迦葉과 拘利太子왜라 〈석보상절(1447) 3:35a〉

(20가)에서 '둘ㅎ'은 '憍陳如교진여'라는 동일인이 5명임을 의미하는 것이 아니라 '憍
陳如' 외의 나머지 대상을 아우른다. (20가)에 뒤잇는 주석문 (20가')를 통해 '憍陳如'
외의 4인에 대한 정보를 확인할 수 있다.

의존명사 '둘ㅎ'은 15세기 공시적으로 복수 접미사의 기능을 보이기도 하는데, 본래
체언이었던 '둘ㅎ'이 문법화를 겪어 접미사의 용법을 획득한 것으로 이해될 수 있다.
의존명사 '둘ㅎ'이 서로 다른 대상이 둘 이상 있음을 드러내는 반면, 접미사 '둘ㅎ'은
동일 대상이 둘 이상 있음을 드러낸다. 서로 다른 대상을 일반적이고 포괄적인 의미를
지닌 상위어로 치환하면 동일 대상이 될 수 있다는 점에서 의존명사에서 접미사로의
문법화 계기를 이해해 볼 수 있다.

(21) 뫼히며 수프리며 즘게며 무더멧 <u>神靈돌히게</u> 니르고(告召山林樹塚等神) 〈월인석보(1459) 9:35a〉

　　(21)의 '돌ㅎ'은 한문 원문의 '等'과 관련되는데, 원문에서 '等'의 위치를 고려하여 직역한다면 '돌ㅎ'이 서로 다른 대상을 아우르는 의존명사로 기능하여 전체 문장이 "산이며 숲이며 나무며 무덤 들의 신에게 말하고" 정도로 이해될 법하다.[105] 그러나 언해문에서는 '산신, 숲신, 나무신, 무덤신'의 포괄적인 상위어로 '신령'에 접미사에 가까운 '돌ㅎ'을 결합하여 '신령'이라는 동일 대상이 둘 이상 있음이 드러나고 있다. (21)에서처럼 유사한 속성의 서로 다른 대상은 공통의 속성을 가진 상위어로 일반화되기 쉽기 때문에 의존명사 '돌ㅎ'이 복수성을 드러내는 접미사로 기능하게 될 수 있었음을 짐작할 수 있다.

　　『삼강행실도』《효자도》에는 의존명사로 파악되는 '돌ㅎ'의 용례는 출현하지 않으며, 다음과 같이 접미사로 기능하는 '돌ㅎ'의 예시만 발견된다.

(22) 가. <u>弟子돌히</u> 그 篇을 다 아니 닑더라(<u>門人</u>受業者 並廢蓼莪篇) 〈효자:15b〉
　　나. 모딘 <u>少年돌히</u> 닐오디(惡少年曰) 〈효자:27a〉
　　다. <u>同年돌히</u> 모다 어믜그에 절ᄒ고(擧首許安國率<u>同年</u>入拜) 〈효자:28a〉
　　라. <u>아ᅀᆞᆷ돌히</u> 孝道ᄅᆞᆯ 感動ᄒᆞ야 廬 도로 지ᅀᅥ 주어늘(姻戚感孝誠。爲復結廬以與之) 〈효자:33b〉

　　이들은 복수의 접미사 '돌ㅎ'은 단일 명사에 결합하여 선행 명사의 복수성을 드러낸다.

105　일반적으로 중국어의 '等'이 복수를 나타내는 표지로 인식되지 않는다는 사실도 이러한 해석을 뒷받침한다. 현대 중국어에는 們이 복수의 표지로 일반적으로 쓰이고 그 이전에는 皆, 俱, 都 등이 복수성을 드러내었다 (Pulleyblank 1999/양세욱 역 2005).

김진우·성우철

중세국어 용언의 특수한 형태 교체 유형

중세국어 용언의 활용 부류 가운데는 현대국어에서도 확인할 수 있는 것도 있지만 현대국어와는 사뭇 다른 양상을 보이는 것도 있었다. 그중에서도 특히 'ㅁㄱ'형, 'ㅿㅇ'형, 'ㄹㅇ'형, 'ㄹㄹ'형 용언은 대응되는 체언 부류와 유사한 형태 교체 양상을 보인다는 점에서 주목할 만하다.

중세국어 용언 가운데 특수한 형태 교체를 보이는 'ㅁㄱ'형, 'ㅿㅇ'형, 'ㄹㅇ'형, 'ㄹㄹ'형 어간은 자음 어미나 매개모음 어미와 결합할 때와 모음 어미와 결합할 때에 서로 다른 형태로 실현되었다. 여기에 대응되는 체언 부류의 경우 자음 조사와 결합할 때와 매개모음 조사나 모음 조사와 결합할 때에 서로 다른 형태로 실현되었다는 점에서 용언 부류와 차이를 보인다. 이러한 용언의 대표적인 예를 제시해 보면 다음과 같다.

유형	자음 어미	매개모음 어미	모음 어미
'ㅁㄱ'형	시므고	시므니	심거
'ㅿㅇ'형	부ᅀᅮ고	부ᅀᅮ니	부ᅀᅥ
'ㄹㅇ'형	다ᄅᆞ고	다ᄅᆞ니	달아
'ㄹㄹ'형	모ᄅᆞ고	모ᄅᆞ니	몰라

'ㅁㄱ'형 어간은 자음 어미나 매개모음 어미와 결합할 때는 활용형이 'Xᄆᆞ고, Xᄆᆞ니' 등으로 실현되지만, 모음 어미와 결합할 때는 활용형이 'Xᆷ거' 등으로 실현되었다. 이들은 15세기에도 소수의 예만이 확인되는데, '듕ᄆᆞ다[浸], 시므다[植], ᄌᆞᄆᆞ다[鎖], ᄌᆞᄆᆞ다[沈]' 등을 들 수 있다. 이들은 현대국어 '담그다[浸], 잠그다[鎖], 잠그다[沈]' 등과 같이 대개 모음 어미 결합형을 중심으로 패러다임이 재편되었는데, 자음·매개모음 어미 결합형을 중심으로 패러다임이 재편된 예는 '시므다 > 심다[植]'가 유일하다.

'ㅿㅇ'형 어간은 자음 어미나 매개모음 어미와 결합할 때는 활용형이 'Xᄉᆞ고, Xᄉᆞ니'

등으로 실현되지만, 모음 어미와 결합할 때는 활용형이 'Xᅀ어' 등으로 실현되었다. 이 부류에 해당하는 15세기의 용언으로는 '그ᅀ다[牽], 그ᅀ다[劃], ᄇᅀ다[粉, 碎]' 등을 들 수 있다. 'ᅀᄋ'형 어간은 현대국어에서 다양한 활용 부류로 합류되었는데, '그ᅀ다[牽]'는 'ㄹ' 규칙 용언인 '끌다'로, '그ᅀ다[劃]'는 'ㅅ' 불규칙 용언인 '긋다'로, 'ᄇᅀ다[粉, 碎]'는 의미에 따라 'ㅎ' 규칙 용언인 '빻다[紛]'나 'ㅜ' 규칙 용언인 '부수다[碎]'로 이어졌다.106

'ㄹᄋ'형 어간은 자음 어미나 매개모음 어미와 결합할 때는 활용형이 'Xᄅ고, Xᄅ니' 등으로 실현되지만, 모음 어미와 결합할 때는 활용형이 'Xᄅ어' 등으로 실현되었다. 15세기에 어간의 말음이 'ᄅᆞ/ᄅ'인 2음절 어간은 모두 'ㄹᄋ'형이나 'ㄹㄹ'형 중 하나에 속했는데, 'ㄹᄋ'형에 속한 용언으로는 '가ᄅ다[分], 니ᄅ다/니르다[謂], 다ᄅ다[異], 오ᄅ다[上]' 등을 들 수 있다. 'ㄹᄋ'형에 속한 용언은 현대국어로 오면서 대개 'ㄹㄹ'형으로 합류하였다.

'ᅀᄋ'형과 'ㄹᄋ'형 어간은 'ᄋ'의 음가에 대한 견해에 따라 규칙 활용 부류로 기술될 수도 있고 불규칙 활용 부류로 기술될 수도 있다. 'ᅀᄋ'형과 'ㄹᄋ'형의 모음 어미 결합형에서 분철된 'ᄋ'의 음가를 ∅로 보면 'ᅀᄋ'형과 'ㄹᄋ'형을 규칙 활용으로 분류할 수 있고, 분철된 'ᄋ'의 음가를 /ɦ/로 보면 이들을 불규칙 활용으로 분류할 수 있다[음운 04_ㄱ/ 탈락 참고]. 용언 어간의 말음 /·/나 /ㅡ/가 모음 어미 앞에서 탈락하는 것은 공시적 음운 현상으로 설명될 수 있기 때문이다.

'ㄹㄹ'형 어간은 자음 어미나 매개모음 어미와 결합할 때는 활용형이 'Xᄅ고, Xᄅ니' 등으로 실현되지만, 모음 어미와 결합할 때는 활용형이 'Xᄅ러' 등으로 실현되었다. 이 부류에 해당하는 15세기의 용언으로는 '모ᄅ다[不知], ᄆᆞᄅ다[乾], 브르다[呼], ᄲᆞᄅ다[速], 흐르다[流]' 등을 들 수 있다. 'ㄹㄹ'형 어간 가운데 다른 활용 부류로 변화한 단어는 '뎌르다 > 짧다'가 유일하다. 그러나 '뎌르다'가 '짧다'로 변화한 원인은 명확히

---

106 정경재(2015:27)에서는 '그ᅀ다[牽]'의 경우 '그ᅀ다 > ᄊᆞ으다 > ᄊᆞ을다 > 끌다'와 같이 어간 말음으로 어간 말에 /ㄹ/를 지닌 형태로 변화하는 과정을 겪으면서 /ㄹ/ 말음 어간 활용 패턴을 따르게 되었다고 설명하였다. 또한 '빻다'에 대해서는 'ᄇᅀ다 > ᄇᆞᅀ다 > ᄇᆞ으다 > 바으다 > ?바다/빠다 > 빻다'의 과정을 상정하였는데, '빻다'는 'ㅏ' 규칙 활용에서 'ㅎ' 규칙 활용으로 변화한 유일한 단어라고 언급하였다.

알기 어렵다.

『삼강행실도』≪효자도≫에 나타난 용언의 특수한 형태 교체

중세국어 용언의 특수한 형태 교체 양상은 『삼강행실도』≪효자도≫에서도 일부 확인할 수 있다. 'ㅁㄱ'형, 'ㅿㅇ'형, 'ㄹㅇ'형, 'ㄹㄹ'형에 해당하는 예를 각기 제시해 보면 다음과 같다.

(1) 가. 어믜 居喪이 오나눌 손소 흙 지며 솔 <u>시므고</u>(及母喪柩歸 身自負土 手植松栢)〈효자:24b〉

　　나. 남진이 죽거늘 ㄴ물 <u>심거</u> 싀어미 이바도물 더욱 조심ㅎ더니(太初卒 劉種蔬以給食 養姑尤謹)〈효자:31a〉

(2) 가. 서리어든 ㄱ올히 모돏 저긔 어미 잇븛가 ㅎ야 제 술위룰 <u>그스더니</u>(每至歲時 縣當案比 革以母老 不欲搖動 自在轅中挽車 不用牛馬)〈효자:6a〉

　　나. 及第ㅎ라 갏 저긔 어미룰 ᄇ리디 몯ㅎ야 제 술위 <u>긋어</u> 가아 及第ㅎ야놀(應擧入都 不忍捨其親 徒載而西 登第)〈효자:28a〉

(3) 가. 다솜어미 샹녜 서근 사ᄆ로 오새 두어 주거든 아로ᄃ 아니 <u>니ᄅ더라</u>(繼母卜氏遇之無道 恒以蒲穰及敗麻頭與延貯衣 延知而不言)〈효자:19a〉

　　나. 그 겨지비 가아 張叔이 더브러 <u>닐어늘</u> 怒ㅎ야 매로 머리룰 텨늘(張叔醉罵木像 以杖敲 其頭)〈효자:10a〉

(4) 가. 自强이 니 도라보고 하눌홀 <u>브르며</u> 짜 굴러 긋 ᄲᆌ텨 도라가아 사ᄋ룰 업데옛거눌(自强 顧瞻煙光 呼天擗地 力排還歸 伏塚下三日不起)〈효자:33a〉

　　나. 님그미 세 번 브르시며 宰相이 닐굽 번 <u>블러도</u> 다 아니 오고 죽드록 西ㅅ녁 向ㅎ야 앉디 아니ㅎ니라(三徵七辟皆不就 終身未嘗西向而坐)〈효자:15a〉

위에서 보이는 바와 같이 '시므다, 그스다, 니ᄅ다, 브르다'의 어간은 '시므고, 그스 더니, 니ᄅ더라, 브르며' 등과 같이 자음 어미나 매개모음 어미와 결합할 때와 '심거, 긋어, 닐어늘, 블러도' 등과 같이 모음 어미와 결합할 때 서로 다른 형태로 실현되었다.

04_ 자·타동 양용동사

정은진·김진우

중세국어 자·타동 양용동사의 특징

국어의 동사 중에는 자동사로도 쓰이고 타동사로도 쓰이는 동사가 있다. 하나의 동사가 형태 변화 없이 자동사와 타동사가 될 수 있는 동사를 소위 '자·타동 양용동사'라고 한다. 중세국어에서 자·타동 양용동사로 분류될 수 있는 동사는 현대국어보다 훨씬 많았다. 중세국어의 자·타동 양용동사가 사용된 사례를 '열다'와 '흗다'를 중심으로 살펴보면 다음과 같다.

(1) 가. 그제사 善容이 무수미 <u>여러</u> 王씌 술보딕 〈석보상절(1447) 24:29b〉
나. 큰 무수물 <u>여러</u> 空寂 브리고 〈법화경언해(1463) 3:80a〉

(2) 가. 비록 諸識이 <u>흐터</u> 氣韻이 다아도 〈월인석보(1459) 21:93a〉
나. 번게 구루믈 <u>흐터</u> 호야브릴씨라 〈월인석보(1459) 10:81a〉

(1가)에서는 '여러'가 주어 '무수미' 뒤에서 "열리어"를 의미하는 자동사로 쓰였다. 반면 (1나)에서는 '여러'가 목적어 '무수물' 뒤에서 "열어" 의미의 타동사로 쓰이고 있다. 또한 (2)의 '흐터'는 (2가)에서 "흩어져"를 의미하는 자동사로, (2나)에서는 목적어 '번게 구르믈'을 취하여 "흩다" 의미의 타동사로 쓰여 '흗다'가 중세국어에서 자·타동 양용동사로 기능하였음을 보여 준다. '열다'와 '흗다'를 포함하여 장윤희(2002ㄴ:134)에서 제시한 중세국어의 자·타동 양용동사의 목록은 다음과 같다.

(3) 가시-[變], 갇/걷-[收, 斂, 捲], 갊-[藏], 걸-[掛], 져-[折], 그르-[解], 긏-[斷], ᄀ리-[蔽], ᄀ리ᄢ[蔽], 골-[替], 낫/낫-[進], 놀라-[驚], 닝/닛-[連], 논호-[分], 다잊-[拂, 擊], 다티-[觸], 다ᄋ-[盡], 덜-[除], 데-[爛], 드위티-[翻], 디나-[過], 둠-[沈], 두무/둠ㄱ-[沈], 막-[障], 맞-[中], 므르-[退], 및-[及], 못-[終], 및-[結], 박-[印], 밧고-[煥], 배-[亡, 覆], 버믈-/범글-[累], 붗-[飄], 븥-[附], 비릇-[始], 비취-[照], 빼-[貫], 꼬-[滅], 섯-[雜], 솔/슬-[消], 빼혀/빼혀-[拔], 앓-[痛], 어긔-[違], 얽-[維, 纏], 얽미-[縷], 열-

[開], 옮-[移], 움즈기-[動], 움즉ㅎ-[動], 이어-[搖], 일우-[成], 젖-[霑], ㅈㅁ-/ㅈㅁ-[浸], ㅈ므-/줌-[浸], ㅈ므-[浸], 펴-[展, 披], 헐-[弊, 破], 헡-[亂], 흐늘/후늘-[搖, 掉, 撼], 흗-[散], 흩 -[散][107]

(3)의 동사는 현대국어에서 대체로 타동사로 사용되는 경향이 있다. 현대국어에서 '걷다[收]', '걸다[掛]', '꺾다[折]', '열다[開]', '흩다[散]' 등은 목적어를 취하는 타동사로만 기능한다. 이들이 자동사로 사용되기 위해서는 피동 표현으로 바뀌어야 한다. 예컨대 '열다[開]'는 현대국어에 타동사로 남았으며, '열다'의 어간에 피동 접미사 '-리-'가 결합한 '열리다'가 자동사로 쓰인다. (2)의 '흩다' 역시 현대국어에 타동사로 남았으며, '-어지-'의 통사적 피동에 의한 '흩어지다'가 자동사로 쓰이고 있다.

그러나 몇몇 소수의 자타동 양용동사는 현대국어에서 자동사로 남아있기도 하는데, '놀라-[驚]', '븥-[附]', '옮-[移]', '젖-[霑]' 등이 그 예이다. 현대국어에서 이들이 타동사로 사용되기 위해서는 '놀래다', '붙이다', '옮기다', '적시다'와 같은 사동 표현을 사용해야 한다.

『삼강행실도』≪효자도≫의 자·타동 양용동사

『삼강행실도』≪효자도≫에서도 자·타동 양용동사의 사례를 확인할 수 있다. 그 예는 다음과 같다.

(4) 가. 이슥고 거믄 구루미 <u>니르받다</u> 天動ㅎ거늘 〈효자:29a〉
    나. 王이 듣고 正眞ㅅ道앳 ᄠᅳᆯ <u>니르받다</u> 즉자히 그 각시를 둘찻 夫人 사ᄆᆞ니 〈석보상절(1447) 24:21a〉

---

107 이 밖에도 김태우(2013)에서서는 다음과 같은 자타동 양용동사도 제시하였다.

가도-[囚], 갈-[耕], 거스리-[逆], 거슬-[逆], 걸이-[滯], 곶-[揷], 굽-[曲], 그스리-[燋], 기우리-[傾], ᄀᆞ초-[具], 니르-[說], 니르받-[起], 닫-[閉], 도르혀-[飜], 두르-[圍], 두르혀-[廻], 둪-[蓋], 들-[擧], 디-[落], 딕-[點], 모도-[集], 묻-[埋], 묶-[束], 밀-[推], 버히-[割], 벗-[脫], 베프-[揚], 븓들이-[拘], 블-[吹], 븟-[注], 빟-[散], 부리-[棄], ᄭᅦ-[挾], ᄭᅡ-[孵], 사기-[刻], 샇-[積], 숨-[隱], 스-[書], 싣-[載], 꾸미-[裝], 어긔릋-[違], 어울-[合], 어즈리-[亂], 여희-[離], 옮기-[移], 움즉-[動], 움치-[縮], 일굳-[稱], 잃-[失], 자피-[拘], 푸-[坑], 혜-[計], 헤아리-[測]

(5) 가. 드르헤 가아 기드리더니 이슥고 구루미 걷거늘 〈효자:29b〉

　　나. 돗과 다뭇 삳툴 **거드며** 니블을 돌며 벼개를 샹ᄌᆞ애 녀코 〈소학언해(1588) 2:5b〉

　　(4가)에서 '니르받다'는 '구루미'를 주어로 취해 "일어나다" 의미의 자동사로 쓰였다. 반면 (4나)에서는 '니르받다'가 'ᄠᅳᆯ'을 목적어로 삼으며, "일으키다" 의미의 타동사로 쓰여 (4가)와 비교된다. (5가)에서는 '걷다'가 "걷히다" 의미의 자동사로 쓰였다. 이에 반해 (5나)에서는 '걷다'가 목적어를 취하는 타동사로 쓰였음을 확인할 수 있다.

05 _ 형용사의 동사적 용법 　　　　　　　　　　　　김진우·성우철

중세국어 형용사의 동사적 성격

　　중세국어에서는 현대국어와 달리 형용사가 동사적 용법을 보이는 경우가 적지 않게 발견된다. 형용사는 '정직하다, 착하다, 예쁘다'와 같이 비교적 오랜 기간 지속되는 성질을 나타내기도 하지만, '피곤하다, 배고프다, 목마르다'와 같이 비교적 짧은 시간 동안만 성립되는 상태를 나타내기도 한다. 중세국어의 형용사는 자동사처럼 쓰여 성질이나 상태의 변화를 나타내는 일이 많았으며, 타동사처럼 쓰여 "-게 하다"나 "-게 여기다"의 의미를 나타내는 일도 드물게 있었다.

　　현대국어에서는 일반적으로 형용사에 '-어지다'나 '-게 되다'를 결합하여 성질이나 상태의 변화를 나타내곤 한다. 이영경(2003)에 따르면 형용사에 '-어디다'가 결합하여 성질이나 상태의 변화를 나타내는 예는 16세기의 『번역소학』(1518)이 최초이며, 15세기 문헌에서는 형용사와 '-긔/게 ᄃᆞ외다'가 결합한 구성도 극히 드물게 확인된다. 형용사에 '-어디다 > -어지다'가 결합하여 성질이나 상태의 변화를 나타내는 일이 일반화된 것은 18세기 이후이다.

　　중세국어에서는 형용사 어간이 그대로 자동사처럼 쓰인 예를 드물지 않게 확인할 수 있는데, 이영경(2003)에서는 다음과 같은 예를 제시한 바 있다.

(1) 가. 吐와 즈츼유미 흔쁴 니르와드면 …(중략)… 손밯 히미 올무며 四肢 추느니 〈구급방언해 (1466) 상:31a〉

　　나. 邪婬中에 무수미 흘러 逃亡티 아니후야 물가 불고미 나면 命終훈 後에 日月에 갓갑느니 〈능엄경언해(1461) 8:134b〉

(2) 가. 두어 나룰 후오샤 믌구쇄 잇다니 그 므리 漸漸 젹거늘 〈월인석보(1459) 10:24a〉

　　나. 忽然히 부톄 向훈 무수물 니즈니 누니 도로 어듭거늘 〈석보상절(1447) 6:19b〉

(3) 가. 城ㅅ 곳 미햇 모새는 蓮ㅅ 고지 븕고져 후놋다 〈두시언해_초간(1481) 10:18b〉

　　나. 諸佛 證후샨 고대 곧과뎌 후시느니라 〈금강경언해(1464) 상:18a〉

(4) 가. 殘花는 후마 업서 가는 고지라 〈남명집언해(1482) 상:5a〉

　　나. 北斗ㅣ 구르물 向후야 놋가와 가물 구수로 보고 〈두시언해_초간(1481) 11:40b〉

　　(1)은 주로 동사에 결합하는 선어말어미 '-ᄂᆞ-'가 형용사 '춫다'와 '갓갑다'에 결합한 예이다. (1가)에서는 토와 설사가 함께 일어나면 손발의 힘이 오그라들며 사지가 차가워 짐을 기술하고 있으며, (1나)에서는 세속에 미혹되지 않고 고요하고 맑은 마음을 얻으면 생을 마친 뒤에 일월에 가까워지게 됨을 기술하고 있다. 이들 예에서 '춫다'와 '갓갑다'는 일정한 성질이나 상태가 아닌 그러한 성질이나 상태로의 변화를 나타내고 있다.

　　(2)는 형용사가 의미상 변화를 내포하는 부사의 수식을 받고 있는 예이다. (2가)에서 는 '漸漸'이 '젹거늘'을 꾸미고 있고, (2나)에서는 '도로'가 '어듭거늘'을 꾸미고 있다. '漸漸'은 "조금씩 더하거나 덜하여지는 모양"을 의미하고 '도로'는 "먼저와 다름없이 또는 본래의 상태로"를 의미한다는 점에서 모두 변화를 전제한다. 따라서 (2가)의 '젹거 늘'과 (2나)의 '어듭거늘'은 "적어지거늘", "어두워지거늘"과 같이 동사적으로 해석하는 것이 자연스럽다.

　　(3)은 형용사에 원망願望을 나타내는 연결어미 '-고져, -과뎌'가 결합한 예이다. 연결 어미 '-고져, -과뎌, -오려'와 같이 원망을 나타내거나 종결어미 '-쇼셔, -라'와 같이 명령을 나타내는 요소는 형용사와 잘 결합하지 않는데, 형용사가 나타내는 성질이나 상태는 일반적으로 주체의 의지가 개입되기 어렵기 때문이다. (3)에서 형용사 '븕다,

곧ᄒ다'에 '-고져, -과뎌'가 결합한 것은 여기에서 '붉다, 곧ᄒ다'가 동사적으로 쓰였기 때문이다.

(4)는 사태의 변화에 초점을 두는 우언적 구성 '-어 가다'가 형용사에 결합한 예이다. 따라서 이때의 형용사 역시 성질이나 상태의 변화를 나타내는 동사적 용법으로 사용된 것으로 파악된다. (4가)의 '업서 가ᄂᆫ'은 "없어져 가는"으로, (4나)의 'ᄂᆺ가와 가몰'은 "낮아져 감을"로 해석하는 것이 자연스럽다.

중세국어에서는 형용사가 자동사뿐만 아니라 타동사로서의 용법까지 보이는 예도 드물게 보인다. 김태우(2013)에서 제시한 예 가운데 일부를 보이면 다음과 같다.

(5) 가. 秦城ㅅ 늘근 한아비 荊揚애 와 나그내 두외여셔 더위롤 니거 히마다 츩옷 니버(秦城老翁荊揚客 慣習炎蒸歲絺綌 玄冥祝融氣或交 手持白羽未敢釋)〈두시언해_초간(1481) 10:40a-40b〉

나. 二萬劫 디내요ᄆᆞᆫ 오래 조ᄉᆞ로ᄫᆡᆫ 이롤 좀좀ᄒ야 겨샤 機롤 기드리시니라〈월인석보(1459) 14:43a〉

(6) 가. 物化ᄒ샤ᄆᆞᆯ 모디디 아니ᄒ시며 ᄈᆞ로 나샤 굽디 아니ᄒ실ᄊᆡ 술오샤ᄃᆡ 丈夫 질드리샤미오(化物을 不暴ᄒ시며 挺然不屈ᄒ실ᄊᆡ 曰調御丈夫ㅣ시고)〈법화경언해(1463) 1:93b〉

나. 十方天仙이 그 내 더러우믈 슬ᄒ야 다 머리 여희며(十方天仙이 嫌其臭穢ᄒ야 咸皆遠離ᄒ며)〈능엄경언해(1461) 8:5b〉

(5)는 성상 형용사가 목적어를 취하여 타동사처럼 쓰인 예이고, (6)은 심리 형용사가 목적어를 취하여 타동사처럼 쓰인 예이다. (5가)는 "더위를 (자신의 몸에) 익숙하게 하여"로 해석되며, (5나)는 "중요한 일을 잠잠하게 하여"로 해석된다. 이처럼 성상 형용사가 타동사로 쓰일 경우 '-게 하다'에 가까운 사동의 의미를 나타낸다. 반면에 심리 형용사가 타동사로 쓰일 경우 '-게 여기다' 정도의 의미를 나타낸다. (6가)는 "물화하심을 모질게 여기지 않으시며"로 해석되며, (6나)는 "냄새 더러운 것을 싫게 여겨"로 해석된다.

『삼강행실도』≪효자도≫에 나타나는 형용사의 동사적 용법

『삼강행실도』≪효자도≫에서는 형용사 '둏다'의 동사적 쓰임이 돋보인다. 그 구체적인 예는 다음과 같다.

(7) 가. 竹筍 두어 줄기 나거늘 가져다가 羹 밍ᄀᆞ라 이바ᄃᆞ니 어믜 病이 됴커늘 〈효자:16a〉
　　 나. 虛空애셔 닐오디 丁公藤ᄋᆞ로 수을 비저 머그면 됴ᄒᆞ리라 ᄒᆞ야늘 〈효자:22a〉
　　 다. 누미 닐오디 산 사ᄅᆞ미 뼈를 피예 섯거 머기면 됴ᄒᆞ리라 ᄒᆞ야늘 〈효자:34a〉
　　 라. 病이 믄득 됴하 열두 히를 살오 주그니라 〈효자:30a〉
　　 마. 殷保이 아비 病ᄒᆞ야늘 도라 와 藥ᄒᆞ며 옷 밧디 아니ᄒᆞ더니 아비 됴하 도로 가라
　　　　 ᄒᆞ야늘 〈효자:35a-b〉

(7)의 '둏다'는 모두 "좋아지다"로 해석된다. (7가)는 죽순으로 국을 끓여 드리니 어머니의 병이 좋아졌다는 의미로 해석되고, (7나)는 정공등으로 술을 빚어 먹으면 병이 좋아질 것이라는 의미로 해석되며, (7다)는 산 사람의 뼈를 피에 섞어 먹으면 병이 좋아질 것이라는 의미로 해석된다. (7라)에서는 변화를 내포하는 부사 '믄득'이 사용되어 '둏다'가 동사적 용법으로 쓰였음을 명확히 알 수 있다. (7마)에서는 '됴하'가 '病ᄒᆞ야늘'과 대비되어 아버지의 상태가 이전의 그것으로부터의 변화하였음을 명시적으로 나타내고 있다.

06_심리 동사와 심리 형용사

정은진·성우철

중세국어의 동사와 형용사가 현대국어의 동사와 형용사와 보이는 차이 중 하나로 심리 동사와 심리 형용사의 관계가 있다. 현대국어에서는 기본적으로 '기쁘다', '슬프다' 등의 심리 형용사가 존재하고 이에 '-어하-'를 결합하여 '기뻐하다', '슬퍼하다' 등의 동사를 파생시킨다. 반면 중세국어에는 단일어 심리 동사로서 '깄다', '슳다' 등이 존재하였으며 여기에서 형용사 '깃브다', '슬프다' 등을 파생시켰다.

중세국어 심리 동사와 심리 형용사의 변화

중세국어에서는 '믜다[嫉]'나 '붓그리다[慚]', '깄다[喜]', '슳다[悲]' 등의 같은 동사가 단독으로도 심리 구문을 형성하였다. 그러나 근대국어 이후 이와 같은 단일어 심리 동사는 대부분 소멸하였고, 현대국어에는 '밉다(< 믤다)', '부끄럽다(< 붓그렇다)', '기쁘다(< 깃브다)', '슬프다' 등과 같이 본래 동사에서 파생되었던 형용사만이 남아있다. 한편, 단일어의 심리 동사가 소멸하면서 심리 형용사에 '-어ᄒ-'를 결합하여 심리 동사 구문을 만드는 현상이 새롭게 일어나는데, 이러한 유형의 구문은 근대국어 문헌에서부터 발견된다.

(1) 가. 서르 <u>믜워ᄒ며</u> 원티 말올찌니 〈경민편언해(1658) 4b〉
    나. 눕도 <u>붓그러워ᄒ노라</u> 〈순천김씨묘출토언간(1593)〉

(1가)의 '믜워ᄒ다'는 형용사 '믤다'의 어간에 '-어ᄒ-'가 결합하여 만들어진 것이며, (3나)의 '붓그러워ᄒ다'는 형용사 '붓그렇다'의 어간에 '-어ᄒ-'가 결합하여 만들어진 것이다. 즉 심리 동사 '믜다'와 '붓그리다'가 소멸하면서 같은 자리를 '믜워ᄒ다', '붓그러워ᄒ다'가 대신하게 된 것이다. 이러한 변화는 '깄-/깃브-/깃버ᄒ-', '슳-/슬프-/슬퍼ᄒ-' 등 다른 심리 동사-심리 형용사 쌍에도 평행하게 나타난다.

『삼강행실도』 ≪효자도≫의 심리 동사와 심리 형용사

『삼강행실도』 ≪효자도≫의 예를 중심으로 중세국어 심리 동사의 예를 보이면 다음과 같다.

(2) 閔損이 다솜어미 損이룰 <u>믜여</u> 제 아둘란 소옴 두어 주고 閔損이란 굴품 두어 주어늘 〈효자:1a〉

(3) 가. 父母ᄆᆞᆯ | <u>붓그려</u> 도라오라 ᄒ니라 〈효자:7a〉
    나. <u>붓그려</u> 제 아비룰 도로 더브러 오니라 〈효자:13a〉

(4) 어미 울에를 <u>므싀더니</u> 〈효자:15b〉

(5) 가. 黃香이 아호빈 저긔 어미 일코 <u>슬허</u> 〈효자:9a〉

　　나. 王裒ㅣ <u>슬허</u> 그위실 아니ᄒᆞ고 〈효자:15a〉

　　다. 그무메 가아 죽거늘 너므 <u>슬흐며</u> 侍墓사니라 〈효자:21b〉

　(2)에서 '믜다[嫉]'는 "미워하다"를, (3가, 나)에서 '붓그리다[慚]'는 "부끄러워하다", "부끄럽게 여기다"를, (4)의 '므싀다'는 "무서워하다"를, (5가-다)의 '슳다'는 "슬퍼하다"를 의미하는 심리 동사이다. 중세국어에서는 이처럼 단일어 심리 동사가 존재하였다.

　물론 중세국어에서는 이러한 심리 동사에 형용사 파생 접미사를 결합하여 심리 형용사를 파생시킬 수 있었는데, (2)~(5)의 동사에서 파생된 형용사를 예문과 함께 제시하면 다음과 같다.

(6) 네 이제도 ᄂᆞ외야 ᄂᆞᆷ <u>믜ᄫᆞᆫ</u> ᄠᅳ들 둘따 ᄒᆞ야시ᄂᆞᆯ 〈월인석보(1459) 2:64a〉

(7) 뵈 ᄧᅡ 옷 밍ᄀᆞ라 <u>붓그러ᄫᆞᆫ</u> ᄃᆡ를 가리오ᄂᆞ니이다 〈월인석보(1459) 22:26a〉

(8) 톱 길며 엄이 길오 피 ᄀᆞᆮᄒᆞᆫ 눈이 <u>므싀엽고도</u> 〈월인천강지곡(1447) 상:60a〉

(9) 孔子ㅣ 나 ᄃᆞᆮ니시다가 슬픈 우룸 쏘리ᄅᆞᆯ 드르시고 가시니 〈효자:4a〉

　(6)의 '믭다'는 "밉다"를 의미하는 심리 형용사로, 동사 어간 '믜-'에 형용사 파생 접미사 '-ᄫᅵ-'가 결합되어 형성되었다. (7)의 '붓그럽다'는 "부끄럽다"를, (8)의 '므싀엽다'는 "무섭다"를 의미하는 심리 형용사로 동사 어간 '붓그리-', '므싀-'에 모두 '-업-'이 결합되어 형성되었다. 마지막으로 (9)의 '슬프다'는 "슬프다"를 의미하는 심리 형용사로, 동사 '슳-'에 '-브-'가 결합되어 형성되었다[문법] 11_형용사 파생 접미사 참고).

07_ 비통사적 합성어

비통사적 합성어란 통사성이 준수되지 않은 합성어를 말한다. 중세국어에서는 국어의 용언 어간이 합성어 구성에 참여하는 비통사적 합성어가 현대국어에 비해 다수 존재한다는 점에서 특징적이다. 이는 중세국어에서 용언 어간이 비교적 자립적으로 사용될 수 있었음을 보여 준다.

중세국어 비통사적 합성어의 특성

국어의 문장에서 두 개 이상의 용언이 연속하는 경우 '멈추어 서다', '먹고 자다' 등과 같이 용언 어간에 연결어미가 결합하고 다른 용언이 후행하는 경우가 일반적이다. 따라서 일반적인 문장 구성법을 따라 'V₁+-어/고 V₂' 구성을 가지는 합성어는 통사적 합성어로 볼 수 있다. 예컨대 '뛰[躍]-+-어(연결어미)+들[入]-+-다'의 구성으로 분석되는 '뛰여들다'는 통사적 합성어이다. 반면 용언 어간에 어미가 결합하지 않고 다른 용언 어간이 바로 후행하는 경우는 일반적인 문장 구성법에 어긋난다. 이러한 'V₁+V₂' 구성을 보이는 합성어는 비통사적 합성어로 볼 수 있다. '죽[死]-+살[生]-+-다'로 분석되는 '죽살다'의 경우가 이에 해당한다.

중세국어에서는 용언의 어간이 어미 없이 합성어의 구성 요소로 참여하는 경우가 현대국어에서보다 많았다. 용언 어간이 합성에 참여하는 중세국어의 비통사적 합성어는 품사에 따라 합성동사, 합성형용사, 합성명사로 나누어 살펴볼 수 있다.

(1) 합성동사
　　가. 제 호 가짓 모믈 몯 여희여 <u>죽사리</u>도 오랄쎠 ᄒᆞ노라 〈석보상절(1447) 6:37b〉
　　　　죽살-: 죽[死]- + 살[生]-
　　나. 善惡ᄋᆞᆯ 글히디 몯ᄒᆞ야 눈귀예 <u>듣보미</u> 업거든 〈월인석보(1459) 21:126b〉
　　　　듣보-: 듣[聞]- + 보[見]-
　　다. 數업슨 준자리ᄂᆞᆫ ᄀᆞᄌᆞ기 <u>오ᄅᆞᄂᆞ리거늘</u> 〈두시언해_초간(1481) 7:2a〉
　　　　오ᄅᆞᄂᆞ리-: 오ᄅᆞ[登]- + ᄂᆞ리[降]-

(2) 합성형용사

　가. ᄆᆞᅀᆞ미 正티 몯ᄒᆞ야 <u>됴쿠주믈</u> 묻그리 ᄒᆞ야 〈석보상절(1447) 9:36a〉

　　됴쿷-: 둏[好]- + 궂[惡]-

　나. <u>검블근</u> 버듨니픈 새배와 바미 드므러 가놋다 〈두시언해_초간(1481) 10:36a〉

　　검븕-: 검[黑]- + 븕[赤]-

　다. <u>횩뎌근</u> 황호 사리라 〈번역노걸대(16C초) 下:67a〉

　　횩뎍-: 횩[小]- + 뎍[少]-

(3) 합성명사

　가. 策ᄋᆞᆫ ᄆᆞᆯ채오 礪ᄂᆞᆫ <u>뿟돌</u>히니 힘 ᄢᅴ워 가다두 몯ᄒᆞᆯ씨라 〈능엄경언해(1464) 1:37b〉

　　뿟돌ㅎ: 뿟[摩]- + 돌ㅎ

　나. <u>붉쥐</u> ᄯᅩᆼ을 ᄂᆞᆯ 기르메 ᄀᆞ라 ᄇᆞᄅᆞ라 〈구급간이방(1489) 6:68a〉

　　붉쥐: 붉[明]- + 쥐

　　(1), (2)는 각각 비통사적 합성어에 해당하는 합성동사와 합성형용사로, 용언 어간에 용언 어간이 연결어미 없이 직접 결합하였다. (3)은 용언 어간에 관형사형어미 없이 명사가 결합하여 형성된 비통사적 합성명사이다. 중세국어 시기에 용언 어간이 그 자체로 부사로 쓰이는 소위 어간형 부사가 다수 존재함을 근거로 (1), (2)의 예를 어간형 부사가 단어 형성에 참여한 통사적 합성어로 보는 관점도 있다. 그러나 중세국어의 모든 용언 어간이 어간형 부사로 쓰이는 것은 아니라는 점에서 합성에 참여하는 용언 어간을 어간형 부사로 처리하기에는 어려움이 있다[문법] 10_부사 파생 접미사_중세국어의 어간형 부사 참고).

　　한편, 비통사적 합성어 구성에 참여하는 용언 간의 의미 관계를 대등 관계, 종속 관계, 융합 관계로 유형화할 수 있는데, 장윤희(2006:635-638)에서 정리된 예를 보이면 다음과 같다.

(4) 대등 관계

　가. ᄀᆞ다둠-[鍊磨], 듣보-[見聞], 메지-[擔負], ᄆᆞ너흘-[咬], 미뭇-[結束], 미얽-[結構]

　나. 나들-[出入], 나소믈리-[進退], 오ᄅᆞᄂᆞ리-[上下], 죽살-[死生]

(5) 종속 관계

　　가. 누리누르-[抑], 드리비취-[入照], 므르닉-[爛], 사로잡-[生捕]

　　나. 거두잡-[摳, 攝], 것듣-[折落], 빌먹-[乞食], 얽미-[纍累]

　　다. 값돌/감쏠-[匝], 뛰놀-[跳]

(6) 융합 관계

　　가. 드나둘-[出入+반복], 오르누리-[上下+반복]

　　나. 걷나/건나/건너-[濟, 超], 걷나가/건나가/건너가-[超越], 맛나-[逢]

　　(4)는 V₁과 V₂의 의미가 "V₁하고 V₂하다" 정도의 의미를 가지는 예로, (4가)는 두 용언이 유의 관계를, (4나)는 반의 관계를 이룬다. (5)는 두 용언이 종속 관계를 맺는 예인데, (5가)에서는 "V₁하게 V₂하다", "V₁히 V₂하다"의 의미 관계를, (5나)에서는 "V₁하여/해서 V₂하다"의 의미 관계를, (5다)에서는 두 용언이 가리키는 동작이 동시에 실현되어 "V₁하면서 V₂하다"의 의미 관계를 나타낸다. (6)의 경우 두 용언이 결합하여 추가적인 의미를 갖거나 제3의 의미를 획득한 경우인데, (6가)에서는 기존 어휘의 합에 "반복"의 의미가 추가된 경우이고 (6나)는 제3의 의미를 획득한 경우이다.

『삼강행실도』≪효자도≫의 비통사적 합성어

　　『삼강행실도』≪효자도≫에 쓰인 비통사적 합성어의 목록을 예문과 함께 보이면 다음과 같다.

　　(4) 『삼강행실도』≪효자도≫에 나타나는 비통사적 합성어

　　　　가. 아비 알오 다숨어미를 <u>내툐려</u> 커늘 〈효자:1a〉

　　　　나. 두라드러 버믜 모골 <u>즈르든대</u> 아비 사라 나니라 〈효자:3a〉

　　　　다. 孔子ㅣ <u>나돈니시다가</u> 슬픈 우룸쏘리룰 드르시고 가시니 〈효자:4a〉

　　　　라. 내 <u>죽사리룰</u> 몯내 알리니 兄弟 업고 늘근 어미룰 네 孝道홇다 〈효자:5a〉

　　　　마. 어드리 世間애 <u>돋니리오</u> 호고 〈효자:5b〉

　　　　바. 아춤나조히 墓애 가아 잣남골 <u>븓둥기야셔</u> 우니 〈효자:15b〉

　　　　사. 두루 가 <u>얻니더니</u> 〈효자:22a〉

아. 눈 우희 <u>우녀</u> 주검 서리예 어미 <u>얻녀</u> 〈효자:24a〉

자. ᄇᆞ룸과 무뤼와 하ᄂᆞ 티니 즁싱이 주그며 플와 나모왜 <u>것든더니</u> 〈효자:25a〉

차. 마ᄉᆞᆫ나ᄆᆞᆫ 히ᄅᆞᆯ 侍墓사라 죽두록 머리 퍼디고 발 바사 <u>돈니더라</u> 〈효자:26b〉

카. 제 아ᄃᆞᄅᆞᆯ 글 닐기라 보내오 盧操ᄅᆞᆯ ᄆᆞ라귀 모라 <u>미조차</u> 가라 ᄒᆞ야든 〈효자:27a〉

(4가)의 '내티다'는 동사 '내다[出]'와 '티다[擊]'의 어간이 결합한 비통사적 합성어이며, (4나)의 '즈르들다'는 동사 '즈르다[絞]'와 '들다[擧]'의 어간이 결합한 비통사적 합성어이다. (4라)의 '죽사리'는 용언 '죽살다'에 명사 파생 접미사 '-이'가 결합한 형태로, '죽살다'는 동사 '죽다[死]'와 '살다[生]'의 어간이 결합한 비통사적 합성어이다. (4바)의 '븥ᄃᆞᇰ기다'는 동사 '븥다[附]'와 'ᄃᆞᇰ기다[引]'의 어간이 결합한 비통사적 합성어이고, (4자)의 '것든다'는 동사 '겄다[折]'와 '든다[落]'의 어간이, (4카)의 '미좇다'는 동사 '밀다[量]'와 '좇다[從]'의 어간이 결합한 비통사적 합성어이다.

(4다, 마, 사, 아, 차)에서는 공통적으로 용언 '니-[行]'가 포함되었다. 중세국어 시기의 '니다[行]'는 비통사적 합성어를 매우 생산적으로 형성하였는데, 이기문(1998)에서는 이때의 '니-'를 《계속 진행》의 의미를 가진 접미사적 요소로 보기도 하였다. (4마, 차)의 '돈니다'는 동사 '돈다[出]'와 '니다[行]'가 결합한 비통사적 합성어인데, (4다)의 '나돈니다'에서는 '돈니다' 앞에 동사 '나다[出]'가 또다시 비통사적으로 결합하였다. (4사)의 '얻니다'는 동사 '얻다[求]'와 '니다[行]'가 결합한 비통사적 합성어이며, (4아)의 '우니다'는 동사 '울다[泣]'와 '니다[行]'가 결합한 비통사적 합성어로 뒷말의 /ㄴ/ 앞에서 앞말의 종성 /ㄹ/가 탈락한 것이다.

08 _ 강세 접미사

정은진·김진우

강세 접미사는 어근의 의미를 강조하여 주는 접미사로, 동사의 어근에 붙어 다시 동사를 파생시키는 어휘적 파생 접미사에 해당한다. 중세국어에서는 현대국어에 비해 강세 접미사에 의한 파생어, 즉 강세 파생어가 많다는 점이 특징적이다. 대부분의 강세 접미사는 실사였던 동사 어간이 문법화한 결과로서, 추상화된 의미로 쓰여 문법적 기능을 수행한다.

중세국어의 강세 접미사

중세국어의 주요 강세 접미사 목록과 강세 접미사에 의해 형성된 강세 파생어의 대표적인 사례를 차례로 보이면 다음과 같다.

(1) 가. -받-(> -왇/왇-) : 니르받다, 니르왇다, 세웓다
　　 나. -혀-(> -혀-) : 기우리혀다, 도르혀다, 드위혀다, 니르혀다
　　 다. -티- : 열티다, 들티다, 뻘티다, 니르티다, 내티다, 베티다
　　 라. -잊- : 두르잊다, 횟두루잊다, 다잊다, 헤잊다
　　 마. -쁘- : 거슬쁘다, 마초쁘다
　　 바. -츠- : 머믈츠다, 세츠다

(1)에서 제시된 강세 접미사는 각각 동사 어근에 붙어 그 의미를 더해 주는 기능을 하고 있다. (1)의 강세 접미사는 대부분이 '받-', '혀-', '티-' 등 실사 용언 어간에서 문법화된 것이며, 추상화된 의미로 쓰여 본래 동사의 의미를 찾기 어렵다는 점에서 접사로 분류된다.[108] (1)의 목록 이외의 강세 접미사로는 '-힐후-', '-디르-', '-브리-', '-으벅리-', '-숫그리-', '-ᄌᆞ르-', '-돋-' 등을 추가로 제시할 수 있다.[109]

(1가)의 '-받-'과 (1바)의 '-츠-' 부류 강세 접미사가 지닌 특징에 대해서는 각각 김유범(2005ㄷ)과 장윤희(2018)에서 더욱 자세히 다루어진 바 있다. 우선 김유범

108　그러나 이병기(2008)에서는 '강세 접미사'의 범주를 설정하는 대신 중세국어 강세 접미사를 '보조용언'으로 처리할 가능성을 제안하기도 하였다. 중세국어에서는 특히 용언 어간이 어미와 유리되어 쓰이는 경우가 많았으며, 기존에 '강세 접미사'로 불린 것들의 기능이 보조 용언과 유사하다는 것 등을 그 근거로 들었다. 즉 보조용언과 마찬가지로 '-받-', '-잊-', '-티-' 등은 본용언으로서의 용법이 존재하며 단독으로 쓰일 때의 의미에서 추상화되고, 양태, 상, 태 등의 문법적 기능을 나타내기도 하였다.

109　선행연구마다 인정하는 중세국어 강세 접미사의 항목에 조금씩 차이가 있으므로, 여기서는 대체로 인정되는 주요 강세 접미사 목록을 제시한 것이다. 선행연구를 망라한 중세국어 강세 접미사의 목록은 이병기(2008:89-92)에도 자세히 정리되어 있다.

(2005ㄷ)에서는 강세 접미사 '-밭-/-왇(왈)-'의 음운·형태론적 특징을 다음과 같이 설명하였다.

    (2) 강세 접미사 '-밭-/-왇(왈)-'의 특징
        가. 타동사, 자동사, 형용사 어기에 모두 결합함
        나. 의미 강화 외에 자동사를 타동사화하는 범주 내적 변화를 일으키기도 함
        다. 피·사동 접미사 및 형용사 파생 접미사 등과 통합 관계를 형성함
        라. '-티-', '-혀-' 등 다른 강세 접미사들과 계열 관계에 놓여 있기도 함
        마. 다양한 의미를 지닌 동사 '받다[衛, 支]'의 어간이 문법화 과정을 거쳐 만들어진 것으로 보임
        바. '-밭-', '-왇-', '-왈-' 이외의 이형태로 '-받-'이 추가될 수 있고, '-왈-'은 존재하지 않는 '*벌-'으로부터 변화한 것이 아니라 모음조화를 고려한 인위적인 형태임

    한편, 장윤희(2018)에서는 중세국어의 '-츠-' 부류 강세 접미사로 '-츠-'와 '-ㅊ-'를 설정하였다.[110] 예컨대 '머믈츠-'는 15세기 이전에 '머믈-'과 '*츠-'가 비통사적으로 합성된 단어였으나, 뒤의 '-츠-'가 '머믈-'에 대한 강한 인식으로 점차 접미사로 인식되기 시작하였다. 그러나 접미사 '-츠-'는 그 지위가 불분명하였으므로 '머믓ㅎ-'의 어근 '머믓(←*머뭊-)'에서처럼 '-ㅊ-'로 재분석되기도 하였으며, 근대국어 시기에 '-츠-'로 변화하거나(예 세츠다 > 세추다), 더 넓은 사용역을 가진 강세 접미사 '-치-'(< -티-)로 대체되기도 하였다(예 니으츠다 > 니으치다).

『삼강행실도』 ≪효자도≫의 강세 접미사

    다음으로는 『삼강행실도』 ≪효자도≫의 용례를 중심으로 강세 접미사의 쓰임을 살펴보기로 한다.

---

110 허웅(1975)에서는 강세 접미사 '-추-'의 이형태로 '-추-, -츠-, -치 -, -ㅅ- ; -옺(욪)-, -우치-, -우(으)취-' 등을 제시한 바 있는데, 장윤희(2018)에서는 '-츠-' 부류 강세 파생어를 모두 검토한 결과 중세국어의 '-츠-' 부류 강세 접미사로는 '-ㅊ-'과 '-츠-'만이 존재했다고 보았다.

(3) 이윽고 거믄 구루미 <u>니르받다</u> 天動ᄒ거늘 〈효자:29a〉

(4) 어미도 <u>도로혀</u> 뉘으처 어엿비 너기더라 〈효자:01a〉

(5) 가. 아비 알오 다숨어미를 <u>내툐려</u> 커늘 … 아비 올히 너겨 아니 <u>내틴대</u> 〈효자:01a〉

　　나. 怒ᄒ야 자바 내야 <u>베티니라</u> 〈효자:15a〉

　　다. 쇠리 젓고 업데어늘 <u>베텨</u> 비 ᄲ아아 아비 손콰 ᄲᅧ와 내야 그르세 담고 〈효자:32a〉

(6) 가. 孟熙 果實 ᄑ라 어버ᅀᅵ 이바두며 ᄠᅳ데 <u>거슬ᄠᅳᆫ</u> 이리 업더니 〈효자:14a〉

　　나. 順은 <u>거슬ᄠᅳᆫ</u> 일 업슬씨오 〈효자:18b〉

　　다. 어미를 孝道호디 ᄠᅳ데 <u>거슬ᄠᅳᆫ</u> 일 업더니 〈효자:33a〉

　　(3)은 '-받-'이 결합된 '니르받다', (4)는 '-혀-'가 결합된 '도로혀다', (5)는 '-티-'가 결합된 '내티다'와 '베티다', (6)은 '-ᄠᅳ-'가 결합된 '거슬ᄠᅳ다'의 예를 보인 것이다. (3)에서 '니르받다'는 "일으키다", (4)의 '도로혀다'는 "돌이키다", (5가)의 '내티다'는 "내치다", (5나-다)의 '베티다'는 "세게 베다", (6가-다)의 '거슬ᄠᅳ다'는 "거스르다"의 의미를 나타내고 있다. 각각의 강세 접미사들은 동사 어근에 붙어 어근의 의미를 보다 강조해 준다.

09 _ 명사 파생 접미사
김진우·성우철

　　명사 파생이란 어근에 접사가 결합하여 명사를 만드는 과정을 가리킨다. 중세국어의 명사 파생 접미사는 현대국어와 마찬가지로 매우 다양하게 나타난다. 명사 파생 접미사 가운데는 어근의 품사를 바꾸는 것도 있지만 그러지 않는 것도 있다. 여기에서는 우선 중세국어의 다양한 명사 파생 접미사의 유형을 살펴본 다음, 그 가운데『삼강행실도』 ≪효자도≫에서 발견되는 명사 파생 접미사의 예를 살펴보기로 한다.

어근의 품사를 바꾸지 않는 명사 파생 접미사

중세국어에서 어근의 품사를 바꾸지 않는 명사 파생 접미사의 예는 다음과 같다. 이들은 명사인 어근에 결합하여 일정한 의미를 더해주는 역할을 한다.

(1) 가. {-발}: 힛발, 빗발
　　나. {-질}: 불무질, 뽈에질
　　다. {-아지}: 무야지, 강아지

구본관(1998:90)에서는 (1가)의 {-발}을 '발[足]'에서 비롯되어 "아래쪽"으로 그 의미가 바뀐 접미사로 파악한 바 있다. 그런데 접미사 {-발}은 '글발, 빗발, 힛발' 등의 파생어에서만 확인되므로 중세국어 공시적으로 생산성이 그리 높지는 않았던 것으로 여겨진다. (1나)의 {-질}은 "그 도구를 가지고 하는 일"이라는 의미를 더해주는데, 15세기에는 생산적으로 사용되지 않다가 현대국어로 오면서 더 일반적으로 쓰이게 되었다. (1다)의 {-아지}는 동물 이름 뒤에 결합하여 "짐승의 어린 것"이라는 의미를 더하는 접미사이다.

한편, 중세국어에도 현대국어와 마찬가지로 명사 파생 접두사가 존재하였다. 명사 파생 접두사의 경우 어근의 품사를 바꾸는 예가 보이지 않는다. 구본관(1996)에서는 중세국어의 명사 파생 접두사로 {갈-}, {골-}, {납-}, {니-}, {댓-}, {독-}, {들-}, {춤-} 등을 제시하였으며, 김유범(2006)에서는 여기에 '핟니블, 핟옷, 핟져구리' 등에서 확인되는 접두사 {핟-}을 더한 바 있다. 이 외에 {싀-} 역시 "남편의"의 뜻을 더하는 명사 파생 접두사로 파악할 수 있다.[111]

111　많은 논의에서 {싀-}를 고유어가 아닌 한자어로 파악하였으나, 15세기부터 18세기까지의 한글 문헌에서는 이것이 '媤'로 표기된 예가 없다는 점에서 이러한 견해는 재고할 여지가 있다. 김무림(2020:604)에서도 '媤家, 媤宅' 등의 '시'를 '媤'로 표기하는 것은 어원과는 관련이 없는 단순한 취음 표기라고 언급한 바 있다.

어근의 품사를 바꾸는 명사 파생 접미사

명사 파생 접두사와 달리 명사 파생 접미사는 어근의 품사를 바꾸기도 한다. 중세국어 문헌에서 발견되는 구체적인 예는 다음과 같다.

(2) 가. {-게}: 놀애/놀개, 둛게, 벼개, 뿔에, 집게
　　나. {-에}: 부체, 울에
　　다. {-엄}: 무덤, 주검
　　라. {-이}: 군마기, 다ᄆᆞ사리, 이바디, 죽사리
　　마. {-ㅁ}: 거름, 다ᄉᆞᆷ, 비홈, 싸홈, 어름, 여름
　　바. {-의}: 노픠, 너븨, 기릐

(2가)의 {-게}는 동사 어간 '놀-, 둛-, *벼-, 뿔-, 집-' 등에 결합하여 "…을 하는 도구"의 의미를 더하는 명사 파생 접미사이다. 이때 {-게}는 모음조화에 따라 '-게' 또는 '-개'로 교체되어 나타난다. 한편, 중세국어에서는 형태소 경계에 있는 /ㄹ/나 /j/ 뒤에서 /ㄱ/가 탈락하는 음운 현상이 존재했으므로 '놀애'나 '뿔에'에서처럼 {-게}가 '-에' 또는 '-애'로 나타나기도 하였다. 그러나 '놀애'의 경우 15세기에 이미 '놀개'의 어형으로 나타나기도 하였는데, 이는 접미사의 이형태 단순화와 관련지어 설명할 수도 있고(구본관 1998:130), /ㄱ/ 탈락 현상의 소멸과 관련지어 설명할 수도 있다.

(2나)의 {-에}는 '부체'에서처럼 "…을 하는 도구"의 의미를 더하거나 '울에'에서처럼 "…한 특성을 가지는 것"의 의미를 더하는 명사 파생 접미사이다.[112] 이 가운데 '부체'의 경우 『조선관역어』(1382)의 '扇卜冊'를 '부채'로 재구할 수 있다는 점, 『두시언해』(1481)에 '부채'의 어형이 등장한다는 점을 고려하면 접미사 '-애'가 결합한 것으로 볼 수도 있다([어휘] 22_'부체, 붗다[扇]' 참고).

(2다)의 {-엄}은 동사 어간 '묻-', '죽-'에 결합하여 명사 '무덤', '주검'을 형성하였으며, (2라)의 {-이}는 동사 어간 '이받-', '죽살-' 등에 결합하여 명사 '이바디', '죽사리'

112　'울에'의 경우 접미사와 결합한 어근의 형태를 '우르-' 혹은 '울-'로 볼 수 있다. 어근을 '우르-'로 볼 경우 접미사 {-에}가, 어근을 '울-'로 볼 경우 접미사 {-게}가 결합한 것으로 파악된다. 후자의 경우 '뿔에'에서처럼, 형태소 경계를 사이에 두고 /ㄹ/ 뒤의 /ㄱ/이 탈락한 것으로 설명할 수 있다.

등을 형성하였다. (2마)의 {-ㅁ}은 중세국어에서도 현대국어와 마찬가지로 높은 생산성을 가지고 있었다. '거름', '다솜', '비홈', '싸홈', '어름', '여름'은 모두 동사 어간 '걷-', '다ᄉ-', '비호-', '싸호-', '얼-', '열-'에 {-ㅁ}이 결합하여 품사가 명사로 바뀐 예이다. '*닷-'에서 파생된 '다솜'은 단독으로 쓰인 예는 발견되지 않고 '어미, 아비, 어버이, 자식' 등의 친족 어휘와 결합해서만 나타나는 제한된 쓰임을 보인다[[어휘] 09_'다솜어미' 참고].

(2바)의 {-의}는 형용사 어간 '높-', '넙-', '길-'에 결합하여 명사를 만들어내며, 모음조화에 따라 '-의' 또는 '-ᄋᆡ'로 나타난다. 그런데 간혹 '-의' 또는 '-ᄋᆡ' 대신 '-이'가 결합하는 경우도 있었는데, 〈효자:19a〉의 '기리'는 형용사 어간 '길-'에 접미사 '-이'가 결합한 것으로 분석된다. 이 경우 '기릐 > 기리'의 변화가 일어난 것으로(구본관 1998:140) 볼 수 있다.

『삼강행실도』 ≪효자도≫에 나타나는 명사 파생 접미사

위에서 언급한 명사 파생 접미사 가운데 『삼강행실도』 ≪효자도≫에 나타나는 것으로는 다음을 들 수 있다.

명사 파생 접미사	용 례	출 전
{-게}	벼개	09황향선침, 19왕연약어
	쁠에	07설포쇄소
{-에}	울에	15왕부폐시
	부체	09황향선침
{-엄}	무덤	06강혁거효, 18허자매수, 31유씨효고, 32누백포호, 35은보감오
	주검	24불해봉시
{-이}	군마기	05진씨양고
	죽사리	05진씨양고
	다ᄆᆞ사리	06강혁거효
	기리	19왕연약어
	이바디	28서적독행, 35은보감오
{-ㅁ}	다솜	01민손단의, 17왕상부빙, 19왕연약어, 27노조순모
	비홈	04고어도곡
	싸홈	15왕부폐시
	어름	17왕상부빙

한편, 중세국어 문헌을 살펴보면 용언의 어간이 표면적인 형태 변화 없이 명사로도 쓰이는 현상을 드물지 않게 확인할 수 있는데, 그 예는 다음과 같다(김유범 2006ㄴ:187).

(4) 명사~용언: ᄀᆞ몰[旱]~ᄀᆞ몰다, 곫[垃]~곫다, 깃[巢]~깃다, 너출[蔓]~너출다, 누비[衲]~
누비다, 되[升]~되다, 의[帶]~의다, 신[履]~신다, 빗[櫛]~빗다, 품[懷]~품다, 비[腹]~비
다, 심[泉]~심다

그러나 이들의 경우 어느 것에서 어느 것이 파생되었는지 단정하기 어렵다. 즉 명사에 동사 파생이나 형용사 파생의 영접사가 결합한 것인지 아니면 용언의 어간에 명사 파생의 영접사가 결합한 것인지 판단하기 어렵다는 것이다. 구본관(1998:68)에서는 국어가 기원적으로 명사문에서 동사문으로 변해 왔을 것이라는 이기문(1998)의 가설을 토대로 명사에서 용언으로의 방향을 지지하였으나, 둘 가운데 어느 한쪽만을 지지하기에는 자료상의 근거가 충분하지 못하다. 어쨌든 중세국어의 용언 가운데 영접사 첨가를 토대로 명사와의 관계를 설명해 볼 만한 예가 다수 확인된다는 점만은 분명해 보인다.

10_ 부사 파생 접미사

정은진·최하늘·김진우

15세기 한글문헌에 나타나는 부사 파생 접미사를 어기의 문법 범주가 바뀌는지 여부에 따라 어휘적 파생법을 보이는 접미사와 통사적 파생법을 보이는 접미사로 분류할 수 있다. 어휘적 파생법은 한정적 접사, 즉 어근의 품사를 바꾸지는 않고 어근의 의미만을 제한하는 접사에 의한 파생법이며, 통사적 파생법은 지배적 접사, 즉 품사를 바꾸거나 통사 구조에 영향을 미치는 접사에 의한 파생법이다.

어근의 품사를 바꾸지 않는 부사 파생 접미사

중세국어에서 어근의 품사를 바꾸지 않고 부사 어근에 결합되어 다시 부사를 형성하는 접미사의 예는 다음과 같다.

(1) 가. {-내}: 몯내
    나. {-다}: 므슴다, 엇뎨라

(1가)의 '몯내'는 부사 '몯'에 접미사 {-내}가 결합되어 형성된 부사이다. {-내}는 동사 '나-[出]'의 파생형에서 기원한 접사로, '몯내'는 부정 부사 '몯'에 비해 의미가 보다 강조된 것으로 이해된다.

(1나)의 '므슴다', '엇뎨라'는 부사 '므슴', '엇뎨'에 접미사 {-다}가 결합된 것이다. 부사 파생 접미사 {-다}는 자음 뒤에서는 '-다'로, 모음 뒤에서는 '-라'로 실현되는 것으로 보이는데, 그 구체적 양상에 대해서는 박진호(2003ㄴ)에서 자세히 다루어진 바 있다.

이들 접미사는 모두 부사 어근에 결합되어 다시 부사를 파생시키는 것으로 어근의 품사를 바꾸지 않는 접미사이다. 그러나 부사 파생 접미사 중에는 어근의 품사를 바꾸는 경우가 더 많은데, 이에 대해서는 아래에서 살펴보기로 한다.

어근의 품사를 바꾸는 부사 파생 접미사

(1)과 달리 어근의 품사를 바꾸는 중세국어의 부사 파생 접미사의 예는 다음과 같다.

(2) 가. {-리}: 이리, 그리, 뎌기
    나. {-으라}: 므스므라
    다. {-내}: 乃終내
    라. {-로}: 진실로, 날로
    마. {-쏘}: 손소, 몸소

바. {-아}: 모다, ᄂᆞ외야

사. {-오}: 기우루, 비르수, 마조, 오ᄋᆞ로, ᄌᆞ조

아. {-이}: 머리, 어려ᄫᅵ, ᄀᆞ드기, 훤츨히, 거스리, 니르리

(2)의 접미사는 모두 어근의 품사가 부사가 아닌 것에 결합되어 부사를 파생시키고 있다. (2가, 나)의 {-리}, {-으라}는 대명사 '이, 그, 뎌', '므슴'에 결합되어, (2다-마)의 {-내}, {-로}, {-소}는 명사 '乃終', '진실, 날', '손, 몸'에 결합되어, (2바)의 {-아}는 동사 '몯-', 'ᄂᆞ외-'에 결합되어 부사를 형성하고 있다. 그러나 이들은 중세국어에서 결합 가능성이 거의 없는 것들로 다양한 예가 발견되지는 않는다.

한편, (2사-아)의 {-오}와 {-이}는 중세국어 공시적으로 생산성이 높은 접미사이다. {-오}는 주로 동사 어근에 결합되어 부사를 형성하는데, (2사)의 '기우루, 비르수, 마조'는 각각 동사 어근 '기울-, 비릇-, 맞-, 낮-, 좇-'에 {-오}가 결합된 것이다. 그러나 '오ᄋᆞ로', 'ᄌᆞ조'와 같이 형용사 어근 '오올-', 'ᄌᆞᆽ-'에 결합된 {-오}도 발견된다.

(2아)의 {-이}는 중세국어의 가장 생산적인 부사 파생 접미사로서 주로 형용사 어근에 결합되어 부사를 형성한다. (2아)의 '머리, 여러ᄫᅵ, ᄀᆞ드기, 훤츨히'는 각각 형용사 어근 '멀-', '어렵-', 'ᄀᆞ독ᄒᆞ-', '훤츨ᄒᆞ-'에 {-이}가 결합되어 형성된 부사이다. 이때 'ᄀᆞ드기'는 'ᄀᆞ독ᄒᆞ-'에 {-이}가 결합되면서 'ᄒᆞ-'가 전체가 탈락한 것이다. 구본관(1998:320-322)에 따르면 'Xᄒᆞ-' 형의 경우 어기가 'ㄱ, ㄷ, ㅂ, ㅅ, ㅈ'으로 끝나는 경우에는 'ᄒ' 전체가 탈락하는 경우가 많고(예 고ᄌᆞ기, 덛더디, 답다비, 번드시, 긋ᄀᆞ지), '훤츨ᄒᆞ-'처럼 'Xᄒᆞ-' 형의 어기가 'ㄴ, ㄹ, ㅁ, ㆁ, 모음'인 경우에는 'ᆞ'만 탈락하는 경우가 다소 우세하다(예 공번히, 훤츨히, 좀좀히, 正히, 可히). 이러한 {-이}는 몇몇 예에서 동사 어근 뒤에 결합된 것을 보여 주기도 하는데, 예컨대 '거스리', '니르리'는 각각 동사 어근 '거슬-', '니를-' 뒤에 {-이}가 결합되어 형성된 부사이다.

『삼강행실도』 ≪효자도≫의 부사 파생 접미사

『삼강행실도』 ≪효자도≫의 부사 파생 접미사와 그에 의해 파생된 부사의 목록을 보이면 다음과 같다.

정 보		용 례	출 전
어근의 품사가 바뀌지 않는 파생	{-내}	몯내	02자로부미, 05진씨양고
	{-내}	乃終내	05진씨양고
	{-소}	손소	18허자매수, 24불해봉시, 26효숙도상, 35은보감오
	{-애}	이대	19왕연약어
	{-오}	마조	20반종구부
		포	02자로부미
		조조	06강혁거효, 07설포쇄소
어근의 품사가 바뀌는 파생	{-이}	ᄀᄆ니	04고어도곡
		낟비	06강혁거효
		노피	02자로부미, 09황향선침
		놀라비	21검루상분
		느러니	27노조순모
		됴히	07설포쇄소
		두시	09황향선침
		새삼두비	05진씨양고
		섭서비	29오이면화
		슬피	06강혁거효, 18허자매수, 31유씨효고, 26효숙도상, 28서적독행
		甚히	28서적독행
		ᄲᆞᆯ리	20반종구부, 35은보감오
		어엿비	01민손단의, 22숙겸방약, 27노조순모, 35은보감오
		올히	01민손단의
		잇비	15왕부폐시
		正히	23길분대부
		츠기	10정난각목

앞서 살펴본 바와 같이 {-내}는 부사 '몯'에 결합하여 다시 부사를 파생시키기도 하나, '내죵내乃終내'와 같이 명사와 결합하여 나타나기도 한다. {-소}는 '손'에 결합되어

부사 '손소'를 형성한다. 또한 {-애}는 형용사 '잍-'에 결합되어 부사 '이대'를 형성한다.

중세국어의 일반적인 특성과 마찬가지로 『삼강행실도』에서 발견되는 부사 파생 접미사로는 {-외}와 {-이}가 가장 흔하다. 『삼강행실도』에서 {-외}는 동사 어근 '맞-, 프-'에 결합되어 부사 '마조, 포'를 형성하거나 형용사 어근 '즞-'에 결합되어 부사 '조조'를 형성하였다. 또한 {-이}는 형용사 어근 'ᄀᆞ문ᄒᆞ-, 낟브-, 높-, 놀랍-, *느런-[113], 동-, 돗ᄒᆞ-, 새삼둗-, 섭섭ᄒᆞ-, 슬프-, 甚ᄒᆞ-, 섈르-, 어엿브-, 옳-, 잇브-, 正ᄒᆞ-, 측ᄒᆞ-'에 결합되어 각각 부사 'ᄀᆞ모니, 낟비, 노피, 놀라뵈, 느러니, 됴히, 두시, 새삼도뷔, 섭서비, 슬피, 甚히, 섈리, 어엿비, 올히, 잇비, 正히, 츠기'를 형성하였다.

중세국어 부사 파생 접미사와 어미의 관계

현대국어의 부사 '달리, 없이' 등은 문장 내에서 논항을 취하며 용언의 성격을 가지고 쓰여, '-이'가 연결어미의 특성을 보이는 경우가 있다. 중세국어의 {-이} 역시 연결어미로서의 쓰임이 발견된다. 『삼강행실도』≪효자도≫에서는 '니를-[至]'에서 파생된 '니르리'가 선행 명사구와 통사적 관계를 맺는 사례가 주목되는데, 그 예는 다음과 같다.

> (3) 가. 後에 벼스를 尙書令 니르리 ᄒᆞ야 子孫이 다 노피 두외니라 〈효자:9a〉
> 나. 三年을 소고믈 먹디 아니혼대 먼 딧 사룸 니르리 降服ᄒᆞ야 ᄒᆞ더라 〈효자:14a〉
> 다. 後에 그위실ᄒᆞ야 三公ㅅ 벼슬 니르리 ᄒᆞ니라 〈효자:17b〉

(3)의 '니르리'는 모두 논항을 취하고 있기 때문에 '니르리'에 결합되어 있는 '-이'는 모두 접사가 아닌 어미로 처리할 수 있다. (3가)에서는 '尙書令'을, (3나)에서는 '먼 딧 사룸'을, (3다)에서는 '三公ㅅ 벼슬'을 논항으로 취하고 있다. 즉 이때 '니르리'는 "이르도록"을 의미하는 연결형이다. 이와 달리 '니르리'는 논항을 취하지 않고 "길이", "내내" 정도의 의미를 가질 수도 있는데, 이때의 '-이'는 부사 파생 접미사로 처리할

---

113 중세국어 문헌에서 '느런-'이나 '느런ᄒᆞ-'의 어간은 발견되지 않으나, {-이}가 결합된 것으로 보아 *느런-'을 재구해 볼 수 있다.

수 있다([어휘] 08_'니르리' 참고).

중세국어의 어간형 부사

중세국어 시기에는 용언의 어간이 문장에서 그 자체로 부사어로 기능하기도 하였다. 파생의 관점에서는 이를 용언의 어간에 영형태(∅)의 부사 파생 접미사가 결합하여 부사가 형성된 영파생으로 설명할 수도 있다. 영파생은 형태가 없는 파생 접사의 결합이 분절음과 초분절음 모두에서 아무런 변화를 일으키지 않는 파생으로 용언 어간의 형태, 성조가 파생된 부사의 형태, 성조와 일치하는 모습을 보인다. 따라서 'ᄀᆞ초다'의 어간 'ᄀᆞ초-'[LL]와 형태가 같은 부사 'ᄀᆞ초'[LH]의 경우 성조에서 차이를 보이므로 이를 영파생의 예로 볼 수는 없다.

박형우(2021)에서 제시한 중세국어 문헌에 나타나는 어간형 부사의 목록은 다음과 같다.

 (4) 가. 'ᄋᆞ/으' 말음형: 그ᄅᆞ/그르, 바르, 비브르/비브르
   나. '오/우' 말음형: 고로, ᄀᆞ초, 마초, 모도
   다. '이' 말음형: ᄂᆞ외, 칙
   라. '아/어' 말음형: 바라, 삼가, 하
   마. 자음 말음형: 및, 맛(맞), 비릇, ᄉᆞ못/ᄉᆞ못, 일

(4)의 예시는 중세국어에서 발견되는 어간형 부사이다. 이들은 용언 어간의 형태가 그대로 부사로도 기능하는 것으로, 중세국어의 큰 특징이라고 할 수 있다.

그리고 이현희(1996)에 따르면 파생 접미사 '-오/-우'가 결합된 것처럼 보이지만 실제로는 원순모음화를 겪은 어간형 부사로 판단되는 것들이 존재한다. 그 예는 다음과 같다.

 (5) 너무, 도로, 두루

이들을 형태적으로 보면 각각 '넘-', '돌-', '두르-'에 '-오/-우'가 결합하여 파생된 부사로 보이지만, 성조를 고려하면 파생 접미사가 결합된 것으로 보기 어렵다. 우선 '넘-[L]'과 '-오[H]'가 결합하여 '너무'가 된다면 성조가 [LH]로 나타나야 하지만, '너무'의 성조는 [LL]로 나타난다. 따라서 '너무'는 사동사 '너므-[LL]'에서 영파생된 어간형 부사로 볼 수 있다. 그리고 '너므'에서 다시 원순모음화를 겪어 '너무'가 되었다고 설명할 수 있다. '도로' 역시 마찬가지로, '돌-[R]'과 '-오[H]'가 결합한다면 [RH]로 실현되어야 하나, [LL]로 나타난다. 이 역시 사동사 '도로-[LL]'에서 어간형 부사가 만들어진 후 원순모음화를 겪은 것으로 볼 수 있다.[114] 마지막으로 '두루'도 '두르-[LL]' 에서 만들어진 어간형 부사가 원순모음화를 겪은 것으로 파악된다. 만약 '두르-[LL]'에 '-우[H]'가 결합되었다면 [LH]로 나타나야 하지만, '두루'의 성조는 [LL]이기 때문이다.

『삼강행실도』≪효자도≫에서도 (4)~(5)에서 살펴본 어간형 부사가 발견되는데, 그 예는 다음과 같다.

(6) 가. 네 아비 목수미 다아 잇더니 네 <u>하</u> 情誠일씨 그무메 가 주그리라 ⟨효자:21b⟩
　　나. 盧操ㅣ 아홉 서레 孝經 論語룰 <u>ᄉᆞᄆᆞᆺ</u> 아더니 ⟨효자:27a⟩
　　다. 버미 ᄒᆞ마 <u>ᄇᆡ브르</u> 먹고 누벳거늘 ⟨효자:32a⟩
　　라. <u>바르</u> 드러가아 구지주디 ⟨효자:32a⟩
　　마. 殷不害 아비 居喪애 <u>너무</u> 슬허 ᄒᆞ더니 ⟨효자:24a⟩
　　바. 붓그려 제 아비룰 <u>도로</u> 더브러 오니라 ⟨효자:13a⟩
　　사. 글 ᄇᆡ호물 즐겨 天下애 <u>두루</u> ᄃᆞ니다니 ⟨효자:4a⟩

(6가)의 '하'는 "많다"를 의미하는 '하다'의 어간이 부사가 되어 "몹시"를 의미하고, (6나)의 'ᄉᆞᄆᆞᆺ'은 "꿰뚫다"를 의미하는 'ᄉᆞᄆᆞᆾ다/ᄉᆞ몾다'의 어간이 부사가 되어 "사뭇, 꿰뚫게"를 의미한다. 또한 (6다)의 'ᄇᆡ브르'는 "배부르다"를 의미하는 'ᄇᆡ브르다'의 어간 으로 "배불리"를, (6라)의 '바르'는 "바르다[直]"를 의미하는 '바르다'의 어간으로 "바로"를 의미하였다. (6마-사)는 (5)에서 언급된 어간형 부사들이다.

114　또한 '도로-'에 '-오'가 결합되었다면 특수분철되어 '돌오'로 나타나야 하지만 '도로'로 나타나므로 '도로-'에 '-오'가 결합되었다고 볼 수 없다.

11 _ 형용사 파생 접미사

김진우·정은진

형용사 파생이란 어근에 접사가 결합하여 형용사를 만드는 과정을 가리킨다. 대부분의 형용사 파생 접미사는 어근의 품사를 바꾸는 기능을 하지만 어근의 품사를 바꾸지 않는 경우도 일부 존재한다. 여기에서는 중세국어의 다양한 형용사 파생 접미사를 살펴본 뒤 『삼강행실도』≪효자도≫에서 발견되는 예를 살펴보기로 한다.

어근의 품사를 바꾸지 않는 형용사 파생 접미사

중세국어에서 어근의 품사를 바꾸지 않는 형용사 파생 접미사에는 {-갑-}이 있다.

(1) 가. {-갑-}: 놋갑다, 녇갑다, 맛갑다

(1)의 {-갑-}은 형용사를 어근으로 하여 다시 형용사를 파생하는 접미사이며, 모음조화에 따라 '-겁-'으로 나타나기도 한다. {-갑-}은 중세국어에서 생산성이 크지는 않지만, 접사의 형태상의 반복성 및 동형성이 확인되고 의미기능상의 동일성이 추정된다는 점에서 접사로 인정될 수 있다(허웅 1975:189, 석주연 2015:76). 다만 {-갑-}을 중세국어의 형용사 파생 접미사로 인정하지 않는 견해도 존재한다. 예컨대 구본관(1998:210-213)에서는 {-갑-}이 중세국어 공시적으로 생산성을 지니지 않으므로 '놋갑다, 녇갑다, 맛갑다' 등에서 {-갑-}을 분석해내면 어기가 불분명해진다는 점을 지적하였다.[115]

한편, 어근의 품사를 바꾸지 않는 형용사 파생 접두사의 예로는 '에굳다'의 {에-}가 제시되기도 한다. 이때 {에-}는 어근에 "옳지 않으면서 세기만 한"의 뜻을 더해주는데

---

[115] 이 밖에도 {-갑-}을 포함한 것으로 추정되는 용언의 일부가 {-압-}을 포함한 것으로 분석될 수도 있다는 점도 접미사 {-갑-} 설정의 난점으로 지적될 수 있다. 예컨대 李賢熙(1987)에서는 '둗겁-'을 {-겁-}이 아니라 {-업-}에 의해 형성된 파생어로 보았다. '둗겁-'을 '[[[[둗]ᵥ+옥]ₙ+이]ᵥ+업]ₐ'로 분석하고 '-옥'은 상태명사적 어근을 만드는 접미사이며, '-이'는 동사를 만드는 접미사로 처리하였다.

(구본관 1996:98, 고영근 2020:187), 이외에는 중세국어 형용사 파생 접두사의 예를 더 찾아보기 어렵다.

어근의 품사를 바꾸는 형용사 파생 접미사

중세국어에서 형용사 외의 품사를 가진 어근에 결합되어 형용사를 파생시키는 접사는 비교적 다양하게 발견된다. 구본관(1996)에 제시된 예시 중 일부를 살펴보면 다음과 같다.

(2) 명사 → 형용사
    가. {-둡-}: 겨르룹다, 새삼둡다, 시름둡다, 孝道룹다
    나. {-젓-}: 힘젓다, 利益젓다. 香氣젓다
    다. {-ᄒ-}: 간난ᄒ다

(3) 동사 → 형용사
    가. {-ᄇ-}: 골프다, 깃브다, 그립다, 놀랍다, 슬프다, 저프다
    나. {-압-} 앗갑다, 붓그럽다, 어즈럽다

(4) 관형사 → 형용사
    가. {-룹-}: 외룹다

(5) 부사 → 형용사
    가. {-ᄒ-}: 다복다복ᄒ다, 몰곳몰곳ᄒ다, 믯믯ᄒ다

(2)는 명사 어근에 결합하여 형용사를 파생시키는 접미사이다. (2가)의 {-둡-}은 선행하는 어근의 끝소리가 모음이나 /ㄹ/인 경우 '-룹-'으로, 후행하는 어미가 모음인 경우에는 '-두ᄫᅵ-', '-ᄅᆞᄫᅵ-'로 나타난다(예 疑心두ᄫᅵᆫ, 受苦ᄅᆞᄫᅵᆫ).[116] {-둡-}과 형태가

---

116   그러나 15세기 말엽에 이르면 '-둡-', '-룹-'이 나타나야 할 자리에, '-두ᄫᅵ-', '-ᄅᆞᄫᅵ-'가 나타나는 경우가 발견된다(석주연 2015:85).

유사한 접미사로 {-답-}이 존재하는데(예 아롬답디, 아롬다분), {-답-}과 {-둡-}의 관련성에 대해서는 견해가 상이하다.117 (2나)의 {-젓-}은 모음 어미 앞에서는 '-젖-'으로 나타난다(예 힘저슨). 현대국어의 '멋쩍다, 겸연쩍다, 객쩍다, 미심쩍다' 등의 '-적/쩍-'이 중세국어의 {-젓-}에서 기원한 것으로 보기도 한다. (2다)의 {-호-}는 대체로 동사를 파생시키는 접미사지만 형용사를 파생시키는 경우도 있다.

(3)은 동사 어근에 결합하여 형용사를 파생시키는 접미사로, 여기서는 파생 형용사가 주관적인 감정을 나타낸다. 다양한 심리 동사에 형용사 파생 접미사가 결합하여 심리 형용사가 파생되는 것은 중세국어 용언의 특징이기도 하다[문법] 06_심리 동사와 심리 형용사 참고). (3가)의 {-ㅸ-}는 모음조화에 따라 '-브-'로 교체되며, 어근이 모음으로 끝나는 경우에는 '-ㅸ-'로 나타난다. (3가)의 '골ᄑᆞ다'는 '곯-'에 '-ㅸ-'가, '깃브다, 슬프다, 저프다'는 각각 '깃-', '슳-', '젛-'에 '-브-'가 결합하여 파생된 형용사이며, '그립다', '놀랍다'는 '그리-', '놀라-'에 '-ㅸ-'이 결합하여 파생된 형용사이다. (3나)의 {-압-}은 모음조화에 따라 '-업-'으로 나타나기도 하며, 어근의 끝소리가 /ㅣ/, /j/, /ㄹ/일 때에만 나타나는 음운론적 제약을 가진다. (3나)의 '앗갑-', '붓그럽-', '어즈럽-'은 각각 '앗기-', '붓그리-', '어즈리-'에 '-압-' 혹은 '-업-'이 결합하면서 /ㅣ/가 탈락한 것이다.

(4)와 (5)는 각각 관형사와 부사 어근에 결합하여 형용사를 파생시키는 접미사이다. (4가)의 '외롭다'는 관형사 '외'에 접미사 {-둡-}의 이형태 '-롭-'이 결합된 것이지만, {-둡-}이 주로 명사에 결합한다는 점을 고려하면 '외롭다'의 '외'가 기원적으로 명사였을 가능성을 배제할 수 없다. (5가)와 같이 부사에 '-호-'가 결합되어 형용사를 파생하는 경우에는 어근이 의성어나 의태어와 같은 상징 부사인 경우가 많다.

---

117 구본관(1998)에서는 {-둡-}과 {-답-}을 어원적 관련이 없는 형태소로 보고 그 이유를 1) {-답-}은 [如]의 의미를 가지는 반면 {-둡-}은 "~의 속성이 풍부하다"의 의미를 가진다는 점, 2) {-답-}은 구를 어기로 하지만 {-둡-}은 그렇지 않다는 점, 3) {-답-}에 {-이}가 결합된 '다뵈/다이'는 {-둡-}에 {-이}가 결합된 '두뷔/두이'와 달리 관형사절을 선행시키는 의존명사로서의 쓰임이 나타난다는 점, 4) {-답-}은 '-롭-'으로 교체되지 않으며, 매개모음이나 모음 어미 앞에서 '-닯-'으로 나타난다는 점을 들었다. 반면 석주연(2015:84-85)에서는 {-둡-}과 {-답-}을 동일한 어원에서 기원한 쌍형어(doublet)로 보고, 통시적 관점에서 보면 의미가 같지 않아도 동일 어원에서 발생할 수 있다고 보았다.

『삼강행실도』 ≪효자도≫에 나타나는 형용사 파생 접미사

『삼강행실도』 ≪효자도≫에 나타난 형용사 파생 접미사의 목록을 보이면 다음과 같다.

정 보		용 례	출 전
어근의 품사가 바뀌는 파생	{-ㅂ-}	슬프다	03고어도곡, 05강혁거효, 18허자매수, 26효숙도상, 28서적독행, 31유씨효고
		놀랍다	21검루상분
		저프다	23길분대부
	{-둡-}	새삼둡다	04진씨양고
		孝道룹다	16맹종읍죽
	{-압-}	어즈럽다	24불해봉시
어근의 품사가 바뀌지 않는 파생		『삼강행실도』 ≪효자도≫에는 없음	

『삼강행실도』 ≪효자도≫에 나타난 형용사 파생 접미사는 모두 어근의 품사를 바꾸는 경우에 해당한다. {-ㅂ-}, {-압-}은 동사 어근에 결합되어 형용사를 파생시키고, {-둡-}은 명사에 결합되어 형용사를 파생시킨다.

3 중세국어의 조사와 어미

12_ 계사

계사繫辭 copula란 일반 언어학적으로 문장에서 주어와 주어의 보어를 연결 지어 주는 요소를 가리킨다. 영어를 비롯한 유럽어처럼 계사가 동사나 동사에 가까운 지위를 가지는 언어도 있으나 그렇지 않은 경우도 많다. 국어에서는 계사에 해당하는 요소로 {이-}를 들 수 있다. 학교 문법에서는 {이-}를 서술격조사라고 부르고, 이외에 잡음씨, 지정사 등의 다른 용어도 제안된 바 있으나, 여기에서는 보다 중립적인 용어로 계사를 사용하기로 한다. 국어의 계사는 체언이나 체언에 상당하는 구성 뒤에 결합한다는 점에서는 조사와 유사하나 어미를 취하여 서술어를 이룬다는 점에서는 용언과 유사한 성격을 보인다.

계사의 이형태 교체 양상

중세국어의 계사 {이-}는 선행 체언의 말음에 따라 자음 뒤에서는 ⟦이-⟧, /ㅣ/를 제외한 모음 뒤에서는 ⟦ㅣ-⟧, 모음 /ㅣ/나 반모음 /j/ 뒤에서는 영형태(∅)로 실현되어, 같은 시기의 주격조사 {이}와 동일한 이형태 교체 양상을 보인다.

(1) 가. 孝婦는 孝道ᄒᆞᄂᆞ <u>겨지비라</u> ⟨효자:5b⟩

나. <u>曹娥</u>ㅣ라 홀 ᄯᅡ리 나히 스믈네히러니 〈효자:8a〉

다. ᄀᆞ옳 사ᄅᆞ미 사ᄂᆞᆫ ᄯᅡ홀 <u>孝順里라</u> ᄒᆞ더라 〈효자:18b〉

현대국어에서는 /ㅣ/가 아닌 다른 모음 뒤에서도 계사가 수의적으로 ∅로 실현되는 일이 있으나 중세국어에서는 그러한 일이 없었다. /ㅣ/ 이외의 모음 뒤에서 계사가 ∅로 실현되는 현상은 대개 19세기부터 관찰되는데, 이현희(1994ㄴ)에서는 이것을 모음으로 끝나는 체언 뒤에서 주격조사 {이}가 탈락하는 현상이 계사에 유추적으로 파급되어 일어난 현상으로 추정한 바 있다. 기원적으로 계사에서 비롯된 현대국어의 조사 {이나}, {이야}, {이든}, {이니}, {이며} 등은 모음 뒤에서 '이'가 탈락한다.

계사 뒤 어미의 이형태 교체 양상

중세국어의 계사 {이-}는 어미와 결합할 때 어미가 특별한 이형태 교체를 보이는 일이 많았다. 선어말어미 {-더-}는 계사나 선어말어미 {-리-} 뒤에서 〖-러-〗로 교체된다. 이른바 감동법 선어말어미 {-돗-}, {-도-}와 종결어미 {-다} 역시 계사나 선어말어미 {-리-} 뒤에서 각기 〖-롯-〗, 〖-로-〗, 〖-라〗로 교체된다. 선어말어미 {-리-}는 기원적으로 '-ㄹ(명사형어미)+-ㅣ-(계사)'로 분석되는데, 이러한 점을 고려할 때 선어말어미 {-리-} 뒤에서의 이형태 교체 역시 계사 뒤에서의 이형태 교체에서 비롯된 것으로 추정할 수 있다. 이들을 묶어서 간략히 계사 뒤의 'ㄷ→ㄹ' 교체라고 할 수 있다. 『삼강행실도』 ≪효자도≫에는 다음과 같은 예들이 출현한다.

(2) 가. 어버ᅴ그에 값 사ᄅᆞ미 <u>열세히러라</u> 〈효자:4b〉

나. 하ᄂᆞᆳ <u>織女</u>ㅣ라니 그딋 <u>孝道</u>ㅣ <u>至極</u>ᄒᆞᆯ씨 〈효자:11a〉

다. 翰林學士 崔婁伯ᄋᆞᆫ 水原 戶長이 <u>아ᄃᆞ리러니</u> 〈효자:32a〉

라. 兪石珎ᄋᆞᆫ 高山 <u>鄕吏러니</u> 〈효자:34a〉

(2)는 계사 뒤에서 선어말어미 {-더-}가 〖-러-〗로 교체를 보이는 예이다. (2나)는 선어말어미 {-더-}와 인칭법 선어말어미 {-오-}가 화합된 〖-다-〗가 계사에 의해

『-라-』로 교체된 것이다. (2라)는 말음이 / ㅣ /인 체언 뒤에서 계사가 ∅로 실현된 예로, 표면상으로는 계사가 있는지 확인할 수는 없으나 선어말어미 {-더-}가 『-러-』로 교체되었다는 점을 통해 계사가 존재함을 알 수 있다.

아래 (3)은 선어말어미 {-도-}가 『-로-』로 교체된 예이다. (2가)에서는 이것이 선어말어미 {-리-} 뒤에서 『-로-』로 교체되었는데 앞서 설명하였듯이 선어말어미 {-리-}가 기원적으로 계사를 포함하고 있기 때문으로 보인다.

    (3) 가. 죽거든 몯내 그리ᄂᆞ다 ᄒᆞ리로다 〈효자:2b〉
        나. 情多感ᄒᆞ야 淚無窮이로다 〈효자:32b〉

다음 (4)는 종결어미 {-다}가 계사 뒤에서 『-라』로 교체된 예인데, 특히 협주문에서 자주 보인다.

    (4) 가. 三百 步ㅣ ᄒᆞᆫ 里니 百 里ᄂᆞᆫ 온 里라 〈효자:2a〉
        나. 巨孝ᄂᆞᆫ 큰 孝道ㅣ라 〈효자:6b〉
        다. 斛ᄋᆞᆫ 열 말 드는 그르시라 〈효자:6b〉
        라. 順ᄋᆞᆫ 거슬ᄲᅳᆫ 일 업슬씨오 里ᄂᆞᆫ 모ᅀᆞᆯ히라 〈효자:18b〉
        마. 三世ᄂᆞᆫ 저와 아ᄃᆞᆯ와 孫子왜라 〈효자:20b〉
        바. 對答ᄒᆞ딘 丁公藤이라 ᄒᆞ야ᄂᆞᆯ 〈효자:22a〉

한편, 선어말어미 {-오-}나 기원적으로 이와 관련이 있는 연결어미 {-오딘}, {-옴}, 그리고 연결어미 {-아}는 계사 뒤에서 각기 『-로-』, 『-로딘』, 『-롬』, 『-라』 등으로 교체된다. 이들은 계사 뒤의 '∅→ㄹ' 교체라고 할 수 있다. 『삼강행실도』 ≪효자도≫에는 {-오-}의 교체형이 나타나지 않고 (4)와 같이 연결어미 {-아}의 교체형만 확인된다.

    (5) 가. 져믄 제브터 ᄒᆞ던 거시라 됴히 너기노라 〈효자:7b〉
        나. 아래브터 쓰던 거시라 내게 便安ᄒᆞ얘라 ᄒᆞ고 가지더라 〈효자:7b〉

끝으로 계사 뒤에 이른바 확인법 선어말어미 {-거-}나 연결어미 {-게}, {-고} 등이 오면 각기 〖-어-〗, 〖-에〗, 〖-오〗 등으로 교체를 보인다. 이들을 계사 뒤의 'ㄱ→∅' 교체라고 할 수 있다. 이들 어미의 이형태 교체는 음운론적으로는 /ㄱ/ 탈락에 해당한다 [음운] 04_/ㄱ/ 탈락 참고). 『삼강행실도』 ≪효자도≫에 다음과 같은 예들이 출현한다. (6)은 {-거-}의 이형태 교체이고, (7)은 {-고}의 이형태 교체이다. {-게}의 이형태 교체는 나타나지 않는다.

(6) 가. <u>서리어든</u> ᄀᆞ올히 모돔 저긔 어미 잇븕가 ᄒᆞ야 〈효자:6a〉
　　나. <u>아ᄎᆞ미어든</u> 드러 쓸에질ᄒᆞ거늘 〈효자:7a〉
　　다. <u>돌ᄊᆞ어든</u> 그 두룰 내내 우더라 〈효자:19b〉
　　라. <u>名日이어든</u> 사ᄋᆞ롤 밥 아니 먹더라 〈효자:24b〉
　　마. <u>아ᄎᆞ미어든</u> 가더라 〈효자:27b〉
　　바. <u>朔望이어든</u> 손조 스승의 무더메도 祭ᄒᆞ더라 〈효자:35b〉

(7) 가. 鳥ᄂᆞᆫ <u>새오</u> 獸ᄂᆞᆫ 네 발 톤 즁싱이라 〈효자:18a〉
　　나. 順ᄋᆞᆫ 거슬쁜 일 <u>업슬 씨오</u> 里ᄂᆞᆫ ᄆᆞᄉᆞᆯ히라 〈효자:18b〉
　　다. 朔ᄋᆞᆫ <u>初ᄒᆞᄅᆞ리오</u> 望ᄋᆞᆫ 보로미라 〈효자:26a〉

이기문(1998)에서는 계사 뒤 'ㄱ→∅'의 교체를 공시적으로 설명하는 방안으로 계사의 기저형을 /ij/로 설정하는 방안을 제안하였다. 그러나 이것만으로는 '∅→ㄹ'의 교체까지 설명할 수 없으므로 계사의 기저형을 '*일-'로 설정하려는 시도가 이어지기도 하였다. 그러나 종결어미 {-다}가 〖-라〗로 실현되는 현상은 선어말어미 {-오-}나 {-더-} 뒤에서도 일어나므로, 계사 뒤에서의 '∅→ㄹ'의 교체는 각 어미의 형태론적 조건에 의한 이형태 교체로 설명하는 것이 더 합리적일 것으로 생각된다.

15세기 이전의 자료를 살펴보면 계사 뒤의 '∅→ㄹ' 교체도 어미에 따라 세부적으로 차이를 보인다. 연결어미 {-아}가 계사 뒤에서 'ㆅ(라)'로 교체되는 예는 고려시대의 석독구결 자료에서부터 확인되는 반면, 선어말어미 {-오-}가 〖-로-〗로 교체되는 예는 13세기 후반의 음독구결 자료에서부터 확인된다. 이는 국어사 연구에서 문헌상의 근거가 뒷받침되지 않았을 때 생길 수 있는 허점을 보여 주는 사례로, '∅→ㄹ' 교체를 일관되게 음운론적 교체로만 설명하는 견해를 다시금 생각해 보게 한다.

13 _ 부사격조사

오민석·성우철·정은진·김진우

부사격조사는 체언에 결합하여 앞말을 부사어로 만드는 조사이다. '부사격조사'는 통사적 관점에서 붙여진 명칭이고, 의미적 분류로는 처소處所의 의미와 관련되는 '처(소) 격조사'와 앞말이 무언가를 받는 자리임을 나타내는 '여격조사'가 부사격조사의 하위 범주에 놓일 수 있다. 이 절에서는 중세국어의 부사격조사를 처격조사와 여격조사로 나누어 살펴본다.

일반처격조사와 특이처격조사

중세국어의 처격조사로는 {에}가 있는데, 부사격조사 {에}가 쓰일 자리에 관형격조사와 형태가 같은 {의}가 쓰이는 특이한 경우도 있다. 일반적 형태인 {에}를 '일반처격조사'라 부르고, 부사격조사로 쓰이는 {의}를 '일반처격조사'와 상대하여 이른바 '특이처격조사'라고 부른다.

(1) 가. 居喪 ᄒᆞ마 무츰 저긔 무더메 하딕ᄒᆞ고 〈월인석보(1459) 23:76a〉
　　 나. 너희 그리 묏고래 이셔 〈석보상절(1447) 24:26a〉
　　 다. 狄人ㅣ 서리예 가샤 狄人이 ᄀᆞ롤외어늘 〈용비어천가(1447) 1:6b〉

(2) 가. ᄒᆞᆫ 각시 아ᄎᆞ민 粉 ᄇᆞᄅᆞ노라 ᄒᆞ야 거우룰 보거늘 〈석보상절(1447) 24:20a〉
　　 나. 菩薩ᄋᆞᆯ 보ᅀᆞ봉디 플 우희 안자 겨시다 ᄒᆞ더라 〈석보상절(1447) 3:43b〉

(1)은 일반처격조사, (2)는 특이처격조사의 예이다. 일반처격조사 {에}는 음성모음 뒤에서 '에'로, 양성모음 뒤에서 '애'로, 'ㅣ' 모음 뒤에서는 '예'로 실현된다. 또한 특이처격조사 {의}는 관형격조사와 마찬가지로 양성모음 뒤에서 '익'로, 음성모음 뒤에서 '의'로 실현된다.

(2)와 같이 특이처격조사가 결합하는 체언은 대체로 고정되어 있어서, 특이처격조사를 취하는 체언을 묶어 '특이처격어'라고 부르기도 한다. 박형우(2010)에 제시된 15세기

고유어 특이처격어의 목록을 보이면 다음과 같다.[118]

> (3) 가. 눗, 목, 갓, 우ㅎ, 앎, 밧ㄱ, 뚝, 밭, 새박, 나조ㅎ, 봄, ㄱ술ㅎ, 적, 밭, 누ㄹ/눌, 구무,
>   묱, 나모, 잇, 섭, 콩, 국, 보ㅎ, 무ㄹ, 시르/실, 독, 샅, 솥, 노ㅎ, 빗둣ㄱ; 곁, 녁, 밑,
>   아춤, 밤, 집, 둣ㄱ
>   나. 볼ㅎ, 니마ㅎ, 터럭, 굿, 낮, ㅁ술ㅎ, ㄱ올ㅎ, 홁, 골, 무덤, 곳, 브섭, 뒷간, 거적

(3가)는 15세기 문헌에서 예외 없이 특이처격조사를 취하거나 90% 이상의 확률로
특이처격조사를 취하는 예이다. 반면 (3나)는 특이처격과 일반처격이 혼용되는 체언의
예이다. 박형우(2010:178)에서는 (3나)의 경우가 체언의 처격조사 선택이 단일화되는
과정을 보여 주는 것으로 해석하였다.

15세기 국어에서 특이처격어의 목록을 보일 수는 있지만 이들의 공통점을 일반화하
기는 어렵다. 특이처격조사가 결합하는 선행명사들에 주로 'ㅎ' 보유 체언이 많다는
점이나 시간을 나타내는 명사인 '새박, 아춤, 낮, 나조ㅎ, 밤' 등이 특이처격조사를
취하는 경우가 많다는 점에서 일부 공통성을 찾을 수 있으나 뚜렷한 특성이 나타나는
것은 아니다.[119]

관형격조사 {의}와 특이처격조사 {의}는 후행하는 요소가 명사인지 동사인지의 통사
적 기준에 따라 변별되며, 선행 체언의 형태론적 특성으로도 일부 판별될 수 있다.
15세기 한글 문헌에서 관형격조사 {의}는 평칭의 유정 체언 뒤에 출현하는 것이 일반적
이지만, 특이처격조사 {의}는 평칭의 유정 체언 뒤에 출현하지 않고 주로 무정 체언

---

118 특이처격어는 대체로 성조와 표기가 비교적 혼란이 적은 15세기 한글 문헌에 한정하여 다루는 것이 일반적이다.
     16세기 이후에는 비어두 음절에서 'ㆍ'의 음가 소실로 인해 특이처격조사 [[이]]와 일반 부사격조사 [[애]]를
     구분하는 데 한계가 있기 때문이다. 다만 이기문(1998:151~152)에 따르면, 'ㆍ > ㅏ'의 변화는 18세기에
     일어나고, 16세기 비어두음절 'ㆍ'의 음가 소실은 'ㆍ > ㅡ'의 변화이기 때문에 16세기 [[이]]~[[의]]의 표기
     혼란은 발견되더라도 [[이]]~[[애]]의 혼란까지 있었을지는 생각해 볼 문제이다.

119 특이처격조사의 기원에 대해서는 관형격조사와 동일한 기원에서 나왔다고 보는 입장과 고대국어 시기의
     부사격조사 '긔(추정 독음)'에서 왔다고 보는 입장, 즉 고려시대 석독구결이나 이두 자료에서 확인되는 부사격조
     사 'ᅡ, 中(긔)'의 'ㄱ'이 약화와 탈락을 거쳐 '*긔 > *희 > 의'로 변화한 것으로 보는 관점이 있다('*는 재구음을
     표시). 특이처격어 중 'ㅎ' 보유 체언이 많다는 점을 고려하면 '긔'에서 약화된 '희'의 'ㅎ'을 체언의 일부로
     보아 '의'로 오분석되었을 가능성을 생각해 볼 수 있다.

뒤에 출현하기 때문이다.

『삼강행실도』≪효자도≫에 출현하는 특이처격어를 정리하면 다음과 같다.

(4) 특이처격조사 ⟦의⟧와 결합한 특이처격어
　　가. 특이처격조사만 취하는 유형: 그적(⑲), 우ㅎ(⑲, ㉔, ㉜, ㉟), 밝(②)
　　나. 일반처격조사도 취하는 유형: 西ㅅ녁(⑮), 門(㉕, ⑦), 곁(⑱, ㉕, ㉗, ㉘, ㉛, ㉞),
　　　　밑(⑱, ㉚), 적(③, ⑤, ⑥, ⑨, ⑩, ⑬, ⑲, ㉔, ㉗, ㉘, ㉜), 집(⑰, ㉙)

(5) 특이처격조사 ⟦이⟧와 결합한 특이처격어
　　가. 특이처격조사만 취하는 유형: 담산(⑬), 독(㉜), 아춤나조ㅎ(⑦, ⑮), 앒(㉕, ㉟),
　　나. 일반처격조사도 취하는 유형: 門(㉗), 나라ㅎ(⑨), 낮(㉙), 밤(㉒, ㉔, ㉘, ㉚, ㉟),
　　　　아춤(㉙), ㄱ올ㅎ(⑥, ⑩, ㉘), 무술ㅎ(⑥, ⑦), 불ㅎ(㉛)
　　　　　　　　* 네모 안의 숫자는 『삼강행실도』≪효자도≫의 이야기번호를 뜻함

(4)의 '밝', '門(몬)'은 모음조화를 어기고 음성형의 ⟦의⟧를 취해 '밧긔', '門의'로
나타날 수 있다. 물론 '門(몬)'은 (5나)에서과 같이 ⟦이⟧를 취해 '門이'로도 나타난다.
이처럼 특이처격어와 특이처격조사의 결합에서는 모음조화의 규칙이 어긋나는 경우가
일부 발견된다. (5가)의 '독'은 15세기에 단 2회만 출현하고, '담산'은 『삼강행실도』
≪효자도≫의 예가 유일하므로 특이처격조사 결합 여부를 판단하기에 제약이 있다.
한편, 평성의 1음절 고유어는 특이처격조사를 취하는 경향이 있는데, '불ㅎ, 밝, 곁,
앒, 우ㅎ, 집, 독, 밑, 낮, 밤, 적' 등이 이러한 예에 속한다.

한편, 특이처격조사는 '무술히셔〈효자:6a〉, ㄱ올히셔〈효자:10b〉, 그적의사〈효
자:19a〉, 우흿〈효자:35b〉' 등의 '이셔, 의사, 읫'에서와 같이, 복합조사의 일부로 부사격
조사 {에}가 오는 자리를 대신할 수도 있다.

여격조사 {의그에}

중세국어의 여격조사는 상당히 다양한 형태로 나타나는데, 크게는 평칭의 유정 체언
뒤에서 나타나는 부류와 존칭의 유정 체언 뒤에서 나타나는 부류로 나누어 볼 수 있다.

중세국어에서 일반적으로 사용되는 여격조사의 형태로는 다음을 들 수 있다.

(6) 가. 의그에/이그에, 의게/이게/ㅣ게[120], 이거긔/의거긔
    나. ㅅ그에, ㅅ게, ㅅ거긔, ㅅ긔

평칭의 유정 체언 뒤에서 나타나는 형태와 존칭의 유정 체언 뒤에서 나타나는 형태가 '의/이X'형과 'ㅅX'형으로 구분된다는 사실은 중세국어의 여격조사 {의그에}에 관형격조사 {의}, {ㅅ}가 포함되어 있음을 알게 한다. 게다가 '의/이'나 'ㅅ' 뒤에 나타나는 형태는 중세국어 지시대명사 '그어긔'의 축약형인 '그에, 거긔, 게' 등과 형식상 일치한다. 즉 중세국어의 여격조사 {의그에}는 기원적으로 관형격조사와 지시대명사가 결합하여 이루어진 요소로 볼 수 있는데, 지시대명사 '그어긔'의 온전한 형태가 관형격조사와 결합한 예는 확인되지 않는다. 지시대명사 '그어긔'는 기원적으로 명사와 부사격조사의 결합한 요소로 추정되나 그 구체적인 구성에 대해서는 이견의 여지가 있다.

중세국어의 여격조사를 이러한 방식으로 분석하는 데에 있어서 〚ㅅ긔〛는 적지 않은 어려움을 가지고 있는데, 15세기나 16세기의 문헌에서 지시대명사 '그어긔'가 '*긔'로 축약되어 나타나는 일이 없기 때문이다. 이 문제를 〚ㅅ긔〛의 기원과 관련지어 설명하기도 하고 문법화에 따른 감쇄의 결과로 설명하기도 하나 어느 한쪽으로 명확히 판단하기는 어렵다.[121]

{의그에}의 이형태 교체 양상은 {의}의 이형태 교체나 {의}와 {ㅅ}의 분포, '그어긔'의 축약형을 통해 비교적 정연하게 설명할 수 있다. 그러나 의미상으로는 여격조사에 포함된 관형격조사나 지시대명사를 축어적으로 해석하기 어려우며, 구성 전체가 선행 체언에 결합하여 여격의 기능을 하는 것으로 보는 것이 자연스럽다. 언어 요소의 문법화 과정을 살펴보면 형식의 변화와 의미의 변화가 독립적으로 일어나는 경향을 확인할 수 있는데, {의그에}도 의미적으로는 여격조사로의 변화가 상당히 진전되었으나 형식적

---

120 〚ㅣ게〛의 'ㅣ'는 '이/의'의 중립모음인 'ㆍ/ㅡ'가 탈락한 것으로 주로 인칭대명사와의 결합에서 확인된다.
121 여격조사에 포함된 '*긔'에 관한 논의와 쟁점은 성환갑·조재형(2011)을 참고할 수 있다.

으로는 각 구성 요소의 이형태 교체 양상이 그대로 남아 있었던 것으로 여겨진다.

여격조사에 내재된 관형격조사의 영향으로 {의}계 여격조사는 평칭의 유정 체언 뒤에, {ㅅ}계 여격조사는 존칭의 유정 체언 뒤에 결합한다. 15세기에 가장 높은 빈도를 보이는 형태는 평칭의 경우 〖의게〗이고, 존칭의 경우 〖ㅅ긔〗이다.

『삼강행실도』≪효자도≫에서 평칭형은 〖의그에〗, 〖이그에〗, 〖ㅣ게〗, 존칭형은 〖끠〗만 출현한다.

> (7) 가. 즉자히 도라가아 <u>어버ᅀᅵ그에</u> 갏 사ᄅᆞ미 열세히러라 〈효자:4b〉
>   나. <u>ᄂᆞ민그에</u> 오녀 ᄒᆞ고 고티면 〈효자:5b〉
>   다. 安東將軍 <u>司馬昭이그에</u> 그위실ᄒᆞ더니 〈효자:15a〉
>   라. 다숨어미 朱氏 <u>아빅그에</u> 하라 〈효자:17a〉
>   마. 潘綜이 <u>도ᄌᆞᄀᆡ그에</u> 마조 가 머리 조ᅀᅡ 닐오ᄃᆡ 〈효자:20a〉
>   바. 皇帝 <u>어믜그에</u> 옷과 자리와 주시니라 〈효자:24a〉
>   사. 尹殷保ㅣ 徐隲이와 ᄒᆞᆫ <u>스스의그에</u> 글 ᄇᆡ호더니 〈효자:35a〉

> (8) 아래브터 쓰던 거시라 <u>내게</u> 便安ᄒᆞ얘라 ᄒᆞ고 가지더라 〈효자:7b〉

(7, 8)은 『삼강행실도』≪효자도≫에 출현하는 모든 평칭의 여격조사의 예이다. (7)은 〖의그에〗, 〖이그에〗의 예이고, (8)은 〖ㅣ게〗의 예이다. 15세기 전반적으로 보면 〖의게〗, 〖이게〗가 더 일반적으로 나타나나 『삼강행실도』≪효자도≫에서는 〖의그에〗, 〖이그에〗가 훨씬 높은 빈도로 출현한다. 여격조사의 사용 양상을 『삼강행실도』≪효자도≫의 번역 시기를 앞당겨 잡는 근거로 삼기로 한다. 1447년에 완성한 『석보상절』과 1449년에 간행된 『월인천강지곡』에는 〖의그에〗, 〖이그에〗만 출현하는 반면에 1459년에 간행된 『월인석보』에는 〖의그에〗, 〖이그에〗는 낮은 빈도로 출현하고 대체로 〖의게〗, 〖이게〗가 사용된다. 따라서 『삼강행실도』≪효자도≫가 간행된 것은 성종 대이지만 그것이 언해되기 시작한 것은 더 이른 시기인 세종 대로 추정해 볼 수 있다.

한편, (7)의 유정 체언 가운데는 '어버ᅀᅵ, 아비, 어미, 스승' 등 등장인물보다 사회적 지위가 높은 대상도 확인할 수 있다. 효(孝)를 강조하는 텍스트의 성격상 높임의 대상 뒤에 평칭의 여격조사가 출현하는 것은 다소 어색해 보이는데, 이러한 표현이 사용된 데에는 등장인물의 관점과는 별개로 서술자의 관점이 반영되었기 때문으로 보인다.

(9) 가. <u>北辰씌</u> 머리 조사 갑새 죽가지이다 비더니 〈효자:21a〉
　　나. 깊고새 울며 <u>어비묻씌</u> 발괄ㅎ거든 〈효자:23a〉
　　다. 王薦이 바미 <u>하놄긔</u> 비스보디 〈효자:30a〉
　　라. 어믜 病을 스랑ㅎ야 <u>하놀씌</u> 울워러 우더니 〈효자:30b〉

(9)는 존칭의 유정 체언 뒤에 결합한 〖씌〗의 예이다. 앞서 언급하였듯이 '부모, 스승'과 같은 존재에는 〖씌〗가 사용되지 않았으나 '北辰, 어비묻, 하놀' 등 보편적으로 높은 지위에 있는 것으로 여겨지는 대상에는 〖씌〗가 결합하는 것을 알 수 있다.

여격조사 {ᄃ려}, {더브러}

부사격조사의 하나인 이른바 여격조사는 수여 대상이 되는 명사 뒤에 붙어 여격어로 기능하게 하는 조사이다. 중세국어의 여격조사로는 '에게', '께'의 선대형이라고 할 수 있는 '의그에', 'ᄉ그에'가 일반적으로 사용되었다. 하지만 '의그에', ᄉ그에' 대신 {ᄃ려}와 {더브러}가 오는 경우도 있었다. 특히 장요한(2010)에서는 여격조사 {ᄃ려}와 {더브러}의 특징으로 선행 체언이 [+사람, −존칭]이고, '니ᄅ다', '묻다' 등과 어울리고 선행 체언의 인칭에는 큰 제약이 없다는 것을 제시하였다.

{ᄃ려}는 '데리다'의 선대형인 'ᄃ리−[率, 與]+−어(연결어미)'가, {더브러}는 '더불다'의 선대형인 '더블−[與]+−어(연결어미)'가 문법화를 겪은 것이다. 그렇기 때문에 중세국어에서는 그 중간 단계의 속성으로 {ᄃ려}와 {더브러} 앞에 목적격조사가 발견되기도 한다.

(10) 가. 므슴 慈悲 겨시거뇨 ㅎ고 <u>目連이ᄃ려</u> 니ᄅ샤디 〈석보상절(1447) 6:6a〉
　　나. 내 이제 <u>너더브러</u> 니ᄅ노니 〈월인석보(1459) 13:67b〉

(11) 가. <u>婆羅門올ᄃ려</u> 닐오디 어듸사 됴ᄒᆞᆫ ᄯᆞ리 양ᄌᆞ ᄀᆞᄌᆞ니 잇거뇨 〈석보상절(1447) 6:13b〉
　　나. <u>눌더브러</u> 무러사 ᄒᆞ리며 뉘 能히 對答ᄒᆞ려뇨 ᄒᆞ시고 〈월인석보(1459) 11:38b〉

(10가)의 '드려'와 (10나)의 '더브러'는 '目連이'와 '너'에 바로 결합되어 여격조사로 기능하고 있다.[122] 그런데 (11가)의 '드려'와 (11나)의 '더브러'는 앞에 목적어를 취하고 있는 것처럼 보이는데, '婆羅門을'은 '婆羅門' 뒤에 '을'이, '눌'은 대명사 '누'에 'ㄹ'이 결합되어 있기 때문이다. 이러한 (11)과 같은 형식은 표면적으로는 구句 구성을 취하고 있지만, 기능적으로는 (10)과 큰 차이를 보이지 않는다. 즉 (11)은 문법화의 중간 단계라고 할 수 있다.

다음은 『삼강행실도』≪효자도≫에 출현하는 여격조사 {드려}와 {더브러}의 예이다.

(12) 가. <u>醫員드려</u> 무르니 다 모루거늘 〈효자:22a〉
　　 나. 주라아 아비 樣子롤 <u>어미드려</u> 무러 그려 〈효자:26a〉
　　 다. 훈 神人이 <u>날드려</u> 닐오딕 네 아두리 孝道홀씨 〈효자:30a〉

(13) 그 겨지비 가아 <u>張叔이더브러</u> 닐어늘 〈효자:10a〉

(12)의 {드려}와 (13)의 {더브러}는 모두 현대국어의 {에게} 정도로 풀이된다. 이들은 모두 "데리다", "더불다"의 어휘적인 의미를 잃고 여격조사의 기능을 하고 있음을 보여 준다. (12)와 (13)에서 보이는 바와 같이 여격조사 {드려} 및 {더브러}는 주로 '묻다', '니르다'와 같은 화법 동사와 호응하고 있는 것이 특징이라고 할 수 있다. 그리고 (12다)에서 'ㄹ드려'는 목적격조사가 포함되어 있지만 그 기능은 (12가-나)의 '드려'와 같다.

(14) 가. 훈 겨지비 갓 드외아지라 커늘 <u>더브러</u> 가니 〈효자:11a〉
　　 나. 붓그려 제 아비롤 도로 <u>더브러</u> 오니라 〈효자:13a〉

한편, 『삼강행실도』≪효자도≫에 용언 '더블다'의 활용형 '더브러'는 위와 같은 예에서 발견된다. 이들은 (4)의 '더브러'와 달리 "함께하여" 정도로 해석된다.

122　학자에 따라 이들을 보조사로 처리하기도 하나 결합이 자유로운 일반적인 보조사와 달리 비존칭 유정 체언 뒤에서만 결합한다는 분포의 제약을 보인다. 무엇보다 이들은 여격조사인 {의게}/{ㅅ긔}와 별다른 의미 차이를 보이지 않기 때문에 여격조사로 처리할 수 있다.

14_관형격조사

오민석·성우철·정은진·김진우

선행 체언의 의미와 관형격조사의 관계

중세국어의 관형격조사로는 {ㅅ/의}가 존재하였다. 이 중에서 'ㅅ'은 그 문법적 지위를 점차 잃어버리고 현대국어의 일부 합성어에서 사잇소리 현상으로 남았고, '의'만이 관형격조사로서 오늘날까지 그 기능을 유지하고 있다. 안병희(1968) 이래로 중세국어의 관형격조사 'ㅅ'은 무정 체언 혹은 존칭의 유정 체언을 수식하는 반면 '의/이'는 평칭의 유정 체언을 수식하여 출현 환경이 구별되는 것으로 설명되고 있다. 그 예를 들면 다음과 같다.

(1) 가. 이 쁴 <u>부텻</u> 나히 닐구비러시니 〈석보상절(1447) 3:7a〉
    나. 化人ᄋᆞᆫ <u>世尊ㅅ</u> 神力으로 두외의 ᄒᆞ샨 사ᄅᆞ미라 〈석보상절(1447) 6:7b〉
    다. 거부비 <u>나못</u> 굼글 어더ᅀᅡ ᄌᆞ모ᄆᆞᆯ 免ᄒᆞᄂᆞ니 〈월인석보(1459) 19:81a〉
    라. 太子ᄂᆞᆫ <u>하ᄂᆞᇙ</u> 스스이어시니 내 어드리 ᄀᆞᄅᆞ치ᅀᆞᄫᆞ리잇고 〈석보상절(1447) 3:10a〉

(2) 가. <u>아ᄃᆞ리</u> 神力이 이런 주를 보고 ᄆᆞᅀᆞ매 ᄀᆞ장 歡喜ᄒᆞ야 〈석보상절(1447) 21:37b〉
    나. 이 ᄆᆞᅀᆞ미 <u>거부븨</u> 터리와 톳긔 ᄲᅳᆯ왜 ᄀᆞᆮᄂᆞ니 〈능엄경언해(1461) 1:90b〉

(1)은 모두 관형격조사 'ㅅ'이 결합된 예이다. (1가-나)는 각각 존칭의 유정 체언 '부텨'와 '世尊' 뒤에 'ㅅ'이 결합되었고, 반면 (1다-라)는 각각 무정 체언 '나모'와 '하ᄂᆞᆯ' 뒤에 'ㅅ'이 결합되었다. 그리고 (2)는 '이/의'가 결합된 것인데, (2가)는 '아ᄃᆞᆯ', (2나)는 '거붑'으로 모두 평칭의 유정 체언 뒤에 결합되어 있음을 알 수 있다. 이때 '이'와 '의'는 모음조화에 따라 선택되는 것으로 양성모음을 지닌 '아ᄃᆞᆯ' 뒤에는 '이'가, 음성모음을 지닌 '거붑' 뒤에는 '의'가 결합되었다.

『삼강행실도』 ≪효자도≫의 관형격조사

『삼강행실도』 ≪효자도≫에도 위와 같은 경향으로 관형격조사가 분포해 있는데,

대표적인 예시를 제시하면 다음과 같다.

(3) 가. <u>그딋</u> 孝道ㅣ 至極호씨 하놀히 나롤 브려 빋 갑게 ㅎ시니라 〈효자:11a〉
　　나. <u>孔子ㅅ</u> 弟子ㅣ 뎌 보고 즉자히 도라 가아 〈효자:4b〉
　　다. <u>무덦</u> 겨틔 무드니 그 後에 남기 더 됴ㅎ니라 〈효자:18b〉
　　라. 그 <u>낤 밦</u> 우메 神靈이 쪼 와 닐오디 〈효자:29b〉

(4) 가. 손소 흙 지여 <u>느믹</u> 도봇몰 받디 아니ㅎ고 〈효자:18a〉
　　나. 두라드러 <u>버믹</u> 모골 즈르든대 아비 사라 나니라 〈효자:3a〉

(3가-나)의 선행 체언은 '그듸', '孔子'로 존칭의 유정 체언이므로 관형격조사 'ㅅ'이 결합되었고, (3다-라)의 선행 체언은 '무덤', '날, 밤'으로 무정 체언이므로 관형격조사 'ㅅ'이 결합되었다. 반면 (4)에서는 선행 체언이 '놈', '범'으로 평칭의 유정 체언이므로 모음조화에 따라 각각 '익', '의'가 결합되었다.

그러나 『삼강행실도』≪효자도≫에서는 다음과 같이 관형격조사의 결합 규칙에서 예외적인 것처럼 보이는 것도 발견된다.

(5) 가. <u>劉氏ㅅ</u> 숫가락 너흐러 乃終말ㅎ거늘 〈효자:31a〉
　　나. 病을 아로려 커든 <u>똥이</u> 돌며 뿌믈 맛보라 〈효자:21a〉
　　다. 손직 <u>스승의</u> 무더메도 祭ㅎ더라 〈효자:35b〉

(5가)는 높임의 대상이 아닌 인물에게 '의'가 아닌 'ㅅ'을 사용한 예이며, (5나)는 무정 체언에 'ㅅ'이 아닌 '의'가 사용된 예이다. (3가)와 같이 수식어와 피수식어의 관계가 분리 불가능한 소유 관계(몸-손가락)일 때 예외적으로 'ㅅ'이 출현하는 경향이 있고, (3나)와 같이 주어적 속격일 경우 '의'로 출현하는 경향이 있으나 규칙화하기는 어렵다.[123] 그리고 (3다)는 존칭의 유정 체언에 'ㅅ'이 아닌 '의'가 사용된 예로 보일 수 있으나, 이는 『삼강행실도』의 특징으로 생각해 볼 수 있다. 『삼강행실도』≪효자도≫

---

[123]　이러한 중세국어 관형격조사의 예외적 쓰임에 대해서는 박용찬(2010)에서 정리된 바 있다.

내에서 'ㅅ'이 결합한 존칭의 체언들은 '임금(혹은 임금의 대리인), 공자, 천신' 등에 국한되어 있기 때문이다. 번역자의 지위를 고려할 때 이러한 인물들은 이야기의 시대와 번역자의 시대가 차이가 있음에도 불구하고 절대적인 상위 계급을 유지하지만, 효자도 이야기 속 주인공들의 부모나 스승은 번역자보다 절대적으로 높은 지위라고 할 수 없기 때문에 평칭의 관형격조사를 사용하고 있는 것으로 보인다.

관형격조사 {의}의 이형태 교체 양상

중세국어의 관형격조사 {의}는 선행 체언의 음운론적 특성에 따라 그 형태가 달리 실현된다.

(6) 가. <u>겨지븨</u> 녁 아ᅀᆞ미 廬룰 블브티고 〈효자:33a〉
　　나. <u>郭巨의</u> 어미 샹녜 바볼 더러 〈효자:12a〉
　　다. 가져다가 羹 밍ᄀᆞ라 이바ᄃᆞ니 <u>어믜</u> 病이 됴커늘 〈효자:16a〉
　　라. <u>죵이</u> 樣子로 牽馬ᄒᆞ고 채 자바 ᄃᆞ니더라 〈효자:27a〉
　　마. <u>殷保이</u> 아비 病ᄒᆞ야ᄂᆞᆯ 〈효자:35a〉
　　바. <u>아비</u> 술콰 쎠와 내야 그르세 담고 〈효자:32a〉

(6)은 모음조화에 따라 관형격조사가 형태를 달리하는 예이다. (6가, 나, 다)와 같이 선행 체언이 음성모음을 포함하면 〖의〗로 실현되고, (6라, 마, 바)와 같이 선행 체언이 양성모음을 포함하면 〖이〗로 실현된다.

일부 체언 뒤에서 관형격조사가 〖ㅣ〗로 실현되는 일도 있었다.

(7) 가. <u>臣下ㅣ</u> 말 아니 드러 正統애 宥心ᄒᆞᆯ씨 〈용비어천가(1447) 10:1a〉
　　나. <u>子賢長者ㅣ</u> 지븨 鴛鴦이라 홇 죠이 ᄒᆞᆫ 아ᄃᆞᆯ 나하ᄂᆞᆯ 〈월인석보(1459) 8:101b〉
　　다. 榛은 <u>쇠</u> 일후미오 糞은 똥이라 〈월인석보(1459) 10:117b〉
　　라. 空生ᄋᆞᆫ 本來 이 <u>獅子ㅣ</u> 삿길ᄉᆡ 〈금강경삼가해(1482) 2:21b〉

(8) <u>네[L]</u> 아비 목수미 다아 잇더니 네(R) 하 情誠일ᄊᆡ 〈효자:21b〉

(7)에서와 같이 관형격조사가 〖ㅣ〗로 실현될 경우 주격조사의 이형태와 형식상 동일하여 주격조사가 쓰인 예와 구분하기 어렵다. (8)에서와 같이 인칭대명사의 곡용형에서도 관형격조사가 〖ㅣ〗로 실현되어 분절음상 주격조사와 구분하기 어려운 일이 있으나, 이 경우 후행 문장성분과의 통사적 관계와 더불어 성조의 차이를 살펴봄으로써 그것이 주격형인지 관형격인지 쉽게 파악할 수 있다.『삼강행실도』≪효자도≫에서는 인칭대명사 외에 주격형과 관형격형이 형식상 구별이 어려운 예는 발견되지 않는다.

인칭	단독형	주격	관형격
1인칭	나	·내	내
2인칭	너	:네	네
미치칭	·누	·뉘	:뉘
재귀칭	저	:제	제

위의 표는 분절음상 같은 형식을 보이는 인칭대명사의 주격형과 관형격형의 성조 차이를 보인 것으로 미지칭을 제외한 나머지 관형격형은 평성으로 나타남을 알 수 있다. 다만『삼강행실도』≪효자도≫는 성조의 오류가 많이 확인되는바, 아래의 예와 같이 해석의 차이가 발생하기도 한다.

(9) 내 죽사리룰 몯내 알리니 〈효자:05a〉

『삼강행실도』≪효자도≫의 많은 성조 오류를 교정한 志部昭平(1990:33)에서는 (9)에 대해서 원문의 성조인 평성 '내[L]'를 주격형인 거성 '내[H]'로 교정하여 주어로 해석하였다. 물론 이때의 '내'를 서술어 '알리니'와 호응하는 주어로 볼 가능성도 있다. 하지만 성조 교정 없이 파생명사인 '죽사리[生死]'를 수식하는 관형어로 해석하는 것 역시 가능하다. 이처럼 성조의 차이만 보이는 인칭대명사의 곡용형들에 대해서 대체로 志部昭平(1990:33)의 교정을 따랐지만 (9)와 같이 교정 전의 성조로도 해석에 무리가 없다고 판단되는 경우 원문의 성조를 따라서 주격과 관형격을 구별하였다.

한편, 1인칭 대명사와 2인칭 대명사의 경우 관형격형이 다양한 형식으로 나타난다는 점이 주목된다. 즉 인칭대명사가 〖ㅣ〗와 결합한 예, 〖이, 의〗와 결합한 예, 〖ㅣ〗와 결합한 관형격형에 다시 〖이, 의〗가 결합한 예를 모두 확인할 수 있다. 예컨대 1인칭 대명사의 경우 '내[L], 나이[LH]/나의[LH], 내이[LH]/내의[LH]'와 같은 관형격형이 존재하며, 2인칭 대명사의 경우 '네[L], 너의[LH], 네의[LH]'와 같은 관형격형이 존재한다.

(10) 가. 믈읫 나이 依와 正괘 몬져 根身이 아니며 또 器界 아니라 다 곧 業을 조촌 相이니(凡我이 依와 正괘 先非根身이며 亦非器界라 皆卽循業之相이니) 〈능엄경언해(1464) 3:63b〉

나. 너의 아둘둘히 몬져 노녀 노루술 因호야 이 지븨 와 드니(汝의 諸子等이 先因遊戱호 야 來入此宅호니) 〈법화경언해(1463) 2:134a〉

다. 이 紫金光 比丘尼둘흔 곧 내이 眷屬이니 흔쁴 發心호니이다(此紫金光比丘尼等은 卽我의 眷屬이니 同時發心호니이다) 〈능엄경언해(1461) 5:41b〉

라. 差別 업슨 거시 곧 네의 眞性이라 호시니(無差別者ㅣ 卽汝의 眞性이라 호시니) 〈능엄경 언해(1464) 2:35b〉

이상욱(2007)에서는 (10)과 같이 다양한 형식으로 나타나는 1인칭 대명사와 2인칭 대명사의 관형격형에 대해 중세국어의 본유한 언어 사실이 아닌 구결문을 언해하는 과정에서 비롯된 산물일 가능성을 제안하였다. 그러나 중세국어의 모든 관형격형을 이러한 가설로 설명할 수 있는 것은 아니다. 15세기 문헌 가운데 구결문에서 '我, 汝'에 관형격조사 {의}가 현토되지 않았음에도 관형격조사 중첩형으로 언해된 예를 적지 않게 확인할 수 있으며, 한문 원문이 존재하지 않는 16세기의 『순천김씨묘 출토언간』에서도 '내의'의 예를 드물게나마 관찰할 수 있기 때문이다.

이른바 주어적 속격

관형격조사는 일반적으로 '명사(구) + 관형격조사 # 명사(구)'의 구성으로 출현한다. 이때 후행하는 명사구(곧, 피수식어)가 용언의 관형사형 내지 명사형을 포함하고, 선행하는 명사구가 그 용언의 주어로 해석되는 경우가 있다. 앞말이 주어로 해석되는 관형격조사를 이른바 주어적 속격 조사로 부를 수 있다.

오늘날에도 '나의 살던 고향(내가 살던 고향)', '세월의 빠름을 느낀다(세월이 빠름을 느낀다)'와 같이 주어적 속격의 쓰임이 있으며, 여러 언어에서 주어적 속격이 범언어적 현상으로 나타나기도 한다(이동석 2009). 중세국어에서는 주어적 속격이 현대국어에서보다 활발히 관찰된다는 점에서 특징적이다.

다음에서 15세기 문헌에 나타나는 주어적 속격의 예를 확인해 볼 수 있다.

(11) 가. 이제 <u>如來ㅅ 니르샨</u> 法音을 듣줍고 〈능엄경언해(1461) 4:4a〉
  나. 世尊하 나는 <u>부텻 스랑ᄒᆞ시논</u> 앗이라 〈능엄경언해(1461) 1:86a〉
  다. 이 東山은 <u>須達이 산</u> 거시오 나모와 곳과 果實와는 <u>祇陀이 뒷논</u> 거시니 〈석보상절(1447) 6:40a〉
  라. 믈읫 혜요디 罪福이 <u>내이 짓논</u> 배라 ᄒᆞ고 〈월인석보(1459) 11:120a〉

(11가-나)는 'ㅅ'형의 주어적 속격이, (11다-라)는 '이/의'형의 주어적 속격이 나타난다. 일부 논의에서는 존칭의 유정 체언이 주어적 속격으로 해석될 때 {의}로만 실현된다고 보기도 하였으나 (11)의 예를 통해 '이/의'형과 'ㅅ'형의 주어적 속격이 모두 나타남을 알 수 있다.

주어적 속격의 기능을 살려 풀이하면 (11가)와 (11나)는 각각 '이제 여래께서 말씀하신 법음을 듣고', '세존이시여, 나는 부처께서 사랑하시는 아우이다'의 의미로 해석될 수 있는데, '니르-'와 '스랑ᄒᆞ-'에 결합한 주체 높임의 선어말어미 '-시-'를 통해 선행 체언을 주어로 파악하고 있음을 알 수 있다. (11다)는 '수달이 산 것이고'와 '기타가 둔 것이니'로, (11라)는 '죄복이 내가 짓는 바이다'로 해석될 수 있다. 특히 (11라)는 이미 관형격으로 볼 수 있는 '내'에 다시 관형격조사 '의'가 결합한 경우로, 의미를 강조하기 위해 관형격조사가 다시 결합한 것으로 이해될 수 있다.

이제 『삼강행실도』 ≪효자도≫에 출현하는 주어적 속격의 예를 살펴보자.

(12) 가. 손소 훍 지여 <u>ᄂᆞ믜</u> 도ᄫᆞᄆᆞᆯ 받디 아니ᄒᆞ고 〈효자:18a〉
  나. 病을 이로려 커든 <u>ᄯᅩᆼ이</u> 돌며 ᄡᅳᄆᆞᆯ 맛보라 〈효자:21a〉

(12)는 관형격조사 '의'를 사용한 주어적 속격의 예이다. (12가)의 '도봄'은 현대국어에서 명사로 분류되는 '도움'과는 달리 명사형어미 〖-옴〗이 결합된 동사의 활용형으로서 '누미'를 주어로 취하므로 '손수 흙 지어 남이 돕는 것을 받지 아니하고'의 의미로 해석될 수 있다. (12나)는 '쯩이 돌며 쁘-'에 명사형어미 〖-움〗이 결합하였고 '쯩이'가 주어로 해석되므로 의미를 '병을 알려고 하면 똥이 단지 쓴지를 맛봐라'로 풀어 이해될 수 있다.

이른바 목적어적 속격에 대한 논의

중세국어 문장 중에서는 피수식어가 용언의 관형사형이나 명사형을 포함하고 선행하는 명사구가 그 용언의 목적어로 해석되는 경우가 있어 이른바 목적어적 속격조사가 제안되기도 하였다. 그러나 목적어적 속격의 예로 제시된 문장은 한문 원문과의 관계를 고려하지 않고 선행명사구를 목적어로 오독한 경우가 대부분이며,[124] 황선엽(2016)에서는 이른바 목적어적 속격으로 주장되는 예시의 한문 원문과 문장구조를 개별적으로 검토한 결과 중세국어에 목적어적 속격의 예가 존재하지 않는다는 결론을 도출하기도 하였다. 다만『삼강행실도』≪효자도≫에서 목적어적 속격으로 이해해 볼 수 있는 예가 있어 추가로 논의할 필요가 있다.

(13) 가. 그 아비 죽거늘 믓 머굼도 아니 먹고(及父亡 絶漿哀號) 〈효자:14a〉
　　　 나. 모미 다 어러 믓 머굼도 아니 머거(擧體凍僵 水漿不入口) 〈효자:24a〉
　　　 cf. 왕밀리 훼 죽거놀 아싀 믓 머굼도 아니 머고믈 닷쇄 ᄒᆞ고 〈이륜행실도(1518) 13a〉

124　볼 가로몰 瀍水ㅅ 西ㅅ녀글 허리노라(春耕破瀍西) 〈두시언해_초간(1481) 7:13a〉

　　대표적으로 위의 문장은 목적어적 속격으로 자주 언급되었으며, 그 의미가 '봄을 갊을(경작함을)'로 해석되었다. 그러나 문학적 비유를 고려하더라도 갈아야 하는 대상이 '밭'이 아니라 '봄'이라는 점은 어색하며, 한문 원문이 [耕春]이 아닌 [春耕]이라는 점에서도 '봄'을 목적어로 보기 어렵다. 여기서 '볼'은 아래 예문에서와 같이 '봄에'로 해석되어 '볼 가롬'이 '봄에 (하는) 경작'으로 해석되는 것이 자연스럽다.

　　예 볼 흐르ᄂᆞᆫ 므른 두듥마다 깁도다(春流岸岸深) 〈두시언해_초간(1481) 10:13a〉

(13)은 『삼강행실도』≪효자도≫에 출현하는 예로, '믈'이 의미상 서술어 '먹다'의 목적어가 됨을 고려하면 '믓 머굼'을 '믈의 먹음'을 의미하는 목적어적 속격의 예로 이해해 볼 수 있다. '믓'은 '믈[水] + ㅅ(관형격조사)'인 '믌'에서 'ㄹ'이 탈락한 것이다. '믓 머굼'의 예는 『삼강행실도』≪효자도≫에서만 2회가 출현하며, 16세기 문헌인 『이륜행실도』에서도 '믓 머굼도 아니 먹다'의 동일한 표현의 예가 추가로 발견된다.

'믓 머굼'의 'ㅅ'을 목적어적 속격으로 파악할 경우, '머굼'은 동사 '먹-'의 활용형으로, '믈(> 믈)'은 '먹-'의 목적어로 볼 수 있다. (13)에서 '믓 머굼'은 한문 원문의 '漿'과 '水漿'에 대응하며, '믓머굼도 아니 먹고'의 대응문인 '絶漿', '水漿不入口'은 각각 "물도 끊고", "물도 입에 넣지 않고" 정도의 의미로 이해된다. 한문 원문에서 '먹다'에 직접 대응하는 말은 없으므로, 언해문에서 "끊다"나 "입에 넣지 않다"의 의미를 '아니 먹다'로 의역하고 이와 호응하기 위해 '먹다'의 명사형 '머굼'을 의역해 넣은 것으로 이해해 볼 수 있다.

한편, (13)의 '머굼'을 '먹다'의 동명사형이 아니라 현대국어의 '모금'에 해당하는 의존명사 '머굼[含]'[125]으로 파악하고 "물 (한) 모금"으로 해석하는 견해도 있다(김정수 역 2010:35). '믓 머굼'에 대응하는 원문의 '漿, 水漿'가 "미음" 혹은 "마실 것"의 의미를 가진다는 점과, 문장 전체의 의미가 "마실 것을 먹지 않다"에 가깝게 해석됨을 고려하면, '믓 머굼'이 "조금의 마실 것"을 의미하는 명사로 기능할 가능성을 고려해 볼 수 있다.

후대의 일부 문헌에서도 '믈 머곰'이 명사의 자리에 놓여 "마실 것"을 의미하는 경우를 일부 찾아볼 수 있다.

(14) 가. 강시 믈 머곰을 이베 드리디 아니ᄒ고 우름소리늘 그치디 아니ᄒ고 (康氏勺水不入口哭泣不輟) 〈동국신속열녀도(1617) 8:51b〉

　　나. 슈쟝도[믈 머곰이라] 그쳐 나오디 아니ᄒ오시기 여러 날이오시고 〈先朝行狀(20C) 3b〉

(14가)의 '믈 머곰'은 한문 원문의 '勺水'에 대응하는데, '勺水不入'은 "물 한 모금도

125　　㉑ 半 字롤 머교디 찻믈 두 머굼만 흔디 프러 누리오라 〈구급방언해(1466) 상:41b〉
　　　㉑ 머고디 싱앙 즛디허 똔 즙 흔 머곰만 ᄒ야 프러 머그라 〈구급간이방(1489) 1:8a〉

마시지 못함", 즉 음식을 전혀 먹지 못하는 상태를 의미한다. 문장에서 서술어 '입에 들이다'의 대상 논항이 필요함을 고려할 때 '믈머곰'이 명사 자리에 놓임을 파악할 수 있다. (14나)에서도 "마실 것"을 의미하는 '슈장(水漿)'이 '믈 머곰'에 대응함을 각주로 제시하고 있다.

(14)의 예를 고려하면『삼강행실도』≪효자도≫의 '믓 머굼도 아니 먹다'는 목적어적 속격의 예라기보다 "먹을 것을 전혀 먹지 않다"의 의미로 이해될 가능성도 배제할 수 없다. 다만 '믓 모굼'을 명사 구성으로 파악하더라도 '물＋ㅅ＋모굼'의 구조를 가진 '믓 모굼'에서 {ㅅ}의 기능을 명확히 파악할 수 없다는 문제가 여전히 남는다.[126] 목적어적 속격의 존재 여부에 대해서는 앞으로도 면밀한 관찰과 논증이 필요할 것이다.

{ㅅ}을 내포한 합성어와 명사구의 구분

중세국어에는 {ㅅ}이 관형격조사로서 문법적인 기능을 유지하고 있었다. 체언 사이에 {ㅅ}이 올 경우 'A의 B'와 같은 명사구 구성으로 해석하여도 크게 어색하지 않아서 명사구인지 종속합성어인지 판단하기가 매우 어렵다. 여기에서는『삼강행실도』≪효자도≫에 출현한 {ㅅ}이 개재된 구성 중에서 명사구 구성으로 해석하기가 쉽지 않은 예를 살펴보고자 한다.

(15) 가. 孔子ㅣ 나 돈니시다가 슬픈 <u>우룸쏘리</u>룰 드르시고 〈효자:4a〉
　　　나. 본 사루미 다 <u>눉믈</u> 디더니 〈효자:23a〉

{ㅅ}이 개재된 명사 간의 결합이 합성어인지 명사구인지를 판별하기 위한 노력이 있어 왔는데, 그 중에서 대표적으로 거론된 것은 긴밀성의 정도를 파악하는 방법이다. 예컨대 (15가)의 '우룸쏘리'는 '우룺소리'로 표기되지 않았는데, 이처럼 {ㅅ}이 'Aㅅ ＋B'와 같이 선행 체언의 말음에 표기되지 않고 'A＋ㅅB'와 같이 후행 체언의 초성에

126　"단 한 모금"의 뜻을 가진 현대국어의 합성어 '단모금'의 예를 고려할 때 '믓머굼'을 긴밀성을 가진 합성어로 파악해 볼 수도 있을 것이다.

표기된 이유는 선·후행 체언 간의 긴밀성이 높기 때문이라고 설명될 수 있다. 중세국어에는 현대인의 직관을 개입시키기 어렵기 때문에 표기를 통한 긴밀성의 확인은 유용한 접근방식이 된다.

다만 중세국어에서 'Aㅅ + B'의 형식으로만 존재하는 경우에는 여전히 합성어의 긴밀성 여부를 판별할 수 없다는 한계가 있다. 예컨대 (15나)의 '눖믈'과 같은 단어는 '*눈쁠'과 같은 합용병서 표기가 존재하지 않기 때문에 사실상 긴밀성을 파악하기 어렵다는 한계가 있다. 더불어 긴밀성의 정도를 의미적인 측면에서는 증명하기가 어렵다는 한계도 있다.

다음으로 한문 원문과의 관계를 통해 합성어 여부를 판별해 볼 수 있다. 『삼강행실도』의 경우 직역의 경향이 강한 문헌인데, 다음의 단어는 한문 원문과의 대응을 고려했을 때 축자적으로 해석되기보다 번역 차용어로서 하나의 합성어로 보는 것이 더 적절하다.

(16) 가. 薛包이 아비 後ㅅ겨집 어라(父娶後妻) 〈효자:7a〉
　　 나. 官舍논 그윗지비라 〈효자:27b〉
　　 다. 네 孝道ㅣ 至極홀씨 하눌히 녯罪를 赦ᄒ시니(汝至孝感天 已宥宿惡) 〈효자:29b〉
　　 라. 다릿고기를 버려 粥에 섯거 머기니(刲股肉和粥以進) 〈효자:31a〉

이 번역 차용어들은 한문 원문을 통해 축자적 의미만으로는 이해되기 어려운 의미를 보다 정확히 파악할 수 있다. 예컨대 (16가)의 '後ㅅ겨집'은 한문 원문의 '後妻'에 대응하며, 이때의 '後'는 "재가하여 맞은"의 뜻을 지닌다. (16나)의 '그윗집'은 단순히 "관원의 집"이 아니라 "(관청에서 내어준) 관원의 집"을 가리키고, (16다)의 '녯罪'도 단순히 "옛날에 지은 죄"가 아니라 불교 용어로서 "전생에 지은 죄"를 가리킨다. 마지막으로 (16라)의 '다릿고기'는 다리의 특정 부위인 "넓적다리의 살"을 가리킨다.

위와 같은 기준들을 합성어 판별의 한 기준으로 삼아볼 수 있지만, 합성어를 판별할 수 있는 객관적이고 합리적인 기준을 세우기란 쉽지 않은 일이다. 현대국어를 기준으로 중세국어의 합성어를 판별해 볼 수도 있지만, 이는 편의적 기준일 뿐 중세국어 공시적 상황을 고려한 객관적 방법이라고 보기는 어렵다.[127]

15 _ 부사격조사와 관형격조사의 복합 오민석·성우철

중세국어의 {앳}은 이른바 복합조사로 불리는데, 그 이유는 이 조사가 내적으로 두 개의 조사 '에/애/예'(부사격조사)와 'ㅅ'(관형격조사)의 결합으로 분석될 수 있기 때문이다.[128] 또한 중세국어에서는 이른바 특이처격조사 '의/인'가 존재했으므로, '의/인'와 'ㅅ'의 결합인 '읫/잇'도 발견된다.

중세국어에서 발견되는 이른바 복합조사는 다음과 같은 다양한 의미를 나타내는 데에 사용되었다.

> (1) 가. 처소: 그듸 이 <u>굼긧</u> 개야미 보라 〈석보상절_초간(1447) 6:36b〉
>
> 나. 출발점: 越엣 羅와 다뭇 <u>楚앳</u> 기비(越羅與楚練) 〈두시언해_초간(1481) 5:32b〉
>
> 다. 시간: 네 <u>前生앳</u> 發願이 잇ᄂ니 〈석보상절_복각(1447/1561) 3:40a〉
>
> 라. 작용이 미치는 대상: <u>ᄀᆞ로맷</u> 비는 바미 드로미 하도다(江雨夜聞多) 〈두시언해_초간(1481) 3:33a〉
>
> 마. 원인/이유: 아바님 <u>命엣</u> 절을 天神이 말이ᅀᆞᆸ볼씨 〈월인천강지곡(1447) 상:12b〉
>
> 바. 목표/목적 대상: 아바님 위ᄒᆞ야 <u>病엣</u> 藥올 지ᅀᆞ려 ᄒᆞ노니 〈석보상절(1447) 11:20a〉
>
> 사. 제한된 범위: 내 本來로 <u>良家앳</u> 아ᄃᆞ리라니(我本良家子) 〈두시언해_초간(1481) 5:32b〉
>
> 아. 상태: 寶珠는 <u>보비옛</u> 구스리라 〈월인석보(1459) 8:07a〉

(1)에서 복합조사가 결합한 명사구는 관형어로 기능하며, 후행 명사구와의 의미 관계에 따라 "처소", "출발점", "시간", "작용이 미치는 대상", "원인/이유", "목표/목적 대상", "제한된 범위", "상태" 등의 의미로 파악된다. 이는 구성 요소 가운데 하나인 부사격조사와 관련이 깊은 듯하다. 이선영(2006)에서는 'NP1 + ㅅ + NP2'과 'NP1 +

---

127 {ㅅ}의 표기 위치 및 한문 원문 외에도 성조를 통해 합성어 여부를 판별해 볼 수도 있다. 예컨대 '눈'과 'ㅈᅀᆞ'가 합성된 '눈ㅈᅀᆞ'는 구성 요소의 성조를 유지한다면 [HLH]로 나타나야 하지만, [LLH]로 발견되기도 한다. [LLH]로 나타나는 것에 대하여 김성규(2007)에서는 15세기 이전에 합성어가 만들어질 때의 성조 규칙이 적용된 결과로 보았다. 즉 구성 요소의 성조가 그대로 나타나지 않고 성조가 변화되어 나타난 것을 합성어 판별의 하나의 기준으로 삼을 수도 있다.

128 복합조사는 '처소관형격조사, 의사관형구조' 등으로도 불린다. 15세기에는 이 외에도 '괏(과+ㅅ), 롯(로+ㅅ), 마닷(마다+ㅅ), 맚(만+ㅅ)' 등 관형격조사 'ㅅ'이 다른 조사와 결합한 복합조사의 예가 보인다.

엣＋NP2'을 비교하였을 때 전자는 '전체-부분'의 직접적인 관계를 나타내지만, 후자는 전자보다 느슨하고 간접적인 관계라고 분석한 바 있다. 형태적으로도 복합조사는 〚엣〛, 〚앳〛, 〚옛〛, 〚읫〛, 〚잇〛 등으로 출현하는데 'ㅅ'의 선행요소가 특이처격조사를 포함한 부사격조사의 이형태 교체 양상과 동일하다([문법] 13_부사격조사 참고).

이러한 복합조사가 문법화를 거쳐 하나의 문법 요소로 인식되기 시작한 시기에 대해서는 연구자에 따라 견해의 차이를 보이지만 대체로 15세기 당시에는 두 개의 조사로 분석이 가능했을 것으로 보고 있다.

한편, 복합조사가 생성된 원인을 찾으려는 논의도 이루어진 바 있다. 먼저 '명사구 (NP1) + 에(부사격조사) + 명사구(NP2)', 즉 명사구 사이에 부사격조사가 쓰였다는 통사적 구성의 문제를 극복하기 위해 관형격조사 {ㅅ}이 개입되었다고 보는 입장이 있다. 하지만 이 입장은 명사구 사이에 왜 부사격조사가 개입되었는가 하는 원론적인 의문을 해결하기 어렵다. 다음으로 {ㅅ}의 다양한 쓰임을 고려하여 {ㅅ}을 관형격조사보다 기능적인 범위가 넓은 '수식어표지'로 보기도 하나, 일반적으로 받아들여지는 '관형격조사'라는 문법범주 이외의 '수식어표지'라는 다소 모호한 범주를 설정해야 한다는 점에서 어려움이 있다. 결국 아직까지 복합조사의 발생에 대한 근본적인 원인은 밝혀지지 않은 셈이다.

이러한 복합조사는 18세기 말에 이르면 그 사용이 급격히 줄어들고 19세기부터 20세기 초까지는 거의 확인되지 않다가 1920년부터 관형격조사 '의'가 'ㅅ'을 대신하여 '에의'와 같은 형식이 점차 재활성화되기 시작한다.[129] '에의'와 같은 형태가 재활성화된 요인으로는 국어의 내적 요인보다도 당시 일본어의 'への'나 다른 외국어에 대한 번역의 영향일 가능성이 있음이 제기된 바 있다. 그러나 '에의'라는 형태의 사용에 대해 부사격조사와 관형격조사가 이른 시기부터 사용되었던 국어 내적인 요인 역시 고려되어야 한다.

『삼강행실도』≪효자도≫에는 이러한 복합조사가 2회 출현한다.

---

129 그러나 현대국어에서는 '귀엣머리, 눈엣가시, 몸엣것, 소금엣밥, 옷엣니, 웃음엣말, 한솥엣밥' 등 합성어 내부에서 {엣}이 화석화된 모습을 볼 수 있다. 또한 '쟝앳디히 > 쟝앗지이 > 장아찌'처럼 형태 변화가 심하게 일어나 {엣}에 관한 어원 인식조차 사라진 단어도 현대국어에 일부 남아 있다.

(2) 가. 불힛 피 내야 藥애 섯거 머기니 病이 됴ᄒ니라 〈효자:31a〉

　　　나. ᄒ올론 ᄇᆞ르미 셰여 床 우흿 香合ᄋᆞᆯ 일허ᄂᆞᆯ 〈효자:35b〉

　　(2)의 '잇'과 '읫'은 모두 ≪처소≫의 의미로 해석되어 (2가)의 '불힛 피'는 "팔에 있는 피"로, (2나)의 '床 우흿 香合'은 "상 위에 있는 향합" 정도로 해석된다.

16 _ 보조사
오민석·정은진

　　보조사는 명사, 부사, 어미, 절 등 다양한 요소에 결합하여 앞말에 특정한 의미를 더하여 주는 문법 요소이다. 중세국어의 보조사는 현대국어에서와 달리 의존명사적인 특성을 가지고 있는 것이 많으며, 문법화의 진행 정도에 따라 분명하게 보조사로 볼 수 없는 요소도 적지 않다. 아래에서는 대표적인 사례를 중심으로 중세국어 보조사에 대해 살펴본다.

중세국어 보조사의 목록

　　보조사는 문법화 과정을 거쳐 변화된 것들이 많아 의존명사나 접미사와 같이 체언 뒤에 결합할 수 있다는 공통된 특징을 보이기도 한다. 보조사가 다른 성분들과 비교적 자유롭게 결합한다는 특성 이외에 의존명사나 접미사와 구별하기 위한 간단한 방법은 격조사와의 통합관계를 비교해 보는 것이다.

　　의존명사와 접미사가 격조사에 선행하는 것과 달리, 보조사는 의미격조사와 문법격조사 사이에 개재될 수 있다. 의미격조사는 의미에 따라 세분되는 처격조사나 여격조사 등의 부사격조사를 가리키고, 문법격조사는 통사적 관계만으로 파악되는 주격, 목적격, 관형격조사 등을 아우르는 말이다. 즉 보조사는 다른 격조사에 후행하는 분포를 보인다는 점에서 의존명사 혹은 접미사와 구별된다. 의존명사의 경우 관형격조사 '의'가 선행하는 경우가 있지만 다른 격조사는 선행하지 않는다.

보조사의 설정은 연구자들마다 매우 큰 차이를 보인다. 대체로 모두가 인정하는 보조사가 있는 반면 일부 학자들만이 설정한 보조사들도 많이 있다.

(1) 가. 드려, 사/야, 란, 거긔, 가/고, 곳, ㄴ, 다비/다히/다이, 더브러, 브터, ᄀ장, 그에, 셔, 자히/차히/재/채, 게, ㄱ, ㆁ, 곰, 대로, 두고/두곤, 봇/붓, 손디, 식, 이라와, 이여/이야, 잇ᄃᆞᆫ, 조차/조초/조쳐 (이기문 1998)

　　나. 뿐, 사, 으란/으라논/을란/런, 곰, 곳/옷, ㄴ/논/는/ᄋᆞᆫ/은, 도, 마다, 브터, 다가, 셔, 이나, 이어나, 곰/옴, 나마, 만뎡, 못/봇/봊, 이드록/이도록, 이라, 이ᄯᆞᆫ, 인들 (허웅 1975)

　　다. (이/일/욀) 드려, 씌, (이/의/ㅅ) 거긔, 다비/다히/다이, 더브러, (울/을/로/으로/ᄋᆞ) 브터, ㅅᄀ장, (이/의/ㅅ) 그에, 애/에셔, 그에셔, ᄃᆞ라셔, ᄋᆞ로/으로/로셔, 자히/차히, 게/에, 두고/도곤/두곤, (이/의) 손디, 조초/조쳐 (이숭녕 1981)

　　라. ᄀ티, 드려, 긔, 분(분뎡), 거긔, 다비(다히, 다이), 더브러, 브터, ᄀ장, 다가, 그에, 셔, 자히, 게, 두고, 마론, 손디, 조차/조쳐/조초, ᄒ고 (서종학 1983)

　　마. 뿐, 사, 으란, 가/아/고/오, 곳/옷, ㄴ/논/는/ᄋᆞᆫ/은, 도, 두, 마다, 브터, 이나/어나, 곰/옴, 나마, 만1, 만2, 봇/봊, 이드록/도록, ㅣ라, 이ᄯᆞᆫ, 인들 (고영근 1987)

　　바. 드려, 뿐, 사, 란/으란/ᄋᆞ란, 가/고, 곳(옷), ㄴ/ᄋᆞᆫ/은/논/는, 다비/다히, 도, 브터, ᄀ장, 셔, 자히, 이나, ㄱ/ㆁ/ㅁ, 곰, 대로, 두고, 만, 봇/붓, 식, 이라와, 이라(이라셔), 이며, 이여, 잇ᄃᆞᆫ, 조차 (안병희·이광호 1990)

(1)의 목록은 체언에서 기원하여 보조사로 문법화되는 {ᄃᆞᆶ}, {ᄭᆞ장}, {짜히}, {뿐}, {만}, 용언에서 기원하여 보조사로 문법화되는 {셔}, {ᄀ티}, {다히}, {브터}, {다가}, 조사에서 기원하여 보조사로 기능이 변화하는 {ᄋᆞ란}, 어미나 계사와 통합하여 어미로 문법화되는 {사} 등으로 유형화할 수 있다. 또한 중세국어의 특징을 보여 주는 보조사로 의문 보조사 {고/가}, 강조의 의미를 더하는 {곰}과 {곳} 등에 주목해 볼 수도 있다.

다만 15세기 공시적으로는 이들 요소가 보조사로 문법화되는 정도에 차이가 있어 다층적인 양상을 보여 주기도 하며, (1)에서 확인할 수 있듯 관점과 논의에 따라 보조사로의 판별 여부가 달라질 수 있다. 여기에서는 중세국어의 특징을 잘 보여 주는 보조사로서 {사}와 {고/가}, {곰}, {ᄋᆞ란}에 주목하기로 한다.

중세국어의 보조사 {ᅀᅡ}

　중세국어의 보조사 {ᅀᅡ}는 현대국어의 '너야 잘 하겠지.' 등의 문장에서 앞말을 강조하여주는 보조사 {야}의 선대형이다. 중세국어의 {ᅀᅡ}는 주로 "오직 ~만이, (이)야(말로)"의 의미를 나타내는 ≪한정≫을 나타내며, ≪한정≫의 의미가 확대되어 "-어야 (비로소)" 의미의 ≪계기≫[130], "-어야 (오히려, 마침내)" 의미의 ≪결과≫를 나타내기도 한다.

　중세국어의 보조사 {ᅀᅡ}의 예를 살펴보면 다음과 같다.

　(2) 가. 믈읫 字ㅣ 모로매 <u>어우러ᅀᅡ</u> 소리 이ᄂᆞ니 〈훈민정음 언해본(1447) 정음:13b〉
　　　나. 제 道理 붓그리다가 一千 梵志 더블오 이 <u>날애ᅀᅡ</u> 머리 좃ᄉᆞᆸ니 〈월인천강지곡(1447)
　　　　　상:40a〉
　　　다. 이 法은 오직 <u>諸佛이ᅀᅡ</u> 아ᄅᆞ시리라 〈석보상절(1447) 13:48a〉
　　　라. 열두 ᄒᆡᆯ 그리다가 <u>오ᄂᆞᆯᅀᅡ</u> 드르샨 둘 아바님이 니ᄅᆞ시니이다 〈월인천강지곡(1447) 상:42a〉

　(2)에서 살펴볼 수 있듯 보조사 {ᅀᅡ}는 분포가 다양하다. (2가)에서는 연결어미 뒤, (2나)에서는 부사격조사 뒤, (2다)에서는 계사 뒤, (2라)에서는 명사 뒤에서 {ᅀᅡ}가 나타남을 확인할 수 있다. 각각은 ≪한정≫, ≪계기≫, ≪결과≫ 등의 의미를 가져 "어우러져야만", "날에야 비로소", "제불만이", "오늘에야 비로소" 등으로 해석될 수 있다.

　(2다)에서 계사 뒤의 {ᅀᅡ}는 위치상 보조사가 아니라 어말어미로 처리할 수도 있다. 계사와 어말어미가 결합한 '이ᅀᅡ'는 현대국어에서 '이것쯤이야 식은 죽 먹기지' 등에 쓰이는 보조사 {이야}로 굳어졌다. (2라)와 같이 명사(구)에 바로 {ᅀᅡ}가 후행하는 경우 선행 체언은 '오ᄂᆞᆯ[今日], 날[日], 이제' 등 시간이나 장소의 의미를 나타내는 명사에 한정되는 경향이 있으며, 이들 명사는 부사로의 품사통용을 보이고 말음이 /ㄹ/이나 활음 /ㅣ/[j]인 경우가 많다.[131]

130　최근 논의에서는 '-어야'를 ≪필요조건≫을 나타내는 보조사로 보기도 한다. 예컨대 '열심히 공부해야 이번 기말고사를 잘 칠 수 있다.'와 같은 '-어야'는 의도하는 사태와 그 사태를 이루기 위해 필요한 조건을 나타낸다 (최종원·박진호 2019).

『삼강행실도』≪효자도≫에서도 보조사 {ᅀᅡ}가 유사한 의미와 분포로 사용된다. 먼저 전체적인 분포를 표로 보이면 다음과 같다.

정 보		용 례	출 전
ᅀᅡ	ᅀᅡ	닐웨 짜히ᅀᅡ 어믜 주거믈 어드니라	24불해봉시
	의ᅀᅡ	그저긔ᅀᅡ 제 아들 ᄀᆞ티 ᄒᆞ더라	19왕연약어
	아ᅀᅡ	깁 三百 匹을 짜ᅀᅡ 노호리라	11동영대전, 31유씨효고
	고ᅀᅡ	어미 죽거늘 슬허 막대 딥고ᅀᅡ 니더니	17왕상부빙, 18허자매수, 25왕숭지박, 27노조순모
	거늘ᅀᅡ	어버ᅀᅵ 업거늘ᅀᅡ 노피 ᄃᆞ외야	02자로부미

분포에 따라 {ᅀᅡ}의 용례를 살펴보면 다음과 같다.

(3) 가. 닐웨 짜히ᅀᅡ 어믜 주거믈 어드니라 〈효자:24a〉
　　나. 여러 날 몯 다 머거 그저긔ᅀᅡ 제 아들 ᄀᆞ티 ᄒᆞ더라 〈효자:19a〉

먼저 (3)은 『삼강행실도』≪효자도≫에서 의존명사, 특이처격조사 뒤에 나타나는 보조사 {ᅀᅡ}의 예이다. (3가)는 의존명사 뒤에서, (3나)는 특이처격조사 {의} 뒤에서 보조사 {ᅀᅡ}가 나타난다. (3가)에서 {ᅀᅡ}에 선행하는 체언은 역시 시간이나 장소의 의미를 나타내는 명사임을 알 수 있다. (3가)는 "이레 만에야 (비로소)" 정도로, (3나)는 "그제서야 (비로소)" 정도로 해석되어 모두 ≪계기≫의 의미를 나타낸다.

다음은 『삼강행실도』≪효자도≫에서 어미 뒤에 출현하는 보조사 {ᅀᅡ}의 예이다.

(4) 가. 어버ᅀᅵ 업거늘ᅀᅡ 노피 ᄃᆞ외야 〈효자:02a〉
　　나. 깁 三百 匹을 짜ᅀᅡ 노호리라 〈효자:11a〉
　　다. 도로 사라 흔 둘 나마ᅀᅡ 죽거늘 〈효자:31b〉

131　이러한 점을 근거로 명사(구) 뒤의 {ᅀᅡ}는 처소의 의미와 관련된 '에ᅀᅡ'의 부사격조사 {에}가 생략된 것으로 보아 명사(구) 뒤에 바로 결합하는 보조사 {ᅀᅡ}는 없는 것으로 처리하기도 한다. 이는 '에셔'와 '셔'의 관계에서도 유사하게 고려될 수 있다.

라. 어미 죽거늘 슬허 막대 딥고와 니더니 〈효자:17b〉

마. 아춤마다 孝經 혼 볼 닑고와 公事ᄒ더니 〈효자:27b〉

(4가)는 '거늘와', (4나, 다)는 '어와', (4라, 마)는 '고와'의 예이다. (4가)의 '거늘와'는 자동사와 결합하며 선행절의 내용을 ≪전제·한정≫하는 의미를 나타낸다. '어와'의 경우 결합하는 동사에 제약은 없으며, (4나)는 ≪조건·한정≫의 의미로서 "~짜야만"으로, (4다)는 ≪계기·한정≫의 의미로서 "넘어서야"로 해석된다. (4라, 마)의 '고와'는 타동사와 결합하며 ≪계기·한정≫의 의미로만 파악된다. 각각 "짚고서야", "읽고서야"로 파악될 수 있다.

끝으로 『삼강행실도』 ≪효자도≫에는 (5)와 같이 보조사의 {와}가 단어의 일부로 굳어진 예도 발견된다. 'ᄒ오와'는 현대국어 '혼자'의 선대형으로 그 기원은 'ᄒ올[獨]'에 보조사 '와'가 결합한 것으로 추정할 수 있다([어휘] 40_'ᄒ오와' 참고).

(5) 가. ᄒ오와 아비롤 孝道ᄒ야 〈효자:09a〉

나. 許孜ㅣ ᄒ오와 守墓ᄒ야셔 〈효자:18a〉

중세국어의 의문보조사 {고/가}

현대국어에서 의문문은 동사 어간이나 체언과 계사의 결합에 의문형 어미 '-ㄴ가', '-느냐' 등이 결합하여 실현된다. 중세국어에도 의문형어미가 존재하였으나, 체언 뒤에 바로 의문 보조사 {고/가}가 결합하여 의문문을 만들 수도 있었다는 점에서 현대국어와 차이가 있다([문법] 26_의문형 종결어미 참고). 이때 의문문을 만드는 {고/가}는 체언 뒤에 결합하고 앞말을 의문문으로 만드는 기능이 있다는 점에서 보조사로 분류될 수 있다.

중세국어에서 의문 보조사 {고/가}의 쓰임을 살펴보면 아래와 같다.

(6) 가. 太子ㅣ 닐오디 얻논 藥이 므스것고 〈월인석보(1459) 21:215b〉

나. 虛空애 누라와 묻ᄌᆞᆸ디 그디 子息 업더니 므슷 罪오 〈월인석보(1459) 1:7a〉

다. 夫人끠 무로디 이 두 사ᄅᆞ미 眞實로 네 항것가 〈월인석보(1459) 8:94b〉

라. 이ᄂᆞᆫ 賞가 罰아 〈몽산법어(1460) 53b〉

(6)에서 (6가, 나)는 의문보조사 '고'의 예이고, (6다, 라)는 의문보조사 '가'의 예이다. '고'는 의문사와 함께 쓰여 판정 의문문을 만들며, '가'는 설명의문문을 만든다. 중세국어의 의문형 종결어미인 {-ㄴ고}, {-ㄹ고}나 {-니오}, {-리오}의 '고, 오', {-ㄴ가}, {-ㄹ가}나 {-니아}, {-리아}의 '가, 아'는 기원적으로 의문보조사 {고/가}와 관련되므로 분포 환경 또한 일치하게 된다.

『삼강행실도』≪효자도≫에서 의문보조사 '가'의 예는 발견되지 않으며, '고'의 예는 다음과 같이 살펴볼 수 있다.

(7) 司馬昭ㅣ 싸홈 계우고 뉘 <u>닷고</u> 호대 〈효자:15a〉

(7)에서 의문보조사 '고'는 의문사 '누'와 함께 쓰이고 명사 '닷' 뒤에 결합하여 판정 의문문을 만들며, 의문문은 "누구의 탓인가?"의 의미로 이해될 수 있다.

중세국어의 보조사 {곰}

{곰}은 수량 표현의 명사(구)에 통합하여 '-씩' 정도의 의미를 나타내는 {곰₁}과 부사나 용언의 활용형 뒤에 통합하여 "강조"의 의미를 나타내는 {곰₂}로 나뉜다. 각각의 예를 살피면 다음과 같다.

(8) 가. 菩薩이 굿 나샤 자부리 업시 四方애 닐굽 <u>거름곰</u> 거르시니 〈월인석보(1459) 2:37a〉
　　나. 그 스시예 고텨 두외요믈 쏘 <u>열히옴</u> 그슴ᄒᆞ야니와 〈능엄경언해(1461) 2:7a〉
　　다. 혼 히 열두 ᄃᆞ래 各各 <u>三十日옴</u> 혜면 三百六十日이 딛딛혼 數ㅣ어늘 〈능엄경언해(1461) 6:17b〉

(9) 가. 그쁴 目連이 種種 方便으로 <u>다시곰</u> 솔바도 〈석보상절(1447) 6:6a〉
　　나. 아ᄃᆞ리 아비 나해셔 <u>곱기곰</u> 사라 八萬 히 두읋 ᄀᆞ장 더우믈 增이라 ᄒᆞᄂᆞ니 〈월인석보(1459) 1:47b〉
　　다. 善友ㅣ 니ᄅᆞ샤ᄃᆡ 우리 좀 곫 저긔 <u>서르곰</u> 딕ᄒᆞ요리라 〈월인석보(1459) 22:9b〉

(8)의 {곰₁}은 명사(구) 뒤에 결합하여 "-씩"의 의미를 나타낸다. 활음이나 /ㄹ/ 뒤에서는 /ㄱ/ 탈락을 겪어 (8나, 다)와 같이 이형태 〖옴〗으로 실현됨을 확인할 수 있다. 한편, (9)의 {곰₂}는 부사나 용언의 활용형 뒤에 통합하여 "강조"의 의미를 나타낸다. {곰₂}가 "반복에 의한 강조"의 의미를 가진다고 보면 {곰₁}과 의미상 관련되는 것으로 볼 수도 있지만, {곰₁}은 /ㄱ/ 탈락의 음운현상을 겪는 반면에 {곰₂}는 /ㄱ/ 탈락을 보이지 않기 때문에 15세기 공시적으로는 이 둘을 별개의 형태소로 구별하는 것이 타당할 것으로 보인다.

『삼강행실도』 ≪효자도≫에서는 {곰₁}의 예는 보이지 않고 {곰₂}의 예만 발견된다.

(10) 가. 다시곰 우디 아니홇 저기 업더니 〈효자:15b〉
　　　나. 스승이 죽거늘 둘히 제여곰 어버싀그에 侍墓 살아지라 請ㅎ야놀 〈효자:35a〉

(10)은 『삼강행실도』 ≪효자도≫에 나타나는 {곰₂}의 예이다. (10가)의 '다시곰'은 현대국어에서 '다시'가 강조된 부사인 '다시금'의 선대형이며, (10나)에서 '제여곰'은 "제각각" 정도의 의미로 파악되는데, 15세기 공시적으로 '제여'가 단독으로 출현하지 않으므로 이미 하나의 어휘로 굳어진 것으로 파악할 수 있다.

중세국어의 보조사 {ᄋᆞ란}

중세국어의 보조사 {ᄋᆞ란}은 현대국어 '그런 말일랑 하지 마라.' 등의 구어체 충고문에서 쓰이는 보조사 {ㄹ랑}의 선대형이며, 보조사 {은}과 마찬가지로 ≪대조≫의 의미를 나타낸다. 다만 {ᄋᆞ란}은 주로 목적어나 부사어 자리에 쓰이는 반면, {은}은 주어 자리에 쓰인다는 점에서 차이가 있다. 15세기 한글 문헌에는 다음과 같은 예들이 보인다.

(11) 가. 나라해 出令호디 됴흔 고조란 ᄭᅥ디 말오 다 王ㅅ긔 가져 오라 〈월인석보(1459) 1:9b〉
　　　나. 世界옌 千佛이 나시리로소니 이 劫 일후므란 賢劫이라 ㅎ져 〈월인석보(1459) 1:40b〉
　　　다. 믌ᄀᆞ쇠란 ᄀᆞ리 서눌ㅎ니롤 披拂ㅎ고 뫼해란 蘿蔦ㅣ 꼇논 ᄃᆡ롤 들워 가리라(渚拂兼葭寒 嶠穿蘿蔦羃) 〈두시언해_초간(1481) 19:29a〉

라. 바보란 雲子ㅣ 히니를 ᄀᆞ리ᄢᅳ고 <u>외라ᄂᆞᆫ</u> 水精이 ᄎᆞᆫ ᄃᆞᆺᄒᆞ니를 시부라 〈두시언해_초간(1481) 15:54a〉

마. 녯 <u>뫼ᄒᆞ란</u> 白閣을 迷失ᄒᆞ고 ᄀᆞᇫ 믈라ᄂᆞᆫ 皇陂를 思憶ᄒᆞ노라 〈두시언해_초간(1481) 16:11a〉

(11)에서 (11가-나)는 체언 뒤에 결합한 {ᄋᆞ란}의 예이고, (11다)는 부사격조사 뒤에 결합한 {ᄋᆞ란}의 예이다. (11라, 마)와 같이 {-ᄋᆞ란}이 『라ᄂᆞᆫ』의 이형태로 출현한 예도 드물게 나타난다. {-으란}은 (11다-마)와 같이 앞뒤의 체언에 각각 붙어 대조의 의미를 드러내는 경우가 많다. 또한 결합한 체언이 목적어나 부사어 자리에 놓이는 경우가 많아, {ᄋᆞ란}을 기원적으로 '-을(목적격조사) + 아(미지의 형태소) + -ㄴ(보조사)'으로 분석하는 견해도 있다.

『삼강행실도』≪효자도≫에 나타나는 {ᄋᆞ란}의 예를 살펴보면 다음과 같다.

(12) 가. 제 <u>아ᄃᆞᆯ란</u> 소옴 두어 주고 <u>閔損이란</u> 골품 두어 주어늘 〈효자:1a〉

나. <u>奴婢란</u> 늘그니를 가지며 〈효자:7a〉

다. <u>ᄆᆞ로ᄆᆞ란</u> 사오나ᄫᆞ니를 가지며 〈효자:7b〉

라. <u>器具란</u> ᄒᆞ야디니를 가지며 〈효자:7b〉

마. <u>버믜 고기란</u> 도기 다마 내해 묻고 〈효자:32a〉

(12)는 『삼강행실도』≪효자도≫에 출현하는 {ᄋᆞ란}의 예이다. 모든 경우 {ᄋᆞ란}은 명사에 결합하여 선행 체언에 ≪대조≫의 의미를 더하여 준다. (12가)는 '(아들에게) 주다', (12나-라)는 '(노비를, 농막을, 器具를) 가지다', (12마)는 '(범의 고기를) 담다'로 풀이되어 {ᄋᆞ란}과 결합한 체언이 목적어 내지 부사어 자리에 출현함을 확인할 수 있다.

집단 곡용과 중세국어 접속조사 {과}의 사용 양상

　　현대국어에서 명사(구)를 나열하여 문장의 일부를 구성할 경우 마지막 체언만이 필요한 조사를 갖는다. 예컨대 '들판에 나무와 꽃과 풀이 가득하다.'라는 문장에서는 마지막 체언인 '풀'에만 주격조사 '이'가 결합한다. 이는 소위 '집단 곡용'이라 불리는 현상으로, 고대국어에서부터 현대국어에 이르기까지의 한국어와 알타이 제어 전반에 나타나는 구문적 특징이다.

　　다만 중세국어에서는 집단 곡용이 일어날 때에 마지막 명사(구)에 결합한 격조사나 보조사에 수의적으로 접속조사 {과}가 결합하기도 하였는데, 이는 현대국어와 다른 중세국어만의 구문적 특징이다. 15세기 문헌에서 그 예를 살펴보면 다음과 같다.

> (1) 가. 七寶로 莊嚴ᄒ고 <u>못과 곶과 果實왜</u> 다 ᄀ초 잇더니 〈석보상절(1447) 6:31b〉
> 　　나. <u>곶과 果實와 플와 나모와롤</u> 머그리도 이시며 〈석보상절(1447) 3:33b〉
> 　　다. 세 ᄯᄅᆞᆫ <u>悅彼와 喜心과 多媚왜라</u> 〈월인석보(1459) 4:6a〉
> 　　라. 諸法 中에 <u>自와 他와 미움과 돗옴과도</u> 또 이 곧ᄒ니라 〈원각경언해(1465) 하3-1:126a〉

　　(1)에서 명사(구)가 나열될 경우에 조사 혹은 계사가 마지막 체언에만 결합하여 있다. (1가)에는 주격조사 'ㅣ', (1나)에서는 목적격조사 '롤', (1다)에서는 계사 'ㅣ-', (1라)에서는 보조사 '도'가 실현되어 있다. 이때 마지막 체언에도 접속 조사 {과}가 실현되어 있다는 점에서 중세국어의 구문적 특징을 확인할 수 있다. 현대국어에서라면 '못과 꽃과 과실이', '꽃과 과실과 풀과 나무를', '열피와 희심과 다미이다', '自와 他와 미움과 사랑함도'와 같이 실현될 맥락이며, 접속조사 {과}는 마지막 체언에서 실현되지 않는 것이 자연스럽기 때문이다.

　　다만 중세국어 문헌에서도 명사(구) 나열 시 마지막 체언에까지 접속조사 {과}가 실현되는 현상은 수의적으로 나타났으며, 현대국어와 마찬가지로 마지막 체언에는 {과}

가 생략되는 경우도 아래와 같이 발견된다.

(2) 가. <u>妙音과 觀世音과 梵音과 海潮音</u>이 世間音에셔 더으니 〈석보상절(1447) 21:15b〉

나. <u>됴ᄒᆞᆫ 나라콰 宮殿과 臣下와</u> 고마ᄅᆞᆯ ᄇᆞ리고 〈석보상절(1447) 13:20a〉

『삼강행실도』 ≪효자도≫의 접속조사 {과}

다음은 『삼강행실도』 ≪효자도≫에서 발견되는 접속조사 {과}의 사용 양상이다.

(3) 가. <u>ᄇᆞᄅᆞᆷ과 무뤼와</u> 하 티니 즁ᄉᆡᆼ이 주그며 <u>플와 나모왜</u> ᄭᅥᆺ들더니 〈효자:25a〉

나. 녀르미면 <u>벼개와 돗과ᄅᆞᆯ</u> 부체 붓고 〈효자:9a〉

다. <u>솔와 잣과ᄅᆞᆯ</u> 五六 里ᄅᆞᆯ 심겟더니 〈효자:18a〉

라. 三世는 <u>저와 아ᄃᆞᆯ와 孫子왜</u>라 〈효자:20b〉

마. <u>님금과 어버ᅀᅵ와 스승과</u>ᄂᆞᆫ ᄒᆞᆫ가지로 셤굘디라 〈효자:35a〉

(3)은 격조사 혹은 보조사 앞에 접속조사 {과}가 결합된 경우이다. (3가)는 주격조사, (3나–다)는 목적격조사, (3라)는 계사, (3마)는 보조사 {은}의 앞에 접속조사 {과}가 결합한 것을 확인할 수 있다. 현대국어에서라면 '풀과 나무가', '베개와 도끼를', '솔과 잣을', '저와 아들과 손자이다', '임금과 어버이와 스승은'과 같이 실현될 통사적 환경이다.

(4) 가. <u>도퇴ᄋᆞ랏과 픗닙과</u> 먹고 〈효자:2a〉

나. <u>받과 집과</u> 다 ᄑᆞ라 무드니 일후믈 孝婦ㅣ라 ᄒᆞ니라 〈효자:5b〉

다. <u>羊과 수울와</u> 보내라 ᄒᆞ시니라 〈효자:6b〉

라. 皇帝 어믜그에 <u>옷과 자리와</u> 주시니라 〈효자:24a〉

마. 官숨애 <u>궤와 돗과</u> 노코 父母ᄅᆞᆯ 이바드며 〈효자:27b〉

바. ᄀᆞ올ᄒᆡ셔 연ᄌᆞ바놀 <u>조콰 깁과</u> 주라 ᄒᆞ시니라 〈효자:28b〉

사. 옷 ᄒᆞᆫ 볼와 鈔 스믈 <u>錠과</u> 주시고 〈효자:31b〉

아. 아비 <u>솔콰 ᄡᅥ와</u> 내야 그르세 담고 〈효자:32a〉

한편, (4)는 (3)과 달리 마지막 명사(구)에 접속조사 {과}는 결합하였으나 격조사는 실현되지 않은 예이다. 이 경우 접속조사 {과}는 실현되어 있다는 점에서 현대국어의 통사적 특징과 차이가 있다.

(5) 가. 子路ㅣ 艱難ᄒᆞ야 <u>도토리와 픗닙과</u> ᄡᆞᆯ ᄒᆞ야 밥 먹더니 〈효자:2a〉
　　나. 어미 죽거늘 <u>菜蔬와 믈와</u> ᄡᆞᆯ 먹고 겨스레 居喪옷 ᄡᆞᆯ 닙고 ᄣᅥ ᄡᆞᆯ 잇더니 〈효자:26a〉

(5)는 접속조사 {과}에 의존명사 {ᄯᆞᆫ}이 후행한 예이다. 현대국어의 '뿐'이 보조사인 것과 달리 중세국어의 {ᄯᆞᆫ}은 의존명사로 파악되는데([문법] 02_의존명사 참고), {ᄯᆞᆫ}의 'ㅅ'은 관형격조사에서 기원한 것으로 추정되기 때문에 {과}와 {ᄯᆞᆫ} 사이에 별도의 조사가 개재되지 않는다.

(6) 가. <u>한아비와 어버ᅀᅴ</u> 墓롤 다 훍 지여 밍ᄀᆞ오 〈효자:26a〉
　　나. <u>아ᄅᆞ시ᄂᆞ닌 볼ᄀᆞᆫ 돌와 ᄆᆞᆯ곤</u> ᄇᆞ로미시니라 〈효자:32b〉

마지막 체언에 접속조사 {과}가 붙는 현상은 수의적으로 나타났으므로, (6)과 같이 마지막 체언에 접속조사 {과}가 실현되지 않는 경우도 있다. (6가)에서는 마지막 체언인 '어버ᅀᅵ'에 {과} 없이 관형격조사 {의}만 결합하였고, (6나)에서는 'ᄇᆞ롬'에 {과} 없이 계사만 결합하여 (3라)의 구문과 차이를 보인다. (6)의 경우는 현대국어의 통사적 특징과 일치하는 경우로 볼 수 있다.

18_ 선어말어미 {-으시-}
오민석·정은진

중세국어의 선어말어미 {-으시-}는 주어, 즉 주체를 높이는 선어말어미이며, 용법과 형태의 변화가 거의 없이 현대국어에서도 주체 높임 선어말어미로 쓰이고 있다. {-으시-}의 기원을 존재동사 '(이)시-[有]'로 보는 견해가 있지만, ≪존재≫의 의미에서 ≪주체 높임≫ 기능으로의 문법화 과정이 모호하다는 점에서 뚜렷한 정설이라 보기는 어렵다.

선어말어미 {-으시-}의 형태

주체 높임 선어말어미 {-으시-}의 모음 '으'는 다음의 두 가지 측면에서 일반적인 매개모음과 성격이 다르다. 우선 {-으시-}의 '으'는 일반적인 매개모음과 달리 말음에 /ㄹ/를 가진 어간과의 통합에서 생략되지 않고 나타난다. 예를 들어 '알-[知]'의 경우에는 {-으시-}가 결합하였을 때 '아시-'가 아니라 '아ᄅᆞ시-'의 형태로 나타난다. 또한 {-으시-}는 [LH] 또는 [HH]의 성조를 갖는데, 첫음절의 성조가 선행요소의 성조에 따라 [L]이나 [H]로 바뀌어 나타난다는 점에서 고정적인 거성을 보이는 일반적인 매개모음과 차이를 보인다. 이러한 특성을 근거로 {-으시-}의 '으'는 매개모음이 아닌 선어말어미 {-으시-}의 고유 요소로 볼 수 있으며, 기본형 역시 {-시-}가 아닌 {-으시-}로 설정하는 것이 타당하다고 볼 수 있다.

한편, {-으시-}는 후행하는 모음의 음운론적 조건에 따라 이형태 교체를 보인다. 다음은 연결어미 {-어}, {-오ᄃᆡ}와 결합하였을 때 {-으시-}가 ⟦-으ㅅj-⟧, ⟦-ᄋᆞㅅj-⟧, ⟦-ㅅj-⟧로 나타나는 예이다.

(1) 가. ᄌᆞ갸 오ᄉᆞ란 밧고 瞿曇ᄋᆡ 오ᄉᆞᆯ 니브샤 〈월인석보(1459) 1:5b〉
　나. 그ᄢᅴ 文殊師利 부텻긔 ᄉᆞᆯᄫᆞ샤ᄃᆡ 〈석보상절(1447) 9:20b〉
　다. 열ᄒᆞ나차힌 몸 오ᄋᆞ로 도라보샤미 象이 ᄀᆞᄐᆞ시며 〈월인석보(1459) 2:56a〉

{-으시-}는 {-어}나 {-오ᄃᆡ}, {-옴} 등 모음으로 시작하는 어미 앞에서 '-으샤-', '-ᄋᆞ샤-'의 형태로 나타난다. 이때 {-으시-}에 {-오ᄃᆡ}가 결합하여 나타나는 '-샤ᄃᆡ'에 대해 '-샤-'를 {-으시-}의 이형태로 설정하여, {-으시-}가 {-오ᄃᆡ}와 결합하였을 때 {-으시-}가 이형태 ⟦-샤-⟧로 실현되고 {-오ᄃᆡ}에서 '오'가 생략되어 '-샤ᄃᆡ'로 나타났다고 분석하는 관점도 있다.

그러나 김유범(2007ㄱ:297-313)에 따르면 15세기 이전의 차자표기 자료의 '-亦ㆆ-/-ニㄅ-(시오)'에서는 선어말어미 {-오-} 앞에서 선어말어미 {-으시-}가 ⟦-샤-⟧로 교체되는 모습을 볼 수 없고, '시아'로 추정될 만한 '-亦下-/-ニ下-(시아/시하)'의 예가 발견된다는 점에서 ⟦-샤-⟧를 {-으시-}의 이형태로 처리하기에 난점이 있다. 이를

고려하면 {-오디} 등의 이형태로 〖-아디〗 등을 설정하고, '-샤디'를 {-으시-}에 〖-아디〗가 결합한 형태로 분석하는 것이 바람직할 것으로 보인다.

『삼강행실도』 ≪효자도≫의 주체 높임

『삼강행실도』≪효자도≫에서 주체 높임 선어말어미 {-으시-}의 대상이 된 주어는 주로 공자孔子, 황제皇帝, 신神 등이다. 이들은 절대적인 상위자로 파악되기 때문에 주체 높임 선어말어미가 결합되었다. 즉 이들은 주인공이 화자일 때도 상위자이지만 화자가 이야기의 서술자narrator나 다른 인물일 때도 상위자로 인식되는 존재들이다.

> (2) 가. 孔子ㅣ 드르시고 니르샤디 子路ㅣ 사 사랫거든 힘?장 孝道ㅎ고 죽거든 몯내 그리ᄂ다 ᄒ리로다 〈효자:02a〉
> 　　나. 孔子ㅣ 나돈니시다가 슬픈 우룸쏘리를 드르시고 가시니 〈효자:04a〉
> 　　다. 술위 브리샤 무르신대 〈효자:04a〉

> (3) 가. 安帝 侍中ㅅ 벼슬 ᄒ이시니라 〈효자:07b〉
> 　　나. 님그미 세 번 브르시며 〈효자:15a〉
> 　　다. 皇帝 과ᄒ야 ᄒ샤디 져믈쎄 ᄂ미 ?ᄅ친가 ᄒ샤 〈효자:23a〉
> 　　라. 皇帝 어믜그에 옷과 자리와 주시니라 〈효자:24a〉
> 　　마. 宣德 壬子애 엳?바ᄂᆞᆯ 둘홀 다 벼슬 ᄒ이시고 紅門 셰라 ᄒ시니라 〈효자:35b〉

> (4) 가. 하ᄂᆞᆯ히 나ᄅᆞᆯ 브려 빋 갑게 ᄒ시니라 ᄒ고 〈효자:11a〉
> 　　나. 神靈이 닐오디 하ᄂᆞᆯ ᄒ시ᄂᆞ 이리라 몯 免ᄒ리라 ᄒ야ᄂᆞᆯ 〈효자:29a〉
> 　　다. 네 孝道ㅣ 至極홀쎄 하ᄂᆞᆯ히 녯 罪ᄅᆞᆯ 赦ᄒ시니 〈효자:29b〉
> 　　라. 네 아ᄃᆞ리 孝道홀쎄 하ᄂᆞᆷ 皇帝 너를 열두 나홀 주시ᄂᆞ다 ᄒ더라 〈효자:30a〉
> 　　마. 아ᄅᆞ시ᄂᆞ닌 블근 돌와 믈근 ᄇᆞᄅᆞ미시니라 〈효자:32b〉

(2)는 공자가 주어로 출현한 예문이고, (3)은 황제가 주어로 출현한 예문이며, (4)는 신(주로 天帝)이 주어로 출현한 예문이다. 주어가 생략되는 경우도 있으나 대체로는 맥락에 의해 주어가 높임의 대상임을 파악할 수 있다.

한편, 『삼강행실도』≪효자도≫에서 부모에 대한 자식의 효도를 주제로 삼음에도 불구하고, 주체 높임 선어말어미 {-으시-}가 부모를 높이는 데 사용된 예는 한 개에 불과하다는 점이 주목된다.

(5) 毛詩 닑다가 믈뵌 父母ㅣ 나를 잇비 나ᄒ시니라 혼 ᄃᆡ 다ᄃᆞ로면 〈효자:15b〉

(5)는 『시경』의 한 구절로 이때 출현한 '부모父母'는 이야기 속 주인공의 특정한specific 부모를 지시하는 것이 아니라 범칭의 일반적인general 부모를 뜻하는 것이다. 그렇다면 부모가 주어로 출현할 때 화자인 자식이 부모에 대하여 주체 높임 선어말어미 {-으시-}를 사용한 용례는 발견되지 않는 셈이다.

(6) 가. 閔損이 ᄲᆞ러 슬보ᄃᆡ 어미 이시면 ᄒᆞᆫ 아ᄃᆞ리 치ᄫᆞ려니와 업스면 세 아ᄃᆞ리 치ᄫᆞ리이다 〈효자:1a〉

　　나. ᄌᆞ조 도ᄌᆞᆨ 맛나아 자바 가려 커든 곧 슬피 우러 닐오ᄃᆡ 늘근 어미 이셰라 ᄒᆞ야든 〈효자:6a〉

　　다. 潘綜이 도ᄌᆞ기그ᇰ에 마조 가 머리 조사 닐오ᄃᆡ 아비 늘그니 사ᄅᆞ쇼셔 〈효자:20a〉

　　라. ᄒᆞᆫ 神靈이 ᄭᅮ메 닐오ᄃᆡ 네 來日 나지 霹靂 마자 주그리라 ᄒᆞ야ᄂᆞᆯ 비로ᄃᆡ 늘근 어미 잇ᄂᆞ니 救ᄒᆞ쇼셔 〈효자:29a〉

(6)은 주인공인 화자가 부모인 주어에게 주체 높임 선어말어미를 사용하지 않은 예들이다. 부모에 대하여 높임의 선어말어미가 사용되지 않은 이유에 대해서는 (6)의 예시가 모두 압존법으로 해석될 수 있다는 점을 고려해 볼 수 있다. (6가)의 청자는 민손의 아버지인데, '슬보ᄃᆡ'를 통해서 아버지를 높인 대신 어머니를 아버지보다 하위자로 인식하였다고 볼 수 있다. (6나)는 주인공 강혁이 도적에게 어머니가 있음을 밝히며 목숨을 빌고 있는 상황이다. 이때 '어미 겨시-'가 아닌 '어미 이시-'로 높임 표현을 사용하지 않았는데, 이는 강혁의 목숨을 위협하는 도적을 어머니보다 상위자로 높인 것으로 해석해 볼 수 있다. 유사한 예인 (6다)에서도 '아비'를 높이지 않고 도적에게 '-쇼셔'의 청자 높임 종결어미를 사용한 점이 참고된다. (6라)는 (6나)와 마찬가지로 '어미 잇-'으로 높임 표현을 사용하지 않았는데, 청자인 신령을 어미보다 상위자로 판단한 결과로 볼 수 있다.

오민석·김진우

중세국어의 선어말어미 {-ᇫᇦ-}은 부사어나 목적어, 곧 객체를 높이는 선어말어미이다. {-ᇫᇦ-}은 맥락에 따라 객체가 생략되고 그와 관련이 있는 상황이나 사물을 간접적으로 높이는 데서 출현하기도 한다.

선어말어미 {-ᇫᇦ-}은 "말씀드리다" 정도의 의미를 가진 동사 '숣다[白](> 사뢰다)'의 어간에서 "말하다"와 관련된 어휘적인 의미는 약화되고 객체를 높이는 의미만 남게 되면서 선어말어미로까지 문법화를 겪게 된 것으로 추정된다. '諸佛 莊嚴을 몯내 숣ᅀᆞᆸ뇌 〈월인석보(1459) 15:61a〉'와 같은 용례는 본래의 동사 어간과 이로부터 만들어진 선어말어미가 함께 결합된 흥미로운 활용형으로 {-ᇫᇦ-}의 어휘적 의미가 소실되었음을 보여 준다.

선어말어미 {-ᇫᇦ-}의 기능

중세국어에서 선어말어미 {-ᇫᇦ-}은 아래 예와 같이 목적어 혹은 부사어를 높이는 기능을 하였다.

(1) 가. 벼슬 노ᄑᆞᆫ 臣下ㅣ 님그믈 돕ᄉᆞᄫᅡ 百官올 다스릴씨 〈석보상절(1447) 9:34b〉
　　 나. 時節이 危難ᄒᆞᆫ 저긔 님긊 恩私를 갑ᄉᆞᆸ고져 ᄉᆞ랑ᄒᆞ야 〈두시언해_초간(1481) 3:39b〉
　　 다. ᄒᆞ마 여러 뵈샤몰 닙ᄉᆞ온 견ᄎᆞ로 身心이 볼ᄀᆞ니라 〈능엄경언해(1461) 5:30b〉

(2) 가. 王이 절ᄒᆞ고 偈를 닐오디 三界尊ᄭᅴ 머리 좃ᄉᆞᆸ노니 〈월인석보(1459) 25:58b〉
　　 나. 大慈悲 世尊ㅅ긔 버릇업ᄉᆞᆸ던 일올 魔王이 뉘으츠니이다 〈월인석보(1459) 4:15a〉
　　 다. 고ᄌᆞ로 부텨ᄭᅴ 빗ᄉᆞᆼ오ᄆᆞᆫ 스승니믈 尊ᄒᆞᅀᆞ오미오 〈법화경언해(1463) 3:108b〉

(1)은 목적어를 높이기 위해 {-ᇫᇦ-}이 결합된 예이다. (1가)에서는 목적어 '님금'을 높이고 있으며, (1나)에서는 '님금'과 관련된 목적어 '님긊 恩私'를 높임으로써 '님금'을 간접적으로 높이고 있다. (1다)에서는 목적어 '여러 뵈샴'을 높이고 있다. 그리고 (2)는

부사어를 높이기 위해 {-숳-}이 결합된 예를 보여 준다. (2가)에서는 부사어 '三界尊'을 높이고 있으며, (2나)에서는 '大慈悲 世尊'을 높이고 있다. (2다)에서도 마찬가지로 부사어 '부텨'를 높이고 있다.

한편, {-숳-}은 (1)과 (2)에서 나타난 '-숳-', '-숩-', '-ᄉᆞ오-' 외에도 다음과 같이 다양한 이형태를 지니고 있는데 선행 및 후행의 분절음이 무엇인지에 따라 달리 나타나며, 'ㅸ > w'의 변화를 보이는 이형태도 존재한다. 15세기 한글 문헌에서 'ㅸ'을 취하는 {-숳-}은 『훈민정음』해례본과 『용비어천가』에 주로 그 모습을 나타내고 간경도감본 불경 언해들부터는 '-ᄉᆞ오-', '-ᄌᆞ오-', '-ᅀᆞ오-'와 같은 형태로 출현한다.

(3) 가. 諸佛 니르샨 敎戒 <u>좃ᄌᆞᄫᅵ</u> 아니ᄒᆞᄂᆞᆫ 사ᄅᆞ믈 〈월인석보(1459) 12:44a〉
    나. 부텨를 <u>맛ᄌᆞᄫᅡ</u> 저ᅀᆞᆸ고 〈월인석보(1459) 1:13b〉
    다. 네 가짓 律儀와 큰 神呪롤 <u>듣ᄌᆞ오니</u> 〈능엄경언해(1461) 1:21b〉

(4) 가. 八萬四千 筒올 밍ᄀᆞ라 舍利롤 <u>담ᅀᆞᆸ고</u> 〈석보상절(1447) 24:23b〉
    나. 革命 ᄒᆞᆫ 後에 厚恩 <u>그리ᅀᆞᄫᆞ니</u> 〈용비어천가(1447) 7:29a〉
    다. 내 비록 부텨를 <u>맛나ᅀᆞ오나</u> 이제 순지 狐疑ᄒᆞ노니 〈능엄경언해(1461) 2:3a〉

우선 {-숳-}의 초성은 선행 어간의 말음에 따라 이형태가 달리 나타난다. (3)과 같이 선행 어간의 말음이 /ㅊ, ㅈ, ㄷ/이면 {-숳-}의 초성이 'ㅈ'으로 실현되는데 이러한 사실은 중세국어에서 /ㅈ, ㅊ/이 /ㄷ/과 동일 조음 위치인 치경음으로 함께 인식됨을 보여 준다.[132] 또한 (3가)의 '좃ᄌᆞᆸ-(좃-+-ᄌᆞᆸ-)[隨]'과 (3나)의 '맛ᄌᆞᆸ-(맛-+-ᄌᆞᆸ-)[迎]'을 보면 어간의 말음에 따른 {-숳-}의 이형태 교체가 어간 말음의 실현형이 아닌 기저형의 영향을 받는다는 것을 알 수 있다. 그리고 (4)와 같이 선행 어간의 말음이 유성음이면 초성이 'ㅿ'으로 실현된다. 그 외에 선행 어간의 말음이 /ㄱ, ㅂ, ㅅ, ㅎ/이면 앞서 살펴본

---

132 『훈민정음』에 따르면 /ㅅ, ㅈ, ㅊ/는 치음이고, /ㄷ/은 설음으로 분류되어 있다. 그러나 {-숳-}의 이형태 교체 조건에서 나타나는 바와 같이 /ㄷ, ㅈ, ㅊ/은 하나의 자연류를 형성하고 있으며, '치음'이라는 용어가 당시 조음시의 감각적인 인상을 반영한 용어라는 점에서 '치음'과 '설음'은 모두 치경음으로 볼 수 있다. 다만 /ㅅ/을 제외한 /ㄷ, ㅈ, ㅊ/ 뒤에서만 {-숳-}의 /ㅅ/이 'ㅈ'으로 바뀌는 이유는 /ㄷ, ㅈ, ㅊ/이 가지고 있는 [-continuant]라는 조음 방식 자질에 의한 것으로 이해해 볼 수 있다(김유범 2002).

(1)~(2)에서처럼 'ㅅ'으로 실현된다.

다음으로 {-숩-}의 종성은 후행 요소의 첫 분절음이 무엇인지에 따라 결정된다. (3가), (4가)와 같이 후행 요소의 첫 분절음이 자음이라면 'ㅂ'으로 실현되고, (3나-다), (4나-다)와 같이 후행 요소의 첫 분절음이 모음이라면 'ㅸ/오'로 실현된다.

나아가 {-숩-}이 객체를 높인다고 할 때 누구와의 관계를 기준으로 높임 표현이 사용되는지에 대해 두 가지 해석이 있어 왔다. 주체가 하위자여서 상위자인 객체를 높이는 것으로 보는 입장이 하나이고, 화자가 하위자여서 화자보다 상위자인 객체를 높이는 것으로 보는 입장이 다른 하나이다. 비교적 최근의 논의에서는 이처럼 주체-객체, 화자-객체의 관계를 면밀히 파악하여 어느 한쪽의 관점에서만 {-숩-}의 기능을 파악하는 것이 아니라 두 가지 용법의 객체 높임이 모두 쓰이는 것으로 파악하고 있다. 다만 이 두 관계(주체-객체, 화자-객체)에서 화자가 객체를 높이려는 의도가 없거나 화자가 주체만 높이려는 상황에서도 '주체(하위자)-객체(상위자)'의 관계라면 {-숩-}이 실현되는 것을 통해 주체-객체 관계가 {-숩-}의 실현에 더 기본적인 기준이라고 할 수 있다.

한편, 다음과 같이 이른 시기의 필사본 자료 가운데 {-숩-}이 상대 높임의 기능을 하는 것처럼 보이는 용례가 확인되기도 한다.

(5) 가. 터럭 만흔 히믄 젹스오니(毫髮力微) 〈오대산 상원사중창권선문(1464) 1첩의 8쪽〉
　　 나. 죠고맛 精誠으로 뫼 ᄀᆞ튼 목수믈 돕숩고져 ᄒᆞ숩다소니(區區涓埃之誠 欲裨岡陵之算)
　　　　　　〈오대산 상원사중창권선문(1464) 1첩의 9쪽〉

(5가)의 '젹스오니'와 (1나)의 'ᄒᆞ숩다소니'의 {-숩-}은 일반적인 중세국어의 {-숩-}처럼 목적어나 부사어를 높이는 것으로 보기 어렵다. (5)의 자료가 신미 등의 승려가 세조에서 올리는 글임을 고려하면 이때의 {-숩-}은 청자에 대한 겸양의 의도를 드러내는 것으로 이해될 수 있다. 김현주(2007:247)에서는 이 용례를 근거로 {-숩-}의 기능 변화가 아주 일찍 시작되었거나 애초에 {-숩-}이 다른 기능을 가지고 있었을 가능성을 제기하기도 하였다.

『삼강행실도』≪효자도≫의 객체 높임

『삼강행실도』≪효자도≫에는 '엳줍다', '뫼숩다'처럼 {-숩-}이 결합하여 어휘화를 겪은 용례가 주로 확인되며([어휘] 32_'엳줍다' 참고), 선어말어미로 파악되는 {-숩-}도 한 예가 확인된다.

(6) 가. 員이 나라히 엳<u>즈ᄫᆞ니</u> 일후미 世間애 들이더니 〈효자:09a〉

나. ᄀᆞ올히셔 <u>엳즈ᄫᅡᄂᆞᆯ</u> 皇帝 木像 밍ᄀᆞ랏논 樣ᄋᆞᆯ 그리라 ᄒᆞ시니라 〈효자:10b〉

다. 그위예셔 <u>엳즈ᄫᅡ</u> 그 ᄆᆞ슰 일후믈 純孝ㅣ라 ᄒᆞ고 〈효자:20b〉

라. 法度ㅣ <u>엳즈ᄫᆞᆫ대</u> 아비ᄅᆞᆯ 赦ᄒᆞ시니라 〈효자:23b〉

마. <u>엳즈ᄫᅡᄂᆞᆯ</u> 門의 紅門 셰라 ᄒᆞ시니라 〈효자:25b〉

바. ᄀᆞ올히셔 <u>엳즈ᄫᅡᄂᆞᆯ</u> 조과 깁과 주라 ᄒᆞ시니라 〈효자:28b〉

사. <u>엳즈ᄫᅡᄂᆞᆯ</u> 太祖 高皇帝 中使 브리샤 옷 ᄒᆞᆫ 볼와 鈔 스믈 錠과 주시고 〈효자:31b〉

아. 宣德 壬子애 <u>엳즈ᄫᅡᄂᆞᆯ</u> 둘흘 다 벼슬 ᄒᆡ시고 紅門 셰라 ᄒᆞ시니라 〈효자:35b〉

(7) 侍墓ᄂᆞᆫ 墓애 가 <u>뫼수ᄫᅡ</u> 이실씨라 〈효자:15b〉

(8) 王薦이 바미 하ᄂᆞᆶ긔 <u>비수ᄫᆞᄃᆡ</u> 내 나ᄒᆞᆯ 더러 아비ᄅᆞᆯ 주어지이다 ᄒᆞ더니 〈효자:30a〉

(6)의 '엳줍다'는 모두 그 객체가 '황제, 나라, 조정朝廷'이므로 주체와 화자 모두에게 객체가 상위자로 인식되는 예들이다. (7)의 '뫼숩다'는 협주문에 출현한 예로, 한자어 '侍墓'에 대한 풀이이며 객체가 드러나 있지 않다. 그러나 객체를 설정해 본다면 '墓'를 간접적으로 높인 데서 '뫼숩-'으로 실현되었다고 할 수 있다. (8)은 '빌-[禱]'에 {-숩-}이 결합한 예로 부사어 '하ᄂᆞᆶ'은 주체인 왕천과, 화자인 언해자 모두에게 높임의 대상이 되는 객체이다.

끝으로 『삼강행실도』≪효자도≫에 출현한 {-숩-}의 모든 예는 'ㅸ'을 취하고 있음이 확인된다. 이러한 점을 근거로 『삼강행실도』의 언해 시기를 /ㅸ/형이 출현하는 『석보상절』과 『월인천강지곡』이 편찬된 시기인 세종조로 추정하기도 한다.

20 _ 선어말어미 {-오-}

오민석·성우철

중세국어의 선어말어미 {-오-}의 구체적인 기능이 무엇인지에 대해서는 오래전부터 두 가지 관점이 팽팽하게 맞서고 있다.[133] {-오-}가 쓰인 통사적 환경에 초점을 맞춰 그 기능을 추정한 인칭·대상법설과 {-오-}가 지닌 의미 파악에 초점을 맞춰 그 기능을 추정한 의도법설이 바로 그것이다.[134]

인칭·대상법설

인칭·대상법설은 선어말어미 {-오-}의 기능을 통사적 환경에 따라 인칭법과 대상법으로 구분하는 견해이다. 우선 동사의 활용형이 종결형이거나 연결형일 때 나타난 선어말어미 {-오-}는 주어가 1인칭임을 나타내는 인칭법 선어말어미로 파악한다. 반면 동사의 활용형이 관형사형일 때 관형사절의 수식을 받는 명사가 관형사절의 목적어로 기능하는 경우의 선어말어미 {-오-}는 대상법[135] 선어말어미로 파악한다. 한편, 명사형 어미 {-옴}, 연결어미 {-오딕}, {-오려} 등에서의 {-오-}는 별개의 형태소로 분석하지 않고 각 형태소의 내부 구성 요소로 처리한다.

인칭·대상법설은 통사적 환경에 따라 {-오-}의 기능을 명확하게 구별할 수 있다는

---

133 종결형 및 연결형에 나타난 '-오-'와 관형사형에 나타난 '-오-'를 단일한 형태소로 볼 것인지 서로 다른 형태소로 볼 것인지는 연구자에 따라 견해의 차이를 보인다. 두 요소가 형태론적으로는 동일한 이형태 교체를 보이지만 통사론적으로는 서로 다른 분포나 기능을 보이기 때문이다. 이 책에서는 기술의 편의상 이 두 환경에 쓰인 '-오-'를 하나의 형태소로 처리하였으나, 이 문제는 앞으로도 더 깊이 있는 논의가 이루어져야 할 중세국어 문법 연구의 쟁점 가운데 하나임을 언급해 둔다.

134 인칭·대상법설과 의도법설의 대립은 허웅과 이숭녕이라는 두 학자의 논쟁을 통해 쟁점화되었다. 선어말어미 {-오-}를 둘러싼 두 학자의 학문적 공방은 학술지 지면을 통해 수년에 걸쳐 이루어졌는데, 이들의 논의는 지금까지도 {-오-}의 기능에 대한 이해에 지대한 영향을 미치고 있다. 관련된 논의로는 허웅(1958, 1959, 1963, 1964, 1965ㄴ, 1973, 1975)과 이숭녕(1959, 1960, 1964ㄱ, 1964ㄴ, 1976)을 참고할 수 있다.

135 허웅(1975:812)에서는 한정을 받는 말이 관형사형의 의미상의 목적어가 됨을 표시하는 형식이라는 점에서 이 문법 범주를 대상법이라고 명명하였다. 고영근(2020)에서는 허웅의 "대상법"을 "대상 표시법"으로 명시적으로 표현하면서 관형사형을 평서형으로 전개할 때 피한정명사가 목적어나 부사어의 기능을 띠는 경우를 대상 표시법으로 규정하였다.

장점이 있다. 그러나 이러한 두 가지 기능에서 벗어난 {-오-}의 예외적 쓰임이 존재한다는 점에서 비판이 제기된다. 주어가 1인칭이 아님에도 선어말어미 {-오-}가 사용되는 예들도 있고, 피수식어가 관형사절의 의미상 목적어로 기능하지 않음에도 선어말어미 {-오-}가 사용되는 예들도 있기 때문이다. 전자에 대해서는 다른 인칭이 주어로 오더라도 화자가 자신의 관점을 강하게 투영할 때는 인칭법의 {-오-}가 올 수 있다고 설명하며,[136] 후자에 대해서는 예측이 불가능한 대상법의 예외로 처리한다.

의도법설

의도법설은 선어말어미 {-오-}의 성격을 단일한 것으로 보는 입장이다. {-오-}는 화자 혹은 주어의 의도를 드러내는 하나의 기능을 한다는 것인데, 동사의 활용형이 종결형이거나 연결형일 때의 선어말어미 {-오-}는 ≪주어의 주관적 의도≫를 표시하고, 관형사형일 때는 ≪주관적 한정≫을 표시한다고 본다. 그 밖에 {-옴}, {-오디}, {-오려} 등에 선접된 {-오-} 역시 ≪의도≫의 의미가 포함된 형태소로 분석한다.

의도법설은 종결형 및 연결형의 선어말어미 {-오-}에 대해 인칭의 구별을 전제하지 않으며, 관형사형에서 피수식어의 기능을 대상어와 비대상어로 구분하지 않는다. 그러나 15세기 한글 문헌에서 ≪의도≫의 의미를 명확히 포착하는 것이 가능한지에 대해 비판이 제기된다. 게다가 '내⋯두 누늘 일후니 〈능엄경언해(1461) 5:43a〉'에서와 같이 {-오-}가 사용되었음에도 화자의 의도성을 전제할 수 없는 예가 발견된다는 점도 문제가 된다. 요컨대 {-오-}의 사용과 화자의 의도성 개입 여부가 예외 없이 일치하지는 않는다는 것이다.[137]

---

136   주어가 3인칭일 때 인칭법 선어말어미 {-오-}가 쓰이는 예 가운데 일부는 그 지시대상이 실제로는 화자를 지칭하는 비유적 표현으로 파악된다. 예컨대 아래의 예문에서 {-오-}가 사용된 것은 화자가 3인칭인 '누른 새'에 1인칭인 화자 자신을 투영하였기 때문이다.
　　예 누른 새눈 져기 느로몰 임의로 호노라 〈두시언해_초간(1481) 20:10〉

137   본서에서는 기본적으로 학교 문법을 따라 인칭·대상법설을 바탕으로 선어말어미 {-오-} 및 그와 관련된 어미들을 다루고자 한다.

종결형 및 연결형에 쓰인 선어말어미 {-오-}

(1) 가. 對答호디 … 아비 주구믈 몯 츠마 <u>호노이다</u> 〈효자:23b〉

　　나. 나갌 저긔 쏨호고 도라와 <u>왯노이다</u> ᄒ며 ᄠᅳᆯ헤 디낢 저긔 모믈 구피더라 〈효자:27b〉

　　다. 어미 업거늘 울에 홇 저기면 墓애 가 <u>내 예 잇노이다</u> ᄒ더라 〈효자:15b〉

　　라. 對答호디 … <u>내 이어긔셔 ᄒ닥호노이다</u> ᄒ고 〈효자:4b〉

　　마. 對答호디 뒷다가 <u>나도 아비 다ᄆᆞ리라</u> ᄒ야늘 〈효자:13a〉

　　바. 스승이 죽거늘 둘히 제여곰 어버ᅴ그에 侍墓 <u>살아지라</u> 請ᄒ야늘 〈효자:33a〉

　　사. 무ᄅᆞ무란 사오나ᄫᆞ니를 가지며 닐오디 져믄 제브터 ᄒ던 거시라 됴히 <u>너기노라</u> 〈효자:7b〉

　　아. 모딘 少年ᄃᆞᆯ히 닐오디 세 도즈기 이런 어딘 ᄆᆞᆯ 두믈 아니 <u>너교라</u> ᄒ고 〈효자:27a〉

　　자. 그 아비 샹녜 닐오디 내 비록 艱難코도 ᄒᆞᆫ 曾參을 길어 <u>내요라</u> ᄒ더라 〈효자:14a〉

　　차. 돈 님자히 닐오디 깁 三百 匹을 ᄣᅡ사 <u>노호리라</u> 〈효자:11a〉

　　카. 느ᄆᆡ그에 도ᄂᆞᆯ ᄢᅮ어 묻고 죵 <u>도외요리라</u> ᄒ야 〈효자:11a〉

　　타. 바ᄅᆞ 드러가아 구지주디 네 내 아비를 머그니 <u>내 모로매 너를 머구리라</u> ᄒ야늘 〈효자:32a〉

(1)은 ≪효자도≫에서 종결형에 출현한 선어말어미 {-오-}의 예문이다. (1다, 라, 마, 자, 타) 등과 같이 1인칭 주어가 실현되기도 하고 (1가, 나, 바, 사, 아, 차, 카)와 같이 1인칭 주어가 생략되기도 하지만 맥락상 주어가 1인칭임을 알 수 있다.

(1가–라)는 청자 높임의 선어말어미 {-이-}가 결합한 예문으로 '-노이다'는 '-ᄂᆞ- + -오- + -이- + -다'로 분석된다. 각 경우의 청자인 (1가)의 채법도^{蔡法度 황제의 직사}, (1나)의 부모, (1다)의 어머니, (1라)의 공자^{孔子}는 모두 화자에 의한 높임의 대상이 된다.

그런데 (1마–바)와 같이 청자가 화자에 의한 높임의 대상이 될 만한데도 {-이-}가 쓰이지 않은 예도 관찰된다. (1마)의 청자는 아버지이고, (1바)의 청자는 어버이인데 모두 선어말어미 {-오-}만 쓰이고 {-이-}가 쓰이지 않았다. 1인칭 화자가 직접발화에서 청자인 부모를 높이지 않는 것은 유교 윤리를 강조하는 텍스트의 특성상 다소 부자연스러워 보인다. 이러한 현상을 '서술 관점의 불완전한 전이'로 설명하기도 한다. 즉 이야기 속 등장인물이 아닌 서술자가 간접인용을 하였기 때문에 높임 표현이 사라진 것으로 중세국어 당시에는 직접인용과 간접인용의 경계가 모호하여 {-오-}가 그대로 남게 되었다고 보는 것이다. 그러나 (1마)와 같이 대화문에 1인칭 대명사가 쓰인 문장까지 간접인용문으로 파악하기는 어려우므로 이러한 해석도 완전하지는 않다. 한편, (1바)의 {-거지라}는 선어말어미 {-오-}를 수의적으로 취하여 '-가지라'로 실현되는데 그 원인도 깊이 있게 고민해 볼 필요가 있다[문법] 29_소망 표현 종결어미 참고.

(1사-타)는 청자가 높임의 대상이 아닌 상황에서 사용된 선어말어미 {-오-}의 예문이다. 주어는 모두 1인칭으로 파악되므로 『삼강행실도』≪효자도≫에는 1인칭의 주어가 아닌 상황에서의 {-오-}는 출현하지 않는 셈이다. 어간의 말음이 활음 /j/일 때는 (1자, 카)와 같이 〖-요-〗로 출현하고, 어간이 음성모음을 갖는다면 (1타)와 같이 〖-우-〗로 출현한다.

(2) 가. 披榛ᄒᆞ야 到孝子廬ᄒᆞ니 〈효자:32b〉

　　나. 개욤나모 헤오 孝子廬애 오니[RH] 〈효자:32b〉

　　다. 닐오ᄃᆡ 남진 갑 져긔 늘근 어미로 맛뎌늘 그리호려 호니 〈효자:05a〉

　　라. 對答호ᄃᆡ 내 져믄 쩨 글 ᄇᆡ호물 즐겨 天下애 두루 ᄃᆞ니다니 어버ᅀᅵ 주그니 〈효자:4a〉

(2)는 ≪효자도≫에서 연결형에 출현한 선어말어미 {-오-}의 예이다. 예외 없이 맥락상 1인칭의 주어가 쓰이고 있음을 알 수 있다. (2나)는 (2가)의 한시를 풀이한 것인데, (2나)의 '오니'에 선어말어미 {-오-}가 들어가 있음을 (2가)의 '-호니'를 통해 알 수 있다. 중세국어에서 단모음으로 끝나는 1음절 용언 어간이 {-오-}와 결합할 경우 {-오-}는 ∅로 실현되고 어간의 성조는 상성으로 실현되는데(김성규 2007), 이를 통해서도 (2나)에 {-오-}가 들어 있음을 알 수 있다. (2라)의 〖-다-〗는 선어말어미 {-더-}와 {-오-}의 화합형이다.

관형사형에 쓰인 선어말어미 {-오-}

(3) 가. 알ᄑᆡ 몰롤 프리 나며 〈효자:25a〉

　　나. 王裒의 아비 王儀 魏라 홀 나랏 安東將軍 司馬昭이그에 그위실ᄒᆞ더니 〈효자:15a〉

다. <u>曹娥ㅣ라 홀</u> ᄯᆞ리 나히 스믈네히러니 〈효자:8a〉

라. <u>楊香이라 홀</u> ᄯᆞ리 열네힌 저긔 〈효자:3a〉

마. <u>皐魚ㅣ라 홇</u> 소니 사오나ᄫᆞᆫ 옷 닙고 〈효자:4a〉

바. <u>ᄭᅮᆷ ᄭᅮᆫ</u> 바ᄆᆡ 아비 病 어더 〈효자:35b〉

사. 皇帝 <u>木像 밍ᄀᆞ랏논</u> 樣ᄋᆞᆯ 그리라 ᄒᆞ시니라 〈효자:10b〉

아. 절ᄒᆞ고 울며 <u>얻니논</u> ᄠᅳᄅᆞᆯ 니ᄅᆞᆫ대 〈효자:22a〉

자. 乃終내 다ᄅᆞᆫ 남진 <u>홇</u> ᄠᅳ디 업더니 〈효자:05a〉

차. 董永이 아비 죽거늘 <u>무듦</u> 거시 업서 〈효자:11a〉

카. 서르 닐오ᄃᆡ 님금과 어버ᅀᅵ와 스승과ᄂᆞᆫ <u>ᄒᆞᆫ가지로 셤굟</u> 디라 ᄒᆞ고 〈효자:35b〉

타. 喪親章ᄋᆞᆫ <u>居喪ㅅ 일 닐온</u> 章이라 〈효자:27b〉

(3)은 『삼강행실도』《효자도》에서 선어말어미 {-오-}가 관형사절에 출현한 예문이다. (3가-마)는 피수식어가 관형사절의 의미상 목적어 역할을 하는 예이다. (3가)는 '풀을 모르다' 정도로 관형사절의 의미 구조를 파악할 수 있다. (3나-마)는 '니르다, 일ᄏᆞᆮ다' 정도가 쓰일 자리를 'ᄒᆞ-'가 채우고 있는 예이다. 각기 그 의미 구조를 살펴보면 (3나)는 '그 나라를 魏라 하다', (3다)는 '그 딸을 曹娥라 하다', (3라)는 '그 딸을 楊香이라 하다', (3마)는 '그 손을 皐魚라 하다'와 같이 피수식어가 목적어로 기능하고 있음을 확인할 수 있다.

(3바)는 '밤에 꿈을 꾸다'로 피수식어가 부사어로 기능하는 예이다. 이처럼 관형절의 피수식어가 의미상의 부사어로 기능하는 경우에도 {-오-}가 사용될 수 있다. 그러나 피수식어가 의미상의 목적어로 기능하는 경우보다는 다소 불규칙적이다. 반면에 피수식어가 관형절의 의미상의 주어로 기능하는 경우 예외 없이 {-오-}가 사용되지 않는다.

(3사-타)는 보문 관형사절에 출현한 선어말어미 {-오-}의 예이다. 이 역시 피수식어가 부사어인 경우와 마찬가지로 {-오-}의 출현 양상이 불규칙적이다. 피수식어로 (3사)는 '樣', (3아, 자)는 'ᄠᅳᆮ', (3차)는 '것', (3카)는 'ᄃᆞ', (3타)는 '章'이 쓰였다.

관형사절의 {-오-}에 대한 또 다른 견해

인칭·대상법설과 의도법설의 대립 이후에 이루어진 {-오-}에 대한 논의 가운데는 모든 환경의 {-오-}를 전면적으로 다룬 것도 있지만 일부 환경의 {-오-}만을 중점적으로 다룬 것도 적지 않다. 예컨대 전정례(1995)에서는 전성어미 'ㅡㄴ, ㅡ르, ㅡㅁ' 앞에 통합하는 {-오-}를 모두 하나의 형태소로 파악하고 그 기능을 명사구 내포문 구성을 위한 내포 선어말어미로 규정하였으며, 석주연(2001)에서는 관계 관형사절의 {-오-}와 보문 관형사절의 {-오-}를 아울러 피수식어가 관형사절의 주어가 아님을 나타내는 유표적 격 복원 표지로 파악하였다.

한편, 비교적 최근의 논의인 가와사키 케이고(2019, 2020)에서는 관형사절에 쓰인 {-오-}의 기능을 특정화 용법으로 파악하였는데, 해당 논의에서는 {-오-}의 특정화 용법을 설명하면서 『삼강행실도』의 예를 상당히 중요한 것으로 다루고 있어 주목할 만하다.

(4) 가. 내 [正히 쑴 쑬(H)]D 時節에 이 디홀 쏘리롤 惑ᄒ야 붐 소리라 ᄒ다라(我正夢時예 惑此春音ᄒ야 將爲鼓響ᄒ다라)〈능엄경언해(1461) 4:130b〉

나. 殷保ㅣ 아비 病ᄒ야놀 도라와 藥ᄒ며 옷 밧디 아니ᄒ더니 아비 됴하 도로 가라 ᄒ야놀 혼 두론 ᄒ야 황당혼 쑴 ᄭᅮ고 셜리 도라 오니 [쑴 ᄭᅮ온]S 바미 아비 病 어더 열흘 몯ᄒ야 죽거늘(尹父嘗病 卽歸奉藥 衣不解帶 父愈 令復歸廬 月餘尹感異夢 亟 歸則父果以夢夕疾作 未旬而死)〈효자:35a~35b〉

(5) 가. 目連이 그 말 듣ᄌᆞᆸ고 즉자히 入定ᄒ야 펴엣던 불홀 구필 ᄊᆞᅀᅵ예【셜론 주를 니르니라】迦毗羅國에 가아 淨飯王ᄭᅴ 安否 ᄉᆞᆲ더니 耶輸ㅣ 부텻 使者 왯다 드르시고【使者ᄂᆞᆫ [브리신]D 사ᄅᆞ미라】〈석보상절(1447) 6:1b~2a〉

나. 묏쥐 ᄣᅳ며 픐 여름 ᄠᅡ 먹고 누브며 니로매 漢ㅅ 節을 노티 아니코【節은 [[브리샨]S 사ᄅᆞ미 가져 가ᄂᆞᆫ]D 거시라】羊올 치니 節ㅅ 터러기 다 뼈 러디옛더니(掘野鼠 去草實而食 杖漢節牧羊 臥起操持 節旄盡落)〈충신:6a~6b〉

다.【… 訓民正音은 [百姓 ᄀᆞ로치시논]S 正혼 소리라】〈훈민정음 언해본(1447) 정음:1a〉

가와사키 케이고(2019)에서는 {-오-}의 특정화 용법에 대한 착상을 얻게 된 계기가 된 용례가 (4나)였음을 밝히고 있다. (4나)는 '쑴 ᄭᅮ온 밤'은 황당한 꿈을 꾼 바로 그날 밤만을 특정하여 나타내는데, 이러한 용법은 단순히 한창 꿈을 꾸고 있을 때를 어떤 꿈을 꾸던 어느 시점이었는지 특정하지 않고 나타내는 (4가)의 '正히 숨 끓 時節'과 대비된다. (4가)에서 '끓'에 {-오-}가 통합되었다면 그 성조가 상성(R)으로 실현되었을 것이다.

(5가)에서는 일반적으로 심부름을 보내진 사람이면 누구든지 '使者'라고 부를 수 있다는 총칭적인 맥락에서 {-오-}가 사용되지 않은 것으로 여겨진다. 그런데 (5나)에서는 '브리다'에 {-오-}가 결합하여 사용되고 있음이 흥미로운데, 그냥 일반적인 '使者'가 아닌 황제가 보낸 바로 그 '使者'가 가지고 가는 것이어야만 '節'이라고 부를 수 있다는 점에서 {-오-}가 사용된 것으로 파악할 수 있다. 이러한 지점에서 (5다)의 '百姓 ᄀᆞ르치시논'이 참고가 되는데, 가와사키 케이고(2020)에서는 (5다)를 왕이라는 특별한 존재에 의해 뒷받침된 유일한 표기 체계를 지시하는 데에 {-오-}가 사용된 용례로 보고, (5나)와 (5다)에 사용된 {-오-}를 평행하게 이해할 가능성을 제안한 바 있다.

'오/우'를 선접하는 어말어미

『삼강행실도』≪효자도≫에는 '오/우'를 선접하는 어말어미로 {-오ᄃᆡ}, {-오려}, {-옴}이 나타난다.

 (6) 가. 〖-오ᄃᆡ〗: ᄀᆞ로ᄃᆡ〈18a〉, 솔보ᄃᆡ〈1a〉, 닐오ᄃᆡ〈2a〉, 對答호ᄃᆡ〈15a〉, 비로ᄃᆡ〈29a〉, 셤교ᄃᆡ〈19b〉, 아로ᄃᆡ〈19a〉, 업소ᄃᆡ〈19b〉, 이쇼ᄃᆡ〈12a〉, 일ᄏᆞ로ᄃᆡ〈16a〉, 請호ᄃᆡ〈20a〉, 孝道호ᄃᆡ〈33a〉
  나. 〖-우ᄃᆡ〗: 구지주ᄃᆡ〈32a〉, 무루ᄃᆡ〈23a〉, 우루ᄃᆡ〈31b〉, 이푸ᄃᆡ〈32b〉
  다. 〖-아ᄃᆡ〗: 니ᄅᆞ샤ᄃᆡ〈2a〉, ᄒᆞ샤ᄃᆡ〈23a〉

(6)은 {-오ᄃᆡ}의 출현 양상을 정리한 것이다. 어간의 모음이 양성모음일 때는 〖-오ᄃᆡ〗로 실현되고 음성모음일 때는 〖-우ᄃᆡ〗로 실현되나, (6가)의 '업소ᄃᆡ'와 같이 간혹 예외도 확인된다. {-오ᄃᆡ}는 대개 'ᄀᆞ로ᄃᆡ, 솔보ᄃᆡ, 닐오ᄃᆡ, 對答호ᄃᆡ' 등과 같이 화법동사와 결합하는 경향이 있다. '오/우'를 선접하는 어말어미의 경우 (6다)와 같이 주체 높임 선어말어미 {-으시-}와 결합하면 〖-아ᄃᆡ〗의 이형태를 취한다[문법] 18_선어말어미 {-으시-} 참고).

(7) 가. 〖-오려〗: 그리호려 호니⟨05a⟩, 내툐려 커늘⟨1a⟩, 사로려 커늘⟨7a⟩, 아로려 커든⟨21a⟩,

　　　　이바디호려 커늘⟨28a⟩, 이쇼려 ᄒ야도⟨4a⟩, 자보려 터니⟨17a⟩, 孝道호려 ᄒ야도⟨4a⟩

　　나. 〖-우려〗: 얼유려 커늘⟨5a⟩, 주구려 커늘⟨5b⟩, 쥬려 ᄒ야도⟨2a⟩

　　다. 〖-Ｖ려〗: 자바가려 커든⟨6a⟩

　　(7)은 ≪의도≫의 연결어미 {-오려}가 사용된 예이다. 모음조화 규칙을 따르는 특성은 (7가-나)를 통해 확인된다. (2다)와 같이 어간이 단모음으로 끝나는 1음절 동사 어간 뒤에서는 {-오려}의 이형태로 〖-Ｖ려〗가 실현된다. 여기에서 ‘Ｖ’는 모음 형판을 나타내는 것으로 분절음의 자리만 있고 실제 분절음은 존재하지 않는 상황을 표시한다(김유범 2007ㄱ:105). 즉 이 경우 분절음 ‘오’는 실현되지 않으나 ‘Ｖ’에 거성의 성조가 연합되어 있어 평성의 성조를 가지는 위의 동사 어간과 결합하여 상성의 성조를 이루게 된다.

　　(8) 가. 〖-옴〗: 感動홈⟨32b⟩, 너곰⟨27b⟩, 니품⟨06a⟩, 도봄⟨18a⟩, 비홈⟨04a⟩, 싸홈⟨15a⟩, 이바돔
　　　　⟨24a⟩, ⟨28b⟩, ⟨31a⟩

　　나. 〖-움〗: 둠⟨27a⟩, 머굼⟨14a⟩, ⟨24a⟩, 뿜⟨21a⟩, 주굼⟨20b⟩, ⟨23b⟩, ⟨23b⟩, 주굼⟨20b⟩

　　(8)은 명사형어미 {-옴}이 결합한 예이다. 마찬가지로 모음조화의 규칙에 따라 〖-옴〗 또는 〖-움〗을 취한다. 한편, ⟨효자:04a⟩의 ‘비홈’, ⟨효자:15a⟩의 ‘싸홈’과 같이 어간 말음이 ‘오/우’인 경우 두 가지로 분석해 볼 수 있는데, 예컨대 ‘싸호-[鬪]+-옴(명사형어미)’으로 분석할 가능성과 ‘싸호-[鬪]+-ㅁ(명사 파생 접미사)’으로 분석할 가능성이 모두 제기된다. ‘비호-, 싸호-’의 경우 성조를 통해 {-오-}의 결합 여부를 판별하기도 어려운데, 어간 제2음절의 ‘호’와 명사형어미 {-옴}이 모두 거성이기 때문이다.

선어말어미 {-오-}의 화합형

　　형태소의 화합이란 두 형태소가 결합하여 음운론적으로 분석 불가능한 하나의 형태로 바뀌는 현상을 가리킨다. 이때 화합된 형태를 이른바 화합형이라고 한다. 15세기

한글 문헌에서는 선어말어미 {-오-}와 선어말어미 {-거-}, {-더-}가 결합하여 화합형을 이룬다.

(9) 가. -더- + -오- → 화합형 '-다-'
    나. -거- + -오- → 화합형 '-가-'
    다. -거- + -오- → 화합형 '-과-'

(9)에서 모음 /ㅓ/와 /ㅗ/가 결합한 형태의 핵모음이 /ㅏ/가 되는 것은 음운론적으로 설명할 수 없다. 화합형에 {-오-}가 포함되어 있다는 사실은 화합형이 일반적으로 인칭법이나 대상법이 쓰일 만한 환경에 나타난다는 점과 후행하는 평서형 종결어미 {-다}가 〖-라〗로 교체된다는 점을 통해 알 수 있다. 화합형 '-다-'와 '-가-'는 종결형·연결형·관형사형에 모두 나타나지만, 화합형 '-과-'는 평서형 종결어미 {-다} 앞에서만 나타난다.[138] 『삼강행실도』 ≪효자도≫에서는 화합형으로 다음의 예를 확인할 수 있다.

(10) 가. 가는 길혜 혼 거지비 갓 <u>도외아지라</u> 커늘 〈효자:11a〉
    나. 둘히 제여곰 어버싀그에 侍墓 <u>살아지라</u> 請ᄒᆞ야ᄂᆞᆯ 〈효자:35a〉
    다. 對答호ᄃᆡ 내 져믄 삐 글 비호ᄆᆞᆯ 즐겨 天下애 두루 <u>ᄃᆞ니다니</u> 어버ᅀᅵ 주그니 〈효자:4a〉

(10가-나)는 선어말어미 {-거-}를 포함하고 있는 {-거지라}의 예이다([문법] 29_소망 표현 종결어미 참고). 이때 {-거지라}는 {-오-}와 화합하여 '-가지라'가 되는데, (10가)와 (10나)에서는 반모음 /j/와 /ㄹ/ 뒤에서 /ㄱ/이 탈락하여 '-아지라'로 실현되었다([음운] 04_ㄱ 탈락 참고). (10다)는 화합형 {-다-}의 예이다. 이들은 모두 1인칭의 주어를 상정할 수 있으므로 인칭법 선어말어미 {-오-}가 화합형에 포함되어 있다고 할 수 있다.

---

138 기존에 평서형의 '-가라'와 '-과라'는 의미의 차이 없이 수의적으로 나타나는 것으로 알려져 있었으나, 가와사키 케이고(2015ㄱ:265)에서는 '-가라'가 내포 인용문에서만 사용되며 "'이제 ~했다는' 마음으로" 정도의 의미를 나타낸다고 설명하였다.

21 _ 선어말어미 {-거-}

오민석·성우철

중세국어의 선어말어미 {-거-}는 현대국어에서 명령형 종결어미 '-거라, -어라, -너라' 등에 그 흔적을 남기고 있다. 이때의 '거'는 현대국어에서 별다른 기능을 지니고 있지 않으므로, 중세국어의 {-거-}가 나타내는 의미나 기능을 직관적으로 포착하기는 쉽지 않다. {-거-}의 기능에 대한 기존의 논의는 크게 사태에 대한 화자의 확인이나 확신의 의미를 나타내는 서법 또는 양태 표지로 보는 견해와 과거나 완료perfect의 의미를 나타내는 시제 또는 상 표지로 보는 견해로 구분된다.

선어말어미 {-거-}의 기능

중세국어의 선어말어미 {-거-}를 서법 또는 양태 표지로 보는 논의에서는 {-거-}의 기능을 대개 "화자가 사태를 결정적인 것으로 파악하여 그것을 스스로 확인하는 것" 또는 "화자 자신의 주관적 앎에 근거하여 사태를 확정적인 것으로 판단하는 것" 정도로 파악한다. 이러한 {-거-}의 기능은 흔히 확인법이라는 용어로 언급되곤 한다.

(1) 가. 내 本來 求홀 무숨 업다니 오늘 이 寶藏이 自然히 니를어다 ᄒ니 〈법화경언해(1463) 2:226b〉

　나. 이 술위 술윗 박회 밧도리 해야디거다 〈노걸대언해(1670) 하:32b〉

　　이 술위 술윗 바횟 밧돌이 ᄒ여디도다 〈번역노걸대(16C초) 하:36a〉

　다. 霜骨이 甚히 기디 몯ᄒ야 기리 이웃 사ᄅ미 슬후미 ᄃ외얫거니라 〈두시언해_초간(1481) 6:37a-37b〉

　라. 이 ᄀ티 種種 다 비 옳 相이라 ᄒ마 비 오려다 홇 저긔 〈월인석보(1459) 10:85b〉

　　眞知로 그스기 化ᄒ시다 닐어리로다 〈월인석보(1459) 13:44b〉

{-거-}의 기능을 확인법으로 보는 견해의 주된 논거 가운데 하나는 {-거-}의 기능을 특정 시제와 연관시키기 어렵다는 것이다. (1가)에서는 {-거-}가 '오늘'이라는 현재를 나타내는 부사와 함께 쓰였고, (1나)에서는 {-거-}가 이른바 감동법 선어말어미 {-돗-}

에 대응되어 쓰이고 있다. (1다)에서는 {-거-}가 결과상을 나타내는 '-앳-(← -엇-)'과 함께 쓰이고 있으며, (1라)에서는 미래 시제를 나타내는 {-리-}와 함께 쓰이고 있다. {-거-}가 {-리-}와 결합할 경우 {-거-}가 {-리-} 앞에 오기도 하고 뒤에 오기도 하는데, (1라)의 '오려다'는 "와 있겠다" 정도의 의미로 해석되며 '닐어리로다'는 "말했어야 한다" 정도의 의미로 해석된다.

{-거-}를 시제 또는 상 표지로 보는 논의에서는 {-거-}의 기능을 과거 또는 완료로 파악한다. 완료란 현재 관련성present relevance을 나타내는 요소로 흔히 근접 과거, 결과 상태 지속, 과거 지속, 과거 경험의 네 가지 용법을 가지는데, 중세국어 {-거-} 역시 이러한 용법 가운데 일부 또는 전부를 가지고 있다는 것이다.

(2) 가. 이 고기 닉거다 네 맛보라(這肉熟了 你嘗看) 〈번역노걸대(16C초) 상:22a〉

　　나. 오늘 世尊ㅅ 알픠 몯 듣ᄌᆞ옯더닐 듣ᄌᆞᆸ고 다 疑惑애 ᄠᅥ러디거이다 〈법화경언해(1463) 2:50b-51a〉

　　나'. 이제 世尊 알픠 몯 듣ᄌᆞ옯던 이ᄅᆞᆯ 듣ᄌᆞᆸ고 다 疑惑애 ᄠᅥ러디옛ᄂᆞ니 〈월인석보(1459) 12:18b〉

　　다. 그ᄢᅴ 人間애 이셔 부텨 몯 보ᅀᆞᄫᆞᆫ 디 오라더니 〈석보상절(1447) 11:10a〉

　　라. 네 아ᄅᆡ 일즉 셔울 녀러오나시니 엇디 모ᄅᆞᆫ다(你在先也曾北京去來 怎麼不理會的) 〈번역노걸대(16C초) 상:60a-60b〉

(2)는 {-거-}가 각기 근접 과거(2가), 결과 상태 지속(2나), 과거 지속(2다), 과거 경험(2라)을 나타내는 예이다. (2나)의 경우 같은 한문을 언해한 (2나')를 보면, {-거-}가 결과상을 나타내는 '-엇-'과 대응되고 있음이 주목된다. 이 외에도 {-거-}는 노걸대류 나 박통사류에서 백화문의 '了'을 번역하는 데에 흔히 사용되며 후대의 문헌에서는 '-엇-'에 주로 대응된다.

최근에는 이러한 기존의 두 가지 견해를 통합하여 양태적 용법으로 알려진 {-거-}의 기능을 완료의 의미를 통해 설명하고자 하는 시도가 이루어지기도 하였는데, 가와사키 케이고(2015ㄱ)에서는 {-거-}의 양태적 용법을 완료의 시간적 개념이 논리적 개념으로 확장된 결과로 파악하고 두 용법 간의 관계를 다음과 같이 도식화하였다.

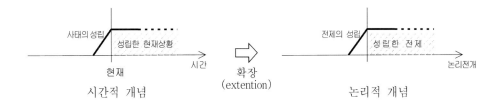

시간적 개념　　확장(extention)　　논리적 개념

선어말어미 {-거-}의 이형태 교체

선어말어미 {-거-}는 일반적으로 앞에 오는 용언의 타동성에 따라 이형태 교체를 보이는데, 비타동사(자동사, 형용사, 계사) 뒤에서는 〖-거-〗로 실현되며, 타동사 뒤에서는 〖-어₁-〗로 실현된다. 이러한 {-거-}의 이형태 교체는 {-거-}가 통합된 어미 {-거늘}, {-거든} 등에도 거의 평행하게 적용된다. 이러한 선행 용언의 타동성에 따른 {-거-}의 이형태 교체는 흔히 형태론적으로 조건된 교체로 간주되어 왔다.

(3) 가. 닐흔여슷차힌 光明이 <u>비취어든</u> 돋니시며 〈월인석보(1459) 2:59b〉

　　　明月珠ㅣ 그 고돌 <u>비취여든</u> 〈능엄경언해(1461) 9:106a〉

　　나. 東門이 <u>열어든</u> 보고 東門으로 허위여 드르면 東門이 도로 다티고 〈월인석보(1459) 23:〉

　　　님금씌 獻納ᄒ노라 東觀올 <u>여러든</u> 님그미 長卿을 무르시놋다 〈두시언해_초간(1481) 21:14a〉

(3가-나)는 이른바 자·타동 양용동사인 '비취다, 열다'가 각기 자동사와 타동사로 쓰인 예로, 자동사 뒤에서는 '거' 계열의 이형태가 타동사 뒤에서는 '어' 계열의 이형태가 결합하고 있음을 알 수 있다. 그러나 자·타동 양용동사에 어떤 이형태가 결합할지는 동사 자체만을 보아서는 알 수 없으며, 해당 동사가 쓰인 문장의 구조를 참고하여야만 비로소 알 수 있다. 이것은 결국 {-거-}의 이형태 교체 양상을 좌우하는 타동성이라는 속성이 본질적으로 통사론적인 것이라는 점을 보여 준다.

가와사키 케이고(2015ㄱ)에서는 〖-거-〗와 〖-어₁-〗의 교체를 영어나 일본어에서 관찰되는 두 완료 표지의 교체와 관련지어 설명한 바 있다. 영어의 경우 역사적으로 'be p.p.'와 'have p.p.'의 두 가지 완료 표지가 존재하였는데, 전자는 자연 발생적이고 무의지적인 사태에 쓰였으며, 후자는 인위적이고 능동적이고 의지적인 사태에 쓰였다. 가와사키 케이고(2021)에서는 중고 일본어의 예를 덧붙였는데, 중고 일본어에서 완료의 선어말어미 'nu' 및 'tu'는 각기 자연적·무의식적 동작 및 인위적·의지적 동작과 공기하였다. 일본어의 이 두 선어말어미 역시 {-거-}와 마찬가지로 확신을 나타내는 양태적 용법이 있었음이 주목된다.

한편, 선행 용언의 타동성에 따른 {-거-}의 이형태 교체는 예외가 없는 절대적 규칙이라기보다는 일반적인 경향성을 지니는 것으로 파악된다. 이것은 {-거-}가 통합된 어미 전반에 적용된다. 중세국어에서 {-거-}가 통합된 어미는 {-거다}, {-거나}, {-거니}, {-건} 등과 같이 선어말어미 {-거-}를 분석해 낼 수 있는 것과 {-거든}, {-거늘}, {-거니와} 등과 같이 하나의 연결어미로 파악해야만 하는 것으로 구분된다. {-거-}가 통합된 어미 가운데 『삼강행실도』 ≪효자도≫에 출현하는 것으로는 {-거니오}, {-거지라}, {-거니와}, {-거늘}, {-거든}, {-거라}, {-건}을 들 수 있는데, 이들은 이형태 교체의 양상에 따라 크게 다음과 같이 분류할 수 있다.[139]

   (4) 가. {-거지라}
      나. {-건}
      다. {-거니오}, {-거라}, {-거늘}, {-거니와}, {-거든}

(4가)는 선행 용언의 타동성에 따라 '거'계와 '어'계가 규칙적으로 선택되는 부류로 비타동사 뒤에서는 '거'계가 실현되고 타동사 뒤에서는 '어'계가 실현된다. (4나)는 타동사 뒤에서는 '어'계가 규칙적으로 사용되나 비타동사 뒤에서는 '거'계도 사용되고 '어'계도 사용되는 부류이며, (4다)는 반대로 비타동사 뒤에서는 '거'계가 규칙적으로 사용되나 타동사 뒤에서는 '거'계도 사용되고 '어'계도 사용되는 예이다.[140] (4나)에 속한 어미는 대개 이형태가 '어'계로 단일화되고, (4다)에 속한 어미는 대개 이형태가

---

139   『삼강행실도』 ≪효자도≫에 출현하지 않은 더 많은 유형에 대해서는 고영근(1980) 참고.

140   고영근(1980)에서는 선행 용언의 타동성에 따른 {-거-}의 이형태 교체가 정연하게 적용되는 어형을 '可'형으로 그렇지 않은 어형을 '不'형으로 명명하여 (4가, 나, 다)를 각기 '可可'형, '可不'형, '不可'형으로 분류한 바 있다.

'거'계로 단일화되는 경향을 보인다.

한편, {-거-}의 이형태가 동사 '오-[來]' 뒤에서 ⟦-나-⟧로 실현되는 것은 어휘론적 조건에 따른 이형태 교체로 파악할 수 있다. 이처럼 일반화하여 진술할 수 없고 특정 언어 요소를 조건으로 하여 교체가 일어나는 경우를 특수 조건에 의한 교체라고 부르기도 한다.

비타동사 뒤에 출현하는 선어말어미 ⟦-거-⟧는 계사 뒤에 쓰이거나 용언 어간의 말음이 반모음 /j/ 또는 /ㄹ/일 때 /ㄱ/이 탈락하여 ⟦-어$_2$-⟧로 실현된다. 이때 ⟦-어$_2$-⟧는 타동사 뒤에 출현하는 이형태 ⟦-어$_1$-⟧와 형식은 같으나 표기상으로는 차이를 보인다. ⟦-거-⟧에서 /ㄱ/ 탈락을 겪은 ⟦-어$_2$-⟧는 분철되고 계사나 반모음 /j/ 뒤에서도 '-여-'로 표기되지 않는다. 반면에 타동사 뒤의 ⟦-어$_1$-⟧는 연철되어 계사와 만나면 '여-'로 축약되고 선어말어미 {-리-}와 만나면 '-려-'로 축약되며, 어간의 말음이 반모음 /j/라면 활음이 첨가되어 '-여-'로 표기되고, 동사 'ㅎ-' 뒤에서는 ⟦-야-⟧로 실현된다. 이러한 현상을 고려하면 ⟦-어$_2$-⟧와 ⟦-어$_1$-⟧를 구분하는 일은 크게 어렵지 않다.

선어말어미 {-거-}의 화합형

(5) 가. -거- + -오- → 화합형 '-가-'
　　나. -거- + -오- → 화합형 '-과-'

한편, 선어말어미 {-오-}와 ⟦-거-⟧가 만나면 서로 융합하여 이른바 화합형이라고 불리는 '-가-'로 실현된다. 여기에 다시 종결어미 {-다}가 결합하면 '-과라'의 형태로 실현된다. {-거-}의 이형태 가운데 ⟦-거-⟧는 모음조화에 따른 이형태 교체를 겪지 않으나, ⟦-어$_1$-⟧는 모음조화에 따른 이형태 교체를 겪기 때문에 동사 어간의 모음이 양성모음이면 ⟦-아-⟧로 교체된다. ⟦-어$_1$-⟧와 선어말어미 {-오-}의 화합형으로 '-*아'가 따로 존재하지는 않는데, 이 때문에 타동사 뒤에서 ⟦-가-⟧나 ⟦-과-⟧가 대신 쓰이기도 한다.

선어말어미 {-거-}와 불연속 형태

중세국어 공시적으로 선어말어미 {-거-}를 분석해 낼 수 있는 연결어미 {-거나}, {-거든}, {-거늘}, {-거니와}, {-건마른} 등은 불연속 형태로 실현되는 일이 있었다. 즉 이들 연결어미에 주체 높임 선어말어미 {-으시-}가 결합할 경우 '거'와 후속 요소 'X' 사이에 {-으시-}가 위치하게 되는 것이다. 이러한 현상이 일어난 원인은 이들 연결어미가 기원적으로 선어말어미 {-거-}를 포함하고 있다는 데에서 찾을 수 있다. {-거-}가 {-으시-}에 선행하는 어미의 배열 순서가 이들 연결어미에도 적용되어 '-거…X'형의 이형태를 보이게 된 것이다([문법] 22_연결어미 {-거든}, {-거늘} 참고). 이들 연결어미는 현대국어로 오면서 대개 {-으시-}가 연결어미 앞에 오는 것으로 어미 배열 순서가 변화하였다. 이 외에 선어말어미 {-거-}를 포함된 종결어미인 {-거지라}도 청자 높임 선어말어미 {-이-}와 결합할 때 불연속 형태로 실현되었다([문법] 29_소망 표현 종결어미 참고).

22_ 연결어미 {-거든}, {-거늘}

오민석·김진우

중세국어의 {-거든}과 {-거늘}은 선어말어미 {-거-}가 참여하여 만들어진 연결어미이다.[141] 따라서 이들의 이형태 교체 양상은 선어말어미 {-거-}의 이형태 교체 양상과 평행하다고 할 수 있다([문법] 21_선어말어미 {-거-} 참고). 또한 이들의 이형태 중 일부는 불연속적인 형태를 보인다는 점에서 현대국어에서는 볼 수 없는 특이한 양상을 지니고 있다. 예컨대 이들 연결어미에 선어말어미 {-으시-}가 통합될 때 {-으시-}가 '거'와 후속 요소 사이에 위치하는 모습을 보여 준다. 아래에서는 중세국어 및 『삼강행실도』 ≪효자도≫에 출현하는 {-거든} 및 {-거늘}의 이형태 교체에 대해 자세히 살펴보기로

---

141 그러나 {-거든}, {-거늘}에서 '-거-'를 제외한 '-든', '-늘'이 하나의 어미로 기능하는 경우가 없으므로 {-거든}, {-거늘}은 하나의 형태소로 처리한다.

하겠다.

연결어미 {-거든}, {-거늘}의 이형태 교체 양상

선어말어미 {-거-}는 타동사 뒤에서 모음조화에 따라 '-어-' 혹은 '-아-'로 실현되고, 비타동사 뒤에서는 '-거-'로 실현된다. 따라서 {-거든}과 {-거늘}도 마찬가지로 타동사 뒤에서는 모음조화에 따라 '-어든', '-아든', '-어늘', '-아늘' 등으로, 비타동사 뒤에서는 '-거든', '-거늘'로 실현된다.[142] 그리고 형태론적으로 조건된 이형태로, '오-[來]' 뒤에서는 '-나든', '-나늘', 'ᄒ-[爲]' 뒤에서는 '-야든', '-야늘'로 실현되기도 한다. 아래의 예시는 이러한 이형태 교체 양상을 잘 보여 준다.

   (1) {-거든}
      가. 사ᄅᆞᄆᆞ로셔 羊ᄋᆞᆯ <u>머거든</u> 羊이 주거 사ᄅᆞᆷ ᄃᆞ외며 〈능엄경언해(1461) 4:30a〉
      나. 헤 艱難ᄒᆞᆫ 사ᄅᆞᆷ <u>보아든</u> 다 布施ᄒᆞ더라 〈석보상절(1447) 6:15b〉
      다. 빌 리 <u>잇거든</u> 츠기 너겨 모지마라 줌 디라도 〈석보상절(1447) 9:12a〉
      라. 다ᄅᆞᆫ 사ᄅᆞ미 <u>오나든</u> 勸ᄒᆞ야 안자 듣긔 커나 〈석보상절(1447) 19:6a〉
      마. 나도 千百億 모미 ᄃᆞ외야 方便을 너비 <u>ᄒᆞ야든</u> 〈석보상절(1447) 11:6a〉

   (2) {-거늘}
      가. 이바딜 듣고 그 ᄠᅳ들 <u>무러늘</u> 〈월인천강지곡(1447) 상:55a〉
      나. 花鬘ᄋᆞᆯ 밍ᄀᆞ라 尊者ㅅ 머리예 <u>연자늘</u> 〈월인천강지곡(1447) 상:28a〉
      다. 舍利弗이 須達이 밍ᄀᆞ론 座애 올아 <u>앉거늘</u> 〈석보상절(1447) 6:30a〉
      라. 그ᄢᅴ 그 ᄒᆞᆫ 낫 도니 도로 王ᄭᅴ <u>오나늘</u> 〈석보상절(1447) 24:40a〉
      마. 네 내 마ᄅᆞᆯ 다 드를따 <u>ᄒᆞ야늘</u> 〈석보상절(1447) 6:8b〉

   (1)은 {-거든}의 대표적인 이형태들을 보여 준다. (1가-나)에서는 타동사 '먹-',

---

142   '-어X'형과 '-아X'형이 모음조화에 따라 선택되는 것과 달리 '-거X'형과 '-가X'형은 모음조화에 의한 이형태 관계에 있지 않다. '-가X'형에서 '가'는 선어말어미 {-거-}와 {-오-}가 결합하여 만들어진 화합 형태이다(김유범 2007ㄱ:97).

'보-' 뒤에 각각 '-어든', '-아둔'이 결합되었다. 그리고 (1다)에서는 자동사 '잇-' 뒤에 '-거든'이 결합되었으며, (1라)와 (1마)에서는 각각 '오-', 'ᄒᆞ-' 뒤에 '-나둔', '-야둔'이 결합되었다. {-거늘}의 이형태를 보여 주는 (2)의 예들 역시 마찬가지이다. (2가-나)의 타동사 '묻-', '엱-' 뒤에서는 각각 '-어늘', '-아ᄂᆞᆯ'이 결합되었고, (2다)에서는 자동사 '앉-' 뒤에 '-거늘'이 결합되었다. 그리고 (2라)와 (2마)에서는 '오-', 'ᄒᆞ-' 뒤에 각각 '-나ᄂᆞᆯ', '-야ᄂᆞᆯ'이 결합되었다.

이처럼 {-거든} 및 {-거늘}의 이형태 교체는 결합되는 어간이 타동사인지 비타동사인지 혹은 특정 어간인지에 따라서 결정되기 때문에 형태·어휘론적으로 조건된 교체로 간주되기도 한다. 그러나 김유범(2017)에서는 다음 예를 통해 이들의 이형태 교체를 통사론적으로 조건된 것으로 보는 것이 바람직하다고 하였다.

(3) 가. 光明이 <u>비취어든</u> 돈니시며 〈월인석보(1459) 2:59b〉
　　　明月珠 그 고돌 <u>비취여둔</u> 〈능엄경언해(1461) 9:106a〉
　　나. 東門이 <u>열어든</u> 보고 東門ᄋᆞ로 허위여 ᄃᆞ로면 〈월인석보(1459) 23:80b〉
　　　東觀올 <u>여러든</u> 님그미 長卿을 무르시놋다 〈두시언해_초간(1481) 21:14a〉

(3가)는 '비취-'에 '-거든'과 '-어든'이 모두 결합될 수 있음을 보여 준다. '비취어든'은 '-거든'이 결합된 후 반모음 'ㅣ' 뒤에서 /ㄱ/가 탈락한 것이며, '비취여둔'은 '-어든'이 결합된 후 'ㅣ' 모음 순행동화가 일어난 것이다. (3나) 역시 마찬가지인데, '열어든'은 '열-'에 '-거든'이 결합된 후 /ㄹ/ 뒤에서 /ㄱ/가 탈락한 것이며, '여러든'은 '열-'에 '-어든'이 결합된 것이다. 즉 (3)과 같은 예들이 발견되는 이유는 '비취-'와 '열-'이 자·타동 양용동사이기 때문인데, 이처럼 자·타동 양용동사에 결합되는 어미 형태소의 이형태는 동사 자체만을 보아서는 결정할 수 없다. 해당 동사가 쓰인 문장의 구조를 참고하지 않으면 해당 동사가 타동사로 쓰인 것인지, 자동사로 쓰인 것인지 알 수 없으므로 이들은 교체의 조건이 통사론적인 것으로밖에 볼 수 없다.

또한 {-거든}, {-거늘}의 이형태 중 주목해야 하는 것은 불연속 형태이다. 이들 어미에 선어말어미 {-으시-}가 통합될 경우 '-거시든', '-어시든', '-거시늘', '-어시늘' 등과 같이 {-으시-}가 '거/어'와 후속 요소 '든/늘' 사이에 위치하게 된다. 구체적인 예는 다음과 같다.

(4) 가. 驕心이 <u>나거시든</u> 이 ᄠᅳ들 닛디 마ᄅᆞ쇼셔 〈용비어천가(1447) 10:47b〉

　　 나. 弟子 ᄒᆞ나홀 <u>주어시든</u> 말 드러 이ᄅᆞᅀᆞᇦ가지이다 〈석보상절(1447) 6:22b〉

　　 다. 微塵ᄀᆞ튼 淸淨ᄒᆞᆫ 國土ᄅᆞᆯ 다ᄒᆞ야 아니 보ᄉᆞᆳ 디 <u>업거시늘</u> 〈능엄경언해(1461) 2:32a〉

　　 라. 이 말 <u>닐어시늘</u> 會中에 ᄒᆞᆫ 菩薩이 일후미 普廣이러시니 〈월인석보(1459) 21:83a〉

(4가)와 (4다)에서는 각각 비타동사인 자동사 '나-', 형용사 '없-' 뒤에 '-거시든', '-거시늘'이 결합하였고, (4나)와 (4라)에는 각각 타동사 '주-', '니르-' 뒤에 '-어시든', '-어시늘'이 결합되었다. 이러한 특성의 원인은 {-거든}, {-거늘}의 형성에 선어말어미 {-거-}가 참여했다는 통시적인 정보에서 찾을 수 있다. 이러한 불연속적인 특징을 고려하여 {-거든}, {-거늘}의 이형태로 '-거…X'형들을 상정할 수 있다.

중세국어 이후 {-거든}, {-거늘}의 이형태는 점차 '-거X'형으로 합류되었다. 타동성 여부에 따라 '-어X'형과 '-거X'형으로 교체되는 조건이 서서히 무너지면서 타동성 여부와 상관 없이 '-거X'형으로 나타나는 경우가 많아졌다. 이러한 언어 변화에 따라 중세국어 문헌에서도 '-어X'형이 나타나야 할 자리에 '-거X'형이 나타나는 경우가 발견된다. 즉 다음 예시와 같이 타동사 어간 뒤에 '-거든', '-거늘'이 결합된 것이다.

(5) 가. 그를 爲ᄒᆞ샤 說法ᄒᆞ샤ᄆᆞᆯ <u>보ᄉᆞᆸ거든</u> 〈원각경언해(1465) 상1-2:45b〉

　　 나. 밤中 後에 범과 일히돌히 무덤 여러 주거ᄆᆞᆯ <u>먹거늘</u> 〈월인석보(1459) 10:25b〉

(5가)에서는 어간이 타동사 '보-'임에도 '-어든'이 아니라 '-거든'이 결합되었으며, (5나)에서도 어간이 타동사 '먹-'임에도 '-어늘'이 아니라 '-거늘'이 결합되었다. 이러한 현상은 근대국어에 들어서 더 많이 발견되며 어간의 특성에 관계없이 '-거X'형이 결합되는 것으로 변화되었다.

그럼에도 언어 변화의 방향과 반대로 '-거X'형이 쓰일 자리에 '-어X'형이 쓰이는 아주 소수의 예도 발견된다. 예컨대 다음 (6)과 (7)은 자동사 뒤에 '-어X'형이 결합된 예이다.

(6) 15세기

　　가. 나히 열다스신 저긔 아비 山行 갯다가 범 믈여늘 〈효자:32a〉

　　나. 믈웃 비얌 믈여든 비야미라 니르디 아니ᄒᆞ고 〈구급방언해(1466) 73b〉

(7) 16~17세기

　　가. 남지니 집 부리고 즁 도외여늘 〈속삼강행실도(1514) 1a〉

　　나. 아비 나히 닐흔닐곱에 도적의게 잡핀 배 되여늘 〈동국신속삼강행실도 효자도(1617) 7:34b〉

　　(6)은 15세기의 예로, 모두 자동사 '믈이-'에 '-어X'형이 결합된 예이다. 이형태 교체 조건에 의하면 '믈이-'는 자동사이기 때문에 (6가)와 (6나)는 각각 '믈이거늘', '믈이거든'으로 나타나야 하지만 실제로는 '믈여늘', '믈여든'으로 나타났다. (7)은 16, 17세기의 예로 자동사 '도외/되-' 뒤에 '-어늘'이 결합하여 'ㅣ' 모음 순행 동화를 겪은 것을 볼 수 있다. 그러나 이들은 15세기라면 자동사이기 때문에 '-거늘'이 결합되고 반모음 'ㅣ' 뒤에서 /ㄱ/이 탈락하여 'ᄃᆞ외어늘'로 실현되는 것이 일반적이다.[143] 따라서 (6)과 (7)의 예시들은 {-거든}, {-거늘}의 이형태 교체 양상과도 맞지 않으며, {-거든}, {-거늘}의 이형태들이 '-거든', '-거늘'로 단일화되는 언어 변화 방향과도 어긋나므로 예외적인 경우로 처리할 수 있다.

『삼강행실도』 ≪효자도≫의 연결어미 {-거든}, {-거늘}

　　한편, {-거든}, {-거늘}의 경우 『삼강행실도』 ≪효자도≫에도 자주 출현하는데, 아래는 대표적인 예만 정리하여 제시한 것이다.

(8) {-거든}

　　가. 앗이 즈조 生計 배야든 곧 주더니 〈효자:7b〉

　　나. 손소 자리 고티며 두서 히롤 시름ᄒᆞ야 ᄃᆞ니거든 〈효자:26a〉

　　다. 盧操ᄅᆞᆯ ᄒᆞ야 밥 지스라 ᄒᆞ야든 〈효자:27a〉

143　서너 힛 ᄉᆞ싀예 큰 나라히 ᄃᆞ외어늘 〈월인석보(1459) 2:7a〉

(9) {-거늘}

　　가. 버미 그 사스믈 므러다가 그 나모 미틔 <u>더뎌늘</u> 〈효자:18b〉

　　나. 宣德 壬子애 <u>옏즈바눌</u> 둘홀 다 벼슬 히시고 紅門 셰라 ᄒᆞ시니라 〈효자:35b〉

　　다. 밤낫 울오 아니 <u>나가거늘</u> 〈효자:7a〉

　　라. 어믜 居喪이 <u>오나눌</u> 손소 훍 지며 솔 시므고 〈효자:24b〉

　　마. 薛包이 아비 後ㅅ겨집 어라 包룰 믜여 나가라 <u>ᄒᆞ야눌</u> 〈효자:7a〉

　(8)은 {-거든}의 이형태를 보여 준다. (8가)는 타동사 '배-[破]' 뒤에 1차적으로 '-아둔'이 결합하고 'ㅣ' 모음 순행 동화가 일어나 '배야둔'으로 실현된 것을 보여 준다. (8나)는 자동사 '돈니-'에 '-거든'이 결합되었으며 (8다)는 'ᄒᆞ-' 뒤에 형태론적인 조건에 의해 '-야둔'이 결합되었다. (9)는 {-거늘}의 이형태를 보여 준다. (9가~나)는 모두 타동사인 '더디-', '옏줍-'에 결합되었는데 모음조화에 따라 각각 '-어늘', '-아눌'이 결합된 것을 볼 수 있다. (9다)는 자동사 '나가' 뒤에 '-거늘'이 결합되었고, (9라~마)는 형태론적인 조건에 의해 '오-' 뒤에서는 '-나눌'이, 'ᄒᆞ-' 뒤에서는 '-야눌'이 결합되었다.[144]

23_ 연결어미 {-ㄴ다마다}

오민석·김진우

연결어미 {-ㄴ다마다}의 의미

　연결어미 {-ㄴ다마다}는 15세기부터 17세기까지 발견되는 어미로 현대국어에 남아 있지 않으므로 그 의미를 파악하기가 쉽지 않다. 따라서 기존에는 {-ㄴ다마다}를 그 음상적 유사성에 이끌려 현대국어의 {-자마자}의 소급형으로 처리하는 입장도 존재했

144　그러나 위에서 언급한 바와 같이 중세국어 문헌에 이형태 교체 규칙에 어긋나는 예들이 있는데, 『삼강행실도』 ≪효자도≫에서도 마찬가지로 발견된다. '-X어'형이 결합되어야 할 자리에 '-X거'형이 결합되는 경우가 있는데, '주거든〈효자:19a〉, 긏어오거늘〈효자:33a〉, 구짓거늘〈효자:27a〉, 보거늘〈효자:34a〉, 심기거늘〈효자:10a〉, 츠이거늘〈효자:17a〉'이 그 예이다. 이들은 모두 '-X어'형이 '-X거'형으로 합류되는 언어 변화를 보여 주는 것으로 이해할 수 있다. 다만 그 반대의 예도 (6가)의 예시처럼 『삼강행실도』 ≪효자도≫에 1회 등장한다.

다. 그러나 이러한 분석은 구체적인 근거가 제시되지 못하여서 문제가 제기되었으며, 특히 {-자마자}는 19세기 말엽에서나 확인되고 '-자 # 말(勿)-+-자'와 같이 분석되므로 15세기에 출현하는 {-ㄴ다마다}와 {-자마자}가 형태론적으로 관련이 있을 가능성이 없다.

그러나 『삼강행실도』≪효자도≫의 판본 비교를 통해 그 의미 추정의 실마리를 찾아볼 수 있다. 『삼강행실도』≪효자도≫ 초간본에 {-ㄴ다마다}는 다음 (1가), (1나)와 같이 2회 출현하는데, 후대 판본과의 비교를 통해서 그 의미를 파악해 볼 수 있다.

(1) 가. 슬피 운다마다 鳥獸ㅣ 모다 오더라 〈효자:18a〉

　　가'. 슬피 운 적마다 새즘승이 모다 오더라 〈삼강행실도_상백본 효자:18a〉

　　나. 제 아비 똥 즈츼더니 눈다마다 머거 보니 〈효자:21a〉

　　나'. 제 아비 똥 즈츼더니 눈 제마다 머거 보니 〈삼강행실도_상백본 효자:21a〉

(1가)와 (1나)의 '-ㄴ다마다'는 후대 판본인 (1가'), (1나')에서 '-ㄴ 적마다'로 나타나므로, '-ㄴ다마다'와 '-ㄴ 적마다'의 의미가 유사한 것으로 추정할 수 있다. 이에 따라 중세국어의 '-ㄴ다마다'를 "-ㄹ 때마다"의 의미, 곧 "상황의 반복적 직면"의 의미를 갖는 시간성 표현임을 확인할 수 있다.

『삼강행실도』≪효자도≫ 외의 다른 문헌에서 발견되는 {-ㄴ다마다} 역시 같은 의미로 해석될 때 자연스럽다. 다음은 『구급방언해』, 『금강경삼가해』에서 출현하는 {-ㄴ다마다}의 예이다.

(2) 가. 알핏 두 가짓 거슬 丸 밍ㄱ로딕 梧桐子만 ㅎ야 머근다마다 세 丸올 淡훈 술 다려 솜기고 아니한 딛후고(前二味爲丸如梧桐子 大每服三丸淡酒湯呑下須臾) 〈구급방언해 (1466) 하:88a〉

　　나. 처딘 므리 처딘다마다 어러 江河ㅣ 흘로미 그처 ㄱ눈 드트리 셔디 아니ᄒ며(此事ᄂ 寒威威冷湫湫ᄒ야 滴水滴凍ᄒ야 江河ㅣ 絶流ᄒ야 纖塵이 不立ᄒ며) 〈금강경삼가해(1482) 4:42b〉

(2가)의 '머근다마다'는 원문의 '每服'에 의해 "매번 복용할 때마다"의 의미라는

것을 알 수 있고, (2나)의 '처딘 므리 처딘다마다'는 '滴水滴'을 언해한 것임을 볼 때 "떨어진 물이 떨어지는 족족", 즉 "떨어진 물이 떨어질 때마다"의 의미임을 파악할 수 있다(김유범 2003:271).

이러한 {-ㄴ다마다}는 아래와 같이 〈현풍 곽씨 언간〉에서도 그 모습을 찾아볼 수 있다는 점에서 17세기까지도 사용된 어형임을 알 수 있다.

(3) 긔별ᄒᆞ쇼셔 서보기 <u>온다마다</u> 완노라 ᄒᆞ고 〈현풍 곽씨 언간(17C) 124〉

연결어미 {-ㄴ다마다}의 기원

{-ㄴ다마다}에는 시간성 의존명사 '다'가 참여하고 있는 것으로 보인다. (1)에서 '-ㄴ다마다'와 '-ㄴ 적마다'가 대응된다는 것은 '-ㄴ다마다'의 '다'가 '-ㄴ 적마다'의 '적'과 대응되는 요소임을 추정케 한다. 나아가 김유범(2001ㄴ)에서는 석독구결의 '-ㅣ ㅣ+ㄱ(-ㄴ 다힌)'의 'ㅣ'가 화엄경 원문의 '時'와 대응되는 사실을 통해 15세기 이전 국어에서 시간성 의존명사 '다'의 존재를 확인하였다.[145]

백두현(2002)에서는 '寅'에 대응되는 『조선관역어』의 미해독어 '則卜論쯥'을 해독해 내며 이때 쓰인 사음자 '쯥'을 시간성 의존명사 '다'로 파악해 볼 가능성을 언급했다. 『조선관역어』에서는 '干支門'에 나타난 우리말 어휘가 공통적으로 '쯥'을 이용해 사음된 것이 주목되는데, 아래에서는 첫 번째에서 세 번째 항목인 '子', '丑', '寅'만 대표적으로 제시한다.

(4) 子   罪쯥   自
   丑   杓쯥   處
   寅   則卜論쯥   引

이 어휘들에 대한 기존의 연구에서는 이들을 '시각'을 나타내거나 '띠'를 나타내는

---

145   김유범(2001ㄴ)에서는 시간성 의존명사 '다'의 형성은 의존명사 'ᄃᆞ'에 '-아(良)'계 처격조사가 통합되어 형성된 것으로 이해하였다.

것으로 파악했는데, 시각으로 파악한 경우에는 '빼'(小倉進平 1941) 혹은 '답'(권인한 1995)으로, 띠로 파악한 경우에는 '찍'(강신항 1995)로 '苫'자를 해독하였다. 그런데 시간성 의존명사 '다'를 설정할 수 있다면 여기에서의 '苫'은 '다'로 해독될 가능성이 높다고 할 수 있다.

한편, 김유범(2003)에서는 향가 '普賢十願歌'의 세 번째 행원인 〈廣修供養歌〉의 다음과 같은 구절에서 시간성 의존명사 '다'를 찾아냈다.

(5) 火條執音馬   블 줄 자부마(불줄 잡고)
　　仏前灯乙<u>直体良焉多衣</u>   佛前燈을 <u>고티란딕</u>(佛前燈을 고치는데)
　　灯炷隱須弥也   燈炷는 須彌여(燈炷는 須彌이요)
　　灯油隱大海逸留去耶   燈油는 大海 이루거야(燈油는 大海 이루었네)[146]

기존 해독에서는 '良焉多衣'를 15세기의 연결어미 '-란딕'와 연관지었으나 '-란딕'가 원인이나 이유를 뜻하는 연결어미라는 점을 고려하면 이를 "-는데"로 현대어역하는 것이 부자연스럽다. 오히려 '-焉多衣'를 석독구결의 '-ㄱㅣ+'와 동일한 구성으로 이해해 이를 '-ㄴ 다이'로 읽고 그 의미는 "~할 때에"로 파악하는 것이 보다 자연스럽다. 따라서 (5)는 "불줄을 잡고 부처 앞의 등불을 고칠 때에 등불의 심지는 수미산이요, 등불의 기름은 큰 바다를 이루었네" 정도로 그 문맥을 해석해 볼 수 있다.

지금까지 살펴본 바와 같이 15세기 이전부터 존재한 시간성 의존명사 '다'를 찾을 수 있으며, 이 '다'가 중세국어의 연결어미 {-ㄴ다마다}의 형성에 참여한 것으로 이해된다. 이때 기원적으로 '-ㄴ다마다'의 '-ㄴ'은 관형사형어미로, '마다'는 보조사로 분석해 볼 수 있다. 그러나 이처럼 구성 요소들의 기원을 찾을 수 있다고 해서 15세기 공시적으로도 '-ㄴ다마다'를 관형사형어미 '-ㄴ', 의존명사 '다', 보조사 '마다'의 공시적 구성으로 분석해 볼 수 있는 것은 아니다. 의존명사로 파악되는 '다'가 중세국어에서는 그 독자적인 쓰임이 발견되지 않기 때문에 '-ㄴ다마다'는 더 이상 분석되지 않는 통사적 결합체로서 하나의 연결어미로 처리되는 것이 바람직하다.

146　이는 김완진(1980)의 해독을 옮긴 것이다.

24_ 연결형 '-아아/어아'의 분석

오민석·정은진

『삼강행실도』≪효자도≫를 비롯하여 『삼강행실도』에만 연결어미 {-어}가 중복된 듯한 동사의 활용형이 출현한다. 여기서는 『삼강행실도』≪효자도≫에 나타나는 예외적 현상에 대한 여러 해석 가능성을 점검해 보기로 한다.

> (1) 가. 쏘리 젓고 업데어늘 베텨 비 **빠아** 〈효자:32a〉
>   나. 이튿나래 死活 두 字룰 **써아** 뵈야놀 〈충신:21a〉
>   다. 秦檜와 쇠 **뻐아** 〈충신:22a〉
>   라. 曲沃 武公이 翼을 <u>텨아</u> 〈충신:2a〉
>   마. 元ㅅ 兵馬ㅣ 潭州ㅣ 룰 <u>텨아</u> 〈충신:23a〉
>   바. 길헤 가아 夢周룰 <u>텨아</u> 〈충신:33b〉

(1)에서 밑줄 친 부분의 어간은 각각 '빠-[剗]', '쓰-[寫]', '쓰-[用]', '티-[打]'이며, 어간에 어미 {-어}가 결합할 경우 일반적인 활용형은 '빠', '써', '뻐', '텨'로 실현되는 것이 일반적이다. 그러나 (1)에서는 '빠아', '써아', '뻐아', '텨아'와 같이 연결어미 {-어}가 중복된 듯한 양상이 나타난다.

(1)의 현상에 대해 이해할 수 있는 방안은 네 가지로 고려해 볼 수 있다. 첫째는 음 변화를 고려하여 어간을 '빠-', '써-', '뻐-', '텨-'로 설정하는 것이다. 그러나 어두음절의 'ᅌ'의 소실에 의한 'ᅌ > 아'의 변화는 18세기에 이르러서야 발생하므로, 음운 변화의 시기와 양상을 고려할 때 자연스럽지 않은 해석이다.

둘째는 '빠-/빠-', '쓰-/써-', '쓰-/뻐-', '티-/텨-'의 쌍형 어간을 설정하는 것이다. 그러나 후자의 경우 '빠고'와 같은 자음어미 활용형이 문증되지 않으며, '빠아' 등으로 실현된 용례 역시 『삼강행실도』에서가 유일하다. 활용 패러다임에 공백이 크므로 '빠-, 써-, 뻐-, 텨-' 등을 별개의 쌍형 어간으로 설정하기에는 어려움이 있다.

셋째는 (1)과 같이 어미 '-어아'가 나타나는 동사의 활용형이 연결어미 {-어} 결합형과 동일하다고 보고, 연결어미 {-어}를 길게 발음하거나 강조한 것으로 처리하는 것이다. 그러나 15세기 국어의 보편적인 문법으로 장음화나 강조 현상을 설명하기 어렵다는 점에서 역시 한계가 있다.

넷째는 종래에 연결어미로 처리했던 선행하는 '-어/아'를 확인법 선어말어미로 분석하는 것이다. 이는 '빠-[劑]', '쓰-[寫]', '쓰-[用]', '티-[打]'가 모두 1음절의 타동사라는 점을 고려한 것이다. 선어말어미 {-거-}는 모음조화규칙을 적용받는데, '뼈아'와 같이 타동사가 양성모음을 가질 때는 〖-아-〗로, '텨아, 써아, 뻐아'와 같이 음성모음을 가질 때는 〖-어-〗로 출현하는 경향이 있다. 선행하는 모음을 선어말어미 {-거-}의 이형태로 분석할 경우 후행하는 '-아'는 연결어미로 볼 수 있다. 다만 15세기에 선어말어미 {-거-}와 연결어미 {-어}가 결합한 '-거아', '-거어' 등의 형태가 달리 출현하지 않는다는 점에서 역시 한계가 남아 있다.

15세기 문헌에서 '펴아[發], 혀아[引], 녀아[去], 혀아[燈], 셔아[立]'와 같이 연결어미 {-어}가 모음조화규칙을 위배하고 결합한 경우가 있어 (1)의 경우와 유사하게 파악해 볼 수 있다. 그러나 이 경우는 동사 어간 '펴-, 혀-, 녀-, 혀-, 셔-'에 연결어미가 결합한 경우에 불과하지만, (1)의 경우는 어간과 연결어미 사이에 모음 '어'가 하나 더 첨가된 경우이기 때문에 동일한 현상으로 바라보기 어렵다. 요컨대 『삼강행실도』에 나타나는 '-아아/-어아'의 예외적 현상은 다양한 가능성을 아울러 검토될 필요가 있을 것이다.

25_평서형 종결어미

오민석·정은진

중세국어의 평서형 종결어미

중세국어의 평서형 종결어미로는 {-다}를 설정할 수 있다. {-다}는 계사 혹은 기원적으로 계사를 포함한 '-니-', '-리-' 등의 형태소, 선어말어미 '-오-' 등의 뒤에서 그 형태가 '-라'로 교체된다.

한편, {-다}와 유사한 통사적 환경에서 '-니라'가 나타나는 경우도 있는데, {-다}와

'-니라'가 유사한 환경에서 나타난 15세기 용례를 보이면 다음과 같다.

    (1) 가. 市橋는 <u>在成都호다</u> 〈두시언해_초간(1481) 7:6b〉
        나. 碧鷄坊은 <u>在成都호니라</u> 〈두시언해_초간(1481) 7:5b〉

    (1)에서는 동일한 문헌과 동일한 구조의 문장에서, 동일한 선행 체언인 '在成都'에 각각 {-다}와 '-니라'가 결합하였다. (1)과 같이 {-다}와 '-니라'의 차이를 발견하기 어려운 맥락이 있는 점을 고려하여, 고영근(1998) 등에서는 '-니라'를 분석되지 않는 하나의 형태소로 처리하고 {-다}를 첫째 설명법 어미, '-니라'를 둘째 설명법 어미라 명명하기도 하였다.

    그러나 '-니라'는 하나의 형태소로 설정하기보다 선어말어미 '-니-'와 종결어미 {-다}의 결합으로 분석하는 것이 보다 합리적일 것으로 보인다. 그 근거는 다음과 같이 제시할 수 있다. 첫째, 본래 '-니라'의 '-라'는 {-다}의 이형태이고, '-니-'는 '-리-'와 계열관계를 이루기 때문에 형태론적으로 '-니- + -라(←다)'로 분석이 가능하다. 둘째, '-니라'는 청자 높임 선어말어미 '-이-'와 결합할 때 '-니이다'의 형식을 취하므로, '-니라'를 하나의 어미로 처리하면 선어말어미 사이에 또 다른 선어말어미가 개입한다는 어색한 분석을 하게 된다. 셋째, 선어말어미 '-니-'는 그 자체로 기능을 부여할 수 있으므로 '-니-'의 기능으로부터 {-다}와 '-니라'의 차이를 설명할 수 있다.

    {-다}와 '-니라'는 출현 환경이 유사하나 사용 영역과 의미 면에서 차이가 있다. 우선 사용 영역을 보면, 15세기 문헌에서 실제 대화 장면을 나타내는 직접 인용문에서는 '-니라'만이 사용되고, {-다}가 사용된 문장은 간접 인용문에서만 나타나는 경향이 있다. 반대로 협주 등에서 글자의 사전적·개념적 의미를 제시할 때는 {-다}가 주로 사용된다.

    의미적으로도 '-니라'와 {-다}의 차이가 발견된다. {-다}는 주로 시제성이 다소 약화된 간접 인용문에 쓰이거나 형용사나 계사 뒤에서 쓰여 현재 상황을 지시하는 경향이 있다. 반면 '-니라'는 동사 뒤에서 자주 나타나며 "-었다"나 "-ㄴ 것이다" 정도로 해석되어, 과거 상황을 지시하거나 당위성을 나타내는 의미로 사용되는 경향이 있다.[147]

『삼강행실도』 ≪효자도≫의 '-니라'와 {-다}

『삼강행실도』 ≪효자도≫에서 '-니라'는 동사 뒤에서만 출현한다. 한편, {-다}는 주로 계사 뒤에서 출현하는데, 드물지만 형용사 뒤에서도 하나의 용례가 확인된다. '-니라'와 {-다}가 출현한 용례의 수가 많아 아래에는 일부만 제시하였다.

(2) 가. 두라드러 버믜 모골 즈르든대 아비 사라나니라 〈효자:3a〉
　　 나. 이틄나래 아비롤 안고 뜨니라 〈효자:8a〉
　　 다. 虛空으로 올아가니라 〈효자:11a〉

(3) 가. 楊香이라 홀 쏜리 열네힌 저긔 아비 조차 가아 조 뷔다가 〈효자:3a〉
　　 나. 喪親章은 居喪ㅅ 일 닐온 章이라 〈효자:27b〉
　　 다. 닷 張이 혼 錠이라 〈효자:31b〉

(4) 뉘 닐오딕 孝道ㅣ 乃終 업다 ᄒᆞ더뇨 〈효자:32b〉

(2)는 동사 뒤의 '-니라', (3)은 계사 뒤의 {-다}, (4)는 형용사 뒤의 {-다}이다. (2)에서는 '-니라'가 과거 상황을 지시하는 맥락이 파악되며, (3가)와 (4)에서는 간접인용문에서 {-다}의 쓰임이 확인된다. 한편, (3나-다)에서는 협주에서 단어의 어석을 제시할 때에 {-다}의 쓰임이 확인된다.

147　'-니라'를 하나의 어미로 처리할 경우 배후의 사실에 대한 설명을 나타내는 기능을 부여할 수 있다. 명사절과 계사가 결합한 구성이 배후의 사실에 대한 설명을 나타내는 현상은 세계 여러 언어에서 발견된다. 현대국어 '-은 것이다' 구문을 비롯하여 현대 영어 'It is … that' 구문, 현대 일본어 'ノダ' 구문, 현대 중국어 '是 … 的' 구문 등이 이러한 부류에 속한다(박진호 2015ㄴ:204).

중세국어 의문형 종결어미의 체계

15세기 국어의 의문형 종결어미는 현대국어와 세 가지 면에서 큰 차이를 보인다. 첫째, 설명의문문에 사용되는 어미와 판정의문문에 사용되는 어미가 형태적으로 차이를 보인다. 설명의문에서는 '고'계의 의문형 종결어미가 사용되고, 판정의문문에서는 '가' 형의 종결어미가 사용된다.[148] 둘째, 2인칭 주어에 대한 의문형 종결어미로 {-ㄴ다}, {-ㄹ다}라는 특별한 요소가 사용된다. 셋째, 직접의문문과 간접의문문에서 서로 다른 종결어미가 사용된다. 직접의문문에서는 {-니아/-니오}, {-리아/-리오}가 사용되고, 간접의문문에서는 {-ㄴ가/-ㄴ고}, {-ㄹ가/-ㄹ고}가 사용된다. 지금까지 정리한 내용을 바탕으로 15세기 국어의 의문형 종결어미 체계를 살펴보면 다음과 같다.

의문	직접의문	1·3인칭 의문[149]	(판정의문) -니아, -리아 (설명의문) -니오, -리오
		2인칭 의문	-ㄴ다, -ㄹ다
	간접의문	(판정의문) -ㄴ가, -ㄹ가 (설명의문) -ㄴ고, -ㄹ고	

그러나 이러한 체계가 모든 경우에 정연하게 들어맞는 것은 아니다. 15세기 한글 문헌을 살펴보면 설명의문문에 '가'계 종결어미가 사용된 예외적 용례를 적지 않게 확인할 수 있다.

---

148   의문형 종결어미의 말음인 '가/고'는 의문 보조사 '가/고'에서 기원한 것으로 추정된다.

149   1·3인칭의 의문형 종결어미는 다양한 이형태를 취하는데 이를 정리하면 다음과 같다.
     {-니아}: 〚-녀〛, 〚-니여〛, 〚-니어〛, 〚-니아〛
     {-리아}: 〚-려〛, 〚-리여〛, 〚-리어〛, 〚-리아〛
     {-니오}: 〚-뇨〛, 〚-니오〛
     {-리오}: 〚-료〛, 〚-리오〛

(1) 가. 揚子江南ᄋᆞᆯ 섀리샤 使者ᄅᆞᆯ 보내신ᄃᆞᆯ 七代之王ᄋᆞᆯ <u>뉘 마ᄀᆞ리잇가</u> 〈용비어천가(1447) 3:13b-14a〉

　　나. 主人이 <u>므슴</u> 차바ᄂᆞᆯ 손소 ᄃᆞᆫ녀 <u>밍ᄀᆞ노닛가</u> 〈석보상절(1447) 6:16a〉

　　다. 그 ᄯᆞ리 무로ᄃᆡ 이 <u>엇던</u> ᄯᅡ히잇가 〈월인석보(1459) 21:24b〉

　　라. 雲이 大師ᄭᅴ 묻ᄌᆞ오ᄃᆡ <u>어듸 가시ᄂᆞ니잇가</u> 〈남명전계송언해(1482) 1:52a〉

　　(1가)는 '七代之王'을 누구도 막을 수 없음을 나타내는 수사의문문이며, (1나)는 의문문의 형식을 취하고 있으나 주인이 만들고 있는 음식에 의문의 초점이 놓여 있지 않다. 즉 (1가, 나)의 경우 의문사가 원래의 기능을 유지하지 않고 있기 때문에 '가'계 종결어미가 예외적으로 사용된 것으로 이해할 수 있다. 그러나 (1다, 라)는 그렇지 않은데, (1다)에서는 이 땅이 어떤 땅인지, (1라)에서는 '大師'가 어디로 가고 있는지 묻고 있어, 의문의 초점이 의문사에 놓여 있음에도 '가'계 종결어미가 사용되었다. 이러한 현상은 결국 통시적으로 '가'계 종결어미의 분포가 점차 확대되어 가는 과정의 한 단면을 보여 주는 것이라고 할 수 있다.

　　이 외에 '-ㄴ가, -ㄹ가'가 간접의문문이 아닌 직접의문문에 사용된 용례도 이미 15세기 한글 문헌에서부터 발견된다.

(2) 가. 鴛鴦夫人이 듣ᄌᆞᆸ고 比丘ᄭᅴ 닐오ᄃᆡ 내 몸도 좃ᄌᆞᄫᅡ 갊 <u>ᄯᅡ힌가</u> 몯 갊 <u>ᄯᅡ힌가</u> 〈월인석보 (1459) 8:93a〉

　　나. 大海龍王이 ᄀᆞ장 깃거 무로ᄃᆡ 먼 길헤 와 므스거슬 얻고져 <u>ᄒᆞ시ᄂᆞ고</u> 〈월인석보(1459) 22:46a〉

　　다. 王이 닐오ᄃᆡ 어더 <u>보ᅀᆞ밣까</u> 〈석보상절(1447) 24:43b〉

　　16세기로 접어들면 {-ㄴ가/-ㄴ고}, {-ㄹ가/-ㄹ고}가 직접의문문에 사용되는 현상이 광범위하게 확산되는데, (2)는 이러한 변화가 이미 15세기부터 시작되었음을 보여 준다. 간접의문문에 주로 사용되던 이들 종결어미가 직접의문문에도 사용될 수 있게 된 원인에 대해 장윤희(2002ㄱ:227)에서는 15세기 의문문에서 화자의 내적 사유 내용이 독백에 가깝게 발화될 수 있었기 때문으로 추정한 바 있다.

『삼강행실도』 ≪효자도≫의 의문형 종결어미

『삼강행실도』 ≪효자도≫에서 확인할 수 있는 의문형 종결어미로는 {-ㄹ다}, {-ㄹ가}, {-ㄴ가}, {-리오}, {-니오} 등을 들 수 있다.

> (3) 가. 내 죽사리를 몯내 알리니 兄弟 업고 늘근 어미를 네 <u>孝道홇다</u> 〈효자:5a〉
> 　　 나. 아비 갑새 주기라 호시니 正히 <u>주긇다</u> 〈효자:23a〉
> 　　 다. 아비 닐오디 머즌 그르슬 므스게 <u>뿛다</u> 혼대 〈효자:13a〉
> 　　 라. 흔 한아비 나모 버히거늘 므스게 <u>뿛다</u> 무른대 〈효자:22a〉

(3)은 {-ㄹ다}의 예이다. (3가)의 경우 2인칭의 주어가 드러나 있으며, (3나-다)에서는 주어가 문면에 드러나 있지는 않으나 청자에 대한 의문을 나타내는 데에 {-ㄹ다}가 사용되어 있음을 비교적 쉽게 알 수 있다. (3가-나)는 판정의문문이고 (3다-라)는 설명의문문인데 모두 동일한 형태가 쓰이고 있다. {-ㄹ다}는 추측이나 미래 사태에 대한 의문을 나타내는데, 이러한 의미는 기원적으로 {-ㄹ다}에 포함되어 있는 전성어미 {-ㄹ}에서 비롯된 것으로 보인다. 15세기 한글 문헌에서 {-ㄹ다}는 '-ㄹ다, -을다, -ㄹ따, -을따, -올따, -ㅭ다, -읋다' 등으로 다양하게 표기된다.

> (4) 가. 서리어든 ᄀᆞ올히 모돓 저긔 어미 <u>잇븛가</u> 호야 제 술위를 그스더니 〈효자:6a〉
> 　　 나. 뭀 어미 <u>놀랋가</u> 너겨 아ᄎᆞ미 밥 호야 이받고 〈효자:29a〉
> 　　 다. 皇帝 과호야 호샤디 져믈씨 ᄂᆞ미 <u>ᄀᆞ르친가</u> 호샤 〈효자:23a〉

(4)는 {-ㄹ가}, {-ㄴ가}의 예이다. 모두 구체적인 청자를 전제하지 않고 자문이나 의혹의 의미로 파악되는 간접의문문이다. (4가, 다)에서 간접의문문 뒤의 동사 'ᄒᆞ다'는 "생각하다, 의심하다" 정도의 의미로 해석된다. 한편, {-ㄴ가}가 시제를 나타내는 선어말어미 없이 동사 뒤에서 단독으로 사용되면 과거 사태에 대한 의문문으로 해석되지만, 형용사와 계사 뒤에서 사용되면 현재 사태를 지시하는 의문문으로 파악된다.

> (5) 가. 어드리 世間애 돈니<u>리오</u> ᄒᆞ고 〈효자:5b〉

나. 훈 사수미 와 소룰 ᄒᆞ야ᄇᆞ려늘 許孜ㅣ 슬허 ㄱᆞ로ᄃᆡ 사ᄉᆞ문 엇뎨 미야커뇨 〈효
　　　　자:18a〉

　　다. 뉘 닐오ᄃᆡ 孝道ㅣ 乃終 업다 ᄒᆞ더뇨 〈효자:32b〉

　　(5)는 {-리오}, {-니오}의 예이다. (5가)의 {-리오}는 {-ㄹ가}와 마찬가지로 추측이
나 가능성의 의미로 파악된다. 주어는 화자인 진씨로 지아비의 부탁을 저버리고 재가를
한다면 어찌 세상에 다니겠느냐며 반문하는 상황이다. (5나, 다)의 {-니오}도 {-ㄴ가}와
마찬가지로 동사와 결합하여 과거 사태에 대한 의문을 나타낸다. {-니오} 역시 형용사나
계사와 결합할 때는 현재 사태에 대한 의문으로 해석된다.

　　(6) 가. 婁伯이 닐오ᄃᆡ 아비 怨讐를 아니 <u>가프리잇가</u> ᄒᆞ고 〈효자:32a〉
　　　　나. 吉翂이 닐오ᄃᆡ 주굼 罪囚룰 엇뎨 <u>벗기시ᄂᆞ니잇고</u> 〈효자:23b〉

　　(6)은 {-리아}, {-니오}가 가장 높은 화계인 'ᄒᆞ쇼셔'체로 실현된 것이다. {-리아},
{-니오}를 기준으로 '-리잇가'와 '-니잇고'를 분석하면 '-리…가', '-니…고'를 이른바
불연속 형태로 처리하여, 형태소 내부에 청자 높임 선어말어미 '-잇-'이 개재된 것으로
볼 수 있다. 그러나 이러한 분석은 평서문에 출현하는 청자 높임 선어말어미인 '-이-'와
의문문에 출현하는 '-잇-'의 교체 내용이 일반적이지 않다는 점, 특수한 불연속 형태를
'-잇-'이 출현하는 '-니…고, -니…가, -리…고, -리…가'뿐만 아니라 계사가 참여한
'-이…고, -이…가' 등에까지 넓게 적용해야 한다는 점, 독자적인 쓰임을 보이는 의문형
종결어미로 '-가, -고'를 상정해야 한다는 점 등이 문제가 된다. 따라서 본서에서는
'-이-~-잇-'의 교체나 불연속 형태의 존재를 언급하지 않고도 일관된 설명력을 유지할
수 있도록 {잇가/잇고}를 하나의 어미로 처리하여 '-리잇가'와 '-니잇고'를 각각
'-리- + -잇가'와 '-니- + -잇고'로 분석하는 입장을 취한다.

중세국어의 대표적인 명령형 종결어미는 {-라}이다. 현대국어에서 {-라}는 간접 명령을 나타내고 직접 명령에서는 {-어라}가 사용되지만, 중세국어에서는 직·간접의 구별 없이 모두 {-라}가 사용되었다. {-라} 외에 중세국어에서는 {-쇼셔}, {-고라} 등의 명령형 종결어미도 존재했음을 볼 수 있다.

중세국어 명령형 종결어미 {-쇼셔}, {-어쎠}, {-고라}, {-라}

15세기 한글 문헌의 명령형 어미로는 {-쇼셔}, {-어쎠}, {-고라}, {-라} 등이 있다. 이 중에서 {-쇼셔}, {-어쎠}, {-라}는 각각 'ᄒᆞ쇼셔체, ᄒᆞ야쎠체, ᄒᆞ라체'로 상대 높임 등급의 명칭을 일컫는 데에 사용될 만큼 그 구분이 꽤 명확하다.

 (1) 가. 仙人이 王씌 ᄉᆞᆯᄫᅩ디 大王하 <u>아ᄅᆞ쇼셔</u> 〈석보상절(1447) 11:27a〉
        世尊하 願ᄒᆞᆫ든 <u>니르쇼셔</u> 〈석보상절(1447) 13:45b〉
    나. 婆羅門이 닐오디 내 보아져 ᄒᆞᄂᆞ다 <u>ᄉᆞᆯᄫᅡ쎠</u> 〈석보상절(1447) 6:14b〉
        다시 무로디 엇뎨 부톄라 ᄒᆞᄂᆞ닛가 그 ᄠᅳ들 <u>닐어쎠</u> 〈석보상절(1447) 6:17a〉
    다. 그ᄢᅴ 多寶佛이 뎌 菩薩씌 니르샤디 善男子아 <u>오라</u> 〈월인석보(1459) 18:76a〉
        부톄 니르샤디 됴타 阿難아 너희돌히 반ᄃᆞ기 <u>알라</u> 〈능엄경언해(1461) 1:43a〉

(1가)는 {-쇼셔}가 결합된 예로, 가장 높은 등급을 나타낸다. 각 문장에서도 보이듯, 존칭의 호격조사 '하'가 결합된 '大王하', '世尊하'를 보면 상대를 아주 높이고 있는 것을 알 수 있다. (1나)는 {-어쎠}가 결합된 것인데, 고영근(2020:335)에서는 주어를 '그듸' 정도로 설정함으로써 상대방을 약간 높여 대우하는 것으로 파악하였다. 그리고 (1다)는 {-라}가 결합된 것으로 가장 낮은 등급을 나타낸다. (1다)에서는 '多寶佛'이 자신보다 낮은 '善男子'에게, (1라)에서는 '부텨'가 자신보다 낮은 '阿難'에게 명령하고 있음을 알 수 있다.

한편, {-고라}는 상위문에 동사 '請ᄒᆞ다', '빌다' 등이 주로 사용되면서 명령의 의미를 나타낸다. 높임의 등급이 어느 정도인지 확정하기는 어려우나 대체로 {-라}와 큰 차이를 보이지 않는 것으로 보인다. 다음 예와 같이 동일한 화자가 동일한 청자에게 {-고라}와 'ᄒᆞ라체'를 모두 사용하고 있는 것이 발견되기 때문이다.[150]

(2) 가. 그 어미 몰여 드러가며 블러 닐오ᄃᆡ 아가 아가 하 셜ᄫᅥᄒᆞ노니 아므례나 救ᄒᆞ야 <u>내오라</u>
〈월인석보(1459) 23:87b〉

가'. 그 어미 닐오ᄃᆡ 아가 아가 ⋯⋯ 내 獄 中에 이셔 罪 니버 辛苦ᄒᆞ야 ᄇᆡ 골ᄑᆞ거든 쇳무저글 ?기고 목 ᄆᆞ르거든 구리 노ᄀᆞᆫ 므를 <u>마시노라</u> 〈월인석보(1459) 23:87b〉

나. 또 ᄒᆞᆫ 偈롤 뒷노니 부란ᄃᆞᆫ 別駕ㅣ 爲ᄒᆞ야 <u>스고라</u> 〈육조법보단경언해(1496) 상:25a〉

나'. 能이 이 別駕ᄃᆞ려 닐오ᄃᆡ 無上菩提롤 빅호고져 홀딘댄 初學을 가ᄇᆡ야이 너기디 <u>말라</u>
〈육조법보단경언해(1496) 상:25a〉

(2가)에서 {-고라}가 나타나는데, 동일한 화자가 동일한 청자에게 말할 때 (2가')에서 'ᄒᆞ라체'의 평서형 어미 {-다}를 사용하고 있는 것을 볼 수 있다. 또한 (2나)와 (2나')는 모두 명령문인데, (2나)에서는 {-고라}가, (2나')에서는 {-라}가 사용되고 있다. 즉 이를 통해 {-고라}와 {-라}는 상대 높임의 등급에서 큰 차이가 없다고 볼 수도 있다.

다만 장윤희(2002ㄱ)에서는 {-고라}가 {-라}에 비해 [+격식(-친밀)]의 자질을 가진 것으로 보아 {-라}보다는 상대를 약간 더 높이는 효과가 있다고 보았다. 특히 (2나)와 (2나')의 예문에서 이러한 모습을 볼 수 있는데, {-고라}를 사용한 (2나)는 서로가 초면인 상황에서 화자가 청자에게 자신이 구술하는 게송을 적어 달라고 부탁하는 장면이며, 반면 {-라}를 사용한 (2나')는 그 부탁에 대해 부정적으로 반응한 청자를 나무라듯이 말하는 장면이다. 따라서 {-고라}는 {-라}에 비해 비교적 상대에게 예를 갖추어 명령하는 경우에 사용되는 어미임을 알 수 있다. 이에 따라 {-고라}는 {-라}에 비해 '청원, 요청' 등의 의미가 부차적으로 발견되는 것이다.

---

150   예문은 장윤희(2002ㄱ:242)에서 가져온 것이다.

『삼강행실도』의 명령형 종결 어미

『삼강행실도』≪효자도≫에서는 명령형 종결 어미로 {-라}, {-고라}, {-쇼셔}의 예만 확인된다. 대표적인 예를 제시하면 다음과 같다.

(3) 가. 潘綜이 도ᄌ기그에 마조 가 머리 조사 닐오ᄃᆡ 아비 늘그니 <u>사로쇼셔</u> 〈효자:20a〉

　　나. 흔 神靈이 ᄭᅮ메 닐오ᄃᆡ 네 來日 나지 霹靂 마자 주그리라 ᄒᆞ야ᄂᆞᆯ 비로ᄃᆡ 늘근 어미 잇ᄂᆞ니 <u>救ᄒᆞ쇼셔</u> 〈효자:29a〉

(4) 그 아비 ᄯᅩ 請호ᄃᆡ 내 아ᄃᆞ리 날 爲ᄒᆞ야 잇ᄂᆞ니 내ᅀᅡ 주거도 므던커니와 이 아ᄃᆞᆯ 사로고라 〈효자:20a〉

(5) 가. 元覺이 아비 元覺일 ᄒᆞ야 담사니 지여 뫼헤다가 <u>더디라</u> ᄒᆞ야ᄂᆞᆯ 〈효자:13a〉

　　나. 醫員이 닐오ᄃᆡ 病을 아로려 커든 ᄯᆼ이 ᄃᆞᆯ며 ᄡᅳ믈 <u>맛보라</u> 〈효자:21a〉

(3)은 {-쇼셔}가 출현한 예이다. (3가)는 주인공 반종이 도적에게 아버지의 목숨을 빌면서 하는 말인데, 머리를 조아리면서 자신을 낮추고 심리적으로 도적을 높이 대우하려 한 표현으로 보인다. 또한 (3나) 역시 화자가 상위자인 '신령神靈'에게 빌면서 하는 말로 가장 높은 등급의 상대 높임 표현을 보인다.

(4)는 {-고라}가 출현한 예이다. 언급하였듯이 {-고라}는 [+격식(−친밀)]의 의미 자질을 담고 있기 때문에 '청원, 요청'의 의미가 파악되기도 한다. (4)에서는 반종의 아버지가 도적에게 하는 말로, 아들을 살려달라는 간곡한 요청임을 파악할 수 있다.

마지막으로 (5)는 {-라}가 출현한 예이다. (5가)에서는 아버지가 아들인 '원각元覺'에게, (5나)에서는 '의원醫員'이 '유검루'에게 명령하고 있다. 화자는 부모나 의원과 같은 상위자이고 청자는 그보다 나이가 어린 하위자임을 알 수 있다.

28 _ 감탄형 종결어미

오민석·김진우

화자의 감정, 정서를 표현하는 중세국어의 감탄형 종결어미로는 {-ㄴ뎌}, {-ㄹ쎠}, {-에라} 등이 존재했다. 이들이 모두 감탄형 종결어미로 분류된다는 점은 공통적이지만, 각 어미의 의미 및 결합되는 어간의 특성이 조금씩 달랐다.

중세국어 감탄형 종결어미 {-ㄴ뎌}, {-ㄹ쎠}, {-에라}

15세기 한글 문헌에 출현하는 감탄형 종결어미로는 {-ㄴ뎌}, {-ㄹ쎠}, {-에라} 등이 있다. 우선 {-ㄴ뎌}와 {-ㄹ쎠}의 차이에 대해 살펴보기로 하자. 우선 {-ㄴ뎌}는 동사나 계사에 주로 통합되는 반면, {-ㄹ쎠}는 형용사와 주로 통합되는 경향이 있다. 또한 장윤희(2002ㄱ)에 따르면 {-ㄴ뎌}는 "처음 앎"과 "확정적 인식"의 양태적 의미를 화자가 동시에 느끼는 감탄형 어미인 반면, {-ㄹ쎠}는 "처음 앎"의 양태적 의미만을 화자가 느낄 때 사용된다. 그리고 {-ㄴ뎌}는 청자에게 화자의 심리 상태나 인식 상태를 잘 드러내지 않는 독백에 가까운 형식으로 사용되는 경향이 있고, {-ㄹ쎠}는 {-ㄴ뎌}에 비해 청자를 의식하여 청자에게 화자의 심리 상태나 인식 상태를 전달하는 의미로 사용되는 경향이 있다. 아래는 중세국어에서 {-ㄴ뎌}와 {-ㄹ쎠}가 사용된 예이다.

(1) 슬프다 녯 사ᄅᆞ미 마ᄅᆞᆯ 아디 몯ᄒᆞ논뎌 〈남명집언해(1482) 하:30b〉

(2) 됴ᄒᆞ실쎠 世尊하 願ᄒᆞᆫ둔 져기 사겨 니르쇼셔 〈월인석보(1459) 18:23a〉

한편, {-에라}의 경우 '-에이라'에서처럼 청자 높임 선어말어미가 {-에…라}사이에 개재되는 등 불연속 형태의 특성이 있다. 이렇게 청자를 높이는 표현이 함께 출현한다는 사실은 {-ㄹ쎠}보다 화자가 청자를 의식하는 의미가 더 강한 것으로 보인다. 감탄문은 본래 청자를 의식하지 않고 화자의 심리 상태를 표시하는 것인데, {-에라}의 이러한 청자 인식으로 인하여 {-에라}를 종결어미로 가진 문장은 감탄문과 평서문의 중간적 성격을 가진다. 특히 청자를 직접 상대한 장면에서 어떤 정보를 전달함을 목적으로 하는 문장일 경우 평서문적인 성격이 강하다.

(3) 가. 獄主ㅣ 目連이ᄃ려 무로ᄃᆡ 어마니ᄆᆞᆯ 아라보리로소니잇가 目連이 닐오ᄃᆡ 몰라보애라
　　〈월인석보(1459) 23:86b〉

　　나. 目連이 무로ᄃᆡ 어마니미 이제 가히 모미 ᄃᆞ외야 이셔 受苦ᄒᆞ미 地獄과 엇더니잇고 그 가히 닐오ᄃᆡ 내 긴 劫에 가히 모미 ᄃᆞ외야 사ᄅᆞ미 ᄹᅩᆼ올 머구믄 ᄒᆞ려니와 地獄 소리 드로ᄆᆞᆯ 두례라 〈월인석보(1459) 23:91a〉

(3)에서 보이는 바와 같이 {-에라}로 종결된 문장은 청자의 질문에 대한 대답으로 나타나고 있다. (3가)는 '목련目連'의 '옥주獄主'에 대한 대답이며 (3나)는 개로 환생한 어머니의 '목련目連'에 대한 대답이다. 이처럼 {-에라}는 청자에게 정보를 전달하려는 목적을 지니고 있음을 알 수 있다. 그럼에도 (3)의 예는 모두 화자의 탄식하는 감정을 드러내고 있다고 볼 수 있다.

또한 다음과 같이 {-에라}가 사용된 문장 중에 청자를 염두하고 있다고 보기 어려운 경우도 있어 {-에라}를 감탄형 어미로 처리할 수 있다.

(4) 가. 여희ᄂᆞᆫ 셜운 ᄆᆞᅀᆞ미 ᄀᆞ롨 ᄀᆞ올히 ᄀᆞ독ᄒᆞ애라 〈두시언해_초간(1481) 8:70b〉
　　나. 먼 ᄀᆞᅀᆡ 窮ᄒᆞᆫ 시르미 훤ᄒᆞ애라 〈두시언해_초간(1481) 23:16b〉

(4)의 예들은 모두 『두시언해』에서 발견되는 것으로, 화자가 특정한 청자에게 발화하고 있다고 보기 어려운 것들이다. 오히려 화자 자신의 감정을 독백으로 표현하고 있는 것으로 파악된다. 이처럼 {-에라}는 정보를 전달하는 기능과 감정을 표현하는 기능을 동시에 지니고 있다. 이에 따라 장윤희(2002ㄱ:261)에서는 {-에라}가 평서법 어미로서의 성격과 감탄법 어미로서의 성격을 모두 지니고 있는 것으로 파악하기도 하였다.

『삼강행실도』 ≪효자도≫의 감탄형 종결어미 {-에라}

『삼강행실도』 ≪효자도≫에서 감탄형 종결어미는 {-에라}의 예만 2회 출현한다. 그 예는 다음과 같다.

> (5) 가. 조조 도죽 맛나아 자바 가려 커든 곧 슬피 우러 닐오ᄃᆡ 늘근 어미 <u>이세라</u> ᄒᆞ야든
>   〈효자:6a〉
>
> 나. 器具란 ᄒᆞ야디니ᄅᆞᆯ 가지며 닐오ᄃᆡ 아래브터 쓰던 거시라 내게 <u>便安ᄒᆞ얘라</u> ᄒᆞ고 가지더라 〈효자:7b〉

(5가)는 도적에게 어머니가 있음을 감정적으로 호소하고 있다. 어머니가 있다는 사실 정보를 청자인 도적에게 전달하여 목숨을 살려달라는 의도를 드러내고 있다. 이러한 사실은 앞서 {-에라}에 대한 설명에 부합한다. (5나) 역시 그러한데, 아우에게 자신은 낡은 것이 더 편안하다는 감정을 전달하는 한편, 아우에게는 좋은 기물을 쓰게 하려는 의도를 내비치고 있다. 모두 청자에게 화자의 감정을 드러내면서 사실을 전달하고 있음을 확인할 수 있다.

29_소망 표현 종결어미
오민석·정은진

중세국어 소망 표현 종결어미 {-거지라}

{-거지라}는 소망을 표현하는 종결어미로서 "~하고 싶다"의 의미를 나타낸다. 15세기 한글 문헌에서 소망 표현의 종결어미 {-거지라}의 용례를 살펴보면 다음과 같다.

> (1) 가. 그 아기 닐굽 설 머거 아비 보라 <u>니거지라</u> ᄒᆞᆫ대 그 어미 어엿비 너겨 노하 보내여늘
>   〈월인석보(1459) 8:101b〉
>
> 나. ᄒᆞᆫ 암사ᄉᆞ미 삿기 ᄇᆡ여셔 後에 <u>죽가지라</u> 커늘 〈월인석보(1459) 4:64b〉

다. 오직 닐오디 困苦홀 시졷 ᄃᆞ외어지라 ᄒᆞ느다 〈두시언해_초간(1481) 8:2a〉

라. 느미 겨집 ᄃᆞ외노니 ᄎᆞ히 뎌 고마 ᄃᆞ외아지라 ᄒᆞ리 열히로디 마디 아니터니 〈법화경언해 (1463) 2:28b〉

마. 淨水ᄒᆞᆫ 盞ᄋᆞ로 一日 一夜ᄅᆞᆯ 디나게 菩薩ㅅ 알ᄑᆡ 노ᄒᆞᆫ 後에 合掌ᄒᆞ야 머거지이다 請ᄒᆞ야 〈월인석보(1459) 21:168a〉

바. 나도 善友 조차가 보ᄇᆡ 어더오나지이다 〈월인석보(1459) 22:37a〉

(1)은 15세기 문헌에 나타나는 {-거지라}의 다양한 이형태 교체를 보여 준다. {-거지라}의 이형태 교체는 선어말어미 {-거-}의 이형태 교체와 관련되는데([문법] 21_선어말어미 {-거-} 참고), (1가-나)에서는 자동사 어간 뒤에서 '거' 형태로, (1다-라)에서는 어간 'ᄃᆞ외-' 뒤에서 /ㄱ/이 탈락된 '어' 형태로, (1마)에서는 타동사 '먹-' 뒤에서 '어' 형태로, (1바)에서는 동사 '오다[來]'의 어간 뒤에서 '나' 형태로 실현되어 있음을 확인할 수 있다.

한편, {-거지라}는 항상 1인칭 주어를 갖지만 인칭법 선어말어미 {-오-}의 통합이 필수적이지 않다는 점이 특징적이다. (1가, 나), (1다, 라)에서 '-거지라'와 '-가지라', '-어지라'와 '-아지라'가 동일한 환경에서 공존하고 있음을 확인할 수 있으며, 이를 통해 {-거지라}에서 선어말어미 {-오-}의 결합이 수의적이고 의미 차이를 만들지 않는 것으로 파악할 수 있다(이현희 1995, 김유범 2005ㄱ). 또한 청자를 높이는 경우 (1마-바)와 같이 {-거지…라}의 내부에 청자 높임 선어말어미 {-이-}가 개재되어 '-거지이다', '-나지이다'의 불연속 형태로 실현된다.

{-거지라}는 15세기 공시적으로 하나의 형태소로 처리하는 것이 일반적이다. '-지-'나 '-지라'가 단독으로 출현하지 않아서 {-거지라}를 분석하기가 어렵기 때문이다. 다만 {-거지라}의 이형태 교체 조건이 선어말어미 {-거-}의 경우와 유사하고, 종결어미 {-다}가 계사 뒤에서 〖-라〗로 교체된다는 점을 고려하면 {-거지라}가 기원적으로는 '-거-(선어말어미) + ㅈ[소망] + -이-(계사) + -다(종결어미)'의 구조를 가지는 것으로 추정할 수 있다.[151]

---

151 이 경우 'ㅈ'은 [소망]을 나타내는 가상의 형태소로 설정할 수 있으며, 소망을 나타내는 현대국어의 형용사

『삼강행실도』≪효자도≫ 소망 표현 종결어미 {-거지라}

『삼강행실도』≪효자도≫에는 {-거지라}의 예가 다음과 같이 출현한다.

(2) 가. 이우집 張叔의 가시 丁蘭이 겨집ᄃᆞ려 <u>보아지라</u> ᄒᆞ야ᄂᆞᆯ 〈효자:10a〉

　　나. 어미 목 ᄆᆞ른 病 ᄒᆞ야셔 겨스레 외룰 <u>머거지라</u> ᄒᆞ거늘 〈효자:30a〉

　　다. 가는 길헤 ᄒᆞᆫ 겨지비 갓 <u>ᄃᆞ외아지라</u> 커늘 〈효자:11a〉

　　라. 누의 지븨 갔간 <u>녀러오나지라</u> ᄒᆞ야ᄂᆞᆯ 〈효자:29a〉

　　마. 王薦이 바미 하ᄂᆞᆯ긔 비ᅀᅳᆸ오ᄃᆡ 내 나ᄒᆞᆯ 더러 아비를 <u>주어지이다</u> ᄒᆞ더니 〈효자:30a〉

　　바. 스승이 죽거늘 둘히 제여곰 어버싀그에 侍墓 <u>살아지라</u> 請ᄒᆞ야ᄂᆞᆯ 〈효자:35a〉

(2가-나)는 각각 타동사 '보다'와 '먹다' 뒤에 〖-아지라〗, 〖-어지라〗가 출현한 예이다. (2다)에서는 자동사 뒤에서 인칭법 선어말어미 {-오-}와 융합한 〖-가지라〗가 활음 'j' 뒤에서 /ㄱ/ 탈락을 겪어 〖-아지라〗로 실현되었다. (2가-다)는 모두 1인칭 주어의 직접 인용문으로 파악되지만 (2가, 나)에는 선어말어미 {-오-}가 포함되지 않고 (2다)에는 {-오-}가 포함되어, {-거지라}와 선어말어미 {-오-}의 화합이 수의적임을 확인할 수 있다. (2라)는 동사 '오-'를 포함한 합성동사 '녀러오-' 뒤에서 {-거지라}가 〖-나지라〗로 나타난 예이다. 이상의 교체 양상은 {-거지라}의 '거'가 기원적으로 확인법 선어말어미였음을 뒷받침한다.

(2마)와 같이 청자 높임의 대상인 '하ᄂᆞᆯ'을 고려하여 청자 높임의 선어말어미 {-이-}가 {-거지…라}의 형태소 내부에 삽입된 〖-어지이다〗의 형태도 출현한다. 한편, (2바)의 '살다'는 '시묘(侍墓)'를 목적어로 취하는 타동사임에도 자동사 뒤의 이형태 교체형인 〖-가지라〗가 'ㄹ' 뒤에서 'ㄱ' 탈락을 겪고 〖-아지라〗로 출현하였다. 이는 타동사 뒤에 〖-가지라〗가 출현한 예외적 현상으로 처리하거나, '시묘살-'이 하나의 합성어로 굳어져

'지다'나 중세국어의 '-아져'가 기원적으로 'ㅈ'을 가지고 있던 것으로 생각해 볼 수 있다(김유범 2005ㄱ:294). 이때 선어말어미 {-거-} 뒤에 후행하는 '지(ㅈ[소망] + -이-(계사))'의 문법적 지위와 정체가 무엇인가 하는 문제가 남아 있다. '지'는 위치상 선어말어미로 파악할 수 있지만 선어말어미 '지'의 존재가 역사적으로 확실하게 보이지 않는다. 혹은 '지'를 용언의 어간으로 보고 '-거-+-어#지-+(-이-)+-다'로 분석하거나, {-거-}가 어말어미로도 기능했다고 보고 '-거#지-+(-이-)+-다'로 분석할 수도 있다. 다만 현재로서는 자료의 부족으로 명쾌한 설명이 어렵다.

자동사로 기능하였기 때문에 자동사 뒤에 나타나는 〖-가지라〗가 출현하였다고 이해해 볼 수 있을 것이다.

4 중세국어의 문장과 표현

30_ '-어 잇-, -엣-, -엇-'의 상적 의미

오민석·성우철

현대국어의 과거 시제 표지 {-었-}은 기원적으로 중세국어의 우언적 구성 '-어 잇-'에서 비롯된 것이다. 한 가지 흥미로운 사실은 {-었-}의 발달 과정에서 발견되는 형태인 '-엣-, -엇-'이 중세국어 공시적으로 '-어 잇-'과 공존하였다는 점이다. 이와 관련하여 형식 변화가 의미 변화를 함의하는지 그렇지 않은지를 둘러싸고 논란이 계속되었다.

의미 변화가 형식 변화보다 먼저 일어날 것이라고 보는 관점에서는 '-어 잇- > -엣- > -엇-'의 형식 변화에 따른 의미 차이를 밝히는 데에 초점을 둔다. 반대로 형식 변화가 의미 변화보다 먼저 일어날 것이라고 보는 관점에서는 '-어 잇-, -엣-, -엇-'의 형식 차이에는 큰 관심을 두지 않고 이들이 나타내는 의미를 아울러 파악하고자 한다.

사실 이 두 가지 관점은 어느 한쪽이 절대적으로 옳다기보다는 언어적 사실의 일면을 각기 부분적으로 보여 주는 것이라고 할 수 있다. 따라서 여기서는 『삼강행실도』≪효자도≫에 나타난 '-어 잇-, -엣-, -엇-'에서 확인되는 어느 정도 합의된 중세국어의 일반적 특징만을 언급하기로 한다.

『삼강행실도』 ≪효자도≫에 나타난 '-어 잇-'의 상적 의미

(1) 가. 司馬昭이 아드리 西ㅅ녀긔 가아 皇帝 도외야 이실씩 西ㅅ녁 向티 아니ᄒᆞ니라 〈효자:15b〉

　　나. 어미 늙고 病ᄒᆞ야 이셔 겨스리 다드라 오거늘 竹筍을 먹고져 커늘 〈효자:16a〉

　　다. 虛空애셔 닐오디 네 아비 목수미 다아 잇더니 네 하 情誠일씩 그무메 가 주그리라

　　　　ᄒᆞ니 〈효자:21b〉

　　라. 눈 온 바미 墓ㅅ 겨틔 업데여 이셔 소리 그치디 아니ᄒᆞ야 울어늘 〈효자:28a〉

　　마. 두루 얻다가 몯ᄒᆞ야 기픈 묏고래 가다가 눈 避ᄒᆞ야 혼 나모 미틔 가아 이셔 〈효자:30b〉

　　바. 侍墓ᄂᆞᆫ 墓애 가 뫼ᅀᆞᄫᅡ 이실씨라 〈효자:15b〉

(1)은 '-어 잇-'이 결합한 예이다. (1가-마)는 자동사에 결합한 예이고, (1바)는 타동사에 결합한 예이다. 현대국어의 '-어 있-'은 자동사에만 결합하여 동사가 나타내는 사태의 종결에 따른 결과 상태가 주어 논항이 가리키는 대상에게 성립된다는 결과상 resultative의 의미를 나타내는 데에 반해(박진호 2003ㄱ), 중세국어의 '-어 잇-'은 자동사와 타동사는 물론 형용사에도 결합하여 결과상과 연속상continuous을 모두 의미할 수 있어, 현대국어의 '-어 있-'보다 넓은 분포를 보인다.

현대국어의 '-고 있-'은 연속상의 의미를 나타내는 '-고 있-$_1$'과 결과상의 의미를 나타내는 '-고 있-$_2$'로 구분된다. 이 둘은 사태가 지시하는 시간의 폭을 통해서 구별할 수 있는데 연속상으로 해석되는 '-고 있-$_1$'이 결과상으로 해석되는 '-고 있-$_2$'에 비해 시간의 폭이 짧다.

(2) 가. 나는 (하루 종일) 검은색 신발을 신고 있다. [야외활동 상황]

　　나. 나는 (*하루 종일) 검은색 신발을 신고 있다. [신발끈을 묶는 상황]

(2가)는 결과상의 '-고 있-$_2$'가 사용된 예이고, (2나)는 연속상의 '-고 있-$_1$'이 사용된 예이다. (2가)에서 '신고 있다'는 신을 신는 사태의 종결에 따른 결과 상태가 변화 없이 계속 이어짐을 의미한다. 따라서 '하루 종일'과 같은 긴 시간 폭의 부사를 덧붙여도 어색함이 없다. 반면에 (2나)는 사태의 진전에 따라 동작이 변화할 것임이 상정되기 때문에 반어법적 표현이 아닌 이상 '하루 종일'과 같은 긴 시간 폭의 부사와 함께 쓰일

수 없다.

이러한 구분을 염두에 두고 중세국어의 '-어 잇-'을 살펴보면 '-어 잇-'이 결과상이 아닌 연속상의 의미를 나타내는 예가 있음을 알 수 있다. 중세국어에서 형용사에 결합한 '-어 잇-'은 상태 변화를 나타내는 일도 있으나 일시적 상태를 나타내는 일도 있는데, 특히 후자의 '-어 잇-'이 나타내는 의미는 좁은 시간 폭에 한정하여 사태의 일부만 바라본다는 연속상의 의미에 잘 부합한다(박진호 2006).

(3) 가. 辛眈이 순ᄌᆡ 盛ᄒᆞ얫ᄂᆞ니여 辛眈이 주거ᅀᅡ 내 주구리라 ᄒᆞ고 〈충신:32b〉
　　　나. 니브를 거더 보니 피 돗기 ᄀᆞ독ᄒᆞ야 잇거늘 〈열녀:11b〉

(3가)의 '순ᄌᆡ'는 "여전히, 아직도" 정도의 의미를 나타내는 부사이므로 (3가)의 '盛ᄒᆞ얫ᄂᆞ니여'는 상태 변화로는 해석하기 어렵고 일시적 상태로만 해석할 수 있다. (3나)의 '-어 잇-'이 상태 변화를 나타낸다고 보면 전체 문장은 "이불을 걷으니 피가 돗자리에 가득해져서" 정도로 해석할 수 있고, 일시적 상태를 나타낸다고 보면 "이불을 걷으니 피가 돗자리에 가득한 상태로 있어서" 정도로 해석할 수 있다. 본문의 맥락을 고려할 때 전자보다는 후자의 해석이 더 자연스러울 것으로 생각된다.

『삼강행실도』 ≪효자도≫에 나타난 '-엣-, -엇-'의 상적 의미

(4) 가. 吉翂의 아비 셜븐 罪로 가톗거늘 吉翂이 열다ᄉᆞ시러니 깁ᄀᆞ새 울며 어비ᄆᆞᆫ씌 발괄ᄒᆞ거든 〈효자:23a〉
　　　나. 孔子ㅣ 드르시고 니ᄅᆞ샤디 子路ㅣᅀᅡ 사랫거든 힘ᄀᆞ장 孝道ᄒᆞ고 죽거든 몯내 그리ᄂᆞ다 ᄒᆞ리로다 〈효자:2b〉
　　　다. 나가 저긔 告ᄒᆞ고 도라 와 왯노이다 ᄒᆞ며 〈효자:27b〉
　　　라. 솔와 잣과롤 五六 里롤 심겟더니 ᄒᆞᆫ 사ᄉᆞ미 와 소롤 ᄒᆞ야ᄇᆞ려늘 〈효자:18a〉
　　　마. 後에 和州 防禦推官 ᄋᆞᆯ ᄒᆞ얫다가 죽거늘 〈효자:28b〉

(4)는 '-엣-'이 사용된 예이다. (4가-다)는 자동사와 결합한 예이고, (4라, 마)는 타동사와 결합한 예이다. (4가)를 보면 길분의 아버지가 억울한 죄로 갇힌 사태의 결과

상태가 지속됨을 나타내고 있어 '-어 잇-'과 큰 의미 차이를 보이지 않는다. (4나)의 경우 '사랫거든'이 후행하는 '죽거든'과 대비되어 죽음이라는 동적 사태가 일어나기 전까지 지속되는 정적 상태를 나타낸다. 이러한 용법은 과거의 사태에 대해서는 아무런 함축도 가지지 않고 현재의 상태에만 관심을 가진다는 점에서 결과상과 구분되는데, 박진호(2003ㄱ:44-45)에서는 이러한 상적 의미를 정태상^{stative}으로 지칭한 바 있다.[152] (4다)는 지금 막 도착하여 전하는 안부 인사이므로 가까운 과거의 의미로 해석하는 것이 자연스럽다. (4라)의 '심겟더니'는 솔과 잣을 심은 사태의 결과 상태가 지속됨을 나타내지만, (4마)의 'ᄒ얫다가'는 '방어추관^{防禦推官}'을 역임하는 사태를 상대적으로 좁은 시간 폭에 한정하여 나타내고 있다. 이처럼 '-엣-'은 '-어 잇-'과 비슷한 의미를 나타내기도 하지만 또 다른 의미를 나타내기도 하는 것으로 보인다.

(5) 사랏거든 이받고 죽거든 디킈ᄂᆞ니 〈효자:32b〉

(5)는 '-앗-'이 사용된 예로 앞서 살펴본 (4나)의 '사랫거든'과 그 의미가 크게 다르지 않은 것으로 보인다. 즉 이때의 '-앗-'은 정태상의 의미를 나타내는 것으로 파악할 수 있다.

(6) 가. 對答ᄒᆞ디 뒷다가 나도 아비 다모리라 ᄒᆞ야ᄂᆞᆯ 〈효자:13a〉
　　 나. 다ᄉᆞᆷ어미 세 아ᄃᆞᆯ롤 뒷더니 盧操롤 ᄒᆞ야 밥 지스라 ᄒᆞ야ᄃᆞᆫ 슬히 아니 너기며 〈효자:27a〉

(7) 가. (ᄒᆞᆫ 뫼히) 못과 곳과 果實왜 다 ᄀᆞ초 잇더니 〈석보상절(1447) 6:31b〉
　　 나. 그 가온ᄃᆡ 구룸 氣運이 ᄂᆞ는 龍올 조초 잇도다 〈두시언해_초간(1481) 16:31b〉

(6)은 동사 '두다'와 '잇다'가 통합한 예이다. 이것을 비통사적 합성어로 보아 '두-

152　과거 시제, 완료상, 결과상, 정태상은 과거 사태와 그 결과 상태 중 어느 쪽에 비중을 두는가에 따라 구분된다. 과거 시제는 과거 사태의 발생에 초점을 맞출 뿐 그 결과에 대해서는 아무런 함축도 가지지 않는다. 완료상은 과거 사태의 발생을 나타낸다는 점은 과거 시제와 같지만 그것이 현재까지 어떤 방식으로든 영향을 미치고 있음을 나타낸다는 점에서 과거 시제와 구분된다. 결과상은 완료상과 비슷하지만 결과 상태에 더 큰 비중을 둔다는 차이가 있다. 정태상은 과거 사태와 무관하게 현재 상태에만 초점을 맞춘다는 점에서 결과상과 구분된다 (박진호 2003ㄱ).

+ 잇-'으로 분석할 수도 있으나, 그보다는 이때의 '잇-'을 결과상을 의미하는 보조동사로 파악하는 것이 더 적절해 보인다. 따라서 이 구성을 '-어 잇-'과 관련짓고 연결어미 '-오/우'를 설정하여 '두- + -우 # 잇-'으로 분석할 수 있다. (7)에서도 '-오 잇-' 구성이 각기 결과상(7가)과 연속상(7나)의 의미를 나타내는 예를 볼 수 있다.

중세국어 '-어 잇-, -엣-, -엇-'의 피동적 의미

중세국어에서 '-어 잇-, -엣-, -엇-'이 타동사와 결합될 경우 피동적 의미를 나타내는 경우도 있는데, 이는 『삼강행실도』≪효자도≫에서도 발견된다. 그 예는 아래와 같다.

(8) 가. 우리 祖上애셔 쏘더신 화리 <u>ᄀ초아 이쇼ᄃᆡ</u> 〈석보상절(1447) 3:13b〉
　　나. 世尊ㅅ 神奇ᄒ신 이리사 經에 다 <u>닐엣거니와</u> 〈석보상절(1447) 24:19a〉
　　다. 三乘 十二分敎ᄂᆞᆫ 法華애 <u>사겻ᄂᆞ니라</u> 〈금강경삼가해언해(1482) 2:41a〉

(9) 가. 어미 주굶 저긔 네 히롤 길 <u>마갯거든</u> 〈효자:24b〉
　　나. 그를 써 <u>이쇼ᄃᆡ</u> 하ᄂᆞᆯ히 孝子 郭巨롤 주시ᄂᆞ다 ᄒᆞ야 잇더라 〈효자:12a〉

(8)은 타동사와 '-어 잇-, -엣-, -엇-'이 결합한 구문이 피동적으로 해석되는 예이다. (8가)는 조상 대대로 쏘던 활이 갖추어져 있음을 나타내고, (8나)는 부처의 신묘하고 기이한 일이 불경에 다 일러져 있음을 나타내며, (8다)는 '십이분교十二分敎'가 법화경에 풀이되어 있음을 나타낸다. 이 현상을 중세국어의 자타동 양용동사와 관련지어 설명하기도 하나, 사동 접미사가 결합한 'ᄀ초-, 뵈- 나토-' 등에 '-어 잇-'이 결합한 구문이 피동적으로 해석되는 일도 있으므로 모든 예를 이러한 논리로 설명하기는 어렵다. 오히려 구문의 피동적 해석을 낳는 요인이 '-어 잇-'에 있다고 보는 것이 이 현상에 대한 더 일관된 설명을 가능하게 한다.

『삼강행실도』≪효자도≫에서도 (9가)에서 보이는 바와 같이 '-어 잇-'이 피동적으로 해석되는 예가 관찰된다. 한 가지 흥미로운 사실은 (9나)와 같이 특정적 행위주를 상정하기 어려워 피동이나 반사동에 가깝게 해석하는 것이 자연스러운 맥락에서 목적어 논항이 실현된 예도 확인된다는 점이다. 이처럼 의미적으로는 피동이 자연스러우나 형식적으로는 목적격이 쓰인 용례의 존재는 피동적 '-어 잇-' 구문의 발달 과정과 관련하여 흥미로운 논의거리를 제공한다.

31_ 피동 표현

김진우·서영채

피동이란 어떤 동작이나 행동을 스스로 하는 능동과 대립되는 개념으로, 주체가 외부의 대상에 의해서 어떤 동작이나 행동을 하게 되는 것을 말한다. 중세국어의 피동 표현은 파생적 피동과 통사적 피동으로 나누어 살펴볼 수 있다. 파생적 피동이란 어근에 피동 접미사가 결합되어 형성된 피동사에 의해 피동 표현이 실현되는 것을, 통사적 피동이란 '-아/어디다'가 결합된 통사 구성에 의해 피동 표현이 실현되는 것을 의미한다.

파생적 피동

중세국어에서는 대표적으로 '-이-', '-히-', '-기-'가 결합되어 피동사가 만들어졌다. 이러한 피동사는 대부분 타동사가 어근이 되어 만들어졌는데, 타동사에서 파생된 중세국어 피동사의 예는 다음과 같다.

(1) -이-
　가. 모딘 사르미그에 <u>조치여</u> 金剛山애 뻐러디여도 〈석보상절(1447) 21:3b〉
　나. 혀에 맛보며 모매 <u>다히며</u> 〈월인석보(1459) 2:15a〉
　다. 名稱이 너비 <u>들이샤몬</u> 德 싸호샤미 기프샤미오 〈월인석보(1459) 11:97a〉

(2) -히-
　가. 有情이 나랏 法에 <u>자피여</u> 미여 〈석보상절(1447) 9:8b〉

나. 南門이 도로 다티고 〈월인석보(1459) 23:80b〉

　　다. 藥 쁜 거시 ᄆᆞᅀᆞ매 연쳐시니 〈두시언해_초간(1481) 22:16b〉

　(3) -기-

　　가. 衆生이 글ᄂᆞᆫ 鑊 소배 드러 므리 솟글허 숢기더니 〈월인석보(1459) 23:81a〉

　　나. 불휘 믌 미틔 싯기여 그처디니 〈두시언해_초간(1481) 6:41a〉

　　(1가-다)는 모두 타동사 어근에 피동 접미사 '-이-'가 결합된 것이다. (1가)는 '좇-'에, (1나)는 '닫-'에, (1다)는 '듣-'에 각각 '-이-'가 결합되어 피동사가 형성되었다. 그런데 (1가-나)와 달리 (1다)에서는 특수 분철 표기가 발견된다. 이처럼 피동사 중에서는 특수 분철된 표기가 종종 발견되는데, 김유범(2007ㄷ)에 따르면 이는 기원적으로 /ㄱ/를 가지고 있던 접미사에서 /ㄱ/가 탈락하면서 통시적 변화의 흔적을 인식한 표기로 볼 수 있다. 특히 (1다)에서 'ㄷ' 불규칙 활용을 하는 '듣-'이 '들-'로 나타난 것은 후행하는 접미사가 모음으로 시작하였음을 분명히 알려준다[[표기] 04_특수 분철 표기, [음운] 04_/ㄱ/ 탈락 참고]. (2가-다) 역시 타동사를 어기로 하여 피동사가 만들어진 것인데, (2가)는 '잡-'에, (2나)는 '닫-'에, (2다)는 '엱-'에 각각 '-히-'가 결합되어 '자피다', '다티다', '연치다'가 형성되었다. 마지막으로 (3가-나)의 '숢기다', '싯기다'도 마찬가지로 타동사 '숢-', '싯-'에 피동 접미사 '-기-'가 결합되어 형성된 피동사이다.

　　그러나 간혹 피동 접미사가 결합된 어근이 타동사가 아니라 자동사 혹은 자·타동 양용동사인 경우가 발견되는데, 그 예는 다음과 같다.

　(4) 가. 프른 믌겨리 해 눌여 두의잇놋다 〈두시언해_초간(1481) 6:48b〉

　　나. 사햇논 눈과 ᄂᆞᄂᆞᆫ 서리예 이 바미 치우니 〈두시언해_초간(1481) 16:50a〉

　(5) 가. 罪 믾치면 法王 볼 젼치 업스니라 〈금강경삼가해(1482) 4:63b〉

　　나. 어즈러이 여르미 믾쟈 〈두시언해_초간(1481) 18:1b〉

　　다. 모딘 비ᄒᆞᆺ스로 果룰 믾쟈 〈월인석보(1459) 21:67b〉

(4가)의 '놀이다'는 자동사 '놀다[飛]'에서 파생된 것으로 보이는데, 일반적으로 '놀다'는 (4나)와 같이 자동사로 기능한다. 즉 피동사가 대개 타동사에서 파생된다는 점을 고려하면 (4가)와 같은 피동사는 특이한 경우라고 할 수 있다. 또한 (5가)의 '미치다'는 (5나-다)의 자·타동 양용동사 '및다[結]'에서 파생된 것으로 보인다. '및다'는 (5나)와 같이 자동사의 쓰임과 (5다)와 같이 타동사의 쓰임을 모두 가지고 있으므로, 또 다른 자동사 '미치다'가 형성된 것은 비경제적으로 보이므로 특이하다고 할 수 있다.

이러한 경우에 대한 설명으로는 백채원(2018)이 참고가 되는데, 이 연구에서는 (4가)와 같은 경우에 주어가 항상 무정 명사라는 점에 주목하여 설명을 시도하고자 하였다. '놀다'는 본래 자동사로 '金翅鳥 ㅣ ᄂᆞ라 〈월인석보(1459) 11:26b〉'나 'ᄂᆞᆫ 서리 〈두시언해_초간(1481) 16:50a〉'처럼 유정 명사와 무정 명사 모두를 주어로 취했으나, '놀다'가 점차 유정 명사만을 주어로 취하게 되면서 무정 명사가 주어가 될 때에는 '놀이다'가 서술어로 쓰이게 되었다는 것이다. 즉 '놀다'의 주어가 무정 명사인 구문은 피동문과 마찬가지로 비행위주성을 나타내며, 바람 등의 외부적인 힘에 의해 변하게 된다는 의미를 나타내므로 피동사가 만들어질 수 있었다고 설명하였다. 그리고 (5가)에 대해서는 자·타동 양용동사의 자동문과 이로부터 파생된 피동문의 공존은 중세국어에서 빈번하게 발견되는 현상이라고 하면서, '열다[開]'를 예시로 들었다. '열다[開]'는 '東門이 열어든 〈월인석보(1459) 23:80b〉'과 같이 자동사로서의 쓰임을, '獄門올 여러시놀 〈월인석보(1459) 22:65b〉'과 같이 타동사로서의 쓰임을 보이기도 하였는데, '獄門이 절로 열이고 〈월인석보(1459) 23:83b〉'처럼 자동사 '열다'와 파생된 피동사 '열이다'가 유사한 의미를 나타낼 수 있었다는 것이다.

(4가)와 같은 쓰임은 현대국어로 올수록 더욱 증가하여 현대국어에서는 무정 명사 뒤에 '날다'보다는 '날리다'가 오는 것이 조금 더 자연스럽다(예 먼지가 날다, 먼지가 날리다). 또한 (5가-나)와 같이 자타동 양용동사에서 파생된 피동사와 자동사의 공존은 자·타동 양용동사가 많이 사라지면서 현대 국어에는 '맺-[結]', '걷-[消]' 정도만 그 양상을 보이고 있다(예 열매가 맺다, 열매가 맺히다).

통사적 피동

통사적 피동은 위와 같이 피동 접미사가 결합된 것이 아니라 '-아/어디다'에 의해 형성된 것을 말하는데, 구체적인 예시는 다음과 같다.

(6) 가. 太子ㅣ 화롤 혀시니 화리 <u>것거디거늘</u> 〈석보상절(1447) 3:13b〉
　　 나. 즈믄 무디 다 <u>글희여디거늘</u> 〈월인석보(1459) 23:79a〉

(6가)는 '겄-'에 '-어디다'가 결합되었고, (6나)는 '글희-'에 '-어디다'가 결합되었다. 그런데 이러한 통사적 피동의 구성은 현대국어에 비해서 드물게 나타났다. 그 이유로는 중세국어에서 자타동 양용동사가 많았기 때문에, 피동 표현 없이도 한 용언이 타동사와 자동사를 모두 나타낼 수 있었던 점을 들 수 있다. (6가)의 '겄다' 역시 마찬가지인데, '두 갈히 <u>것그니</u> 〈용비어천가(1447) 5:38a〉'의 '것그니' 처럼 피동사가 아니지만, 자동사로서 "꺾이니, 꺾어지니"의 의미를 나타낼 수 있었다.

『삼강행실도』 ≪효자도≫에 나타나는 피동 표현

『삼강행실도』 ≪효자도≫에서 발견되는 피동 표현은 아래와 같다.

정 보		용 례	출 전
파생적 피동	-이-	들이다	09황향선침
		믈이다	32누백포호
		또치다	20반종구부
통사적 피동	-어디다	베어디다	17왕상부빙
		뻐러디다	25왕숭지박
		흐야디다	07설포쇄소

위에서 보이는 바와 같이 『삼강행실도』 ≪효자도≫에서 피동 접미사로는 '-이-'만이 발견된다. '들이다', '믈이다', '또치다'는 각각 '듣-[聞]', '믈-[咬]', '똧-[追]'에 '-이-'

가 결합된 피동사이다. 이 외에 중세국어의 피동 접미사로는 '-히-'와 '-기-'도 존재하는데, ≪효자도≫에서는 발견되지 않는다.

또한 ≪효자도≫에 통사적 피동으로 나타나는 '베어디다', '뻐러디다', 'ᄒᆞ야디다'는 각각 '베-', '뻘-', 'ᄒᆡ-'에 '-어디다'가 결합된 것으로 볼 수 있다[[어휘] 20_'버히다, 베티다, 베어디다, 뷔다', 39_'ᄒᆞ야디다, ᄒᆞ야ᄇᆞ리다' 참고).

32_ 사동 표현

김진우·서영채

사동이란 주체가 외부의 대상에게 어떤 동작이나 행동을 하게 하는 것으로, 어떤 동작이나 행동을 자기 스스로 하는 주동과 대립되는 개념이다. 중세국어의 사동 표현에는 파생적 사동과 통사적 사동이 있다. 파생적 사동이란 어근에 사동 접미사가 결합하여 사동 표현이 실현되는 것을, 통사적 사동이란 '-게/긔 ᄒᆞ다'가 결합되어 사동 표현이 실현되는 것을 의미한다. 아래에서는 이에 대해 구체적으로 살펴보도록 하겠다.

파생적 사동

중세국어의 사동사는 피동사에 비해 다양한 접미사가 결합되어 형성되었다. 대표적으로 '-이-', '-히-', '-기-', '-오/우-', '-ᄒᆞ/후-', '-고-', '-ᄋᆞ/으-'가 결합되어 만들어졌다. 또한 피동 접미사와 달리 사동 접미사는 형용사, 자동사, 타동사에 모두 결합하는 모습을 보이기 때문에 결합 가능한 어간의 제약이 적다고 할 수 있다. 각 접미사에 대한 구체적인 용례는 다음과 같다.

(1) -이-
　　가. 鸚鵡ㅣ 그 穀食을 주ᅀᅥ 어ᅀᅵ를 <u>머기거늘</u> 〈월인석보(1459) 2:12b〉
　　나. 부톄 阿難일 시기샤 羅阿難이 머리 <u>갓기시니</u> 〈석보상절(1447) 6:10a〉
　　다. 舍利弗 金色身이 金色 放光ᄒᆞ고 法을 닐어 沙彌를 <u>들이니</u> 〈월인천강지곡(1447) 상:68a〉

라. 護彌 깃거 나아 迎逢ᄒᆞ야 지븨 드려 재더니 〈석보상절(1447) 6:16a〉

(2) -히-

가. 尊者 올여 안치고 조ᄎᆞᆫ 즁으란 雞雀精舍로 보내오 〈석보상절(1447) 24:34b〉

나. 큰 ᄆᆞᅀᆞ물 너펴 萬德을 일우옳디니 〈월인석보(1459) 12:8a〉

다. 더욱 恭敬ᄒᆞᅀᆞᄫᅡ 몸 구펴 머리 수겨 合掌ᄒᆞ야 〈월인석보(1459) 18:19a〉

(3) -기-

가. 比丘돌히 香湯ᄋᆞ로 菩提樹를 싯기니 〈석보상절(1447) 24:48a〉

나. 그지 업슨 自在ᄒᆞᆫ 히믈 숨기시고 〈법화경언해(1463) 2:258〉

다. 듣ᄌᆞ본 佛法을 므르 그르세 옮기ᄃᆞᆺ ᄒᆞ야 〈월인석보(1459) 25:10a〉

(4) -오/우-

가. 쳔랴ᄋᆞᆯ 모도아 두고 〈월인석보(1459) 9:29a〉

나. 몸 뷔우샤 物應ᄒᆞ시며 〈법화경언해(1463) 6:163a〉

다. 서르 기울우며 서르 아ᄉᆞᆯ씨 〈능엄경언해(1461) 4:44a〉

(5) -호/후-

가. 兵馬ᄅᆞᆯ 머추어시니 微外南蠻인ᄃᆞᆯ 아니 오리잇가 〈용비어천가(1447) 7:26a〉

나. 一切 모든 알ᄑᆡ 큰 神力을 나토샤 〈석보상절(1447) 19:38a〉

다. 合掌ᄋᆞᆫ 솑바당 마촐씨라 〈월인석보(1459) 2:29b〉

(6) -고-

가. 피 솟고며 ᄇᆡ 브르닐 고툐ᄃᆡ 〈구급방언해(1466) 하:34a〉

(7) -ᄋᆞ/으-

가. 홀ᄀᆞ로 塔ᄋᆞᆯ 이르ᅀᆞᆸ거나 〈석보상절(1447) 13:51b〉

나. 冷水는 能히 답ᄶᅧ 주그닐 도로 사르ᄂᆞ니 〈법화경언해(1463) 2:203a〉

(1)~(3)의 '-이-', '-히-', '-기-'는 모두 '-이-'계 접미사라고 부를 수 있다. (1가·라)의 예들은 각각 '먹-', '갔-', '듣-', '자-'에 사동 접미사가 결합된 사동사 '머기다', '갓기다', '들이다', '재다'를 보여 준다. 다만 '먹-', '갔-', '듣-'에 '-이-'가 결합된

것과 달리 어기가 모음으로 끝나는 '자-'에는 '-ㅣ-'가 결합된 것에서 차이가 드러난다. 이는 사동 접미사의 특징으로, 피동 접미사는 어기가 모음으로 끝날 때 '-이-'가 결합되는 경우가 많지만 사동 접미사는 어기가 모음으로 끝날 때 '-ㅣ-'가 결합되는 경우가 많다(구본관 1998:269). (1라)의 '재다'와 비슷한 예로 '셰다, 뵈다, 히다, 내다' 등도 존재한다. 한편, (1다)의 '들이다'에서는 특수 분철 표기가 발견된다. 이처럼 사동사 중에서는 특수 분철된 표기가 종종 발견되는데, 이는 기원적으로 '-기-'의 형태를 가졌던 접미사가 /ㄱ/ 탈락을 겪었다는 의식이 반영된 표기라고 할 수 있다([표기] 04_특수 분철 표기, [음운] 04_/ㄱ/ 탈락 참고).

　(2가-다)의 사동사 '안치다', '너피다', '구피다'는 각각 '앉-', '넙-', '굽-'에 '-히-'가 결합된 것이며, (3가-다)의 사동사 '싯기다', '숨기다', '옮기다'는 각각 '싯-', '숨-', '옮-'에 '-기-'가 결합된 것이다.

　(4)~(6)의 '-오/우-', '-호/후-', '-고-'는 묶어서 '-오-'계 접미사라고 부를 수 있다. (4가)의 사동사 '모도다', '뷔우다', '기울우다'는 각각 '몯-', '뷔-', '기울-'에 사동 접미사 '-오/우-'가 결합된 예들이다. 다만 '기울우다'의 경우 (1다)의 '들이다'와 마찬가지로 특수 분철 표기가 나타나는데, 이 역시 통시적인 /ㄱ/ 탈락의 흔적으로 볼 수 있다. (5가-다)의 '머추다', '나토다', '마초다'는 '멎-', '낟-', '맞-'에 각각 '-후-' 혹은 '-호-'가 결합된 것이다. (5)의 예처럼 중세국어에서 '-호/후-'가 결합된 어기는 말음이 /ㄷ/, /ㅈ/이라는 공통점을 지니고 있다. (6가)의 '솟고다'는 '솟-'에 '-고-'가 결합된 사동사이다. 그런데 중세국어에서 '-고-'는 어기가 /ㅅ/으로 끝날 때 나타나긴 하나, 결합가능성이 별로 높지는 않았다(구본관 1998:296).

　마지막으로 (7가-나)는 '-ᄋᆞ-'계 사동 접미사이다. '-ᄋᆞ/으-'는 동사를 어기로 하여 사동사를 파생하는데, 다양한 예가 발견되지 않으므로 '-이-'계나 '-오-'계에 비해 결합 가능성이 매우 낮다고 할 수 있다. 사동 접미사 '-ᄋᆞ/으-'는 '-이-'나 '-우-'가 결합되는 어근에 통합될 수도 있다. 예컨대 '살-'에는 '살이다'와 '사ᄅᆞ다'처럼 '-이-'와 '-ᄋᆞ-'가 모두 결합될 수 있었으며, '일-'에는 '일우다'와 '이르다'처럼 '-우-'와 '-으-'가 모두 결합될 수 있었다. 이렇게 서로 다른 사동 접미사가 결합될 수 있었던 이유는 파생된 사동사가 서로 다른 의미를 나타내기 때문이었는데, '살이다'는 "어떤 곳에 살게 하다"를, '사르다'는 "목숨을 살리다"를 의미하고, '일우다'는 "어떤 일을 성취하다"를, '이르다'는 "집이나 탑을 세우다"를 의미하였다.

한편, 현대국어의 '세우다, 재우다' 등과 같이 사동 접미사가 이중으로 결합된 것이 중세국어에서도 발견된다. 중세국어에서 발견되는 이중 사동 접미사는 '-ㅣ오/ㅣ우-', '-외-/위-', '-우우-' 등이 있으며 그 예는 아래와 같다.

　(8) 가. 녀나몬 약으로 <u>됴히오디</u> 몯ᄒᆞᄂᆞᆫ 부룸 마준 병을 〈구급간이방(1489) 1:28a〉
　　　 나. 조걔 아르시고 ᄂᆞᆷ <u>알외시논</u> 德이라 〈석보상절(1447) 13:4a〉
　　　 다. <u>느주워여</u> 詔令을 그르츠면 罪責 니부미 진실로 맛당혼 배니라 〈두시언해_초간(1481) 25:38a〉

(8가)는 '됴ᄒᆞ-'[療]에 사동 접미사 '-ㅣ오-'가, (8나)는 '알-'[知]에 사동 접미사 '-외-'가, (8다)는 '늦-'[緩]에 사동 접미사 '-우우-'가 결합되어 각각 사동사 '됴히오다', '알외다', '느주우다'가 형성되었다.

통사적 사동

현대국어와 마찬가지로 중세국어에는 위와 같은 접미사에 의한 사동 표현 외에 '-게/긔 ᄒᆞ다'에 의한 통사적 사동도 존재하였다. 이때 '-게', '-긔'는 'ㄹ' 혹은 반모음 /j/ 뒤에 오면 /ㄱ/이 탈락하여 각각 '-에', '-의'로 실현된다.

　(9) 가. 第八이 阿賴耶ㅅ 일후믈 <u>얻게</u> ᄒᆞᄂᆞ니 〈월인석보(1459) 11:49b〉
　　　 나. 法을 <u>듣긔</u> ᄒᆞ야도 功德이 이러커니 〈석보상절(1447) 19:8a〉
　　　 다. 一切 衆生이 다 드러 <u>알에</u> ᄒᆞ라 〈석보상절(1447) 20:2a〉
　　　 라. 化人은 世尊ㅅ 神力으로 <u>두외의 ᄒᆞ샨</u> 사르미라 〈석보상절(1447) 6:7b〉

(9가)는 '얻-'에 '-게 ᄒᆞ-'가, (9나)은 '듣-'에 '-긔 ᄒᆞ-'가 결합된 사동 표현이다. (9다)에서는 /ㄹ/ 뒤에서 /ㄱ/이 탈락하여 '-게 ᄒᆞ-'가 '-에 ᄒᆞ-'로 실현되었으며 (9라)에서는 /j/ 뒤에서 /ㄱ/이 탈락하여 '-긔 ᄒᆞ-'가 '-의 ᄒᆞ-'로 실현되었다.

그런데 파생적 사동은 상황에 따라 간접 사동 혹은 직접 사동으로 해석될 수 있으나 통사적 사동 '-게/긔 ᄒ-'는 간접 사동으로만 해석된다는 점이 파생적 사동과 차이를 보인다. 예를 들면 다음과 같다.

(10) 가. 놀라 주그닐 두스 수를 <u>머기면</u> 즉재 사ᄂᆞ니라 〈구급방언해(1466) 상:20b〉
　　 나. ᄯᅩ 사ᄅᆞ미 講法ᄒᆞᄂᆞᆫ ᄯᅡ해 안자 이셔 다른 사ᄅᆞ미 오나든 勸ᄒᆞ야 안자 듣긔 커나 제 座ᄅᆞᆯ 논호아 <u>안치면</u> 〈석보상절(1447) 19:6a〉

(10가)의 상황은 기절해 있는 사람에게 따뜻한 술을 먹이는 것이므로 '머기면'은 직접 사동으로밖에 해석될 수 없으며 (10나)는 강법하는 공간에서 다른 사람에게 자리를 나누어 앉히는 것으로 '안치면'은 간접 사동으로 해석되는 것이 자연스럽다. 즉 (10가-나)와 같이 파생적 사동은 간접 사동과 직접 사동을 모두 나타낼 수 있었던 것이다. 그러나 '-게/긔 ᄒ다'는 간접 사동만을 나타낼 수 있었다. 따라서 다음과 같이 동일하게 '죽다'에서 만들어진 사동 표현이더라도 사동 표현의 방법에 따라 서로 달리 해석될 수 있었다.

(11) 가. 이 아ᄃᆞ리 주구므로 아비를 救ᄒᆞᄂᆞ니 孝子 <u>주규미</u> 몯ᄒᆞ리라 〈효자:20b〉
　　　 아비 갑새 <u>주기라</u> ᄒᆞ시니 〈효자:23a〉
　　 나. ᄲᆞᆯ리 고티디 아니ᄒᆞ면 ᄯᅩ 사ᄅᆞᄆᆞᆯ 수이 <u>죽게 ᄒᆞᄂᆞ니</u> 〈구급간이방(1489) 2:76a〉
　　　 갈ᄒᆞᆯ 아ᅀᅡ 몯 <u>죽긔 ᄒᆞ고</u> 〈열녀:21a〉

(11가)의 '주기다'는 파생적 사동으로 직접 사동으로 해석된다. 즉 사동주가 피사동 사건에 직접 참여하는 것이다. 반면 (11나)의 '죽게 ᄒᆞ다', '죽긔 ᄒᆞ다'는 모두 간접 사동으로만 해석된다. 즉 사동주가 피사동 사건이 야기되도록 할 뿐 직접 그 행위에는 참여하지 않는다.

『삼강행실도』 ≪효자도≫에 나타나는 사동 표현

『삼강행실도』 ≪효자도≫에서도 파생적 사동과 통사적 사동이 모두 발견되나, 통사적 사동은 한 예에서만 나타나고, 나머지 사동 표현은 모두 파생적 사동에 해당한다.

정 보		용 례	출 전
파생적 사동	-기-	벗기다	23길분대부
	-이-	그치다	08효아포시, 28서적독행
		내다	15왕부폐시, 31유씨효고, 32누백포호
		눌이다	31유씨효고
		노히다	11동영대전
		닐기다	27노조순모
		됴히다	31유씨효고
		말이다	07설포쇄소, 32누백포호, 27노조순모
		맛디다	05진씨양고
		머기다	22숙겸방약, 30왕천익수, 31유씨효고, 34석진단지
		버리다	02자로부미
		뵈다	10정난각목, 28서적독행
		블브티다	33자강복총
		셰다	03양향액호, 08효아포시, 25왕숭지박, 31유씨효고, 35은보감오
		얼이다	05진씨양고
		올이다	32누백포호
		주기다	20반종구부, 23길분대부
		츠이다	17왕상부빙
		흘리다	10정난각목, 24불해봉시
		히다	07설포쇄소, 35은보감오
	-ᄋ-	사ᄅ다	20반종구부
	-호-	마초다	06강혁거효
	-히-	구피다	27노조순모
		니피다	06강혁거효
	-ㅣ오-	됴히오다	31유씨효고
통사적 사동	-게 ᄒ-	갑게 ᄒ다	11동영대전

위에서 보이는 바와 같이 『삼강행실도』≪효자도≫에서는 사동 접미사로 '-기-', '-이-', '-으-', '-호-', '-히-' 및 이중 사동 접미사 '-ㅣ오-'가 발견되며, '-이-'가 가장 다양한 어근에 결합되어 사용되고 있는 것을 볼 수 있다. '-이-'를 제외한 나머지 접미사들은 한두 개의 용례만 발견된다. 한편, 통사적 사동은 '-게 ᄒ-'가 결합된 '갑게 ᄒ시니라'가 한 번 발견된다.

33_ 높임 표현

정은진

국어의 높임법은 크게 문장의 주어나 주제를 높이는 주체 높임, 목적어와 부사어 대상을 높이는 객체 높임, 종결 어미에 따라 실현되는 상대 높임으로 분류할 수 있다. 주체 높임과 객체 높임, 상대 높임의 분류는 고대 국어에서부터 현대 국어에 이르기까지 지속되어 온 것이지만, 중세 국어의 높임 표현은 오늘날과 비교하였을 때 많은 차이가 있다. 특히 부모와 효자의 이야기를 다루는 『삼강행실도』≪효자도≫에서는 높임의 대상 및 높임 표현의 사용과 관련하여 흥미로운 양상을 보여 준다.

『삼강행실도』의 주체 높임법

중세국어의 주체 높임은 오늘날과 같이 서술어에 선어말어미 {-으시-}를 결합하여 나타낸다([문법] 18_선어말어미 {-으시-} 참고).

(1) 가. 孔子ㅣ 드르시고 니ᄅ샤ᄃᆡ 子路ㅣ 사 사랫거든 힚ᄀᆞ장 孝道ᄒ고 죽거든 몯내 그리ᄂᆞ다 ᄒ리로다 〈효자:2a〉

　　나. 孔子ㅣ 나ᄃᆞ니시다가 슬픈 우룸쏘리ᄅᆞᆯ 드르시고 가시니 皐魚ㅣ라 (…) 술위 브리샤 무르신대 〈효자:4a〉

　　다. 安帝 侍中ㅅ 벼슬 ᄒᆡ시니라 〈효자:7b〉

　　라. 님그미 세 번 브르시며 宰相이 닐굽 번 블러도 다 아니 오고 〈효자:15a〉

　　마. 法度ㅣ 엳ᄌᆞᄫᆞᆫ대 아비ᄅᆞᆯ 敎ᄒ시니라 後에 孝行ᄋᆞ로 쓰시니라 〈효자:23b〉

바. 훍 지여 나날 무덤 우희 올이노니 <u>아로시노닌</u> 볼고 돕와 뭃고 <u>브르미시니라</u> 〈효자:32b〉

『삼강행실도』≪효자도≫에서는 孔子^{공자}, 皇帝^{황제}, 임금 등 대상이 문장의 주어로 나타날 때 주체 높임 선어말어미 {-으시-}가 나타난다. (1가, 나)는 공자의 행적과 말을 전하는 내용이고, (1다, 바)는 황제께 인물의 효성을 아뢰니 황제가 효도를 치하하였다는 맥락이다. (1라)에서는 임금이 주어로 나타날 경우 서술어 어간에 {-으시-}가 결합하였으나 '宰相'이 주어로 나타날 경우에는 '블러도'에 높임 표현이 사용되지 않은 것을 보여 준다. (1바)에서는 달과 바람에 대하여 {-으시-}가 쓰인 것이 특이한데, '명월청풍明月淸風'을 누백의 모습을 숨김없이 볼 수 있는 절대적 존재로 인식했기 때문으로 볼 수 있다.

한편, 『삼강행실도』≪효자도≫에서 특이한 점은 아비, 어미 등 부모와 스승이 문장의 주어로 나타날 경우에는 주체 높임 선어말어미 {-으시-}가 쓰이지 않는 다는 것이다.

(2) 가. 버믜 모글 즈르든대 아비 <u>사라나니라</u> 〈효자:3a〉
    나. 제 <u>父母</u>ㅣ 다른 남진 <u>얼유려 커늘</u> 〈효자:5a〉
    다. 元覺이 한아비 늙고 病ᄒᆞ더니 元覺이 아비 元覺일 ᄒᆞ야 담사니 지여 뫼헤다가 <u>더디라</u> ᄒᆞ야ᄂᆞᆯ 〈효자:13a〉
    라. 許孜ㅣ 글 비호던 <u>스스이 죽거늘</u> 三年 居喪ᄒᆞ고 이슥고 두 <u>어버싀 죽거늘</u> 슬허 여위여 막대 딥고ᅀᅡ 니더니 〈효자:18a〉
    마. 어미 <u>죽거늘</u> 슬허 피 吐ᄒᆞ며 侍墓삻 저긔 〈효자:28a〉

(2가-마)는 각각 아비, 부모, 한아비[祖父]와 아비, 스승과 어버이, 어미가 문장의 주어로 나타난 경우이다. 오늘날의 직관에서는 부모에 대하여 높임 표현을 사용하는 것이 자연스럽다고 여겨지지만, 『삼강행실도』≪효자도≫ 내에서는 부모가 높임의 대상으로 다루어지지 않는다. 이는 서술자의 입장이 높임의 대상 및 높임 표현의 사용 여부에 반영된 결과로 해석해 볼 수 있으며, 객체 높임의 경우에서도 부모와 스승에 대해 높임 표현이 쓰이지 않는 양상이 일관되게 나타난다.

『삼강행실도』의 객체 높임법

중세국어의 객체 높임법은 오늘날에는 소멸한 객체 높임 선어말어미 {-숩-}을 결합하여 나타난다. {-숩-}은 어간의 끝소리에 따라 '-숩-', '-줍-', '-숳-' 등의 다양한 이형태로 나타나며, 현대국어의 상대 높임법 '-습니다'에 그 흔적을 남기고 있다[문법] 19_선어말어미 {-숩-} 참고).

> (3) 가. [원→나라] 員이 나라히 <u>엳즈븐니</u> 일후미 世間애 들이더니 〈효자:9a〉
>
> 나. [고을→황제] ᄀᆞ올히셔 <u>엳즈바놀</u> 皇帝 木像 밍ᄀᆞ랏논 樣올 그리라 ᄒᆞ시니라 〈효자:10b〉
>
> 다. [고을→황제] ᄀᆞ올히셔 <u>엳즈바놀</u> 조과 깁과 주라 ᄒᆞ시니라 〈효자:28b〉
>
> 라. [왕천→하늘] 王薦이 바미 하눓긔 <u>비ᅀᆞᄫᅩᄃᆡ</u> 내 나ᄒᆞᆯ 더러 아비ᄅᆞᆯ 주어지이다 ᄒᆞ더니 〈효자:30a〉

(3)은 나라, 황제, 하늘 등이 문장의 부사어 또는 목적어로 나타날 때 객체 높임 선어말어미 {-숩-}이 실현된 양상을 보여 준다. (3가-다)의 '엳줍-'은 고을 혹은 고을의 벼슬아치가 나라 혹은 황제에게 효도하는 사람의 행적을 보고하였다는 맥락이며, (3라)의 경우 왕천이 '하늘'로 표현되는 신적 존재에게 아비를 위해 비는 장면이다.

> (4) 가. [자식(양향)→아비] 楊香이라 홀 ᄯᆞ리 열네힌 저긔 아비 <u>조차</u> 가아 조 뷔다가 〈효자:3a〉
>
> 나. [며느리(진씨)→시어미] 싀어미ᄅᆞᆯ 나날 새삼ᄃᆞᄫᅵ <u>孝道ᄒᆞ야</u> 〈효자:5a〉
>
> 다. [자식(원오)→아비] 붓그려 제 아비ᄅᆞᆯ 도로 <u>더브러</u> 오니라 〈효자:13a〉
>
> 라. [며느리(유씨)→시어미] 싀어미 病이 되야 (…) 죽거늘 집 겨틔 殯所ᄒᆞ야 두고 싀아비 무더메 가아 <u>무두려</u> ᄒᆞ야 〈효자:31b〉
>
> 라'. [악우→부모] 惡友] 도라와 父母 <u>보ᅀᆞᆸ고</u> 거즛말로 <u>소기ᅀᆞᄫᅳ니</u> 〈월인석보(1459) 22:10b〉
>
> 마. [제자(은보, 서적)→스승] 尹殷保 徐隲이와 ᄒᆞᆫ 스스의그에 글 <u>비호더니</u> 서르 닐오ᄃᆡ 〈효자:35a〉
>
> 마'. [아비→스승] 아비 아ᄃᆞᆯᄃᆞ려 닐오ᄃᆡ 내 이제 ᄯᅩ 너희 스스ᄋᆞᆯ <u>보ᅀᆞᆸ고져</u> ᄒᆞ노니 〈법화경언해(1463) 7:135b〉

한편, (4)는 『삼강행실도』 ≪효자도≫에서 객체 높임 또한 부모나 스승에 대해서는 실현되지 않았음을 보여 준다. (4가–라)는 각각 아비, 시어미 등 부모에 대하여 객체 높임 선어말어미가 개재되어 있지 않으나, (4라')는 15세기의 다른 문헌에서 부모에 대해 객체 높임 선어말어미 {–숩–}이 쓰이는 일이 있었음을 보여 준다. (4마)는 스승이 부사어로 실현되어 있으나 역시 {–숩–}이 쓰이지 않았으며, (4마')는 15세기의 다른 문헌에서 스승이 목적어로 실현되었을 때 객체 높임 선어말어미 {–숩–}이 쓰인 일이 있었음을 보여 준다. 이는 주체 높임의 경우에서와 마찬가지로 서술자의 입장이 반영된 결과로 해석할 수 있다.

『삼강행실도』의 상대 높임법

현대국어에서는 상대 높임이 문장의 종결어미에 의해서만 실현되지만, 중세국어 에서는 청자를 높이는 상대 높임의 선어말어미 {–이–} 또한 존재하였다. {–이–}는 평서형 어미 '–다' 앞에 놓여 '–이다'와 같이 사용되거나, 의문형 종결어미 내부에 존재하여 {–잇가/–잇고}와 같이 사용되기도 하고, 혹은 {–거지라} 등의 내부에 개재되 어 '–거지이다', '–나지이다' 등과 같이 사용된다[문법] 25_평서형 종결어미, 26_의문형 종결어미, 29_소망 표현 종결어미 참고).

(5) 가. [아버지→아들(민손)] 아비 알오 다숨어미를 내툐려 커늘 閔損이 꾸러 솔보디 어미 이시면 흔 아두리 치브려니와 업스면 세 아두리 <u>치브리이다</u> 〈효자:1a〉

나. [아내(유씨)→남편] 남지니 防禦 갏 저긔 닐오디 내 죽사리를 몯내 알리니 兄弟 업고 늘근 어미를 네 孝道홓다 <u>그리호리이다</u> 〈효자:5a〉

다. [검루→신(北辰)] 나죄마다 北辰끠 머리 조사 갑새 <u>죽가지이다</u> 비더니 〈효자:21a〉

라. [길분→고관] 吉翂이 열다ᄉ시러니 긿ᄀ새 울며 어비묻끠 발괄ᄒ거든 본 사ᄅ미 다 눉믈 디더니 吉翂이 擊鼓ᄒ야 갑새 <u>죽가지이다</u> ᄒ야ᄂᆞᆯ 〈효자:23a〉

마. [왕연→신(하늘)] 王薦이 바미 하ᄂᆞᆯ그 비ᅀᆞ보디 내 나홀 더러 아비를 <u>주어지이다</u> ᄒ더니 〈효자:30a〉

바. [아들(누백)→어머니] 어미 말이더니 婁伯이 닐오디 아비 怨讐를 아니 <u>가ᄑ리잇가</u> ᄒ고 〈효자:32a〉

(5)는 화자에 대해 청자가 높임의 대상일 때에 상대 높임 선어말어미 {-이-}가 사용된 것을 보여 준다. (5가, 바)에서는 자식이 부모에 대하여, (5나)에서는 아내가 남편에 대하여, (5다, 마)에서는 화자가 신적 존재에 대하여, (5라)에서는 화자가 고관(어비믿)에 대하여 말하고 있는 장면이므로 부모, 남편, 신적 존재, 고관이 각각 높임의 대상이었음을 알 수 있다. (5가, 바)에서는 주체 높임, 객체 높임의 경우와 달리 부모에 대하여 높임 표현이 사용되었음을 볼 수 있는데, 이는 사태에 대한 서술자의 서술인 (2), (4)와 달리 (5)에서는 부모와 자식 간의 직접적인 대화가 인용되었기 때문으로 볼 수 있다.

한편, 중세국어에서도 종결어미가 높임의 정도에 따라 달리 사용되었다. 평서형과 의문형에서 선어말어미 {-이-}가 개재되어 'ㅎ쇼셔체'의 평서형/의문형 종결어미가 각각 '-이다', {-잇가/-잇고} 등과 같이 나타나는 한편, 명령형에서는 {-으쇼셔}, {-어쎠}, {-라} 등이 각각 'ㅎ쇼셔체', 'ㅎ야쎠체', 'ㅎ라체'의 상대 높임을 나타냈다[문법] 27_명령형 종결어미 참고).

(6) 가. [반종→도적] 潘綜이 도ᄌᆞ기그에 마조 가 머리 조ᅀᅡ 닐오ᄃᆡ 아비 늘그니 <u>사ᄅᆞ쇼셔</u> (…) 그 아비 ᄯᅩ 請호ᄃᆡ 내 아ᄃᆞ리 날 爲ᄒᆞ야 잇ᄂᆞ니 내ᅀᅡ 주거도 므던커니와 이 아ᄃᆞᄅᆞᆯ 사ᄅᆞ고라 〈효자:20a〉

나. [오이→신령] ᄒᆞᆫ 神靈이 ᄭᅮ메 닐오ᄃᆡ 네 來日 나ᄌᆡ 霹靂 마자 주그리라 ᄒᆞ야ᄂᆞᆯ 비로ᄃᆡ 늘근 어미 잇ᄂᆞ니 <u>救ᄒᆞ쇼셔</u> 〈효자:29a〉

(6)에서는 각각 화자에 대하여 청자가 상위자일 경우에 높임의 명령형 종결어미 {-으쇼셔}가 사용되었음을 보여 준다. (6가)에서는 반종이 자신의 목숨을 위협하는 도적에게 읍소할 때에 {-으쇼셔}를 사용한 것을 볼 수 있는데, 이어지는 문장에서 반종의 아비가 도적에게 호소할 때는 'ㅎ라체' 명령형 종결어미인 '-고라/-고려'를 사용하였음을 볼 수 있다. (6나)에서는 아이가 청자인 신령에게 어미의 목숨을 구해 달라고 읍소하는 장면으로서, 역시 높임의 명령형 종결어미 {-으쇼셔}가 사용되었다.

『삼강행실도』의 높임의 부사격조사

오늘날과 같이 중세국어에서도 높임의 정도에 따라 조사가 달리 쓰이는 일이 있었다. 관형격조사의 경우 평칭의 유정 체언에는 모음조화에 따라 '의'나 '이'가 결합되었고, 무정 체언이나 존칭의 유정 체언에는 'ㅅ'이 결합되었다([문법] 14_관형격조사 참고). 또한 높이지 않는 대상에 대해 두루 쓰이는 호격조사 {아}와 상대하여, 높임의 대상에 대해 쓰이는 호격조사로 {하}가 존재하기도 하였다.

부사격조사의 경우 평칭의 부사격조사 '이그에/의그에'와 존칭의 부사격조사 '끠'가 구별되었다. '이그에/의그에'는 평칭의 유정 체언과 결합하는 관형격조사 '이/의'와 '그에'가 결합하여 문법화한 것으로 '-의그에 > -의게 > -에게'의 변화를 거쳐 현대국어 부사격조사 '에게'로 발전하였다. 존칭의 부사격조사 '끠'는 기원적으로 높임의 유정 명사 뒤에 결합되는 관형격조사 'ㅅ'과 '그어긔'가 줄어든 '긔'가 결합하여 문법화한 것으로 현대국어 부사격조사 '께'로 발전하였다([문법] 13_부사격조사_여격조사 {의그에} 참고).

(7) 가. [검루→신(北辰)] 나죄마다 北辰끠 머리 조사 갑새 죽가지이다 비더니 〈효자:21a〉
   나. [길분→고관] 吉翂이 열다ᄉ시러니 긼ᄀ새 울며 어비ᄆᆞᆮ끠 발괄ᄒ거든 〈효자:23a〉
   다. [왕천→신(하늘)] ᄒᆞᆫ 나모 미틔 가아 이셔 어미 病을 ᄉᆞ랑ᄒᆞ야 하ᄂᆞᆯ끠 울워러 우더니
   〈효자:30a〉

『삼강행실도』≪효자도≫에서는 주체 높임 및 객체 높임에서 살펴 볼 수 있었던 양상과 마찬가지로, 높임의 부사격조사 사용 양상에 관련해서도 특징적인 양상이 나타난다. (7)은 높임의 대상에 대하여 부사격조사 '끠'가 사용된 경우이다. (7가, 다)는 주어가 '北辰북신', '하ᄂᆞᆯ' 등 신적 존재에 대하여 읍소할 때에, (7나)의 경우 길분이 '어비ᄆᆞᆮ'(고관)에게 읍소할 때에 '끠'가 사용되었음을 볼 수 있다.

(8) 가. ᄂᆞ미 늘근 어미롤 치다가 乃終내 ᄆᆞᆮᄒᆞ며 ᄂᆞ믜그에 오녀 ᄒᆞ고 고티면 〈효자:5a〉
   나. 董永이 아비 죽거늘 무둟 거시 업서 ᄂᆞ믜그에 도놀 ᄢᅮ어 〈효자:11a〉
   다. 魏라 홀 나랏 安東將軍 司馬昭이그에 그위실ᄒᆞ더니 〈효자:15a〉
   라. 潘綜이 도ᄌᆞ기그에 마조 가 머리 조사 닐오디 아비 늘그니 사ᄅᆞᆷ쇼셔 〈효자:20a〉

마. 세 앉이 <u>노미그에</u> 가아 酒情호야놀 누미 門이 와 어미롤 구짓거늘 〈효자:27a〉

일반적으로 평칭의 부사격조사 '이그에/의그에'는 높이지 않아도 될 대상에 대하여 두루 쓰인다. (8)이 『삼강행실도』≪효자도≫에서 평칭의 부사격조사가 쓰인 경우인데, (8가, 나, 마)에서는 '남'에 대하여, (8다, 라)에서는 각각 고을의 기관인 '司馬所^{사마소}'와 '潘綜^{반종}'을 위협하는 도적에 대하여 '이그에/의그에'가 쓰였음을 볼 수 있다.

한편, 주체 높임 및 객체 높임의 어미와 마찬가지로, 『삼강행실도』≪효자도≫에서는 부모와 스승에 대해서 높임의 부사격조사가 사용되지 않았다는 점이 주목된다.

(9) 가. 孔子ㅅ 弟子ㅣ 뎌 보고 즉자히 도라가아 <u>어버싀그에</u> 값 사르미 열세히러라 〈효자:5a〉
　　나. 王祥이 져머셔 어미 일코 다숨어미 朱氏 <u>아비그에</u> 하라 每常 쇠똥 츠이거늘 〈효자:17a〉
　　다. 늘근 어미 셤기며 져믄 다숫 아ᅀᆞ 이바도몰 낟비 일 업더니 皇帝 <u>어믜그에</u> 옷과 자리와 주시니라 〈효자:24a〉
　　라. 徐積이 (…) 아춤나죄 冠帶호야 <u>어믜그에</u> 뵈더라 (…) 同年돌히 모다 <u>어믜그에</u> 절호고 〈효자 28a〉
　　라'. 大海예 드러가 호다가 貴호 보ᄇᆡ 어더 도라오면 父母ㅣ 당다이 나롤 브리시리라 호야 <u>父母ᄭᅴ</u> 숣보ᄃᆡ 나도 善友 조차가 보ᄇᆡ 어더오나지이다 〈월인석보(1459) 22:37a〉
　　마. 尹殷保 徐隲이와 호 <u>스스의그에</u> 글 비호더니 〈효자:35a〉
　　마'. 내 <u>스승ᄭᅴ</u> 法을 드러 法이 어루 得호미 잇ᄂᆞ녀 아니녀 호야시놀 〈금강경언해(1464) 상:57b〉

(9가, 나, 다, 라)의 경우 자식이 아비, 어미, 어버이, 부모를 상대하는 맥락에서, (9마)의 경우 제자인 은보와 서적이 스승을 상대하는 맥락에서 평칭의 부사격조사 '이그에/의그에'가 쓰였음을 볼 수 있다. 한편 (9라', 마')를 참고하면 15세기의 다른 문헌에서는 부모와 스승에 대하여 높임의 부사격조사 'ᄭᅴ'를 쓰는 일이 있다. 특히 『삼강행실도』를 제외한 대부분의 15세기 문헌에서는 스승에 대하여 부사격조사가 결합할 때 '스승ᄭᅴ'나 '스승님ᄭᅴ'로 나타나는 것이 일반적이다. 부모와 스승에 대하여 서술할 때에 높임 표현을 사용하지 않은 것은 『삼강행실도』≪효자도≫ 언해자 혹은 서술자의 입장이 일관되게 개입된 결과라고 해석할 수 있을 것이다.

중세국어에서 시간 표현은 선어말어미 {-더-}, {-ᄂᆞ-}, {-리-}에 의해 실현된다. {-더-}는 동사나 형용사 어간에 결합되어 과거 시제를 표현한다. {-ᄂᆞ-}는 중세국어의 현재 시제 선어말어미로, 현대국어와 마찬가지로 동사 어간에만 결합될 수 있다. 다음으로 {-리-}는 미래 시제를 나타내는 선어말어미이다. 또한 이들 선어말어미가 모두 출현하지 않은 형식, 즉 부정법不定法에 의해 시간이 표현된다. 이때 서술어가 동사이면 과거를, 형용사이거나 '체언+계사'이면 현재를 나타낸다.

선어말어미에 의한 시간 표현

동사나 형용사 어간에 결합되어 과거 시간을 나타내는 선어말어미 {-더-}는 계사 {이-}와 선어말어미 {-리-} 뒤에서 〖-러-〗로 교체되고, 후행하는 선어말어미 {-오-}와 결합하면 화합형 〖-다-〗로 교체된다.

(1) 가. 마ᄉᆞᆫ 나ᄆᆞᆫ 히룰 侍墓 사라 죽ᄃᆞ록 머리 퍼디고 발 바사 ᄃᆞ니더라 〈효자:26b〉
    나. 싀어미ᄅᆞᆯ 나날 새삼ᄃᆞ외 孝道ᄒᆞ야 乃終내 다ᄅᆞᆫ 남진 홇 ᄠᅳ디 업더니 〈효자:5a〉
    다. 翰林學士 崔婁伯ᄋᆞᆫ 水原 戶長이 아ᄃᆞ리러니 〈효자:32a〉
    라. 내 하 더러ᄫᅥ 사ᄅᆞ미 몯 나ᅀᅡ가리러라 〈석보상절(1447) 24:50b〉
    마. 내 져믄 쁴 글 ᄇᆡ호믈 즐겨 天텬下ᅘᅡ애 두루 ᄃᆞ니다니 〈효자:4a〉
    바. 처섬 마조 본 ᄣᅢ해 와 닐오ᄃᆡ 하ᄂᆞᆳ 織직女녀ㅣ라니 〈효자:11a〉

(1)은 모두 과거 사실을 나타내는 문장으로 {-더-}가 공통적으로 사용되어 있다. {-더-}는 (1가)처럼 동사와도 결합할 수 있고, (1나)처럼 형용사와도 결합할 수 있다. 서술어의 종류에 따라 특별한 차이는 없으나, (1다)처럼 계사에 후행하는 경우 〖-러-〗로 교체된다. 『삼강행실』에서는 그 예를 찾을 수 없으나 이러한 교체 양상은 (1라)처럼 선어말어미 {-리-} 뒤에서도 나타난다. (1마)는 {-더-}가 후행하는 인칭법 선어말어미 {-오-}와 결합하여 〖-다-〗로 교체된 예이다. 화합형 〖-다-〗는

(1바)처럼 계사 뒤에서는 〖-라-〗로 실현된다.

현대국어에서 현재 시제 선어말어미가 동사와만 결합하듯이 현재 시간을 표현하는 선어말어미 {-ᄂᆞ-}는 동사에만 결합된다.

(2) 가. 그를 써 이쇼ᄃᆡ 하ᄂᆞᆯ히 孝子 郭巨를 <u>주시ᄂᆞ다</u> ᄒᆞ야 잇더라 〈효자:12a〉
    나. 내 아ᄃᆞ리 날 爲ᄒᆞ야 <u>잇ᄂᆞ니</u> 내ᅀᅡ 주거도 므던커니와 이 아ᄃᆞ를 사ᄅᆞ고라 〈효자:20a〉
    다. <u>아ᄅᆞ시ᄂᆞ닌</u> 블근 ᄃᆞᆯ와 믈근 ᄇᆞᄅᆞ미시니라 〈효자:32b〉
    라. 주굶 罪囚를 엇뎨 <u>벗기시ᄂᆞ니잇고</u> 〈효자:23b〉
    마. 내 이어긔셔 <u>하딕ᄒᆞ노이다</u> ᄒᆞ고 셔셔 우러 주근대 〈효자:4b〉

(2)에서 {-ᄂᆞ-}는 각각 (2가)의 평서형 종결어미 {-다}, (2나)의 연결어미 {-니}, (2다)의 관형사형어미 {-ㄴ}, (2라)의 선어말어미 {-니-}, (2마)의 선어말어미 {-오-}에 선행하여 모두 현재 상황을 가리키는 데 쓰이고 있다. 이때 (2마)처럼 {-ᄂᆞ-}와 {-오-}가 결합하면 〖-노-〗로 축약되어 나타난다.

마지막으로 {-리-}는 미래 시간을 나타내는 선어말어미이다.

(3) 가. ᄒᆞᆫ 神靈이 ᄭᅮ메 닐오ᄃᆡ 네 來日 나지 霹靂 마자 <u>주그리라</u> ᄒᆞ야ᄂᆞᆯ 〈효자:29a〉
    나. 어미 이시면 ᄒᆞᆫ 아ᄃᆞ리 치브려니와 업스면 세 아ᄃᆞ리 <u>치브리이다</u> 〈효자:1a〉
    다. 아비 닐오ᄃᆡ 내 늘거 ᄲᆞᆯ리 몯 <u>가리로소니</u> 네나 살아라 ᄒᆞ고 〈효자:20a〉
    라. 婁伯이 닐오ᄃᆡ 아비 怨讎를 아니 <u>가포리잇가</u> ᄒᆞ고 〈효자:32a〉

(3)은 현재까지 이루어지지 않은 사실을 나타내는 문장으로 {-리-}가 공통적으로 사용되어 있다. {-리-}는 후행하는 평서형 종결어미 {-다}와 선어말어미 {-돗-}을 각각 (3가)의 〖-라〗와 (3다)의 〖-롯-〗으로 교체시킨다.

부정법에 의한 시간 표현

부정법不定法은 형태소가 표면에 실현되지 않은 것으로, 시간 표현과 관련하여 선어말어미 {-더-}, {-ᄂᆞ-}, {-리-}가 출현하지 않은 형식을 말한다. 이때 서술어가 동사인 경우 과거 시간을, 서술어가 형용사 혹은 계사인 경우 현재 시간을 나타낸다.

> (4) 가. 네 아비 ᄒᆞ마 <u>주그니라</u> 〈월인석보(1459) 17:21a〉
> 　　나. 엇던 行業을 지서 惡道애 <u>ᄣᅥ러딘다</u> 〈월인석보(1459) 21:56a〉
> 　　다. 내 ᄒᆞ마 <u>發心ᄒᆞ니</u> 엇데 主ᄒᆞ며 降ᄒᆞ리잇고 〈금강경삼가해(1482) 2:4b〉
> 　　라. 鹿母夫人이 <u>나혼</u> 고졸 어듸 ᄇᆞ린다 〈석보상절(1447) 11:32〉

(4)는 동사 어간에 시간 표현과 관련된 선어말어미가 결합되지 않은 예로서, 각각 '죽- + -으니- + -라', 'ᄣᅥ러디- + -ㄴ다', '發心ᄒᆞ- + -오- + -니', '낳- + -오- + -ㄴ', 'ᄇᆞ리- + -ㄴ다'로 분석된다. 이는 '죽었다', '떨어졌느냐', '발심했으니', '낳은', '버렸느냐' 정도로 해석되는데, 모두 말하는 시점보다 앞선 상황으로 과거 시간을 나타내고 있다.

> (5) 가. 이 大施主의 功德이 하녀 <u>져그녀</u> 〈석보상절(1447) 19:4a〉
> 　　나. 眞實로 우리 <u>죵이니이다</u> 〈월인석보(1459) 8:94b〉

(5가)는 형용사 어간 '하-'와 '젹-'에 종결어미 '-(으)녀'가 결합된 형태이고, (5나)는 계사 뒤에 선어말어미 '-니-'와 '-이-', 종결어미 '-다'가 결합된 형태이다. (4)와 마찬가지로 시간 표현과 관련된 선어말어미가 나타나지는 않으나 현재의 상황을 기술한 것으로 해석된다. 이처럼 형용사나 계사의 부정법은 현재 시간을 표현한다.

관형사형어미에 의한 시간 표현

현대국어에서 관형사형어미 {-ㄹ}은 선행하는 어간이 확정된 현실이 아님을 나타내는 데 사용된다. 중세국어 역시 관형사형의 미래 시제는 {-ㄹ}에 의해 표현된다.

(6) 가. 싀어미룰 나날 새삼두뵈 孝道ᄒᆞ야 乃終내 다ᄅᆞᆫ 남진 <u>홀</u> ᄠᅳ디 업더니 〈효자:5a〉
　　 나. 董永이 아비 죽거늘 <u>무돌</u> 거시 업서 ᄂᆞᄆᆡ그에 도놀 ᄭᅱ어 묻고 〈효자:11a〉

(6가)는 시어머니를 모시면서 다른 남자에게 시집갈 뜻이 없다는 의미로 {-ㄹ}이 미래의 시간을 표현하는 데 사용되었다. (6나) 역시 묻을 것이 없어 돈을 꾸어 묻었다는 내용으로 {-ㄹ}이 미래 시제로 파악된다. 그러나 중세국어의 {-ㄹ}은 다음과 같이 미래적 의미와 무관하게 시제 중립적인 특징을 보이기도 한다.

(7) 가. 孔子ㅅ 弟子ㅣ 뎌 보고 즉자히 도라가아 어버싀그에 <u>갏</u> 사ᄅᆞ미 열세히러라 〈효자:4b〉
　　 나. 두서 ᄒᆡ룰 시름ᄒᆞ야 ᄃᆞ니거든 아니 슬피 <u>너기리</u> 업더니 〈효자:26a〉
　　 다. 楊香이라 홇 ᄯᆞ리 열네힌 저긔 아비 <u>조차</u> 가아 조 뷔다가 〈효자:3a〉
　　 라. 守墓ᄂᆞᆫ 墓룰 <u>디킐</u> 씨라 〈효자:18a〉

(7)은 {-ㄹ}이 시제 중립적인 특징을 보이는 예이다. (7가)와 (7나)는 각각 '어버이에게 갈 사람이 열셋이더라'와 '아니 슬피 여길 이 없더니'처럼 미래적 의미로 해석할 수도 있지만, 시제 중립적으로 해석할 수도 있다. 그러나 (7다)와 (7라)는 각각 '양향이라 하는 딸이'와 '묘를 지키는 것이다'처럼 시제 중립적으로만 해석되어야 한다.

제4부

———

중세국어의 어휘

1 중세국어 어휘 개관 _ 김유범·정은진

중세국어 어휘를 바라보는 시선

어휘는 언어 변화를 가장 잘 살펴볼 수 있는 대상이다. 현대국어의 어휘와 중세국어의 어휘가 매우 달랐을 것으로 생각하기 쉽지만 실제로는 그렇지 않음을 알 수 있다.

(1) 가. 가다가 사름돌히 쇠며 약대며 ᄆᆞ리며 도티며 羊이며 주기거늘 보고 무로ᄃᆡ 이ᄂᆞᆫ 엇던 사름고 對答호ᄃᆡ 이 사름돌ᄒᆞᆫ 즁ᄉᆡᆼ 주겨 고기 ᄑᆞ라 옷 밥 어더 사ᄂᆞ니이다 가다가 사름돌히 새 자ᄫᆞ며 고기 낫거늘 보고 무로ᄃᆡ 이ᄂᆞᆫ 어썬 사ᄅᆞ미 므슷 일오 對答호ᄃᆡ 그믈로 새 자ᄫᆞ며 고기 자바 이런 일로 옷 바ᄫᆞᆯ 얻ᄂᆞ니이다 〈월인석보(1459) 22:27a〉

가'. 가다가 사람들이 소이며 낙타며 말이며 돼지며 양이며 죽이거늘 보고 묻되 이는 어떤 사람인가? 대답하되 이 사람들은 짐승 죽여 고기 팔아 옷, 밥 얻어 삽니다. 가다가 사람들이 새 잡으며 고기 낚거늘 보고 묻되 이는 어떤 사람이 무슨 일인가? 대답하되 그물로 새 잡으며 고기 잡아 이런 일로 옷, 밥을 얻습니다.

중세국어 자료 『월인석보』(1459)에 실린 (1가)는 성 밖을 지나는 사람들에 대해 선우태자가 묻고 종이 답하는 장면이다. '약대', '돝' 등 오늘날 잘 쓰이지 않거나 소멸된 어휘가 보이지만, '사름(> 사람)', '쇼(> 소)', '고기', '새', '옷', '밥' 등의 어휘들은 오늘날과 크게 다르지 않음을 볼 수 있다. '가다', '풀다(> 팔다)', '낡다(> 낚다)', '잡다', '얻다' 등의 동사들 역시 약간의 형태 변화가 있었지만 오늘날의 의미나 용법과 큰 차이가 없어 보인다.

그러나 중세국어의 어휘를 바라볼 때 우리는 현대국어의 환영幻影에 사로잡히면 안 된다는 사실을 늘 기억해야 한다. 한 예로 중세국어 문헌들에 여러 차례 등장하는 '어엿비 너기다'와 같은 표현에서 볼 수 있는 '어엿비'는 현대국어 '어여삐'로 그 어형이 변화되었다. 그러나 중세국어의 '어엿비'를 현대국어의 '어여삐'와 같이 "보기에 사랑스럽고 귀엽게"라고만 그 의미를 이해한다면 문제가 된다.

(2) 가. 내 이롤 爲ᄒ야 <u>어엿비</u> 너겨(予ㅣ 爲此憫然ᄒ야)〈훈민정음 언해본(1447) 정음:2b〉

　나. 세 앗을 ᄀᆞᄅᆞ쳐 <u>어엿비</u> 너교몰 샹녜예셔 더 ᄒ며(操訓養三弟 恩愛過於平日)〈효자:27b〉

(2)를 통해 우리는 중세국어의 '어엿비'가 오늘날과 다른 의미를 지니고 있었음을 알 수 있다. (2가)의 '어엿비'는 "불쌍히, 딱하게" 정도의 의미를 지닌 것으로 중세국어 문헌들에서 가장 보편적으로 나타나는 의미라고 할 수 있다. 반면 (2나)는 "자애로이" 정도의 의미로 파악되는데, (2가)에 비해 현대국어 '어여삐'의 의미에 가깝지만 여전히 "사랑스럽고 귀엽게"라는 의미와는 거리가 있다. 이처럼 중세국어의 '어엿비'는 현대국어의 '어여삐'와 그 의미가 동일하지 않음을 고려해야 한다.

(3) 가. 제 죵이 ᄯᅩ 닐오ᄃᆡ <u>마노랏</u> 父母ㅣ 늘그시니(其僕亦慰解曰 公父母春秋高)〈충신:18a〉

　나. 諸天이 몬져 하ᄂᆞᆯ <u>幡</u>과 蓋와 가져다가 즘게 우희 ᄃᆞ라 <u>보람</u> 두니라〈석보상절(1447) 3:42b〉

오늘날 '마누라'는 남편이 자신의 아내를 가리키거나 허물없이 부르는 말이지만, (3가)의 '마노라'는 그 뜻이 전혀 다르다. 한문 원문의 '公공'을 고려할 때, (3가)의 '마노라'는 죵이 자신의 아내를 이르는 것이 아니라 아랫사람으로서 자신의 상전上典을 가리키는 말임을 알 수 있다. 실제로 '마노라'는 남녀를 가리지 않고, "상전·마님·임금" 등을 통칭하는 말이었으나 의미와 형태 변화를 겪어 오늘날엔 아내를 속되게 이르는 말로 쓰이고 있다.

　한편, (3나)에서는 천상계의 천신[諸天]이 하늘의 개蓋(불좌 또는 높은 좌대를 덮는 장식품)와 번幡(부처와 보살의 성덕盛德을 나타내는 깃발)을 가져다가 나무 위에 달아 '보람'을 두었다는 내용이다. 이때 '보람'은 "어떤 물건을 다른 물건과 구별하거나 잊지 않기 위한 표식이나 표적"이라는 구체적 사물을 지칭하는 말로 쓰였다. 이를 "(어떤 일을 한 뒤에 얻어지는) 좋은 결과나 만족감, 또는 가치"라는 오늘날의 '보람'이 지닌 가장 일반적인 의미로만 이해해서는 곤란하다. (3나)의 '보람'이 보여 주는 의미는 현대 국어 '보람'이 지닌 1차적인 의미로서, 이로부터 오늘날 '보람'은 "표식, 표적"이라는 구체적인 의미와 더불어 "결과, 만족감, 가치"라는 추상적인 의미를 모두 지니게 되었다. 따라서 중세국어의 어휘가 현대국어의 어휘와 같거나 유사한 형태를 지녔다고 해서 이를 완전히 동일시하는 것은 현대국어 화자의 부주의한 태도라고 할 수 있다.

중세국어의 어휘 체계

　언어의 어휘 체계는 그것을 구성하고 있는 구성 요소들이 무엇인지를 살펴봄으로써 전체적인 모습을 파악할 수 있다. 중세국어의 어휘 체계도 이와 같은 방법으로 그 전체적인 모습을 파악해 볼 수 있는데, 여기에서는 그 구성 요소를 고유어, 한자어, 차용어로 나누어 살펴보도록 한다.

[1] 고유어

　중세국어에는 현대국어보다 더 다양한 고유어가 있을 것으로 생각된다. 『훈민정음』 해례본의 〈용자례〉에는 94개의 어휘 표기가 제시되어 있는데, 이 모두를 완전히 고유어 라고 확신할 수는 없지만 적어도 당시 사람들은 이들 단어가 고유어라고 생각했던 것으로 보인다.

　(4) 가. 초성자의 용례에 나타난 고유어
　　　① :감[柿](persimmon)　　　　　　　② ·골[蘆](reed)

③ 우·케[未舂稻](a grain of unhulled rice)
④ 콩[大豆](bean)
⑤ 러·울[獺](sable)
⑥ 서·에[流澌](frostwork)
⑦ ·뒤[茅](miscanthus)
⑧ ·담[墻](wall)
⑨ 고·티[繭](cocoon)
⑩ 두텁[蟾蜍](toad)
⑪ 노로[獐](roe-deer)
⑫ 납[猿](monkey)
⑬ ᄇᆞᆯ[臂](arm)
⑭ :벌[蜂](bee)
⑮ ·파[葱](Welsh onion)
⑯ ᄑᆞᆯ[蠅](fly)
⑰ :뫼[山](mountain)
⑱ ·마[薯蕷](yam)
⑲ 사·ᄫᅵ[蝦](shrimp)
⑳ 드·ᄫᅴ[瓠](gourd)
㉑ ·자[尺](ruler)
㉒ 죠·ᄒᆡ[紙](paper)
㉓ ·체[簏](sifter)
㉔ 채[鞭](whip)
㉕ ·손[手](hand)
㉖ :셤[島](island)
㉗ ·부헝[鵂鶹](owl)
㉘ ·힘[筋](muscle)
㉙ ·비육[鷄雛](chick)
㉚ ·ᄇᆞ얌[蛇](snake)
㉛ ·무뤼[雹](hail)
㉜ 어·름[氷](ice)
㉝ 아ᅀᆞ[弟](little brother/sister)
㉞ :너ᅀᅵ[鴇](bustard)

나. 중성자의 용례에 나타난 고유어

㉟ ·ᄐᆞᆨ[頤](jaw)
㊱ ·ᄑᆞᆺ[小豆](adzuki)
㊲ ᄃᆞ리[橋](bridge)
㊳ ᄀᆞ래[楸](walnut)
㊴ ·믈[水](water)
㊵ ·발·측[跟](heel)
㊶ 그력[鴈](wild goose)
㊷ 드·레[汲器](well bucket)
㊸ ·깃[巢](nest)
㊹ :밀[蠟](beeswax)
㊺ ·피[稷](millet)
㊻ ·키[箕](winnower)
㊼ ·논[水田](peddy field)
㊽ ·톱[鉅](saw)
㊾ 호·ᄆᆡ[鉏](hoe)
㊿ 벼·로[硯](ink stone)
(51) ·밥[飯](boiled rice)
(52) ·낟[鎌](sickle)
(53) 이·아[綜](woof)
(54) 사ᄉᆞᆷ[鹿](deer)
(55) 숫[炭](charcoal)
(56) ·울[籬](bamboofence)
(57) 누·에[蚕](silkworm)
(58) 구·리[銅](copper)
(59) 브ᅀᅥᆸ[竈](kitchen)
(60) :널[板](board)
(61) 서·리[霜](frost)
(62) 버·들[柳](willow)
(63) :죵[奴](servant)
(64) ·고욤[梬](wild persimmon)
(65) 쇼[牛](cattle)
(66) 삽됴[蒼朮菜](tractylisovata)

⑥⑦ 남샹[龜](tortoise)　　　⑥⑧ 약[黿鼉](a kind of turtle)

⑥⑨ 다야[匜](wash basin)　　⑦⑩ 쟈감[蕎麥皮](rye hull)

⑦⑪ 율믜[薏苡](pearled barley)　⑦⑫ 쥭[飯[舀+木]](rice gruel)

⑦⑬ 슈룸[雨繖](umbrella)　　⑦⑭ 쥬련[帨](handkerchief)

⑦⑮ ·엿[飴餹](candy)　　　⑦⑯ 뎔[佛寺](buddhist temple)

⑦⑰ 벼[稻](unhulled rice)　　⑦⑱ :져비[燕](swallow)

　다. 종성자의 용례에 나타난 고유어

⑦⑲ 닥[楮](paper mulberry)　⑧⑳ 독[甕](earthenware pot)

⑧㉑ :굼벙[蠐螬](maggot)　　⑧㉒ 올창[蝌蚪](tadpole)

⑧㉓ ·갇[笠](hat)　　　　　⑧㉔ 싣[楓](maple)

⑧㉕ ·신[履](shoes)　　　　⑧㉖ ·반되[螢](firefly)

⑧㉗ 섭[薪](firewood)　　　⑧㉘ 굽[蹄](hoof)

⑧㉙ :범[虎](tiger)　　　　⑨㉚ :쉼[泉](spring)

⑨㉛ :잣[海松](Korean nut pine)　⑨㉜ ·못[池](pond)

⑨㉝ ·돌[月](moon)　　　　⑨㉞ :별[星](star)

이 중에는 '감', '콩(> 콩)', '서에(> 성에)', '죠히(> 종이)' 등과 같이 형태의 변화를 거쳐 오늘날까지 쓰이고 있는 어휘들이 있다. 반면 '러울', '뫼', '비육', '무뤼' 등과 같이 오늘날에는 거의 쓰이지 않거나 사멸한 어휘들도 있다.

중세국어 고유어 어휘의 중요한 특징 중 하나는 모음 교체에 의하여 어휘가 분화되거나 어감의 차이를 보이는 경우가 많다는 점이다. 오늘날에도 '파랗다'와 '퍼렇다', '알록달록'과 '얼룩덜룩' 등 모음 교체에 의한 어휘의 짝이 어감의 차이를 보이는 경우가 있는데, 중세국어에서도 모음 교체에 의해 어감의 차이를 보여 주는 어휘의 짝이 존재한다.

　(5) 가. 붉다~븕다, 놃다~늛다, 몱다~믉다, ㅂᅀᅡ다~브ᅀᅳ다, ᄑᆞ르다~프르다, …
　　　나. 곱다~굽다, 녹다~눅다, 오목~우묵, 도렷다~두렷다, 촉촉~축축, …
　　　다. 갖~젖, 마리~머리, 남다~넘다, 밧다~벗다, 살~설, 할다~헐다, …

(5)는 각각 모음 'ᄋᆞ~으', '오~우', '아~어'의 교체에 의해 서로 다른 어휘로 분화되거나 어감의 차이가 나타난 예들이다. 중세국어의 고유어 어휘 중에서는 본래 양성모음형

과 음성모음형이 의미 차이가 거의 없이 공존하다가 후대에 이르러 형태와 의미의 분화를 겪게 된 경우가 있는데, '마리~머리'의 경우가 대표적이다.

> (6) 가. <u>마리</u>롤 갓ㄱ시고 누비옷 니브샤 붓그료미 엇뎨 업스신가 〈월인천강지곡(1447) 상:43b〉
>   나. 혼 <u>머리</u>오 네 느치오 여듧 누니오 여듧 볼히오 〈월인석보(1459) 25:84a〉
>   다. 싱션 세 <u>마리</u> 가니 세 <u>마리</u>롤 다 싱션을 ᄒᆞ여 ᄡᅳ고 〈진주하씨묘출토언간(17C) 35〉

중세국어에서 (6가)의 '마리'와 (6나)의 '머리'는 본래 "목 윗부분의 신체 기관^{頭部}", "머리털^{頭髮}", "두뇌^{頭腦}" 등의 의미를 포괄하면서 큰 구별 없이 쓰였다. 그러다가 근대국어 시기에 (6다)와 같이 '마리'가 동물의 수를 세는 단위로 쓰이게 되면서 두 어휘가 분화되었다. 그 결과 오늘날 신체 부위와 관련한 어휘는 '머리'로, 동물의 수를 세는 단위는 '마리'로 구분되어 쓰이게 되었다.

반면 '밧다~벗다'는 양성모음형과 음성모음형이 모두 공존하다가 근대국어 시기 이후 한쪽만 남게 된 경우이다. 본래 '밧다'는 '옷, 신, 곳갈' 등 구체적 대상에, '벗다'는 '시름' 등 추상적 대상에 쓰이던 단어로서 "떼어내다"라는 공통적 의미를 가졌으나, 근대국어 이후 '밧다'가 사라지면서 '벗다'가 '밧다'의 의미 영역까지를 포괄하게 되었다 ([어휘] 19_밧다/벗다 참고).

한편, '살~설'의 경우는 본래 한쪽만이 쓰이다가 모음교체에 의해 양성형과 음성형으로 어휘가 분화된 경우이다.

> (7) 가. 道士돌히 <u>서레</u> 님금 뵈ᅀᆞᆸ오라 모다 왯다가 〈월인석보(1459) 2:68b-69a〉
>   나. 그 아기 닐굽 <u>설</u> 머거 아비 보라 니거지라 혼대 〈월인석보(1459) 8:101b〉

본래 '설'은 (7가)와 같이 "정월 초하룻날"의 의미와 (7나)와 같이 나이를 세는 단위명사로 모두 쓰일 수 있었지만, 점차 전자는 '설'로, 후자는 '살'로 형태가 고정되면서 어휘가 분화되었다.

[2] 한자어

한자어는 차용어의 일종이지만 유구한 역사성으로 인해 국어의 어휘 체계에서 특별히 다른 차용어들과는 달리 독자적인 어종으로 취급된다. 우리는 이미 삼국시대부터 한자와 한문을 받아들였기 때문에 중세국어 시기에는 국어 어휘에 한자어의 비중과 영향력이 적지 않았다. '뫼[山]', '온[百]', 'ᄒᆞ다가'와 같은 고유어 어휘가 점차 '산山', '백百', '만일萬一' 등의 한자로 대체되어 갔음은 주지의 사실이거니와, 이미 중세국어 시기에 '便安편안', '爲위', '命명' 등의 한자어에 'ᄒᆞ다'가 결합한 한자어 용언이 다수 존재하였다.

중세국어 문헌에 등장하는 한자어들은 그 기원에 따라 다음과 같이 몇 가지 부류로 나누어 볼 수 있다.[153]

> (8) 가. 중국의 고전 문헌에서 사용된 한자어
> 나. 불교 관련 한자어
> 다. 중국 구어 계통의 한자어
> 라. 국내에서 만든 한자어

(8가)는 여러 유학 경전을 통해 수용한 많은 한자어들로 중세국어 한자어의 기본을 이루고 있었다고 보아도 무방하다. (8나)는 '가사袈裟', '건달파乾達婆', '사리舍利', '아수라阿修羅', '찰나刹那' 등과 같이 범어를 음역한 경우와 '공양供養', '극락極樂', '세존世尊', '해탈解脫' 등과 같이 번역하여 조어한 경우로 나눌 수 있다. 이때 번역과 조어는 이미 중국에서 이루어진 것을 수용한 것이다. (8다)는 중국의 새로운 문물을 수용하며 함께 들어온 한자어로 중국어의 현실 발음이 반영된 구어적인 특징을 지닌 것들이다.

(8라)는 한자 문화권에 있던 문화적 환경에서 만들어진 한자어들로 특히 한자 차자 표기로 등장한 표기가 후에 한자어로 굳어진 경우가 많다. '모밀'을 표기하기 위해 사용했던 '木麥'이 한자어로 인식되어 '목맥木麥'이 된 경우나, "주관자"를 뜻하던 이두 표기 '次知'가 한자어의 단계를 지나 고유어 '차지'로까지 인식되게 된 경우가 그 예이다.

---

153   이에 대해서는 조남호(1996:133-136)의 논의를 참조할 수 있다.

오늘날 '시댁', '시부모', '시누이' 등에서 볼 수 있는 한자어 접두사 '시媤-'도 사실상 중세국어 '싀어미', '싀아비', '싀아비어미' 등에서 볼 수 있는 고유어 접두사 '싀'가 후에 한자로 적힌 것이라는 점도 참고할 만하다.

한편, 한자어의 영향력은 중세국어 시기에서 근대국어 시기를 거치며 더욱 강해졌는데, 15세기에 간행된 『삼강행실도』와 18세기에 간행된 『오륜행실도』의 언해문을 서로 비교하면 몇 세기 동안 고유어에 비해 한자어의 영향력이 커졌음을 관찰할 수 있다.

(9) 가. 父母ㅣ 다른 남진 ①얼유려 커늘 닐오디 남진 갑 저긔 ②늘근 어미로 맛뎌늘 ③그리 호려 호니 느믹 ④늘근 어미를 ⑤치다가 乃終내 몯ᄒ며 느믜그에 ⑥오녀 ᄒ고 고티면 어드리 世間애 ᄃᆞ니리오 〈삼강행실도(1490) 효자:5a〉

　　가'. 부뫼 쟝챳 두려 가 ①기가ᄒ려 ᄒᆞᄃᆡ 효뷔 글오디 지아비 갈 제 내게 ②노모를 맛디거놀 내 이믜 ③허락ᄒᆞᄂᆞᆫ디라 놈의 ④노모를 ⑤봉양ᄒᆞ다가 능히 ᄆᆞᆺ디 못ᄒ며 놈의게 ⑥허락ᄒᆞ고 능히 밋브게 못ᄒ면 엇디 셰샹의 셔리오 ᄒᆞ고 〈오륜행실도(1797) 1:7a〉

(9가)와 (9가')는 『삼강행실도』와 『오륜행실도』에서 같은 한문 원문을 언해한 구절들을 비교한 것이다. ①의 '얼이다 → 기가改嫁ᄒᆞ다', ⑤의 '치다 → 봉양奉養ᄒᆞ다' 등의 사례를 통해 고유어 용언이 '한자어+ᄒᆞ다' 구성으로 대치되었음을 볼 수 있다. 또한 ②와 ④의 '늘근 어미'가 '노모老母'로, ③과 ⑥의 '그리 ᄒᆞ다', '오녀 ᄒᆞ다'와 같은 구 구성이 '허락許諾ᄒᆞ다'로 변화한 것을 볼 수 있다. 모두 고유어가 한자어로 변화한 모습을 보여 준다.

[3] 차용어

차용어는 외국어의 어휘가 유입되어 국어의 어휘 체계 속에 자리해 국어의 구성 요소로서 역할하는 단어들을 일컫는다. 오늘날에는 영어, 일본어, 포르투갈어 등 다양한 언어에서 유래한 차용어가 현대국어에 정착해 있는데, 중세국어에서는 중국어나 몽골어, 여진어로부터 들어온 다양한 차용어의 사례를 살펴볼 수 있다.

(10) 가. 내 이제 大海예 드러가 貴혼 <u>보빅</u> 어더 오고져 ᄒ노이다 〈월인석보(1459) 22:31a〉

나. 空心에 됴혼 <u>타락</u> 혼두 되롤 머그면 즉재 누른 므리 두외야 나리라 〈구급방언해(1466) 하:43b〉

다. 내게 나믄 은이 이시니 힘히미 두워 므슴 호료 이믜져 <u>비단</u> 사 가지고 가쟈 〈번역노걸대 (16C) 하:23b〉

라. 거믄 <u>텰릭</u>뵈 닷 비를 쇼신이 예 가져 오이다 〈번역박통사(16C) 상:51b〉

(10가)의 '보빅'는 중국어 구어 '寶貝^{보패}'에서 차용된 말이며, (10다)의 '비단' 역시 중국어 구어 '匹段^{필단}'에서 차용된 단어이다. 이들 단어는 중세국어의 일반적인 한자어와 달리 우리 한자음으로 읽히지 않는데, 그것은 이들 단어가 이미 이른 시기에 유입되어 우리말에 동화되었기 때문으로 생각된다. '붓'이나 '먹' 등의 단어 역시 한자어 '筆^필', '墨^묵'에서 유입되었음에도 중세국어 시기에 '붇'과 '먹'으로 나타나는데, 이 역시 이른 시기에 한자어 '筆'과 '墨'이 한반도에 상고음^{上古音}으로 유입되어 정착했기 때문이다.

한편, (10나)의 '타락'은 몽골어 'taraq'에서, (10라)의 '텰릭'은 몽골어 'terlig'에서 차용된 단어이다. 고려 말 원나라와 관계를 맺게 되면서 몽골어로부터 다양한 어휘가 유입되었는데, '타락', '철릭', '송골' 등은 오늘날까지도 남아 있는 단어들이다. 이 밖에도 '豆漫 투먼江 〈용비어천가(1447) 1:7a〉'의 '투먼'은 "萬^만"을 뜻하는 여진어 단어 'tumen'으로부터 차용된 지명이다.

중세국어의 쌍형어와 존대 어휘

중세국어에는 의미가 같고 형태가 유사한 단어들이 공존하는데, 이를 일컬어 '쌍형어'라고 한다. 쌍형어는 한 단어의 이형태가 아닌, 서로 다른 두 단어로 간주된다는 특징이 있다. 다음은 중세국어에서 찾아볼 수 있는 쌍형어의 예들이다.

(11) 겨니다≈견디다, 도최≈돗귀, 두텁다≈둗겁다, 드틀≈듣글, 두ᄆᆞ다≈둠그다, 믄득≈믄 듯, ᄆᆞ니다≈ᄆᆞ지다, 바다ㅎ≈바롤, 반두기≈반두시, 시므다≈심그다, 여믈다≈염글다, 져믈다≈졈글다, ᄌᆞᄆᆞ다≈줌그다, 흐늘다≈흔들다

이러한 중세국어 쌍형어들은 방언적 차이를 갖는 두 어형의 존재를 보여 주는 것으로 생각해 볼 수 있다. 현재로서는 각각이 어떠한 방언적 특성을 반영하는지 정확히 밝히기는 어렵지만, 중세국어의 어휘들이 방언에 따라 서로 조금씩 달랐을 것임을 쌍형어의 존재를 통해 추정해 볼 수 있다. 우리는 중세국어 쌍형어의 존재를 통해 '바ᄅᆞᆯ > 바다'와 같이 사실과는 다른 상상의 어휘 변화를 가정하지 않을 수 있다.

한편, 중세국어에서도 현대국어에서처럼 어휘에 의해 경어법이 실현될 수 있었는데, 다음과 같이 존대를 나타내는 특별한 어휘들이 사용되었다.

(12) 겨시다[在], 숣다[白], 엳줍다[問], 뵈다/뵈ᅀᆞᆸ다[見], 드리다/드리ᅀᆞᆸ다[與], 받다/받ᄌᆞᆸ다[受], 뫼시다/뫼시ᅀᆞᆸ다/뫼ᅀᆞᆸ다[侍], 좌시다/좌ᄒᆞ다[飯], ᄌᆞ갸[自], -님, …

이들 어휘는 문장에서 주체나 객체에게 존대를 표하기 위해 사용되었는데, 높임의 선어말어미 {-으시-}, {-ᅀᆞᆸ-}이 결합해 어휘화된 경우가 많음을 볼 수 있다. 한편, 현대국어에서 1인칭 대명사 '나'에 대한 낮춤말 '저'가 사용되는 것과 달리 중세국어에서는 항상 '나'만이 사용되었다. 'ᄌᆞ갸'는 현대국어에서 재귀대명사 '자기'의 높임말인 '당신'에 해당하는 중세국어의 특별한 재귀대명사이다.

중세국어 어휘 찾아보기

옛 문헌을 읽다가 모르는 단어가 나오면 단어의 뜻을 어떻게 알 수 있을까? 혹은 오늘날 일상적으로 쓰이는 단어가 과거에 어떤 모습이었는지 궁금하다면 어떻게 알 수 있을까? 문헌에서 맞닥뜨리는 낯선 단어의 의미를 고어사전을 통해 살펴보는 것은 중세국어 어휘에 가까이 다가갈 수 있는 가장 빠르고 효과적인 방법일 것이다.

중세국어 어휘를 알기 위해 가장 쉽게 살펴볼 수 있는 자료는 웹사이트에서 제공하는 국어사전과 고어사전이다. 「표준국어대사전」과 「고려대한국어대사전」은 표제어의 기본 정보로 최초 출현형을 제시하는 경우가 있으며, 국립국어원에서 제공하는 웹사전 「우리말샘」에서는 다양한 어휘의 역사 정보를 손쉽게 찾아볼 수 있다.

(13) 同年돌히 모다 어믜그에 절ᄒ고 <u>이바디ᄒ려</u> 커늘 받디 아니ᄒ니라 〈삼강행실도(1490) 효자:28〉

예컨대, 『삼강행실도』의 ≪효자도≫를 읽다가 (13)과 같은 구절을 마주하였다고 가정해 보자. 우리는 '이바디'나 '이바디ᄒ다'라는 낯선 단어의 뜻을 알기 위해 우선 웹사전에서 검색을 해 보게 된다.

「우리말샘」은 다양한 어휘의 역사 정보를 담고 있을 뿐 아니라, 옛한글의 입력을 통한 검색 또한 가능해 중세국어의 어휘 정보를 찾아보기에 용이하다. 「우리말샘」에서 '이바디'를 검색하면 다음과 같이 '이바디'와 '이바디ᄒ다'의 검색 결과가 도출되며, 그 의미는 "잔치"와 "대접하다, 봉양하다"로 제시되어 있음을 볼 수 있다.

'이바디'의 정보를 클릭하여 세부 정보를 검색한다면 다음과 같이 '이바디'의 다양한 시대별 용례를 살펴볼 수 있다. '용가', '두시' 등과 같이 약호로 적혀 있는 문헌의 편찬 연대를 기억하고 있다면 시대에 따른 어휘의 출현 용례를 비교해 볼 수 있을 것이다. 또한 일부 표제어의 경우 용례가 현대역되어 있어 이용자의 편의를 돕지만, 현대역 중에는 더러 오역이 있을 수 있어 각별히 주의할 필요가 있다.

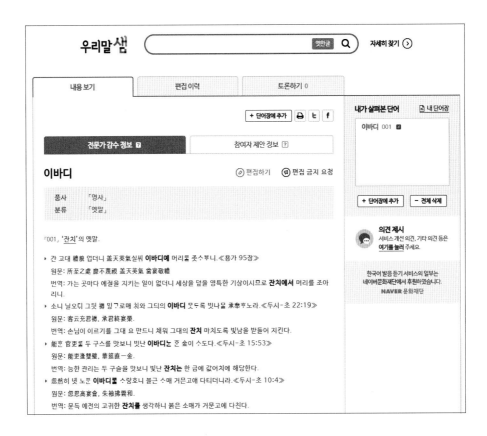

한편, 웹사전과 달리 종이사전은 들고 다니기가 어렵고 표제어를 검색하는 데에도 많은 시간이 소요되지만, 어떤 단어와 관련된 다른 단어들을 한눈에 살펴볼 수 있다는 점에서 많은 이점이 있다. 『교학 고어사전』(남광우 1997), 『우리말 큰사전 4: 옛말과 이두』(한글학회 1992), 『이조어사전』(유창돈 1964) 등이 대표적인 종이 고어사전이다.

비교적 손쉽게 구할 수 있는 『교학 고어사전』을 통해 '이바디'를 찾아보면 다음과 같은 결과를 볼 수 있다. '이바디' 외에도 "대접할 음식"을 뜻하는 '이바돔', "잔칫상"을 뜻하는 '이바디상', "바라지하다"를 뜻하는 '이받다' 등 '이바디'와 관련된 다양한 어휘를 한눈에 살펴볼 수 있어 어휘의 뜻과 용법을 정확하고 풍성하게 이해하는 데 유익하다.

이바·디 몡 잔치. ¶이바디예 머리를 좃ᄉᆞᄫ
니:當宴敬禮(龍歌95章). 믈곤 이바디를 마
져 니르고져 컨마른:欲告淸宴罷(初杜解7:
25). 노푼 이바디 ᄒᆞ야 諸侯ㅣ 禮接ᄒᆞ
니:高宴諸侯禮(初杜解20:3). 풍ᄅᆔ며 이바
디며:聲伎游宴(飜小10:23). 이바디 연:宴
(訓蒙下10. 類合下7). 이바디 연:讌(石千
36). 음식이며 이바디예:食饗(宣小2:10).
서르 조차 이바디 회집ᄒᆞ야:相從宴集(宣小
5:49).
이바디상 몡 이바짓상. 잔칫상. ¶이바디상:
卓面(譯解上59).
이바·디ᄒᆞ·다 동 이바지ᄒᆞ다. 잔치ᄒᆞ다. ¶
이바디ᄒᆞ야 노디 말며:不宴遊(宣賜內訓1:
53). 同年ᄃᆞᆯ히 모다 어믜그에 절ᄒᆞ고 이바
디ᄒᆞ려 커늘 받디 아니ᄒᆞ니라:擧首許安國
率同年入拜且致百金爲壽謝而却之(三綱. 孝
28). 이바디ᄒᆞ라:做筵席着(老解下33).
이받·다 동 이바지ᄒᆞ다. 바라지ᄒᆞ다. 잔치ᄒᆞ
다. ☞이밧다 ¶아바님 이받ᄌᆞᄫᆞᆯ 제:侍宴父
皇(龍歌91章). 太子를 請ᄒᆞᅀᆞᄫᅡ 이받ᄌᆞᄫᅩ
려 ᄒᆞ노닛가 大臣ᄋᆞᆯ 請ᄒᆞ야 이바도려 ᄒᆞ노
닛가(釋譜6:16). 눈먼 어ᅀᅵ를 이받노라(月
釋2:13). 아ᅀᆞ 이바도ᄆᆞᆯ 낟븐 일 업더니
(三綱. 孝24 不害捧屍). 지비 가난ᄒᆞ야 이
바돌 거시 업스니:家貧無供給(初杜解8:
55). 아ᄒᆡ 블러 비와 대초와ᄅᆞᆯ ᄀᆞ초 이받
ᄂᆞ다:呼兒具梨棗(初杜解22:3). 獻壽ᄒᆞᄂᆞ
술로 城隍ᄋᆞᆯ 이바드리로다:壽酒賽城隍(初
杜解23:25). 이바돌 고:犒 이바돌 로:犒
이바돌 운:餫 이바돌 향:餉 이바돌 념:
餂. 이바돌 포:酺(訓蒙下10). 이바돌 향:餉
(類合上30). 그 안해 밥을 이바도디:其妻
饁之(宣小4:34). ᄂᆞ미 됴ᄒᆞᆫ 음식을 주어든
의식 무머다가 이받더니:人遺異味必懷而獻
之(東續三綱. 孝24).

이 밖에도 종이로 출간된 고어사전은 표제어의 용례와 출전, 성조와 품사 정보, 이형태와 이표기 등 다양한 정보를 담고 있어 중세국어 어휘를 공부하는 데에 좋은 동반자가 된다. '이바돔', '이바디' 등의 표제어는 세 번째 음절의 앞에 '·'로 표시되어 있어 제3음절의 성조가 거성임을 알 수 있다. 또한 '☞' 기호를 통해 표제어 '이바돔'의 경우 '이받다'라는 동사와 관련된 단어임을 알 수 있으며, '이받다'의 경우 표기가 '이밧다'로도 나타남을 알 수 있다.

다음에 소개될 중세국어 개별 어휘 항목들은 『삼강행실도』를 통해 살펴볼 수 있는 다양한 중세국어 어휘에 대한 정보를 담고 있다. 『삼강행실도』를 읽으며 만나게 되는 중세국어 어휘의 형태와 의미, 기능과 용법을 살펴보면서 중세국어의 어휘 세계를 직접 체험할 수 있기를 바란다. 고어사전을 옆에 두고 새롭게 만나는 낯선 어휘를 찾아보는 일은 또 다른 재미를 선사해 줄 것이다.

2 중세국어 개별 어휘

01 _ '갓, 각시, 겨집'

최혜빈

『삼강행실도』에서는 "아내"를 뜻하는 말로 '갓', '각시', '겨집' 등 다양한 어휘가 사용되었다. 여기에서는 중세국어의 어휘 '갓', '각시', '겨집'의 어원과 관련 어휘, 의미에 관련하여 살펴보기로 한다.

	어휘	≪효자도≫ 내 출현 이야기
용례 정보	갓	10정난각목, 11동영대전
	각시	–
	겨집	05진씨양곡 07설포쇄소, 10정난각목, 11동영대전, 12곽거매자, 33자강복총

중세국어 '갓'과 관련 어휘

(1) 가. 이우집 張叔의 <u>가시</u> 丁蘭이 겨집ᄃ려 보아지라 ᄒ야ᄂᆞᆯ(後隣人張叔妻從蘭妻借看) 〈효자:10a〉

　　나. 죵 ᄃᆞ외요리라 ᄒ야 가ᄂᆞᆫ 길헤 ᄒᆞᆫ 겨지비 갓 ᄃᆞ외아지라 커늘(將往爲奴 於路忽逢一婦人求爲妻) 〈효자:11a〉

(1)은 『삼강행실도』≪효자도≫에서 나타나는 '갓'의 용례이다. 15세기 문헌에서는 (1)과 같이 한문 원문의 '妻'가 언해문의 '갓'에 대응되는 경우를 자주 찾아볼 수 있어 그 의미가 "아내"였음을 알 수 있다.

그러나 '갓'은 16세기 이후 출현 빈도가 줄어들며, 근대국어 시기에는 '갓'의 용례를 거의 찾아볼 수 없게 된다. 중세국어 시기에 비슷한 의미로 공존하던 다른 단어와의 경쟁에 밀려 점차 사용 영역이 줄어들게 된 것으로 여겨진다. 다만 일부 어휘에서 '갓'의 흔적을 찾아볼 수 있는데, "첩"을 뜻하는 '곳갓', "장모"를 뜻하는 '가싀엄' 등이 그 예이다. 이 밖에도 "부부"를 낮잡아 이르는 말인 '가시버시(< 가시밧)'이나 "남편의 첩"을 일컫는 '시앗(< *싀갓)', 남부 방언인 '가시내' 등을 '갓'과 관련된 어휘로 볼 수 있다.

중세국어 '각시'의 어원

오늘날 "새색시"나 "아내"를 의미하는 어휘 '각시'는 중세국어에서도 사용되었다. 『삼강행실도』≪열녀도≫에 다음과 같이 '각시'의 용례가 나타난다.

(2) 가. 그 <u>각시</u> 하놀 울워러 한숨 디코 머리롤 딜어 죽거눌(妻仰天而歎 擧刀刎頭而死)〈열녀:8b〉

(2)에서 '각시'는 한문 원문의 '妻'에 대응하므로 "아내"를 뜻함을 알 수 있다. '각시'의 어원에 대해서는 확실히 밝히기가 어렵다. 의미가 '갓'과 어원적으로 관련되었다고 보는 견해가 있지만 두 단어의 형식적 관계를 설명하기가 어렵다.

『삼강행실도』≪열녀도≫에 출현하는 (3가)의 '갓시[夫婦]'를 '각시'와 관련짓는 견해도 있다.

(3) 가. 이슥고 <u>갓시</u> 자펴 나거늘 흔 千戶ㅣ 구틔여 어루려 커늘(頃之夫婦被掠 有軍千戶强使從 己)〈열녀:22a〉

(3)은 문헌에 나타나는 '갓시'의 유일한 예이며, 동경대본에도 동일하게 '갓시'로

되어 있다. 그런데 (3)의 '갓시'는 한문 원문의 '夫婦'에 대응하여 있어 "부부"를 뜻함을 알 수 있으므로, '각시'와 의미적으로 관련되는지 단정하기가 어렵다. 이 밖에 '각시'가 한자어 '閣氏'에서 기원하였다는 견해도 있지만 '閣氏'는 '각시'의 이두식 표기이므로 어원으로 보기 어렵다.

중세국어 '겨집'의 어원과 의미

(3) 가. 이우집 張叔의 가시 丁蘭이 <u>겨집</u>드려 보아지라 ᄒᆞ야ᄂᆞᆯ(後隣人張叔妻從蘭妻借看)〈효자:10a〉

　　 나. 郭巨ㅣ 제 <u>겨집</u>드려 닐오디 艱難ᄒᆞᆫ 거긔 내 아ᄃᆞ리 어믜 바ᄇᆞᆯ 앗ᄂᆞ니 무더 ᄇᆞ리겨라(巨謂妻曰 貧之不能供給 子奪母膳 可共埋之)〈효자:12a〉

(4) 가. 죵 ᄃᆞ외요리라 ᄒᆞ야 가는 길헤 ᄒᆞᆫ <u>겨지비</u> 갓 ᄃᆞ외아지라 커늘(將往爲奴 於路忽逢一婦人求爲妻)〈효자:11a〉

　　 나. 하ᄂᆞᆳ 織女ㅣ라니【織女ᄂᆞᆫ 뵈 ᄧᅡᄂᆞᆫ <u>겨지비</u>라 ᄒᆞᆫ 마리니 별 일후미라】(我 天之織女)〈효자:11a〉

(3)은 『삼강행실도』≪효자도≫에 나타나는 '겨집'의 용례이다. (3)에서 '겨집'은 한문 원문의 '妻'에 대응하여 "아내"를 의미하는 말로 쓰이고, (4)에서는 "여성"을 통칭하는 말로 쓰인다. 이는 15세기 다른 문헌에서 나타나는 '겨집'의 용법과 크게 다르지 않다. 현대국어에서도 '여자'나 '남자'가 "여성"이나 "남성" 외에 "아내"나 "남편"을 의미하는 경우가 있는데, 중세국어의 '겨집'과 '남신' 역시 "여성", "남성"을 가리키는 일반적인 의미 외에 "아내", "남편"을 가리키는 말로 쓰일 수 있었던 것으로 보인다.

중세국어 '겨집'에 대한 어원적 분석으로 가장 널리 받아들여지고 있는 것은 어근 '*겨-[在]'와 '집[家]'이 결합한 단어로 보는 것이다. 중세국어에서는 '*겨다'의 용례가 보이지 않지만, '*겨다'에 선어말어미 '-시-'가 결합하여 굳어진 '겨시다(> 계시다)'와 이두에서 이두에서 보이는 '在[겨]'를 고려하면 '*겨다'가 기원적으로 "있다"를 의미하는 용언이었음을 짐작할 수 있다. '겨집'이 '겨-[在]'를 포함한다면 어원적 의미는 "집에 있는 (사람)"이 된다. 현대국어의 어휘 '아내[妻]'는 16세기에 '안해'로 처음 나타나는데, '안해' 역시 기원적 구조를 '안ㅎ[內]+애(조사)'로 분석할 수 있다는 점이 참고가 된다.

02 _ '갑새'

성우철

중세국어 '갑새'는 현대국어 '값에'와 달리 "대신에" 또는 "대가로" 정도의 의미를 나타내는 일이 있었다. 여기에서는 중세국어 '갑새'의 의미를 살펴보고, 공시적으로 '갑새'의 형태를 분석하기 위한 두 가지 방안을 간단히 검토해 보기로 한다.

용례 정보	어휘	≪효자도≫ 내 출현 이야기
	갑새	21검루상분, 23길분대부

중세국어 '갑새'의 의미와 형태 분석

중세국어 '갑새'는 기원적으로 명사 '값'에 처격조사 '애'가 결합한 어형으로 주로 "대신에" 또는 "대가로" 정도의 의미로 쓰였다(1가, 나). 현대국어 '값에'는 이러한 용법을 보이지 않으며 '(대상을 어떤) 값에 (사거나 팔다)'처럼 축어적 의미로 해석되는 용례가 대부분이다. (1다, 라)와 같이 일부 문헌에서는 '갑새'가 물건의 가격을 나타내는 데에 쓰이기도 하였으나, 유사한 의미를 지니며 공존하던 '빋[價]'에 비하면 그 빈도가 상당히 드물었다.

(1) 가. 그 夫人이 王이 두외야 勅書 밍ᄀᆞ라 太子ᄭᅴ 보내야 두 눈ᄌᆞᅀᆞ를 ᄲᅡ혀 보내라 ᄒᆞ고
다른 사ᄅᆞ물 <u>갑새</u> 보내니 〈석보상절(1447) 24:51a〉
나. 목수믈 뉘 아니 앗길 껏 아니라 <u>갑새</u> 오리 업슬씨 구틔여 ᄎᆞ마 보내디 몯고 供上
闕ᄒᆞ실까 ᄒᆞ야 내 오이다(無宜代者 然一日之命 誰不保惜 我今不忍 又慮失供 故自赴鑊
願王聽許) 〈월인석보(1459) 4:64b-65a〉

다. 네 이런 <u>갑새</u> 푸디 아니ᄒ고 네 다하 므스글 ᄉ랑ᄒᄂᆫ다(你這般的<u>價錢</u>不賣 你還要想甚麼)〈번역노걸대(16C초) 하:13a〉

라. 모도와 언머 만 <u>갑새</u> 풀오져 ᄒᄂᆫ다(共通要多少<u>價錢</u>)〈번역노걸대(16C초) 하:22a〉

(2) 가. 더욱 시름ᄒ야 나죄마다 北辰ᄭᅴ 머리 조ᅀᅡ <u>갑새</u> 죽가지이다 비더니(心愈憂苦 至夕 每稽顙北辰 求以身<u>代</u>)〈효자:21a〉

나. 吉翂이 擊鼓ᄒ야 <u>갑새</u> 죽가지이다 ᄒ야ᄂᆞᆯ(翂搥登聞鼓乞<u>代命</u>)〈효자:23a〉

다. 내 남지ᄂᆫ 여위오 져거니와 숨지고 거믄 겨지비 마시 됴타 ᄒᄂᆞ니 내 숨지고 거므니 내 <u>갑새</u> 죽가지이다 ᄒ야ᄂᆞᆯ(吾夫瘦小不可食 吾聞婦人肥黑者味美 吾肥且黑 願就烹以<u>代夫死</u>)〈열녀:28a-28b〉

중세국어 '갑새'의 형태를 분석하는 방안은 크게 두 가지로 나뉜다. 하나는 중세국어에서 명사 '값'이 현대국어보다 넓은 의미를 지니고 있었다고 보는 것이며, 다른 하나는 명사 '값'과 처격조사 '애'의 결합형이 부사로 굳어져 새로운 의미를 얻게 된 것이라고 보는 것이다. 전자의 경우 중세국어 '값'이 "대신"에 가까운 의미로 사용된 원인을 설명해야 하는 부담이 있으며, 후자의 경우 다음 (3)이나 (4)와 같이 관형어의 수식을 받는 중세국어 '갑새'의 용례가 적지 않다는 점이 문제가 된다.

(3) 가. 善鹿王이 니ᄅ샤디 슬플쎠 네 ᄆᆞᅀᆞᆷ 노하 이시라 내 네 <u>갑새</u> 가리라 ᄒ시고 ᄌᆞ걔 니거시ᄂᆞᆯ(王曰 悲哉慈母 恩及未形 汝自安心 吾當可<u>代</u> 時善鹿王自詣王廚)〈월인석보(1459) 4:64b〉

나. 진딧 <u>血蝎</u>와 ᄒ다가 업거든 紫礦ᄋᆞᆯ 그 <u>갑새</u> 쁘라(眞血蝎如無 紫礦<u>代</u>)〈구급방언해(1466) 하:90a〉

(4) 가. <u>法度</u>ㅣ 져려 무루디 아비 <u>갑새</u> 주기라 ᄒ시니 正히 주긂다(法度盛陳徽纏 屬色問曰 爾來<u>代</u>父死 勅已相許 然刀鉅至劇 審能死不)〈효자:23a〉

나. 남지늬 <u>갑새</u> 조경ᄒ야 지곡지고기 맛굶다가 머리 니거ᅀᅡ 니ᄅ대 즉자히 주거 버리니라(媛姜<u>代</u>道持夜 應對不失 度道已遠 乃以實告 吏應時見殺)〈열녀:10a〉

엄격한 기준을 놓고 볼 때 (3)이나 (4)의 '갑새'는 하나의 단어로 처리하기 어렵다. (3)과 (4)에서 '갑새'에 선행하는 '네', '그', '아비', '남지늬'가 모두 명사인 '값'을 수식하기 때문이다. 게다가 (1가, 나), (2)의 '갑새'와 (3), (4)의 '갑새'가 서로 다른 의미를 나타내고 있다고 보기도 어렵다. 그러나 어휘화의 과정에서 통사적 변화와 의미적 변화가 반드시 함께 이루어질 필요는 없다. 즉 중세국어에서 '갑새'라는 구성이 의미적으로는 새로운 쓰임을 획득하였으나 통사적으로는 '값'과 '애'의 결합으로서의 성격을 유지한 것으로 설명해 볼 수 있다는 것이다.

03_ '개암'

이유원

현대국어 '개암'은 중세국어 문헌에서 '개옴', '개욤' 등으로 나타나며, '개암'의 기원형에 대해서는 여러 견해가 있다. 여기에서는 '개암'의 의미와 형태, 어원에 대해 살펴보기로 한다.

용례 정보	어휘	≪효자도≫ 내 출현 이야기
	개암	32누백포호

'개암'의 형태 변화

현대국어의 '개암'은 도토리와 비슷하게 생긴, 개암나무의 열매를 일컫는다. '개암'은 15세기에 '개옴' 혹은 '개욤'으로 나타난다.

(1) 가. 披榛ㅎ야 到孝子廬ㅎ니【개욤나모 헤오 孝子廬에 오니】(披榛到孝子廬) 〈효자:32b〉
    나. 남진 므든 싸홀 무르니 개욤남기 ᄀᆞ장 기셋거늘(問大葬地 則榛莽四塞) 〈열녀:24b〉
    다. 개옴을 시버 머그라(嚼下榛子개옴) 〈구급간이방(1489) 2:83b〉

(2) 가. 둘잿 줄 열여슷 뎝시옌 개옴 잣 ᄆᆞ론 보도 밤(第二遭十六楪 榛子 松子 乾葡萄 栗子)
    〈번역박통사(16C초) 상:4a〉
    나. 榛 개옴 진 〈훈몽자회(1527) 상:11b〉

다. 피진ᄒᆞ야 도효ᄌᆞ려ᄒᆞ니【개욤나모 ᄒᆡ오 효ᄌᆞ막애 오니】〈삼강행실도_동경대(16세기) 효
   자:32b〉

라. 남진 무든 ᄡᅡ홀 무르니 <u>개얌남기</u>며 ᄑᆞᄃᆞ리 ᄀᆞ장 기엇ᄲᅢ늘 〈삼강행실도_동경대(16세기)
   열녀:24b〉

(1)은 『삼강행실도』 ≪효자도≫를 비롯한 15세기 문헌의 용례이고, (2)는 16세기
문헌에서의 용례이다. '개욤'은 (1가, 나)와 같이 『삼강행실도』의 초간본과 선조 개역판
에서만 발견된다. 『성종실록』에 따르면 『삼강행실도』 열녀도는 1481년에 처음 간행되
었으므로, 문헌상의 출현 시기로는 (1나)의 '개욤'이 (1다)의 '개욤'보다 앞선다고 볼
수 있다. (1나)의 '개욤'은 동경대본의 같은 부분에서 (2라)와 같이 '개얌'으로 나타나는
데, '개얌' 역시 『박통사언해』(1677)의 '개암'보다 출현 시기가 앞선다. 따라서 자료상의
출현 시기로만 놓고 보면 '개욤>개욤>개얌>개암'의 순서로 파악할 수 있다. /ㄱ/ 탈락을
겪은 어형은 활음 첨가가 나타나지 않는 것이 일반적이므로, '개암'의 기원을 '개곰'으로
보는 경우(조항범 2014) '개욤'에 나타나는 활음 첨가에 대한 추가적인 설명이 필요할
것으로 보인다.

(3) 가. 榛子 <u>가얌</u> 〈동의보감(1613) 2:25a〉

   나. <u>개얌</u> ᄑᆞ논 이아 이바 내 너와 <u>개얌</u> 더ᄂᆞ기 ᄒᆞ쟈 ᄒᆞ쟈(賣榛子的你來 我和你拿榛子)
      〈박통사언해(1677) 下:28a〉

(3)은 17세기 문헌의 용례이다. (3나)와 같이 17세기부터 제2음절 모음 'ㅗ'가 'ㅏ'로
바뀐 '개얌'의 어형이 등장하며, 같은 시기에 나타나는 (3가)의 '가얌'은 '개얌'의 반모음
/j/가 앞 음절이 아닌 뒤 음절에 표기된 결과로 이해된다.

(4) 가. ᄆᆞ른 과실은 <u>개암</u> 잣 슈박 ᄡᅵ 마른 葡萄 밤 龍眼 복셩화 ᄡᅵ 녀지요(乾果子呢 榛子
      松子 瓜子 乾葡萄 栗子 龍眼 桃仁 荔子) 〈박통사신석언해(1765) 1:04a〉

   나. 榛 <u>개옴</u> 진 〈왜어유해(1781) 下:7a〉

   다. 榛子 <u>기얌</u> 〈제중신편언해(1799) 8:23a〉

   라. 디쵸나 밤이나 ᄭᅮᆯ에 범으려 <u>기얌만치</u> 환을 지어 ᄯᅥᆨ에 ᄡᅩ 동골게 허고 빅ᄌᆞ말을 위의

허라 〈규합총서(1869) 13a〉

(4)와 같이 18세기 문헌에서도 '개암'의 어형이 꾸준히 등장하며, '개욤, 기얌'의 어형도 나타나기 시작한다. '개욤, 기얌'은 /·/가 음소의 지위를 상실하면서 등장하게 된 어형으로 볼 수 있다. 19세기의 '기얌'은 음성적으로는 '기얌'과 그리 큰 차이를 보이지 않았을 것으로 생각된다. 요컨대 '개욤'은 15세기 이후 '개욤, 개얌, 가얌, 개암, 개욤, 기얌, 기암' 등 다양한 어형으로 나타나다가, 19세기 이후 '개암'의 형태가 정착되어 오늘날에 이른다.

'개암'의 어원에 대한 견해

'개암'의 어원에 대해서는 다양한 분석이 있다. 김민수(1997)에서는 '개암'의 기원형을 '*개밤'으로 파악하였으며, 김무림(2020)에서는 '*개밤'에 앞서 '*개밤'의 어형이 존재하였을 것으로 추정하였다. '개암'을 일종의 '밤[栗]'으로 보고 '개(접두사)+밤[栗]'의 구조에서 'ㅂ'이 약화되면서 '*개밤 > *개밤 > *개왐 > 개욤/개암'과 같이 변화해 온 것으로 본 것이다. 그러나 이 견해는 중세국어 '개욤[LL]'과 '밤[R]'에서 성조가 일치하지 않는다는 점, '개감, 개금, 깨금, 깨곰, 깨굼' 등 2음절 초성에 /ㄱ/가 출현하는 방언형이 존재한다는 점 등이 추가로 설명될 필요가 있다.

조항범(2014)에서는 /ㄱ/가 포함된 방언형을 고려하여 '개암'의 기원형을 『음식디미방』(1670)에 나타난 '개곰'으로 보았다. 이 경우 반모음 /y/ 뒤에서 /ㄱ/가 약화되어 '개욤'의 어형이 형성되었다고 설명할 수 있으나, 한편으로 '개곰'이 기원적으로 어떤 구성에서 비롯되었는지 알기 어렵다는 점에서 또 다른 문제를 안게 된다. 또한 '개욤', '개얌' 등에 나타나는 활음 첨가 현상에 대한 고려도 필요할 것으로 보인다. 요컨대 '개암'의 어원에 관련해서는 『삼강행실도』의 '개욤'을 고려하여 면밀히 고찰될 필요가 있을 것이다.

04 _ '그위, 그위실'

김부연

중세국어 시기에 '그위'와 '그위실'은 대개 "관청, 관직"의 뜻으로 함께 쓰였다. 현대
국어에서 '그위'는 더 이상 보이지 않고 한자어에 자리를 내어 준 데 반해, '그위실'은
오늘날 '구실'의 형태로 남아 "소임所任", "역할"의 뜻으로 사용된다. 여기서는 중세국어
시기 '그위'와 '그위실'의 관계와 변화 양상을 간략히 살펴본다.

	어휘	《효자도》 내 출현 이야기
용례 정보	그위	08효아포시 10정난각목 20반종구부 21검루상분 31유씨효고
	그위실	15왕부폐시 17왕상부빙

'그위'의 의미와 변화 양상

(1) 가. 官屬은 <u>그위</u>예 좃브튼 사르미라 〈석보상절(1447) 11:7b〉

　　나. <u>그윗</u> 일로 나갈 제(官事當行) 〈원각경언해(1465) 序:76〉

　　다. 즉자히 <u>그위</u>를 더디고 도라온대(卽日棄官歸) 〈효자:21〉

　　라. <u>구의</u>로 모슬집 문마다 브르매 분칠ᄒ고(官司排門粉壁) 〈번역노걸대(16C초) 상:47〉

　　마. 벼 거두어드려 우흐로 <u>그윗</u> 공셰를 그르 아니코 〈정속언해(1518) 23b〉

　　바. 두토디 말오 반두시 <u>구의</u>예 고ᄒ야 변졍ᄒ라 〈경민편언해(1579) 10a〉

　　사. <u>구윗</u> 졍ᄉ를 맛다 ᄒ고(服官政) 〈소학언해(1587) 1:6〉

(1)은 '그위'의 15~16세기 용례이며, '그위' 외에 '구위', '구의'의 형태로도 나타난다.
중세국어 문헌에서 '그위'는 "공공公共 또는 관가官家의 일을 맡아 보는 직무"의 의미를
가지며, "관청, 관원, 공직, 관직" 등의 의미를 포괄한다. (1)에서 '그위'는 주로 한문
원문의 '官'에 대응된다. (1가, 나, 마, 바, 사)에서는 "관청"을 의미하며, (1다, 라)에서는
"관청에서의 직무"에 가까운 의미로 풀이된다.

(2) 가. <u>구위</u>예셔 지유미 ᄒ마 限ㅣ 이실ᄉㅣ(官作既有程) 〈두시언해_중간(1613) 1:18〉

나. 仌졍 뻐 <u>구의</u> 소김은 형의 다시라(用情欺官者兄也) 〈동국신속삼강행실도(1617) 효자7:32〉

다. <u>구의</u> 주검을 검시ᄒᆞ고(官司檢了屍) 〈노걸대언해(1670) 上:25〉

근대국어 시기에도 '구위, 구의, 구이'가 "관청"이나 "관원"의 의미로 쓰인다. '그위'는 (2가, 나)에서 "관청", (2다)에서 "관원"의 의미에 해당한다. '그위'는 18세기 후반 무렵부터 점차 쓰이지 않게 되며, 19세기에는 용례가 거의 찾아볼 수 없게 되었다. 요컨대 중세국어 시기에 활발히 쓰인 '그위'는 "관아, 관원, 관직"의 뜻을 갖는 고유어였으나 점차 소멸하였고, '관官, 공公' 등의 한자어가 같은 자리를 대체하였다.

'그위실'의 의미와 변화 양상

'그위'와 관련되는 어휘인 '그위실'은 '그위'와 '실'이 결합된 말이며, 주로 "관직, 관리, 조세租稅" 등의 의미로 쓰인다. 이때 '그위'에 결합된 '실'의 의미는 분명하지 않다. "직職, 무務, 사事" 등의 의미를 지닌 어근으로 보이지만 확언하기 어렵다. 김무림(2020:162)에서는 '그위실'의 '-실'을 접사로 처리하고 있다.

(3) 가. 百姓은 <u>그위실</u> ᄒᆞ리와 녀름 지ᅀᆞ리와 셩냥바지와 흥졍바지왜라 〈능엄경언해(1461) 3:88a〉

나. 靜이 아릐 사오나온 <u>그위실</u>ᄋᆞᆯ 因ᄒᆞ야 接足을 親히 받ᄌᆞ오니(靜往因薄宦 親承接足) 〈선종영가집언해(1464) 序:13a〉

다. 王裒ㅣ 슬허 <u>그위실</u> 아니ᄒᆞ고 ᄂᆞᆷ 글 ᄀᆞᄅᆞ치고 이셔(哀痛父非命 隱居敎授) 〈효자:15a〉

라. 後에 <u>그위실</u>ᄒᆞ야 三公ㅅ 벼슬 니르리 ᄒᆞ니라(後仕於朝 官至三公) 〈효자:17b〉

마. 브즈러니 질삼ᄒᆞ야 <u>구실</u> 디답ᄒᆞ더니(勤績紝以供組賦) 〈속삼강행실도(1514) 열녀:1〉

(3)은 15~16세기에 보이는 '그위실'의 용례이다. '그위실' 외에 '그우실', '구우실', '구실' 등의 형태가 나타남을 살펴볼 수 있다. '그위실'은 (3가-라)에서 "관직, 공직"의 의미로, (3마)에서 "조세"의 의미로 쓰이고 있다. '그위실'은 오늘날 '구실'로 형태가 변화하였으며, '사람 구실', '맏형 구실' 등에서와 같이 "소임", "역할"의 의미로 변화하였다. '그위실'이 "소임", "역할"의 의미로 쓰이는 용례는 아래 (4)와 같이 18세기부터

확인된다.

(4) 가. 이는 다 조식의 <u>구실과</u> 분의예(此皆職分之所) 〈정속언해_일사문고본(1792) 3〉

　　가'. 이 다 조식긔 <u>직분네</u> 호욤 이리라(此皆職分之所) 〈정속언해_규장각본(17세기) 2〉

　　나. 집안 여러 사룸을 제어 호야 <u>구실로써</u> 논호며(御家衆分之以職) 〈정속언해_일사문고본(1792) 27〉

　　나'. 집빗 사룸믈 제어 호야 <u>소임믈</u> 논화(御家衆分之以職) 〈정속언해_규장각본(17세기) 16〉

(4가, 나)는 『정속언해』 일사문고본의 용례이며, (4가', 나')는 규장각본에서 동일한 한문 원문에 대한 언해이다. (4가)의 '구실'은 (4가')에서 '직분'으로, (4나)의 '구실'은 (4나')에서 '소임'이라는 어휘에 대응하므로, 18세기 말에 들어서면서부터 '구실'이 "공적인 일에서의 역할"뿐 아니라 "사적인 일에서의 소임"을 포괄하는 의미로 확대되었음을 알 수 있다.

05_'고르치다'

최혜빈·정은진

오늘날의 국어사전에서는 '가르치다[敎]'와 '가리키다[指]'의 의미와 용법을 각각 구별하고 있으나, 실제의 언어생활에서는 두 단어를 혼용하는 일이 많다. 이러한 현상은 현대국어 '가르치다'와 '가리키다'가 본래 하나의 단어로부터 비롯되었다는 사실과도 관련된다.

용례 정보	어휘	《효자도》 내 출현 이야기
	고르치다	06강혁거효, 15왕부폐시, 22숙겸방약, 23길분대부, 27노조순모

중세국어 '고르치다'의 의미

중세국어 '고르치다'는 "가르치다"와 "가리키다"의 의미를 포괄하였다. 다음은 『삼강행실도』에 나타나는 'ㄱᆞ르치다'의 예이다.

(1) 가. 王裒ㅣ 슬허 그위실 아니ᄒᆞ고 ᄂᆞᆷ 글 ᄀᆞ르치고 이셔(哀痛父非命 隱居教授) 〈효자:15a〉
   나. 수울 빗ᄂᆞᆫ 法을 ᄀᆞ르치고 믄득 업거늘(幷示以漬酒法 叔謙受之 顧視此人 已忽不見)
   〈효자:22a〉
   다. 아비 나ᄒᆞ시고 스스이 ᄀᆞ르치시고 님금이 머기시ᄂᆞ니(父生之 師教之 君食之) 〈충신:2a〉

(2) 가. 수ᄆᆞᆶ 길ᄒᆞᆯ ᄀᆞ르치리도 잇더라(或指避兵之方) 〈효자:6a〉
   나. 杲卿이 길헤 오ᄉᆞᆯ ᄀᆞ르치며 履謙이ᄃᆞ려 닐오ᄃᆡ 엇뎨 이ᄅᆞᆯ 니브료(杲卿途中指衣 謂履
   謙曰 何爲著此) 〈충신:13a〉
   다. 張氏ㅅ거긔 주긇 제 말 니ᄅᆞ고 ᄡᅧ 잇ᄂᆞᆫ 디ᄅᆞᆯ ᄀᆞ르쳐ᄂᆞᆯ(告張死時事 且指骨所在處)
   〈열녀:24b〉

(1)은 'ᄀᆞ르치다'가 '가르치다', 즉 "지식이나 기능, 이치 따위를 깨닫거나 익히게
하다"의 의미로 쓰인 예이며, (2)는 'ᄀᆞ르치다'가 '가리키다', 즉 "손가락 따위로 어떤
방향이나 대상을 집어서 보이거나 말하거나 알리다"의 의미로 쓰인 예이다. (1)의 'ᄀᆞ르
치다'에는 한문 원문의 '教授, 示, 教' 따위가, (2)에는 한문 원문의 '指'가 대응한다는
사실이 참고된다.

'ᄀᆞ르치다'는 기원적으로 "말하다"를 의미하는 *ᄀᆞᆮ-[曰]'과 "기르다, 양육하다"를
의미하는 '치-[育]'의 합성어로 분석된다. 'ᄀᆞ르치다'라는 하나의 단어가 "가르치다"와
"가리키다"의 두 가지 의미로 사용된 것은 '무언가를 지시하고 지목하는 행위'와 '무언가
를 깨닫게 하거나 익히게 하는 행위' 간의 관련성에 의한 것으로 생각된다.

근대국어 'ᄀᆞ르치다'의 의미와 용법

(3) 가. 녜 빅셩 ᄀᆞ르치기ᄅᆞᆯ 반ᄃᆞ시 효도와 공슌ᄒᆞ기로ᄡᅥ 근본을 삼으며(古者애 教民을
   必以孝悌로 爲本ᄒᆞ며) 〈경민편언해(1658) 21b〉
   나. 敬姜은 紡績ᄒᆞ야 子ᄅᆞᆯ ᄀᆞᄅᆞ치니 말이 左史의 章애 標ᄒᆞ고(敬姜은 紡績而教子ㅣ러니
   言標左史之章ᄒᆞ고) 〈여사서언해(1736) 4:72b〉
   다. 다ᄒᆡᆼ이 예수ㅣ 나타나 ᄀᆞ르치심을 닙어 드듸여 귀화ᄒᆞ니라 〈쥬년쳠례광익(1899) 2:89a〉

(4) 가. 도적글 피호야셔 일즉 절벽을 <u>ᄀ른치며</u> ᄀ로ᄃᆡ 이논 내 주글 고디라(避賊石窟中嘗指
　　　絶崖日此我死所也)〈동국신속열녀도(1617) 3:57b〉

　　나. 도적이 ᄎ마 해티 못ᄒᆞ고 혹 피란홀 곳을 <u>ᄀ르치니</u>(賊不忍害 或指避兵之方 遂得俱全於
　　　難)〈오륜행실도(1797) 1:9b〉

　　다. 셩인이 특별이 혼 쥬교ᄭᅴ 나타나 뵈여 무덤 곳을 <u>ᄀ르치시고</u>〈쥬념쳠례광익(1899) 2:91b〉

　　근대국어 시기에도 'ᄀ른치다'의 의미와 용법이 크게 달라지지 않았다. (3)과 (4)는 각각 17-19세기 용례에서 "가르치다"와 "가리키다"의 의미로 쓰이는 'ᄀ른치다'의 예이다. 'ᄀ른치다'는 형태가 '가르치다', '가라치다', '글ᄋ치다' 등으로 다양하게 나타나지만 19세기까지도 "가르치다"와 "가리키다"의 의미를 포괄하였음을 알 수 있다. 특히 (3다)와 (4다)는 같은 문헌의 같은 권에서 'ᄀ른치다'가 서로 다른 의미로 쓰였음을 보여 준다.

20세기 이후 'ᄀ른치다'의 형식 및 의미 분화

　　'ᄀ른치다'는 20세기 이후 형태와 의미가 점차 분화된다. 20세기 이후 {ᄀ른치다} 관련 어형은 크게 'ᄎ'형의 '가르치다, 가리치다' 등과 'ᄏ'형의 '가르키다, 가리키다' 등으로 나뉜다. 'ᄏ'형이 나타난 원인은 /ᄌ, ᄎ/의 구개음화 현상과 관련한 과도교정으로 해석할 수 있다. 근대국어 시기에 /ᄀ, ᄏ/가 /ㅣ/나 반모음 앞에서 /ᄌ, ᄎ/로 변하는 구개음화가 일어났는데, 'ᄀ른치다'의 제3음절 /ᄎ/가 /ᄏ/로부터 구개음화를 겪은 것으로 오인하여 '치'를 '키'로 돌리는 과도 교정이 일어났다고 보는 것이다. 제2음절이 /ㅡ/가 아니라 /ㅣ/인 '가리치다', '가리키다'는 두 번째 음절의 /ㄹ/ 뒤에서 전설모음화가 일어난 것으로 이해된다.

　　그러나 'ᄏ'형의 '가르키다', '가리키다' 어형이 형성되었다고 해서 곧바로 "가르치다"의 의미와 "가리키다"의 의미가 분화된 것은 아니었다.

(5) 가. "이리로 옴기기만 하면 여게다 인천만한 항구를 만들어 줄 테요 시장 학교 무슨
　　　우편소니 큰 길이니 다 내준다고… 야단스러운 지도^{地圖}를 가지고 와서 구롱리를

가르치며 제이의 인천을 보라고… 원 산 눈 쐘 세상이지" 〈한설야, 과도기(1929)〉

나. 인제 세 시 사십 분을 <u>가리치고</u> 잇는 팔둑 시게를 드러다보는 그의 눈에는 형용할 수 업는 초조와 피로의 비치 떠돌고 잇다. 〈김말봉, 찔레꽃(1937)〉

다. 김강사는 자기가 <u>가르키는</u> 학생중의 이사람 저사람을 생각해 보았으나 자기의 과거를 앎직한사람은 생각이나지 않었다. 〈유진오, 김강사와T교수(1935)〉

라. 정말 소작인들을 즉접 <u>가리키고</u> 당신의 의견이나 주의를 펼쳐 놓는 것이 정말 일다운 일이 아니겟소? 〈염상섭, 밥(1927)〉

(5)는 일제 강점기 소설에 나타난 '가르치다, 가리치다, 가르키다, 가리키다'의 예이다. (5가, 나)는 '가르치다, 가리치다'가 "가리키다"의 의미를 나타내며, (5다, 라)는 '가르키다, 가리키다'가 "가르치다"의 의미를 나타낸다. "가르치다"와 "가리키다"의 의미가 문헌에서 구분 없이 혼용되는 현상은 광복 이전까지도 상당히 일반적이었음을 알 수 있다.

(6) **가르치다1** 【남】 지식을 가지게 하다. 알아두게 하다.(가라치다. 가리치다. 가르키다).
  (준말: 갈치다. 옛말: ᄀᆞᄅᆞ치다)

가르치다2 【남】 =가리키다.

가르키다 【남】 ① =가르치다. ② =가리키다.

가리치다 【남】 ① =가르치다¹. ② =가리키다.

가리키다 【남】 손가락이나 말이나 동작으로 무엇을 목표 삼아 나타내다. (가라치다②. 가르치다². 가르키다②. 가리치다②. 갈치다②).

〈조선말큰사전(1957)〉

20세기 중반 출간된 〈조선말큰사전〉의 뜻풀이는 '가르치다'와 '가리키다'의 의미와 용법이 혼란한 상황을 여실히 보여 준다. (6)에서는 '가르치다'를 "지식을 가지게 하다"의 의미로, '가리키다'를 "손가락이나 말이나 동작으로 무엇을 목표 삼아 나타내다"의 의미로 풀이하면서도, 관련된 어형으로 각각 '가라치다' 류와 '가르키다' 류를 제시하고 있다.

(7) 가. 그냥 가서 붙잡아서 이러구 공부를 인제 <u>가리키구</u> 있으면

나. 그리구 확실히 애들한테 영어를 <u>가리키는</u> 건 어리석어.

다. 올해 고등학교 졸업한, 제가 작년에 <u>가르켰던</u> 애거든요.

<SJ-RIKS Corpus 코퍼스 확장판 ver 1.0>[154]

오늘날의 국어사전에서는 '가르키다', '가리치다' 등의 형식을 비표준어로 규정하고 '가르치다'와 '가리키다'의 의미를 각각 구별하고 있으나, (7)과 같이 입말에서 '가르키다', '가리키다', '가르치다' 등의 다양한 형식과 의미가 여전히 혼용되고 있는 것이 현실이다. '가르치다'와 '가리키다'의 의미 분화는 여전히 진행중이라고 볼 수 있다.

06 _ '남진'

성우철

중세국어 '남진'은 기원적으로 한자어에서 비롯된 단어지만, '人'의 한자음 '인'이 다른 예와 달리 '인'이 아닌 '진'으로 변화하였다는 점이 주목된다. 여기에서는 중세국어 '남진'의 형식을 다른 한자어와의 비교를 통해 설명한 뒤 그것이 공시적으로 어떤 의미를 나타내었는지도 간단히 살펴보기로 한다.

용례 정보	어휘	≪효자도≫ 내 출현 이야기
	남진	05진씨양고, 31유씨효고

중세국어 '남진'의 형식과 의미

중세국어 '남진'은 한자어 '男人'에서 비롯된 것으로 추정된다. '人'의 중세국어 한자음 '인'은 후대에 대부분 '인'으로 변화하였지만, '남진'의 경우 '인 > 진'의 한자음 변화

---

154 고려대학교 민족문화연구원에서 제공하는 'SJ-RIKS 코퍼스 확장판(SJ-RIKS Extension)'의 순구어 검색기를 통해 검색한 결과이다. 'SJ-RIKS 확장판'은 21세기 세종계획의 말뭉치 구축 분과에서 구축한 전체 현대국어 코퍼스를 형태 분석한 주석 코퍼스로, 약 1억 어절 규모이다.

를 겪었음이 특이하다. 김무림(2020:239)에서는 이러한 한자음의 변화가 한국어에서 일반적이지 않다는 점을 근거로 '남진'을 근대 한어 '男人'의 차용어로 추정하였으나, '손소 > 손조[自], 호온ᅀᅡ > 혼자[孤], 아ᅀᅳᆯ > 아좁[范], 것바ᅀᅵ > 거어지[乞]' 등과 같이 'ᅀ'이 후대에 'ㅈ'으로 변화한 사례도 적지 않다(소신애 2012). 중세국어 문헌을 살펴보면 '남진'의 용례가 월등히 많긴 하지만, 이 외에 '남신, 남인' 등의 어형도 발견되는데(1라, 마, 바), 이것은 '人'의 더 일반적인 한자음에 따라 형성된 어형으로 생각된다.

(1) 가. 奴는 남진 죠이오 婢는 겨집 죠이라 〈석보상절(1447) 13:19a〉
　　 나. 陳氏 나히 열여스세 남진 어러 그 남지니 防禦 갏 저긔 닐오ᄃᆡ(陳孝婦 年十六而嫁 其夫當戌 且行 屬曰) 〈열녀:5a〉
　　 다. 남진이 죽거늘 누물 심거 싀어미 이바도믈 더욱 조심ᄒᆞ더니(比至和州 太初卒 劉種蔬以 給食 養姑尤謹) 〈열녀:31a〉
　　 라. 저논 얼운다이 졍면 좌애 안자 어딘 남신인 양으로 ᄒᆞ고 잇거든(他只妝孤 正面兒坐着 做好漢) 〈번역노걸대(16C초) 하:54b〉
　　 마. 奴 남인 죵 노 〈신증유합(1576) 20a〉
　　 바. 嫁 남인 마ᄌᆞᆯ 가 〈신증유합(1576) 40b〉

중세국어 '남진'은 일반적인 "남성"을 가리키거나(1가, 라, 마) 결혼한 "남편"을 가리키는 데에(1나, 다, 바) 주로 사용되었다. 한자어 '男人'의 본래 의미는 전자에 가까우나, 이후 혼인 관계와 관련된 맥락에서 새로운 의미를 획득하여 후자의 의미를 나타내는 데에도 쓰이게 된 것으로 보인다. 이러한 의미 변화는 '남진'의 관계 반의어인 중세국어 '겨집'에서도 평행하게 나타나는데, '겨집'도 '남진'과 마찬가지로 일반적인 "여성"을 가리키거나 결혼한 "아내"를 가리키는 데에 사용될 수 있었다. 이 두 단어가 결합하여 만들어진 합성어 '남진겨집'은 중세국어에서는 "부부"의 의미를 나타내었으나, 현대국어 '남진계집'은 그 의미가 축소되어 "내외를 갖춘 남의 집 하인"을 가리키는 데에만 드물게 쓰이게 되었다. 18세기 이후 '남진'이 점차 쇠퇴의 길을 걷게 된 것은 17세기에 등장한 '남편'이 점차 그 영역을 잠식해 갔기 때문으로 추정된다.

07 _ '녁, 녘'

최혜빈·정은진

현대국어에서 '녘'은 공간적 의미로 방향을 가리키기도 하고, 시간적 의미로 어떤 때의 무렵을 뜻하기도 한다. 그런데 중세국어 및 근대국어에서 '녁'은 '방향'을 가리키는 포괄적인 의미로 쓰이는 것이 일반적이다. 삼강행실도에서 쓰인 '녁' 또한 중세국어의 일반적인 '녁'의 쓰임과 크게 다르지 않다.

용례 정보	어휘	《효자도》 내 출현 이야기
	녁	15왕부폐시, 33자강복총

'녁, 녘'의 방향 의미와 형태

현대국어에서의 '녘'은 아래와 같은 의미를 갖는다.

「1」 방향을 가리키는 말.
「2」 ((일부 명사나 어미 '-을' 뒤에 쓰여)) 어떤 때의 무렵. (예) 아침 녘, 황혼 녘, 동틀 녘

현대국어에서 「1」의 의미는 '동녘, 서녘' 등 합성어 안에서만 주로 쓰이며, '녘'의 보다 일반적인 용법은 「2」와 같이 시간을 나타내는 의존명사이다. 그러나 중세 및 근대국어에서 '녁, 녘'은 대부분 방향을 가리키는 포괄적인 의미로 쓰였으며, 시간을 나타내는 말로 쓰인 경우는 거의 찾아보기 어렵다. 중세 및 근대국어 문헌에서 나타나는 '녁, 녘'을 선행 요소의 유형에 따라 분류하면 다음과 같다.

(1) 가. <u>東</u>녁 도라 셔샤 合掌ᄒᆞ샤 〈석보상절(1447) 3:27a〉
　　 나. 몸이 뭇도록 일즉 <u>西ㅅ녁ᄒᆞ로</u> 向ᄒᆞ야 안씨 아니ᄒᆞ야 〈소학언해(1588) 6:25a〉
　　 다. 이궐이 그 <u>남녁킈</u> 잇고 양향이 그 븍녁킈 이쇼딕 〈십구사략언해(1772) 2:69a〉
　　 라. 문득 북녁ᄒᆞ로셔 불근 막딘와 누른 긔 가진 ᄉᆞ룸이 〈사씨남정기(1851) 下:18b〉

(1´) 東 동녁 동 西 셧녁 셔 南 남녁 남 北 북녁 북 〈통학경편(1916) 5a〉

(2) 가. 梵王은 <u>왼 녁</u> 겨틔 셔숩고 帝釋은 <u>올흔 녁</u> 겨틔 셔숩고 〈석보상절(1447) 3:30a〉
 나. 仙人은 <u>안 녁</u> 音樂을 펏고(仙人張內樂) 〈두시언해_초간(1481) 11:38b〉
 다. 네 아바님도 관찰亽 두려 <u>아랜 녀크</u>로 가 둔니다가 〈순천김씨묘출토언간(1593) 7〉
 라. 파슈는 <u>운 녁크</u>로 도즈기 목줄되롤 디루며(鈀手上截賊喉) 〈연병지남(1612) 25b〉
 마. 쥬의 나라히 <u>왼 녁흔</u> 밍문이오 <u>올흔 녁흔</u> 태힝산이오 〈십구사략언해(1772) 2:69b〉

(3) 가. 左右 梵志논 <u>두 녀긔</u> 좃즈방 호니눈 梵志라 〈석보상절(1447) 3:11〉
 나. 호다가 디나가면 <u>뎌 녀긔</u> 싀십 릿 싸해 人家ㅣ 업스니라 〈번역노걸대(16C초) 상:10a〉
 다. <u>훈 녁킈</u>는 므르셔게 호고 <u>훈 녁킈</u>는 골지게 호여 〈무예제보(1598) 1a〉
 라. 너븨 석 자 남죽호고 <u>네 녀크</u> 쏘 널로뻐 둘러 〈가례언해(1632) 10:31b〉
 마. 여봅소 <u>이 녁</u>이누 늬누 옷시 업스니 비단으로 왼 몸을 감아봅시 〈홍부전(1865) 11a〉

(4) <u>사회 녀긔셔 며느리 녁</u> 지블 婚이라 니루고 <u>며느리 녀긔셔 사회 녁</u> 지블 姻이라 니루느니
 〈석보상절(1447) 6:16b〉

 (1)과 (2)는 구체적인 방위나 방향을 나타내는 데에 '녁, 녘'이 쓰인 경우이다. (1)은
동서남북의 사방四方, (2)는 상하좌우上下左右와 안[內] 등의 방향과 관련하여 '녁, 녘'이
쓰였다. 이에 비해 (3)과 (4)에서 '녁, 녘'은 구체적인 방위를 나타낸다기보다 "쪽, 방향"
의 의미를 포괄한다. (3)에서는 '훈(> 한), 두, 네' 등의 수 관형사나 '이, 뎌(> 저)'
등의 지시 관형사에 '녁, 녘'이 후행하며, (4)에서는 현대국어의 '쪽'과 같이 포괄적인
방향의 의미로 쓰인다.
 『삼강행실도』≪효자도≫에서 나타나는 '녁' 역시 방향을 나타내는 용법으로 쓰였다
는 점에서 중세국어의 일반적인 양상과 크게 다르지 않다.

(5) 가. 님그미 세 번 브르시며 宰相이 닐굽 번 블러도 다 아니 오고 죽두록 <u>西ㅅ녁</u> 向호야
  앉디 아니호니라 〈효자:15a〉
 나. <u>겨지븨 녁</u> 아수미 慮려롤 블브티고 〈효자:33a〉

(5가)의 '녁'은 (1)에서와 같이, 사방四方 중 서西에 대응하여 '녁'이 쓰였다. (5나)에서 '녁'은 (4)에서의 용법에 가깝다. '아내의 쪽'을 의미하는 맥락에서 '겨지븨 녁'이 쓰이고 있다. 이때 '녁'은 구체적인 방위를 의미하는 것이 아니라 방향의 포괄적인 의미를 가지고 있으며, 현대국어의 '쪽'의 의미와 유사하게 이해된다.

현대국어에서는 '녁'이 방향과 관련하여 단독으로 쓰이는 경우가 적고, 대체로 합성어 내부에서만 쓰인다. 대신 방향을 가리키는 의미는 대부분 의존명사 '쪽'이 담당하게 되었다.

> (6) 가. 강녘, 길녘, 들녘, 물녘, 윗녘/아랫녘, 동녘/서녘/남녘/북녘
>   나. 우리 밭 한 <u>녘에</u> 감나무가 두세 그루 있다.
>   마당 한 <u>녘에서는</u> 여자들이 음식을 장만하고 있었다.

(6가)는 '녘'이 결합한 현대국어 합성어의 예이다. '강, 길, 들, 물' 등 자연물이 있는 방향이나, '위/아래', '동/서/남/북' 등 방위를 나타내는 의미로 '녘'이 쓰이고 있다. (6나)에서처럼 '한'과 결합하여 방향을 나타내는 경우도 있다.

'녁, 녘'의 시간 의미

현대국어에서 '녘'이 담당하는 주된 의미는 공간 및 방향과 관련된 의미가 아니라 시간과 관련된 "무렵"의 의미이다.

> (7) 가. 동틀 녘, 해질 녘, 샐녘, 저물녘
>   나. 아침 녘, 황혼 녘, 새벽녘, 어슬녘, 저녁녘

(7)은 현대국어 '녘'이 "무렵"의 의미로 구성하는 합성어나 구를 보인 것이다. '녘'은 (7가)에서처럼 관형어의 수식을 받아 의존명사로 쓰이며, '아침, 황혼, 새벽' 등과 같은 시간명사나 '어슬' 등의 어근에 결합하기도 한다. 각 구성이 합성어로 인정되는지 여부는 단어마다 다르다.

'녁, 녘'이 시간과 관련된 체언 및 용언에 후행하는 경우는 중세국어 및 근대국어 문헌에서 좀처럼 찾아보기 어렵다. 다만 17세기부터 나타나는 '져녁[夕]'에 '녁'이 포함되었다고 보고, 선행 요소를 '져믈다[暮]'와 관련짓는 해석이 있다(최창렬 1985, 김민수 1997, 김무림 2020 등). 그러나 '져'와 '져믈-'의 관련성을 설명하기 쉽지 않을 뿐만 아니라, '져녁(< 저녁)'의 '녁'이 '녁'과 관련된 요소라고 단정하기도 어렵다. '녁'이 20세기까지도 '녘'과 표기의 혼재를 보였던 것과 달리, '져녁(> 저녁)'의 '녁'은 종성 자리에 'ㅋ'이 표기된 어형으로는 나타나지 않기 때문이다.

(8) 가. 희질 녁에 병든 이와 샤귀 들닌 이를 두리고 예수끽 나아오니 〈신약젼셔(1900) 막1:32〉
　　나. 아히가 밤들 녁에는 머리를 발치로 두고 새구루 누어 자는데 〈행락도(1912) 97〉
　　다. 누가 자지 말라우 우리는 술이나 더 먹구 닭 울녁까지 기다려 볼테요 〈임거정(1939) 457〉
　　라. 오늘 야경(夜警)은 밝을 녁까지 한다고 서두는 모양이더니 〈모략(1948) 84〉

(9) 가. 잠이 어렴풋이 들며 새벽녘까지 머리에 그려보던 추측을 되풀이하여 보았다 〈유서(1926) 251〉
　　나. 아침녘부터 진일을 그렇듯 초조하게 기다리는 것을 아는지라 〈운현궁의 봄(1933) 167〉

(7)과 같은 '녘'의 용법은 20세기 전후의 문헌에서야 등장하기 시작한다. (8)은 '녁, 녘'이 관형어 뒤에 의존명사로 오는 경우이고, (9)는 명사 뒤에 위치하는 경우이다. 이때 '녁, 녘'은 모두 "무렵"의 의미를 나타내고 있다.

(10) 가. 바람은 우리를 스쳐 동틀 녘으로 불어 갔다. 〈고려대한국어대사전〉
　　나. 동틀녘에는 바람까지 불어서 〈하얀전쟁(1989) 263〉

(10가)에서는 '동틀 녘'이 방향을 의미하는 반면, (10나)에서는 시간을 의미한다는 점에서 서로 비교된다. (10가)과 (10나)를 통해 "어떠한 일이 일어나는 방향"에서 "그러한 일이 일어나는 시간"으로 의미 확장이 일어났을 가능성을 추측해 볼 수 있다.

결론적으로, 중세국어에서 방향을 나타내는 포괄적인 의미로 쓰였던 '녁, 녘'은 현대국어에서 시간의 의미로 변화하였고, 용법 또한 한정되었다. 그 원인과 과정을 현재로서는 단정하기 어렵다. 다만 인지의미론적 관점에서, 의미가 구체적인 공간 개념에서 추상적인 시간 개념으로 확장하는 것이 의미 변화의 일반적인 과정이라는 점을 참고할 수 있다.

08_ '니르리'

성우철

중세국어 '니르리'는 현대국어 '없이'처럼 선행 명사구와 관계를 맺기도 하지만, 선행 명사구와는 관계를 맺지 않고 후행 용언을 수식하는 기능만을 하기도 한다. 이들 용법의 공존은 중세국어 '니르리'의 형태 구성을 두 가지 서로 다른 방식으로 분석하는 근거가 된다.

용례 정보	어휘	≪효자도≫ 내 출현 이야기
	니르리	09황향선침, 14맹희득금, 17왕상부빙

중세국어 '니르리'의 형태 분석

중세국어 '니르리'는 기원적으로 '니를다[至]'의 어간에 문법 형태소 '-이'가 결합한 구성이다. 15세기에 '니를다[至]'는 완전 활용을 하는 용언으로, '니르다[至]'는 자음 어미와 매개모음 어미와만 결합하는 불완전 활용을 하는 용언으로 공존하고 있었다. 그러나 16세기 이후 '니를다[至]'의 매개모음 어미 결합형이 사라지게 되고, 자음 어미 결합형은 '-거X/-어X'계 어미 결합형인 '니를어X' 이외에는 거의 쓰이는 일이 없어지면서, '니르고, 니르며, 니르러'가 하나의 패러다임을 이루게 되었다(정경재 2015:213-216).

[표 1] 15세기 {니를다}와 {니르다}의 출현 빈도(정경재 2015:214)

어간	자음 어미	매개모음 어미	모음 어미	합계
니를-	81 (36.8%)	167 (50.9%)	352	600 (66.7%)
니르-	31 (14.1%)	55 (16.8%)	-	86 (9.5%)
니르/니를-155	108 (49.1%)	106 (32.3%)	-	214 (23.8%)
합계	220 (100%)	328 (100%)	352	900 (100%)

중세국어의 문법 형태소 '-이'는 흔히 부사를 파생시키는 접미사로 분석되지만, 어떤 면에서는 연결어미에 가까운 성격을 보이기도 한다. 15세기 문헌에서 용언 어간에 문법 형태소 '-이'가 결합한 어형은 후행 용언을 수식하는 전형적인 파생 부사로서의 용법을 보이기도 하지만, 통사적으로 선행 명사구를 논항으로 취하는 활용형으로서의 용법도 보이기 때문이다(이현희 1994ㄱ:75-77). 이러한 '-이'의 기능은 『삼강행실도』에 나타난 '니르리'의 예에서도 확인된다.

(1) 가. 後에 벼스를 <u>尙書令 니르리</u> ᄒ야 子孫이 다 노피 ᄃᆞ외니라(後官累遷至尙書令 至子瓊及孫皆貴顯) 〈효자:9a〉

나. 셟거적 ᄭᆞᆯ오 이셔 三年을 소고ᄆᆞᆯ 먹디 아니ᄒᆞᆫ대 <u>먼 딧 사ᄅᆞᆷ 니르리</u> 降服ᄒ야 ᄒᆞ더라(布苫于地 寢處其上 三年不食藍酪 <u>遠近嘆服</u>) 〈효자:14a〉

다. 어미 죽거늘 슬허 막대 딥고ᅀᅡ 니더니 後에 그위실ᄒ야 <u>三公ㅅ 벼슬 니르리</u> ᄒ니라(母歿居喪毀瘁 杖而後起 後仕於朝 <u>官至三公</u>) 〈효자:17b〉

(1)과 같이 "이르도록" 정도의 의미로 쓰인 중세국어 '니르리'는 선행 명사구와 통사적 관계를 맺는다는 점에서 용언의 활용형에 가까운 구성으로 이해된다. 중세국어 문헌에서는 같은 의미로 '니르히'의 어형이 쓰이기도 하지만 '니르리'에 비하면 극히

---

155 '니르/니를-'에 제시한 수치는 '-ㄴ, -ㄹ, -으니, -다, -더라' 등 어간의 말음 /ㄹ/을 탈락시켜 '니르-'와 '니를-' 간의 구분이 어려운 어미가 결합한 활용형의 출현 빈도이다(정경재 2015:215).

적은 빈도로만 나타난다.

(2) 가. <u>이제 니르히</u> 鈇鉞 쓰던 싸해 룸 비예 우르는 소릴 드르리로다(到今用鈇地 風雨聞號呼)
〈두시언해_초간(1481) 6:39a〉

나. 거믄고 노로믈 <u>이제 니르히</u> 帝子룰 슬노니 옷기슭 긋우믈 어듸 가 王門을 어드리오(鼓
瑟至今悲帝子 曳裾何處覓王門) 〈두시언해_초간(1481) 11:7a〉

다. 이룰 브즈러니 ᄒᆞ야 <u>주구매 니르히</u> ᄒᆞ며 ᄀᆞ장 홀 거상올 三 年을 홀디니라(服勤至死
ᄒᆞ며 致喪三年이니라) 〈번역소학(1518) 3:41b〉

한편, 중세국어의 '니르리'는 이러한 쓰임에 더하여 비교적 오랜 시간을 나타내는
용법도 가지고 있었다. 이 경우 '니르리'는 선행 명사구와 통사적 관계를 맺지 않으며,
'니를다[至]'와의 의미 관계를 투명하게 분석하기 어렵다는 점에서 파생 부사로 분석될
수 있다.

(3) 가. 住는 머므러 이실씨니 信ᄋᆞ로셔 드러 如來ㅅ 지븨 나아 부텻 智慧예 브터 <u>니르리</u>
믈러나디 아니홀씨라 〈월인석보(1459) 2:60b〉

나. 뿌그로 복셩홧 ᄌᆞᅀᅥᆺ 우흘 열네 붓글 쓰면 즉재 됴하 <u>니르리</u> 發티 아니ᄒᆞᄂᆞ니라(用艾於
桃核上炙十四炷 卽愈永不發) 〈구급방언해(1466) 下:73b〉

다. 山東 濟南府엣 나그내 李五의게 ᄑᆞ라 주워 <u>니르리</u> 님자 도의여 두 녁 말로 의뎡ᄒᆞ야
시딕 갑스로 시푼 은 열두 량애 ᄒᆞ야(賣與山東濟南府客人李五 永遠爲主 兩言議定
時値價錢 白銀十二兩) 〈번역노걸대(16C초) 下:16b〉

(1)에서 제시한 '니르리'의 활용형으로서의 용법은 통사적으로든 의미적으로든 (3)
에서 제시한 부사로서의 용법과 뚜렷하게 구분된다. 이러한 '니르리'의 두 가지 용법은
중세국어의 문법 형태소 '-이'와 관련하여 우리말의 어미와 접사 사이에 존재하는
일종의 연속성을 보여 줄 수 있는 흥미로운 사례가 될 수 있다(김유범 2006ㄴ).

09 _ '다솜어미'

최혜빈

중세국어 '다솜어미'는 한자어 '계모繼母'에 가까운 의미를 나타내던 단어였으나, 근대국어를 거치면서 유의 경쟁에 밀려 오늘날에는 거의 쓰이지 않게 되었다.

용례 정보	어휘	《효자도》 내 출현 이야기
	다솜어미	01민손단의, 17왕상부빙, 19왕연약어, 27노조순모

'다솜어미'의 형태 분석과 소멸 과정

중세국어 '다솜어미'의 어근 '다솜'은 친족 명칭에 결합하여 "인위적으로 맺어진"의 의미를 덧붙이던 요소로, '어미' 이외에도 '아비, 어버이, 자식' 등의 명사와 결합하곤 하였다. 그러나 중세국어 문헌에서 '다솜'이 단독으로 쓰인 용례는 광주판 『천자문』 등의 일부 문헌을 제외하면 잘 보이지 않는다.[156] '다솜'은 중세국어 시기에 이미 특정 어휘에만 결합하는 제한된 쓰임을 보였으며, 이후 시간의 흐름에 따라 점차 생산성을 잃고 소멸의 과정을 거친 것으로 생각된다.

(1) 가. 다솜어미 샹녜 서근 사무로 오새 두어 주거든(繼母卜氏遇之無道 恒以浦穰及敗麻頭與延貯衣)〈효자:19a〉

나. 하양의 어믜게 가니 다솜아비 브티디 아니ᄒᆞ여 다ᄅᆞᆫ ᄃᆡ 와 지극 가난ᄒᆞ여 글 서 주고 갑 바다 먹고 사더라〈이륜행실도(1518) 19a〉

다. 오히려 그 禍룰 저히 그 害룰 업게 홀 디온 獨 혀 다솜子息의게 아니ᄒᆞ면 엇뎨 샹녯 어믜게셔 다ᄅᆞ리오(猶救其禍而除其害온 獨於假子而不爲ᄒᆞ면 何以異於凡母ㅣ리오)〈내훈언해(1474) 3:22a〉

---

156 이동석(2007)에서는 광주판 『천자문』에 보이는 '다솜'을 '다솔다[政]'의 명사형으로 파악하였으나, 중세국어에서 '다솔다'의 명사형은 '다ᄉᆞ롬/다ᄉᆞ룸/다솚' 정도로 실현될 것이라는 점에서 재고의 여지가 있다.

이동석(2007)에서는 '다솜'의 어원을 현대국어 '다시'에서 찾았는데, '다솜'과 '다시'를 모두 *'닷다'에서 온 파생어로 파악한 것이다. 이러한 분석은 '다솜'과 '다시'가 ≪반복≫이라는 의미를 공유하고 있다는 점에서 설득력이 있다. 즉 '다솜'은 어버이와 자식이 다시 새롭게 맺은 관계를 나타내는 파생 명사였다는 것이다.

중세국어 '다솜어미'는 '훗어미, 계모繼母' 등의 단어와 유의 관계를 이루었으며, 그러한 경쟁의 과정에서 점차 세력이 약화되어 결국에는 사라지게 되었다. 이러한 변화의 실마리는 이미 중세국어 시기부터 나타난다. 15세기 문헌에서 '다솜어미'의 용례는 8건이 확인되나 '繼母'의 용례는 2건만이 확인되는데, 16세기 문헌에서는 반대로 '다솜어미'의 용례는 4회, '繼母'의 용례는 9건이 확인되어 '繼母'의 출현 비율이 더 높아진 것을 확인할 수 있다.

10 _ '더디다[投]'

이유원

중세국어 '더디다'는 현대국어 '던지다'의 옛말이다. '더디다'가 시기에 따라 보여 주는 형식 변화 양상은 국어사에서 일부 어휘에 산발적으로 적용된 파찰음 앞 /ㄴ/ 삽입 현상을 보여 주기도 한다. 여기에서는 '더디다'의 형식 변화와 그 동인에 대해 간략히 검토하기로 한다.

용례 정보	어휘	≪효자도≫ 내 출현 이야기
	더디다	13원각경부, 18허자매수, 21검루상분

'더디다'의 형식 변화 양상

현대국어 '던지다'의 선대형인 '더디다'는 15세기 문헌에서부터 나타난다. 근대국어 시기로 접어들면서 뒤에 오는 / ㅣ / 모음의 영향으로 /ㄷ, ㅌ/가 /ㅈ, ㅊ/로 바뀌는 구개음화 현상이 일어났는데, '더디다'도 이러한 변화를 경험하였다.

(1) 가. 믄득 모수미 놀라아 오온 모매 쪼미 흐르거늘 즉자히 그위롤 <u>더디고</u> 도라온대(黔婁忽
心驚 擧身流汗 卽日棄官歸家)〈열녀:21a〉

나. 홀어미 쫄 <u>더디고</u> 오니 유독고 모딘 사르미라 호고 〈순천김씨언간(16세기) 80〉

다. 눈믈 드리우고 뵈야호로 분 <u>더지고</u> 時節올 슬허 곤 기르마롤 브텃도다(垂淚方投筆
傷時卽據鞍)〈두시언해_중간본(1632) 23:29b〉

라. 이 내 몬져 <u>더디마</u> 네 엇디 몬져 <u>더딜따</u>(是我先擲 你怎麼先擲)〈박통사언해(1677) 中:49b〉

마. 내 너롤 ᄀ르치마 드레 줄을 우흐로 젹이 들어 아릭로 호 번 <u>더지면</u> 믈이 절로 담기ᄂ니
라 〈청어노걸대신석(1765) 2:26a〉

바. 도적이 붓그리고 노호여 죽여 강믈에 <u>더디고</u> 가니라(賊慚恚 以刃刺殺之 投江中而去)
〈오륜행실도(1797) 열녀:36b〉

(1)은 15~18세기 '더디다, 더지다'의 예이다. (1가-나)에서는 '더디다'로 나타나지
만 17세기 이후에는 (1라, 바)와 같은 '더디다'와 (1다, 마)와 같은 '더지다'가 모두
나타난다. '더지다'는 '더디다'로부터 구개음화된 어형이다.

(2) 가. 셤 빅셩이 집에 마자 불 퓌워 옷슬 쬘 즈음에 나무 속에셔 홀연이 독호 빅얌이 나와
셩인 손에 돌니거놀 셩인이 빅얌을 불에 <u>던지니</u> 조곰도 샹해홈이 업고 〈주년쳠례광익
(1884) 78b〉

가'. 또 셰말에 거즛 그리스도ㅣ 셰상에 나 마귀의 능을 빙쟈호야 셩교롤 잔해호고 쥬의
위롤 춤람이 홀 때에 셩 미가엘이 압복호야 디옥에 <u>더지리라</u> 〈주년쳠례광익(1884) 37a〉

나. <u>더지다</u> 旭 「던지다」의 옛말 〈조선어사전(1938) 359〉

'더지다'의 어간에 /ㄴ/가 첨가된 '던지다'의 어형이 등장한 것은 19세기 말엽이다.
20세기 초에 '더지다'도 나타나지만 '던지다'의 출현 빈도가 더 우세하다. 특히 (2가,
가')에서는 동일한 문헌에서 '더지다'와 '던지다'가 모두 나타나는 모습을 보여 준다.
(2나)의 『조선어사전』(1938)에서는 '더지다'를 '던지다'의 옛말로 기술하고 있는데,
이를 통해 볼 때 1930년대 이후에는 '더지다'가 일상생활에서 쓰이는 일이 거의 드물어
졌음을 짐작할 수 있다.

'던지다'의 어간에 /ㄴ/가 첨가된 것은 파찰음 앞 /ㄴ/ 삽입 현상의 결과로 여겨진다. 국어사 문헌에서는 역사적으로 다음과 같은 사례를 확인할 수 있다.

(3) 더디→더지→던지-[投]　　보시고 <u>더디시나</u> 〈용비어천가(1447) 5:1a〉

히골을 <u>더져</u> 브리며 〈경신록언석(1796) 82a〉

물동우를 내 <u>던지고</u> 〈독립신문(1896) 4월 23일〉

(4) ᄀᆞ초→곤초→곰초-[藏]　　얼구ᄫᅡ <u>ᄀᆞ초ᄉᆞᄫᅡ</u> 〈용비어천가(1447) 5:1a〉

숨겨 <u>곤촐씨</u> 〈법화경언해(1463) 6:175a〉

새 우러 제 모믈 <u>곰초ᄂᆞ니</u> 〈두시언해_중간(1632) 7:24a〉

(5) 가치〉간치[鵲]　　ᄇᆞ야미 <u>가칠</u> 므러 〈용비어천가(1447) 1:11b〉

門의 <u>간치ᄂᆞ</u> 〈두시언해_중간(1632) 14:21b〉

파찰음 앞 /ㄴ/ 삽입 현상은 지역 방언에서도 확인되는데, '그치다'의 방언형 '근치다, 끈치다', '이제'의 방언형 '인자, 인재, 인저, 인제, 인지', '나중'의 방언형 '난종, 난중, 남중, 낭중, 낸중, 냉중' 등을 그 예로 들 수 있다.

11_'딯다, 짗다, 짖다'

중세국어 '딯다, 짗다, 짖다'는 형태가 비슷해 보이지만, 본래 서로 다른 단어로서 의미와 용법이 구별된다. 그러나 점차 '딯다, 짗다'는 세력이 약화되어 사라졌고, '딯다, 짗다'가 나타내던 의미 가운데 일부를 '짖다(> 짓다)[作]'가 대치하게 되었다.

	어휘	≪효자도≫ 내 출현 이야기
용례 정보	딯다	02자로부미
	짗다	07설포쇄소, 18허자매수, 25왕숭지박, 27노조순모, 33자강복총
	짖다	28서적독행

중세국어 '딯다, 짓다, 짛다'의 의미

(1) 가. 여러 가짓 經方을 브텨 됴ᄒᆞᆫ 藥草ㅣ 色香 美味 다 ᄀᆞᆽᄂᆡᆯ 求ᄒᆞ야【美味ᄂᆞᆫ 됴ᄒᆞᆫ 마시라】
　　　 디허 처 和合ᄒᆞ야 아ᄃᆞ롤 주어 먹게 ᄒᆞ야 닐오ᄃᆡ(依諸經方 求好藥草 色香美味皆悉具
　　　 足 擣篩和合與子令服 而作是言)〈월인석보(1459) 17:17b-18a〉

　　나. 世間앳 艱難ᄒᆞ며 가ᄉᆞ멸며 貴ᄒᆞ며 賤ᄒᆞ며 기리 살며 뎔이 살며 受苦ᄅᆞᄫᅵ며 즐거ᄫᅮ미
　　　 녜 지소ᄆᆞ로 이제 受ᄒᆞ며 몬져 블로ᄆᆞ로 後에 應ᄒᆞ야 얼믠 그므를 디허도 싀디 아니ᄒᆞ
　　　 며 큰 劫에 ᄢᅦ디여 잇다가도 기티디 아니호ᄆᆞᆫ 뉘 記를 주뇨(若世之貧富貴賤修短苦樂
　　　 昔作而今受 前召而後應 懸疎網而不漏 淪浩劫而莫遺者 其誰與記耶)〈월인석보(1459)
　　　 13:59a〉

　　다. 어버ᅀᅵ 업거늘ᅀᅡ 노피 두외야 조츤 술위 一百이며 穀食을 萬鍾을 싸ᄒᆞ며 쇼홀 포
　　　 ᅀᆡᆯ오 안ᄌᆞ며 소톨 버려 먹더니 한숨 디허 닐오ᄃᆡ(親歿之後 南遊於楚 從車百乘 積粟萬
　　　 鍾 累裀而坐 列鼎而食 乃歎曰)〈효자:2a〉

　(1)은 중세국어의 동사 '딯다'의 용례이다. '딯다'는 (1가)에서와 같이 "찧다[擣]"나
(1나)에서와 같이 "드리우다[懸]"의 의미를 가졌다. 한편 (1다)에서처럼 '한숨/한숨'과
공기할 경우에는 현대국어의 '한숨 짓다[嘆]'에 가까운 의미를 나타내는 표현으로도
쓰일 수 있었다. 다만 이처럼 서로 다른 의미를 나타낼 수 있었던 '딯다'라는 요소를
중세국어 당시에도 하나의 어휘소로 인식하였을지는 단정하기 어렵다.

(2) 가. 모지마라 門 밧긔 가개 짓고 이셔 아ᄎᆞ미어든 드러 ᄠᅳᆯ에질ᄒᆞ거늘(不得已 廬于外
　　　 旦入灑掃)〈효자:7a〉

　　나. 龍ᄃᆞᆯ히 닐오ᄃᆡ 부톄 和尙ᄋᆞᆯ 시기샤 우리를 警戒ᄒᆞ라 ᄒᆞ야시ᄂᆞᆯ 엇뎨 므싀여ᄫᅳᆫ 양ᄌᆞ롤
　　　 지ᄉᆞ시ᄂᆞ니잇고(時諸小龍而作是言 佛敕和上爲我受戒 和上云何作恐怖像)〈월인석보
　　　 (1459) 07:47b-48a〉

　　다. 밥 지ᅀᅮ려 홇 時節에 소ᄂᆞ로 陽燧룰 자바 ᄒᆡ 알ᄑᆡ 브를 求ᄒᆞᄂᆞ니(欲炊爨時예 手執陽燧
　　　 ᄒᆞ야 日前에 求火ᄒᆞᄂᆞ니)〈능엄경언해(1461) 03:74a〉

　　라. 그저긔 兜率天子ㅣ 모매 放光ᄒᆞ야 祇樹給孤獨園을 다 비취오 偈 지ᅀᅥ 讚嘆ᄒᆞᅀᆞᆸ고
　　　 즉자히 도로 수므니라(時給孤獨天子 身放光明 遍照祇樹給孤獨園 而說偈讚卽沒不現)
　　　 〈석보상절(1447) 06:45a〉

　　마. ᄒᆞ마 내 어미롧딘댄 根源ㅅ 罪를 알리니 엇던 行業을 지ᅀᅥ 惡道애 ᄠᅥ러딘다(旣是我母
　　　 合知本罪 作何行業 墮於惡道)〈월인석보(1459) 21:56a〉

바. 刹帝利는 王이 族이오 婆羅門은 ᄠᅳ디 조ᄒᆞ니오 毗舍는 흥졍ᄒᆞᄂᆞ니오 首陀는 녀름 짓는 사ᄅᆞ미니 이 닐온 네 姓이라(刹帝利는 王族也ㅣ오 婆羅門은 淨志也ㅣ오 毗舍는 商賈也ㅣ오 首陀는 農夫也ㅣ니 是謂四姓이라) 〈능엄경언해(1461) 03:88a〉

(2)는 중세국어의 동사 '짓다'의 용례이다. '짓다'는 오늘날의 "만들다[作]"가 가진 의미에 대응되는 다양한 맥락에서 두루 쓰였다. 현대국어 '짓다'와 마찬가지로 집이나 물건(2가), 모습이나 형체(2나), 음식(2다), 말이나 글(2라), 죄나 업(2마), 농사(2바) 등의 대상을 목적어로 취하여 "만들다"의 공통적인 의미를 나타낸다.

(3) 가. 사ᄅᆞᆷ 블러 그 象애 金 기르마 지허 ᄲᆞᆯ리 잇거 내라 ᄒᆞ고 太子ㅣ 왼소내 믈 자바 道士ᄋᆡ 손 싯기고 올ᄒᆞᆫ소ᄂᆞ로 象 잇거 주어늘(卽敕左右 被象金鞍疾牽來出 太子左手持 水澡道士手 右手牽象以授與之)〈월인석보(1459) 20:65b〉
나. 王이 니ᄅᆞ샤ᄃᆡ 우리 祖上애셔 ᄡᅩ더신 화리 ᄀᆞ초아 이쇼ᄃᆡ【祖는 한아비니 祖上은 한아비롯 우흘 無數히 티닐온 마리라】이긔여 ᄡᅩ리 업스니 가져 오라 ᄒᆞ야시ᄂᆞᆯ 釋種ᄃᆞᆯ히 이긔여 지ᄒᆞ리 업더니(王曰 吾祖父所執用弓奇異無雙 無能用者 著於天寺便可持來 一切諸釋無能張者)〈석보상절(1447) 03:13b-14a〉
다. 두 兄弟 ᄭᅬ 하건마ᄅᆞᆫ 藥이 하ᄂᆞᆯ 계우니 아바님 지ᄒᆞ신 일홈 엇뎌ᄒᆞ시니(兄弟謀多 藥不勝天 厥考所名 果如何焉)〈용비어천가(1447) 09:43a〉
다'. 즉재 長者ㅣ 다시 일홈 지ᅀᅥ 일후믈 아히라 ᄒᆞ니 제 모미 衰코 늘고ᄆᆞᆯ 나ᄆᆞ라고 아ᄃᆞ리 ᄆᆞᅀᆞᆷ과 힘괄 기료믄 큰 法 믈리시고 져근 法 기리샤 權으로 功 나소샤ᄆᆞᆯ 가줄비니라(卽時長者ㅣ 更與作字ᄒᆞ야 名之爲兒ᄒᆞ니 貶巳衰老ᄒᆞ고 襃子心力은 譬斥 大褒小ᄒᆞ샤 權進其功ᄒᆞ니라)〈법화경언해(1463) 02:213b〉

(3)은 중세국어의 동사 '짖다'의 용례이다. (3가)에서는 '길마(< 기르마)', (3나)에서는 '활', (3다)에서는 '이름(< 일홈)'에 대하여 "매다, 묶다" 등의 의미로 쓰였다. 중세국어에서 '짖다'는 거의 항상 (3가-다)와 같이 '기르마/기르마', '활, 시울', '일홈/일홈' 등의 단어와만 어울려서 쓰인다(이동석 2006ㄱ). '짖다'는 가축의 등에 길마를 매거나 활에 시울을 묶는다는 구체적 의미로 쓰일 수도 있었지만, 대상에게 이름을 붙인다는 추상적 의미로도 쓰일 수 있었음을 알 수 있다. '일홈'에 대해서는 대개 '짖다'가 어울려 쓰였지만, (3다')와 같이 '일홈 짓다'의 용례도 드물게 나타난다.

중세국어 '딯다, 짛다, 짛다'의 변천

"찧다[擣]"를 뜻하던 '딯다'의 용법은 현대국어 '찧다'로 고스란히 이어진다. 그러나 '한숨/한숨'과 공기하던 '딯다'의 용법은 다른 단어로 대치되었다.

(4) 가. 長吁短歎 ○ 한숨 디다 〈역어유해(1690) 上:38a〉

　　나. 臙脂粉 잇니마 눌 위 야 고이 홀고 음의 미친 실음 疊疊이 빠혀 이셔 짓 니 한숨이오 디 니 눈믈이라 〈송강가사_이선본(1690) 08b〉

　　다. 위 하 을 우러러 한숨 디어 굴 샤 내 명을 하 의 밧 와 힘을 다 야 뻐 만빅셩을 위로 노니 살기 부틴 거시오 죽기 도라가미라 고(禹 ㅣ 仰天歎曰 吾ㅣ 受命於天 야 竭力以勞萬民 노니 生은 寄也ㅣ오 死 歸也ㅣ라 시고) 〈십구사략언해(1772) 01:23a-23b〉

　　라. 그적의 黃蓋 댱막의 누엇더니 여러 쟝슈들이 보라 와셔 무 니 黃蓋 아모라타 여 말 아니 고 다만 기리 한숨 지더니(tereci hūwang g'ai monggo boode deduhebi geren jiyangjiyūn sa tuwanjime jifi fonjici hūwang g'ai umai seme gisurerakū damu golmin sejilembi[157]) 〈삼역총해(1774) 05:22b-23a〉

(4)는 17세기 이후의 용례이다. 16세기까지 더러 나타나던 '한숨 딯다'는 17세기 이후 보수적인 경향을 보이는 일부 문헌 외에는 거의 나타나지 않고, 대신 (4가, 다)와 같이 '한숨 디다'로 나타난다. '한숨 디다'는 구개음화를 겪어 (4라)와 같이 '한숨 지다'로 나타나기도 한다.

'한숨 딯다'가 '한숨 디다'로 대체된 것과 관련해, 정경재(2015:78)에서는 "드리우다 [懸]"를 뜻하던 '딯다'가 사어화死語化하면서 '딯다'와 유사한 의미를 지닌 '디다[落]'가 '딯다' 대신 '한숨'과 공기하게 된 결과라고 추정하였다. 또한 (4나)와 같은 근대국어의 '한숨 짓다'는 '한숨'과 '짓다[作]'가 새롭게 결합하면서 형성된 것으로, '한숨 딯다'의 직접적 후대형으로 보기는 어렵다고 설명하였다.

(3다')에서와 같이 '일훔'은 15세기 문헌에서도 간혹 '짛다(< 짛다)[作]'와 어울려

157　만주어 'sejilembi'는 "탄식하다", "한숨 쉬다"를 뜻하는 동사이다.

쓰이는 일이 있었지만, 16세기 후반 이후의 문헌에서는 대치의 경향이 더 뚜렷해진다.

(5) 가. 周公과 孔子ㅣ 일홈 지어 ᄀᆞᄅ치시믈 드리워 겨시거늘 齊와 梁【나라 일홈이라】 적이 쳥허ᄒᆞᆫ 의론을 슝샹ᄒᆞ니 南朝【晋나라 적이라 】ㅣ 여듧 통달ᄒᆞᆫ 이라 ᄒᆞ야 일ᄏᆞᆯ라 일쳔 ᄒᆡ예 ᄉᆞᄀᆡᆯ 더러이니라(周孔이 垂名敎ㅣ어시늘 齊梁이 尙淸議ᄒᆞ니 南朝ㅣ 稱八達ᄒᆞ야 千載穢靑史ᄒᆞ니라) 〈소학언해(1588) 05:21b〉

나. 이리 들리오니 왕이 곡셕 삼ᄇᆡᆨ 셕과 집 ᄒᆞᆫ 고돌 주시고 유스ᄅᆞᆯ 명ᄒᆞ샤 돌홀 셰여 이를 긔록ᄒᆞ다 홀 사ᄅᆞᆷ이 그 ᄯᅡ홀 일홈 지오ᄃᆡ 효가리라 ᄒᆞ다(事聞王賜租三百斛宅一區 命有司立石紀事 後人號其地爲孝家里) 〈동국신속삼강행실도(1617) 新續孝子01:03b〉

다. 쳬 골오ᄃᆡ 쳡은 드ᄅᆞ니 ᄠᅳᆺ 잇ᄂᆞᆫ 션븨ᄂᆞᆫ 도쳔【도적 도즈로 일홈 지은 믈이라】 읫 믈을 먹디 아니ᄒᆞ고 쳥념ᄒᆞᆫ 사ᄅᆞᆷ은 차리【혀 ᄎᆞ며 오라 ᄒᆞᄂᆞᆫ 말이라 】ᄒᆞᄂᆞᆫ 음식을 먹디 아니ᄒᆞ다 ᄒᆞᄂᆞ니엇디 길히 ᄃᆞᄅᆞᆫ 거슬 주어 그 ᄒᆡᆼ실을 더러이리오 ᄒᆞ니(妻曰 妾聞志士不飮盜泉之水 廉者不受嗟來之食 況拾遺求利 以汙其行乎)〈오륜행실도(1797) 烈:15a〉

(5)는 '일홈/일훔'을 논항으로 취하던 '짛다'가 16세기 이후 점차 '짓다[作]'로 대치되었음을 보여 준다. 오늘날에도 '이름'은 '짓다'와 어울려 쓰인다. 이때 '짛다'의 어간이 재구조화되어 '짓다'로 변화하였다고 볼 수도 있지만 그렇게 보기는 어렵다. 용언의 모음어미 및 매개모음어미 결합형에서 /ㅎ/ 탈락 표기가 일반화되는 것은 18세기 이후(곽충구 1980:72-73)이기 때문이다. '닿다'의 영역을 '짓다[作]'가 대치하였듯이, '짛다' 역시 사어화되면서 형식과 의미가 유사한 '짖다 > 짓다[作]'가 그 자리를 메우게 되었다고 볼 수 있다.

(6) 가. 오늘 일쯕에 내 다ᄅᆞᆫ 고ᄃᆡ 아ᄂᆞᆫ 이ᄅᆞᆯ 보라 가 門 앎희 기르마 지은 白馬ᄅᆞᆯ ᄆᆡ엿더니 아ᄃᆡ 못게라 엇디 돌아난다(今日早起 我別處望相識去來 門前拴著帶鞍的白馬來 不知 怎生走了) 〈박통사언해(1677) 下:55a〉

나. 사ᄅᆞᆷ이 미처 갑을 못 닙고 물게 미처 기르마ᄅᆞᆯ 짓디 못ᄒᆞ야 〈무목왕정충록(1760) 6:54a〉

다. 曹操ㅣ 물 기르마 지어셔 龐統과 홈ᄭᅴ 믓히 진을 보라 가셔 둘히 몰ᄐᆞ고 놉흔 곳에 셔셔 볼 적의(ts'oots'oo morin tohobufi pangtung ni emgi olhon i ing be tuwaname genefi juwe nofi morilafi deken bade ilifi tuwara de)〈삼역총해(1774) 07:13a-13b〉

라. 뇌만츈이 믄득 말 길마를 ᄎᆞ리며 ᄒᆡᆼ장을 슈습ᄒᆞ여 〈금향졍기(1851) 1:23b〉

마. 안쟝이나 길마나 <u>지어</u>쓸지 아지 못하니 〈매일신문(1898)〉

바. 물이 안장이나 길마롤 여러 번 <u>겨셔</u> 안장과 길마는 써러질지언뎡 물 가죡은 손샹ᄒ지
아니ᄒ며 〈보감(1906) 1:178a〉

'짖다'와 주로 어울려 쓰이던 '기르마/기르마' 역시 17세기 이후 '짓다'와 어울려
쓰이는 경향이 나타난다. (6라)와 같이 'ᄎ리다' 등 전혀 다른 동사와 공기하는 경우도
있지만, (6)에서는 17세기 이후의 많은 문헌에서 '기르마/기르마/길마'가 서술어로 '짓
다'를 취하고 있음을 볼 수 있다.

(7) 가. 활도 사다 풀 활 시욹 잇거든 가져 오라 내 ᄒ 번의 ᄒ 오리 사 임의셔 예셔 이
활을 <u>짓쟈</u>(弓也買了也 有賣的弓弦時將來 我一發買一條 就這裏<u>上</u>了這弓着)〈노걸대언
해(1670) 下:29a〉

가′. 활 <u>지어</u> 팔에 걸고 칼 ᄀ라 엽히 ᄎ고 鐵甕城減邊에 筒箇 베고 누어시니 보완다
보와라 소리에 좀 못드러 ᄒ노라 〈악합습령(1713) 45b〉

가″. 上弓 활 <u>짓다</u> ○ 버리 타붐비^beri tabumbi 〈동문유해(1748) 上:47a〉

나. 네 이 ᄒ 댱 누론 봇 닙힌 활 가져다가 시욹 <u>연즈라</u> 내 ᄃ뢰여 보와 힘이 잇거든
내 사리라(你將這一張黃樺弓<u>上</u>弦着 我試扯 氣力有時我買)〈노걸대언해(1670) 下:27b〉

나′. 네 이 ᄒ 쟝 누른 봇 닙힌 활을 다가 시위 <u>언즈라</u> 내 ᄃ릐여 보아 여러 힘이 이셔
만일 죠ᄒ면 내 곳 사리라(你把這一張黃樺皮弓<u>上</u>了弦 我拉拉看 有幾箇氣力若好 我就
賣了)〈중간노걸대언해(1795) 下:29a〉

주로 '짖다'와 어울려 쓰이던 '활, 시울'도 근대국어 이후 (7가, 가′)와 같이 '짓다[作]'
와 어울려 쓰이거나 (7나, 나′)와 같이 '엿다 > 얻다' 등의 다른 동사와 공기하는 경우가
점차 늘어나게 된다. 요컨대 본래 '덯다, 짖다, 짖다'는 서로 다른 의미와 용법을 가지고
있었지만, '덯다, 짖다'가 세력이 약화되어 사라지면서 두 단어가 나타내던 의미 가운데
일부를 '짖다(> 짓다)[作]'가 대치하여 오늘날까지 이른다고 볼 수 있다.

12 _ '딕ᄒ다/딕희다'

김부연·정은진

　　현대국어의 동사 '지키다'는 중세국어 시기에 '딕ᄒ다' 혹은 '딕희다'로 나타나며, 의미와 용법의 차이는 크지 않다. 여기서는 중세국어 시기 '딕ᄒ다'와 '딕희다'의 관계, '딕희다'에서 현대국어 '지키다'에 이르기까지의 형태 변화 과정을 간략히 살펴본다.

용례 정보	어휘	《효자도》 내 출현 이야기
	디킈다	17왕상부빙, 18허자매수, 32누백포호

중세국어 시기 '딕ᄒ다'와 '딕희다/디킈다/딕킈다'의 사용 양상

　　현대국어의 동사 '지키다'는 15세기 문헌에서 '딕ᄒ다' 또는 '딕희다/디킈다/딕킈다' 등으로 나타난다. 15세기 문헌에 나타나는 '딕ᄒ다', '딕희다/디킈다/딕킈다'의 대표적인 용례를 각각 보이면 다음과 같다.

(1) 가. 世尊하 내 이제 神通力으로 이 經을 딕ᄒ야 護持ᄒ야 〈석보상절(1447) 21:59b〉
　　 나. 比丘 밍ᄀᆞ르시고 뷘 房ᄋᆞᆯ 딕ᄒ라 ᄒ시니 〈월인석보(1459) 7:6a〉
　　 다. 너를 모다 딕ᄒ야 護待ᄒ나니(共守護汝) 〈법화경언해(1463) 6:176〉

(2) 가. 쳔랴ᄋᆞᆯ 만히 뫼호아 두고 受苦ᄅᆞ빙 딕희여 이셔 〈석보상절(1447) 9:12a〉
　　 나. 너ᄋᆞᆺ 긋가 자거든 내 딕희오 나ᄋᆞᆺ 자거든 네 딕희라 ᄒ고 〈월인석보(1459) 22:49a〉
　　 다. 딕희라 나조힌 내 오리라 ᄒ야ᄂᆞᆯ 〈열녀:27a〉

(3) 가. 다 그 고대 가 供養ᄒ며 디킈리이다 〈석보상절(1447) 9:21b〉
　　 나. 머지 여렛거늘 어미 디킈라 ᄒᆫ대 〈효자:17b〉
　　 다. 守墓ᄂᆞᆫ 墓를 디킐씨라 〈효자:18a〉
　　 라. 獵人이 샹녜 그믈 디킈에 ᄒ야든(獵人常令守網) 〈육조법보단경언해(1496) 上:40〉

(4) 가. 갈홀 아사 몯 죽긔 ᄒ고 바미 가도앳ᄂᆞᆫ 겨집돌ᄒ로 딕킈라 ᄒ야ᄂᆞᆯ 〈열녀:21a〉
　　 나. 主將이 眞實로 주글가 두리여 그리 ᄒ라 ᄒ고 딕킈요ᄆᆞᆫ 더욱 구디 ᄒ더니 〈열녀:21b〉

위 (1)~(4)에서 보듯이 15세기 문헌에는 '딕ᄒ다'뿐 아니라 '디크다/딕희다/딕크다'
의 예가 모두 나타난다. 가장 기본 어형이 되는 (1)의 '딕ᄒ다'는 '딕-[直] + ᄒ-[爲]
+ -다'의 구조로 분석되며, '딕'은 어기인 '直'의 중세국어 한자음으로 볼 수 있다.
[참고] 直 고들 딕 〈훈몽자회(1527) 下:29〉. 한자 '直'의 본래 의미는 "곧다"이지만
'당직當直, 숙직宿直, 일직日直' 등의 용례에서 알 수 있듯이 "지키다, 근무하다" 등의 의미도
가졌다. 즉 '딕ᄒ다'는 "直(을) 하다"의 어원적 의미를 가진 말임을 알 수 있다.

(2)는 '딕희다'의 예이고, (3)은 '딕희다'가 연철 표기된 '디크다', (4)는 '딕희다'가
중철 표기된 '딕크다'의 예이다. (2-4)의 세 가지 형태는 표기적 특징에 의한 차이일
뿐 의미는 모두 동일하다. '딕희다'는 '딕ᄒ다'와 형태적으로 관련된 것임이 분명하나,
두 어형의 의미와 용법 차이가 크지 않다는 점에서 두 단어의 관계를 파악하기가 쉽지
않다.

'딕ᄒ다'와 '딕희다'의 관계

'딕희다'는 형태적으로만 보면 '딕-[直] + ᄒ-[爲] + -이-(사동접사) + -다(어미)'
의 구조로 분석할 수 있다. 다만 이때 사동 접미사 '-이-'의 기능이 모호하다는 점이
문제가 된다. 일반적으로 사동 접미사 '-이-'는 타동사에 결합하여 사동의 의미를 덧붙
이거나 자동사나 형용사에 결합하여 타동의 의미를 덧붙인다. 그러나 '딕희다'에서는
타동사 어기 '딕ᄒ-'에 결합된 '-이-'가 의미 기능면에서 사동성을 갖지 않고 타동성만
을 갖는다. 오히려 '딕희다'에 사동 접미사 '-오/우-'가 결합한 '딕희오다/딕희우다'가
중세국어 시기에 "지키게 하다"의 사동사 의미로 쓰인 예가 아래와 같이 확인된다.

(5) 가. 그 어미 이 ᄯᆞ니ᄆᆞᆯ 東山 딕희오고(其母以女守園) 〈석보상절(1447) 11:40b〉
     나. 오히려 그위ᄅᆞᆯ 두워 딕희우며(尚置官居守) 〈두시언해_초간(1481) 6:3a〉

(5가)에서는 어미가 딸로 하여금 동산을 지키게 한다는 의미로, (5나)에서는 관리(그
위)를 두어 지키게 한다는 의미로 '딕희오다/딕희우다'가 쓰였다. 결과적으로 '딕희다'는

'딕ㅎ다'와 기능이나 용법의 차이가 거의 없는 셈이다. 이러한 사실을 고려하면 '딕희다'를 '딕ㅎ다'의 사동형이라 보지 않고, 이형태 관계를 이루는 'ㅎ다'와 '히다'가 '딕(直)'에 각각 결합하여 '딕ㅎ다'와 '딕희다'로 파생되었다고 볼 가능성도 있다.

'딕ㅎ다'와 '딕희다/디킈다/딕킈다'의 변화 과정

16세기 이후에는 '딕ㅎ다'의 용례가 많이 나타나지 않으며, '디킈다/딕희다/딕킈다' 등은 단모음화 및 구개음화를 겪어 '딕히다, 디키다, 지키다, 직희다, 직히다' 등으로 나타난다. 오늘날의 '지키다'는 '딕희다' 류에서 형태가 변화한 결과로 파악할 수 있다.

(6) 가. 모둔 쟝슈로 더브러 주그모로써 언약ㅎ야 셩을 <u>딕희다가</u> 〈동국신속삼강행실 충신도(1617) 1:47b〉

　　나. 삼 년 거려ㅎ야 죵시 예졀을 <u>디킈니라</u> 〈동국신속삼강행실 열녀도(1617) 1:50b〉

　　다. 므릇 家長되여시매 반ᄃ시 禮와 法을 삼가 <u>디킈여</u> 〈가례언해(1632) 2:1〉

　　라. 다만당 두토리 업슨 江山을 <u>직히라</u> ㅎ시도다 〈악학습령(1713) 29a〉

　　마. 각각 훈 쵸관을 돌녀 문을 <u>직희고</u> 〈병학지남(1787) 2:17b〉

　　바. 왕법을 <u>직히고</u>(守王法) 〈삼성훈경(1880) 4〉

(6)은 17~19세기 문헌에 나타나는 '딕희다'류의 용례이다. (6가~다)의 '딕-/디-'로 시작되는 표기는 구개음화가 적용되기 이전의 표기를, (6라~바)의 '직-/지-'로 시작되는 표기는 구개음화가 적용된 이후의 표기를 보여 준다. 구개음화가 완전히 진행되지 않은 형태와 본격적으로 적용된 형태가 혼용되는 양상을 통해 18세기 전후의 근대국어 시기에 구개음화가 활발하게 진행되고 있었음을 알 수 있다.

한편, 17세기 전기부터 자음 아래의 환경에서 'ㅢ'가 'ㅣ'로 표기되는 변화의 조짐을 보이기 시작하여 18세기 후반까지 산발적으로 부분적인 동요가 나타난다. 19세기에 들어오면서 'ㅢ'는 본격적으로 단모음화의 길을 걷기 시작한 것으로 보인다. 이에 따라 제2음절의 모음이 (6가, 나, 마)에서는 'ㅢ'로, (6다, 라, 바)에서는 'ㅣ'로 나타남을 확인할 수 있다.

이와 같이 15세기 국어의 어형인 '딕희다, 딕킈다, 디킈다' 등은 근대국어 시기에 단모음화한 '딕히다, 디키다'로 표기되거나, 구개음화된 '직희다'의 형태로 나타난다. 이후 '직희다'의 단모음화된 형태인 '직히다'를 거쳐 현대국어의 형태인 '지키다'로 자리매김하게 되었다.

13_ '드시'

중세국어 '드시'는 형용사 '둣ᄒ다'로부터 파생된 부사이다. 형용사 '둣ᄒ다'와 기원적으로 관련이 있는 다른 중세국어 단어로는 '드ᄉ다, 둣드시, *듯듯ᄒ다, 덥듯ᄒ다' 등을 들 수 있다. 현대국어에서 비슷한 의미로 쓰이는 '다스하다'나 '따뜻하다' 등은 이보다 더 후대에 나타난 '드스ᄒ다'나 'ᄯᆺᄯᆺᄒ다' 등에서 비롯된 어휘이다.

용례 정보	어휘	≪효자도≫ 내 출현 이야기
	드시	09황향선침, 19왕연약어

중세국어 '드시'의 형태 분석과 관련 어휘

중세국어의 부사 '드시'는 "다스하다"를 뜻하던 형용사 '둣ᄒ다'에 문법 형태소 '-이'가 결합하여 파생된 단어이다. 중세국어에서는 '둣ᄒ다'와 비슷한 의미로 '드ᄉ다'도 사용되었다.

(1) 가. ᄒ다가 그 ᄆᆞᅀᆞᄆᆞᆯ 둣게 아니코 곧 블로 그 모ᄆᆞᆯ ᄠᅱ면(若不先溫其心便將火灸其身) 〈구급방언해(1466) 上:8b-9a〉

　　나. 溫水 冷水로 左右에 ᄂᆞ리와 九龍이 모다 싯기ᅀᆞᆸ니【溫은 둣홀씨라】〈월인석보(1459) 2:34b〉

　　다. 주근 사ᄅᆞ미 가ᄉᆞ미 둣ᄒ얏ᄂᆞ닌 다 사ᄅᆞᆯ 거시라(凡心頭溫者皆可救治) 〈구급간이방(1489)

제4부 중세국어의 어휘　　343

1:41b〉

(2) 가. 므레 주근 사르미 가스미 <u>도스거든</u> 몬져 사르므로 아나 머리롤 져기 울월에 ᄒᆞ고(溺水
心頭尙溫先用人包定令頭微仰) 〈구급간이방(1489) 1:70b〉

나. 쏘 밀ᄀᆞ로 혼 兩을 <u>도스</u> 믈 혼 中盞애 프러 머그라(又方取麵一兩以溫水一中盞攪和服
之) 〈구급방언해(1466) 上:9b〉

(1)은 '돗ᄒᆞ다'의 용례이고 (2)는 '도스다'의 용례이다. '돗ᄒᆞ다'는 (1가, 나, 다)에서
처럼 자음 어미 앞, 매개모음 어미 앞, 모음 어미 앞에서 모두 발견되지만 '도스다'는
(2가, 나)와 같이 자음 어미 앞이나 매개모음 어미 앞에서만 나타날 뿐 '-아/어'와
같은 모음 어미 앞에서의 용례가 확인되지 않는다.

(3) 가. 녀르미면 벼개와 돗과롤 부체 붓고 겨스리면 제 모므로 니브를 <u>도시[LL]</u> ᄒᆞ더니(夏則
扇枕席 冬則以身溫被) 〈효자:9a〉

나. 녀르미면 벼개 돗골 붓고 겨스리면 모므로 니브를 <u>도시[LL]</u> ᄒᆞ더니(夏則扇枕席 冬則以
身溫被) 〈효자:19b〉

분절 음운의 배열만을 놓고 보면 '도시'는 '도스-'의 파생어일 수도, '돗ᄒᆞ-'의 파생
어일 수도 있다. 그러나 (3)과 같이 '도시'의 성조가 [LL]로 실현된다는 점을 고려하면
'도시'는 '돗ᄒᆞ-'의 파생어로 보는 것이 합리적이다. 부사 파생 접미사 '-이'는 어간에
결합할 때는 거성으로 실현되고, 어근에 결합할 때는 바로 앞 어절의 성조에 따라
평성이나 거성으로 실현(김성규 2007)되기 때문이다.

(4) 가. 눈비여슬 디허 ᄣᅡ 머글 제마다 서 홉곰 <u>돗도시</u> ᄒᆞ야 머그라(益母草【눈비엿】擣絞取汁
每服三合溫溫服之) 〈구급간이방(1489) 3:94b〉

나. 브석 아래 더운 ᄌᆡ를 체로 처 숫글 업게 코 ᄂᆞ화 뵈 잘의 녀허 <u>돗돗게</u> ᄒᆞ야 서르
ᄀᆞ라곰 알픈 ᄃᆡ 울호ᄃᆡ(竈下熱灰【브석 아래 더운 ᄌᆡ】篩去炭分以布囊貯令灼灼更番以
熨痛上) 〈구급간이방(1489) 2:29b〉

다. <u>덥돗훈</u> ᄇᆞ르미 돗봇ᄒᆞ야 프르며 누르니 ᄯᅡ해 ᄀᆞ득ᄒᆞ도다(熏風이 習習ᄒᆞ야 靑黃이
滿地로다) 〈금강경삼가해(1482) 4:18a〉

이 외에도 중세국어 문헌에서는 ‘ᄃᆞ시’의 중첩형으로 추정되는 부사 ‘ᄃᆞᆺᄃᆞ시’(4가), 자음 어미 결합형만이 나타나는 ‘*듯듯ᄒᆞ다’(4나), ‘덥다’와 ‘*듯ᄒᆞ다’의 합성어 ‘덥듯ᄒᆞ다’(4다) 등을 확인할 수 있다. 그러나 이들은 상당히 제한된 쓰임만을 보인다는 점에서 ‘ᄃᆞᆺᄒᆞ다’와 같은 층위에서 논의되기는 어렵다.

(5) 가. 우ᄅᆞᆯ ᄀᆞᄅᆞ ᄆᆡᇰᄃᆞ라 ᄆᆡ 복 두 냥을 ᄉᆡᇰ강 ᄒᆞᆫ 분과 ᄃᆞᄉᆞᄒᆞᆫ 술 ᄒᆞᆫ 되애 골라셔 흘리라(右爲末ᄒᆞ야 每服二兩을 薑一分溫酒一升애 調灌ᄒᆞ라) 〈마경초집언해(16××) 下:8a〉

나. 그 ᄉᆞ과등을 달혀 ᄃᆞ스ᄒᆞ게 ᄒᆞ야 아ᄒᆡ 온몸과 머리 ᄂᆾ과 아래 우흘 다졍히 싯셔 그 ᄐᆡ독을 업게 ᄒᆞ면(將前絲瓜藤煎湯待溫 洗兒全身頭面上下以去其胎毒) 〈두창경험방(1663) 4b〉

한편, 현대국어 ‘다사하다, 다스하다’의 선대형 ‘ᄃᆞᄉᆞᄒᆞ다, ᄃᆞ스ᄒᆞ다’는 17세기 문헌에서부터 확인된다. ‘ᄃᆞᄉᆞᄒᆞ다/ᄃᆞ스ᄒᆞ다’는 ‘그릇다 > 그릇ᄒᆞ다[訛]’나 ‘고ᄉᆞ다 > 고소다 > 고소ᄒᆞ다[香]’와 동일한 유형의 변화를 통해 형성된 어휘로 추정되는데(장윤희 2002ㄴ), 이러한 변화에는 중세국어 ‘ᄃᆞᆺᄒᆞ다’의 형식이 영향을 미쳤을 개연성이 있다.

(6) 가. 溫啊 ᄯᆞᆺᄯᆞᆺᄒᆞ다 ○ 부룩칸 bulukan 〈동문유해(1748) 上:61a〉

나. 봄이 되여 날이 싸ᄯᅳᆺᄒᆞ고 ᄭᅩᆺ치 피기ᄅᆞᆯ 기ᄃᆞ려 나아와셔 ᄉᆞ면으로 놀나 ᄃᆞᆫ니ᄂᆞ니 〈천로역정(1894) 上:122b〉

다. ᄂᆞᆺ ᄃᆡ야ᄅᆞᆯ ᄉᆞᆺ불에 노하 ᄯᅡᆺ닷ᄒᆞ게 데여 누른 물을 몬져 먹이고 ᄎᆞᄎᆞ 고은 물을 거두어 먹이되 〈규합총서(1869) 21b〉

라. ᄯᅡᆺᄯᅡᆺᄒᆞ다, TTAT-TTAT-HĂ-TA. 溫. tiède; ni chaud ni froid. Etre un peu chaud, d'une chaleur douce. 〈한불자전(1880) 463〉

현대국어 ‘따뜻하다’의 선대형 ‘ᄯᆞᆺᄯᆞᆺᄒᆞ다, 싸ᄯᆞᆺᄒᆞ다, ᄯᅡᆺ닷ᄒᆞ다, ᄯᅡᆺᄯᅡᆺᄒᆞ다’ 등은 18세기 이후부터 나타나기 시작한다. 이들 어형은 근대국어 이후 ‘ㆍ’의 비음운화와 더불어 어두 자음의 경음화 경향이 뚜렷해지면서 형성된 것으로 보인다. 현대국어에서는 어두 자음이 경음화되지 않은 ‘다사하다, 다스하다’ 등은 구어에서 잘 쓰이지 않는다.

현대국어 '못내'는 주로 어떤 감정 상태를 나타내는 동사나 동사구와 함께 쓰여 그러한 감정 상태의 정도를 강조하는 기능을 한다. 그러나 중세국어 '몯내'는 뒤에 오는 동사가 나타내는 행위를 "끝까지 다 해낼 수 없음"을 나타내는 비교적 투명한 의미를 지녔으며, 공기하는 동사의 범위도 현대국어의 그것보다 넓었다.

용례 정보	어휘	《효자도》 내 출현 이야기
	몯내	02자로부미, 05진씨양고

중세국어 '몯내'의 의미와 기능[158]

중세국어 문헌에서 '몯내'가 쓰인 구문은 크게 네 가지 유형으로 구분할 수 있다. 첫 번째 유형은 물리적 상태를 나타내는 동사와 함께 사용되어 "다 ~하지 못한" 정도의 의미로 해석되는 '몯내'이다. 이 유형은 빈도수는 가장 적으나 의미상으로는 가장 기본적인 용법일 것으로 추정된다. 다음 예시에서 밑줄 친 부분은 "다 여물지 못한"(1가), "다 패지 못한"(1나) 정도로 이해된다.

(1) 가. 곡식에 <u>몯내</u> 염근 거슬 머거 모기 부르터 나거든 썰리 고티디 아니ᄒᆞ면 또 사ᄅᆞᄆᆞᆯ 수이 죽게 ᄒᆞᄂᆞ니(咽喉生穀賊 若不急治 亦能殺人) 〈구급간이방(1489) 2:76a〉

나. 穀賊은 穀食에 <u>몯내</u> 핀 이사기 굳고 싸쌀ᄒᆞᆫ 거시니 몰라 ᄲᅳ리라 머고면 목 안히 브ᅀᅥ 通티 아니ᄒᆞᄂᆞ니 일후믈 목 안해 穀賊 나다 ᄒᆞᄂᆞ니라 〈구급방언해(1466) 上:46a〉

---

158 이 글의 내용은 주로 가와사키 케이고(2010)을 참고하였다. 가와사키 케이고(2010)에서는 중세국어 문헌에 나타난 '몯내'를 어휘화의 정도에 따라 '몯 내'와 '몯내'로 구분하였으나, 이 글에서는 그러한 구분을 따르지 않았다. 중세국어 '몯내'가 보이는 다양한 양상은 개별적이고 분절적인 것이 아닌 연속적이고 중층적인 것이라는 점에서, 각 유형을 분리하여 살펴보기보다는 '몯내'가 포함된 서로 다른 구문을 하나의 스펙트럼 속에서 바라보는 것이 더 유용한 면이 있기 때문이다.

두 번째는 '몯내 니롤/혤/알' 유형이다. 이 유형은 호응하는 서술어에 대개 '-ㄹ'(또는 '-리-')가 결합한다는 점이 특징이다. 다음 (2)의 각 구문은 "너무 (즐거워서/오래여서/커서) 도저히 다 (말할/헤아릴/파악할) 수 없음"을 나타낸다. (2)에서 '몯내'와 공기한 동사 '니르다, 혜다, 알다'는 (1)의 '염글다, 픠다'와 달리 정신적 능력에 기반을 둔 행위를 나타낸다는 점이 주목된다.

(2) 가. 瓔珞이며 노리갯 거슬 다 ㄱ초 받즈봉시니 나라히 오ᄋᆞ로 便安코 즐거부미 몯내 니르리러라(瓔珞玩好之具 無不給與 擧國仁惠安樂難言)〈석보상절(1447) 3:5b〉

나. 부톄 니르샤ᄃᆡ 디나건 몯내 혤 劫 時節에 ᄒᆞᆫ 큰 나랏 일후미 葉波ㅣ오(佛言 往昔過去<u>不可計劫時</u> 有大國名爲葉波)〈월인석보(1459) 20:61b〉

다. 내 神力으로 一千 劫에 혜여도 몯내 알리로소이다(若以我神力 千劫測度 <u>不能得知</u>)〈석보상절(1447) 11:5a〉

세 번째는 '몯내 V어 ᄒᆞ-' 유형이다. 이 유형은 "아무리 V해도 다할 수 없는 듯이 V하다"에 가까운 의미를 나타낸다. '몯내 V어 ᄒᆞ-' 구문의 경우 다른 '-어 ᄒᆞ-' 구문과 마찬가지로 '몯내 V어 ᄒᆞ야'로 나타나는 일이 없는데, 가와사키 케이고(2010:60)에서는 이러한 현상이 나타나게 된 이유를 '-어 ᄒᆞ-' 구문의 의미적 속성과 더불어 중세국어 문헌에서 흔히 관찰되는 'ᄒᆞ야'의 생략 현상과 관련지어 설명한 바 있다.

(3) 가. 그ᄢᅵ 五百 夫人이 몯내 기꺼 ᄒᆞ더니 無量百千 大衆이 이 말 듣고 다 道理옛 ᄆᆞᅀᆞ물 내니라(爾時五百夫人 心大歡喜 … <u>歡喜無量</u> 爾時無量百千大衆 聞是事已 心生歡喜 皆發道心)〈석보상절(1447) 11:34a〉

나. ㄱ장 슬허 우러 모든 弟子 ᄃᆞ리고 올ᄒᆞᆫ 녀그로 닐굽 볼 도ᇇᇙ고 合掌ᄒᆞ야 ᄭᅮ러 이셔 몯내 슬허 ᄒᆞ더니(迦葉復重悲哀 與諸弟子右繞七匝 <u>盈目流淚</u> 長跪合掌)〈석보상절(1447) 23:43a〉

다. 世尊이 須達이 올 ᄃᆞᆯ 아ᄅᆞ시고 밧긔 나아 걷니더시니 須達이 ᄇᆞ라ᅀᆞᆸ고 몯내 과ᄒᆞᅀᆞᄫᅡ ᄒᆞᄃᆡ(爾時世尊 知須達來 出外經行 是時須達遙見世尊 猶如金山相好威容 儼然晔著 過蹲護彌所說萬倍 <u>睹之心悅</u>)〈석보상절(1447) 6:20b〉

'-어 ᄒᆞ-' 구문의 활용 패러다임(가와사키 케이고 2010:61)

환경	자음어미 앞	-으/으-	-아/어-	-오/우-
깄-	깃	깄그	깄거	깄구
깄거 ᄒᆞ-	깄거 ᄒ	깄거 ᄒ	깄거 ∅	깄거 호

네 번째는 '몯내 깄거/슬허' 유형인데, 이 유형은 'V어 ᄒᆞ야'의 형식을 취하는 일이 없는 '-어 ᄒᆞ-' 구문의 일반적인 경향으로 인해 형성된 것으로 추정된다. 가와사키 케이고(2010)에서는 이 경우의 '몯내'를 그 자체로 "끝없이" 정도에 대응되는 불투명한 의미를 나타내는, 가장 높은 정도의 어휘화를 보이는 유형으로 설명한 바 있다.

(4) 가. 葉이 弟子ᄃᆞᆯ콰 ᄒᆞᄢᅴ 禮數ᄒᆞ숩고 것ᄆᆞ르주거 ᄯᅡ해 디옛다가 오라거ᅀᅡ ᄭᆡ야 올ᄒᆞᆫ 녀그로 닐굽 ᄇᆞ롤 도ᅀᆞᆸ고 다시 저ᅀᆞᆸ고 몯내 슬허 목노하 우더니(迦葉···復禮佛足 悲哀哭泣) 〈석보상절(1447) 23:43b〉

나. 父母ㅣ 太子 오ᄂᆞ다 드르시고 몯내 깄그샤 큰 象 ᄐᆞ시고 풍류ᄒᆞ고 ᄡᅳ려 ᄲᆞ오 香 퓌우고 깁과 幡盖와 ᄃᆞ오 머리 나와 맛거시ᄂᆞᆯ(父母聞太子歸 歡喜無量 乘大名象 作倡伎樂 掃灑燒香 懸繒幡盖 遠迎太子) 〈월인석보(1459) 22:64a〉

현대국어 '못내'는 "끝없이"나 "끝까지 다 해낼 수 없이"와 같은 일정한 함의 없이 후행하는 동사나 동사구가 나타내는 감정 상태를 강조하는 말로 사용된다. '못내'의 이러한 용법은 위의 네 번째 유형에서 비롯되어 보다 일반화된 기능으로 굳어진 것으로 짐작된다.

(5) 가. 외할머니는 못내 섭섭하다는 표정을 지어 보였다. 〈윤흥길, 장마〉

나. 땀은 닦아줄 수 있어도 우수를 지워줄 수 없는 게 전 영감은 못내 가슴 아팠다. 〈박완서, 미망〉

다. 우길이는 못내 기분이 좋아졌다. 〈한설야, 탑〉

라. 그때까지의 못내 들떴던 충족감과 행복감은 급전직하, 짙은 서러움의 회오리에 휘감기고 만다. 〈이호철, 문〉

『삼강행실도』에서는 앞서 언급한 네 유형 가운데 세 가지가 확인된다. (6가)는 동사가 나타내는 행위를 지금으로서는 할 수 없음을 나타낸다는 점에서 '몯내'의 두 번째 유형에 가까운 것으로 판단되나, 그 행위를 할 수 없는 원인을 나타내는 선행절이 보이지 않는다는 점에서 두 번째 유형이 보이는 전형적인 구문과는 차이를 보인다. (6나)는 '-어 ᄒᆞ-' 구문에 나타난 '몯내'의 세 번째 유형에 속하며, (6다)는 네 번째 유형의 '몯다'가 감정 상태를 나타내는 동사 '그리다'와 함께 쓰인 예를 보여 준다.

(6) 가. 내 죽사리ᄅᆞᆯ 몯내 알리니 兄弟 업고 늘근 어미ᄅᆞᆯ 네 孝道홇다(我生死未可知 幸有老母 無他兄弟備養 吾不還 汝肯養吾母乎)〈효자:5a〉
  나. 님금이 쳔량ᄋᆞᆯ 그지업시 쓰시며 사ᄅᆞ믈 몯내 주겨 ᄒᆞ실ᄉᆡ(今君用財若無窮 殺人若不勝)〈충신:1a〉
  다. 孔子ㅣ 드르시고 니ᄅᆞ샤ᄃᆡ 子路ㅣ ᅀᅡ 사랫거든 힘ᄀᆞ장 孝道ᄒᆞ고 죽거든 몯내 그리ᄂᆞ다 ᄒᆞ리로다(孔子聞之曰 由也可謂生事盡力 死事盡思者也)〈효자:2a-2b〉

15_ '몯다'와 '모도다, 뫼호다, 모토다'

중세국어에서는 "모이다"를 뜻하는 동사로 '몯다'가, "모으다"를 뜻하는 동사로 '모도다, 뫼호다, 모토다'가 사용되었다. 그러나 현대국어에서는 그러한 의미를 나타내는 데에 각기 동사 '모이다'와 '모으다'가 사용된다. 여기에서는 중세국어에서 "모이다"와 "모으다"를 뜻하던 다양한 어형이 각기 하나의 계열로 합류하게 된 과정을 간략히 살펴보기로 한다.

용례 정보	어휘	≪효자도≫ 내 출현 이야기
	몯다	06강혁거효, 18허자매수, 25왕숭지박, 28서적독행

제4부 중세국어의 어휘 349

"모이다"를 뜻하던 어형의 변천

중세국어 문헌에서는 "모이다"의 의미를 나타내는 동사로 '몯다'만이 사용되었다.

(1) 가. 奉天討罪실씨 四方諸侯ㅣ 몯더니 聖化ㅣ 오라샤 西夷 쏘 모도니(奉天討罪 諸侯四合 聖化旣久 西夷亦集)〈용비어천가(1447) 01:14b〉

　　나. 서리어든 ᄀᆞ올히 모돓 저긔 어미 잇븛가 ᄒᆞ야 제 술위를 그스더니(每至歲時 縣當案比 革以母老 不欲搖動 自在轅中挽車 不用牛馬)〈효자:06a〉

(2) 가. 닐온 믈읫 긔약이 참예ᄒᆞᆫ 사ᄅᆞᆷ이 둘 초ᄒᆞᄅᆞ마다 몯거든(日凡預約者伊 月朔皆會於等)〈여씨향약언해(1518) 37b〉

　　나. 우리 모다 훔ᄭᅴ 가새이다(咱會同着一時行)〈번역박통사(16C초) 上:09a〉

동사 '몯다'는 18세기까지도 "모이다"의 의미로 계속해서 사용되었으나, 19세기 이후에는 보수성이 강한 일부 문헌을 제외하면 그 쓰임이 극히 드물어지게 되었다.

(3) 가. 혼 맛난 것 어드면 서ᄅᆞ 몯디 아니ᄒᆞ야셔는 서ᄅᆞ 먹디 아니터라(得一味不相會則不相 食)〈동국신속삼강행실도(1617) 신속효자01:53b〉

　　나. 一息애 경계티 아니ᄒᆞ면 災害 몯ᄂᆞ 배며 累德으로 몸을 몯ᄎᆞ면 뉘오ᄎᆞᆫ돌 엇디 ᄯᆞ로리오(一息不戒ᄒᆞ면 災害攸萃며 累德終身이면 悔何追矣리오)〈여사서언해(1736) 03:34b〉

18세기로 접어들면 '몯다'의 사동사 '모도다'의 어간에 다시 피동 접미사 '-이-'가 결합하여 형성된 것으로 추정되는 동사 '모도이다'가 '몯다'와 유사한 의미로 쓰이기 시작한다.

(4) 가. 이에 즉위ᄒᆞ신 처음의 혼 샹소롤 나와 지의파측ᄒᆞ니 그 졍신의 모도인 바는 젼혀 두어 귀 장두혼 말의 이셔 반ᄃᆞ시 보호ᄒᆞᄂᆞᆫ 사ᄅᆞᆷ을 계거ᄒᆞ야 셩궁을 위틴케 ᄒᆞ려 ᄒᆞ니 그 계괴 진실노 간교ᄒᆞ고 고독ᄒᆞᆫ지라〈명의록언해(1777) 01:55a〉

　　나. 하ᄂᆞᆯ을 원망ᄒᆞ고 사ᄅᆞᆷ을 톳ᄒᆞ며 ᄇᆞ람을 ᄭᅮ짓고 비롤 혈ᄲᅮ리며 모도여 ᄡᅡ홈질과 ᄃᆞ토아 송ᄉᆞᄒᆞ며 망녕되이 쩨 지어 ᄃᆞ니며(怨天尤人 訶風買雨 鬭合爭訟 妄逐朋黨)〈태상감응편 도설언해(1852) 01:07b〉

중세국어에는 "모으다"를 뜻하던 동사로 '모도다' 외에도 '뫼호다'가 있었다. 18세기에 이르면 기원적으로 '뫼호다'와 관련을 맺는 것으로 추정되는 '뫼히다, 모히다'와 거기에서 일부 음운이 탈락한 '모이다' 등도 "모이다"의 의미로 사용되기 시작한다.

(5) 가. 네 아바님이 萬國에 尊臨ᄒᆞ샤 몸애 太平을 닐위샴은 ᄯᅩ 혹문ᄒᆞ야 뼈 뫼힘을 말미암으시니(汝父ㅣ 尊臨萬國ᄒᆞ샤 身致太平은 亦由學以聚之니) 〈어제내훈(1737) 02:93b〉

　　나. 히즁의 일좌 명산이 잇스니 일홈은 화과산이니 곳 십쥐의 믹이오 삼도 닉종이라 틱극이 조판홀 □져 쳥탁을 분변ᄒᆞ고 흥몽을 판단ᄒᆞ미 건곤의 졍긔 뫼힌 곳지니 〈서유기_경판31장본(1852) 上:01a〉

(6) 가. 네 효식 텬대로 더브러 텽이 계회ᄒᆞ고 밤마다 와 모히고 올 졍월의 밤의 ᄯᅩ 와 뫼혓다가 밤 들게야 도라가니 나쥐 일셩 등 사름이 다 그 셔로 친ᄒᆞ미 슈샹타 ᄒᆞ더니라 〈쳔의소감언해(1756) 04:21a〉

　　나. 혼 도시 집의 니르러 보고 닐너 왈 원슈셔리 혼 집의 모혓다 ᄒᆞ니 사름이 그 ᄯᅳᆺ을 아지 못ᄒᆞ더니(有道士至其家指曰　寃家合一處矣　人不解其言居) 〈태상감응편도셜언해 (1852) 04:36b-37a〉

(7) 가. 思郎 모여 불이 되여 ᄀᆞ슴에 푸여 나고 肝腸 셕어 물이 되여 두 눈으로 소사 ᄂᆞᆫ다 一身이 水火相俟ᄒᆞ니 슬동말동ᄒᆞ여라 〈악합습령(1713) 64a-64b〉

　　나. 그듸 인간 부귀와 영녹이 엇더ᄒᆞ뇨 이졔 우이 셔로 쳐쇼의 모일 ᄯᅢ를 만나시니 혼가지로 가미 엇더ᄒᆞ뇨 〈홍길동전(1860) 29b〉

[표 1] "모이다"를 뜻하는 어형의 변천

어형	15세기	16세기	17세기	18세기	19세기
몯다					
모도이다					
뫼히다					
모히다					
모이다					

"모으다"를 뜻하던 어형의 변천

중세국어에서는 "모으다"의 의미로 동사 '모도다, 뫼호다, 모토다'가 모두 사용되었다. 다만 '모토다'의 경우 사용 빈도도 그리 높지 않을 뿐만 아니라 그것이 출현하는 문헌도 극히 제한되어 있어, 다른 어형보다 상당히 미약한 세력을 가졌던 것으로 판단된다.

(8) 가. 王이 太子 셰요려 ᄒᆞ샤 臣下 모도아 議論ᄒᆞ샤 二月ㅅ 여ᄃᆞ랫 나래 四海 바ᄅᆞᆺ 믈 길유려 ᄒᆞ거시ᄂᆞᆯ【四海ᄂᆞᆫ 四方앳 바ᄅᆞ리라】(時王會議應立太子 以二月八日具物盛四大海水) 〈석보상절(1447) 03:05b-06a〉

나. 명일 쁴 아ᅀᆞᆷ 모도아 음식 머고ᄃᆡ 어버ᅀᅴ ᄎᆞ례로 안쳐 사라신 저ᄀᆞᆫ 은혜로ᄡᅥ 서르 ᄉᆞ랑ᄒᆞ고 죽거든 거상옷 니버 서르 보ᄂᆞ니 이리 ᄒᆞ면 아ᅀᆞ미 하도 ᄒᆞᆫ 사ᄅᆞᆷ애 다ᄅᆞ디 아니ᄒᆞ니라 〈정속언해(1518) 09b-10a〉

(9) 가. 오직 貪ᄒᆞ며 앗가ᄫᆞᆫ ᄆᆞᅀᆞ물 머거 布施홈과 布施ᄒᆞᄂᆞᆫ 果報ᄅᆞᆯ 몰라 쳔랴ᅌᆞᆯ 만히 뫼호아 두고 受苦ᄅᆞᄫᅵ 딕희여 이셔(唯懷貪吝 不知布施 及施果報 愚癡無智 闕於信根。多聚財寶 勤加守護) 〈석보상절(1447) 09:12a〉

나. 曾子ㅣ ᄀᆞᄅᆞ샤ᄃᆡ 君子ᄂᆞᆫ 글 ᄒᆞ기로 버들 뫼호고 버드로 仁을 돕ᄂᆞ니라(曾子ㅣ 曰 君子ᄂᆞᆫ 以文으로 會友ᄒᆞ고 以友로 輔仁이니라) 〈번역소학(1518) 03:34a〉

(10) 가. 아디 몯ᄒᆞ리로다 뉘 工巧히 安排호ᄆᆞᆯ 아ᄂᆞ뇨 모토고 알ᄑᆞᆯ 브터 쏘 노토다(不知誰解巧安排오 捏聚依前又放開로다) 〈금강경삼가해(1482) 05:02a〉

나. 션비를 ᄀᆞᆯᄒᆡ여 學애 들요ᄃᆡ 懸이 洲ㅣ예 올여든 洲ㅣ 손녜로 太學의 쳔거ᄒᆞ야든 太學이 모토아 ᄀᆞᄅᆞ쳐 히마다 그 어딜며 能ᄒᆞᆫ 이를 됴뎡에 의론홀디니라(擇士入學호ᄃᆡ 縣이 升之州ㅣ어든 州ㅣ 賓興於太學이어든 太學이 聚而敎之ᄒᆞ야 歲論其賢者能者於朝ㅣ 니라) 〈소학언해(1588) 06:13b〉

'모도다'와 '뫼호다'는 근대국어 이후에도 계속해서 사용되었으나, '모토다'는 17세기 이후 '모토져기다'와 같은 일부 합성어의 구성 요소로 쓰인 예를 제외하면 거의 확인되지 않는다.

(11) 가. 긔화 세 번 노하든 각 군이 밥을 짓고 대평쇼ᄅᆞᆯ 부러 쟝관긔 디총들을 모도아 텽발방을

호되 이텽금고 등 문ᄌᆞ란 쓰디 말고(放起火三枝各軍炊飯 掌號笛聚官旗聽發放 不用耳聽金皷等文) 〈연병지남(1612) 33a〉

나. 나가매 冶容을 말며 들매 儀飾을 廢티 말며 모든 무리롤 <u>모도디</u> 말며 門과 지게에 엿보디 말면 곳 ᄆᆞ음이 젼일ᄒᆞ고 ᄂᆞᆺ빗치 바로 다 니르리라(出無冶容ᄒᆞ며 入無廢飾ᄒᆞ며 無聚會輩輩ᄒᆞ며 無看視門戶ᄒᆞ면 則謂專心正色矣리라) 〈여사서언해(1736) 01:15b- 16a〉

다. 泰山이 不讓土壤故로 大ᄒᆞ고 河海 不擇細流故로 深ᄒᆞᄂᆞ니 萬古 天下 英雄 俊傑 建安八子와 竹林七賢 蘇東波 李謫仙갓튼 詩酒 風流와 絕代 豪士를 어듸 가 이로 다 ᄉᆞ괼손고 燕雀도 鴻鵠의 무리라 旅遊 狂客이 洛陽 才子 <u>모도신</u> 곳에 末地에 參預ᄒᆞ야 놀고 갈ᄀᆞ가 ᄒᆞ노라 〈가곡원류(1876) 76〉

(12) 가. 임진왜난의 어미를 업고 산의 들어 도적을 피ᄒᆞ엿더니 의병이 닐어난단 말 듣고 친히 병냥을 <u>뫼호더니</u>(壬辰倭亂 負母入山 避賊 聞義兵起 親募兵糧) 〈동국신속삼강행실도 (1617) 신속충신:70b〉

나. 초일의 강왕이 대원슈 막부를 열고 인마를 <u>뫼호니</u> 두어 날이 못ᄒᆞ여 ᄉᆞ방 호걸이 구롬 못ᄃᆞᆺ ᄒᆞ더라 강왕이 군ᄉᆞ를 다ᄉᆞᆺ 듸의 논화 딘 터니라 〈무목왕정충록_낙선재필사본 (1760) 01:50b〉

(13) 盖 우호로ᄂᆞᆫ 祖考의 精神을 <u>모토ᄂᆞᆫ</u> ᄠᅳᄃᆞᆯ 일티 아니ᄒᆞ고 二主ㅣ 뎓더디 서로 조ᄎᆞᆫ 則 精神이 分산티 아니ᄒᆞ고 아래로ᄂᆞᆫ 宗子로 ᄒᆞ여곰 田祿으로ᄡᅥ 祖宗 薦享홈을 얻게 ᄒᆞ리니 禮의 變애 處ᄒᆞ여 그 中을 일티 아니홈이라 〈가례언해(1632) 10:08b-09a〉

17세기 이후의 문헌에서 "모으다"의 의미로 사용되기 시작한 '모호다'는 '뫼호다'의 제1음절에서 반모음 /j/가 탈락한 어형으로 추정된다. '모호다'의 제2음절 모음이 비원순모음화한 어형인 '모흐다'도 비슷한 시기의 문헌에서부터 그 쓰임이 확인된다.

(14) 가. 다시 새 믈로ᄡᅥ 짜로 딜그릇데 염쇼롤 씻텨 시서 글거 ᄒᆞᆫ 그릇데 <u>모호라</u> 〈신전자취염초방언 해(1635) 15b〉

나. 내 입이 ᄇᆞ룸 마자 벗벗ᄒᆞ여 <u>모호디</u> 못ᄒᆞ니 ᄲᆞᆯ리 太醫롤 請ᄒᆞ여 오쇼셔(我口着風把住 合不得了 快請太醫來) 〈오륜전비언해(1721) 01:28b〉

다. 한님 왈 소실이 밧부지 아니 ᄒᆞ되 부인의 아름다온 말을 져바리지 못ᄒᆞᄂᆞ니 맛당이 튁일ᄒᆞ여 다려오리라 ᄒᆞ고 민피로 통ᄒᆞ고 친쳑을 <u>모호고</u> 교시를 다려오니 〈사씨남정기_ 경판32장본(1851) 上:09a〉

(15) 가. 궁듕의 외여지물 브릴 틈이 업서 니관ᄃᆞ려 니ᄅᆞ면 닐오ᄃᆡ 대련의 드리오면 바다

　　　　 브리디 말나 ᄒᆞ시고 ᄒᆞᆫ디 <u>모화</u> 두라 ᄒᆞ시매 일년의 <u>모흔</u> 거시 산 ᄆᆞ으니 긋더라

　　　　 〈서궁일기(17세기) 上:67b〉

　　 나. 우리 여러 히 여러 둘 <u>모흔</u> 냥초ᄅᆞᆯ 여러 쟝슈들 비마다 다 셕 둘 먹을 냥초 시러

　　　　 ᄀᆞ음알게 못차시니(musei udu aniya i udu biya <u>isabuha</u> jeku orho be geren

　　　　 jiyangjiyūn sa cuwan tome gemu ilan biya i jetere jeku orho tebu belheme

　　　　 wacihiyafi) 〈삼역총해(1773) 05:12a〉

　　 다. 만녁 년간의 강음현의 일즉 읍지롤 닷글ᄉᆡ 두 션ᄇᆡ 잇셔 그 글을 <u>모흐더니</u>(萬曆間江陰

　　　　 常脩縣誌 有兩生在局纂) 〈태상감응편도셜언해(1852) 2:24a〉

　　18세기부터 문헌에 출현하는 '모오다'와 19세기부터 현대국어까지 사용되고 있는

'모으다'는 위의 '모호다'와 '모흐다'에서 유성음 사이의 자음 /ㅎ/이 탈락한 것이다.

(16) 가. 天下匕首劍을 ᄒᆞᆫ디 <u>모와</u> 뷔를 ᄆᆡ야 南蠻北狄을 다 쓰러ᄇᆞ린 後에 그 쇠로 호믜를

　　　　 밍그러 江上田을 미리라 〈악합습령(1713) 53a〉

　　 나. 혼야밀실 가온디 강ᄒᆞ고 가라치며 심산궁곡 사이의 불너 <u>모와</u> 폐죵고얼【폐족과 죄인의

　　　　 ᄌᆞ식이라】의 ᄯᅳᆺ을 일코 나라 원망ᄒᆞᄂᆞᆫ 무리와 하류지우의 지믈 쇽이고 음란 가라치ᄂᆞᆫ

　　　　 무리 셔로 교위라 일ᄏᆞᆺ고(講授於昏夜密室之中 嘯聚於深山窮谷之間 而廢種錮孽 失志

　　　　 怨國之徒 下流至愚 騙財誨淫之輩 互稱敎友) 〈유중외대소민인등쳑사윤음(1839) 07b〉

(17) 이러틋ᄒᆞᆫ 한지롤 보고 졍셩을 다ᄒᆞ여 비롤 빌셰 도ᄉᆞ롤 쳥ᄒᆞ여 놉히 단을 <u>모으고</u> ᄉᆞ민을

　　 거ᄂᆞ려 쥬야로 머리 조아 긔도ᄒᆞ되(祈禱甚虔延師築壇 率縉紳士民晨夕叩禱) 〈태상감응편도셜

　　 언해(1852) 02:39b-40a〉

"모으다"를 뜻하는 어형의 변천

어형	15세기	16세기	17세기	18세기	19세기
모도다	▓	▓	▓	▓	▓
뫼호다	▓	▓	▓		
모토다	▓	▓			
모호다			▓	▓	
모흐다				▓	
모오다				▓	
모으다					▓

16_ '므스, 므슥, 므슴'

이유원

현대국어에서 사물을 지시하는 의문대명사 '무엇'은 16세기의 '므섯'으로 소급된다. 15세기에는 같은 기능을 하는 의문대명사로 '므스, 므슥, 므슴'이 있었다. 여기에서는 사물을 지시하는 의문대명사의 형식이 단일화되는 과정을 간단히 살펴보기로 한다.

용례 정보	어휘	《효자도》 내 출현 이야기
	므슥	13원각경부, 22숙겸방약

의문대명사 '므스, 므슥, 므슴'의 쓰임과 분포 변화

(1) 가. 大衆의 알픠 綰ᄒᆞ야 ᄒᆞᆫ 미요ᄆᆞᆯ 밍ᄀᆞᄅᆞ샤 阿難ᄋᆞᆯ 뵈야 니ᄅᆞ샤ᄃᆡ 이 일후미 <u>므스고</u>(於大衆前에 綰成一結ᄒᆞ샤 示阿難言ᄒᆞ샤ᄃᆡ 此名何等고) 〈능엄경언해(1461) 5:18b〉

나. <u>므스</u>ᄒᆞ라 너를 기ᄃᆞᆯ오료(要甚麼等你) 〈노걸대언해(1670) 下:18b〉

다. 고마 馮氏 보고 닐오ᄃᆡ 내 사라 <u>므슴</u>ᄒᆞ리오 受辱ᄒᆞᆯ ᄯᆞᄅᆞ미로다 ᄒᆞ고(姜馮氏 見母子已死 嘆曰 我生何爲 徒受辱耳) 〈열녀:27a〉

라. 陛下ㅣ 됴ᄒᆞᆫ 政事 ᄒᆞ샤 맛골ᄆᆞ시ᄃᆡ 빈 곳 글 빈혼 혀근 사ᄅᆞ미 마ᄅᆞᆯ <u>므스므라</u> 드르시리잇고 ᄒᆞ야ᄂᆞᆯ(陛下宜修政事 以善應之新學小生 亂道誤人 宜無信用 上雅信禹 由是不疑) 〈충신:7a〉

마. 아비 닐오ᄃᆡ 머즌 그르슬 <u>므스게</u> ᄡᅳ다 ᄒᆞᆫ대(悟曰 凶器何用) 〈효자:13a〉

바. ᄒᆞᆫ 한아비 나모 버히거늘 <u>므스게</u> ᄡᅳ다 무른대(遙見山中一老公伐木 問其所用) 〈효자:22a〉

15세기 문헌에서 의문대명사 '므스'는 주로 (1가)와 같이 후행하는 음이 자음일 때, 특히 의문 보조사 '고' 앞에 분포한다. 근대국어 시기에는 '므스'가 명사로 쓰인 예가 거의 드물어지는데, (1나)와 같이 '므스ᄒᆞ-'의 어형이 보이기도 한다. '므슴'은 '-만, -과, -ᄒᆞ-' 등과 같이 자음으로 시작하는 조사나 접사 앞(1다)이나 '므스므라, 므스므려' 등의 어형(1라)으로 나타난다. '므스, 므슥, 므슴' 가운데 가장 넓은 분포를 보이는 것은 '므슥'인데 모음으로 시작하는 대부분의 조사 앞에서 출현한다(이광호

2008, 장요한 2013).

　　의문대명사 '므스, 므슥, 므슴'은 16세기부터 출현 빈도가 급격히 줄어들며, 대신 '므섯, 므엇' 등이 같은 기능으로 쓰이게 된다. 金完鎭(1973)에서는 '므스것'에 대한 유추가 '므슷'에 작용하여 '므섯'의 어형이 형성된 것으로 설명하였으나, '므스것' 구성의 빈번한 사용으로 인한 형식적 감쇠의 결과로 '므섯'이 형성된 것으로 보는 것이 더 타당할 것으로 생각된다. 근대국어 시기에 보이는 '므섯'과 '므엇'의 공존은 이광호 (2009)에서 지적한 바와 같이 'ㅅ > ㅿ > ㅇ'의 변화와 관련된 것으로 보인다.

(2) 가. 先生이 슈고로이 받이렁의셔 살오 벼슬 祿을 즐겨 아니ᄒᆞᄂᆞ니 훗뒤예 <u>므서스</u>로 뻐 子孫을 기티리오(先生이 若居畎畝而不肯官祿ᄒᆞᄂᆞ니 後世何以遺子孫乎오) 〈소학언해 (1588) 6:84b-85b〉

나. ᄀᆞᄅᆞ쳐도 ᄯᅩ 어디디 몯홈이 어린 이 아니오 <u>므섯고</u>(敎亦不善이 非愚而何오) 〈소학언해 (1588) 5:27a〉

다. 네 아직 ᄆᆞᆯ 투디 말라 밧바 <u>므섯ᄒᆞ리오</u>(你且休上馬 忙甚麼) 〈노걸대언해(1670) 上:35b〉

라. ᄯᅩ <u>므어슬</u> 求ᄒᆞ여 얻디 몯ᄒᆞ며 <u>므어슬</u> ᄒᆞ고쟈 ᄒᆞ여 일오디 몯ᄒᆞ리오마ᄂᆞᆫ(亦何求不得이 며 何欲不遂ㅣ리오마ᄂᆞᆫ) 〈소학언해(1588) 5:99a〉

마. 그놈들히 우리를 ᄒᆞ여 <u>므엇ᄒᆞ리오</u>(那厮們待要我甚麼) 〈노걸대언해(1670) 上:24b〉

　　16세기에는 '므섯'이 '므엇'보다 광범위한 환경에서 나타나나, 17세기에는 그 관계가 뒤바뀌어 '므엇'이 오히려 '므섯'보다 넓은 분포를 보이게 된다. 이러한 변화의 경향성은 18세기 이후에도 지속되어 '므엇'이 단일화의 방향을 이끌게 되며 '므섯'은 점차 소멸의 과정을 겪게 된다. 장요한(2013)에서는 '므엇'이 '므섯'의 기능을 대체해 간 과정이 '므섯'이 '므스'의 기능을 대체해 간 과정과 유사한 양상을 보임을 지적한 바 있다.

17_'미좇다'
이유원

　　중세국어의 '미좇다'는 "뒤미처 좇다", "(~의 뒤를) 따르다, 쫓다, 좇다" 등의 의미를 가진 동사이다. '미좇다'의 '좇다'는 "따르다"의 의미를 가진 동사이지만 '좇다'에 선행하는 '미'의 의미 혹은 기능은 정확히 파악하기가 어렵다. 여기서는 '미좇다'의 '미'에 대한 여러 견해를 정리하여 '미좇다'의 의미와 기원을 파악해보기로 한다.

용례 정보	어휘	《효자도》 내 출현 이야기
	미좇다	27노조순모

'미좇다'의 의미와 용법

(1) 가. 하눓 풍뤼 虛空애 ᄀᆞ독ᄒᆞ야 곳비 비흐며 香 퓌우고 길 잡ᅀᆞᆸ거니 <u>미조쯥거니</u> ᄒᆞ야
　　　ᄂᆞ려오더라 〈석보상절(1447) 11:13a〉

　나. 부텨끠 禮數ᄒᆞᅀᆞᆸ고 머리 몯 든 ᄉᆞᅀᅵ예 極樂世界예 가 나거든 蓮華ㅣ <u>미조차</u> 프리니
　　　〈월인석보(1459) 8:56a〉

　다. 追ᄂᆞᆫ 미조출씨니 先王ㄱ 뜨들 <u>미조ᄎᆞ샤</u> 孝道ᄒᆞᅀᆞᄫᆞ실씨라 〈월인석보(1459) 1:月釋序 16b〉

중세국어의 동사 '미좇다'는 "뒤따라가다"의 의미를 포괄하며, 맥락에 따라 "(공간적으로) 뒤따라가다", "(시간적으로) 뒤따라가다", "(추상적·개념적으로) 뒤따라가다"의 세 가지 의미로 유형화될 수 있다(이동석 2005). (1가)는 공간적 차원에서 구체적인 대상의 뒤를 따라간다는 의미를 지니고 있다. (1나)는 시간적 차원으로 해석할 수 있는 예이다. (1다)는 공간성과 시간성에 한정되지 않는 맥락에서의 용례인데, (1가, 나)에 비해 추상적인 차원에서 "뒤를 따라가다"의 의미를 포괄한다. (1)은 '미좇다'가 구체적인 의미에서 추상적인 의미까지를 포괄하는 의미 범위를 가지고 있었음을 보여 준다.

(2) 제 아ᄃᆞ롤 글 닐기라 보내오 盧操ᄅᆞᆯ 라귀 모라 <u>미조차</u> 가라 ᄒᆞ야ᄃᆞᆫ 〈효자:27a〉

(2)는 〈삼강행실도〉에 나타나는 '미좇다'의 용례이다. 맥락을 고려할 때 여기서 '미좇다'는 (1가)와 같이 공간적인 차원에서, 노조가 구체적인 대상인 '아들'의 뒤를 따라간다는 의미로 쓰였음을 알 수 있다.

'미좇다'의 '미'에 대한 분석

'미좇다'는 '미'와 '좇다'의 합성어로 분석될 수 있으며, '좇다'는 "따르다", "추구하다" 등의 의미를 포괄하는 동사이다. 그런데 '미'의 정체에 대해서는 분명하게 파악하기가 어렵다. '미좇다'가 "뒤따라가다"의 의미를 지니게 된 원인을 살펴보기 위해서는 '미'의 정체를 파악할 필요가 있다.

"뒤따라가다"의 의미를 고려하면 '미'는 우선 "뒤"의 의미를 가진 요소로 추정해 볼 수 있다. 이동석(2005)에서는 '미'가 한자어 '尾'일 가능성과, '및다[及], 밀다[推]' 등 용언의 어간일 가능성을 각각 다루고 있는데, 각각의 주장을 요약하여 제시하면 다음과 같다.

[1] 체언 '尾'일 가능성

이동석(2005)에서 제시하는 하나의 견해는 '미좇다'의 '미'를 의미적으로 관련되는 한자 '尾'로 이해하는 것이다. 한자어 '미행尾行'에서 '미尾'가 "뒤"의 의미로 쓰인 경우가 고려된다. 그러나 우리말에서 한자 '尾'가 독립적인 요소로서 고유어와 직접 결합될 수 있었는지 고려할 필요가 있다. 한자 '尾'가 "뒤"의 의미를 가진 독립적인 어휘 요소로 사용되는 예를 찾기 어렵기 때문이다. 또한 '미(를) 좇다'와 같은 통사적인 구성의 존재 여부가 확인되지 않는다는 점에서 '미'가 한자 '尾'라고 단정하기는 쉽지 않다.

[2] 용언 어간 '및다[及]', '밀다[推]'일 가능성

또 다른 견해는 '미'가 용언 어간에서 기원한 것이라고 추정하는 것이다. 형태와 의미를 고려하면 '및다[及]', '밀다[推]' 등이 '미좇다'에 포함되었을 가능성이 있다. "이르다", "미치다"의 의미를 가진 '및다[及]'는 "뒤따라가다"와 의미적으로 관련성이 높지만, '및'과 '좇다'의 합성에서 '및 > 미'의 변화를 음운론적으로 설명하기 어렵다는 점이 고려될 필요가 있다.

'미좇다'에 포함된 용언 어간을 '밀다'로 추정하는 견해는 중세국어의 '미러 보다(미루어 보다)' 등에 '밀다'가 포함되었다는 사실이 고려된다. 이동석(2005)에서는 '미러 보다' 등에서 '밀다'가 가진 "추적하다, 따르다(알려진 것을 따라가다)"라는 의미가 '미좇다'의 '미'와 연결될 가능성을 제기하였다. 이 경우 '미좇다'를 형태적으로는 '밀다'와 '좇다'의 비통사적 합성어로 분석하고, '밀-'의 /ㄹ/은 '좇다'와 결합하며 탈락한 것으로 설명할 수 있어 음운·형태·의미적 측면에서 고루 설명적 타당성을 확보할 수 있다. 다만 '미러 보다' 외에 '밀다'가 "추적하다, 따르다" 의미를 가지고 단독으로 쓰이는 용례를 잘 찾아보기 어렵다는 점에서 앞으로도 논의가 보완될 필요가 있다.

18 _ '밍글다/ᄆᆞᆫ둘다'

정은진

현대국어의 동사 '만들다'는 15세기에 '밍글다'로 나타나는 것이 일반적이지만, 16세기 이후에는 'ᄆᆞᆫ둘다/민둘다'의 또한 나타나 한동안 '밍글다' 형과 공존하였다. 현대국어에서는 'ᄆᆞᆫ둘다' 형의 후대형인 '만들다'가 표준어로 자리 잡았으며, '밍글다' 형의 후대형인 '맹글다' 등은 지역 방언으로 쓰이고 있다. 여기서는 '밍글다'와 'ᄆᆞᆫ둘다'의 용례 및 형태 간 관련성을 정리해보기로 한다.

출전 정보	어휘	《효자도》 내 출현 이야기
	밍글다	10정란각목, 16맹종읍죽

'밍글다'와 'ᄆᆞᆫ둘다/민둘다'의 쓰임

(1) 가. 내 이룰 爲ᄒᆞ야 어엿비 너겨 새로 스믈여듧 字를 밍ᄀᆞ노니(予爲此憫然 新制二十八字)
〈훈민정음 언해본(1447) 정음:3a〉

　　나. 城 아래 닐흔 살 쏘샤 닐흐늬 모미 맛거늘 京觀올 밍ᄀᆞ로시니(維城之下 矢七十發 中七十人 京觀以築)〈용비어천가(1447) 5:49a〉

　　다. 金으로 觀音 像올 밍ᄀᆞ라 샹녜 저ᅀᆞᆸ더니(陻造觀音金像 年滿將還 常加禮事)〈월인석보(1459) 19:20b〉

(2) 가. 갈 잘 밍글 쟝쉰이 어듸 잇ᄂᆞ뇨(快打刀子的匠人那裏有)〈번역박통사(16C초) 上:15a〉

　　나. 다시 디허 ᄀᆞ로 밍ᄀᆞ라 또 쇠놀져짐 프러 이베 브스면 효허미 뎍 인ᄂᆞ니라 〈우역방(1541） 4b〉

　　나. 음식을 더러셔 처엄 밍근 사ᄅᆞᆷ을 졔ᄒᆞᄂᆞᆫ 일이라 〈소학언해(1588) 2:41b〉

　　다. 풍셩을 이어셔 불덕으로 임금되야 남글 갓가 싸부롤 밍글고(繼風姓而立火德王 斲木 爲耜）〈십구사략언해(1772) 1:5a〉

(2') 가. 꼭 졸입을 시켜셜랑 월급쟁이루 맹글어 볼틋, 워쳑해셔던지 월급생활을 시킬 작정인께 유… 〈해벽(1972) 358〉

중세국어에서 "만들다"의 의미를 가진 동사는 '밍글다'로 먼저 나타난다. (1)에서 살펴볼 수 있듯 '밍글다'는 15세기 문헌을 중심으로 활발하게 나타나며, 16세기부터는 모음조화의 혼란과 'ㆁ(옛이응)'의 소실 등으로 인해 (2)와 같은 '밍글다', '밍ᄀᆞᆯ다', '밍글다'의 형태가 나타난다. 현대국어에서는 '밍글다' 형에서 비롯한 '맹글다' 등이 (2')와 같이 일부 지역의 방언으로 쓰이고 있다.

(3) 가. 엇디 져믄 아히돌호로 아룸뎟 飮食을 ᄆᆞᄃᆞ라 먹게 ᄒᆞ야 가문쌥을 허러 ᄇᆞ리ᄂᆞ뇨 ᄒᆞ니(豈可使小兒 私作飮食 壞家法耶）〈번역소학(1518) 9:7a〉

　　나. 그 법이 大抵혼디 翰林學士 宗諤의 ᄆᆡᄃᆞᆫ 바에 난 이라(其規模 大抵出於翰林學士宗諤所制也）〈소학언해(1588) 6:100b〉

　　다. 머리 비슬 ᄉᆞ이예 하놀희 옥을 보니 인간의 복갑의 슈의 오곡 만드럿고 〈계축일기(17C) 下:19b〉

　　라. 어만두소 쳐로 만ᄃᆞ라 비 속에 너코 죠흔 초 두어 술을 붓고 〈규합총서(1869) 10a〉

(3') 가. 지각 잇ᄂᆞᆫ 사ᄅᆞᆷ은 아모라도 이 만드러 닌 말을 밋지 아니 홀 듯ᄒᆞ도다 〈대한매일신보(1904) 01〉

　　나. 난리가 잦거든 회사나 하나 만들구 사장으루 들어앉읍쇼그려. 〈취우(1954) 66〉

한편, 『번역소학』(1518), 『소학언해』(1588) 등의 16세기 문헌에서부터 새로운 어형인 'ᄆᆞᄃᆞᆯ-'과 'ᄆᆡᄃᆞᆯ-'이 나타난다. 16세기에는 'ᄆᆡᄃᆞᆯ-'에 비해 'ᄆᆞᄃᆞᆯ-'의 어형이 상대적으로 우세하지만, 17세기부터는 'ᄆᆡᄃᆞᆯ-'의 용례가 점차 많아진다. 이기문(1991: 36)에서는 '믄돌다'가 '문돌다'에 비해 후대형일 것으로 보면서, '문돌-'이 '밍골-'의 형태에 이끌리어 '믄돌-'로 변화하였을 것이라 보았다. '문돌-' 형은 오늘날 (3')과 같이 '만들-'의 형태로 정착하였다.

(4) 가. 담은 디답ᄒ야 굴오디 보육 밍돌라 안좀을 定커늘(直答日 作脯坐定)〈소학언해(1588) 6:72a〉
　　나. 명길이 히 둘흘 믄글고겨 ᄒ고 ᄇᆡ셩이 ᄯᅩ혼 두 님군이 업거놀〈산성일기(1636) 95〉
　　다. 首領官이 굿초를 믄그라 당샹ᄭᅴ 드리니(首領官纔做稿呈堂)〈박통사신석언해(1765) 2:51a〉

16세기 이후 문헌에서는 (4가)의 '밍돌-', (4나, 다)의 '믄글-'과 같이 '밍골-'과 '문돌-'의 혼효형 또한 나타난다.

'밍골다'와 '문돌다/믄돌다'의 어원적 관련성

'밍골다'와 '문돌다/믄돌다'는 어원적으로 관련되었을 가능성이 있으나, 두 형태 간의 교체를 자연스러운 음운 변화로 설명하기는 어렵다. 이기문(1991:37-38)에서는 이들이 어원적으로 무관할 수 없음을 인정하면서도, '-k > -t-'의 변화를 순수한 음운 변화로 설명하기는 어렵다고 보았다. 다만 '-t-'형, 즉 '문돌-' 쪽이 본래 방언형이었으며, 16세기 이후 서울말에 들어와 점차 '-k-'형인 '밍골-' 쪽을 밀어내고 여러 방언으로 퍼졌을 것이라 추측하였다.

김무림(2020:367)에서는 '밍골다'와 '믄돌다'가 어원적으로 차이가 없으며, 이들 교체를 음운론적으로 설명할 수 없다는 점에서 우연한 발화 상황에서 생긴 단순한 형태 차이라고 보았다. 또한 현대국어 '만들다'는 '밍골다'형과 '문돌다' 형의 혼효형인 '밍돌다'에서 변화한 결과라고 보았다. 치경음 /ㄷ/의 조음 위치에 동화되어 연구개 비음 /ㅇ/이 치경 비음 /ㄴ/로 바뀌고, 어간 말에서 일어나기 쉬운 양성모음과 음성모음 간의 모음 교체에 의하여 /ㆍ/가 /ㅡ/로 바뀌었다고 분석할 수 있다는 것이다.

19 _ '밧다/벗다'

'벗다'는 15세기부터 현재까지 형태 변화가 없었으나, 중세국어의 '벗다'는 현대국어 '벗다'와 의미와 사용 맥락이 다소 달랐다. 중세국어 시기에는 양성모음형인 '밧다'와 음성모음형인 '벗다'가 유사한 의미로 함께 쓰였으며, '벗다'보다는 '밧다'의 사용 빈도가 더 우세하였다. 그러나 근대국어 시기 이후에는 '밧다'의 세력이 점차 약화되어 사라지고 '벗다'만 남게 되었다.

용례 정보	어휘	《효자도》 내 출현 이야기
	밧다	06강혁거효, 17왕상부빙, 25왕숭지박
	벗기다	23길분대부

'밧다/벗다'의 의미 변화

중세국어 '밧다'와 '벗다'는 유사한 의미를 나타내었으나, 각 단어가 쓰이는 환경에는 차이가 있었다.

(1) 가. 大孝ㅣ 이러ᄒ실ᄊᆡ ᄂᆞᄆᆞ 밧ᄂᆞᆫ 오ᄉᆞᆯ 아니 바사 禮經을 從ᄒ시니(大孝如此 人脫之衣 我獨不脫 禮經是依)〈용비어천가(1447) 9:44b〉

나. 大愛道ㅣ 禮數ᄒᆞᅀᆞᆸ고 부텨ᄭᅴ 값도ᅀᆞᆸ고 믈러나 헌 옷 닙고 발 밧고 ᄂᆞ치 ᄢᅵ 무티고 門 밧긔 셔어 이셔 우더니 〈월인석보(1459) 10:17b-18a〉

다. 옷 밧고 다ᄆᆞ사리 ᄒᆞ야 어미를 이바ᄃᆞ며 니퓨ᄆᆞᆯ 낟비 아니ᄒᆞ더라(貧窮裸跣 行傭以 供母 周身之物 莫不畢給)〈효자:6a〉

(2) 가. ᄆᆞᄅᆞᆯ 채 텨 뵈시니 三賊이 좇ᄌᆞᆸ거늘 길 버서 쏘샤 세 사래 다 디니(策馬以示 三賊逐之 避道而射 三箭皆蹄)〈용비어천가(1447) 5:38a〉

나. 부톄 阿難이ᄃᆞ려 니ᄅᆞ샤ᄃᆡ 네 부텻 마ᄅᆞᆯ 디녀 未來世옛 一切 大衆이 受苦 벗고져 ᄒᆞ리 爲ᄒᆞ야 이 ᄯᅡ 보논 法을 니ᄅᆞ라 〈월인석보(1459) 8:9a〉

다. 根源을 아ᄅᆞ샤 업디 아니ᄒᆞᄂᆞᆫ 거시 잇ᄂᆞᆫ 고ᄃᆞᆯ 미더 드틀와 ᄢᅵ왓 시르믈 벗고져 ᄒᆞ시논 젼치라 〈석보상절(1447) 20:12a〉

362 언해본 『삼강행실도』로 익히는 중세국어 v1.0

(1)에서는 발 등의 신체어나 신체에 걸치는 옷과 '밧다'가 어울려 쓰임을 볼 수 있고, (2)에서는 '길' 등의 공간이나 '수고', '시름' 등의 추상적 대상에 대하여 '벗다'가 어울려 쓰임을 볼 수 있다. 즉 '밧다'와 '벗다'는 "떼어내다"의 공통적 의미를 가졌으나, '밧다'는 대상이 자신의 몸에 착용한 구체적 사물로부터 벗어남을 나타내는 맥락에서, '벗다'는 대상이 존재하던 위치나 처해 있던 추상적 상태로부터 벗어남을 나타내는 맥락에서 주로 사용되었다는 차이가 있다.

(3) 가. 듕샹이 위ᄒᆞ여 몽샹 닙고 쎄 주ᄉᆞ 녀허 신 <u>밧고</u> 지여 가 송장ᄒᆞ고 삼 년 슈분ᄒᆞ며
〈이륜행실도(1518) 37a〉

나. 을셩이 예게 자피여 니거늘 주근동 산동 몰라 고기와 마늘과 먹디 아니ᄒᆞ며 옷 <u>바사</u> 자디 아니ᄒᆞ더니 〈동국신속삼강행실도(1617) 속열녀:1b〉

다. 만일 이믜 服을 <u>버슨</u> 者ㅣ 외祭ᄅᆞᆯ 참預ᄒᆞ거든 ᄯᅩ 華盛ᄒᆞᆫ 옷슬 <u>버서</u> 업시코 다 哭홈을 盡哀ᄒᆞ고 그치라 〈가례언해(1632) 9:21a〉

라. 즐겨 金釵ᄅᆞᆯ 쌔히며 衣服을 <u>버서</u> 너를 주니(肯拔下金釵 脫了衣服與你) 〈오륜전비언해 (1721) 6:7a〉

16세기 이후에는 '벗다'가 구체적 사물을 떼어 놓음을 나타내는 맥락에 쓰이는 용례가 점차 늘어나기 시작한다. 반면 '밧다'가 일정한 위치나 추상적 상태에서 벗어남을 나타내는 맥락에 쓰이는 용례는 거의 확인되지 않는다.

(4) 가. 가난ᄒᆞ여 옷도 <u>바스며</u> 신도 <u>바사</u> 누믜 고공 드러 갑 바다 어미를 닙피며 머규ᄃᆡ(貧窮裸 跣ᄒᆞ야 行傭以供母호ᄃᆡ) 〈번역소학(1518) 9:21a〉

나. 가난ᄒᆞ고 궁박ᄒᆞ여 옷 <u>벗고</u> 발 <u>버서</u> 고공 ᄃᆞ녀 뻐 어미를 공양호ᄃᆡ(貧窮裸跣ᄒᆞ야 行傭以供母호ᄃᆡ) 〈소학언해(1588) 6:19a〉

(4)는 '밧다'에서 '벗다'로의 대치 양상을 잘 보여 주는 예이다. (4가)와 (4나)는 동일한 한문 원문에 대한 서로 다른 언해인데, 앞선 시기에 언해된 (4가)에서는 몸에 착용한 물건을 떼어 놓는다는 의미로 '밧다'가 쓰인 반면, 후대에 언해된 (4나)에서는 동일한 구절에 대하여 '벗다'가 쓰였다.

근대국어 이후 '벗다'의 의미 영역이 확장되고 '밧다'의 쓰임은 서서히 줄어들게 된다. 그 결과로 오늘날에는 '밧다'가 소멸하고 '벗다'만이 남아, 중세국어에서 '밧다'와 '벗다'가 나타내던 의미를 포괄하고 있다.

20 _ '버히다, 베티다, 베여디다, 뷔다'

성우철

중세국어에는 "베다"를 뜻하는 단어로 '버히다'가 사용되었으며, 그보다 더 특정적인 의미를 나타내는 동사로 '뷔다'도 사용되었다. 중세국어 '버히다'는 그것과 형태적으로 관련을 맺는 다양한 파생어와 함께 다루어 볼 만하다.

	어휘	≪효자도≫ 내 출현 이야기
용례 정보	버히다	20반종구부, 22숙겸방약, 34석진단지
	베티다	15왕부폐시, 32누백포호
	베여디다	17왕상부빙
	뷔다	03양향액호

중세국어 '버히다, 베티다, 베여디다, 뷔다'와 관련 어휘

현대국어 '베다'는 중세국어 '버히다'에서 비롯된 단어로, 중세국어 '버히다'는 "베이다"의 의미를 나타내는 동사 '벟다'에 사동 접미사 '-이-'가 결합하여 형성된 파생어이다(김무림 2020:473). 중세국어 '버히다'는 '베티다, 베여디다'와 같은 복합어 내부에서는 '베-'로 실현되곤 하는데(2가, 나), 단독으로는 제1음절에 반모음 /j/가 첨가된 '베히-'의 어형이 쓰이기도 하였다(2다).

(1) 가. 도ᄌ기 그 아비ᄅᆞᆯ <u>버히거늘</u> 潘綜이 아비ᄅᆞᆯ 안고 업데어늘 도ᄌ기 머리ᄅᆞᆯ 네 버늘 티니 潘綜이 ᄒᆞ마 주겟거늘(賊因斫驃 綜抱父於腹下 賊斫綜頭面 凡四創 綜已悶絶)
〈효자:20a-20b〉

나. 두루 가 얻니더니 흔 한아비 나모 <u>버히거늘</u>(乃求訪至宜都郡 遙見山中一老公伐木)
〈효자:22a〉

다. 즉자히 솑가락 <u>버혀</u> 머기니 病이 즉자히 됴ᄒᆞ니라(石珎卽斷左手無名指 依言以進
其病卽瘳)〈효자:34a〉

(2) 가. 王儀 對答ᄒᆞ오ᄃᆡ 元帥ㅅ 다시이다 흔대【元帥ᄂᆞᆫ 爲頭흔 將帥라】怒ᄒᆞ야 자바 내야
<u>베티니라</u>(儀對曰 責在元帥 昭怒曰 欲委罪於孤邪 引出斬之)〈효자:15a〉

나. 어르미 절로 <u>베여디여</u> 두 鯉魚ㅣ 소사나거늘 가져 도라오니라(氷忽自鮮 雙鯉躍出)
〈효자:17a〉

다. 귀롤 <u>베혀</u> 盟誓ᄒᆞ오려 커늘 保姆ㅣ 말이니라(欲割耳誓 保姆持不許)〈열녀:14a〉

중세국어 '바히다'는 '버히다'와 모음교체 관계에 있던 단어로 추정되는데, '버히다'
의 어근인 '벟다'는 *'밯다'와 같은 모음교체형이 문헌에 보이지 않는다.

(3) 가. 善鹿王이실씨 목숨을 ᄇᆞ료려 ᄒᆞ샤 梵摩達올 ᄀᆞᄅᆞ치시니 忍辱仙人이실씨 손발올 <u>바히</u>
<u>ᅀᆞᄫᆞ나</u> 歌利롤 救ᄒᆞ오려 ᄒᆞ시니 〈월인천강지곡(1447) 上:34a-34b〉

나. 남기 높고도 불휘롤 <u>바히면</u> 여름을 다 ᄠᅡ먹ᄂᆞ니 術法이 높다 흔ᄃᆞᆯ 龍올 降服히면
外道ㄴ둘 아니 조ᄍᆞᄫᆞ리 〈월인천강지곡(1447) 上:36b〉

다. 黑繩은 거믄 노히니 믓 쳐ᅀᅥ믜 더븐 블로 모몰 ᄉᆞ라 셜ᄫᅥ 드위텨디게 ᄒᆞ고 더븐
쇠노ᄒᆞ로 시울 티고 더븐 돗귀와 톱과로 <u>바히ᄂᆞ니라</u> 〈월인석보(1459) 1:29a〉

'벟다'와 유사한 의미를 나타내던 중세국어 단어로는 '엏다'를 들 수 있다(4가).
'엏다'는 현대국어로 오면서 거의 쓰이지 않게 되었으나, '엏다'에 사동 접미사가 결합한
'어히다'는 '에다'로 변화하여 오늘날까지 사용되고 있다(4다, 라).

(4) 가. ᄯᅩ 우ᄒᆞ로 거두쥐디 아니ᄒᆞ며 디드러 직브드티 아니ᄒᆞ며 허디 아니ᄒᆞ며 ᄯᅩ <u>어티</u>
아니ᄒᆞ며 ᄯᅩ 기우디 아니ᄒᆞ며 둗겁디 아니ᄒᆞ며 크디 아니ᄒᆞ며 〈월인석보(1459)
17:52b-53a〉

나. 楚ㅅ 사ᄅᆞ미 믈 걷나노라 ᄇᆡ 타 가다가 갈 일코 비룰 <u>어히고</u> 닐오ᄃᆡ 내 여긔 갈
일ᄒᆞ니 後에 예 와 어두리라 ᄒᆞ야ᄂᆞᆯ 사ᄅᆞ미 어리다 니ᄅᆞ니 言句에 브터 文字롤 자ᄇᆞᆫ
사ᄅᆞ미 쇽졀업시 功夫홀ᄉᆞ라 〈남명집언해(1482) 1:36b〉

다. 계곡의 밤바람이 코끝을 <u>에어</u> 낼 것처럼 휘몰아치고 있었다. 〈김용성, 리빠똥 장군〉

라. 현모에게 있어서 돌아간 남편에게 내리는 고 노인의 가혹한 평가는 가슴을 <u>에는</u> 아픔을 주었다. 〈선우휘, 불꽃〉

이 외에 ‘버히다’와 비슷한 의미를 나타내던 중세국어 단어로는 ‘뷔다’를 들 수 있다. 그러나 ‘뷔다’가 ‘버히다’와 완전히 동일한 의미를 나타낸 것은 아니었는데, ‘버히다’는 무엇을 베는 동작을 나타내는 데에 특별한 제약 없이 쓰이던 핵성 동사였으나, ‘뷔다’는 주로 식물에 속한 이용 가능한 대상을 베어내어 갈무리하는 사태를 나타내는 보다 한정적인 의미로 쓰이던 비핵성 동사였다(성우철 2021).

(5) 가. 그저긔 粳米ᄅᆞᆯ 아ᄎᆞᆷ <u>뷔여든</u> 또 나 나조ᄒᆡ 닉고 나조ᄒᆡ <u>뷔여든</u> 또 나 아ᄎᆞᄆᆡ 닉더니(自然粳米朝<u>刈</u>暮熟 暮<u>刈</u>朝熟) 〈월인석보(1459) 1:45a〉

나. 鮫人의 지븻 ᄇᆞᄃᆡ지비 우ᄂᆞᆫ ᄃᆞᆺᄒᆞ니 나모 <u>뷔ᄂᆞᆫ</u> ᄇᆡ옌 어느 남글 베히리오(鮫館如鳴杼<u>樵</u>舟豈伐枚) 〈두시언해_초간(1481) 12:27b〉

다. 열네힌 저긔 아비 조차 가아 조 <u>뷔다가</u> 버미 아비ᄅᆞᆯ 므러늘 ᄃᆞ라드러 버믜 모ᄀᆞᆯ ᄌᆞᄅᆞ든대 아비 사라 나니라(隨父田間<u>穫</u>粟 豐爲虎所噬 香年甫十四 手無寸刃 乃搤虎頸豐因獲免) 〈효자:3a〉

21_‘벼개’[枕]와 ‘베다’

김부연·정은진

“누울 때 머리를 괴는 물건”을 뜻하는 ‘베개’는 중세국어 시기에 ‘벼개’로 나타난다. 명사 ‘벼개’는 동사 ‘베다’와 관련이 있는데, 두 어형 간의 파생 관계를 명쾌하게 설명할 수 없다는 난점이 있다. 여기에서는 중세국어 ‘벼개’의 단어 구성이 가진 특징 및 동사 ‘베다’와의 관계를 간략히 살펴본다.

용례 정보	어휘	≪효자도≫ 내 출현 이야기
	벼개[枕]	09황향선침, 19왕연약어

15~20세기 '벼개'의 어형 및 용법

'벼개'의 형태는 15세기 문헌에서 처음 나타나 20세기 문헌에서까지 나타난다. 15~20세기 문헌을 아울러 '벼개'의 대표적인 용례를 보이면 다음과 같다.

(1) 가. 블근 벼개 노코 흰 쇼 메우니(安置丹枕駕以白牛) 〈법화경언해(1463) 2:73a〉

　　나. 녀르미면 벼개와 돗과를 부체 붓고 겨으리면 제 모무로 니브를 두시ᄒᆞ더니(夏則扇枕席 冬則以身溫被) 〈효자:9a〉

　　다. 남진이 잇디 아니커든 샹ᄌᆞ애 벼개를 거두워 녀코 삳과 돗과를 집 ᄲᅧ 둥히 간슈홀디니 (夫不在 斂枕篋 簟席襡 器而藏之) 〈번역소학(1518) 3:17b〉

　　라. 벼개 속의 방졍ᄒᆞ여시니 그 벼개를 베니 벼개 속의셔 병아리 소리 나거눌 〈서궁일기(17C) 上:20b〉

　　마. 도로 벼개의 누으셔 글ᄋᆞ샤디 조졍 일과 나라 일도 오히려 이 혈후혼 말이라 〈명의록해 (1777) 19a〉

　　바. 나 ᄭᆡ던 요를 펴고 나 덥던 니블 덥고 나 베던 벼ᄀᆡ 베고 평안이 쉬신 후의 〈남원고사(1869) 5:11a〉

　　사. 닷새 엿새 눈물에 젖은 벼개 우에서 결심한 것은 이것이었다. 〈이심(1941) 103〉

(1)은 15~20세기 문헌에서 '벼개'의 용례를 제시한 것이다. (1바)의 '벼ᄀᆡ'는 '벼개'의 이표기이며, 18~20세기의 일부 문헌에서 '벼개'와 혼용되어 나타난다. 이처럼 "누울 때 머리에 베는 물건"을 뜻하는 단어의 일반적인 어형은 15~20세기까지 '벼개'였음을 알 수 있다. 오늘날과 같은 '베개'의 형태는 20세기 초 이후 처음 등장하여 점차 쓰임이 증가한다.

(2) 가. 오날 밤에 베개 우에셔 령감의 신다리를 줌을너서라도 허락을 단단히만 밧게 〈산천초목 (1912) 15〉

　　나. 태공은 몸소 베개를 옆에 끼고 좀 편한 자리를 찾으려 구석구석으로 돌아다녔다. 〈젊은그들(1930) 77〉

　　다. 벼개 名. 누울 때에 머리에 받히는 물건. 枕.

　　　베게 名. 「벼개」의 사투리. 枕. 〈조선어사전(1950)〉

(2)에서 살펴볼 수 있듯 '베개'의 어형은 20세기 초 이후의 문헌에서부터 나타나 점차 쓰임을 넓힌다. (2ㄷ)의 〈조선어사전〉(1950)에서는 '벼개'와 '베개'를 모두 표제어로 삼고 있는데, '벼개'를 기본 어형으로 삼고 '베개'는 '벼개'의 사투리로 보고 있다. 한편, 〈한불자전〉(1880)이나 〈국한회어〉(1895) 등 19세기 말의 국어사전에는 '벼개'만이 등재되어 있고 '베개'는 표제어로 다루어지지 않고 있다.

(1-2)를 통해 20세기 중반까지도 언중에게 더 널리 쓰였던 어형은 '벼개'였음을 알 수 있다. 〈표준어 규정〉에서는 '벼개'를 버리고 '베개'를 표준어로 삼을 것을 제시하고 있으나, 여전히 일상어에서는 '벼개'와 '베개'가 혼재되는 경우가 있다.

〈표준어 규정 2장 4절 17항〉
'베개'의 의미로 '벼개'를 쓰는 경우가 있으나 '베개'만 표준어로 삼는다.

동사 '베다'와 명사 '벼개'의 관계

한편, '벼개'와 형태적으로 관련되어 있을 것으로 여겨지는 동사는 '벼다'가 아닌 '볘다', '베다'로 나타난다는 점에서 특이하다. 중세국어 및 근대국어 문헌에서 동사 '볘-'[枕]와 관련되는 용례를 보이면 아래와 같다.

(3) 가. ᄒᆞ나ᄒᆞᆫ 바ᄅᆞ래 누ᄫᅳ며 둘흔 須彌山을 볘며 〈월인석보(1459) 1:17〉
　　나. 벼개 노피 벼여 누우니 내 집 곧도다(高枕乃吾廬) 〈두시언해_초간(1481) 15:11b〉
　　다. 거적 ᄭᆞᆯ고 흙덩이 볘고 여외여 病든이ᄂᆞᆫ 草薦으로ᄢᅥ ᄢᆞᆯ미 可ᄒᆞ니라 〈가례언해(1632) 5:15b〉
　　라. 벼개 속의 방정 ᄒᆞ여시니 그 벼개ᄅᆞᆯ 베니 벼개 속의셔 병알의 소리 나거ᄂᆞᆯ 〈계축일기(17C) 上:27a〉
　　마. 경츄문 군포 직흰 군ᄉᆞ 김츈득과 김셰징이 서로 볘고 누엇더니 〈속명의록(1778) 1:4a〉
　　바. 칼머리ᄅᆞᆯ 베고 누어 가마니 ᄉᆡᆼ각ᄒᆞᄃᆡ 날 ᄉᆞ랑ᄒᆞ던 도련님이 경셩의 득달ᄒᆞᆫ 후 날 그리워 병이 든가 〈남원고사(1869) 4:40a〉

(3가, 다, 마)는 '볘-'의 용례이며, (3나)에서는 '벼이-'의 형태가 나타난다. (3라, 바)는 '베-'의 형태가 나타난다. (3)에서 나타나듯 중세 및 근대국어 시기에 "누울 때 머리 아래에 받치다"라는 뜻을 가진 동사는 일반적으로 '볘-' 혹은 '벼이-'의 어형으로 나타났으며, 17세기 이후 '베-'의 어형이 나타나 점차 쓰임이 증가한다.

동사의 기원적 형태가 '볘-'였음을 고려할 때, 여기에서 파생된 명사의 어형은 '*볘개'가 되는 것이 자연스러워 보인다. 그러나 앞서 살펴보았듯이, 실제 문헌에 일반적으로 나타나는 형태는 '*볘개'가 아니라 '벼개'이다. 그러나 동사 '볘-'와 명사 '벼개'의 형태론적 관련성은 부정하기 어려우므로, '볘-'로부터 '벼개'가 파생된 과정에 대해 별도의 해석이 요구된다. 선행연구의 견해를 아울러 '벼다'와 '베개' 간 파생 관계의 설명 가능성을 정리하면 다음과 같다.

[1] 어기를 '벼-'로 설정, 접미사의 형태음운론적 특성에 주목

김무림(2020)에서는 '벼개'를 "어근 '벼-[枕]'에 "도구"의 의미를 더하는 명사 파생 접미사 '-개'가 결합한 구조"로 분석하고 있다. 파생 접미사 '-개'는 음운론적 환경에 따라 '-게', '-애', '-에' 등의 이형태를 갖는데, 어근 '벼-' 뒤에 '-개'가 결합하여 '벼개' 형태로 나타난 것이 음운론적 이형태의 예외적 현상이라고 보았다.

그러나 이 견해는 중세국어 시기에 어기 '벼-'가 존재했다고 보기 어렵다는 문제가 있다. (3)에서 보였듯 중세 및 근대국어에서 일반적으로 나타나는 어형은 '볘다/벼이다' 혹은 '베다'이며, '벼다'의 용례는 거의 찾아보기 어렵다. 남광우(1997)에서 '벼다'의 용례로 제시한 용례로 (4가)와 (4나)가 있는데, (4가)는 '벼이다'의 용례이다. 허웅(1975:238)에서도 (4가)의 용례에 대해 '벼여'에서 어간 '벼-'를 추출할 수 없으며, '벼여'는 '볘여'의 변동형임을 언급하고 있다. (4나)는 (4나')와 같이 판본마다 '벼어'와 '벼여'의 용례가 혼용된다는 점에서 '벼다'의 존재를 분명히 보여 주는 경우로 보기 어렵다. (4) 이외의 문헌에서는 '벼-'가 문증되지 않는다.

(4) 가. 벼개롤 노피 **벼여시니**: 高枕 〈중간두시언해(1632) 2:28〉

나. 南山에 자리 보아 玉山을 **벼어** 누어 〈樂章歌詞_만전춘별사〉

나. 南山애 자리 보와 玉山을 <u>벼여</u> 누어 … 玉山을 <u>벼어</u> 누어 〈樂章歌詞(조선 중종~명종)_만전춘
별사〉

[2] 어기를 '볘-'로 설정, 형태음운론적 현상으로 해석

허웅(1975:238)에서는 '볘-'에 접미사 '-개'가 붙을 때에는 어간이 '볘-'에서 '벼-'
로 변동하며, 그 이유는 반모음 'ㅣ'[y]의 중첩에서 오는 동음생략 때문이라고 설명한
바 있다. 또한 〈우리말샘〉에서는 어근 '볘-'에 명사 파생 접미사 '-개'가 결합할 때
어근의 반모음 'ㅣ'[y]가 탈락하여 '벼개'의 어형이 나타난다고 분석하였다. 그러나 명사
파생 접미사 '-개' 앞에서 유독 '볘-'의 반모음이 탈락하는 이유를 설명하기 어려우며,
반모음의 탈락을 이끄는 음운론적 환경을 설정하기도 어렵다.

이상 살펴본바 '벼개'의 어기를 '벼-'로 보는 해석과 '볘-'로 보는 해석에는 각각의
문제점이 남는다. 한편, 중세국어에서 'ㅕ~ㅖ'의 공존 현상에 미루어 '볘-'의 어형과
'벼-'의 어형이 공존했을 가능성을 상정해 볼 수도 있다. 김현(2015)에서는 '겨시다/계
시다, 겨집/계집, 녀다/녜다, 몬져/몬졔, 아룸뎌/아룸뎨, 아쳐러/아쳬러, 어엿비/어옛비
/에옛비, 여쉰/예슌, 져비/졔비' 등과 같이 중세국어에 나타나는 'ㅕ~ㅖ'의 혼용 현상에
주목한 바 있다. '除 뎌/뎨, 諸 져/졔, 女 셔/셰' 등과 같이 한자음에서도 'ㅕ~ㅖ'가
공존하는 경우가 있으며, 이는 음변화에 의한 것이라기보다 두 문자가 나타낸 발음이
크게 다르지 않았기 때문일 가능성이 있다고 보았다. 박진호(2003ㄴ)에서도 '엇뎨/엇
뎌', '새례/새려', '아룸뎌/아룸뎨'와 같이 중세국어의 부사 파생 접미사 '-뎌/려'가 '-뎨
/례'의 형태로도 나타남을 언급한 바 있다. 중세국어에서 '벼다'의 용례는 찾아보기
어렵지만, '볘다'와 '벼개'의 관계를 'ㅕ~ㅖ'의 공존 현상을 참고하여 해석해 볼 가능성도
있는 것이다.

오늘날 "바람을 일으키다"를 의미하는 '부치다'는 중세국어 시기에 '붗다'로 나타난다. 동사 '붗다'는 명사 '부채'와도 관련된다. 여기에서는 동사 '부치다'와 명사 '부채'의 관계, '부채'의 형태 변화 양상을 살펴본다.

용례 정보	어휘	《효자도》 내 출현 이야기
	붗다[扇]	09황향선침, 19왕연약어
	부체	09황향선침

중세국어 '붗다'의 의미와 용법

중세국어의 동사 '붗다'는 "(바람을) 일으키다" 의미의 타동사 용법과 "(바람이) 일어나다" 의미의 자동사 용법으로 모두 쓰인다. 각각의 용례를 보이면 다음과 같다.

(1) 가. ᄇᆞᄅᆞ미 드트를 <u>부쳐</u> 사ᄅᆞᄆᆞ로 봄 업게 ᄐᆞ홀씨(如風鼓塵使人無見) 〈능엄경언해(1461) 8:88a〉

나. ᄀᆞᆺ 기른 믈로 곳굼긔 처디오 부체로 <u>부츠라</u>(以新汲水滴入鼻孔用扇搧之) 〈구급방언해 (1466) 上:10b〉

다. 녀르미면 벼개와 돗과ᄅᆞᆯ 부체 <u>붗고</u> 겨ᅀᅳ리면 제 모ᄆᆞ로 니브를 ᄃᆞ시 ᄒᆞ더니(夏則扇枕席 冬則以身溫被) 〈효자:9a〉

라. 녀르미면 벼개 돗골 <u>붗고</u> 겨ᅀᅳ리면 모ᄆᆞ로 니브를 ᄃᆞ시 ᄒᆞ더니(夏則扇枕席 冬則以身溫被) 〈효자:19b〉

(2) 가. 迷惑혼 ᄇᆞᄅᆞ미 <u>부츠ᄆᆞᆯ</u> 브터 간대로 空漚 l 나 모ᄃᆞᆫ 有 l 나ᄂᆞ니(由迷風飄鼓 妄發空漚 而諸有生焉) 〈능엄경언해(1461) 6:53b〉

나. 일후미 그ᄢᅴ 重ᄒᆞ시며 道 l 方外예 <u>부츠샤</u>(名重當時 道扇方外) 〈선종영가집언해(1464) 序:12b〉

다. ᄇᆞᄅᆞ미 <u>부쳐</u> 뫼히 서르 티ᄂᆞ니(風鼓山相擊) 〈금강경삼가해(1482) 5:4b〉

중세국어 동사 '븟다'는 (1)에서 타동사로, (2)에서 자동사로 쓰였다. (1가, 다, 라)에서는 '드틀', '벼개와 돗' 등 바람을 받는 대상이 목적어로 실현되어 있으며, (1나)에서는 목적어가 드러나지 않으나 대상인 '곳구무'가 상정될 수 있다. 반면 (2)는 목적어가 실현되어 있지 않고, 스스로 바람이 일어나는 상황으로 볼 수 있다.

(1다)의 '부체 븟다'는 '븟다'가 동족 목적어를 취한 것으로, 이는 중세국어에서 '거르믈 걷다', '꿈 꾸다', '우숨 웃다' 등에서도 나타나는 구성이다. '븟다'는 (1나, 다)와 같이 행위의 도구가 되는 '부체'와 함께 나타나는 경우가 많으므로, 명사 '부체'가 동사 '븟다'로부터 파생된 단어임을 짐작할 수 있다.

'부채'의 어원과 분석

명사 '부체'는 "부치다"의 뜻을 가진 어근 '븟-[扇]'에 도구를 나타내는 접미사 '-애/에'가 결합된 형태로 분석된다. 다만 중세국어 문헌에서 '부체'의 어형뿐 아니라 '부채'의 어형 또한 나타난다는 점이 특이하다. 우선 중세국어 문헌에 나타나는 '부체'와 '부채'의 용례를 살펴보면 다음과 같다.

(3) 가. 지븨 드려 두고 훈 부체롤 다두니 훈 <u>부체</u> 열이곰 홀씨 또 너교디 〈월인석보(1459) 7:9b〉

나. 平生애 힌 짓 <u>부체</u> 기텟고(平生白羽扇) 〈두시언해_초간(1481) 17a〉

다. <u>부체</u>롤 드러 알외오 부르미 큰 虛空애 자거든(擧扇喩之 風息大虛) 〈금강경삼가해(1482) 1:12b〉

라. 녀름이어든 벼개며 돗글 <u>부체</u>질ᄒᆞ여 ᄎᆞ게 ᄒᆞ고 〈번역소학(1518) 9:28b〉

(4) 가. 두론 나 처섬 <u>부채</u>롤 뵈호고 구루믄 ᄀᆞ두라 오시 이디 몯ᄒᆞ놋다 〈두시언해_초간(1481) 25:24a〉

(3)은 '부체'의 용례이고, (4)는 '부채'의 용례이다. 중세국어 문헌에서 더 일반적인 형태는 '부체'이며, '부채'의 어형은 (4) 이외에는 나타나지 않는다. '부채'의 어형이 다시 등장하는 것은 17세기 이후라는 점에서 '부채'를 중세국어의 일반적인 어형으로

보기는 어렵다. 중세국어 시기에 'ᅰ'와 'ᅢ'가 이중모음이었으므로 '부체'와 '부채'의 어형은 음운론적으로 변별된다.

한글 창제 이전의 문헌에서는 '부채'를 '부체'의 고형으로 볼 수 있는 가능성이 제기된다. 『계림유사』(1103)와 『조선관역어』(1382)에서 '부채'와 관련된 어형이 재구되기 때문이다.

(3) 가. 扇曰孛采 〈계림유사(1103) 7a〉
　　나. 扇卜册 〈조선관역어(1382) 13a〉

'扇^선'에 대응하는 국어 어휘로 (3가)의 『계림유사』에서는 '孛采^{패채}'를, (3나)의 『조선관역어』에서는 '卜册^{복책}'을 제시하고 있다. 이때의 '孛采^{패채}'와 '卜册^{복책}'을 15세기 문헌에 나타나는 일반적인 표기에 근거하여 '부체'로 재구하는 관점도 있지만, 당대의 한자음을 고려하면 '부채'로 재구하는 것이 보다 자연스럽다. 이 경우 '부채'를 '부체'의 고형으로 보거나 '부채'와 '부체'의 어형이 공존했다고 해석해야 한다. 다만 '부채'는 음성형 어근 '붗-'에 양성형 접미사 '-애'가 결합된 형태이므로 모음조화의 경향에 어긋난다는 점에서 부자연스러운 면이 있다.

모음조화의 문제를 해결하기 위해 '부채'를 접미사 '-에/애' 결합형으로 보지 않고, 어근 '붗-'에 명사 '채[鞭]'가 결합된 비통사적 합성어로 보는 견해도 있다(조항범 1997:168). 이 경우 '부체/부채'의 고형을 '부채'로 상정하고, '부체'의 어형은 '부채'의 '애'가 '우'에 이끌려 음성모음화한 결과라고 설명한다. 이 견해는 '붗-'으로부터 생성된 또다른 합성어 '붗돗[159]'의 존재를 근거로 삼는다. 그러나 '부채'가 '붗-+채'의 구성이라면 그 표기는 '부채'가 아닌 '붓채'나 '붇채'가 되어야 할 것이지만, 이러한 표기는 문헌에 나타나지 않는다는 점에서 문제가 있다.

159　타작 마당에서 티끌을 날리기 위하여 바람을 일으키는 데 쓰는 돗자리
　　- 颺颺 붓돗질ᄒᆞ다 〈1775역어유해 42a〉
　　- 붓돗질ᄒᆞ다 〈18c후기_한청문감 10:6a〉

근대국어 시기 '부체/부채'의 형태 변화

'부체/부채'가 근대국어 시기에 겪어 온 형태 변화를 살펴보면 다음과 같다.

(5) 가. 뎌 ᄇᆞᄅᆞ몰 도도야 볼딘댄 <u>부체</u>롤 ᄒᆞᆫ 고대 두르면 ᄇᆞᄅᆞ미 ᄒᆞᆫ대 나고 〈칠대만법(1569) 7a〉

　　나. ᄑᆞ리채 가져다가 다 ᄠᅩ고 ᄒᆞᆫ ᄌᆞᄅᆞ <u>부체</u> 가져다가 날을 주고려 〈박통사언해 (1677) 中:55b〉

　　다. 여름이면 벼개와 자리에 <u>부치</u>딜ᄒᆞ고 〈오륜행실도(1797) 효자:15a〉

　　라. 귀졸이 쇠 <u>부치</u>로 얼골을 칠ᄉᆡ 〈애상감응편도설언해(1852) 2:65b〉

　　마. 줄의 걸고 <u>부치</u>질 ᄒᆞ야 〈규합총서(1869) 24b〉

　　바. <u>붓채</u>(箑扇) 〈국한회어(1895) 155〉

　　사. 형식은 한참이나 화를 못 이긔는 드시 함브로 <u>부채</u>질을 ᄒᆞ더니 〈무정(1918) 121〉

(6) 가. 부체 션 〈훈몽자회(1527) 中:8a〉, 부체 션 〈광주천자문(1575) 35b〉, 부체 션 〈대동급기념문고본천자문(1575) 35b〉, 부체 션 〈백련초해(1576) 9b〉, 부체 션 〈신증유합(1576) 上:25a〉, 부체 션 〈내각문고본석봉천자문(1583) 35b〉, 부체 션 〈이해룡천자문(1601) 35b〉, 부체 션 〈경인중보본석봉쳐자문(1650) 35b〉, 부쳬 션 〈갑술중간본석봉천자문(1652) 35b〉, 부채 션 〈칠장사판천자문(1661) 27a〉, 부체 션 〈칠장사판 유합(1664) 15b〉

　　나. 부채 션 〈영장사판 유합(1700) 15b〉, 부체 션 〈신증유합 중간본(1711) 上:25a〉, 부체 션 〈송광사판천자문(1730) 27a〉, 부채 션 〈주해천자문 초간본(1752) 35b〉, 부체 션 〈왜어유해(1781) 13a〉

　　다. 부채 션 〈주해천자문 중간본(1804) 35b〉, 부치 션 〈무신간판본 유합(1848) 12b〉, 부채 션 〈이무실천자문 3판(1857) 27a〉, 부치 션 〈홍수동판천자문(1858) 26b〉, 부치 션 〈행곡판천자문(1862) 27a〉, 부채 션 〈정몽유어(1888) 18a〉

　　(5)와 (6)에서 '부채'의 세기별 표기 변화를 파악할 수 있다. (5)에서 나타나는바 17세기까지 '부체'의 어형이 일반적이다가 18세기 이후 '부치', '붓채' 등의 형태도 나타나며, 현대국어에 '부채'의 표기로 정착하였다. (6)은 한자 '扇션'의 석음을 단 문헌을 나열한 것이다. 17세기까지는 '부체'의 표기가 우세하다가 18세기에 '부체'와 '부채'가 비슷한 빈도로 나타나며, 19세기에는 '부치/부채' 등의 양성형 표기가 훨씬 우세해진다. 근대국어 시기에 나타나는 '부체/부치/부채' 등의 표기 공존은 'ㅔ'와 'ㅐ'의 단모음화로 인한 것으로 볼 수 있다.

결론적으로, 오늘날의 '부채'는 중세국어 시기 "바람을 일으키다/바람이 일어나다"의 뜻을 가진 자·타동 양용동사 '붗-[扇]'에서 어원을 찾을 수 있다. 중세국어 시기에 어근 '붗-'의 명사형은 '부체'가 일반적이지만 간혹 '부채'로도 나타나며, 근대국어 시기 이후에는 '부체/부채'의 표기가 공존하다가 현대국어에 '부채'의 표기가 굳어졌다.

23 _ '블러 울다'

오민석·정은진

'블러 울다'는 현대국어에서 쓰이지 않는 표현이지만 15~16세기 국어에서는 자주 찾아볼 수 있으며, 특히 『삼강행실도』에서 다수의 용례가 확인된다. 구 구성으로 쓰이는 '블러 울다'는 "크게 소리 내어 울다" 정도의 의미를 갖는데, 이때 '브르다'가 별도의 목적어를 취하지 않는 경우가 많다는 점에서 주목된다.

출전 정보	어휘	≪효자도≫ 내 출현 이야기
	블러 울다	24불해봉시, 31유씨효고, 34석진단지, 35은보감오

15~16세기 '블러 울다'의 용례 및 의미

(1) 가. 아기내 나니거시놀 즁싱돌히 슬허 짜해 디야 블러 우니 아기내 거슬어시놀 婆羅門이 티더니 한놀 울워라 블러 우르시니 〈월인석보(1459) 20:50a〉

　　나. 光目이 듣고 블러 우러 虛空界예 솔보디(光目聞已 啼淚號泣而白空界) 〈월인석보(1459) 21:56b〉

　　다. 나지며 바미며 블러 우로디 샹녜 祖括 날 ᄀᆞ티 ᄒᆞ야(晝夜號哭 常如祖括之日 冬不衣絮) 〈내훈(1481) 1:72b〉

　　라. 바미 블러 울며 샹녜 居喪 樣子로 ᄒᆞ더니(中夜號泣 居處飮食常爲居喪之禮) 〈효자:24b〉

　　마. 아춤나죄 殯所ㅅ 겨틔셔 블러 울며 侍墓사더니(尹晨夕號哭 不離喪側 旣葬 廬父墳) 〈효자:35b〉

　　바. 므를 일흘시 블러 우로몰 任意로 ᄒᆞ놋다(失水任呼號) 〈두시언해_초간(1481) 17:23a〉

사. 그 어미 사랑ᄒᆞ야 셜워 블러 우러 곧 이 아기를 아나다가(母ㅣ 憶之ᄒᆞ야 痛切號哭ᄒᆞ야 遂卽抱此孩兒ᄒᆞ야) 〈불정심경언해(1485) 10b〉

(1') 가. 이 겨집으로 受苦ᄒᆞ야 셜워 우르며 블러 것ᄆᆞ르주거 우러 告홀 ᄃᆡ 업슨 사ᄅᆞ미어든(令此女人ㅅ 苦痛叫喚ᄒᆞ야 悶絶號哭ᄒᆞ야 無處投告者ㅣㅊ) 〈불정심경언해(1485) 6b〉

(1)은 15세기 문헌에 나타나는 '블러 울다'의 용례이다. '블러 울다'는 '브르-[號]'의 연결형에 '울-[泣]'이 결합한 구성이며, 한문 원문의 '號泣, 號哭, 呼號, 號呼, 啼號' 등에 대응된다. 드물게 (1')과 같이 '號哭'에 대응되는 '우르며 브르다'의 용례도 발견된다. (1)에서 '블러 울다'는 "(누군가를) 부르며 울다"의 의미보다는 "큰소리로 울다", "부르짖어 울다"의 의미로 파악된다. 특징적인 것은 중세국어의 타동사 '브르다'가 일반적으로 목적어를 취하는 것과 달리, '블러 울다'의 다수 용례에서는 '브르다'가 목적어를 취하지 않는다는 것이다.

목적어를 취하지 않는 '블러 울다'를 이해하는 방안은 두 가지이다. 하나는 '브르다'가 다의로서 "크게 소리를 내다"의 의미를 가지고 있었다고 보는 것이다. '브르다'에 대응하는 한문 원문의 '號'에 대하여 『훈몽자회』에서는 "號 일·홈 :호 又號令 又召也 又平聲 號泣 又大呼也(號는 '이름 호'이다. 또 '호령號令'이라는 뜻이고 또 '부른다[召]'는 뜻이다. 또 평성일 때는 '소리 내어 운다[號泣]' 또는 '크게 소리치다[大呼]'는 뜻이다) 〈훈몽자회_초간(1527) 상:17a〉"로 뜻풀이한 바 있다. 즉 『훈몽자회』에 따르면 '號'는 상성일 때 "부르다[召]"를, 평성일 때는 "소리내다, 소리치다"를 의미한다. 중세국어의 '브르다' 역시 "부르다[召]"와 "소리내다, 소리치다"의 의미를 모두 가졌다고 본다면 목적어 없이 쓰인 후자의 경우를 이해할 수 있다.

또한 15세기 국어에서부터 나타나는 '브르지지다' 역시 목적어 없이 자동사로 쓰이는 경우가 더러 있는데, 이때의 '브르지지다'를 "소리치다"를 의미하는 '브르다'와 '지지다'의 합성어로 파악할 수 있다.[160]

---

160 15~16세기 문헌에서 '지지다'는 단독으로는 잘 쓰이지 않고, '우지지다', '브르지지다' 등에서 발견된다. [참고] 뜰헷 남긧 새 삿길 자리 밧고아 노하 사화 우지지거놀 〈이륜행실도(1518) 26a〉. 혹은 '브르지지다'를 중세국어의 '브르돋다, 브르ᄠᅳ다, 브르왇다, 브르쥐다, 브르지르다, 브르티다' 등에 나타나는 '브르-'와 관련지어 이해할 가능성도 있다. 이때의 '브르-'는 일종의 강세접사로서 "되다, 굳다, 빠르다"의 뜻을 나타내는 'ᄲᆞᄅᆞ다'와

(2) 가. 즐거우믈 取ᄒᆞ야 브르지져셔 빈 므거우믈 아ᄂᆞ다(取樂喧呼覺船重) 〈두시언해_초간(1481) 15:44a〉

　　나. 今之 ᄒᆞᆫ 소노로 어미 잡고 ᄒᆞᆫ 소노로 호ᄆᆡ 자바 버틀 티며 ᄀᆞ장 브르지지고(今之一手執母 一手執鋤 撲扉大呼) 〈속삼강행실도(1514) 15a〉

　　다. 밤듕 삼경의 니러 제 문 앏픠 가 브르지져 달라 ᄒᆞ야도(半夜三更裏起來 上他家門前 叫喚着討時) 〈번역박통사(16C초) 상:34b〉

　　라. 곧 풍뉴로ᄡᅥ 샹여ᄅᆞᆯ 인도ᄒᆞ고 브ᄅᆞ지져 울오 조차 가며(則以樂導輀車而號泣隨之) 〈소학언해(1588) 5:50a〉

　　목적어를 취하지 않는 '블러 울다'를 이해하는 또 다른 방안은 본래 '누군가를 블러 울다'의 구성에서 목적어가 실현되지 않은 '블러 울다'가 일종의 관용 표현으로 쓰였다고 보는 것이다. 15세기 문헌에서 '블러 울다'의 모든 용례가 목적어를 취하지 않는 것은 아니며, 다음의 경우 '블러 울다'에 목적어가 실현되어 있다.

(3) 가. 劉氏 神靈을 블러 울며 다릿 고기ᄅᆞᆯ ᄇᆞ려 粥에 섯거 머기니(劉號呼神明 割股肉和粥以進) 〈효자:31b〉

　　나. 石珎이ᄂᆞᆫ 밤낫 겨틔 이셔 하ᄂᆞᆯ 블러 울며(石珎日夜侍側無懈 號泣于天) 〈효자:34a〉

　　다. 逃亡ᄒᆞ야 江애 가아 몯 건나아 하ᄂᆞᆯ홀 블러 ᄀᆞ장 우더니(婦便逃至江口 不能渡 呼天慟哭) 〈열녀:30b〉

　　라. 형뎨를 블러 울며 니르고 다시 ᄒᆞᆫ 듸 사니 나라히 졍표ᄒᆞ니라 〈이륜행실도(1518) 27a〉

　　(3)은 각각 '神靈을'과 '하ᄂᆞᆯ(홀)', '형뎨를'이 '브르다'의 목적어로 실현되어 있다. 즉 이때의 '블러 울다'는 각각 "神靈을 부르며 울다", "하늘을 부르며 울다", "형제를 부르며 울다"의 의미로 쓰였다. "누군가를 목놓아 부르며 울다" 의미의 '블러 울다'가 구체적인 부름의 대상이 상정되는 경우에는 목적어가 실현되어 쓰이고, 구체적인 부름의 대상이 상정되지 않는 경우에는 목적어가 실현되지 않은 채 쓰인 것으로 이해해 볼 수 있다.

관련된다. 다만 '브르지지다'의 '브르다'는 의미적으로 '블러 울다'의 구성과 더 가깝다고 생각된다.

요컨대, '블러 울다'는 '브르-[號]'와 '울-[泣]'가 합쳐진 말로서 "크게 소리내어 울다"의 의미를 가지며, '브르다'와 달리 목적어를 취하지 않는 경우가 더러 있다. 이에 대해서는 '브르다'가 "크게 소리를 내다" 의미의 자동사 용법을 가질 수 있었다고 보거나, '블러 울다'가 일종의 관용 표현으로 굳어져 목적어 없이 쓰일 수 있었기 때문이라고 해석해 볼 수 있다.

24_ '사오납다'

정은진

현대국어에서 '사납다'는 주로 사람이나 짐승의 성질, 행동, 생김새에 대해 거칠고 억세거나 무섭다는 의미로 쓰인다. 비나 파도, 상황이나 운세, 음식이 좋지 못하다는 의미로 쓰이기도 한다. 중세국어의 '사오납다'는 "좋지 못하다", "나쁘다"의 포괄적인 의미를 가졌으며, 현대국어의 '사납다'에 비해 결합할 수 있는 대상이 다양하였다.

출전 정보	어휘	≪효자도≫ 내 출현 이야기
	사오납다	04고어도곡, 07설포쇄소

15세기 '사오납다'의 의미

(1) 가. 우리 히미 <u>사오나방</u> 현마 그르디 몯ᄒ리니(我力微弱終不能解 假使毘嵐猛風不能吹却)
〈월인석보(1459) 4:23a〉

나. 가시니 皐魚ㅣ라 홇 소니 <u>사오나ᄫᆫ</u> 옷 닙고 環刀 가지고 긼ᄀ새 셔어셔 울어늘(至則皐魚也 被褐擁劒 哭於路左)〈효자:4a〉

다. 나그내의 브서빗 머굴 거시 <u>사오나오니</u> ᄀ롮 樓에 벼개와 돗괘 조토다(客子庖廚薄 江樓枕席淸)〈두시언해_초간(1481) 16:72a〉

라. 業은 이리니 됴ᄒᆫ 일 지스면 됴ᄒᆫ 몸 두외오 <u>사오나ᄫᆫ</u> 일 지스면 <u>사오나ᄫᆫ</u> 몸 두외요미 業果라〈월인석보(1459) 1:37b〉

중세국어에서 '사오납다'는 사물이나 사람에 대해 두루 쓰일 수 있었다. (1)은 힘, 옷, 먹을 것, 일 등 여러 대상에 대하여 쓰인 '사오납다'의 예이다. (1가)에서는 힘이 없고 여리다는[微弱] 의미로, (1나)에서는 옷이 거칠다는[褐] 의미로, (1다)에서는 먹을 것이 충분하지 못하다는[薄] 의미로, (1라)에서는 '둏다'의 반의어로서 "나쁘다"의 포괄적인 의미로 '사오납다'가 쓰였다. 현대국어에서는 힘이 약하다는 의미로 '사납다'가 쓰이지 않으며, 옷이나 먹을 것에 대해서 쓰이는 것도 어색하다는 점에서 차이가 있다.

(2) 가. 鼓摩王 위두혼 夫人 아들 長生이 <u>사오납고</u> 녀느 夫人냇 아들 네히 照目과 聰目과 調伏象과 尼樓왜 다 어디더니(第一夫人有子 名曰長生 <u>頑薄醜陋</u> 有庶子四人 一名照目 二名聰目 三名調伏象 四名尼樓 聰明神武 有大威德) 〈월인석보(1459) 2:4b〉

가′. 長生인 不肖홀씨 … 尼樓는 賢홀씨 〈월인천강지곡(1447) 11〉

나. 孔戡이 … 利와 爵祿애란 저 허 避ᄒ야 믈러 두루디 <u>사오나온</u> 사ᄅᆞᆷ ᄀᆞᆮ더라(孔戡 … 於利與祿 則畏避退怯 如<u>懦</u>夫然) 〈내훈(1481) 1:35b〉

다. 부톄 布施ᄅᆞᆯ 나ᄆᆞ라샤 <u>사오납다</u> 니ᄅᆞ시니(佛訶布施ᄒᆞ샤 言爲<u>劣</u>) 〈금강경삼가해(1482) 3:44b〉

(2)는 사람의 성격과 관련하여 쓰인 '사오납다'의 예로, 역시 현대국어에서의 쓰임과는 다소 차이가 있다. (2)에서 언해문의 '사오납다'가 한문 원문의 '頑薄醜陋^{둔하고 추하다}, 懦^{나약하다}, 劣^{뒤떨어지다}' 등에 대응하는 것으로 볼 때, 사람의 거칠고 억센 성격이 아니라 유약하거나 못난 성격을 일컫고 있다. 이는 현대국어에서 사람의 성격과 관련하여 쓰이는 '사납다'가 "모질고 억세다, 험하고 무섭다"의 의미를 가진 것과는 대조적이다.

민현식(1992:110)에서는 15세기의 '사오납다'가 "졸렬하다, 조악하다, 거칠다, 약하다"의 의미를 가지며, 특히 (2가)와 같은 예에서는 (2가′)를 고려할 때 '어딜다[賢]'의 반의어가 '사오납다[劣]'임을 보여 준다고 언급하였다. (1)과 (2)를 종합하면 본래 중세국어의 '사오납다'는 부정적인 맥락에서 "좋지 못하다", "나쁘다"의 의미를 포괄하였음을 알 수 있다.

16세기 이후 '사오납다'의 의미 변화

(3) 가. 이믯 남진 븥팀애 남진이 <u>사오나온</u> 병이 잇거 늘(旣嫁而夫有<u>惡</u>疾) 〈소학언해(1588) 4:36b〉

　　나. 齊衰예는 <u>사오나온</u> 밥과 믈만 먹고 ㄴ믈와 과실 올 먹디 아니ᄒ며(齊衰옌 <u>疏食</u>水飮ᄒ고 不食菜果ᄒ며) 〈소학언해(1588) 5:43b〉

　　다. 수시는 팔진니 내 팔지 이리 <u>사오나이</u> 되여 잇거니 쇽져리랴 〈순천김씨묘출토언간(1593) 16〉

　　라. 공이 인홍의 <u>사오나오믈</u> 아디 못ᄒ고 갓가이 드러 문인 듕의 드럿더니 인홍의 ᄒ는 일이 졈졈 패악ᄒ고 〈산성일기(1636) 89〉

　　마. 오놀 아촘 구롬이 머흐더니 낫 디나며부터 비 ᄲ리고 ᄇ롬이 <u>사오납더니</u> 〈첩해신어(1676) 1:12a〉

　　'사오납다'는 16세기 이후 'ㅂ' 불규칙 활용을 하는 '사오납다'로 형태가 변화하였고, 의미 또한 변화를 겪는다. 15세기에 "변변치 못하다, 졸렬하다, 어리석다"의 의미로 쓰인 것과 달리, 16세기부터는 "포악하다, 흉하다"의 의미에도 대응되기 시작한다. (3가)에서는 '사오납다'가 한문 원문의 '惡'에 대응하며, "(병이) 낫기 어렵다[惡疾]"를 의미하고 있다. (3나)와 같이 변변치 못한 음식疏食에 대해 '사오납다'가 쓰이는 것은 (1다)와 유사하다. (3다)와 같이 "(상황이나 운세가) 나쁘다"의 의미로 쓰이는 경우도 있으며, (3라)와 같이 "(사람의 성격이) 나쁘거나 패악하다"를 의미하기도 한다. (3마)에서는 "(날씨가) 험하다"의 의미로 '사오납다'가 쓰이고 있다.

　　요컨대, '사오납다'는 부정적 의미가 강화되어 "나쁘다", "포악하다"의 의미를 갖게 되었다. '사오납다'의 의미 변화와 관련하여 민현식(1992:110)에서는 15세기 '사오납다'가 가지던 "拙졸, 劣렬, 薄박, 弱약" 등의 의미가 16세기에 '暴惡포악'의 뜻으로 전이되고, 더불어 이전에 "惡악, 凶흉"의 의미로 쓰인 '아니환ᄒ다'가 쇠퇴하면서 '사오납다'가 '아니환ᄒ다'의 의미를 담당하게 된 것이라 분석한 바 있다.

현대국어 '사납다'의 의미와 용법

　　19세기 이후에는 '사오납다'에서 제2음절 모음 /ㅗ/가 탈락한 '사납다'가 나타나기 시작하였다. 현대국어에서 '사납다'의 의미와 용법은 근대국어 시기와 대체로 유사하다. 다음은 〈표준국어대사전〉에서 제시하는 '사납다'의 용례이다.

(4) 가. <u>사나운</u> 짐승 / 성질이 <u>사납다</u> / 계집애의 힘은 무척 강했고 독이 올라 있었으므로 마치 싸움닭처럼 <u>사나워</u> 보였다.
　　 나. <u>사납게</u> 생긴 얼굴 / 한 남자가 <u>사나운</u> 몰골을 한 채 나에게 다가왔다.
　　 다. <u>사나운</u> 풍랑 / 비바람이 <u>사납게</u> 몰아치다
　　 라. 인심이 <u>사나운</u> 동네 / 팔자가 <u>사납다</u> / 꿈자리가 <u>사납다</u>
　　 마. 그 허름한 식당의 음식은 너무 <u>사나웠다</u>.

(4가)는 사람이나 동물의 성질과 행동이 거칠고 억셈을 의미한다. (4나)에서는 생김 새가 험하다는 의미이며, (4다)에서는 비나 바람이 불어 날씨가 거칠다는 의미이다. (4라)는 상황이나 운세, 사정이 나쁘다는 의미로, (4마)에서는 음식이 거칠고 나쁘다는 의미로 '사납다'가 쓰이고 있다.

(4)의 용례는 대체로 근대국어 시기에 나타난 '사오납다'의 의미 및 쓰임과 유사하다. 특히 (4마)에서 "음식이 먹을 것이 없이 거칠다"를 의미하는 '사납다'의 용법은 (1다)와 (3나)와 같이 이전 시기에도 존재하던 것이다. 요컨대 '사오납다'는 본래 "나쁘다"의 의미를 포괄하여 "졸렬하다, 거칠다" 등의 의미로도 쓰이다가, 근대국어 시기를 거치며 "포악하다"의 부정적인 의미가 강화되고 사용 맥락이 축소되어 현대국어에 이른다.

25 _ '설[歲/元旦]'

최혜빈

중세국어 '설'은 오늘날과 마찬가지로 새해 첫날을 의미하였으나 한편으로 나이를 나타내는 단위 명사로도 사용되었다. 근대국어 이후 '설'의 모음교체형 '술 > 살'도 나이의 뜻으로 쓰이게 되면서, 현대국어에서는 '설'과 '살' 간에 의미 분화가 이루어지게 되었다.

용례 정보	어휘		≪효자도≫ 내 출현 이야기
용례 정보	설	歲	12곽거매자, 27노조순모, 28서적독행
		元旦	06강혁거효

중세국어 '설'의 의미 분화

현대국어에서 '설'은 주로 정월 초하룻날의 명절을 나타내는 데에 쓰이나, 중세국어 '설'은 이러한 의미에 더해 나이를 나타내는 단위 명사로도 사용되었다.

(1) 가. 道士돌히 <u>서레</u> 님금 뵈ᅀᆞ보라 모다 왯다가 〈월인석보(1459) 2:68b-69a〉

　　나. <u>서리어든</u> ᄀᆞ올히 모돔 저긔 어미 잇븛가 ᄒᆞ야 제 술위롤 그스더니(每至<u>歲時</u> 縣當案比 革以<u>母老</u> 不欲搖動 自在轅中挽車 不用牛馬) 〈효자:6a〉

　　다. 모ᄅᆞ매 마니 ᄒᆞ여 설 쇠오디 말오 졍셩으로 구디 ᄒᆞ여 드려보내소 〈신창맹씨묘 출토언간 (15C 말) 나신걸(남편) → 신창맹씨(아내)〉

(2) 가. 그 아기 닐굽 <u>설</u> 머거 아비 보라 니거지라 ᄒᆞᄃᆡ 〈월인석보(1459) 8:101b〉

　　나. 郭巨의 어미 샹녜 바볼 더러 세 <u>설</u> 머근 孫子룰 머기더니(有子<u>三歲</u> 母常減食與之) 〈효자:12a〉

　　다. 盧操ㅣ 아홉 <u>서레</u> 孝經 論語롤 ᄉᆞ못 아더니(盧操 河東人 <u>九歲</u>通孝經論語) 〈효자:27a〉

(1)은 '설'이 정월 초하룻날을 나타내는 예이며, (2)는 나이를 나타내는 단위 명사로 쓰인 예이다. 이처럼 '설'이 15세기까지는 의미 분화가 이루어지지 않은 채 "초하룻날"과 "나이를 나타내는 단위 명사"의 두 가지의 의미 모두를 포괄하였다고 볼 수 있다.

(3) 가. 다ᄉᆞᆺ 술엣 아히 과거리 아직 어듸로 ᄃᆞ라나리오(<u>五歲</u>的小廝 急且那裏走) 〈박통사언해 (1677) 중:11a〉

　　나. 세 <u>술의</u> 아히란 ᄒᆞᆫ 환이오 다ᄉᆞᆺ <u>술의</u> 아히란 두 환이오 열 <u>술의</u> 아히란 세 환이나 다ᄉᆞᆺ 환이나(<u>三歲</u>兒一丸 <u>五歲</u>兒二丸 <u>十歲</u>兒三五丸) 〈납약증치방(17~18세기) 32a〉

　　다. 내 이제 쉰네 <u>술</u> 되엿ᄂᆞᆫ지라 ᄒᆡᆼ혀 江南을 어드면 분명이 깃거홀 곳 이시리라 〈삼역총해 (1774) 8:13b〉

(4) 가. 벽력 소리에 큰 불이 홀연이 니러나 김화룡의 안히 고소 ᄉ와 두 설 먹은 ᄯᆞᆯ을 살오고 김화룡은 몹시 데히여 미구에 죽겟다 ᄒᆞ엿더라 〈경향신문 1899년 11월 20일〉

나. 나는 김군오의 모친이라 열아홉 설 되엿슬 째에 혼비ᄒᆞ엿더니 〈보감(1910) 4:95〉

(5) 가. 옹ᄋᆞ는 쟝항의 손ᄌᆞ 일홈이라 세 살 머거 죽다 ᄒᆞ시니라(翁兒乃孫子名方三二歲而亡矣) 〈염불보권문_해인사판(1776) 17a〉

나. 일곱 살 먹거든 남녀ㅣ 한 자리 안씨 아니ᄒᆞ며 〈여사수지(1889) 1b〉

(3)에서 보이듯이 나이를 나타내는 단위 명사로 '솔'이 쓰이게 된 것은 17세기 이후의 일이다. 그러나 '설' 또한 (4)와 같이 비슷한 의미로 20세기 초까지 사용되었다. '살'의 어형은 '솔'의 모음 /ㆍ/가 비음운화한 것으로, (5)에 제시된 것처럼 18세기 이후의 문헌에서부터 등장하기 시작한다. 현대국어에서는 '설'과 '살' 간에 의미 분화가 일어나 '설'은 새해 첫날의 명절만을 뜻하게 되고 나이를 나타내는 단위 명사로는 '살'만이 쓰이게 되었다.

모음교체 관계에 있으면서 같은 의미를 나타내던 두 어형이 점차 분화하여 서로 다른 의미를 나타내게 되는 일은 국어사에서 흔히 발견되는 일이다. '남다/넘다, 마리/머리, 작다/적다' 등을 대표적인 예로 들 수 있다.

26 _ '손ᄌᆡ'

이유원

중세국어 부사 '손ᄌᆡ'는 대체로 "오히려"나 "아직"의 의미로 해석된다. 대부분의 사전에서도 이 두 가지 뜻을 제시하고 있다. 그러나 용례를 살펴보면 "계속"이나 "여전히"의 의미로 파악되는 예도 있다.

용례 정보	어휘	《효자도》 내 출현 이야기
	손ᄌᆡ	25왕ᄉᆞᆼ지박, 35은보감오

중세국어 '순지'의 기존 사전의 뜻풀이

『우리말큰사전』,『李朝語辭典』,『교학 고어사전』,『17세기 국어사전』,『古語大辭典』 등 주요 고어사전에서는 '순지'의 의미를 "오히려"로 제시하고 있다. 이에 더하여 『우리말큰사전』,『교학 고어사전』,『고어대사전』에서는 "아직"의 의미도 함께 제시하고 있다. "오히려"나 "아직"의 의미로 이해되는 '순지'의 예를 많은 중세국어 문헌에서 살펴볼 수 있다.

> (1) 가. 내 비록 이 供養올 ᄒᆞᅀᆞ바도 ᄆᆞᅀᆞ매 <u>순지</u> 足디 몯ᄒᆞ니(我雖作是供養心猶未足)〈석보상절(1447) 20:17b〉
>
> 나. 이븐 ᄒᆞ마 줌줌ᄒᆞ야니와 <u>순지</u> 나믄 疑心이 잇ᄂᆞᆫ 젼ᄎᆞ로(口已默然ᄒᆞ야니와 尙有餘疑故로)〈능엄경언해(1464) 1:103a〉
>
> 다. 諸子ㅣ 아로미 업서 비록 아비 ᄀᆞᄅᆞ쵸ᄆᆞᆯ 드러도 <u>순지</u> 녯 양ᄋᆞ로 즐겨 著ᄒᆞ야 노ᄅᆞᆺ 술마디 아니터니(諸子ㅣ 無知ᄒᆞ야 雖聞父誨ᄒᆞ야도 猶故樂著ᄒᆞ야 嬉戲不已ᄒᆞ더니)〈법화경언해(1463) 2:135a〉

(1)은 "오히려", "아직" 등의 의미를 갖는 '순지'의 예이다. '순지'는 (1가, 다)에서 '猶'에, (1나)에서 '尙'에 대응하며, '猶'와 '尙'은 모두 "오히려"의 의미를 갖는다. (1가)는 공양을 하여도 오히려(아직) 마음에 족하지 못함을, (1나)는 입은 잠잠하지만 아직 남은 의심이 있음을, (1다)는 아비의 가르침을 들어도 오히려(아직) 옛 모습으로 즐김을 나타내고 있다.

중세국어 '순지'의 다양한 의미

한편 중세국어 문헌에서 '순지'가 "오히려", "아직"의 의미 외에 "여전히, 그대로, 계속"의 의미로 해석되는 경우도 있다.

> (2) 가. 居喪 밧고 墓의 겨틔 <u>순지</u> 사더니 알ᄑᆡ 몰롤 프리 나며(崇雖除服 仍居墓側 室前生草一根)〈효자:25a〉

나. 殷保ㅣ 朔望이어든 <u>순지</u> 스승의 무더메도 祭ᄒ더라(至朔望<u>猶</u>奠張墳 徐終三年) 〈효
자:35b〉

다. 혼 ᄇᆞᆯ 버히고 ᄯᅩ 혼 발 버휴디 <u>순지</u> 듣디 아니커늘 주기니라(林固拒賊斷一臂又斷一足
<u>猶</u>不屈被害) 〈열녀 33〉

(2)는 『삼강행실도』에 나타나는 '순지'의 예로, 모두 맥락상 "오히려"나 "아직"의
의미보다는 "여전히", "계속"의 의미로 해석되는 것이 자연스럽다고 생각된다. (2가)에
서 '순지'는 한문 원문의 '仍'에 대응하는데, '仍'은 "인하다" 외에 "거듭"의 의미를
갖는다. 맥락적으로도 왕숭이 거상을 마치고서 '오히려' 무덤 곁에 머물렀다는 의미보다
는 '여전히/계속' 무덤 곁에 살았다는 의미로 이해된다. (2나, 다)의 경우 (1)의 다른
문헌에서처럼 한문 원문의 '猶'에 대응하는데, 맥락으로 미루어 보면 (2나)는 은보가
삭망이 되면 계속하여, 어김없이 스승의 무덤에 제를 올렸다는 의미로, (2다)는 임씨가
팔과 발이 베어져도 여전히, 계속 명령을 듣지 않아 죽임을 당했다는 의미로 이해된다.

(3) 가. 種種 方便으로 두서 번 니르시니 耶輸ㅣ <u>순지</u> 듣디 아니ᄒ시고 〈석보상절(1447) 6:7a〉
나. 沙村앳 흰 누논 <u>순지</u> 어로믈 머것고 江縣 옛 블근 梅花ᄂᆞᆫ ᄇᆞᆯ셔 보미 펫도다(沙邨白
雪<u>仍</u>含凍 江縣紅梅已放春) 〈두시언해_초간(1481) 9:26a〉

(3)의 경우 "오히려", "아직"의 의미나 "계속", "여전히"의 의미로 모두 해석될 수
있다. (3가)는 두어 번 이르니 야륜이 아직 듣지 않았다는 의미, 혹은 두어 번 일렀음에도
계속 듣지 않았다는 의미로 모두 해석될 수 있다. (3나)의 경우 벌써 피어난 매화에
대비하여, 흰 눈이 아직 혹은 계속 얼음을 머금었다는 의미로 해석된다. (3)과 같이
중의적 해석이 가능한 경우는 "오히려", "아직", "계속"이 부분적으로 공유하는 의미가
있기 때문으로 이해된다. "오히려"와 "아직"에는 "예상 밖의 일"이라는 공통의 의미가
포함되며, "아직"과 "계속"에는 "상태가 지속됨"이라는 공통의 의미가 포함된다.

이성우(2019)에서는 문헌에서 '순지'에 대응되는 한문 원문을 검토하여 널리 알려진
의미인 "아직", 그리고 사전에 실리지 않은 의미인 "여전히", "계속" 사이의 의미적
유사성을 연관 지어 해석한 바 있다. '순지'는 거의 대부분 한문 원문의 '猶'나 '尙'에

대응하지만 예외도 있다.[161]

> (4) 가. 그 쁴 窮子ㅣ 즉재 敎勅바다 한 金銀珍寶와 여러 가짓 庫藏올 フ숨아로디 ᄒᆞᆫ 번 숪긇 밥도 가죠 뜯 업고 잇ᄂᆞᆫ 짜히 <u>ᄉᆞ지</u> 믿고대이셔 사오나ᄫᆞᆫ ᄆᆞᅀᆞ믈 쪼 ᄇᆞ리디 몯더니(爾時窮子, 卽受教敕, 領知衆物, 金銀珍寶及諸庫藏, 而無悕取一餐之意。 然其所止<u>故</u>在本處, 下劣之心亦未能捨)〈월인석보(1459) 13:28b〉
>
> 나. 부텨 滅度後에 能히 이 經디니ᄂᆞᆫ 젼ᄎᆞ로 諸佛이 다 깃거 無量 神力을 나토ᄂᆞ니라 이 經囑累ᄒᆞᄂᆞᆫ 젼ᄎᆞ로 受持ᄒᆞ릴 기료디 無量劫中에 <u>ᄉᆞ지</u> 能히 다ᄋᆞ디 몯ᄒᆞ리니(以佛滅度後에 能持是経故로 諸佛이 皆勸喜ᄒᆞ야 現無量神力ᄒᆞ니라 囑累是経故로 讚義受持者호디 於無量劫中에 <u>故不能盡</u>ᄒᆞ리니)〈법화경언해(1463) 6:112a〉

(4)의 'ᄉᆞ지'는 한문 원문의 '故'에 대응되는데, '故'의 여러 가지 의미 중 '여전히, 예나 다름없이' 정도와 연관 지을 수 있다고 생각된다. 이성우(2019)에서는 (4)의 'ᄉᆞ지'를 "아직"이나 "여전히"로 의역하였는데, (4가)는 머무르는 땅이 아직/여전히 원래 있던 곳에 있다는 의미로 해석하고, 전체 문맥을 고려했을 때 선행 문장의 국면이 'ᄉᆞ지'가 위치한 후행 문장에도 이어지는 것으로 보았다. (4나)에서도 앞 문장의 국면이 뒷 문장의 내용으로도 이어지는 것으로 보아 'ᄉᆞ지'를 "아직"이나 "여전히"의 의미로 번역할 수 있다고 보았다.

'ᄉᆞ지'가 "오히려, 아직" 외에 "계속, 여전히, 그대로" 등과 같이 해석될 수 있는 것은 "어떤 일이나 상태가 끝나지 아니하고 지속되고 있음"이라는 공통의 의미가 전제되기 때문으로 볼 수 있다. 'ᄉᆞ지'가 포괄하는 여러 의미는 공통의 의미를 바탕으로 스펙트럼 위에 놓이며, 이를 고려하여 용례마다의 맥락에 따라 'ᄉᆞ지'의 의미를 해석할 수 있을 것이다.

---

161 이성우(2019:239)에서는 15세기 문헌 중 대응하는 한문 원문이 확인되는 183건을 검토하여, '猶'에 대응하는 경우가 117건(63.2%), '尙'은 48건(26.2%)으로 전체의 대부분을 차지한다고 하였다. 반면 '故'는 5건(3.2%), '仍'는 3건(1.6%)으로 '猶'나 '尙'에 비해 상대적으로 매우 낮은 빈도를 보인다고 하였다.

27_ '어드리/엇뎌/엇뎨/엇디'

이유원

중세국어에서의 부사 '어드리'는 "어찌, 어떻게"의 의미로 해석된다. 이 외에도 '엇뎌, 엇뎨, 엇디'와 같은 형태들도 거의 비슷한 의미를 지닌 부사로 사용되었다. 여기에서는 "어찌, 어떻게"의 의미를 가지는 다양한 형태들을 살펴보고자 한다.

출전 정보	어휘	≪효자도≫ 내 출현 이야기
	어드리	05진씨양고

'엇디' 관련 어휘의 형태 변화

(1) 가. 네 <u>엇디</u> 암홀 내야 주디 아니ᄒᄂᆫ다 〈월인석보(1459) 7:17a〉

　　나. 쳔 업슨 주를 <u>엇디</u> 알리오 〈번역노걸대(16C초) 상:27b〉

　　다. 大王하 <u>엇뎌</u> 나를 모ᄅᆞ시ᄂᆞ니잇고 〈월인석보(1459) 8:92b〉

　　라. <u>엇뎌</u> 시르믈 ᄒᆞ시ᄂᆞ니잇고 王이 니ᄅᆞ샤ᄃᆡ 〈월인석보(1459) 10:4b〉

　　마. 어마닚 양ᄌᆡ <u>엇뎌</u> 그리ᄃᆞ록 여위시니잇고 〈월인석보(1459) 23:87a〉

　　바. 네 <u>엇뎌</u> 내 어미를 주긴다 〈선가귀감언해(1579) 18a〉

　　사. <u>엇뎨</u> 게을어 法을 아니 듣ᄂᆞᆫ다 〈석보상절(1447) 6:11a〉

　　아. 머리터리 젹거니 <u>엇뎨</u> 셰유믈 잇비 ᄒᆞ리오 〈두시언해_초간(1481) 9:7a〉

현대국어 '어찌, 어째서, 어떻게'와 비슷한 의미 기능을 나타내는 중세국어 부사로는 (1)과 같이 '엇디, 엇뎌, 엇뎌, 엇뎨' 등이 있었다. '엇디'는 (1가, 나)와 같이 15세기 문헌에서부터 나타나며, 이 외에 유사한 형태로 (1다, 라)의 '엇뎌', (1마, 바)의 '엇뎌', (1사, 아)의 '엇뎨' 등이 있었다. 박진호(2003ㄴ)에서는 '엇뎨/엇뎌'를 비롯하여 '새례/새려', '아ᄅᆞᆷ뎌/아ᄅᆞᆷ뎨' 등에서 중세국어의 부사 파생 접미사 '-뎌/려'가 '-뎨/례'의 형태로도 나타남을 언급한 바 있다.

(2) 가. <u>엇찌</u> 뼈 ᄆᆞᄅᆞ믈 니ᄅᆞ리오 〈동국신속_신속충신도(1617) 1:56b〉

나. 어찌 남진늘 따 아래 가 보료 ㅎ더니 〈동국신속_속삼강열녀도(1617) 16b〉

다. 크게 꾸지저 글오디 <u>얻디</u> 날놀 썰리 주기디 아니ㅎ논다 〈동국신속_신속열녀도(1617) 4:77b〉

라. 도라올 期約은 <u>엇졔</u> 오라리오마논 여희논 ᄠᅳ든 ᄆᆞᄎᆞ매 感激ㅎ노라 〈중간두시언해(1632) 8:20b〉

마. <u>엇찌</u> 가디 아니려 ㅎᄂᆞ뇨 〈오륜전비언해(1721) 3:26a〉

바. <u>엇지</u> 등과ㅎ기롤 ᄇᆞ라리요 〈태상감응편도설언해(1852) 3:29a〉

사. <u>엇지</u> 어리셕은 사롬이라 ㅎ지 아니ㅎ리오 〈신학월보(1907) 5:146〉

'얻디'는 17세기 이후에 구개음화와 경음화가 반영되어 '엇찌, 어찌, 얻디' 등의 다양한 형태로 나타났다. (2라, 바, 사)의 '엇졔', '엇지'는 '엇뎨', '엇디'에서 구개음화가 반영된 것이며, '엇지'가 오늘날의 부사 '어찌'와 형태가 가깝다.

15세기 부사 '어드리'의 용법과 소멸

(1-2)의 '얻디'류와 함께 나타나는 15세기 부사로 '어드리'도 있다. 박선우(2003)에서는 '어드리'를 "어찌, 어째서, 어떻게"의 의미를 갖는 의문 양태 부사로 보고, 『법화경』의 내용을 공통으로 언해하고 있는 『월인석보』와 『법화경언해』의 예문을 들어 '어드리'가 '엇뎨'와 같은 의미로 쓰였음을 설명한 바 있다. 예를 보이면 (3)과 같다.

(3) 가. 行올 외다 ㅎ야 닷디 아니ㅎ면 비빗 업듯ㅎ니 乃終에 <u>어드리</u> 걷나리오 〈월인석보(1459) 17:42〉

가'. 行올 외다 ㅎ야 닷디 아니ㅎ면 비 빗 업수미 굳거니 내죵애 <u>엇뎨</u> 건나리오 〈법화경언해(1463) 5:206b〉

나. 行境을 기피 證ㅎ야 情에 걷내ᄠᅱ며 見에 여희니 아니시면 <u>어드리</u> 이에 隨參ㅎ리오 〈월인석보(1459) 18:35b〉

나'. 行境을 기피 證ㅎ샤 ᄠᅳ데 건내 ᄠᅱ며 보매 여희니 아니시면 <u>엇뎨</u> 이에 參預ㅎ시리오 〈법화경언해(1463) 6:149b〉

(4) 가. 늘근 어미롤 치다가 乃終내 몯ㅎ며 ᄂᆞ미그에 오녀 ㅎ고 고티면 <u>어드리</u> 世間애 ᄃᆞ니리오 ㅎ고 〈효자:05b〉

『삼강행실도』≪효자도≫에서도 (4)와 같이 '어드리'의 예가 보인다. '어드리'는 대부분 15세기 문헌에서만 나타나고 16세기 이후로는 거의 살펴볼 수 없게 되었다. 반면 부사 '엇디'는 오늘날 '어찌'의 형태로 변화하여 "어떠한 이유로"를 나타내는 부사로 남아 있으며, '어찌하여', '어찌하여서' 등에서 줄어든 말인 '어째', '어째서' 등도 쓰이고 있다.

28 _ '어리다, 졈다'

성우철·정은진

중세국어의 '어리다, 졈다'는 현대국어의 '어리다, 젊다'와는 사뭇 다른 의미를 나타내었다. 중세국어의 '어리다'는 현대국어의 '어리석다'에 가까운 의미로 사용되었으며, 중세국어의 '졈다'는 현대국어의 '어리다, 젊다'가 나타내는 의미를 포괄하였다. 여기에서는 '어리다, 졈다'가 어떤 변화를 거쳐 지금과 같은 의미를 나타내게 되었는지 살펴보기로 한다.

용례 정보	어휘	≪효자도≫ 내 출현 이야기
	어리다	23길분대부
	졈다	06강혁거효, 08설포쇄소, 10정란각목, 17왕상부빙, 23길분대부, 24불해봉시, 26효숙도상, 33자강복총

'어리다'의 의미 변화

(1) 가. 어린 百姓이 니르고져 홒 배 이셔도(愚民有所欲言) 〈훈민정음 언해본(1447) 정음:2a〉
　　나. 어리니와 智慧ᄒᆞ니왜 ᄆᆞᅀᆞ미 다 주겟도다(愚智心盡死) 〈두시언해_초간(1481) 16:49b〉
　　다. 현마 어린ᄃᆞᆯ 주구미 저픈 고ᄃᆞᆯ 모ᄅᆞᆳ 것 아니어니와 아비 주구믈 몯 ᄎᆞ마 ᄒᆞ노이다(囚雖蒙弱 豈不知死可畏 不忍見父極刑 所以殉身不測) 〈효자:23b〉

오늘날 "나이가 적다"를 의미하는 '어리다'는 15세기에 (1)과 같이 "어리석다[愚]", "슬기롭지 못하다"의 의미를 가졌다. (1가)에서는 글자를 모르는 백성의 어리석음을,

(1나)에서는 지혜로운 이와 대비하여 어리석은 이를 말하고 있다. (1다)에서는 '어리다'가 한문 원문의 '蒙弱'에 대응함을 고려할 때 "어리석고 약함"의 의미로 쓰였음을 알 수 있지만, 길분의 어린 나이를 문제 삼아 신문하는 맥락을 고려한다면 "(나이가) 적다"의 의미로 이해될 여지도 있다.

> (2) 가. <u>어린</u> 주식을 샹녜 소기디 말오모로 뵈며 셔매 반드시 방소룰 正히 ᄒ며 기우려 듣디
>   아니케 홀디니라(<u>幼子</u>를 常視毋誑ᄒ며 立必正方ᄒ며 不傾聽이니라) 〈소학언해(1588)
>   1:8a〉
> 나. 외로온 이룰 불샹이 넉이고 과부룰 무휼ᄒ며 늙은 이룰 공경ᄒ고 <u>어린</u> 이룰 ᄉ랑ᄒ며
>   곤츙 초목도 오히려 샹케 말며 〈경신록언석(1796) 2a〉

16세기 후반 이후에 이르면 (2)와 같이 '어리다'가 "나이가 적다"의 의미를 분명히 나타내는 예가 보인다. (2가)에서는 '어리다'가 한문 원문의 '幼子'에 대응하는 것을 통해 "나이가 적다"의 의미로 쓰였음을 분명히 알 수 있으며, (2나)에서도 '늙은 이'와 '어린 이'의 대비를 통해 '어리다'의 의미가 [幼/少]로 파악된다.

'어리다'의 의미가 "슬기롭지 못하다"에서 "나이가 적다"로 확장된 것은 "슬기롭지 못한" 속성과 "나이가 적은" 속성 간의 인접성에 기인한다. 즉 나이가 적을수록 견문이 넓지 못하여 어리석은 행동을 할 개연성이 크다는 것이다(홍윤표 2005). '어리다'에서 "나이가 적다"의 의미가 발달하기 시작한 이후에도, "슬기롭지 못하다"의 의미를 나타내는 '어리다'의 용례가 (3)과 같이 19세기까지 관찰된다.

> (3) 가. 다른 비들은 다 진물을 건디디 홀노 사룸을 구ᄒ고 진물을 취티 아니ᄒ니 ᄆ올 사룸이
>   다 그 <u>어리믈</u> 비웃더라(他舟皆撈取物貨 獨救人而不取貨物 鄕人嗤其<u>愚</u>) 〈종덕신편언해
>   (1758) 中:44a〉
> 나. 마귀는 잡아 ᄆᆞᆫ 개 ᄀᆞᆺᄒ니 가히 즈져 사룸을 져히디 능히 사룸을 물기는 못ᄒ거ᄂᆞᆯ
>   사룸이 브죨 업시 갓가이 ᄒ야 물니이면 또ᄒᆞᆫ <u>어리지</u> 아니ᄒᆞ냐 〈성경직해(1892) 2:54b〉

본래 '어리다'에 의해 표현되던 "슬기롭지 못하다"의 의미를 '어리셕다'로 나타내게 된 것은 19세기 무렵으로 추정된다. '어리셕다'는 '어리다[愚]'와 '셕다[小]'의 어간이

결합하여 형성된 합성어인데, 이때의 '셕다[小]'는 중세국어 '혁다[小]'가 구개음화한 어형이다(4가, 나).

'어리셕다'가 문헌상에 등장하기 시작한 것은 19세기 후반인데(4다, 라), 이 시기까지도 '어리다'는 "슬기롭지 못하다"라는 의미를 유지하였으며, 20세기 초반에도 '어리다[愚]'를 어근으로 하여 '어리숙하다'와 같은 단어가 형성되곤 하였음이 주목된다(4마).

(4) 가. 그 쁴 父王과 小王들히【小王은 혀근 王이라】牛頭栴檀 香 남フ로 太子 스르시고 七寶塔 셰여 供養ᄒ더시니라(爾時父王及諸小王 卽以牛頭栴檀香木 積以成積闍維太子所有身骨 復以七寶起塔供養) 〈석보상절(1447) 11:22a〉

나. 녜 처엄 보던 쁠 ᄉ랑ᄒ오니 셔근 핫오새 곳다온 프를 繡ᄒ얏더니 ᄌ라거ᄂᆞᆯ 忽然 ᄂᆞ출 맛보니 내 오래 病ᄒ 넉슬 慰勞ᄒᄂ다(憶昔初見時 小襦繡芳蓀 長成忽會面 慰我久疾魂) 〈두시언해_중간(1632) 8:6b〉

다. 대뎌 쟝슈ᄂᆞᆫ 지혜 잇고 엄ᄒᆞ고져 ᄒ며 군ᄉᆞᄂᆞᆫ 어리셕고져 ᄒ니(夫將欲智而嚴 士欲愚). 〈이언언해(1875) 3:56b-57a〉

라. 글ᄌ로써 어리셕은 이룰 끼닷게 ᄒᄂᆞᆫ 거시 금으로 곤익ᄒᄆᆯ 구졔ᄒᄂᆞᆫ 것보다 나ᄒ니 글ᄌ롤 가바야이 바리ᄂᆞᆫ 거시 금을 허랑히 더지ᄂᆞᆫ 것 ᄀᆞᆺ튼지라 〈경석자지문(1882) 1a〉

마. 누가 환두 구경하러 왓단 말인가 자네두 꽤 어리숙한 사람일세 그런 말을 다 고지듯나? 〈임거정(1939) 505〉

중세국어 '졈다'의 형식 변화와 의미 변화

현대국어 '젊다'에 대응되는 중세국어 어형은 '졈다'였으며, 그 의미도 현대국어보다 넓어서 "나이가 한창때에 있다"뿐만 아니라 "나이가 적다"의 의미까지 포괄하였다(5가). 16세기에 이르면 같은 의미를 나타내는 어형으로 '졂다'도 나타나기 시작한다(5나).

'졈다 > 졂다'의 형식 변화를 음운론적으로 설명하기는 어려우며, '졈다'와 긴밀한 의미 관계를 맺던 '늙다'에 의한 유추의 결과로 이해하는 것이 일반적이다(홍윤표 2005).[162]

---

162 즉 '졈다'와 자주 공기하여 쓰이는 '늙다'가 어간 말음에 /ㄹ/을 가져 '늘거/늘그니' 등으로 활용하는 것에 유추되어, '졈다' 역시 본래 '져머/져므니' 등으로 활용되다가 말음에 /ㄹ/을 가진 '졀머/졀므니' 등으로 활용하게 되었고, 그 결과 형태가 '졂다'로 재분석되었다고 보는 것이다. 동일한 이치로 '잎다 > 읊다 > 읇다[吟]'의

이처럼 유추에 의한 형식 변화를 겪은 다른 단어로는 '넙다 > 넓다[廣]', '잎다 > 읊다 > 읊다[吟]' 등을 들 수 있다.

앞서 살펴본 바와 같이, '어리다[愚]'는 16세기 이후 "나이가 적다"라는 의미를 나타내기 시작하였으며, 그 과정에서 기존에 "나이가 적다"를 포괄하던 '졈다'의 의미 영역은 점차 축소되었다. 15세기까지 대상의 연령에 관한 어휘는 '졈다[少]'와 '늙다[老]'의 이분 체계를 취하였으나, '졈다'의 의미 영역 가운데 일부를 '어리다'가 대치하면서 '어리다[幼]', '졈다[壯]', '늙다[老]'로 구분되는 새로운 체계가 형성된 것이다(홍사만 2000). '졂다(< 졈다)'가 "나이가 한창때에 있다"라는 의미로만 한정되어 쓰인 용례는 18세기부터 확인된다(5라).

(5) 가. 무릎무란 사오나뷔니룰 가지며 닐오딕 져믄 제브터 ᄒ던 거시라 됴히 너기노라(田廬取荒頓者 日少時所治意所戀也) 〈효자:7b〉

나. 곽젼니 게모룰 셤교딕 ᄀ장 효도ᄒ더니 계뫼 세 아돌 나하 다 졀머쩌든(郭全 事繼母唐古氏 甚孝 繼母生三子皆幼) 〈이륜행실도(1518) 24a〉

다. 졀믈 쇼 少 〈천자문_칠장사판(1661) 27a〉

라. 年青的 ○ 졀믄 이 〈역어유해보(1775) 19a〉

마. 듣ᄌ온즉 아모는 千萬意外의 聞訃룰 ᄒ시다 ᄒ오니 이런 놀나온 일은 업ᄉ외 졈지 아닌 사름이 졀믄 사름과 詰亂ᄒ여 무얻ᄒ올고 〈인어대방(1790) 2:11b〉

29 _ '얻다[求]'

성우철

중세국어 '얻다'의 의미는 현대국어 '얻다'와 차이를 보이는데, 현대국어 '얻다'는 대상을 가지게 된 결과에만 초점을 두지만, 중세국어 '얻다'는 가지고자 하는 대상을 찾는 과정도 나타낼 수 있었다. 여기에서는 중세국어 '얻다'의 두 가지 용법을 결과 함축과 관련지어 설명하고, 그러한 두 가지 용법 가운데 어느 것이 더 기본적인 것이었는

변화는 유의어인 '넑다(> 읽다)'가 가진 말음의 /ㄹ/에 유추된 결과로 설명할 수 있다.

지 파악하기 위한 단서로 '얻니다'를 검토해 보기로 한다.

용례 정보	어휘		≪효자도≫ 내 출현 이야기
용례 정보	얻다	[求]	28서적독행, 30왕천익수, 34석진단지
		[得]	14맹희득금, 21검루상분, 24불해봉시, 35은보감오
	얻니다		22숙겸방약, 24불해봉시

중세국어 '얻다'의 의미와 결과 함축

현대국어 '얻다'는 대개 일시적으로든 영속적으로든 어떤 대상을 "받아 가지게 된" 결과를 나타내는 데에 사용된다. 그러나 중세국어 '얻다'는 이러한 의미에 더해 가지고자 하는 대상을 "살펴 찾는" 과정을 나타낼 수도 있었는데, 이러한 중세국어 '얻다'의 용법은 오히려 현대국어 '구하다'나 '찾다'의 그것과 유사한 것으로 파악된다.

(1) 가. 쥐구무 ㅍ다가 金 數千 兩을 <u>어더</u> ㄱ장 가ᅀᆞ멸의 도외니라(因見鼠掘地得黃金數千兩 因巨富焉) 〈효자:14a〉

　　나. 아비 지븨셔 病 <u>어더늘</u>(父易在家遭疾) 〈효자:21a〉

　　다. 믈 머굼도 아니 머거 닐웨 짜히ᅀᅡ 어믜 주거믈 <u>어드니라</u>(水漿不入口者七日 始得母屍) 〈효자:24a〉

　　라. 꿈 ᄭᅮ운 바미 아비 病 <u>어더</u> 열흘 몯ᄒᆞ야 죽거늘(父果以夢夕疾作 未旬而死) 〈효자:35b〉

(2) 가. 徐積이 세 설 머거셔 아비 죽거늘 아ᄎᆞᆷ마다 甚히 슬피 <u>어드며</u>(三歲父死 旦旦<u>求</u>之甚哀) 〈효자:28a〉

　　나. 두루 <u>얻다가</u> 몯ᄒᆞ야 기픈 묏고래 가다가 눈 避ᄒᆞ야(時冬月<u>求</u>於鄕不得 行至深奧嶺値 雪) 〈효자:30a〉

　　다. 밤낫 겨틔 이셔 하ᄂᆞᆯ 블러 울며 두루 藥 <u>어더니</u>(日夜侍側無懈 號泣于天 廣<u>求</u>醫藥) 〈효자:34a〉

(1)는 '얻다'가 '金, 病, 어믜 주검' 등을 받아 가지게 된 결과를 나타내는 용례이며, (2)는 '얻다'가 '아비, 외, 藥' 등을 살펴 찾는 과정을 나타내는 용례이다. 전자는 결과

함축의 강도가 상당히 강하지만 후자는 그렇지 않다. 이처럼 하나의 동사가 결과 함축이 강하거나 그렇지 않은 두 가지 의미를 모두 지니는 일은 현대국어 '구하다'나 '찾다'에서도 확인된다(순효신 외 2012).

(3) 가. 醫員ᄃ려 무르니 다 모ᄅ거늘 두루 가 얻니더니(即訪醫及本草 皆無識者 乃求訪至宜都郡)〈효자:22a〉
   나. 눈 우희 우녀 주검 서리예 어미 얻녀(不害行哭求屍 見死人 即投身捧視)〈효자:24a〉

흥미로운 것은 '얻다'와 '니다'의 어간이 결합하여 형성된 합성어 '얻니다'의 경우 (3)에서 보이듯이 결과 함축이 약한 쪽으로만 해석된다는 점이다. 현대국어 '구하다'와 '찾다'에서도 비슷한 예를 찾을 수 있는데, '구하다'는 '구하러 다니다'만 가능하고 "구하여 다니다'는 불가능하지만(강한 결과 함축), '찾다'는 '찾으러 다니다'와 '찾아 다니다'가 모두 가능하다(약한 결과 함축). 이러한 구문상의 차이는 각 동사의 의미 가운데 어느 것이 더 기본적인 것으로 인식되는지와 관련이 있는 것으로 보이는데, '얻니다'가 결과 함축이 약한 해석을 선호하는 이유 역시 비슷한 동기를 가지는 것으로 설명해 볼 수 있다.

30_ {얻다!}

성우철

15세기 문헌에서 "결혼하다" 내지 "교합하다"의 의미를 나타내던 동사 {얻다!}는 어간의 기본형이 규칙 활용을 하는 '어르-' 또는 '얼-'인지 불규칙 활용을 하는 '얻-!'인지와 관련하여 논란의 대상이 되어 왔다.

	어휘	《효자도》 내 출현 이야기
용례 정보	{얻다!}	05진씨양고, 07설포쇄소
	{얼이다}	05진씨양고

{얼다}의 활용 부류와 어간 분석

15세기의 용언 {얼다}의 어간에 대한 견해는 크게 세 가지로 구분된다. 하나는 어간의 기본형을 '어르-'로 보는 것이고, 다른 하나는 어간의 기본형을 '얼-'로 보는 것이며, 나머지 하나는 어간의 기본형을 '얻-'으로 보는 것이다.

[1] 어간의 기본형을 '어르-'로 보는 견해

우선 어간의 기본형을 '어르-'로 보는 견해를 살펴보기로 하자. 한글학회(1992)에서는 15세기 문헌에서 유일하게 발견되는 (1가)의 용례를 근거로 {얼다}의 기본형을 '어르-'로 보고 '어르다'를 표제어로 수록하였다. 그러나 중세국어에서 2음절 어간을 가지면서 제2음절이 '르/르'인 용언은 대개 불규칙한 활용을 보이는데, 이 가운데 제1음절의 모음이 '·/ㅡ'가 아닌 용언은 일반적으로 'ㄹㅇ'형의 특수 어간 교체를 보인다(유필재 2003). 따라서 (1가)에 보이는 어간 '어르-[LL]'의 경우 매개모음어미 결합형은 '*어르니[LLH]', 모음어미 결합형은 '*얼어[LH]'로 실현될 것으로 예측되며, 같은 활용 부류에 속하는 '도르-[回], 부르-[潤], 사르-[生], 이르-[成]' 등과 마찬가지로 {얼다}와 접미사 '-·/으-'가 결합하여 형성된 사동사 {어르다}의 어간으로 분석하는 것이 적절하다(유필재 2005). 15세기 문헌에서는 '*얼어[LH]'와 같은 활용형이 보이지 않으나 17세기 문헌인 『박통사언해』에서 그 후대형인 '얼러'가 확인된다(1나).

> (1) 가. 그 後에ᅀᅡ 놀애 브르며 춤 츠며 롱담ᄒᆞ야 남진 <u>어르기를[LLHH]</u> ᄒᆞ며 〈월인석보(1459) 01:44b〉
>
> 나. 뎌 나귀 <u>얼러 나흔</u> 놈이 그저 날을 수머 ᄃᆞ니고(那驢養下來的 只躲著我走) 〈박통사언해(1677) 上:31b〉

(2)와 (3)에서 살펴볼 '어르니[LHH]'와 '얼어[LH]' 등은 형태나 성조 패턴을 고려할 때 사동사 {어르다}의 활용형으로 보기보다는 {얼다}의 활용형으로 보아야 한다. 요컨대 중세국어 문헌에서 {어르다}는 자음어미 결합형만이 단 1회 출현하는 상당히 제한된 쓰임을 보이는 것으로 파악되는데, 이것은 '-·/으-'가 결합하여 형성된 다른 사동사와

마찬가지로 {어르다!} 역시 이 시기에 이미 소멸의 과정 중에 있었음을 암시한다.

[2] 어간의 기본형을 '얼-'로 보는 견해

다음으로 어간의 기본형을 '얼-'로 보는 견해는 (3)과 같은 모음어미 결합형은 설명할 수 있으나 (2)와 같은 매개모음어미 결합형은 설명할 수 없다. {얻다!}의 어간이 '얼-'일 경우 그 매개모음어미 결합형은 '언대, 어니, 언, 얼' 등과 같이 실현되어야 하기 때문이다. 어간이 '얼-'로 분석되는 자음어미 결합형이 문헌상에 전혀 확인되지 않는다는 점도 문제이다. 어떤 용언의 매개모음어미 결합형이나 모음어미 결합형이 문헌상에 빈번하게 나타남에도 자음어미 결합형이 전혀 나타나지 않는 것은 그리 자연스러운 현상이 아니다.

(2) 가. 그저긔 仙人山 中에 獼猴王이 이쇼딕 聰明ᄒ고 자븐 일 만히 아더니 제 겨지비 죽거늘 다른 암홀 어른대[LHH](時仙人山中有獼猴王 聰明博達多有所知 其婦適死取一雌獼猴) 〈월인석보(1459) 07:16b〉

나. 그딋 兄弟 다 罪 니버 죽고 어마님도 ᄒ마 죽고 겨집도 다른 남진 어르니[LHH](足下兄弟皆坐事自殺 太夫人已不幸 婦亦更嫁) 〈충신:06b〉

다. 남진 아니 어른[LH] 갓나회 월경슈 무든 거슬 피 무든 자히 ᄉ라 ᄀᆞᆯ올 ᄒᆞᆫ 술만 수레 프러 머그라(霍亂醫所不治 童女月經衣 合血燒末酒服方匕 百方不瘥者用之) 〈구급간이방(1489) 02:54b〉

라. 엇뎨 ᄲᆞᆯ리 아니 주기ᄂᆞᆫ다 내 도죽 어를[LH] 사ᄅᆞᆷ가 ᄒᆞ야놀(何不速殺我 我豈汚賊者邪) 〈열녀:32a〉

(3) 가. 陳氏 나히 열여스세 남진 어러[LH] 그 남지니 防禦 갏 저긔 닐오딕(陳孝婦 年十六而嫁 其夫當戌 且行 屬日) 〈효자:5a〉

나. 薛包이 아비 後ㅅ 겨집 어라[LH] 包ᄅᆞᆯ 믜여 나가라 ᄒᆞ야놀(薛包 汝南人 父娶後妻 憎包分出之) 〈효자:7a〉

다. 高行이 남진 일 일코 아니 어렛거늘[LHLH] 어비몯내 두토아 어로려 호딕 몯ᄒᆞ르야 잇더니(高行梁之寡婦 夫死早寡不嫁 梁貴人爭欲娶之不能得) 〈열녀:06a〉

라. 軍士ㅣ 구틔여 어루려[LHH] 커늘 굿 거스더니(軍伍欲疆[163]妻之 固拒不從) 〈열녀:15b〉

[3] 어간의 기본형을 '얻-!'으로 보는 견해

마지막으로 {얻다!}의 어간을 '얻-!'으로 볼 경우 (2)와 (3)의 실현형을 모두 설명할 수 있다. 이 경우 역시 자음어미 결합형이 문제가 되는데, 유필재(2005)에서는 (4가)가 '얻-!'의 자음어미 결합형일 가능성을 제시하였으며, 가와사키 케이고(2011)에서는 "교합하다"를 의미하는 '얻-!'의 용례로 (4나)와 (4다)를 추가한 바 있다. 'ㄷ' 불규칙활용 어간은 일반적으로 유동적 상성의 성조 패턴을 보이는데, (4가, 다)의 어간은 유동적 상성 어간의 자음어미 결합형에서 기대되는 상성을 취하고 있으나,[164] (4나)의 경우 어간이 상성이 아닌 평성과 거성으로 실현되었다는 점에서 더 면밀한 검토가 요구된다.[165]

(4) 가. 다ᄉᆞᆺ 羅刹이 이셔 암龍이 두외야 毒龍ᄋᆞᆯ 얻더니[RLH](爾時彼穴有五羅刹 化作女龍與 毒龍通) 〈월인석보(1459) 07:27b〉

나. 後에 도즈기 얻고져[LLH] 너겨 몬져 싀어미롤 저리거눌(後盜有欲犯妻者 乃先刦其姑) 〈열녀:08b〉

다. ᄒᆞᆫ 즁이 ᄂᆞ믹 겨지블 ᄀᆞ마니 도즉ᄒᆞ야 얻노라[RLH](一箇和尚偸弄別人的媳婦) 〈번역박 통사(16C초) 上:35b〉

15세기에 확인되는 사동사 {얼이다}도 {얻다!}의 어간을 '얻-!'으로 보는 견해를 지지한다. '살-[生], 놀-[遊]'과 같은 일부 'ㄹ' 말음 어간이나 '긷-[汲]!, 듣-[聽]!, 듣-[落]!' 등과 같은 'ㄷ' 불규칙활용 어간이 접미사 '-이-'와 결합하는 경우, 그 사동사

---

163 '彊'의 오기인 듯하다. 〈런던대본〉과 〈일석문고본〉에는 '彊'으로 표기되어 있으나, 〈고려대본〉, 〈만송본〉 〈버클리대본〉, 〈규장각본〉을 비롯한 영조개역판과 〈오륜행실도(1797)〉에는 '彊'으로 표기되어 있다. 후대의 판본에서 이전 판본에 제시된 한문 원문의 오류를 바로잡은 것으로 판단된다.

164 가와사키 케이고(2011)에서는 (4다)의 성조를 [HLH]로 판독하였으나, 이 글에서는 국회도서관 소장본(貴 412.8 ㅊ231ㅂ)의 영인본을 참고하여 해당 부분의 성조를 [RLH]로 판독하였다.

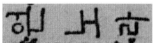

165 다만 (4나)는 오각이나 탈각의 결과일 가능성이 있다. 志部昭平(1990:274-276)에서는 (4나)의 '얻고져[LLH]' 를 '犯シタイト'로 풀이하고 그 성조를 '얻고져[RLH]'로 교정한 바 있다.

의 어간은 '살이-, 놀이-, 길이-, 들이-[使聽], 들이-[使落]'와 같은 형식으로 나타나며 성조는 [LH]로 실현되는데, {얼이다}도 이들 용언과 같은 패턴을 보이는 사동사로 파악할 수 있기 때문이다(가와사키 케이고 2011).

(5) 가. 給孤獨 長者ㅣ 닐굽 아ᄃ리러니 여슷 아도란 ᄒ마 갓 얼이고[LHH](爾時長者 生七男兒 年各長大 爲其納娶 次第至六) 〈석보상절(1447) 06:13b〉

나. 남진 갏 저긔 늘근 어미로 맛뎌늘 그리 ᄒ려 ᄒ니 누믜 늘근 어미ᄅᆞᆯ 치다가 乃終내 몯ᄒ며 누믜그에 오녀 ᄒ고 고티면 어드리 世間애 ᄃ니리오 ᄒ고 주구려 커늘 두리여 몯 얼이니[LHH](夫去時 屬妾以養老母 妾旣許諾 養人老母而不能卒 許人以諾而不能信 將何以立於世 欲自殺 父母懼而不敢嫁) 〈효자:05a-05b〉

다. ᄯᆞᄅᆞᆯ 얼여[LH] 征夫ᄅᆞᆯ 주미 긿 ᄀᆞ쉬 ᄇᆞ룜만 곧디 몯ᄒ니라(嫁女與征夫 不如棄路傍) 〈두시언해_초간(1481) 08:67a〉

31 _ '없다[死]'

최혜빈

『삼강행실도』에서 "죽다"의 의미로 쓰인 '없다'의 용례가 확인된다. 이 용례로부터 두 가지 사실을 알 수 있는데, 하나는 중세국어 '없다'가 형용사로서의 쓰임뿐만 아니라 동사로서의 쓰임도 가지고 있었다는 점이며, 다른 하나는 이러한 '없다'의 쓰임이 일종의 완곡어법으로부터 비롯되었을 가능성이 있다는 점이다.

용례 정보	어휘	≪효자도≫ 내 출현 이야기
	없다	02자로부미, 07설포쇄소, 15왕부폐시, 19왕연약어

"죽다"의 의미로 쓰인 '없다'

삼강행실도에서 '없다'가 "무엇이 존재하지 않다[無]"가 아닌 "죽다[死]"의 의미로 쓰인 예가 있다. 용례를 살펴보면 (1)과 같다.

(1) 가. 어버시 업거늘ㅿ 노피 두외야 조촌 술위 一百이며 穀食을 萬鍾올 싸흐며 쇼홀 포
    질오 안즈며 소톨 버려 먹더니(親歿之後 南遊於楚 從車百乘 積粟萬鍾 累裀而坐 列鼎
    而食)〈효자:2a〉

나. 父母ㅣ 업거늘 앗이 生計 눈호아 닫 사로려 커늘(父母亡 弟求分財異居)〈효자:7a〉

다. 어미 울에를 므싀더니 어미 업거늘 울에 홇 저기면 墓애 가 내 예 잇노이다 ᄒ더라(母性
    畏雷 母歿 每雷輒到墓曰裒在此)〈효자:15b〉

라. 父母ㅣ 업거늘 侍墓사니라(父母終盧於墓側)〈효자:19b〉

(1)에서 '없다'에 대응되는 한자는 '歿, 亡, 終'인데, 공통적으로 "죽다"의 의미를
가진다. 맥락적으로도 아비, 어미, 어버이의 죽음에 관련된 의미로 '없다'가 쓰였다.
중세국어에서 '없다'는 현대국어와 마찬가지로 대부분 형용사의 기능을 하였는데, (1)과
같이 "죽다"의 의미로 쓰인 '없다'의 경우 동사에 가깝게 해석하는 것이 자연스럽다.
중세국어에서는 한 단어가 형용사와 동사의 쓰임을 모두 보이는 일이 현대국어보다
흔하였다.

중세국어에서 '없다'가 "죽다"를 뜻할 수 있었던 데에는 죽음이 지니는 부정적 의미
가 일정한 영향을 미친 것으로 추정된다. 죽음과 같이 무섭고 두렵거나, 꺼림칙한 것으로
여겨지는 사건 혹은 대상에 대해서는 흔히 완곡 표현이 쓰인다. 현대국어에서 '죽다'의
완곡 표현으로는 '가다, 떠나다, 뜨다, 잠들다, 저버리다, 하직하다, 세상을 등지다,
세상을 버리다' 등을 들 수 있다(김홍석 2008). (1)과 같이 "죽다"의 의미로 나타나
는 '없다'는 일종의 완곡 표현으로 이해해 볼 수 있다.

(2) **죽다** (…) Ⅲ (동사로 쓰이여) ≪죽다≫의 뜻을 에둘러 이르는 말. ‖ 지난밤에 뜻하지
    않게 건넌집 할아버지가 <u>없었다는구만</u>

오늘날에는 '없다'가 형용사의 기능만을 가지고 "죽다"의 의미로 쓰이는 일이 잘
발견되지 않지만, 북한의 국어사전인 『조선말대사전』(2017)에서는 (2)와 같이 형용사
'없다'가 동사로 쓰이어 "죽다"의 뜻을 에둘러 이르는 말이 있음을 제시하고 있다.
이를 고려하면 현대 북한어에서는 비교적 최근까지도 '없다'가 "죽다"의 완곡 표현으로
쓰이는 일이 있음을 알 수 있다.

'엳줍다'는 객체 높임 선어말어미 '-ᅀᆞᆸ/ᅀᆞᆸ/ᅀᆞᇦ-'가 결합한 형태가 하나의 동사로 어휘화된 단어이다. 여기에서는 『삼강행실도』≪효자도≫에 나타난 쓰임을 중심으로 '엳줍다'의 통시적 변화 양상을 살펴보기로 한다.

	어휘	≪효자도≫ 내 출현 이야기
용례 정보	엳줍다	09황향선침, 10정난각목, 20반종구부, 23길분대부, 25왕숭지박, 28서적독행, 31유씨효고, 35은보감오

'엳줍다'의 변화 양상과 객체 높임 선어말어미

15세기 한글 문헌에서부터 나타나는 '엳줍다'는 현대국어 '여쭙다'의 옛말이며, 본래 "말하다, 알리다, 보고하다"의 의미를 지닌 동사 '엳다[奏, 啓]'과 객체 높임법의 선어말어미 '-줍-'이 결합한 형태이다. 중세국어의 동사 '엳다[奏, 啓]'는 단독으로 나타나는 일이 매우 드물지만, 다음 (1)에서 '엳다'가 "사뢰다"의 의미를 지닌 '啓계'에 대응하여 참고가 된다.

(1) ㄱ. 그 <u>연논</u> 공ᄉᆞᆯ 올타 ᄒᆞ시니(可其奏) 〈번역소학(1518) 9:42a〉
ㄴ. 啓 <u>엳톨</u> 계 〈훈몽자회(1527) 上:35b〉

'엳줍다'는 '엳-'에 객체 높임 선어말어미 '-줍-'을 포함하므로 "웃어른에게 말씀을 올리다"의 의미를 지닌다. 자음으로 시작하는 어미가 결합할 때에는 '엳줍-'으로, 매개 모음이나 모음으로 시작하는 어미가 결합할 때에는 '엳ᅀᆞᇦ-'으로 나타났다. 15세기 중엽 이후 'ㅸ'이 소멸하면서 모음 어미 앞에서 '엳ᄌᆞ오-'로 나타난다.

(2) 가. 말미 <u>엳줍고</u> 쳔량 만히 시러 王舍城으로 가며 〈석보상절(1447) 6:15b〉
나. 世尊하 내 이제 諸佛 니ᄅᆞ시논 陁羅尼句를 <u>엳ᄌᆞᄫᅡ</u> 請ᄒᆞᅀᆸ노니 〈월인석보(1459) 10:84a〉

다. 員이 나라히 <u>엳ᄌᆞᆸ니</u> 일후미 世間애 들이더니 〈효자:09a〉

라. ᄀᆞ올히셔 <u>엳ᄌᆞ바ᄂᆞᆯ</u> 皇帝 木像 ᄆᆡᇰᄀᆞ랏논 樣ᄋᆞᆯ 그리라 ᄒᆞ시니라 〈효자:10b〉

마. 그위예셔 <u>엳ᄌᆞ바</u> 그 ᄆᆞᅀᆞᆷ 일후믈 純孝ㅣ라 ᄒᆞ고 〈효자:20b〉

바. 雲이 도라 와 이 이ᄅᆞᆯ <u>엳ᄌᆞ온대</u> 帝ㅣ 무덤을 ᄑᆡ이니 〈남명집언해(1482) 上:52a〉

근대국어 시기에 종성 위치에서 'ㅅ'과 'ㄷ'의 표기가 혼동됨에 따라 16~19세기 문헌에서는 (3)과 같이 '엳줍-/엳ᄌᆞ오-'로 표기된 예도 나타났다. 19세기에는 '엳줍다'의 모음 'ㆍ'가 'ㅜ'로 바뀐 '엳줍다'의 예가 등장하였다.

(3) 가. 임원준과 그 아들 임ᄉᆞ홍의 샤특ᄒᆞᆫ 줄을 <u>엳줍다가</u> 파직ᄒᆞ니라 〈속삼강행실도_중간본 충:6a〉

나. 그 뎡졀을 아ᄅᆞᆷ다이 녀겨 나라히 <u>엳ᄌᆞ온대</u> 〈번역소학(1518) 9:67a〉

다. 醴酒 듯는 ᄯᅡ해 옷기슬글 ᄭᅳ으고 賦ᄅᆞᆯ <u>엳줍고</u> 明光宮의 드로라 〈중간두시언해(1632) 2:41b〉

라. 이런 道理ᄅᆞᆯ 東萊ᄭᅴ <u>엳ᄌᆞ와</u> 니일 브디 홀 양으로 ᄒᆞ읍소 〈첩해신어_초간(1676) 1:32b〉

마. <u>엳줍다</u> 奏 〈한불자전(1880) 31〉

오늘날 '여쭙다'와 같이 선어말어미 '-줍-'이 포함된 형태가 어휘화된 사례로는 '듣잡다', '묻잡다', '뵙다', '받잡다', '저쑵다', '청줍다' 등이 있다. 현대국어의 '여쭙다'는 'ㅂ' 불규칙 용언으로서 '여쭙고/여쭈우니/여쭈워'와 같이 활용한다. 한편 '여쭈다'는 규칙 용언으로서 '여쭈고/여쭈니/여쭈어'와 같이 활용하는데, '엳줍다'의 모음 어미 결합형에서 어간이 재구조화되어 형성된 것으로 볼 수 있다(김양진·정경재 2010, 정경재 2015 참고). '뵙다/뵈다' 역시 '여쭙다/여쭈다'와 유사한 활용 패러다임을 보인다.

33_'오ᄋᆞᆫ'

성우철

중세국어 '오ᄋᆞᆫ'은 본래 용언의 관형형이었으나 어휘화하여 현대국어 관형사 '온'으로 이어졌다. 여기에서는 '오ᄋᆞᆫ'의 형태를 분석한 뒤 그것과 어원적으로 관련이 있는 단어로 '온[百], 오ᄋ로[全]' 등도 아울러 살펴보기로 한다.

용례 정보	어휘	≪효자도≫ 내 출현 이야기
	오온	19왕연약어, 21검루상분

중세국어 '오온'의 형태와 관련 어휘

중세국어 '오온'은 현대국어 관형사 '온'의 직접 소급형으로 본래는 형용사 '오올다 [全]'의 관형형이었다. 15세기 문헌에서 '오온'의 성조는 대개 평성과 거성의 연쇄로 실현되며(1가, 나, 다), 그 축약형인 '온'은 평성과 거성이 복합된 상성의 성조를 보인다(2 가). 반면에 "백百"을 뜻하는 고유어 '온'은 거성을 가졌는데(2나), 중세국어에는 이처럼 분절음으로는 구분되지 않는 두 단어가 초분절음에 의해 구분되는 일이 더러 있었다. '손[客][L]'과 '손[手][H]', '말[斗][H]'과 '말[語][R]' 등이 대표적이다.

   (1) 가. 혼 히 남죽ᄒ거늘 王이 病을 호디 <u>오온[LH]</u> 모미 고론 더러븐 내 나거늘(歲餘王忽遍身
        患臭)〈석보상절(1447) 24:50a〉

     나. 치븐 겨ᅀ레 <u>오온[LH]</u> 오시 업소디 어버ᅀᅵ는 滋味룰 ᄀ장ᄒ더라【滋味는 이든 마시
        라】(身無全衣 而親極滋味)〈효자:19b〉

     다. 아비 지븨셔 病 어더늘 믄득 ᄆᅀᅮ미 놀라아 <u>오온[LH]</u> 모매 ᄯᆞ미 흐르거늘(父易在家遘
        疾 黔婁忽心驚 擧身流汗)〈효자:21a〉

   (2) 가. 眞如 <u>온[R]</u> 體 밀씨 ᄆᆞᅀᆞᆷ과 生滅왜 다ᄅᆞ디 아니ᄒ며 時常 眞性에 變티 아니홀씨
        生滅와 혼가지 아니라(眞如全體動故 心與生滅非異 而恒不變眞性故 與生滅不一)〈월인
        석보(1459) 11:56b〉

     나. 내 니거지이다 가샤 山 미틔 軍馬 두시고 <u>온[H]</u> 사ᄅᆞᆷ ᄃᆞ리샤 기ᄅᆞ말 밧기시니(請而自往
        山下設伏 遂率百人 解鞍而息)〈용비어천가(1447) 7:41a〉

이 외에 '오올다[全]'와 관련하여 살펴볼 만한 단어로는 '오ᄋ로'를 들 수 있다. '오ᄋ로'는 '오올다[全]'의 어간에 문법 형태소 '-오'가 결합한 어형으로 "온전히" 내지

"온통" 정도의 의미를 나타내었다. '오ᄋ로'는 '오오로', '오로' 등의 다른 어형으로도 나타난다.

한편, 18세기에 이르면 '오롯'과 같은 어형도 출현하기 시작한다. 김무림(2020:687)에서는 현대국어의 '오로지'와 '오롯이'가 이 '오롯'에서 비롯된 것임을 주장한 바 있다.

(3) 가. 스스로 오롯ᄒᆞᄂᆞᆫ 쟈ᄂᆞᆫ 님군도 업게 녀기며 지아비도 업게 녀겨 綱常의 큰 節을 폐ᄒᆞ고 〈여사서언해(1736) 3:22a〉
　　나. 그 종요ᄂᆞᆫ 진실로 祖宗의 心法을 계슐ᄒᆞ고 祖宗의 政敎를 行홈애 이실 ᄯᆞ름이나 그 本은 오롯이 誠홈애 이시니 〈어제상훈언해(1745) 12b-13a〉
　　다. 나히 임의 長成ᄒᆞ매 ᄀᆞ르치미 ᄎᆞ셰 이시나 訓誨ᄒᆞᄂᆞᆫ 權이 실로 어믜게 오로디 읻ᄂᆞ니라 (年已長成애 敎之有序ㅣ나 訓誨之權이 實專於母ㅣ니라) 〈여사서언해(1736) 2:25a- 25b〉
　　라. ᄆᆞᄋᆞᆷ을 紡績ᄒᆞ기예 오로디ᄒᆞ야 희롱ᄒᆞ며 우음을 됴히 너기디 말고(專心紡績ᄒᆞ야 不好戲笑ᄒᆞ고) 〈여사서언해(1736) 1:13a〉

김무림(2015:687)은 '오롯'에 접미사 '-이'가 결합한 '오로시'와 '오롯'의 말음이 불파화한 변이형에서 비롯된 '오로디'가 근대국어 당시에는 유사한 의미로 공존하다가, 형식에 따른 의미 분화를 거쳐 오늘날과 같은 대립을 보이게 된 것이라고 설명한 바 있다. 현대국어에서 '오롯이'는 "모자람이 없이 온전하게" 내지 "고요하고 쓸쓸하게" 정도의 의미를 나타내며, '오로지'는 "오직 한 방향으로" 정도의 의미를 나타낸다.

근대국어 '오롯'은 같은 시기에 보이는 '오록'과 기원적으로 관련을 맺는 어형으로 추정된다. 중세국어에는 비슷한 의미를 나타내는 두 어형이 'ㄱ'과 'ㅅ'의 교체를 보이는 경우가 더러 있었는데, '반독/반돗, 남죽/남짓' 등이 대표적이다(李基文 1991:38-39). 형식과 의미를 고려할 때 '오록/오롯' 역시 '오올다[全]'에서 비롯된 단어로 추정되나, 이것이 어떤 과정을 거쳐 형성되었는지는 확언하기 어렵다.

34 _ '이받다, 이바디ㅎ다'

김부연·정은진

중세국어 '이받다'는 "먹이다", "대접하다", "봉양하다" 정도의 의미를 나타내었다. 오늘날 '이받다'는 소멸되었으나, '이받다'에서 파생된 명사 '이바지(< 이바디)'는 "도움이 되게 함"이나 "결혼을 전후하여 신부 쪽에서 예를 갖추어 신랑 쪽으로 정성 들여 만들어 보내는 음식"을, '이바지'가 포함된 동사 '이바지하다'는 "도움이 되게 하다"나 "물건을 갖추어 바라지하다" 등의 의미를 가진다.

	어휘	《효자도》 내 출현 이야기
용례 정보	이받다	06강혁거효, 14맹희득금, 16맹종읍죽, 19왕연약어, 24불해봉시, 27노조순모, 28서적독행, 29오이면화, 31유씨효고, 32누백포호, 35은보감오
	이바디ㅎ다	28서적독행, 35은보감오

중세국어 동사 '이받다'의 의미와 용법

중세국어의 동사 '이받다'는 동사 '이다[戴]'와 '받다[獻]'의 어근이 결합된 합성어로, "음식을 주어 먹이다"의 기본 의미를 지닌다. 주로 윗사람에 대하여 쓰였으나 아랫사람에 대해서도 쓰일 수 있었으며, 맥락에 따라 "먹이다", "봉양하다", "잔치하다", "제사지내다" 등의 다양한 의미로 해석된다.

(1) 가. 흔 長者ㅣ ᄡᆞ리 쇠져즈로 粥 쑤어 樹神을 <u>이바도려</u> ᄒᆞ니 〈석보상절(1447) 3:40a〉

나. 됴흔 차반 밍ᄀᆞ라 버려 百神 <u>이바도ᄆᆞ란</u> 東녁 壇 우희 엱고 〈월인석보(1459) 2:73b〉

다. 날 爲ᄒᆞ야 쇼 치던 사ᄅᆞᄆᆞᆯ <u>이받고</u> 주쇼셔(爲我餉致給與此牧牛人) 〈월인석보(1459) 22:60a〉

라. 므레 외ᄅᆞᆯ ᄢᅴ워 늘근 病흔 나ᄅᆞᆯ <u>이받ᄂᆞ니</u>(浮瓜供老病) 〈두시언해_초간(1481) 25:8a〉

마. 世尊이 因時예 바ᄂᆞᆯ로 니 디ᄅᆞ시며 사오나온 바부로 사ᄅᆞᆷ <u>이바도시니</u> 〈남명전계송언해 (1482) 하:52b〉

바. 늘근 어미 셤기며 져믄 다ᄉᆞᆺ 아ᅀᆞ <u>이바도ᄆᆞᆯ</u> 낟븐 일 업더니 〈효자 24a〉

(1)은 '이받다'가 다양한 대상에 대하여 "음식을 먹이다"의 의미로 쓰인 예를 보여준다. (1가, 나)에서 수신樹神', '백신百神' 등 신神에 대하여, (1다, 마)에서 '사룸'에 대하여, (1라)에서 '나', (1바)에서 '아우(< 아ᅀᆞ)'에 대하여 '이받다'가 "음식을 대접하다", "음식을 먹이다"의 포괄적인 의미로 쓰이고 있다.

> (2) 가. 어미 업고 수머 ᄃᆞ녀 샹녜 누믈 키야 <u>이받더니</u> ᄌᆞ조 도족 맛나아(負母逃難 常采拾以爲
>   養數遇賊)〈효자:6a〉
>   나. 믄득 대 잣 기릿 고기 어름 우희 소사나거늘 가져다가 <u>이바ᄃᆞ니</u> 여러 날 몯 다 머거(忽有
>   一魚長五尺 踊出冰上取以進 母食之積日不盡)〈효자:19a〉
>   다. 吳二 어미 놀랋가 너겨 아ᄎᆞ미 밥 ᄒᆞ야 <u>이받고</u>(吳恐驚其母 凌晨具饌以進)〈효자:29a〉
>   라. 孟熙 果實 ᄑᆞ라 어버ᅀᅵ <u>이바ᄃᆞ며</u>(孟熙 販果實養親)〈효자:14a〉
>   마. 官舍애 궤와 돗과 노코 父母ᄅᆞᆯ <u>이바ᄃᆞ며</u>(官舍設几筵以祀父母)〈효자:27b〉
>   바. 상ᄉᆞ 졔년 분묘ᄂᆞᆫ 삼가 듕히 너길 거시어니와 다ᄅᆞᆫ 귀신들 아당ᄒᆞ여 ᄌᆞ존 <u>이바ᄃᆞ몬</u>
>   간댄 거시라 쇽졀업시 <u>이받졔ᄉᆞ</u> 아니홈몰 버거 ᄒᆞ노라〈정속언해(1518) 19b〉

한편, 중세국어 문헌에서 '이받다'가 가장 많이 사용되었던 맥락은 부모 등 상위자에 대하여 "음식을 주어 받들다", "봉양하다", "공궤供饋하다"를 의미하는 경우이다. (2)는 '이받다'가 아랫사람이 윗사람에 대하여 "(음식을) 대접하다" 또는 "(음식을 드리며) 봉양하다"의 의미로 쓰인 경우이다. '이받다'는 (2가, 나, 다)에서 나물, 생선, 밥 등의 음식을 부모에게 드린다는 의미를, (2라)에서 과일을 팔아 부모를 섬긴다는 의미를 나타낸다. "섬기다", "봉양하다"의 의미는 "(윗사람에게) 음식을 대접하다"의 의미로부터 확대된 것으로 생각된다.

(2마, 바)의 '이받다'는 관사官舍에 궤연几筵을 베풀어 부모께 제사를 올린다는 의미로 사용되었다. 즉 '이받다'는 "음식을 드리다"의 의미로부터 확장하여, "(음식을 대접하며) 제사를 올리다" 또한 의미할 수 있었음을 알 수 있다. (2바)에서와 같이 어간 '이받-'과 명사 '제사祭祀'가 결합한 합성어 '이받졔ᄉᆞ'가 나타나기도 한다.

'이받다'와 '이바지, 이바지하다'

중세국어 문헌에서는 '이받다'와 관련하여 어간 '이받-'에 접미사 '-이'가 결합한 명사 '이바디'와 거기에 다시 접미사 '-ᄒᆞ-'가 결합한 동사 '이바디ᄒᆞ다'가 나타나는데, '이바디'는 "잔치"를, '이바디ᄒᆞ다'는 "대접하다", "잔치하다"를 의미하였다.

    (2) 가. 간 고대 禮貌 업더니 盖天英氣실씨 이바디예 머리를 좃ᄉᆞᄫᅳ니(所至之處 靡不蔑視 盖天英氣 當宴敬禮) 〈용비어천가(1445) 9:49a〉

        나. 忽然히 녯 노푼 이바디를 ᄉᆞ랑호니 블근 ᄉᆞ매 거믄고애 다티더니라(忽思高宴會 朱袖拂 雲和) 〈두시언해_초간(1481) 10:4a〉

        다. 소니 닐오디 그딋 褥 밍ᄀᆞ로매 치와 그듸의 이바디 ᄆᆞᆺᄃᆞ록 빗나ᄆᆞᆯ 承奉ᄒᆞ노라(客云充 君褥 承君終宴榮) 〈두시언해_초간(1481) 22:18b〉

    (3) 가. 곳 픈 ᄃᆞ래 노라셔 이바디호ᄆᆞᆯ ᄀᆞ장ᄒᆞ고(花月窮遊宴) 〈두시언해_초간(1481) 8:9b〉

        나. 同年돌히 모다 어믜그에 절ᄒᆞ고 이바디호려 커늘 받디 아니ᄒᆞ니라(擧首許安國率同年 入拜 且致百金爲壽 謝而却之) 〈효자:28a〉

        다. ᄃᆞᆯ 츤 잔치홀 저긔 아기 나히던 어믜게 은과 비단돌 샹급ᄒᆞ고 첫 돌시어든 ᄯᅩ 이바디홀 제 아ᅀᆞᆷ돌히 다 와 경하ᄒᆞ며(做滿月 老娘上賞銀子段匹 百歲日又做筵席 親戚們都來 慶) 〈번역박통사(16C초) 상:57a〉

(2)에서 '이바디'는 한문 원문의 '宴연' 혹은 '宴會연회'에 대응하여 "잔치"를 의미하며, (3)의 '이바디ᄒᆞ다'는 "(음식을 주어) 대접하다", "잔치하다"의 의미를 나타낸다. 명사 '이바디'와 동사 '이바디ᄒᆞ다'가 "잔치"와 "잔치하다"를 뜻하게 된 것은 '이받다'가 기본적으로 음식을 제공하는 행위를 의미하였다는 점과 관련된다. "음식을 먹이다"로부터 환유적으로 의미가 확장되어, 손님에게 음식을 주어 대접하는 잔치를 일컫게 된 것으로 이해된다.

오늘날 '이받다'는 더 이상 쓰이지 않게 되었으나, '이받다'에서 파생된 '이바디'와 '이바디ᄒᆞ다'는 구개음화 현상을 거쳐 '이바지'와 '이바지하다'로 남아 있다. 그러나 본래 '이바디', '이바디ᄒᆞ다'가 나타내던 "잔치", "잔치하다"의 의미는 약화되었고, 오늘날의 '이바지'와 '이바지하다'는 사뭇 다른 의미를 갖게 되었다.

오늘날 '이바지'는 신부 쪽에서 예를 갖추어 신랑 쪽으로 정성 들여 음식을 보내는 것, 또는 그렇게 만들어 보내는 음식을 나타내며, '이바지 음식을 보내다'와 같이 쓰인다. 여기에는 본래 '이바지'가 가졌던 "(잔치 등에서) 음식을 보내어 먹임"의 의미가 남아 있지만, '이바지'의 사용 맥락이 구체적인 상황으로 한정되었음을 알 수 있다. 더 나아가 '이바지'는 '국가에 이바지하다' 등과 같이, "도움이 되게 함" 또는 "물건을 갖추어 바라지함"의 의미 또한 나타낸다. 이는 '이바지'의 의미가 보다 추상화된 결과로 이해할 수 있다.

35_ '이슥ᄒᆞ다'

김부연·정은진

중세국어 '이슥ᄒᆞ다'는 "얼마쯤 시간이 흐르다"의 의미로 쓰였으며, "얼마쯤 시간이 흐른 뒤"를 뜻하는 현대국어 부사 '이슥고(< 이슥고)'에 그 어원적 의미가 남아 있다. 여기에서는 '이슥ᄒᆞ다'의 의미 및 형태 변화와 함께 '이슥고'의 용법을 살펴본다.

용례 정보	어휘	≪효자도≫ 내 출현 이야기
	이슥고	16맹종읍죽, 18허자매수, 29오이면화

중세국어 '이슥ᄒᆞ다'의 의미 및 용법

중세국어의 형용사 '이슥ᄒᆞ다'는 대체로 '이슥ᄒᆞ야', '이슥고', '이슥거든'의 활용형으로 나타나는 경향이 있다. 중세국어 문헌에서 '이슥ᄒᆞ다'의 대표적인 용례를 보이면 다음과 같다.

(1) 가. 흐리거든 <u>이슥ᄒᆞ야</u> 그 므를 머그면 됴ᄒᆞ리라 〈구급방언해(1466) 下 48a〉
　　　나. 두 소ᄂᆞᆯ 받드러 노티 말면 <u>이슥고</u> 즉재 살리라 〈구급간이방(1489) 1:46a〉
　　　다. ᄆᆡ양 밥 먹고 <u>이슥거든</u> 무러 닐오디 안 비골픈가ᄒᆞ며 〈번역소학(1518) 9:79b〉

(1)에서 '이슥ᄒᆞ다'는 모두 "얼마쯤 시간이 흐르다"의 의미로 쓰였다. 이때 (1가)는 '이슥ᄒᆞ다'의 모음어미 결합형이며, (1나)와 (1다)는 자음어미 '-고'와 '-거든' 앞에서 'ᄒᆞ-'가 탈락한 것이다. 중세국어 시기에 'ᄒᆞ-[爲]'에 선행하는 어기의 말음이 폐쇄음일 경우 'ᄒᆞ-' 전체가 탈락하는 현상이 있었는데, '이슥ᄒᆞ다' 역시 자음 어미 앞에서 'ᄒᆞ-'가 탈락하였음을 알 수 있다. 중세국어 문헌에는 '이슥ᄒᆞ다'보다 '이슥다'가 더 빈번하게 나타나며, 특히 어간 '이슥-'에 연결 어미 '-고'가 결합한 '이슥고'의 출현 빈도가 매우 높다는 점이 특징적이다.

'이슥고[> 이윽고]'의 부사적 용법

'이슥ᄒᆞ다'의 활용형에서 기원한 '이슥고(> 이윽고)'는 15세기 문헌에서부터 현대국어에 이르기까지 두루 나타난다. 현대국어의 '이윽고'는 "얼마 있다가, 얼마쯤 시간이 흐른 뒤"를 의미하는 부사로 처리되는데, 중세국어의 '이슥고' 역시 용언 '이슥-'의 활용형보다는 부사에 가까운 기능으로 쓰인다.

(2) 가. 이슥고 어미 밥 가져 오나ᄂᆞᆯ 머구려 ᄒᆞ시ᄂᆞᆫ 모디예(如是未久 母持食至 正欲飲食) 〈석보상절(1447) 11:41a〉

　　 나. 王이 드르시고 恭敬ᄒᆞ샤 自然히 니러 안ᄌᆞ시니 이슥고 부톄 드러오나시ᄂᆞᆯ 〈월인석보 (1459) 10:8a〉

　　 다. 두 소놀 받드러 노티 말면 이슥고 즉재 살리라(捧兩手莫放 須臾卽活) 〈구급간이방(1489) 1:46a〉

　　 라. 孟宗이 대수페 가 운대 이슥고 竹筍 두서 줄기 나거늘 〈효자 16a〉

　　 마. 許孜ㅣ 글 ᄇᆡ호던 스스이 죽거늘 三年 居喪ᄒᆞ고 이슥고 두 어버ᅀᅵ 죽거늘 〈효자 18a〉

　　 바. 이슥고 거믄 구루미 니르받아 天動ᄒᆞ거늘 〈효자 29a〉

(2)에서 '이슥고'는 용언의 서술적인 기능보다는 다른 용언을 수식하는 부사의 기능에 가깝게 쓰인다. '이슥고'는 (2가)에서 한문 원문의 '未久'에, (2다)에서 '須臾'에 대응하는데, 모두 "오래지 않아", "잠시" 등의 의미를 가진다. 중세국어의 '이슥고'를 부사로 본다면 용언의 활용형 '이슥고'가 뒤의 내용 전체를 꾸며주는 부사로 어휘화되었다고

해석할 수 있다.

16세기 이후 'ㅿ'이 소멸하면서 '이윽고'의 어형이 나타나며, 형태 및 의미 변화가 거의 일어나지 않은 채 현대국어까지 쓰임이 이어진다.

(3) 가. <u>이윽고</u> 使者ㅣ 니르러 門이 열어늘 나니라 〈소학언해(1588) 4:42〉

　　나. <u>이윽고</u> 廟中의 藏ᄒᆞ거ᄅᆞᆯ 或 서ᄅᆞ 더브러 ᄂᆞ호며 〈가례언해(1632) 5:18a〉

　　다. <u>이윽고</u> 그 돈이 다 진ᄒᆞ니라 〈종덕신편언해(1758) 상:6a〉

　　라. <u>이윽고</u> 뇌졍이 크게 니러ᄂᆞ며 〈태상감응편도셜언해(1852) 5:14a〉

　　마. <u>이윽고</u> 리씨부인이 졍신을 ᄎᆞ려 이러나 안지며 〈신출귀몰(1912) 上:46〉

'이슥ᄒᆞ다'의 형태 및 의미 변화

한편, 형용사 '이슥ᄒᆞ다'는 근대국어 시기에 이르러 '이윽ᄒᆞ다'와 '이슥ᄒᆞ다'의 두 어형으로 변화하였고, 현대국어에는 '이슥하다'의 형태만이 남았다. 이때 현대국어 '이슥하다'의 의미는 중세국어 '이슥ᄒᆞ다'의 의미와 다소 차이가 있어 살펴볼 필요가 있다. 우선 16~20세기 문헌을 아울러 '이슥ᄒᆞ다' 관련 어형의 형태 변화 과정을 살펴보면 다음과 같다.

(4) 가. 미양 밥 먹고 <u>이슥거든</u> 무러 날오ᄃᆡ 〈번역소학(1518) 9:79b〉

　　나. 劉公이 손을 ᄃᆡ졉ᄒᆞ여셔 말ᄉᆞ믈 <u>이슥히</u> ᄒᆞᄃᆡ 〈번역소학(1518) 10:26a〉

　　다. 빗복주ᄅᆞᆯ 후어처 싯기면 <u>이윽ᄒᆞ야</u> 긔운이 도로혀 여샹히 ᄒᆞᆫ 후제야 빗복 그츠라 〈언해태산집요(1608) 68a〉

　　라. 그 터히 블그믈 ᄒᆞᄒᆞ야 ᄲᅡ면 <u>이윽ᄒᆞ야</u> 졀로 통ᄒᆞᄂᆞ니 〈언해태산집요(1608) 70b〉

　　마. 밧긔 내두라 사호기ᄅᆞᆯ <u>이스기</u> ᄒᆞ다가 〈연병지남(1612) 8b〉

　　바. 夷子ㅣ 憮然코 <u>이슥ᄒᆞ야</u> ᄀᆞᆯ오ᄃᆡ 命之矣샷다 〈맹자율곡션생언해(1749) 3:39b〉

　　사. <u>이윽ᄒᆞ야</u> 관을 가져왓거늘 걸이 오히려 뉘웃처 ᄒᆞ미 이실가 ᄇᆞ라 짐삼 키유호되 〈종덕신편언해(1758) 下:63b〉

　　아. 曹操ㅣ <u>이슥이</u> 오래 거야 니로되 〈삼역총해(1774) 6:18a〉

　　자. 홍이 <u>이윽이</u> 싱각ᄒᆞ다가 믄득 ᄭᆡ다라 갈오ᄃᆡ 〈금향졍기(1851) 11a〉

　　차. 아버지도 <u>이윽히</u> 무엇을 생각고 잇다가, 외양간으로 들어가드니, 무심히 소등을 쓰다듬

어 본다. 〈사하촌(1935) 86〉

(4가)의 '이슥ᄒ다'는 16세기 이후 '이슥ᄒ다' 혹은 '이윽ᄒ다'의 형태로 변화한다. (4가)와 (4나, 다, 라)에서 보듯 같은 시기의 문헌에서 '이슥'과 '이슥', '이슥'과 '이윽'의 두 어형이 공존하는 경우가 확인된다. 또한 (4다, 라, 바, 사) 등을 비교해 보면 비슷한 시기에 나타나는 '이슥ᄒ다'와 '이윽ᄒ다'의 의미 및 용법 차이가 크지 않음을 알 수 있다. (1)에서와 같이 "얼마쯤 시간이 흐르다"의 의미가 공통적으로 나타나며, 특히 (4나, 마, 아, 자, 차)의 '이슥히/이스기/이슥이/이윽이/이윽히'는 접미사 '-이/-히'에 의해 파생된 부사로서 "한참동안, 얼마간"의 의미로 쓰인다.

20세기 이후 '이윽하다'의 용례는 점차 나타나지 않게 되었으며, '이윽히'만은 20세기 중반까지 간혹 보였으나 역시 거의 사라졌다. 즉 형용사 '이윽하다'는 20세기 이후 점차 소멸하는 양상을 보인다. 현대국어 사전에서는 '이윽하다'를 '이슥하다'의 방언 또는 '그윽하다'의 비표준어로 처리하고 있으며, '이윽히' 역시 비표준어로 처리된다. 반면 '이슥하다'는 "지난 시간이 얼마간 오래다"의 의미로 쓰임이 일부 남아 있다.

(5) 가. 밧끠셔 순사의 군도 소리가 징강징강 들닌다 이슥하드니 굿쓰 소리가 저적저적 만히
　　　나고 〈삼각산(1912) 22〉
　　나. 홍살문 거리에셔 이슥도록 두루 다니다가 마침 종각 압혀셔 다리도 압푸고 비도
　　　곱흠으로 〈신유복젼(1932) 10〉

한편, 20세기 이후 '이슥하다'의 어형은 '밤이 이슥하다'의 꼴로 쓰이는 경향이 매우 증가한다는 점이 주목된다. 20세기 이후 코퍼스에서 '이슥하다'의 대부분의 용례는 다음과 같이 '밤이 이슥하다'의 구성으로 나타난다.

(6) 가. 밤참까지 식혀다 먹고 밤이 이슥해서야 영식이는 풀려나왔다. 〈백구(1932) 202〉
　　나. 밤이 이슥해지자 불빛도 초상집다운 원숙미를 발산하고 〈소시민(1964) 74〉
　　다. 밤이 이슥했을 때 번을 서고 있는 역졸들을 모두 내 방으로 불러들여 술을 마시겠습니
　　　다. 〈녹두장군(1989) 227〉

(6)의 '밤이 이슥하다'에서 '이슥하다'는 "지난 시간이 얼마간 오래다"를 의미하는 '이슥하다'로부터 용법이 특화되어, "(밤이) 꽤 깊다"의 의미로 쓰이고 있다. 이러한 용법은 현대국어 '이슥하다' 용례의 대부분을 차지하며, (5)와 같이 "지난 시간이 얼마간 오래다"의 의미로 쓰이는 '이슥하다'의 용법은 현대국어 코퍼스에서 거의 찾아볼 수 없게 되었다.

36 _ '*잃다'

성우철

현대국어의 '이름', '일컫다!'는 중세국어의 '일훔', '일콛다!'에서 비롯된 단어들이다. 중세국어의 '일훔', '일콛다!'는 기원적으로 *잃다[名]라는 어근을 공유하는 것으로 분석된다.

용례 정보	어휘	≪효자도≫ 내 출현 이야기
	일훔	05진씨양고, 09황향선침, 11동영대전, 20반종구부, 28서적독행
	일콛다	06강혁거효, 09황향선침, 16맹종읍죽

중세국어 '일훔, 일콛다'의 형태 분석

중세국어 '일훔'은 이전 시기에 존재하던 동사 *잃다[名]의 명사형이 굳어져 형성된 것으로 추정된다. 이처럼 중세국어에는 용언의 명사형이 하나로 굳어진 경우가 드물지 않았는데 '춤[舞], 우숨[笑]' 등을 예로 들 수 있다. 동사 *잃다[名]의 재구에 가장 중요한 근거가 되는 것이 바로 'ㄷ' 불규칙 동사 '일콛다![稱]이다. 이기문(1991:70)에서는 중세국어 문헌에 흔히 나타나는 'ㄱ로뒤'의 어형과 성조 패턴을 근거로 '일콛다!'가 *잃다[名]와 '곧다![曰]'의 결합으로 형성된 비통사적 합성어임을 논증한 바 있다.

(1) 가. 싀어미룰 스므여듧 히룰 孝道ᄒ다가 죽거늘 받과 집과 다 ᄑ라 무드니 <u>일후믈</u> 孝婦ㅣ라

ᄒᆞ니라(養姑二十八年 姑終 盡賣田宅葬之 號曰孝婦)〈효자:5b〉

나. 員이 나라히 엳ᄌᆞᆸ니 일후미 世間애 들이더니 後에 벼스를 尙書令 니르리 ᄒᆞ야 子孫이 다 노피 ᄃᆞ외니라(太守劉護表而異之 自是名聞於世 後官累遷至尙書令 至子瓊 及孫皆貴顯)〈효자:9a〉

다. 後에 和州 防禦推官ᄋᆞᆯ ᄒᆞ얫다가 죽거늘 諡號ᄅᆞᆯ【諡ᄂᆞᆫ 힝뎍ᄋᆞ로 일훔 고텨 지흘씨라】 節孝處士ㅣ라 ᄒᆞ시니라【節ᄋᆞᆫ 節个ㅣ라】(又轉和州防禦推官 徽宗賜諡節孝處士)〈효자:28b〉

(2) 가. 黃香이 아호빈 저긔 어미 일코 슬허 주굼 ᄃᆞ시 ᄃᆞ외어늘 ᄆᆞᆺ 사ᄅᆞ미 孝道ᄅᆞᆯ 일ᄏᆞᆮ더니 (黃香 年九歲失母 思慕憔悴 殆不免喪 鄕人稱其孝)〈효자:9a〉

나. 서리어든 ᄀᆞ올히 모돔 저긔 어미 잇ᄇᆞᆲ가 ᄒᆞ야 제 술위로 그스더니 ᄆᆞ술히셔 일ᄏᆞ로ᄃᆡ 江巨孝ㅣ라 ᄒᆞ더라(每至歲時 縣當案比 革以母老 不欲搖動 自在轅中挽車 不用牛馬 鄕里稱曰 江巨孝)〈효자:6a-6b〉

다. 이 觀世音菩薩ᄋᆞᆯ 듣고 一心ᄋᆞ로 觀世音菩薩ㅅ 일후믈 일ᄏᆞ로면 즉자히 그 소리ᄅᆞᆯ 보아 다 解脫킈 ᄒᆞᄂᆞ니라(聞是觀世音菩薩 一心稱名 觀世音菩薩 卽時觀其音聲 皆得解脫)〈석보상절(1447) 21:1b〉

중세국어 이전 시기의 석독구결 자료도 "잃다[名]'를 재구하는 데에 참고가 된다. 석독구결 자료에서는 "이름하다" 정도의 의미를 나타내는 구결 표기로 '名ㅏ'와 '名ㅕ' 가 쓰였는데, 전자는 『화엄경소』, 『화엄경』, 『합부금광명경』, 『유가사지론』에, 후자는 『구역인왕경』에 출현한다. 전자와 후자가 같은 어형을 표기한 것이라고 한다면, 연결어 미 '-ㅕ'와 결합한 어형을 '名ㅏ'로도 표기할 수 있는 동사로 "잃다[名]'를 상정하는 데에 큰 무리가 없을 듯하다.

37 _ '죽다'

최혜빈

현대국어에서 '죽다'는 "생명이 없어지거나 끊어지다"의 의미를 가지고 있다. 그러나 『삼강행실도』에서 "생명이 끊어지다"의 의미가 아닌 "기절하다"의 의미로 '죽다'가 쓰인 경우가 있어 이에 대해 살펴보기로 한다.

용례 정보	어휘	≪효자도≫ 내 출현 이야기
	죽다	20반종구부, 34석진단지

'기절하다'의 의미를 포함한 '죽다'

『삼강행실도』에서 '氣絶기절'이라는 단어를 '기절하다'가 아니라 '죽다'로 언해하고 있는데, 이는 중세국어에서 '죽다'의 의미가 현대 국어의 의미 범주와 다르게 쓰였을 수도 있다는 점을 보여 준다. 아래에서 삼강행실도에 나타난 예들을 확인해보도록 하겠다.

> (1) 가. 아비 모딘 病ᄒᆞ야 날마다 病곳 오면 <u>죽거든</u>(每日一發 發則<u>氣絶</u>) 〈효자:34a〉
> 　　나. 남진니 <u>죽거늘</u> 金氏 남지놀 지여 지븨 도라 오니 이틋날 아ᄎᆞ미ᅀᅡ ᄭᅢ니라(夫<u>氣絶</u> 金負而歸家 黎明夫甦) 〈열녀:34a〉

(1가)에서는 '氣絶기절'을 '죽거든'으로 언해하고 있는데, 문장의 앞부분에서 '날마다 病곳 오면'이라는 반복되는 상황을 제시하고 있으므로 여기에서 '죽다'는 생명을 잃은 것이 아닌 "두려움, 놀람, 충격 따위로 한동안 정신을 잃음"의 뜻으로 해석된다. (1나)에서도 '氣絶'을 '죽거늘'로 언해하고 있는데 문장의 뒷부분을 보면 '이틋날 아ᄎᆞ미ᅀᅡ ᄭᅢ니라'로 다음날 아침에 깨어났다는 것으로 보아 죽은 것이 아닌 한동안 정신을 잃은 상태였던 것으로 파악된다. 또한 한문 원문에 '氣絶'과 유사한 의미를 지닌 단어로 '悶絶민절'이 나타나기도 한다.

> (2) 가. 도ᄌᆞ기 그 아비롤 버히거늘 潘綜이 아비롤 안고 업데어늘 도ᄌᆞ기 머리롤 네 버늘 티니 潘綜이 ᄒᆞ마 <u>주겟거늘</u>(賊因斫驃 綜抱父於腹下 賊斫綜頭面 凡四創 綜已<u>悶絶</u>) 〈효자:20a〉

(2가)의 '주겟거늘'에 대응하는 한문 원문의 '悶絶민절'은 "괴로워 정신을 잃고 까무러침"을 의미한다. 그러나 맥락상 반종은 머리를 맞아 기절한 것으로 죽은 것은 아니다. 그러므로 중세국어의 '죽다'를 "생명을 잃음"의 뜻으로 해석하면 어색해진다. 대체로 '-어 잇-, -엣-'은 ≪지속≫(상태의 지속, 결과 상황의 지속) 또는 ≪진행≫의 의미로 사용되었는데, 여기서는 ≪지속≫의 의미로 사용되었다. 또한 이때 '죽다'는 한문 원문의 '悶絶'에 대응되는 것으로 보아 "생명이 끊어지다"의 의미가 아니라 "기절하다, 까무러치다"의 의미로 쓰인 것이다. 따라서 '주겟거늘'은 '기절해 있거늘, 까무러쳐 있거늘' 등으로 해석할 수 있다.

요컨대, 『삼강행실도』에서 '悶絶민절' 혹은 '氣絶기절'을 언해한 '죽다'는 생명을 잃은 것이 아니라 "정신을 잃다"의 의미로 이해된다. '氣絶'을 '죽다'로 언해한 경우는 『삼강행실도』 외 다른 문헌에서는 좀처럼 확인되지 않는다. 후대 문헌에서는 '氣絶ᄒᆞ다' 내지 '긔졀ᄒᆞ다'로만 언해되므로 '氣絶'이 오늘날의 의미와 다르지 않게 쓰였음을 알 수 있다. '氣絶' 및 '悶絶'이 '죽다'로 언해되는 경우는 15세기 문헌에서의 흔한 현상이 아니라 『삼강행실도』에서 나타나는 예외적 현상이라고 할 수 있다.

(3) 가. 어마니미 드르시고 안답ᄭᅵ샤 낫ᄃᆞ라 아ᄂᆞ샤 <u>것ᄆᆞᄅᆞ죽거시늘</u> ᄎᆞᆫ 믈 ᄲᅳ리여ᅀᅡ ᄭᆡ시니라 〈석보상절(1447) 11:20b〉

나. ᄣᅡ해 <u>것ᄆᆞᄅᆞ주거디여</u> 겨시다가 오라거ᅀᅡ ᄭᆡ샤 〈석보상절(1447) 23:27b〉

다. 놀라 <u>것ᄆᆞᄅᆞ죽거늘</u> 보고 안ᄌᆞᆨ 쉬우믄 頓ᄋᆞᆯ ᄇᆞ리시고 權 여르샤ᄆᆞᆯ 가ᄌᆞᆯ비니라 ᄎᆞᆫ 므리 能히 ᄭᆡ오ᄆᆞᆫ 〈월인석보(1459) 13:18b〉

참고로, '悶絶'은 『삼강행실도』 외 다른 문헌에서는 대체로 (3)과 같이 '것ᄆᆞᄅᆞ죽다'로 언해되었다. '것ᄆᆞᄅᆞ죽다'의 의미는 '기절하다'와 유사하게 파악되는데, 대부분의 용례가 '悶絶'에 대응하여서만 나타나므로 '氣絶'과 '悶絶'의 의미가 어느 정도 구별되었음을 짐작할 수 있다. 이때 '것ᄆᆞᄅᆞ'의 의미를 정확히 알 수 없으나 '죽다'가 사용되었다는 점에서는 (1-2)의 양상과 유사하다.

'氣絶'의 언해 양상

『삼강행실도』 이전의 15세기 문헌 중에서 원전 혹은 언해문에 '氣絶^{기절}'이 나타난 문헌으로는 『월인석보』(1459), 『구급간이방』(1466), 『구급간이방언해』(1489) 등이 있다. 『월인석보』에서는 '氣絶^{기절}'이 하나의 단어로 인식되었다기보다 각각의 한자를 풀어 "기운이 끊어지다"의 의미로 인식된 것으로 보인다. 『월인석보』에 나온 예를 보면 다음과 같다.

> (4) 가. 世尊 바래 禮數ᄒᆞ더시니 命終커시ᄂᆞᆯ(命盡氣絶) 〈월인석보(1459) 10:9b〉
>   나. 太子ᄭᅴ 가시니 ᄒᆞ마 命終ᄒᆞ거늘(氣絶命終) 〈월인석보(1459) 22:42a〉

(4)에서 "기운이 끊어지"는 생물학적 현상과 '죽다'를 동일한 것으로 인식하였음을 확인할 수 있다. 『삼강행실도』에서 한문의 '氣絶^{기절}'을 '죽다'로 언해한 것은 이러한 구문들과 관련될 가능성이 있다. 본문의 '氣絶'을 "기운이 끊어짐"의 뜻으로 파악하고, "생명을 잃음"과 "정신을 잃음"의 의미를 구분하지 않아 '氣絶'을 '죽다'로 언해했을 수 있다는 것이다. 한편 『월인석보』 외 15세기 문헌에서는 '氣絶'을 다음과 같이 언해하고 있다.

> (5) 가. 또 中惡ᄒᆞ야 氣分이 긋거든 ᄀᆞ장 됴ᄒᆞᆫ 朱砂ᄅᆞᆯ ᄀᆞᄂᆞ리 ᄀᆞ라 혀에 鬼ㅅ字ᄅᆞᆯ 스고(又方中惡氣絶 以上好朱砂細研於舌上書鬼字) 〈구급방언해(1466) 상:16b〉
>   나. 믈읫 傷ᄒᆞ야 피 얼의며 氣絶ᄒᆞ야 죽ᄂᆞ니와 … 다 이 藥으로 얼읜 피를 즈츼면 즉재 돋ᄂᆞ니 ᄒᆞ다가 氣絶ᄒᆞ야 藥을 몯 밋거든(凡是傷損血瘀凝積氣絶欲死 … 並以此藥利去瘀血卽愈 若便覺氣絶取藥不及) 〈구급방언해(1466) 하:30b〉
>   다. 나다감 결로 긔운 업스니(一生下氣絶) 〈구급간이방(1489) 권1:8a〉
>   라. 모딘 긔운 마자 긔우니 긋거든(中惡氣絶) 〈구급간이방(1489) 권1:48b〉
>   마. 곧 氣韻이 업거든 길녚 사ᄅᆞ미 눉믈 흘리더니(哭輒氣絶 行路流涕) 〈효자:24a〉

(5가)에서 '氣分이 긋다'고 하여 "기운이 끊겨 정신을 잃음"의 의미로 언해하였고, (5나)에서는 언해에서 '氣絶ᄒᆞ다'와 '죽다'가 같이 나타나 '氣絶^{기절}'과 '죽다'의 의미가

변별된 것으로 파악된다. (5다–마)에서는 '긔운 없다', '긔운이 긋다' 등으로 언해되는데, '기운이 없다'는 "기운이 끊기다"와 유사한 의미로 이해할 수 있다. 이처럼 '氣絶'은 다른 문헌에서는 오늘날과 같이 "정신을 잃음"의 의미로 언해되었음을 알 수 있다.

38_ 'ᄒᆞ마'

이유원

중세국어 "ᄒᆞ마"는 "이미", "거의", "머지않아" 등으로 해석되는데, 이처럼 하나의 어휘가 과거, 현재, 미래의 서로 다른 시점을 나타낼 수 있는 것은 상당히 특이한 현상이다. 여기에서는 'ᄒᆞ마'의 용례를 통해 그것이 어떤 의미를 나타내었는지 구체적으로 살펴보고자 한다.

용례 정보	어휘	《효자도》 내 출현 이야기
	ᄒᆞ마	14맹희득금, 20반종구부, 32누백포호

중세국어 'ᄒᆞ마'의 다양한 의미

국어에서 시간적 의미를 나타내는 하나의 부사가 과거와 미래를 모두 나타내는 일이 거의 없다. 그러나 중세국어 'ᄒᆞ마'는 과거와 미래라는 상반된 시점을 가리키는 데에 모두 쓰일 수 있었다는 점에서 여느 부사와는 다른 독특한 양상을 보인다.

閔賢植(1991)에서는 기준시 이후에 일어날 사태를 나타내는 'ᄒᆞ마¹'(1가)과 어떤 사태가 기준시 이전에 '완료'되었음을[166] 나타내는 'ᄒᆞ마²'(1나)를 각기 '미래시제의 시간부사'와 '완료상의 시간부사'로 구분한 바 있다. 閔賢植(1991:111–112)에서는 머지않아 이루어질 일을 기정사실로 언급하는 태도, 즉 '미래 예정 사실의 기정화 인식'을

---

166 閔賢植(1991)에서는 완망상(perfective), 완료상(perfect), 결과상(resultative) 등의 엄밀한 구분 없이 '완료상'이라는 용어로 이러한 상적 개념을 모두 포괄하고 있다는 데에 주의할 필요가 있다.

기반으로 'ᄒᆞ마¹'과 'ᄒᆞ마²'가 분화되었을 것으로 추정하였으며, "거의"를 나타내는 'ᄒᆞ마³'(1다)의 용법은 가까운 미래를 나타내는 'ᄒᆞ마¹'의 용법으로부터 파생된 것으로 설명하였다.

(1) 가. 이 衆生이 다 늘거 ᄒᆞ마 주그리니(然此衆生 皆已衰老年過八十 髮白面皺 將死不久) 〈석보상절(1447) 19:3b〉

　　 나. ᄒᆞ마 노화 ᄇᆞ렷는 ᄆᆞᅀᆞᆷ믈 가져다가 거두워 다시 모매 드려 오게 코져 홀 ᄯᆞᄅᆞ미니(將已放之心ᄒᆞ야 約之ᄒᆞ야 使反復入身來니) 〈번역소학(1518) 8:5a-5b〉

　　 다. 어미 죽거늘 우러 ᄒᆞ마 눈이 멀리러라(母卒러눌 涕泣幾喪明ᄒᆞ더라) 〈번역소학(1518) 9:36a〉

같은 형식이 과거와 미래라는 정반대 범주를 나타내는 일이 중세국어 'ᄒᆞ마'에서만 일어난 것은 아니다. 閔賢植(1991:111)에서는 (2가)의 '이믜셔¹'과 (2나)의 '이믜셔²'를 비롯하여 중국어의 '已, 旣', 일본어의 'すでに, なお', 영어의 'already, yet' 등의 예를 유사한 사례로 제시한 바 있다.

(2) 가. 이 ᄆᆞᆯ 우희 시론 아니 한 모시뵈도 이믜셔 ᄑᆞ오져 ᄒᆞ야 가노라(這馬上駞着的些少毛施布 一就待賣去) 〈번역노걸대(16C초) 上:8b〉

　　 나. 이믜셔 世間애 얽미여슈믈 免티 몯ᄒᆞᆯ시 時時예 예 와 奔走ᄒᆞ던 모몰 쉬노라(旣未免羈絆 時來憩奔走) 〈두시언해_초간(1481) 9:22a〉

閔賢植(1991)에서는 'ᄒᆞ마¹', 'ᄒᆞ마²', 'ᄒᆞ마³'을 동음이의어로 처리하였으나, 이병기(2006)에서는 'ᄒᆞ마'를 다의어로 파악하고 그것의 공통된 의미를 '완료'로[167] 설명하였다. 즉 'ᄒᆞ마'의 의미를 '과거(3가), 현재(3나, 나'), 미래(3다)를 기준으로 한 완료'로 파악한 것이다.

(3) 가. 이 다 地藏菩薩이 오라건 劫으로셔 ᄒᆞ마 濟渡ᄒᆞ며 이제 濟渡ᄒᆞᄂᆞ며 쟝ᄎᆞ 濟渡ᄒᆞ리

167　이병기(2006)에서도 閔賢植(1991)와 마찬가지로 완망상(perfective)과 완료상(perfect)을 구분하지 않고 있다.

ᄃᆞᆯ히라(此皆是地藏菩薩 久遠劫來 已度當度未度 已成就當成就未成就) 〈석보상절(1447) 11:5a〉

나. 大玄經草호ᄆᆞᆯ 이제 ᄒᆞ마 ᄆᆞᄎᆞ니 이 後에 또 므슷 말ᄒᆞ리오(草玄今已畢 此後更何言) 〈두시언해_초간(1481) 22:14a〉

나'. 또 가ᄉᆞᆷᄇᆡ 다 ᄐᆡᆼ만ᄒᆞ야 알ᄑᆞ고 氣分이 뎔어 죽ᄂᆞ니와 시혹 ᄒᆞ마 주그닐 고툐ᄃᆡ(又方治心腹俱脹 疼痛氣短欲死 或已絶者) 〈구급방언해(1466) 上:29a〉

다. ᄃᆞᆰ기 우런 디 세 홰어다 ᄒᆞ마 하ᄂᆞᆯ도 ᄇᆞᆯᄀᆞ리로다(雞兒叫第三遍了 待天明了也) 〈번역노걸대(16C초) 上:38a〉

관련하여 이병기(2006)에서는 다음 구결문에 보이는 '將与'를 'ᄒᆞ마'로 읽을 가능성을 제안하기도 하였다. 기존 논의에서는 '与'의 자형이 '與'의 약체자 '与'와 일치한다는 점에서 '여'로 읽어 왔으나, '馬'의 옛 자형이나 '마'로 읽는 음독구결 자료에 나타나는 '与'의 자형을 고려하면 석독구결 자료에 나타나는 '与'를 '마'로 읽을 가능성도 있다는 것이다.

(5) 時十 或刀 有ナ丨 人刂 來ソ3尒 王ラ十 白3 言白ナ尸丁 大王下 當八 知ロ八而立 我1 今ソ1 衰老ソ3 身1 重疾3十 嬰七ソ5 煢獨ソ㇈ 羸頓ソ㇈ソロ1 死ノ尸入1 將与仒八 久3尸 不ソ去ロ乙亦丨 〈화소10:17-19〉

그때에 또 있다, (어떤) 사람이 와서 왕에게 사뢰어 말하는 일이. "대왕이시여, 마땅히 아십시오. 나는 지금은 노쇠하여 몸은 중병에 걸렸으며 외롭고 지치고 하니 죽는 것은 장차 오래지 않습니다…"

이처럼 중세국어 'ᄒᆞ마'가 보여 주는 서로 다른 의미는 상 범주 가운데 완료상perfect 기준시 이전에 일어난 사태가 기준시와 관여성을 가지고 있음과 예정상prospective 기준시 이후에 일어날 사태가 기준시에 예정되어 있음의 대립을 떠올리게 한다. 범언어적으로 나타나는 상적 개념을 토대로 'ᄒᆞ마'의 의미를 설명해 볼 만하다.168

168 중세국어 부사 '안죽' 등도 이러한 대립과 관련하여 설명해 볼 수 있을 듯하다.

39 _ 'ᄒ야디다, ᄒ야ᄇ리다'

김부연

'ᄒ야디다'와 '᠎᠎ '᠎᠎᠎᠎᠎᠎᠎᠎᠎᠎᠎᠎᠎᠎᠎᠎᠎᠎᠎᠎᠎᠎ᄒ야ᄇ리다'는 중세국어 시기에 활발하게 사용되었다. '᠎᠎᠎᠎᠎᠎᠎᠎᠎᠎᠎᠎᠎᠎ᄒ야디다'는 문맥에 따라 다양한 의미로 사용되었으며, 하나의 단어로 어휘화되어 현대국어에 "(옷 등이) 닳아서 떨어지다"를 의미하는 '해어지다'로 남았다. 반면 'ᄒ야ᄇ리다'는 "헐어 버리다", "망가뜨리다" 등의 의미로 쓰였으며, 현대국어에 직접적인 후대형이 남아 있지 않다. 여기서는 중세국어 동사 'ᄒ야디다', 'ᄒ야ᄇ리다'의 다양한 의미 기능에 대해 살펴본다.

용례 정보	어휘	《효자도》 내 출현 이야기
	ᄒ야디다	07설포쇄소
	ᄒ야ᄇ리다	18허자매수, 25왕숭지박

'᠎᠎᠎᠎᠎᠎᠎᠎᠎ᄒ야디다'의 의미 기능 및 변화

중세국어 시기에 같은 문헌에서 사용된 'ᄒ야디다'의 문맥적 의미를 유형화하여 살펴보면 다음과 같다.

(1) 가. 모미 다 허러 히미며 무듸며 다 <u>ᄒ야디ᄂᆫ</u> 病이라 〈월인석보(1459) 19:120b〉

　　 나. 가히 쎠를 너흘면 입시울 <u>ᄒ야디ᄂᆫ</u> 둘 모르고 〈월인석보(1459) 7:18b〉

　　 다. 뎌 자본 갈콰 막다히 미조차 근그티 <u>ᄒ야디여</u> 버서나몰 得ᄒ리라 〈월인석보(1459) 19:24a〉

　　 라. 그 ᄇᆡ <u>ᄒ야디여</u> 사ᄅᆞ미 다 죽고 내 몸쑌 사로이다 〈월인석보(1459) 22:9a〉

(2) 가. 世間ㅅ 두리부미 <u>ᄒ야디여</u> 업스니라 〈월인석보(1459) 14:53b〉

　　 나. 네 가짓 이리 겨시니 온 가짓 正티 몯혼 法이 다 <u>ᄒ야디며</u> 〈월인석보(1459) 2:38b〉

　　 다. 觀世音菩薩ㅅ 일후믈 일ᄏᆞ르면 다 그처 <u>ᄒ야디여</u> 즉재 버서나몰 得ᄒ리라 〈월인석보 (1459) 19:25a〉

(1)과 (2)는 〈월인석보〉(1459)에 나타난 'ᄒ야디다'의 용례를 문맥에 따라 분류한

것이다. (1)에서 '후야디다'는 물질적 관계에 있는 물건, 신체 등에 대하여 "손상되다", "상처나다", "망가뜨리다", "훼손되다" 등의 의미로 사용되었다. 반면 (2)에서는 정신적 관계를 맺는 대상에 대하여 "사라지다", "없어지다", "끊어지다" 등의 의미가 나타난다.

즉 '후야디다'는 문맥에 따라 물질적인 대상 및 정신적인 대상의 '파괴'를 나타내는 의미로 폭넓게 사용되었음을 알 수 있다. 현대국어에서 '후야디다'의 후대형인 '해어지다'는 주로 옷의 손상과 관련해서만 쓰이지만, 중세국어에서는 다양한 대상의 손상에 대하여 '후야디다'가 쓰였다는 점에서 비교된다.

(3) 가. 다룬 몰 조차 다 뎐섬후야 <u>히야디리로다</u> 〈번역노걸대(16C초) 하:19〉
　　 나. 敗 <u>히야딜</u> 패 〈훈몽자회(1527) 하:10〉
　　 다. 눗치 <u>히야뎌</u> 피 흘으거늘 〈소학언해(1587) 6:61〉
　　 라. 다룬 몰 조차 다 뎐염후여 <u>해야디리로다</u> 〈노걸대언해(1670) 하:17〉
　　 마. 이제 즉시 안히 드러가면 언 눗가죡이 다 <u>히여딜</u> 거시니 〈박통사언해(1677) 중:30〉
　　 바. 다 젼염후여 <u>히여지리라</u> 〈중간노걸대언해(1795) 하:18〉

한편, '후야디다'는 16세기 이후 반모음이 첨가된 '히야디다/히여디다'의 형태로 나타난다. 17세기에는 '해야디다'의 형태로도 나타나는데 이는 'ㆍ'의 소실로 인한 'ㅐ〉ㅒ'의 변화를 보여 준다. 18세기에는 구개음화가 반영된 '히여지다'의 어형이 등장하여 점차 쓰임이 증가하며, 현대국어에는 '해어지다'의 어형으로 남게 되었다. 준말인 '해지다' 또한 자주 사용되고 있다.

'후야브리다'의 의미 기능 및 변화

중세국어 시기 '후야브리다'의 문맥적 의미를 문헌에 따라 분류하여 살펴보면 다음과 같다.

(4) 가. 네 獼猴돌히 내 나라홀 다 <u>후야브리느니</u> 〈월인석보(1459) 7:17a〉
　　 나. 네 이제 후마 여러 魔賊을 <u>후야브리고</u> 生死軍을 헐며 〈월인석보(1459) 18:56b〉
　　 다. 이 經도 一切 됴티 몯훈 어드부몰 能히 <u>후야브리느니라</u> 〈월인석보(1459) 18: 48a〉

라. 淨으로 染을 다ᄉᆞ리시고 智로 惑을 ᄒᆞ야ᄇᆞ리시고 〈월인석보(1459) 19:47a〉

마. 呪는 빌 씨오 詛ᄂᆞᆫ ᄒᆞ야ᄇᆞ릴씨라 〈월인석보(1459) 19:44b〉

(4)는 〈월인석보〉(1459)에 나타나는 'ᄒᆞ야ᄇᆞ리다'의 예이다. (4)의 'ᄒᆞ야ᄇᆞ리다' 또한 'ᄒᆞ야디다'와 마찬가지로 물질적 관계나 정신적 관계를 맺고 있던 대상을 제거한다는 의미로 사용되었다. 구체적으로 (4가)와 (4나)에서 'ᄒᆞ야ᄇᆞ리다'는 물질적 관계의 대상, 즉 '나라'와 '마적'에 대하여 "훼손시키다", "무너뜨리다"의 의미로 사용되었다. 반면 (4다)와 (4라)에서는 'ᄒᆞ야ᄇᆞ리다'가 정신적 대상인 '어두움', '惑' 등의 부정적 요소에 대하여 "없애다", "몰아내다"의 의미로 사용되었다. (4마)에서 'ᄒᆞ야ᄇᆞ리다'는 "괴롭히다"의 의미로 쓰였다.

(5) 가. 혼 사ᄉᆞ미 와 소를 ᄒᆞ야ᄇᆞ려늘 許孜ㅣ 슬허 ᄀᆞ로디 사ᄉᆞᄆᆞᆫ 엇뎨 미야커뇨 〈효자:18a〉

나. 王崇의 바튼 곧 아니 ᄒᆞ야ᄇᆞ리니라 〈효자:25a〉

(4)의 양상은 (5)와 같이 『삼강행실도』에서도 동일하게 나타난다. (5가), (5나)에서는 각각 물질적 대상인 '소나무'와 '밭'에 대하여 "망가뜨리다", "훼손시키다"의 의미로 'ᄒᆞ야ᄇᆞ리다'가 쓰이고 있다.

이와 같이 'ᄒᆞ야ᄇᆞ리다'는 "가지고 있거나 마음에 두고 있는 것을 없애다", "사용하던 물건이나 대상을 쓰지 못하게 훼손시키거나 상하게 하다"의 의미를 두루 나타낸다. 일반적으로 본용언인 'ᄇᆞ리다'는 동작주가 (물질적, 정신적) 대상을 제거하거나 단절시킨다는 의미 기능을 더한다. 'ᄒᆞ야ᄇᆞ리다'에는 본용언 'ᄇᆞ리다'의 기본 의미가 문맥 속에서 전이되어 보다 다양하고 구체적인 의미 기능을 하고 있음을 알 수 있다.

(6) 가. 믈읫 사ᄅᆞ미 거슬 비러다가 희여ᄇᆞ리며 〈번역소학(1518) 8:22〉

나. 아ᄒᆡᆫ 제븓터 곧 교만ᄒᆞ며 게을어 희야ᄇᆞ려 ᄌᆞ람에 니르러 더욱 흉악고 〈소학언해(1587) 5:2~3〉

다. 비록 强강暴포호 사ᄅᆞᆷ이 이셔 내 몸을 텨 희야ᄇᆞ리며 〈경민편언해_개간본(1658) 9b〉

라. 免帖 내여 해여ᄇᆞ리고 〈노걸대언해(1670) 상:4〉

마. 내 두 쌍 새 훠를 다가 다 돈녀 해야ᄇᆞ리게 하고 〈박통사언해(1677) 상:32〉

바. 도로혀 내 새 靴 조차 다 ᄃᆞᆫ녀 해야ᄇᆞ려다 〈박통사신속언해(1765) 1:35〉

사. 해야ᄇᆞ려도 내 일홈을 해야ᄇᆞ리니 〈중간노걸대언해(1795) 하:46〉

한편, 'ᄒᆞ야ᄇᆞ리다'는 (6)에서와 같이 16세기 이후 문헌에서 반모음이 첨가된 'ᄒᆡ야ᄇᆞ리다', 'ᄒᆡ여ᄇᆞ리다'의 형태로 나타난다. 17세기에는 'ᄒᆡ야ᄇᆞ리다/ᄒᆡ여ᄇᆞ리다' 또는 첫음절 'ㆍ'의 소실에 따른 '해야ᄇᆞ리다'의 어형이 주로 쓰인다. 다만 'ᄒᆞ야ᄇᆞ리다'와 관련된 어형은 18세기 문헌에까지만 보이고, 19세기 이후 국어에서는 거의 살펴볼 수 없게 되었다.

40_'ᄒᆞ오ᅀᅡ'

성우철

중세국어 'ᄒᆞ오ᅀᅡ'는 현대국어 '혼자'의 직접 소급형으로 부사 'ᄒᆞ올로', 접두사 'ᄒᆞ올-'과 함께 하나의 계열을 이룬다. 'ᄒᆞ오ᅀᅡ'는 다양한 변화를 거쳐 지금과 같은 모습을 지니게 되었다.

용례 정보	어휘	≪효자도≫ 내 출현 이야기
	ᄒᆞ오ᅀᅡ	09황향선침, 18허자매수

중세국어 'ᄒᆞ오ᅀᅡ'의 어원 분석

중세국어 'ᄒᆞ오ᅀᅡ'는 기원적으로 명사 '*ᄒᆞᄫᆞᆯ'에 보조사 'ᅀᅡ'가 결합한 구성이 어휘화한 것이다. 'ᄒᆞ오ᅀᅡ'에 '*ᄒᆞᄫᆞᆯ'이 포함되어 있음은 'ᄒᆞᄫᆞᅀᅡ'(1다)와 'ᄒᆞ올로'(1라)를 통해 추론할 수 있다. 여기에서 'ᄒᆞᄫᆞᅀᅡ'는 '*ᄒᆞᄫᆞᆯ'의 말음 /ㄹ/이 설정 자음 /ㅿ/ 앞에서 탈락한 것이며, 'ᄒᆞ올로'는 명사 '*ᄒᆞᄫᆞᆯ'과 조사 '로'가 결합한 구성에서 /ㅸ/이 /ㅜ/로 변화한 것으로 분석된다(이기문 1991:71-73).

(1) 가. <u>호오사</u> 아비를 孝道ᄒᆞ야 녀르미면 벼개와 돗과ᄅᆞᆯ 부체 붓고 겨ᅀᅳ리면 제 모ᄆᆞ로 니브를 둧시 ᄒᆞ더니(獨養其父 躬執勤苦 夏則扇枕席 冬則以身溫被) 〈효자:9a〉

나. 許孜ㅣ <u>호오사</u> 守墓ᄒᆞ야셔【守墓ᄂᆞᆫ 墓를 디킐씨라】 솔와 잣과ᄅᆞᆯ 五六 里를 심겟더니(孜 <u>獨</u>守墓所 列植松柏亘五六里) 〈효자:18a〉

다. 셔ᄫᅳᆯ 긔벼를 알ᄊᆡ <u>호ᄫᅡ사</u> 나ᅀᅡ가샤 모딘 도ᄌᆞᄀᆞᆯ 믈리시니이다(詗此京耗 輕騎<u>獨</u>詣 維彼勅敵 遂能退之) 〈용비어천가(1447) 5:31b〉

라. 부텨ᄂᆞᆫ 져근 根ᄋᆞᆯ 브트샤 말이실ᄊᆡ 天人의 놀라 疑心호ᄆᆞᆯ <u>호올로</u> 닐어시ᄂᆞᆯ(佛은 依小根而止故로 <u>獨</u>言天人驚疑ᄒᆞ야시ᄂᆞᆯ) 〈법화경언해(1463) 1:67a〉

명사 '*ᄒᆞᄫᆞᆯ'의 존재를 뒷받침하는 근거는 현대국어 방언에서도 확인할 수 있다. 현대국어 '홀아비, 홀어미'의 선대형은 '호을아비(< *ᄒᆞ올아비), ᄒᆞ올어미' 등으로 나타나는데, 같은 의미를 나타내는 단어로 동남 방언에서는 '호볼애비, 호불에미' 등이 사용되며, 동북 방언에서는 '하부래비, 하부레미' 등이 사용되고 있다. 이들 방언에 나타나는 어형에 대해서는 크게 두 가지 설명이 가능하다. 하나는 중세국어의 /ㅸ/이 이들 방언에서는 /ㅗ/나 /ㅜ/가 아닌 /ㅂ/로 변화하였다고 보는 것이고, 다른 하나는 중세국어 이전 시기에 일어난 것으로 추정되는 /ㅂ/ > /ㅸ/의 변화가 이들 방언에서는 일어나지 않았다고 보는 것이다.

(2) 가. 鰥 <u>호을아비</u> 환 〈훈몽자회_예산문고본(1527) 上:17a〉

나. ᄒᆞᄆᆞᆯ며 나ᄂᆞᆫ <u>ᄒᆞ올어미</u>라 能히 玉 ᄀᆞᄐᆞᆫ ᄆᆞᅀᆞ맷 며느리를 보아리여(況余ᄂᆞᆫ 寡母ㅣ라 能見玉心之婦耶아) 〈내훈_초간(1481) 1:8a〉

중세국어 'ᄒᆞ오ᅀᅡ'의 형식 변화

'ᄒᆞ오ᅀᅡ'는 시기에 따라 다양한 어형으로 나타난다. 이러한 과정에서 'ᄒᆞ오ᅀᅡ(< ᄒᆞᄫᅡᅀᅡ)'가 겪은 형식 변화는 /ㅸ/의 음운 변화(ᄒᆞᄫᅡᅀᅡ > ᄒᆞ오ᅀᅡ), /ㅿ/의 음운 변화(ᄒᆞ오ᅀᅡ > ᄒᆞ오아/ᄒᆞ오사/*ᄒᆞ오자), 원순모음에 의한 역행 동화(ᄒᆞ오ᅀᅡ > 호오사/호온자), 모음 탈락(ᄒᆞ오ᅀᅡ > 호사/호자/혼자), 파찰음 앞 /ㄴ/ 첨가(ᄒᆞ오ᅀᅡ > *ᄒᆞ오자 > ᄒᆞ온자) 등으로 정리할 수 있다.[169]

허웅(1985:547-550)에서는 (3가)의 '호온사'를 /ㅿ/의 청각상을 강화하기 위해 /ㄴ/이 덧붙은 것으로 보고, /ㄴ/과 /ㅿ/ 사이에 이른바 '기생음' [d]가 개재함으로써 '혼자'가 형성된 것으로 파악하였다. 그러나 역사적으로 모음과 /ㅿ/의 연쇄에서 /ㄴ/이 첨가된 사례는 '호온사'뿐이며 그것도 (3가)의 두 예로만 한정된다는 점에서, 하나의 음운 현상으로 일반화하는 것보다는 특정 문헌에만 나타난 특수한 사례로 파악하는 것이 합리적이다(소신애 2010).

(3) 가. 福을 得디 몯ᄒᆞ야 先帝 일 天下를 ᄇᆞ리시니 호온삿 ᄆᆞᅀᆞ미 ᄝᇰᄝᇰᄒᆞ야【ᄝᇰᄝᇰ은 호온사이셔 브툴 짜 업슨 양지라】(不獲福祐ᄒᆞ야 先帝早棄天下ᄒᆞ시니 孤心ᄝᇰᄝᇰᄒᆞ야) 〈내훈(1481) 2下:17b〉

나. 錦江의 븕괴요믈 세 번 그치고 玉壘의 어두우믈 호오아 묽게 ᄒᆞ도다(三止錦江沸 獨淸玉壘昏) 〈두시언해_초간(1481) 24:1b〉

다. 袁氏 나히 열여듧이러니 즉제 남진니 ᄢᅡ딘 따히 가 屍體를 몯 보아 ᄀᆞ장 울오 닐오디 남지니 죽고 子息이 업스니 혼자 사라셔 므슴 ᄒᆞ료 ᄒᆞ고 므레 드러 죽거늘(袁氏年十八 亟趨夫溺處 尋屍不見 因大哭曰 夫死無子 獨生何爲 亦投水死) 〈속삼강행실도(1514) 8a〉

라. 叔咸이 호사셔 侍病ᄒᆞ며 어미 大便을 맛보니 ᄡᅳ더니 果然 病이 됴ᄒᆞ니라(叔咸獨侍藥 嘗母糞而苦 母果愈) 〈속삼강행실도(1514) 22a〉

마. 도종이 닐우디 나옷 도라오면 내죵내 그듸로 호온자 예 잇게 아니호리라 〈이륜행실도(1518) 36a〉

바. 유곤니 호온자 이셔 나가디 아니커늘 어버ᅀᅵ 형ᄃᆞᆯ히 구틔여 나라 ᄒᆞᆫ대(庾袞獨留不去 父兄 强之) 〈이륜행실도(1518) 11a〉

사. 十波羅蜜룰 닷디 몯ᄒᆞ며 大果룰 求티 아니ᄒᆞ며 後사ᄅᆞᆷ 濟度홀 發願 아니 홀시 니르오디 호오사 아롤시라(欠修十波羅蜜ᄒᆞ며 不求大果ᄒᆞ며 不顧後流홀시 故曰獨覺이라) 〈몽산 화상육도보설(1567) 18a〉

아. ᄋᆞ는 셔방의 가시니 아비와 형과 나왜 ᄒᆞ마 련화의 이셔 후에 반ᄃᆞ기 화ᄒᆞ야 날여니와 오직 어미 호오사 업슬시(兒은 往西方ᄒᆞ니 父兄及己이 已有蓮花ᄒᆞ야 後當化生어니와 唯母이 獨無홀시) 〈권념요록(1637) 28a-28b〉

자. 小童 아히ᄃᆞ려 酒家에 술을 믈어 얼은은 막대 깁고 아히는 술을 메고 微吟緩步ᄒᆞ야

---

169 파찰음 앞 /ㄴ/ 첨가 현상에 대한 자세한 설명은 소신애(2010) 참고. 소신애(2012)에서는 근대국어 시기의 '호오사, 호오사'와 같은 어형에 보이는 /ㅅ/이 /ㅿ/의 음운 변화를 통해 실현된 것이 아니라 중세국어 이전부터 점진적으로 일어난 /ㅅ/ > /ㅿ/의 변화가 반영되지 않은 일종의 잔존형(residue)일 가능성을 제안한 바 있다.

시냇 ᄀ의 호자 안자 明沙 조ᄒᆞᆫ 물에 잔 시어 부어 들고 淸流를 굽어 보니 쩌오ᄂᆞ니 桃花ㅣ로다 〈상춘곡_불우헌집(1786) 2:17b-18a〉

이 외에 살펴볼 만한 어형으로는 '호온차, 혼ᄌᆞ, 홈자, 혼쟈' 등이 있다. 특히 '홈자'의 경우 'ᄒᆞ온자 > 혼자 > 홈자'의 과정을 거쳐 형성된 것으로 추정되는데, 이것과 유사한 변화를 겪은 단어로는 'ᄀᆞ초다 > 곤초다 > 감추다[藏], 머추다 > *먼추다 > 멈추다 [止]'를 들 수 있다.

(4) 가. 나못가지예 잇는 새 어즈러이 우는 ᄢᅴ 나죗 비체 사ᄅᆞᆷ 업슨 ᄃᆡ 호온차 가ᄂᆞᆫ 客이로라(樹 枝有鳥亂鳴時 暝色無人獨歸客) 〈두시언해_중간(1632) 4:33b〉

나. 閑山셤 달 붉은 밤의 戍樓에 혼ᄌᆞ 안자 큰 칼 녑희 ᄎᆞ고 깁픈 시름 ᄒᆞ는 젹의 어듸셔 一聲胡笳는 나의 이ᄅᆞᆯ 긋ᄂᆞ니 〈악합습령(1713) 22b〉

다. 自言 自語 홈자ㅅ말ᄒᆞ다 ○ 보도미며 기수럼비^{bodomime gisurembi} 〈동문유해(1748) 上:24b〉

라. 堯ㅣ 혼쟈 시름ᄒᆞ샤 舜을 擧ᄒᆞ샤 治를 敷케 ᄒᆞ시니(堯獨憂之ᄒᆞ샤 擧舜而敷治焉ᄒᆞ시 니) 〈맹자율곡선생언해(1749) 3:25b〉

41 _ 'ㅎ' 보유 체언   이유원·정은진

	어휘	≪효자도≫ 내 출현 이야기
용례 정보	쇼ㅎ[褥]	02자로부미
	조ㅎ[粟]	03양향액호
	네ㅎ[四]	03양향액호, 08효아포시
	나ㅎ[年]	04고어도곡, 08효아포시
	ᄀᆞ올ㅎ[鄕]	06강혁거효
	나조ㅎ[夕]	07설포쇄소
	님자ㅎ[主]	11동영대전
	드르ㅎ[筥]	29오이면화
	ᄯᅡㅎ[地]	33자강복총
	하ᄂᆞᆯㅎ[天]	33자강복총

중세국어에는 체언이 환경에 따라 형태를 달리하는 특수한 곡용曲用 현상이 나타났다. 중세국어에서 특수한 곡용을 보이는 체언 중 'ㅎ' 보유 체언은 뒤에 결합하는 조사의 음운론적 환경에 따라 'ㅎ'이 나타나기도 하고 나타나지 않기도 하는 명사의 한 유형을 통칭한다. 'ㅎ' 보유 체언은 중세국어 시기에 자동적 교체의 현상을 보였으며, 중세국어 문헌에서의 표기법 역시 'ㅎ' 보유 체언의 교체 현상을 충실히 반영하고 있다. 'ㅎ' 보유 체언 중 일부는 15세기에 이미 'ㅎ'이 사라졌으나, 어떤 어휘는 19세기까지 'ㅎ'을 유지하기도 하였다. 또한 중세국어의 'ㅎ' 보유 체언은 현대국어의 일부 어휘에 화석형으로 그 흔적을 남기고 있기도 하다.

'ㅎ' 보유 체언은 흔히 'ㅎ' 종성 체언, 'ㅎ' 말음 체언이라고도 불리지만, 'ㅎ' 보유 체언이 더 적합한 용어라고 볼 수 있다. 'ㅎ' 보유 체언에서 'ㅎ'은 종성이나 말음과는 다른 역할을 가지고 있다. 'ㅎ'은 종성이나 말음에 위치한 형태로 나타난 적이 없으며, 다만 특정한 곡용의 환경에서 체언이 보유하고 있는 'ㅎ'이 나타나는 특징을 가질 뿐이다. 따라서 'ㅎ' 종성 체언이나 'ㅎ' 말음 체언보다는 'ㅎ' 보유 체언이 그 특징을 보다 정확히 표현하는 명칭이라 생각된다(김유범 2006ㄱ).

이런 양상을 보이는 'ㅎ' 보유 체언은 중세국어에 약 80개 정도 존재하는데, 김유범(2006ㄱ)에서는 그 목록을 다음과 같이 제시하였다.

(1) ·ᄀᆞ·늘[陰], ᄀᆞ술[秋], ᄀᆞ올[鄕], ·갈/·칼[刀], 겨·슬[冬], ·고[鼻], 고[庫], ·고[口], 그르[株], ·긴[纓], ·길[道], 길[利子], 누물[蔬], ·눌[刃], ·눌[經], 나[年], 나·라[國], 나조[夕], :내[川], :네[四], 노[繩], 노[艣], 니·마[額], :님자[主], ·둘[等], ·쏠[源], ᄯᅡ[地], 뎌[笛], :돌[梁], :돌[石], 둘[二], :뒤[後], 뒤안[園], 드·르/들[野], 드르[簀], ·쁠[庭], 무술[村], ·미[野], ·마[薯], 마[霖], ·말[橛], ·모[隅], :뫼[山], ·밀[麥], 볼[胃], 비술[臟], 바·다[海], 별[崖], 보[樑], 보[褓], ·솔[肌], 샹[常], :세[三], :셔울[京], ·소[沼], ·소[範], 쇼[俗], ·수[雄], ·수[藪], ·스굴[鄕], 스·믈[廿], 쇼[褥], ·안[內], ·알[卵], ·암[雌], ·언[堤], 여·러[諸], 열[麻], ·열[十], 올[今年], 우[上], ·울[籬], ·움[窖], ·위안[園], ·자[尺], 조[粟], ·출[源], 초[醋], ·터[基], ᄒᆞ나[一], 하·놀[天]

‘ㅎ’ 보유 체언의 곡용 양상

‘ㅎ’ 보유 체언은 후행하는 조사의 형태에 따라 다른 형태로 나타나는 곡용의 양상을 보인다. ‘돌[石]’과 ‘나라[國]’의 사례를 통해 ‘ㅎ’ 보유 체언의 곡용 양상을 살펴보자.

(2) 가. 시혹 七寶香木과 시혹 디새 돌 몰애 ᄒᆞᆯ기니 〈법화경언해(1463) 1:218a〉
나라 니ᅀᅳᆯ 아ᄃᆞᄅᆞᆯ ᄒᆞ마 ᄇᆡ여 〈석보상절(1447) 3:25a〉
나. 雲母ᄂᆞᆫ 돓 비느리니 〈월인석보(1459) 2:35〉
이 소리ᄂᆞᆫ 우리 나랏 소리예셔 열ᄫᅳ니 〈훈민정음 언해본(1447) 정음:15a〉
cf. 德源 올ᄆᆞ샴도 하ᄂᆶ ᄠᅳ디시니 〈용비어천가(1447) 1:7a〉
다. 石은 돌히오 壁은 ᄇᆞᄅᆞ미니 〈석보상절(1447) 9:24b〉
如來하 우리 나라해 오샤 〈석보상절(1447) 21b〉
라. 돌콰 ᄒᆞᆯᄀᆞᆯ 보디 몯ᄒᆞ리로다 〈두시언해_초간(1481) 25:12)
그 부텻 나라토 ᄯᅩ 이 ᄀᆞᆮᄒᆞ리라 〈월인석보(1459) 12:13a〉

‘ㅎ’ 보유 체언은 (2가)와 같이 단독형으로 쓰일 때나 휴지休止가 나타나는 곳, (2나)와 같이 관형격조사 ‘ㅅ, ㆆ’ 앞에서는 보유하고 있는 ‘ㅎ’이 나타나지 않는다.[170] 그러나 (2다)와 같이 모음으로 시작하는 조사와 결합할 때에는 ‘ㅎ’이 연음되어 나타나며, (2라)와 같이 자음으로 시작하는 조사와 결합할 때에는 후행하는 ‘ㄱ, ㄷ, ㅂ’ 등과 결합하여 ‘ㅋ, ㅌ, ㅍ’으로 나타난다.

‘ㅎ’ 보유 체언의 음운적 특징

‘ㅎ’ 보유 체언은 음절 말음이 대체로 모음, 비음, 유음이라는 음운론적 공통성을 찾을 수 있다. 다음은 (1)에서 제시한 중세국어의 ‘ㅎ’ 보유 체언을 음운적 환경에 따라 분류한 것이다.

170 일반적인 분류로 설명하기 어려운 다음과 같은 용례가 발견되기도 한다.
- 지븨 도라갈 긿ᄒᆞᆯ ᄇᆞᆯ기 아ᄃᆞᆺ ᄒᆞ야 (明了其家所歸道路) 〈능엄경언해(1461) 6:80a〉

(3) 가. ·ᄀᆞ늘[陰], ᄀᆞ술[秋], ᄀᆞ올[鄕], ·갈/·칼[刀], 겨·슬[冬], ·길[道], 길[利子], 누·물[蔬],
·놀[刃], ·놀[經], ·돌[等], ·쫄[源], :돌[梁], ·돌[石], ·둘[二], 들[野], ·뜰[庭], 무·술[村],
·말[橛], ·밀[麥], 불[臂], 비·술[臟], 별[崖], ·술[肌], :셔울[京], ·스굴[鄕], ·스·믈[卄],
·알[卵], ·열[十], 열[麻], 올[今年], ·울[籬], ·츨[源], 하·놀[天]

나. ·고[鼻], 고[庫], ·고[口], 그르[株], 나[年], 나·라[國], 나조[夕], :내[川], :네[四], 노[繩],
노[鱅], 니·마[額], :님자[主], 싸[地], 뎌[笛], :뒤[後], 드·르[野], 드르[簹], ·미[野],
·마[薯], 마[霖], ·모[隅], :뫼[山], 바·다[海], 보[樑], 보[褓], :세[三], ·소[沼], ·소[範],
쇼[俗], 쇼[褥], ·수[雄], ·수[藪], 여·러[諸], 우[上], ·자[尺], 조[粟], 초[醋], ·터[基],
ᄒᆞ나[一]

다. ·긴[纓], 뒤안[園], ·안[內], ·언[堤], ·위·안[園] / ·암[雌], ·움[窨]

(3)에서 확인할 수 있는바, 'ㅎ' 보유 체언은 (3가)처럼 비음인 /ㄹ/로 끝나는 체언,
(3나)처럼 모음으로 끝나는 체언인 경우가 대부분이었으며, (3다)와 같이 비음인 /ㄴ/나
/ㅁ/로 끝나는 체언이 'ㅎ'을 보유한 경우도 있었다.

행실도류를 통해 본 'ㅎ' 보유 체언의 변화

'ㅎ' 보유 체언의 특수한 곡용 현상은 근대국어 시기 들어 점차 약화되었다. 일부
어휘는 이미 15세기에 곡용 현상이 불안정하게 나타나기도 하였으나, 일부 어휘의
곡용 현상은 19세기까지 유지되기도 하였다. 대부분의 'ㅎ' 보유 체언은 보유하고 있던
'ㅎ'을 잃는 방향으로 변화하였으나, 독특한 음운 변화를 겪은 경우도 있다. '싸ㅎ(>
땅)', '집우ㅎ(> 지붕)'은 'ㅎ'이 받침의 'ㅇ'으로 나타났다. '세ㅎ(> 셋)', 네ㅎ(> 넷)'
은 'ㅎ'이 받침의 'ㅅ'으로 남았다. 또한 '불ㅎ(> 팔)', '고ㅎ(> 코)'처럼 'ㅎ' 보유 체언의
초성이 유기음으로 변한 경우도 있다.

행실도류 문헌을 통시적으로 비교해보면 시대에 따라 'ㅎ' 보유 체언이 소멸하거나
변해가는 양상을 살펴볼 수 있어 흥미롭다. 『삼강행실도』≪효자도≫(1481)에서 나타
난 'ㅎ' 보유 체언의 표기가 『오륜행실도』(1797)에서는 어떻게 표기되었는지 비교해보
면서 'ㅎ' 보유 체언의 변화를 살펴보자.[171]

(4) 가. 뜰헤 디낧 저긔 모몰 구피더라 〈효자:27b〉

　　가'. 그 쓸에 디날 제 국궁ᄒ고 〈오륜행실도_규장각본(1797) 효자:48a〉

　　나. 비 빠아 아비 솔콰 쎠와 내야 그르세 담고 〈효자:32a〉

　　나'. 비롤 헤티고 아븨 쎠와 솔을 내여 그루시 담고 〈오륜행실도_규장각본(1797) 효자:61a〉

(4)의 사례는 'ㅎ'을 보유하고 있던 체언이 'ㅎ'을 잃은 변화를 보여 준다. (4가)와 (4나)는『삼강행실도』≪효자도≫의 용례인데, 'ㅎ' 보유 체언인 '뜰'과 '솔'이 각각 모음으로 시작하는 조사와 자음으로 시작하는 조사 앞에서 '뜰헤'와 '솔콰'로 나타나 있다. (4가')와 (4나')는 동일한 구절을『오륜행실도』에서 찾아 제시한 것이다. (4가')와 (4나')에서는 '쓸'과 '솔'이 조사와 결합할 때 더 이상 'ㅎ'이 나타나지 않는다.

(5) 가. 볼힛 피 내야 藥약애 섯거 머기니 〈효자:31a〉

　　가'. 풀을 질러 피 내여 약에 섯거 드리니 〈오륜행실도_규장각본(1797) 효자:29〉

한편, (5)는 'ㅎ' 보유 체언의 초성의 평음이 유기음으로 바뀌는 변화를 겪은 사례를 보여 준다. (5가)에서 '볼[臂]'은 모음으로 시작하는 조사 앞에서 'ㅎ'이 나타나 '볼힛'과 같이 나타났다. 반면 (5가')에서는 '풀'의 어형이 나타나 있으며, 표기에 'ㅎ'이 나타나지 않는다. 일부는 다음 (6)에서처럼 여전히 모음으로 시작하는 조사와의 결합에서 'ㅎ'을 표면형에 유지하고 있다.

(6) 가. 가논 길헤 혼 겨지비 갓 두외아지라 커늘 〈효자:11a〉

　　가'. 길희셔 홀연히 혼 부인을 만나니 원ᄒ여 쳬 되여디라 ᄒ거ᄂᆞᆯ 〈오륜행실도_규장각본(1797) 孝:10〉

(6)과 같이 중세국어의 'ㅎ' 보유 체언이 근대국어 시기까지 유지되고 있는 사례 또한 살펴볼 수 있다. (6가)에서 '길[道]'은 'ㅎ' 보유 체언으로서, 모음으로 시작하는 조사 앞에서 '길헤'로 나타나고 있다. '길[道]'의 곡용은 (6가')에서도 나타난다. (6가')에

171　아래의 용례는 이규범(2018)에서 가져온 것이다.

서 역시 '길[道]'이 모음 조사 앞에서 '길히셔'로 표기되고 있는 양상을 살펴볼 수 있다. (4-6)의 사례를 비교해본바, 'ㅎ' 보유 체언의 곡용 패러다임의 변화는 어휘마다 양상이 달랐음을 알 수 있다.

　　'ㅎ' 보유 체언은 대체로 근대국어 시기를 거치며 소멸하거나 변화하는 양상을 보이나, 일부 체언은 19세기 이후까지도 그 곡용 양상이 유지되었다. 예컨대 '나라[國]'는 'ㅎ' 보유 체언의 곡용 양상이 오래 유지된 체언에 속하는데, 20세기 초 문헌에서는 '나라ㅎ'이 '나라히'로 흔적을 담고 있는 '나라이'의 용례가 더러 보인다. [참고] 대뎌 나라이 문명하랴면 녀인을 학문과 지식을 넓히 ᄀᆞᄅ침이 가ᄒᆞ니라 〈신학월보(1902) 2:583〉. 그러나 'ㅎ' 보유 체언은 현대국어에서 모두 소멸하였다. 다만 '살코기, 암퇘지, 수탉, 안팎, 조팝' 등과 같은 몇몇 합성어에 'ㅎ' 보유 체언의 흔적이 화석으로 남아 있을 뿐이다.

참고문헌

가와사키 케이고(2010), 「중세한국어 '나다'류 어휘의 의미에 관한 연구」, 서울대학교 석사학위논문.

가와사키 케이고(2011), 「'얻다'[結婚, 交合]와 '얼운'[成人]에 대하여」, 『국어학논집』 7, 서울대학교 국어국문학과, 27~58.

가와사키 케이고(2015ㄱ), 「중세한국어 감동법 연구」, 서울대학교 국어국문학과 박사학위논문.

가와사키 케이고(2015ㄴ), 「15세기 한국어 속격 '-ㅅ'의 이표기들의 분포」, 『진단학보』 123, 진단학회, 111~143.

가와사키 케이고(2019), 「중세한국어 관형사형 '-오-'의 '특정화 용법'에 대하여」, 『형태론』 21(2), 형태론, 321~350.

가와사키 케이고(2020), 「중세한국어 관형사형 '-오-'의 '특정화 용법'에 대하여(Ⅱ)」, 『형태론』 22(1), 형태론, 91~144.

가와사키 케이고(2021), 「유형론적 관점에서 보는 중세한국어 "감동법"과 관련 현상」, 『2021년 상반기 형태론 집담회·언어유형론학회 공동학술대회 〈유형론학교〉 강의 자료』.

강길운(1993), 『국어사정설』, 형설출판사.

姜信沆(1980), 『雞林類事「高麗方言」硏究』, 성균관대학교출판부.

강신항(1983), 「치음과 한글표기」, 『국어학』 12, 국어학회, 13~34.

강신항(1995), 『增補 朝鮮館譯語硏究』, 成均館大學校出版部.

강신항(2010), 『(수정증보) 훈민정음연구』, 성균관대학교 출판부.

고경재(2018), 「한국어와 몽골어 사이의 동원어(同源語)에 대한 기초적 연구」, 『한국어학』 79, 한국어학회, 35~61.

고경재(2022ㄱ), 「12~15세기 국어 모음체계 연구-모음추이 이론의 재확립-」, 고려대학교 박사학위논문.

고경재(2022ㄴ), 「반치음 'ㅿ' 음가 [j] 가설에 대한 검토-주로 한자음의 관점에서-」, 『국어사연구』 34, 국어사학회, 196~241.

고광모(2013), 「중세 국어의 선어말어미 '-습-'의 발달에 대하여」, 『언어학』 65, 한국언어학회, 39~59.

고영근(1980), 「중세어의 어미활용에 나타나는 '거/어'의 교체에 대하여」, 『국어학』 9, 국어학회, 55~99.

고영근(1991), 「삼강행실도의 번역 연대」, 『김영배선생 회갑기념논총』, 경운출판사, 77~84,('고영근(1995), 『단어, 문장, 텍스트』, 한국문화사'에 재록).

고영근(1995), 「중세어의 동사형태부에 나타나는 모음동화-서법어소의 확인과 관련하여-」, 『국어사와 차자표기』, 태학사, 587~603.

고영근(1987), 『표준 중세국어문법론』, 탑출판사.

고영근(1998), 『(보정판) 중세국어의 시상과 서법』, 탑출판사.

고영근(1999), 「동사 표지 '거-어'의 교체양상」, 『국어형태론연구(증보판)』, 서울대학교출판부, 443~491.

고영근(2005), 「형태소의 교체와 형태론의 범위: 형태음운론적 교체를 중심으로」, 『국어학』 46, 국어학회, 19~52.

고영근(2020), 『(제4판) 표준 중세 국어 문법론』, 집문당.

고은숙(2011), 『국어 의문법 어미의 역사적 변천』, 한국문화사.

郭忠求(1980), 「十八世紀 國語의 音韻論的 研究」, 서울대학교 국어국문학과 석사학위논문.

곽충구(1994), 「강세 접미사의 방언형과 그 문법화 과정에 대하여 —북한지역의 방언자료를 중심으로—」, 『선청어문』 22, 서울대학교 국어교육과, 1~25.

구본관(1996), 「중세 국어 형태」, 『국어의 시대별 변천·실태 연구 1: 중세 국어』, 국립국어연구원, 56~113.

구본관(1998), 『15세기 국어 파생법에 대한 연구』, 태학사.

구본관(2000), 「'ㄹ' 말음 어기 합성 명사의 형태론」, 『형태론』 2, 형태론, 17~41.

구본관·박재연·이선웅·이진호(2016), 『한국어 문법 총론Ⅱ』, 집문당.

권용경(1993), 「15세기 국어 사이시옷의 예외적인 쓰임에 대하여」, 『국어사 자료와 국어학의 연구(서울대 국어연구회 편)』, 문학과 지성사, 416~425.

권용경(2014), 『사이시옷의 역사적 연구』, 삼경문화사.

권인한(1995), 『朝鮮館譯語의 音韻論的 研究』, 서울대학교 박사학위논문.

권인한(1998), 『朝鮮館譯語의 音韻論的 研究』, 태학사.

김경아(1991), 「중세국어 후음에 대한 일고찰」, 『국어학의 새로운 인식과 전개』, 서울대학교 대학원 국어연구회, 민음사, 108~127.

김경아(1992), 「중세국어 종성표기 'ㅅ'에 대하여」, 『관악어문연구』 17, 서울대학교 국어국문학과, 113~139.

김동소(1998), 『한국어 변천사』, 형성출판사.

김동소(2003ㄱ), 『중세 한국어 개설』, 한국문화사.

김동소(2003ㄴ), 「한국어 음운사 연구에서의 몇 가지 주요 논점」, 『문화와 융합』 25, 한국문화융합학회, 1~18.

김명주(2017), 「원순모음화의 원인과 내적 재구형의 타당성 고찰」, 『한글』 317, 한글학회, 183~210.

김무림(1996), 「『東國正韻』의 編韻에 대하여」, 『한국어학』 3, 한국어학회, 117~133.

김무림(2004), 『국어의 역사』, 한국문화사.

김무림(2015), 『한국어 어원사전』, 지식과 교양.

김무림(2020), 『국어 어원사전』, 지식과 교양.

김무식(1993), 「『훈민정음』의 음운체계 연구」, 경북대학교 박사학위논문.

김문웅(1982), 「'-다가' 류의 문법적 범주」, 『한글』 176, 한글학회, 149~178.

김민수(1990), 『신국어학』, 일조각.

김민수(1997), 『우리말 어원사전』, 태학사.

金芳漢(1983), 『韓國語의 系統』, 민음사.

김상돈(1998), 「종성 'ㅅ'의 표기와 음가에 대하여」, 『외대어문논집』 13, 부산외국어대학교 어문학연구소, 43~52.

김선효(2009), 「관형격 조사구에서의 조사 결합과 변천」, 『어문연구』 143, 한국어문교육연구회, 105~128.

김성규(1994), 「중세국어의 성조 변화에 대한 연구」, 서울대학교 박사학위논문.

김성규(1996), 「중세 국어 음운」, 『국어의 시대별 변천·실태 연구 1-중세 국어-』, 국립국어연구원, 7~55.

김성규(1999), 「풀리지 않는 성조 문제 열 가지」, 『국어국문학 미래의 길을 묻다』, 태학사, 103~116.

김성규(2007), 「중세국어의 형태 분석과 성조」, 『한국어학』 37, 한국어학회, 19~45.

김성규(2009), 「15세기 한국어 성조의 성격에 대하여」, 『冠嶽語文研究』 24, 서울대학교 국어국문학과, 129~154.

김성규(2011), 「성조에 의한 어미의 분류 –중세국어를 중심으로–」, 『구결연구』 27, 구결학회, 244~295.

김성남(2006), 「국어 인칭대명사의 역사적 연구」, 동의대학교 석사학위논문.

김양진·김유범(2001), 「중세국어 '이어긔, 그어긔, 뎌어긔'에 대하여」, 『진단학보』 92, 진단학회, 269~291.

김양진·정경재(2010), 「{-숩-} 통합 어간의 활용 양상」, 『한국언어문학』 72, 5~41.

김영욱(1997), 『문법형태의 연구방법–중세국어를 중심으로–』, 박이정.

김옥영(2005), 「'ㅎ' 탈락 현상 연구 : 강릉 지역어를 중심으로」, 『언어』 30(4), 언어학회, 631~650.

김완진(1972), 「다시 β > w를 찾아서」, 『어학연구』 8(1), 서울대학교 언어교육원, 51~62.

김완진(1973), 『중세국어성조의 연구』, 탑출판사.

金完鎭(1973), 「國語 語彙 磨滅의 硏究」, 『震檀學報』 35, 진단학회, 34~59.

김완진(1978), 「母音體系와 母音調和에 대한 反省」, 『어학연구』 14(2), 서울대학교 어학연구소, 127-139.

김완진(1980), 『鄕歌解讀法研究』, 서울大學校出版部.

김유범(1999), 「관형사형어미 '–ㄹ' 뒤의 경음화 현상에 대한 통시적 고찰」, 『한국어학』 10, 한국어학회, 5~25.

김유범(2001ㄱ), 「15세기 국어 문법형태소의 이형태 형성에 대한 일고찰 –'ㄷ〉ㄹ' 변화 및 'ㄹ'형 형태로의 변화에 의한 이형태 형성을 중심으로–」, 『한국어학』 13, 한국어학회, 53~83.

김유범(2001ㄴ), 「시간성 의존명사 '다'를 찾아서」, 『형태론』 3(2), 형태론, 209~229.

김유범(2002), 「설음, 치음과 15세기 국어 선어말어미 –숩–의 이형태 교체」, 『이중언어학』 20, 이중언어학회, 25~43.

김유범(2003), 「중세국어 '–ㄴ다마다'에 대하여」, 『새얼어문논집』 15, 새얼어문학회, 263~290.

김유범(2005ㄱ), 「중세국어 '–거지이다', '–거지라'에 대하여」, 『새얼어문논집』, 새얼어문학회, 285~298.

김유범(2005ㄴ), 「15세기 국어 'ㄱ티'의 음운론과 형태론」, 『청람어문교육』 31, 청람어문교육학회, 123~136.

김유범(2005ㄷ), 「중세국어 '–받–/–왇(왈)–'의 형태론과 음운론」, 『한국어학』 26, 한국어학회, 25~65.

김유범(2006ㄱ), 「'ㅎ' 보유 한자어와 한자음」, 『국어사와 한자음』, 박이정, 239~263.

김유범(2006ㄴ), 「우리말 접사의 국어사적 고찰: 시대별 개관을 중심으로」, 『우리말연구』 19, 우리말학회, 169~203.

김유범(2007ㄱ), 『중세국어 문법형태소의 형태론과 음운론』, 월인.

김유범(2007ㄴ), 「문헌어의 음성적 구현을 위한 연구(1): 15세기 문헌자료 언해본 『훈민정음』의 '어제서문'을 대상으로」, 『한국어학』 34, 한국어학회, 169~207.

김유범(2007ㄷ), 「15세기 문헌자료의 특수 분철 표기에 대한 형태음운론적 연구」, 『한말연구』 20, 한말연구학회, 73~99.

김유범(2008ㄱ), 「'ㄱ' 탈락 현상의 소멸에 관한 고찰–16세기 이후 변화 양상을 중심으로–」, 『우리말연구』 23, 우리말학회, 35~57.

김유범(2008ㄴ), 「이형태교체의 조건과 중세국어 이형태교체의 몇 문제」, 『국어국문학』 149, 국어국문학회, 201~222.

김유범(2009), 「텍스트 구성 차원에서 바라본 해례본 『훈민정음』 기술 내용의 몇 문제」, 『한국어학』 43, 한국어학회, 105~124.

김유범(2011), 「통사성과 합성어의 유형 변화」, 『한국어학』 53, 한국어학회, 119~143.

김유범(2012), 「문자 표기의 형태론적 장치에 대하여」, 『어문논집』 66, 민족어문학회, 81~100.

김유범(2016), 「중세국어 문법 연구의 현황과 전망」, 『한말연구』 40, 한말연구학회, 63~85.

김유범(2017), 「이형태의 성격과 이형태 교체의 유형」, 『국어학』 81, 국어학회, 325~349.

김유범(2018), 「고려시대 음운과 고려가요」, 『구결연구』 40, 구결학회, 5~27.

김유범·고경재(2019), 「『훈민정음』의 각자병서자와 전탁음의 음가에 대한 재론」, 『우리말연구』 59, 우리말학회, 4-45.

김유범·곽신환·김무림·박형우·이준환·송혁기·조운성·김부연·고경재(2020ㄱ), 『대한민국이 함께 읽는 훈민정음 해례본』, 역락.

김유범·이규범·오민석(2020ㄴ), 「언해본 『삼강행실도』 초간본의 정본(定本) 수립을 위한 연구 -≪효자도≫를 중심으로-」, 『한국어학』 89, 한국어학회, 123~168.

김정대(2005), 「계사 '이-'의 기원형 '일-'을 찾아서」, 『우리말글』 35, 우리말글학회, 1~41.

김정수 역(2010), 『역주 삼강행실도』, 세종대왕기념사업회.

김정우(1990), 「ㄷ, ㅅ 종성과 그 변화의 의미」, 『개신어문연구』 7, 개신어문학회, 33~98.

김주필(1988), 「중세국어 음절말 치음의 음성적 실현과 표기」, 『국어학』 17, 국어학회, 203~228.

김주필(2001), 「ㅸ의 [순음성] 관련 현상과 fi로의 약화」, 『국어학』 38, 국어학회, 27~55.

김지숙(2004), 「후기 중세국어 'ㅎ'의 탈락과 축약에 관하여-'곧ᄒᆞ다'를 중심으로」, 『한민족어문학』 45, 한민족어문학회, 91~108.

김진형(1995), 「중세국어 보조사에 대한 연구-목록설정을 중심으로-」, 서울대학교 석사학위논문.

김차균(1982), 「15세기 국어의 사이ㅅ의 음운론적 고찰」, 『어문연구』 11, 어문연구학회, 61~76.

김태곤(2000), 「國語 語彙의 變遷硏究(6)」, 『언어학연구』 5, 한국언어연구학회, 61~82.

김태곤(2005), 「국어 어휘의 변천 연구(10)」, 『언어학연구』 10(2), 한국언어연구학회, 207~231.

김태우(2013), 「중세국어 자·타 양용동사에 대한 기능·유형론적 연구」, 서울대학교 석사학위논문.

김태우(2018), 「'-ᅀᆞᇦ-'의 기능 변화에 대한 연구」, 서울대학교 박사학위논문.

김한결(2009), 「單一피사동접미사와 二重피사동접미사의 형태소 목록에 대한 검토」, 『관악어문연구』, 서울대학교 국어국문학과, 295~324.

김한별(2013), 「중세국어 고정적 상성 어간의 성조 변화-'ㅣ(y)' 말음 1음절 용언 어간을 중심으로」, 『국어학』 68, 국어학회, 445~474.

김한별(2016), 「국어 음운사에서의 /ㄱ/ 복귀 현상에 대한 해석」, 『국어사연구』 23, 국어사학회, 135~171.

김한별(2019), 「'음절말 /ㅅ/ 불파화'와 '용언 어간말 비음 뒤 경음화' 간의 상관관계에 대한 한 가설」, 『국어국문학』 189, 국어국문학회, 5~37.

김 현(2015), 「中世國語 'ㅕ'의 音韻論」, 『어문연구』 43(4), 한국어문교육연구회, 99~123.

김현주(2007), 「전기 근대국어 {-ᅀᆞᇦ-}의 이형태 분포와 빈도효과의 상관관계에 대하여」, 『한국어학』 35, 한국어학회, 243~274.

김현주(2010), 「국어 대우법 어미의 형태화 연구」, 고려대학교 박사학위논문.

김홍석(2008), 「국어 어휘 범주의 완곡어 고찰」, 『한어문교육』 19, 한국언어문학교육학회, 20~37.

남광우(1959), 「ㅸ ㅿ 논고」, 『논문집』 4, 중앙대학교, 115~140.

남광우(1997), 『고어사전』, 교학사.

남기탁·조재형(2014), 「후기중세국어시기의 '-에셔'의 형성 과정에 대한 고찰」, 『어문논집』 58, 중앙어문학회, 7~29.

남미정(2012), 「중세국어의 사이시옷과 합성명사」, 『언어와 정보 사회』 18, 서강대학교 언어정보연구소, 77~100.

남미정(2016), 「중세·근대국어 보조사 연구의 쟁점과 과제」, 『국어사연구』 23, 국어사학회, 33~70.

남풍현(1977), 「국어 처격조사의 발달」, 『국어국문학논총』, 탑출판사, 69~94.

문병열(2009), 「중세 국어 한정 보조사의 의미·기능과 그 변화 양상」, 『국어학』 54, 국어학회, 137~164.

민현식(1988), 「중세국어의 어간형 부사에 대하여」, 『先淸語文』 16(1), 서울대학교 국어교육과, 254~266.

閔賢植(1991), 『國語의 時相과 時間副詞』, 開門社.

민현식(1992), 「중세국어 성상부사 연구 (2): 평가부사를 중심으로」, 『어학연구』 28, 서울대학교 언어교육원, 99~124.

박병채(1968), 「고대국어의 △-z- 음운고」, 『이숭녕박사송수기념논총』, 을유문화사, 241~254.

박병채(1971), 『고대국어의 연구』, 고려대학교출판부.

朴炳采(1974), 「古代國語 漢字音의 研究」, 고려대학교 박사학위논문.

박선우(2003), 「15세기 국어 서실법 양태부사의 통사의미적 특성(2): 의문 양태부사를 중심으로」, 『어문학』, 한국어문학회, 45~75.

박용찬(2008), 『중세국어 연결어미와 보조사의 통합형』, 태학사.

박용찬(2010), 「중세국어 속격조사의 예외적 쓰임」, 『어문학』 110, 한국어문학회, 113~135.

박용찬(2014ㄱ), 「중세국어 '다가'와 '-어 다가'의 문법화: 번역노걸대, 번역박통사와 노걸대언해, 박통사언해의 비교를 중심으로」, 『한국어학』 65, 한국어학회, 175~209.

박용찬(2014ㄴ), 「중세국어의 '다가'에 대한 고찰」, 『비교어문연구』 38, 비교어문학회, 227~275.

박진호(1994), 「중세국어의 피동적 '-어 잇-' 구문」, 『주시경학보』 13, 주시경연구소, 162~167.

박진호(1995), 「현대국어 '만', '뿐', '따름'과 중세국어 '만', '뿐', '샏롬'의 문법적 지위에 대하여」, 『국어학논집 2(서울대 국어국문학과 편)』, 태학사, 135~143.

박진호(1998), 「고대국어 문법」, 『국어의 시대별 변천 연구 3』, 국립국어연구원, 121~205.

박진호(2003ㄱ), 「한국어의 동사와 문법요소의 결합 양상」, 서울대학교 박사학위논문.

박진호(2003ㄴ), 「중세국어의 부사 파생 접미사 '-뎌/려/다/라'에 대하여」, 『형태론』 5(1), 형태론, 23~30.

박진호(2006), 「중세국어에서 형용사와 결합하는 "-어 잇-"의 상적 의미」, 『구결연구』 17, 구결학회, 227~242.

박진호(2015ㄱ), 「보조사의 역사적 연구」, 『국어학』 73, 국어학회, 375~435.

박진호(2015ㄴ), 「〈漢韓大辭典〉의 뜻풀이에 대하여」, 『동양학』 59, 단국대학교 동양학연구원, 189~210.

박창원(1995), 「15세기 국어 자음체계의 변화와 통시적 성격(2)」, 『애산학보』 16, 애산학회, 69~102.

박창원(1996), 『중세국어 자음 연구』, 한국문화사.

박창원(1997), 「사잇소리와 사이시옷(Ⅰ)」, 『이화어문논집』 15, 이화어문학회, 461~482.

박태권(2002), 『국어받침 표기 학설사』, 세종출판사.

박형우(2010), 「15세기 특이처격어에 대한 연구」, 『한민족어문학』 57, 한민족어문학회, 163~188.

박형우(2021), 「중세국어의 어간형 부사에 대한 연구」, 『청람어문교육』 81, 청람어문교육학회,

165~195.

백두현(2002), 「≪조선관역어≫의 미해독어 '則卜論簪'(寅時) 고찰」, 『국어학』 40, 국어학회, 43~65.

백응진(1999), 『한국어 역사음운론』, 박이정.

백채원(2012), 「부사 '같이'에 대한 통시적 연구」, 『국어사연구』 14, 국어사학회, 167~204.

백채원(2017), 「한국어 피동문의 역사적 연구」, 서울대학교 박사학위논문.

백채원(2018), 「통사·의미적 특성이 유사한 어기와 피동사의 공존」, 『국어학』 85, 국어학회, 295~332.

백효동(2016), 「조건, 가정 연결 어미 '-거든'의 통시적 변화 유형에 대한 연구 -'소학', '삼강행실도', '노걸대', '박통사' 이본 자료들을 중심으로」, 단국대학교 석사학위논문.

上保敏(2007), 「15세기 한국어의 처격체계」, 『구결연구』 18, 구결학회, 289~315.

서근화(2009), 「'들'의 분포와 의미 기능에 대한 통시적 고찰」, 『국어사연구』 26, 국어사학회, 219~247.

서정범(1982), 『음운의 국어사적 연구』, 집문당.

서종학(1983), 「15세기 국어의 후치사 연구」, 서울대학교 석사학위논문.

석주연(2001), 「언어 사용자의 관점에서 본 중세국어 관형사형의 '-오-' 소멸」, 『형태론』 3(1), 형태론, 35~52.

석주연(2002), 「중세국어의 인용문과 선어말어미 '오'」, 『형태론』 4(1), 형태론, 1~10.

석주연(2014), 「선어말어미 '-오-'의 연구 성과와 쟁점」, 『국어사연구』 19, 국어사학회, 7~29.

석주연(2015), 「중세국어 형용사 파생법의 연구 성과와 쟁점」, 『국어사연구』 21, 국어사학회, 69~93.

성우철(2021), 「중세 한국어 '뷔다[刈]'의 의미에 대한 연구」, 『한국어학』 91, 한국어학회, 273~314.

성환갑·조재형(2011), 「'-에게'형의 변천과정에 대한 통시적 고찰: 중세국어 중심」, 『어문연구』 39(2), 한국어문교육연구회, 63~86.

소신애(2010), 「파찰음 앞 /ㄴ/ 삽입 현상에 관하여」, 『국어국문학』 154, 국어국문학회, 5~32.

소신애(2012), 「점진적 음변화로서의 ㅅ > ㅿ : 방언 반사형에 대한 해석을 중심으로」, 『국어국문학』 162, 국어국문학회, 45~83.

소신애(2012), 「국어의 ㅿ > ㅈ 변화에 대하여」, 『진단학보』 114, 진단학회, 51~84.

소신애(2017), 「ㆆ의 음가(音價) 변화(變化) 및 관련 음운 현상의 공시적(共時的) 기술 : ㆆ의 유기성(有氣性)을 중심으로」, 『어문연구』 45(2), 한국어문교육연구회, 7~34.

송철의(1987), 「15세기 국어의 표기법에 대한 음운론적 고찰: 훈민정음 창제 초기문헌을 중심으로」, 『국어학』 16, 국어학회, 325~360.

순효신·침지영·이의종·백정민·박진호(2012), 「동사의 결과 함축에 대한 대조연구」, 『관악어문연구』 37, 서울대학교 국어국문학과, 101~150.

신승용(1996), 「치음의 통시적 변화와 음운론적 해석」, 서강대학교 석사학위논문.

신지영(2016), 『(개정판) 한국어의 말소리』, 박이정.

안병희(1959/1978), 『십오세기 국어의 활용어간에 대한 형태론적 연구』, 탑출판사.

안병희(1968), 「중세국어의 속격어미 '-ㅅ'에 대하여」, 『이숭녕 박사 송수 기념 논문집』, 을유문화사, 337~343.

안병희(1992), 『국어사 자료 연구』, 문학과지성사.

안병희(2003), 「해례본의 팔종성에 대하여」, 『국어학』 41, 국어학회, 3~24.

안병희·이광호(1990), 『중세국어문법론』, 학연사.

양순임(2001), 「유기음과 성문 열림도」, 『우리말연구』 11, 우리말학회, 101~121.

엄상혁(2018), 「'ㄹ' 말음 용언과 으-계 어미 결합의 변화」, 『구결연구』 40, 구결학회, 211~240.

오광근·김주필(2013), 「후기중세국어 원순모음화 현상의 양상과 특징」, 『반교어문연구』 34, 반교어문학회, 5~34.

오정란(1988), 『경음의 국어사적 연구』, 한신문화사.

우민섭(1981), 「경음 표기법 연구-각자병서의 음가를 중심으로-」, 『논문집』 10, 전주대학교, 107~128.

우민섭(1983), 「사이 ㅅ 연구」, 『새국어교육』 37, 한국국어교육학회, 333~354.

유동석(1987), 「십오세기 국어계사의 형태교체에 대하여」, 『우해이병선박사회갑기념논총』, 207~218.

유민호(2008), 「여격 조사의 형성과 변천」, 고려대학교 석사학위논문.

유소연(2017), 「중세국어 사이시옷의 기능」, 『국어사연구』 24, 국어사학회, 271~302.

유창돈(1962), 「15세기 국어의 음운체계」, 『국어학』 1, 국어학회, 5~24.

兪昌均(1966), 『東國正韻研究(研究篇)』, 螢雪出版社.

유창돈(1971), 『어휘사연구』, 선명문화사.

유창돈(1975), 『語彙史研究』, 三友社.

유필재(2003), 「후기중세국어 용언 어간의 성조와 기저형 설정」, 『어학연구』 39(1), 서울대학교 언어연구원, 91~110.

유필재(2005), 「ㄷ불규칙동사의 내적 재구」, 『어학연구』 41(3), 서울대학교 어학연구소, 635~654.

유필재(2012), 「15세기 후반 국어 율동규칙의 변화-어말평성화의 확대」, 『국어학』 64, 국어학회, 93~112.

육효창(1996), 「중세국어 'ㅅ'의 음가에 대한 일고찰」, 『동국어문학』 8, 동국대 국어교육과, 175~194.

윤보영·김인균(2012), 「'블- + -어'의 문법화에 대한 고찰」, 『동남어문논집』 33, 동남어문학회, 5~24.

윤용선(2006), 「국어 대우법의 통시적 이해」, 『국어학』 47, 국어학회, 321~376.

이광호(1991), 「중세국어 복합격조사의 연구」, 『진단학보』 71·72, 진단학회, 233~247.

이광호(1993), 「중세 국어의 '사이시옷' 문제와 그 해석 방안」, 『국어사 자료와 국어사 연구』, 문학과지성사, 311~337.

이광호(2008), 「'매', '엇디', '어느'의 통시적 형태 의미 특성」, 『우리말글』 44, 우리말글학회, 39~59.

이광호(2009), 「'므스'와 '므슥/므슴/므슷'의 의미특성 및 형태변화」, 『국어국문학』 151, 국어국문학회, 35~57.

이광호(2015), 「처소 기원 여격조사의 형태와 의미」, 『어문연구』 86, 어문연구학회, 37~56.

이규범(2018), 「국어교육을 위한 행실도류의 분석 및 활용 방안 연구」, 고려대학교 박사학위논문.

李根圭(1986), 『중세국어 모음조화의 연구』, 創學社.

이근수(1986), 「ㄷ·ㅅ 종성에 대하여」, 『국어학신연구Ⅱ』, 탑출판사, 47~56.

이근수(1993), 「15세기 국어의 종성 ㄷ·ㅅ에 대하여(Ⅱ)」, 『홍대논총』 25, 홍익대학교, 157~185.

이금영(2000), 「연결어미 '-거늘, -거든'의 형성 과정 연구」, 『목원국어국문학』 6, 목원대학교, 229~244.

이기문(1961), 『국어사개설』, 민중서관.

이기문(1962), 「중세국어의 특수어간 교체에 대하여」, 『진단학보』 23, 진단학회, 121~153.

이기문(1963), 『국어 표기법의 역사적 연구』, 한국연구원.

이기문(1964), 「Mongolian Loan-Words in Middle Korean」, 『Ural-Altaische Jahrbücher』 35, 188~197.

이기문(1969), 「중세국어 음운론의 제문제」, 『진단학보』 32, 진단학회, 131~150.

이기문(1970), 『개화기 국문연구』, 일조각.

이기문(1972/1977), 『국어음운사연구』, 한국문화연구소/탑출판사.

이기문(1991), 『國語語彙史研究』, 동아출판사.

이기문(1998), 『(개정판) 국어사개설』, 태학사.

이덕흥(1991), 「한국 사이시옷의 문헌적 연구」, 단국대학교 박사학위논문.

이동석(2000), 「'ㄹ' 탈락 현상의 적용 환경과 발생 및 소멸 시기에 대하여」, 『한국어학』 12, 한국어학회, 237~259.

이동석(2005), 「중세국어 '미좇다'의 '미'를 찾아서」, 『한국어학』 29, 한국어학회, 211~236.

이동석(2006ㄱ), 「중세국어 '짛다'의 의미 및 변화 연구」, 『한국어학』 32, 한국어학회, 193~212.

이동석(2006ㄴ), 「『조선관역어』의 첨기자 '思'의 음가에 대하여」, 『국어사와 한자음』, 박이정, 373~395.

이동석(2007), 「중세국어 '다ᄉᆞᆷ'의 의미와 변천 연구」, 『국어사연구』 7, 국어사학회, 107~131.

이동석(2009), 「국어의 주어적 속격에 대한 연구」, 『언어학연구』, 한국중원언어학회, 133~147.

이동석(2010), 「'ㅸ' 포함 어휘의 형태론적 분석」, 『국어사연구』 11, 국어사학회, 221~249.

이동석(2013), 「'ㅸ'의 음가론」, 『국어사연구』 17, 국어사학회, 71~118.

이동석(2014), 「중세국어 '거긔' 구성의 의미 기능과 문법화」, 『국어사연구』 19, 국어사학회, 171~201.

이동석(2015), 「중세국어 부사 파생법의 연구 성과와 과제」, 『국어사연구』 21, 국어사학회, 95~153.

이동석(2017), 「『훈민정음』의 자음」, 『관악어문연구』 42, 서울대학교 국어국문학과, 125~193.

이병기(2006), 「'ᄒᆞ마'와 시간 인식」, 『李秉根先生退任紀念 國語學論叢』, 태학사, 665~689.

이병기(2008), 「중세 국어 '강세 접미사'와 '보조용언'의 상관성」, 『국어학』 53, 국어학회, 87~111.

이병기(2014), 「선어말어미 {-거-}의 연구 성과와 쟁점」, 『국어사연구』 19, 국어사학회, 31~63.

이병운(2000), 『중세국어의 음절과 표기법 연구』, 세종출판사.

이병운(2011), 『중세국어 음절과 표기법』, 부산대학교 출판부.

李庚姬(2009), 『蒙古字韻의 音韻體系 硏究』, 연세대학교 박사학위논문.

이상보(1961), 「복합격조사의 어의론적 고찰-15세기 문헌어를 중심으로」, 『명지어문학』 2, 명지어문학회, 80~90.

이상욱(2007), 「언해문에서 관찰되는 '내의', '네의'형에 대한 관견: 15세기 자료를 중심으로」, 『정신문화연구』 30(3), 한국학중앙연구원, 203~225.

이선영(2006), 「한국어의 'NP1+엣+NP2' 구성과 'NP1+ㅅ+NP2' 구성」, 『형태론』 8(2), 형태론, 295~311.

이성우(2019), 「중세 한국어 부사 '순지'의 의미 분석」, 『국어사연구』 29, 국어사학회, 235~263.

이숭녕(1959), 「어간형성과 활용어미에서의 '-(오/우)-'의 개재에 대하여」, 『논문집』 8, 서울대학교, 3~70.

이숭녕(1960), 「Volitive form으로서의 Prefinal ending '-(O/U)-'의 介在에 대하여」, 『진단학보』 21, 진단학회.

이숭녕(1964ㄱ), 「'-(오/우)-' 논고: 주로 허웅씨의 기본태도의 일대변모에 대하여」, 『국어국문학』 27, 국어국문학회, 3~20.

이숭녕(1964ㄴ), 「중세국어 Mood론: 허웅씨의 소론에 답함」, 『어문학』 11, 한국어문학회, 1~49.

이숭녕(1976), 「15세기 국어의 관형사형 /-논/계 어미에 대하여」, 『진단학보』 41, 진단학회, 117~141.

이숭녕(1981), 『개정증보판 중세국어문법』, 을유문화사.

이숭녕(1990), 『중세국어문법: 15세기어를 주로 하여』, 을유문화사.

이승희(2009), 「중세국어 'NP1엣 NP2' 구성의 의미 유형에 대한 고찰」, 『국어학』 54, 국어학회, 197~223.

이영경(2003), 「중세국어 형용사의 동사적 용법에 관하여」, 『형태론』 5(2), 형태론, 273~295.

이은정(1986), 「8종성에서의 '-ㅅ'에 대하여」, 『한글』 192, 한글학회, 3~18.

이익섭(1992), 『국어표기법연구』, 서울대학교출판부.

이인자(1984), 「15세기 국어의 ㄷ, ㅅ 종성고」, 동국대 석사학위논문.

이진호(2005), 『국어 음운론 강의』, 삼경문화사.

이현희(1986), 「중세국어 용언어간말 '-ㅎ-'의 성격에 대하여」, 『국어학신연구(약천김민수교수 회갑기념)』, 탑출판사, 367~379.

李賢熙(1987), 「중세국어 '둗겁-'의 형태론」, 『진단학보』 63, 진단학회, 133~150.

이현희(1991), 「중세국어의 합성어와 음운론적인 정보」, 『석정 이승욱선생 회갑기념논총』, 원일사, 315~333.

이현희(1993), 「국어 문법사 기술의 몇 문제」, 『한국어문』 2, 한국정신문화연구원, 57~85.

이현희(1994ㄱ), 『중세국어구문연구』, 신구문화사.

이현희(1994ㄴ), 「계사 '(-)이-'에 대한 통시적 고찰」, 『주시경학보』 13, 주시경연구소, 88~101.

이현희(1995), 「'-아져'와 '-良結'」, 『國語史 借字表記』, 태학사, 411~428.

이현희(1996), 「중세국어 부사 '도로'와 '너무'의 내적 구조」, 『이기문교수 정년퇴임기념논총』, 신구문화사, 644~659.

이현희(1997), 「중세국어의 강세 접미사에 대한 일고찰」, 『한국어문학논고』, 태학사, 707~724.

이현희(2009), 「'조초'의 문법사」, 『진단학보』 107, 진단학회, 129~175.

이현희(2010), 「'채'와 '째'의 통시적 문법」, 『규장각』 36, 서울대학교 규장각, 73~134.

이호영(1996), 『국어 음성학』, 태학사.

임홍빈(1981), 「사이시옷 문제의 해결을 위하여」, 『국어학』 10, 국어학회, 1~35.

장 석(2016ㄱ), 「ㅿ-ㅸ의 연쇄로 본 ㅿ의 음가」, 『구결연구』 36, 구결학회, 203~235.

장 석(2016ㄴ), 「후기 중세 한국어에서 ㅿ의 음운 자격」, 『민족문화연구』 72, 고려대학교 민족문화연구원, 403~430.

장요한(2010), 「중세국어 조사 '-ㄷ려', '-더브러', '-이/ㅅ손딕'의 문법」, 『한민족어문학』 56, 한민족어문학회, 5~43.

장요한(2013), 「중세국어 의문사 '므스'류의 교체 양상과 단일화」, 『언어와 정보사회』 20, 서강대학교 언어정보연구소, 235~259.

장윤희(2002ㄱ), 『중세국어 종결어미 연구』, 태학사.

장윤희(2002ㄴ), 「國語 動詞史의 諸問題」, 『한국어의미학』 10, 한국어의미학회, 97~141.

장윤희(2006), 「중세국어 비통사적 합성동사와 관련된 몇 문제」, 『國語學論叢(李秉根先生退任紀念)』, 태학사.

장윤희(2012), 「국어 종결어미의 통시적 변화와 쟁점」, 『국어사연구』 14, 국어사학회, 63~99.

장윤희(2015), 「중세국어 피·사동사 파생법 연구의 성과와 쟁점」, 『국어사연구』 21, 국어사학회, 33~68.

장윤희(2018), 「中世韓國語 '-츠-' 部類 强勢接尾辭 派生의 形態論」, 『語文硏究』 46(3), 한국어문교육연구회, 35~59.

장향실(2003), 「중세국어시기 고유어 표기에 쓰인 ㅸ의 음가에 대하여」, 『어문논집』 48, 민족어문학회, 65~91.

전정례(1995), 『새로운 '-오-' 연구』, 한국문화사.

정경재(2015), 「한국어 용언 활용 체계의 통시적 변화」, 고려대학교 박사학위논문.

정수현(2013), 「선어말어미 "-오-"의 이형태 고찰」, 『겨레어문학』 50, 겨레어문학회, 317~339.

정승철(2007), 「피동사와 피동접미사」, 『진단학보』 104, 진단학회, 127~146.

정언학(2002), 「'-고 잇다' 구성의 문법화에 대한 통시적 연구」, 『진단학보』 94, 진단학회, 167~203.

정언학(2003), 「中世國語 '-어 이셔 > -에셔 > -어셔'의 文法化에 대한 연구」, 『어문연구』 31(4), 한국어문교육연구회, 33~58.

정언학(2004), 「'-고 잇다' 구성에서의 '진행' 의미 발전 양상」, 『어문연구』 44, 어문연구학회, 125~160.

정언학(2007), 「'-어 잇다' 構成의 분포와 意味의 역사적 變化」, 『어문연구』 35(4), 한국어문교육연구회, 79~108.

정우영(2007), 「순경음비읍(ㅸ)의 연구사적 검토」, 『국어사연구』 7, 국어사학회, 133~163.

정우영(2014), 「≪訓民正音≫ 해례본의 '例義編'의 구조와 '解例編'과의 상관관계」, 『국어학』 72, 국어학회, 103~153.

정재영(2001), 「감탄법 종결어미의 변화를 중심으로」, 『진단학보』 92, 진단학회, 293~325.

조규태(2008), 「여격 표지의 어원과 변천에 대하여」, 『국어사연구』 8, 국어사학회, 139~168.

조남호(1996), 「중세 국어 어휘」, 『국어의 시대별 변천·실태 연구 1(중세 국어)』, 국립국어연구원, 114~151.

조운성(2011), 「동국정운 한자음의 성모와 운모 체계 연구」, 연세대학교 박사학위논문.

조재형(2008), 「소위 복합격조사 '엣'의 통시적 고찰」, 『어문연구』 138, 한국어문교육연구회, 193~216.

조재형(2010), 「이어긔, 그어긔, 뎌어긔에 대한 고찰」, 『어문연구』 38, 한국어문교육연구회, 103~129.

조항범(1997), 『다시 쓴 우리말 어원 이야기』, 한국문원.

조항범(2014), 『국어 어원론(개정판)』, 충북대학교 출판부.

지춘수(1964), 「종성팔자제한에 있어서 「ㄷ, ㅅ」 설정에 대한 고찰」, 『국어국문학』 27, 국어국문학회, 145~165.

지춘수(1986), 「국어표기사 연구」, 경희대 박사학위논문.

차익종(2014), 「東國正韻式 漢字音 硏究」, 서울대학교 박사학위논문.

차재은(1999), 『중세국어 성조론』, 월인.

차재은(2003), 「15세기 우리말의 후음 관련 문제들」, 『한국어학』 20, 한국어학회, 241~263.

최계영(2007), 「15세기 국어 용언 활용형 성조」, 서울대학교대학원 석사학위논문.

최동주(1995), 「국어 시상체계의 통시적 변천에 관한 연구」, 서울대학교 박사학위논문.

최동주(1996), 「중세 국어 문법」, 『국어의 시대별 변천 연구 1』, 국립국어연구원, 152~209.

최성규(2016), 「차자표기 자료의 격조사 연구 -삼국시대부터 고려시대까지를 중심으로-」, 서울대학교 박사학위논문.

최성규(2021), 「의존명사 'ㅅ' 다시 보기」, 『구결연구』 46, 구결학회, 139~164.

최세화(1979), 「중세국어의 파찰음고」, 『국어국문학』 79·80, 국어국문학회, 99~118.

최전승(1999), 「원순모음화 현상의 내적 발달과 개별 방언 어휘적 특질」, 『국어문학』 34, 103~150.

최종원·박진호(2019), 「바람직하지 않은 사태를 나타내는 '~려면 ~어야 하-' 구문」, 『언어와 정보사회』 38, 서강대학교 언어정보연구소, 303~334.

최창렬(1985), 「우리말 시간 계열어의 어원적 의미」, 『한글』 188, 한글학회, 117~145.

하귀녀(2005), 「국어 보조사의 역사적 연구」, 서울대학교 박사학위논문.

하귀녀·황선엽·박진호(2009), 「중세국어 보조사 '-으란'의 기원」, 『형태론』 11(1), 형태론, 29~42.

한글학회(1992), 『우리말 큰사전 4: 옛말과 이두』, 어문각.

한용운(2003), 『언어 단위 변화와 조사화』, 한국문화사.

허 웅(1952), 「「에 애 외 이」의 음가」, 『국어국문학』 1, 국어국문학회, 5~8.

허　웅(1958), 「삽입모음고: 15세기 국어의 1인칭 활용과 대상 활용에 대하여」, 『論文集』 7, 서울대학교, 83~152.

허　웅(1959), 「삽입모음재고: 이숭녕 박사의 '의도설'에 대하여」, 『한글』 125, 한글학회, 65~89.

허　웅(1963), 「또다시 인칭·대상 활용 어미로서의 '오/우'를 논함」, 『어문학』 10, 한국어문학회, 1~23.

허　웅(1964), 「이숭녕 박사의 '중세국어 Mood론'에 대한 비판: 아울러 필자에 대한, 그 무책임한 세 번째 반박에 답함」, 『한글』 133, 한글학회, 3~67.

허　웅(1964), 「치음고」, 『국어국문학』 27, 국어국문학회, 45~54.

허　웅(1965ㄱ), 『국어음운학』, 정음사.

허　웅(1965ㄴ), 「인칭 어미설에 대한 다섯 번째의 논고」, 『한글』 135, 한글학회, 48~55.

허　웅(1973), 「15세기 국어의 주체-대상법 활용」, 『한글』 152, 한글학회, 3~59.

허　웅(1975), 『우리옛말본: 15세기 국어 형태론』, 샘문화사.

허　웅(1985), 『국어 음운학: 우리말 소리의 오늘·어제』, 샘문화사.

허재영(2007), 「한국어 보조사의 문법화 -개화기 한국어를 중심으로-」, 『한민족문화연구』 22, 한민족문화학회, 59~79.

홍사만(2000), 「중세·근대국어 '어리다'와 '졈다'의 의미 분석」, 『언어과학연구』 17, 언어과학회, 225~250.

홍윤표(2005), 「'어리다'와 '어리석다'」, 『새국어소식』 80, 국립국어원.

홍윤표(2009), 『살아있는 우리말의 역사』, 태학사.

홍윤표(2013), 『한글 이야기 1·2』, 태학사.

홍윤표(2017), 『국어사 자료 강독』, 태학사.

홍종선 편(1998), 『근대국어 문법의 이해』, 박이정.

홍종선(1997), 「근대 국어 문법」, 『국어의 시대별 변천 연구 2』, 국립국어연구원, 143~190.

홍종선(2008), 「국어의 시제 형태소 체계와 그 기능 변이」, 『한글』 282, 한글학회, 97~123.

홍종선(2017), 『국어문법사』, 아카넷.

황국정(2009), 『국어 동사 구문구조의 통시적 연구』, 제이앤씨.

황선엽(2006), 「고대국어의 처격 조사」, 『한말연구』 18, 한말연구학회, 305~328.

황선엽(2016), 「중세·근대국어 속격조사 연구의 쟁점과 과제」, 『국어사연구』 23, 국어사학회, 71~95.

小倉進平(1941), 「「朝鮮館譯語」語譯(上·下)」, 『東洋學報』 28.

志部昭平(1990), 『諺解三綱行實圖研究: 本文·校註·飜譯·開題篇』, 高麗書林.

河野六郎(1948), 「朝鮮語の過去 deに就いて」, 『東洋語 研究 1』〈河野六郎 著作集1(1979), 平凡社에 재록〉, 481~498.

Comrie, B.(1976), *Aspect: An Introduction to the Study of Verbal Aspect and Related Problems*, Cambridge University Press.

Coulmas, F.(2003), *Writing Systems*, Cambridge University Press.

Nerius, D.(2007), *Deutsche Orthographie, 4. neu bearbeitete Auflage*, Olms.

Pulleyblank, E. G.(1999), *Outline of classical Chinese grammar*, 양세욱 역(2005), 『고전 중국어 문법 강의』, 궁리출판.

찾아보기